Die Gesellschaften Europas 1945–2000

»Theorie und Gesellschaft«
Herausgegeben von
Axel Honneth, Hans Joas und Claus Offe
Band 47

Prof. *Göran Therborn*, einer der bedeutendsten und international bekanntesten Sozialtheoretiker und Soziologen Skandinaviens, ist Direktor des Swedish Collegium for Advanced Study in the Social Sciences und lehrt in Göteborg.

Göran Therborn

Die Gesellschaften
Europas 1945 – 2000

Aus dem Englischen von
Andreas Wirthensohn

Campus Verlag
Frankfurt/New York

Die Deutsche Bibliothek – CIP-Einheitsaufnahme

Ein Titeldatensatz für diese Publikation ist bei
Der Deutschen Bibliothek erhältlich
ISBN 3-593-36400-X

Das Werk einschließlich aller seiner Teile ist urheberrechtlich geschützt.
Jede Verwertung ist ohne Zustimmung des Verlags unzulässig. Das gilt insbesondere
für Vervielfältigungen, Übersetzungen, Mikroverfilmungen und die Einspeicherung
und Verarbeitung in elektronischen Systemen.
Copyright © 2000 Campus Verlag GmbH, Frankfurt/Main
Umschlaggestaltung: Atelier Warminski, Büdingen
Satz: Andreas Wirthensohn
Druck und Bindung: Druckhaus »Thomas Müntzer«, Bad Langensalza
Gedruckt auf säurefreiem und chlorfrei gebleichtem Papier.
Printed in Germany

Besuchen Sie uns im Internet: www.campus.de

Inhaltsverzeichnis

Vorwort zur deutschen Ausgabe 11
Jahrhundertenden – Jahrhundertwenden 13

Teil I: Theorie und Geschichte 15

1. Struktur, Kultur und Moderne 15
Eine soziologische Geschichte 15
Warum Moderne? Und welche? 16
Wege in und durch die Moderne 19
Dimensionen von Gesellschaft 22

2. Europa in der Moderne 27
Das ambivalente Zentrum 28
Der Weg in den Bürgerkrieg 30
Topologie der Zeit nach 1945 35
Die Infragestellung des Privateigentums 39
Die Globalisierung des europäischen Bürgerkriegs: der Kalte Krieg 42

Teil II: Strukturierungen 45

1. Grenzen und Bevölkerung Europas 45
Abgrenzungen 46

Demographie der Moderne 47
Von Kolonialismus und Emigration zur Immigration
aus den ehemaligen Kolonien 51
Der Höhepunkt ethnischer Integration 55
Wanderungsbewegungen und die neue Heterogenität 61

2. Aufgaben: Arbeitsteilungen 67
Die Entwicklung bezahlter und unbezahlter Arbeit 68
Arbeit und Freizeit 68
Die Aufteilung der Lebensalter 72
Arbeit und Freizeit – männlich, weiblich 74
High Noon der Industriegesellschaft 80
Die Größe der arbeitenden Klassen 90
Formen der Arbeitsorganisation 95

3. Anspruchsrechte: Mitgliedschaft und Wohlfahrt 98
Rechte auf Mitgliedschaft 100
Soziale Rechte und Wohlfahrtsstaaten 103

4. Handlungsrechte: Politik, Geschlecht und Eigentum 117
Politische Unterdrückung in Ost und West:
eine Bestandsaufnahme 118
Europäische Rechtsprechung 121
Frauenrechte und Muster des Patriarchats 121
Ehefrauen und Ehemänner 122
Diskriminierung und sexuelle Belästigung 128
Eigentumsrechte und Arbeitsrechte 131
Die Macht des Eigentums und das Auskommen der Arbeiter 132
Der Aufstieg der Arbeit nach dem Krieg 136
Osteuropa zwischen Akkumulation und Herrschaft
der Arbeiterklasse 141

Von der Verstaatlichung zur Privatisierung 145

5. Mittel: »Die glorreichen Jahre« 153

Der Boom von Kapitalismus und Sozialismus in Europa 153

Vom stagnierenden Kommunismus zur Krise des Kapitalismus 159

Die Entstehung der Konsumgesellschaften 164

Das westeuropäische Kapital im globalen Kapitalismus 170

Verteilungsfragen 174

6. Risiken und Chancen 190

Sterberisiken 191

Karrierechancen und die Aussicht auf Eigentum 197

Teil III: Räume 202

1. Städte und Staaten 204

Urbane Kultur und die europäische Nachkriegsmoderne 206

Die neue Traditionalität der Staatenordnung 209

2. Der Wirtschaftsraum Europa 211

Der Städtegürtel und die Europäische Union 211

Integration ohne Konvergenz? 212

Die autonome Dynamik des Handels 215

Das Europa der Regionen 217

3. Der Kulturraum Europa 219

Ausstrahlungen der Macht 221

Die Teilungen eines christlichen Kontinents 226

Die Sprachen: Verbindungen und Trennlinien 229

Rechtsfamilien 230

Die audiovisuelle Amerikanisierung 233

Teil IV: Enkulturationen 236

1. Identitätsfragen 237

»Wir« und »die Anderen« 237

Europäische Gedenktage 244

Nationale Rivalität, staatlicher Dissens und Bindestrich-Identitäten ... 250

Europäische und andere Zuordnungen 254

Die Anderen Europas 254

Die Verbundenheit mit dem Kontinent 258

Die Globalisierung der Jugend 261

2. Glaube und Wissen 264

Massenbildungssysteme 266

Die Grenzen der Wissenschaft wandern westwärts 270

Zukunftsdämmerung: Ansichten der Postmoderne 274

3. Werte der zeitgenössischen Moderne 281

Der skeptische Kontinent... 281

...und die multikulturelle Herausforderung 286

Postnationalismus? 289

Öffentlicher Kollektivismus und familiärer Individualismus 293

»Postmaterialismus«, klassenspezifisches Wahlverhalten und staatlicher Interventionismus 296

Individualisierung von Sexualität, Elternschaft und Kindheit 300

Kommunistische Akkulturation und die unglückliche Revolution 304

Teil V: Kollektives Handeln und soziale Steuerung 314

Protest, Bewegung und Zusammenschluß 314

1. Zivilgesellschaften und kollektives Handeln 316
   Klassenorganisation und Klassenhandeln 317
   Neue Proteste und neue Bewegungen 322
   Konturen kollektiven Handelns heute 332
   Proteste und Bewegungen in Osteuropa 337
2. Sozialismus im Osten, Union im Westen:
   Zwei soziale Steuerungsprozesse 346
   Der kommunistische »Weg zum Sozialismus« 348
   Auf dem Weg zu einer »immer engeren« Union im Westen 358

Teil VI: Die Moderne und Europa – sechs Fragen, sechs Antworten 367

Was bleibt von der Moderne in Europa? 382

Anmerkungen 391
Literaturverzeichnis 406
Verzeichnis der Abbildungen, Tabellen und Karten 432

Vorwort zur deutschen Ausgabe

Das vorliegende Buch ist der Versuch, ganz Europa, den Osten wie den Westen, den Norden wie den Süden, gleichzeitig in den Blick zu nehmen, diese Teile miteinander in Beziehung zu setzen – statt sie in verschiedene Größen wie die EU, die »Übergangsländer« u.ä. zu unterteilen – und dieses Europa innerhalb des Weltkontextes, ob nun an seinen Grenzen oder im Rahmen der Globalisierung, zu situieren. Mit seinem Blick auf die jüngste Geschichte wie auf künftige Perspektiven hofft es einen Beitrag zur reflexiven Selbstverständigung Europas zu leisten.

Theoretische Leitlinien sind ein historischer, nicht eurozentrischer Modernebegriff und ein grundlegendes soziologisches Analyseraster, dessen Koordinaten Strukturierung, Enkulturation, Raum sowie Handeln bilden. Darin drückt sich der Glaube aus, daß die empirische Sozialwissenschaft durchaus einen Beitrag zur Zeit- und Gesellschaftsdiagnose leisten kann. Die Tabellen werden nicht in einen statistischen Anhang verbannt, sondern sind Teil der Beweisführung. Der Leser muß die Tatsachenbehauptungen, Tendenzen und Gewichtungen dieser Arbeit nicht einfach glauben, sondern kann sie mit Hilfe der Literaturverweise selbst überprüfen.

Ursprünglich war dieses Buch Ausfluß zweier größerer Forschungsprojekte. Bei dem einen handelt es sich um die mehrbändige Geschichte Europas, die von Perry Anderson, Maurice Aymard, Paul Bairoch und Walter Barberis initiiert wurde; ich war eingeladen, zu deren erstem Band, der sich mit dem Europa der Nachkriegszeit befaßt, einen Beitrag über die »Soziologie Westeuropas« beizusteuern (Therborn 1993a). Bei dem zweiten handelt es sich um ein noch immer laufendes Langzeitforschungsprojekt über »Wege in und durch die Moderne«, auf das ich stieß, als ich 1990 an Robert Brenners Center for Social Theory and Comparative History an der University of California meine aus den 70er Jahren stammenden Untersuchungen zum Wahlrecht ausweitete (vgl. Therborn 1992b, 1995, 1999 und 2000). Meine Arbeit zur Soziologie Europas wurde dabei finanziell unterstützt vom Swedish National Bank Tercentenary Fund, diejenige zur Moderne ebenfalls von dieser Institution sowie vom Swedish Humanities and Social Science Research Council.

Bei der vorliegenden deutschen Ausgabe handelt es sich um eine gründlich überarbeitete Fassung. Einige Teile wurden gekürzt, etwa zu den regionalen Volkwirtschaften Europas, andere wurden beträchtlich erweitert, insbesondere die Abschnitte über die Entwicklungen im postkommunistischen Osteuropa. In einigen Fällen wurde der Gesamtperspektive ein spezifisch deutscher Blickwinkel hinzugefügt. Was das empirische Material anbelangt, so wurde die Analyse auf den Wissensstand von Mitte Februar 2000 gebracht.

Hans Joas und Claus Offe gilt mein Dank für ihre Unterstützung und Ermutigung. Ohne sie wäre diese deutsche Ausgabe nicht zustande gekommen (und natürlich ist keiner von beiden für den Inhalt mitverantwortlich).

Uppsala, im Februar 2000

Göran Therborn

Jahrhundertenden – Jahrhundertwenden

Europa stehe an der Wasserscheide zwischen zwei Epochen – mit diesen Worten beschrieb der große niederländische Historiker Jan Romein 1978 in seiner »vollständigen Geschichte« die Lage des Kontinents um 1900. Dieses Fazit kann ohne Zweifel auch für Europas zweites *fin-de-siècle*, die neue Jahrhundertwende, gelten. Die Empfindung eines grundlegenden Wandels ist heute sogar gegenwärtiger als damals. Aber zwischen welchen Epochen?

Das Gefühl, »vor die Hunde zu gehen«, das sich mit dem französischen Begriff *fin-de-siècle* verbindet – er entstammt einem etwas verworrenen Pariser Theaterstück von 1888 (Teich/Porter 1990, 1f.) –, war damals eher so etwas wie der künstlerische Kontrapunkt zur vorherrschenden Stimmung, die das Jahrhundertende weitgehend als Schwelle empfand. Stephen Kern hat die damalige Gefühlslage so beschrieben: »Diese Generation [um 1900] verspürte ein großes Vertrauen in die Zukunft, das allein von der Sorge gedämpft wurde, die Dinge könnten sich viel zu rasant entwickeln.« (Kern 1983, 107; vgl. Romein 1978/1982, 25, 652f.). Von der heutigen Generation Europas wird das wohl niemand behaupten wollen.

Wir sind heute von einem viel tiefer gehenden Empfinden geprägt, daß etwas zu Ende geht, vor allem in gesellschaftlicher und politischer Hinsicht: die Epoche der Revolutionen, die 1789 begann, das »kurze Jahrhundert«, das mit dem August 1914 einsetzt, die industrielle Klassengesellschaft, die Moderne oder sogar die Geschichte. Damals erwartete man eher das nahende Ende der »Vor-Geschichte« der Menschheit, der Vor-Geschichte der Ausbeutung, der die sozialistische Arbeiterbewegung ein Ende machte. Heute gibt es zudem das allgemein verbreitete (wenn auch oft unausgesprochene) Gefühl, die Welt trete in ein nach-europäisches Zeitalter ein, ein Zeitalter, das nicht mehr von europäischer Technologie, von europäischer Macht oder von europäischen Konflikten wie den beiden »Weltkriegen« oder dem Kalten Krieg bestimmt ist.

Auf der anderen Seite dürfte, was den technologischen Wandel und die

Erforschung der Welt betrifft, wohl eher der Eindruck der Kontinuität vorherrschen. Videotechnik, Computer und Kernenergie nehmen sich in ihren Auswirkungen recht bescheiden aus, verglichen mit dem Aufkommen der Elektrizität, des Telephons, des Rundfunks, des Kinos, des Flugzeugs und des Autos. Sicher, die Gentechnologie verspricht für die Zukunft allerhand Konfliktstoff, und die Raumfahrtunternehmungen unterscheiden sich nicht wesentlich von den damaligen Expeditionen in die Polarregion, nach Zentralasien oder in das Afrika jenseits der Sahara.

Es dürfte daher auch kaum überraschen, daß die »Postmoderne«, weithin eine Art Haltepunkt für die Karawanen der Moderne, in ihren künstlerischen und philosophischen Ausgestaltungen weniger Neues zu bieten hat als beispielsweise der Kubismus, Nietzsche oder die vielfältigen Wirklichkeiten, die sich aus Ortega y Gassets »Perspektivismus« ergaben. Die Kultur der Postmoderne und ihr Anspruch, die Avantgarde zu überwinden, d.h. der Sieg der Massenkultur, ähneln vielmehr den Anfängen des Massensports, der vor hundert Jahren den Sport der »feinen Leute« ablöste.

Im Gegensatz zu anderen Epochendeutungen beschäftigt sich das vorliegende Buch nicht in erster Linie mit Kunst, Technologie oder dem Spiel der großen Mächte. Es richtet seinen Blick auf Gesellschaftsstrukturen, nicht auf die große Politik, auf die räumlichen Unterschiede in Europa, nicht auf theoretische Raumvorstellungen, auf die Kultur der Bevölkerung und nicht auf diejenige der Künstler, Wissenschaftler oder der Massen. Es handelt von Entwicklungen innerhalb eines bestimmten Zeitraums statt von Wendepunkten. Gleichwohl setzt es sich zum Ziel, von epochalen Fragen zu handeln, von der Moderne, von Europas Stellung und Zukunft in der Welt. Dazu aber bedarf es des Blicks über Europa hinaus, der vergleichenden Einbeziehung anderer Kontinente.

Teil I: Theorie und Geschichte

1. Struktur, Kultur und Moderne

Eine soziologische Geschichte

Das »Europa« dieses Buches ist nicht dasjenige der EG bzw. EU der frühen 90er Jahre. Gemeint ist vielmehr das »Haus« vom Atlantik bis zum Ural, vom Nordkap bis Trafalgar in der zweiten Hälfte des 20. Jahrhunderts, im Abendrot der Moderne. Dieses Buch versucht, die weltgeschichtliche Bedeutung der west- und osteuropäischen Nachkriegszeit deutlich zu machen und zu verstehen. Seine Entstehung verdankt es der Faszination für »die Gegenwart als Geschichte« (Sweezy 1953), der Neugier eines empirischen Komparatisten sowie dem unter Soziologen nicht sehr verbreiteten Bemühen, die (geistes-)wissenschaftlichen Kulturen einzubeziehen, mit denen das eigene Fach in Berührung kommt, die es nach außen hin öffnen und – zumindest potentiell – bereichern.[1] Es ist Ausdruck der historischen Reflexion eines Gesellschaftsbeobachters, eines am Rande stehenden Teilnehmers, verfaßt unmittelbar nach dem Ende des Nachkriegseuropas.

Trotz des weitreichenden Anspruchs geht es diesem Unternehmen weniger um eine historische Soziologie als vielmehr um eine *soziologische Geschichtsschreibung*.[2] Die grundlegenden Fragen sind solche der Zeitgeschichte: Wie sieht Europas Gesellschaft aus? Wie hat sie sich im Verlauf der letzten fünfzig Jahre verändert? Warum? In welcher Beziehung steht sie zum Rest der Welt?

Ziel ist eine neuartige systematische Synthese, wissenschaftlich zuverlässig – so weit dies im Rahmen ernsthafter Wissenschaft und ihrer sicherlich nicht unfehlbaren Verläßlichkeit möglich ist – und einer allgemein interessierten Leserschaft zugänglich, kein »interpretierender Essay«, wo dem Kopf des Verfassers tiefsinnige Wahrheiten entsteigen, kein Handbuch bereits bestehenden Wissens und keine Ansammlung von Zahlenkolonnen und mathematischen Rechenmodellen.

Zunächst jedoch sind drei größere Probleme begrifflicher Art zu lösen. Eines betrifft die Moderne als Epochenbegriff, ein zweites den Ort Europas innerhalb einer Geschichte der Moderne und ein drittes schließlich die Frage, wie man die grundlegenden Aspekte der europäischen Gesellschaft in den Griff bekommt.

Warum Moderne? Und welche?

Heute über die Moderne zu sprechen heißt, nach der Bedeutung unserer Gegenwart zu fragen, nach der Relevanz unserer gesellschaftlichen, politischen oder kulturellen Projekte in einer Zeit, in der weder sicher ist, welche Bedeutung Fortschritt, Entwicklung oder Emanzipation haben, noch, ob sie überhaupt erstrebenswert sind. Sogar für diejenigen unter uns, die sich wie der Verfasser nach wie vor dem Projekt der Entwicklung und menschlichen Emanzipation verpflichtet fühlen, bietet die postmoderne Herausforderung der Moderne die Gelegenheit, mit Hilfe des Modernebegriffs die komplexen Zusammenhänge zwischen Kultur, Wirtschaft und Politik, zwischen Machtsystemen und Formen von Gegenmacht sichtbar zu machen, die von anderen Epochenkonzepten oftmals verdeckt oder grob vereinfacht werden.

Epochen sind keine Zeitfestungen, in die man Menschen einschließen kann, sondern nach allen Seiten offene Flächen. Aber selbst wenn man in der endlosen Weite der Prärie unterwegs ist, bemerkt man das Vergehen der Zeit zwischen Morgen- und Abenddämmerung. Epochenbegriffe sind, nicht anders als die Zeitzonen, heuristische Konstrukte. Thema dieses Buches ist nicht die Moderne als solche, sondern die historische Bedeutung und Signifikanz der europäischen Moderne.

Moderne soll hier kulturell definiert werden, nämlich als vorherrschende Mentalität einer *Epoche, die der Zukunft zugewandt ist*, einer Zukunft, die als vermutlich anders und möglicherweise besser als Gegenwart und Vergangenheit gedacht ist. Der Gegensatz zwischen Vergangenheit und Zukunft bestimmt die »Zeitsemantik« (Luhmann 1991, 46) der Moderne bzw.

bildet ihren »binären Code«. Die Gegenwart besitzt »Gültigkeit allein hinsichtlich ihrer Chancen für die Zukunft, als eine Matrix der Zukunft« (Poggioli 1968, 73). Das Aufkommen der Moderne ist somit gleichbedeutend mit der Entdeckung der Zukunft, einer offenen, innerweltlichen Zukunft, die tatsächlich existiert.

Diese Entdeckung läßt sich empirisch verifizieren bzw. falsifizieren, und zwar im Hinblick auf Vorstellungen der Wissenschaft, der Politik und anderer Gesellschaftsbereiche sowie beispielsweise der Kunst. Sie ist deshalb eng verbunden mit der aufkommenden Fortschrittsidee und Wissensakkumulation (vgl. Spadafora 1990), mit der Aufklärung, der Erweiterung des irdischen Zeithorizonts (Koselleck 1979) und den Vorboten gesellschaftlicher Evolution (Therborn 1976, Kap. 4), schließlich mit dem Verlust früherer, im Wortsinne rückwärtsgewandter Vorstellungen von politischer Reform und Revolution, die sich nun in eine Art Schlüssel zur Zukunft verwandeln (Therborn 1989a).

Die zweite Hälfte des 18. Jahrhunderts gilt als die Zeit, in der die Moderne in Westeuropa endgültig den Sieg davonträgt, wobei allerdings Francis Bacons Wissenschaftstheorie (von 1605) und die ästhetische *querelle des anciens et des modernes* im Frankreich des ausgehenden 17. Jahrhunderts bedeutsame Vorarbeit geleistet haben. Das rasante Wachstum des Handels, das Aufkommen der Industrie, die bahnbrechenden wissenschaftlichen Entdeckungen, die Wasserscheide der Französischen Revolution (wenngleich diese anfangs ein eher altertümlich anmutendes Bild bot) bilden ohne Zweifel den Rahmen dieses Wandels. Auf der anderen Seite hielten die Re-naissance und die Re-formation trotz ihres durchaus vorhandenen schöpferischen Potentials den Blick fest auf eine goldene Vergangenheit gerichtet.

Wie komplex dieser Durchbruch der Moderne vor sich geht, sollte man sich stets warnend vor Augen halten, um nicht leichtfertig ihr Ende zu proklamieren. Nicht nur die Renaissance, sondern auch die Aufklärung, die jakobinische Revolution und die Herrscher über das englische industrielle Empire blickten sehr wohl zurück auf Modelle der Antike. Doch diente die »Totenerweckung«, wie Marx es formulierte, in diesen Fällen dazu, »die neuen Kämpfe zu verherrlichen, nicht die alten zu parodieren, die gegebene Aufgabe in der Phantasie zu übertreiben, nicht vor ihrer Lösung in der Wirklichkeit zurückzuflüchten« (Marx 1972, 116).

Das Ende der Moderne, in dem Sinne, wie sie hier verwendet wird, hat Alain Touraine treffend so beschrieben: »(...) wir verlassen die Moderne, wenn wir ein Verhalten oder eine Form sozialer Organisation nicht mehr länger entlang einer Achse Tradition–Moderne oder Unterentwicklung–Entwicklung einordnen (...).« (Touraine 1992, 208). Wenn, so könnte man hinzufügen, die Unterscheidung zwischen Vergangenheit und Zukunft ihre zentrale Rolle in den gesellschaftlichen und kulturellen Diskursen verliert, wenn der Veränderung in Richtung auf etwas von der Vergangenheit und der Gegenwart Unterschiedenes weder besondere Anziehungskraft noch Bedeutung zukommt. Die Moderne ist dann zu Ende, wenn Wörter wie Fortschritt, Vorreiterrolle, Entwicklung, Emanzipation, Befreiung, Wachstum, Akkumulation, Aufklärung, Verbesserung oder Avantgarde ihre Anziehungskraft verlieren und nicht mehr als Anleitung für soziales Handeln dienen.

Die Vormoderne blickt zurück auf die Vergangenheit, auf vergangene Erfahrungen und macht sie zum Vorbild hinsichtlich Weisheit, Schönheit oder Herrlichkeit. Die Moderne richtet ihren Blick auf die Zukunft, setzt ihre Hoffnungen auf sie, plant für sie, entwirft sie. Die Postmoderne hat jedes Gefühl für die Zeit und ihren Verlauf verloren oder verworfen. Vergangenheit, Zukunft und Gegenwart sind allesamt zu »virtuellen Realitäten« geworden bzw. zu beliebig kombinierbaren Elementen, wie etwa in der postmodernen Architektur.

Die Moderne läßt sich damit in den Kategorien eines vorherrschenden Zeitverständnisses beschreiben, das der etymologischen Herkunft des Wortes entspricht, wenngleich nicht zu leugnen ist, daß diese sich eher auf die Unterscheidung zwischen Vergangenheit und Gegenwart und weniger auf die Zukunft bezieht. Dieser Modernebegriff läßt sich zwar empirisch nachweisen, er impliziert jedoch keinerlei konkrete Hinweise auf Institutionen. Diese gilt es vielmehr als Ursachen, Auswirkungen oder bloße Möglichkeiten erst noch zu untersuchen. Eine solche Definition von Moderne ist meiner Ansicht nach begrifflich genauer und erkenntnisträchtiger als der Versuch, die Moderne mit Hilfe bestimmter konkreter Institutionen und gesellschaftlicher Bedingungen zu beschreiben, da man dabei Gefahr läuft, sich in einem institutionellen Fetischismus zu verheddern, indem man spezifische institutionelle Ausformungen zu Eckpfeilern einer universellen Epoche erklärt. Der Eurozentrismus oder Amerikazentrismus etwa sind geläufige Formen eines solchen institutionellen Fetischismus.

Ein institutioneller Zugang zur Moderne, der durchaus mit der temporalen Definition vereinbar ist, läßt gerade die Dialektik der Moderne schärfer hervortreten, d.h. die sie bestimmenden Widersprüche, Dilemmata, Spannungen und Konflikte.³ Statt wie in der Modernisierungstheorie traditionelle und moderne Gesellschaft einfach gegenüberzustellen, scheint es mir, von einer sozusagen post-klassischen Perspektive aus, sinnvoller zu sein, institutionell unterschiedliche Wege in und durch die Moderne näher zu bestimmen.

Wege in und durch die Moderne

Die europäische Gesellschaft im Rahmen einer Geschichte der Moderne zu beschreiben heißt, die frühe und klassische Soziologie ebenso wie zeitgenössische Diskussionen über Epochendeutungen, Postmoderne, neue Moderne usw. miteinander zu verbinden. Die Begriffsbildungen der frühen Soziologen konzentrierten sich auf den Übergang zur Moderne: Saint-Simon verkündete, die industrielle Gesellschaft werde an die Stelle der militärischen treten, Comte sprach davon, daß eine »positive«, wissenschaftliche Stufe gesellschaftlicher Evolution die religiöse ablöse, Tönnies unterschied zwischen Gemeinschaft und Gesellschaft, Durkheim zwischen mechanischer und organischer Solidarität und Weber zwischen rationaler und traditionaler Gesellschaft.

Doch weder die frühe Soziologie noch die spätere Modernisierungstheorie berücksichtigten die Möglichkeit, daß es unterschiedliche Wege in und durch die Moderne geben könnte, ganz zu schweigen davon, daß sie deren mögliche Ausformungen systematisch untersucht hätten. Den ersteren sei das verziehen, sie hatten genug zu tun mit der aufkommenden neuartigen Form von Gesellschaft oder Zivilisation, doch die Unilinearität der Modernisierungstheorie läßt sich kaum entschuldigen (vgl. Therborn 1995). Als Ausgangspunkt wollen wir deshalb zunächst grob vier zentrale Wege in und durch die Moderne unterscheiden (vgl. Therborn 1992b).

Zuerst gilt es herauszufinden, wo die Kräfte für und gegen die Moderne, für Fortschritt oder für die alten Sitten, für Vernunft oder für das Wissen der Vorfahren und der antiken Texte standen, als die Frage erstmals aktuell wurde. Im Falle *Europas* waren Befürworter wie Gegner der Moderne sozusagen endogen. Die Folge war ein spezifisch europäisches Muster innerer Revolutionen, von *Bürgerkriegen* und ausgeklügelten doktrinären »Ismen«, die vom Legitimismus und Absolutismus über den Nationalismus, Ultramontanismus und Liberalismus bis zum Sozialismus und Kommunismus reichten. Diese innere Zerrissenheit Europas resultierte aus *Klassen*konflikten bzw. wurde von diesen überlagert. Noch immer streitet man vornehmlich darüber, ob die großen europäischen Revolutionen ihre Ursachen in Klassenkonflikten oder anderen Arten von Konflikten hatten[4], statt nach der Intensität und den Folgen der Klassenkonflikte zu fragen. Klasse bezeichnet eine gesellschaftsinterne Spaltung, und ihre Bedeutung für die europäische Moderne ergab sich teils aus der innereuropäischen Zerrissenheit zwischen Gegnern und Befürwortern der Moderne, zum Teil aus der relativen Schwäche des Königtums. Später dann war der Begriff der Klasse fast ausschließlich an die einzigartige Bedeutung gebunden, die der Industriekapitalismus und seine polarisierte Arbeitsteilung im Europa der Moderne erlangten.

Ein zweiter Weg in und durch die Moderne findet sich in den *Neuen Welten*, die im Zuge der Auswanderung nach Übersee am Vorabend der Moderne entstanden. Für sie stehen beispielhaft, wenn auch nicht ausschließlich, Nord- und Südamerika. Hier befanden sich die Gegner der Moderne vor allem auf der anderen Seite des Ozeans, im Falle der USA in Großbritannien, im Falle Lateinamerikas auf der Iberischen Halbinsel. Gleichwohl profitierten die einheimischen Modernisierer durchaus vom europäischen Fortschritt. Umgekehrt waren die vorwärtsdrängenden Neuen Welten von Bedeutung für die Speerspitzen der Alten Welt, man denke nur an Lafayette und Tom Paine.

Die Moderne in den Neuen Welten warf vor allem zwei brennende Fragen auf. Erstens: Wer gehört zu denjenigen, die die Zukunft gestalten? Nur echte Einwanderer? Alle europäischen Immigranten? Schwarze? Chinesen? Die Ureinwohner? Die zweite Grundfrage ergab sich aus der Leichtigkeit, mit der sich moderne Staatsgebilde etablierten, sobald die Herrscher aus dem Mutterland entmachtet waren: Sollte der moderne Rechtsdiskurs Gültigkeit erlangen und allgemeine Anwendung finden? Die erste Frage mündete in eine ethnisch ausgerichtete Politik – mehr noch als im auf den Nationalstaat fixierten Nationalismus in Europa und andernorts – und in die zentrale Kategorie der »Rasse«. Die zweite war Auslöser der mexikanischen Revolution und später dann der Bürgerrechtsbewegung in den USA.

Die nachfolgenden politischen Konfliktlinien waren in ideologischer Hinsicht pragmatisch oder synkretistisch und sozioökonomisch unterbestimmt. Der amerikanische Populismus zum Beispiel, ob angelsächsischer oder lateinamerikanischer Provenienz, vereinte philosophische Gedanken und gesellschaftliche Kräfte, die in Europa streng in rechts und links gespalten waren. Auch die Auseinandersetzungen etwa um die Gleichberechtigung oder das Generationenverhältnis verliefen weniger grundsätzlich und erbittert und damit weniger ausgeprägt als in Europa.

Ein dritter Weg in und durch die Moderne ist derjenige der *Kolonialgebiete*, die sich von Nordwestafrika bis nach Papua-Neuguinea und in den Südpazifik erstreckten. In diese Kolonien gelangte die Moderne von außen, genauer: aus den Gewehrläufen. Widerstand gegen die Moderne kam von den Ureinwohnern, und ihn galt es zu zerschlagen. Später dann bedeutete die koloniale Moderne, daß sich ein Teil der Kolonisierten kulturell anpaßte, daß sie die entsprechenden Vorstellungen der Kolonialherren übernahmen – Volkssouveränität, nationale Selbstbestimmung, sozioökonomische Entwicklung – und diese gegen die Kolonisten und die Herren im kolonialen Mutterland richteten. Als Folge lassen sich in diesen Gebieten bis heute, neben anderem, ein tiefsitzendes kulturelles Trauma – freilich mit dem Potential zu so außerordentlich kreativen neuen Kombinationen, daß sich das Trauma bewältigen läßt –, eine gesellschaftliche Fragmentierung sowie das Primat der nationalen Frage beobachten. Zwischen dem modernen Staat – zunächst in seiner kolonialen, dann in seiner nationalistischen Gestalt – und der noch immer weitgehend vormodernen Gesellschaft – mit ihren vormodernen Formen von Ausbeutung und Unterdrückung auf dem Land wie in der Familie – besteht nach wie vor eine tiefe Kluft. Der postkoloniale Nationalismus leugnete bzw. verdeckte einerseits die notwendigen Eigenanstrengungen bei der Modernisierung, in anderen Fällen versuchte er, sie durch Dirigismus und Regelwut zu umgehen.

Viertens schließlich ist eine Gruppe von Ländern zu nennen, *deren Modernisierung von außen angestoßen wurde* (*externally induced modernization*, EIM-Länder) Sie fühlten sich von den neuen Imperialmächten in Europa und Amerika herausgefordert und bedroht, so daß ein Teil der herrschenden Elite einzelne Merkmale der sie bedrohenden Gemeinwesen »importierte«, um so der kolonialen Unterwerfung zu entgehen. Auf diese Weise wurden Bürgerrechte sowie neue Wirtschafts- und Verwaltungsformen gegen eine eher traditionell eingestellte Bevölkerung von oben durchgesetzt. Japan ist das erfolgreichste Beispiel für diese Ländergruppe. Im Verlauf der Moderne fiel der weiterhin vorhandenen vormodernen Elite eine wichtige Rolle zu, da sie bei der Bevölkerung großes Ansehen genoß; hinzu kam eine unterschiedlich erfolgreiche, aber gleichwohl dauerhafte Mischung aus althergebrachten einheimischen Sitten und weltweit konkurrenzfähigen Institutionen.

Diese vier Wege in die Moderne lassen sich in der Wirklichkeit finden und anhand ihrer jeweils entscheidenden Markierungen in Kurzform so benennen: die Französische und die industrielle Revolution, die amerikanische Unabhängigkeit, die typische doppelte Kolonialerfahrung, wie sie sich beispielsweise bei der Eroberung Bengalens und der Unabhängigkeit Indiens zeigt, sowie, viertens, die Meijirestauration in Japan.

Man kann sie aber durchaus auch als Idealtypen im Weberschen Sinne ansehen, wobei konkrete historische Erfahrungen Aspekte mehrerer dieser als ideal gedachten Wege enthalten. So finden sich etwa im Falle Rußlands für die Zeit seit Peter dem Großen Merkmale des vierten Wegs, ebenso aber auch für Europa charakteristische (vgl. Greenfeld 1992, Kap. 3). Die Teile der Neuen Welt, in denen die Ureinwohner überlebten und sich wieder erholten, weisen stark koloniale Züge auf; besonders deutlich zeigt sich das in dem langzogenen Streifen zwischen dem südlichen Mexiko und Bolivien. In Südafrika sind die Versuche, eine »neue weiße Welt« zu erschaffen, endgültig zu Ende gegangen, die letzte Phase der Entkolonialisierung ist dort längst eingeläutet. Ehemalige europäische »Protektorate« wie Ägypten oder Marokko haben sowohl den dritten wie den vierten Weg genommen.

Inwieweit diese strukturell bestimmten Wege in und durch die Moderne Erklärungskraft für die moderne Geschichte besitzen, bleibt allerdings offen; mit meinem Forschungsprojekt zu diesem Thema bin ich noch auf der Suche nach Antworten. Ein weitreichender Determinismus wird sich dabei jedoch kaum feststellen lassen. Die verschiedenen Wege der Moderne beeinflussen allenfalls die Wahrscheinlichkeiten, die Ausformungen und die Ergebnisse, aber sie determinieren nicht die späteren Ereignisse.

Aus dieser Problematik ergeben sich zwei grundlegende empirische Fragen. Was ist mit der *europäischen* Moderne geschehen, im Vergleich zu anderen Modernen? Und: Was ist mit der europäischen *Moderne* geschehen? Gibt es sie noch? Oder ist an ihre Stelle die Postmoderne getreten?

Dimensionen von Gesellschaft

Bevor wir weiter der Frage nachgehen, welcher Ort Europa innerhalb einer modernen Gesellschaftsgeschichte zukommt, gilt es grundlegende Dimensionen menschlicher Gesellschaft bzw. gesellschaftlicher Beziehungen zu klären. Wir benötigen einen Kompaß, um uns inmitten der unzähligen, ständig ablaufenden sozialen Prozesse zurechtzufinden. Wir brauchen eine Karte, um unseren eigenen Ort wie auch den anderer Kräfte und Ereignisse in der sozialen Welt zu bestimmen. Zudem besteht dringender Bedarf an einem Handbuch, das uns Grundlegendes darüber mitteilt, wie die Welt funktioniert und wo man nachschlagen kann, falls uns dieses oder jenes interessiert oder problematisch erscheint. Kurz: Wir brauchen ein Handbuch, eine Karte und einen Kompaß, und zwar als handhabbares und stabiles Instrumentarium für den Alltag, weniger als kunstvolle Einzelstücke, die wir am Sonntagnachmittag im Museum goutieren. Es geht um ein einfaches, in der Praxis anwendbares Analysewerkzeug für systematische empirische Untersuchungen, nicht um eine gesellschaftstheoretische oder methodologische Vorlesung. Dennoch hat mich das Thema - die Darstellung der europäischen Nachkriegsmoderne - dazu veranlaßt, auch über grundlegende soziologische Begriffe und Definitionen noch einmal neu nachzudenken.

Die Soziologie ist bislang eine nicht-paradigmatische Disziplin, d.h. es gibt kein explizites, weithin anerkanntes soziologisches Handbuch. Gleichwohl ließe sich aus der Praxis einer grob bestimmbaren Mainstream-Soziologie vermutlich ein brauchbares Analysehandbuch destillieren (vgl. Therborn 1991a und 1994). Ein solches nähme die Gesellschaft aus zwei Richtungen in den Blick, von ihrer *Kultur* und von ihrer *Struktur* her, wobei die Menschen jeweils als *Akteure* erscheinen. Das heißt, menschliche Gesellschaften setzen sich aus individuellen und kollektiven Akteuren zusammen, die im Rahmen von Kulturen und Strukturen handeln und gleichzeitig auf diese einwirken.

»Kultur« meint dabei all das, was von mehreren Leuten erlernt und geteilt wird, ihr Arsenal an Bedeutungen und Symbolen sowie das, was ihr gesellschaftliches Handeln innerlich anleitet. »Struktur« bedeutet hier ein Muster aus Ressourcen und Beschränkungen, die Menschen als gesellschaftliche Akteure betreffen. Menschen handeln auf diese oder jene Weise – so vermuten die Soziologen –, weil sie einer bestimmten Kultur angehören und/oder weil sie sich an einem bestimmten Platz innerhalb der Struktur aus Ressourcen und Beschränkungen befinden. Da *kulturelle Zugehörigkeit* und *strukturelle Position* die hauptsächlichen Erklärungsmuster für Handeln darstellen, gelten kulturelle Einordnung und strukturelle Allokation – ebenso aber auch Loslösung beziehungsweise Zerstreuung – als die zentralen Folgen sozialen Handelns.[5]

Ohne taxonomisch ins Detail gehen zu wollen, listen wir im folgenden die wichtigsten Aspekte bzw. Dimensionen von Struktur und Kultur auf.

Struktur beinhaltet vor allem:

I. die *Abgrenzung* des gesellschaftlichen Systems nach außen und die Regulierung der Zugehörigkeit, also der Bevölkerung, sowie

II. ein Situs-Gefüge[6] innerhalb des gesellschaftlichen Systems, und zwar als
   a) *institutionalisierte Zuweisung* von Ressourcen und Beschränkungen; Soziologen betonen jedoch immer stärker
   b) einen *nicht-institutionalisierten,* »informellen«, möglicherweise »abweichenden«, gleichwohl aber *feste Muster ausbildenden Zugang* (bzw. dessen Fehlen) zu Handlungsressourcen; und drittens schließlich, auf die Zukunft bezogen,
   c) eine Menge aus über die Zeit verteilten *Chancen*, Risiken und Möglichkeiten.

Die Ressourcen und Beschränkungen erscheinen dabei in unterschiedlichsten Formen und lassen sich zusammenfassen als *Pflichten, Rechte und Mittel.*

Kultur beinhaltet vor allem:
a) ein *Identitätsempfinden,* eine Vorstellung davon, was »Ich« und »Wir« heißt, und, damit verbunden, die Abgrenzung gegenüber dem bzw. den Anderen;
b) eine Form der *Kognition* oder kognitiven Kompetenz, eine Sprache, in der man denkt und mit der Welt kommuniziert, eine Perspektive auf und ein Wissen von der Welt;
c) eine Menge von *Werten und Normen,* mit deren Hilfe man gut und böse bestimmt sowie das, was man tut bzw. unterläßt.

Kulturen funktionieren über *Zeichensysteme* mittels *kommunikativer Prozesse.*

Menschliche Bevölkerungen und gesellschaftliche Systeme sind an Zeit und Raum gebunden. Zeit und Raum bestimmen die Endlichkeit des Lebens. Damit besitzen auch die Strukturen und die Kulturen menschlicher Bevölkerungen *raum-zeitliche Dimensionen.* Räumliche Aspekte gesellschaftlicher Strukturen und Kulturen bezeichnen territoriale Ausdehnungen, Grenzen, räumliche Verteilung oder Anordnung von Ressourcen und Beschränkungen bzw. von Identitäten, Wissen und Werten. Auch Zeit besitzt Ausdehnung, »Dauer«, Begrenzungen – sie endet und beginnt, ist im oder aus dem Takt – und Anordnungen, d.h. Sequenzen und Kadenzen. Der Zeitlichkeit unterliegen sowohl Kulturen wie auch Strukturen. Ressourcen haben, nicht anders als Identitäten, ihre Dauer, sie haben Anfang und Ende, einen bestimmten Ort innerhalb des Zeitverlaufs und ihren Rhythmus, sei er nun monoton, regelmäßig oder unregelmäßig. Umgekehrt sind auch Zeit und Raum kulturell wie strukturell geprägt.

Raum und Zeit sind von besonderer Relevanz auch im vorliegenden Buch, einem Buch über Europa und über die Moderne, also über einen unterschiedlich definierten, noch keineswegs abgeschlossenen Raum und über eine Epoche, über deren Ende im Augenblick gestritten wird. Zeit ist hier vor allem hinsichtlich gesellschaftlicher Zeitvorstellungen von Bedeutung sowie im Hinblick auf die Frage, wie sich diese möglicherweise im zu untersuchenden Zeitraum verändert haben. Mit anderen Worten: Es geht um die kulturell bestimmte Zeitwahrnehmung. Raum erscheint in zweifacher Perspektive, nämlich erstens als Aufteilung des Kontinents in verschiedene strukturelle, vornehmlich ökonomische, Räume sowie zweitens in Form räumlich unterschiedlich ausgeprägter kultureller Schichten. In ersterem Fall richtet sich der Blick auf Fragen der Integration, der Konvergenz und Divergenz, in letzterem auf die Ausbreitung und Verbindung unterschiedlicher kultureller Dimensionen über bestehende Staatsgrenzen hinweg.

Als Bestandteile sozialer Systeme beeinflussen sich die grundlegenden Strukturen und Kulturen gegenseitig und wirken zusammen auf das soziale Handeln ein. Gleichwohl läßt sich fragen, worin die *Dynamik* sozialer Systeme liegt. Sie resultiert aus der asymmetrischen Beziehung der einzelnen Bestandteile, wobei sich ein Schlüsselelement durch seine unabhängige Variabilität und durch seine vorherrschenden Auswirkungen auf andere Teile auszeichnet. Im Falle der Strukturierung kommt diese Schlüsselrolle den *Mitteln* zu: Sie sind institutionell weniger leicht zu verändern als Pflichten und Rechte, sie stehen – im Gegensatz zu den Zukunftschancen – im Moment der Entscheidung zur Verfügung. Berücksichtigt man die relative Variabilität und Wirkung kultureller Identität, Wahrnehmung und Werte, so bildet *Wissen* das Element mit der größten Dynamik.

Bevor wir nun unser Set von Untersuchungsvariablen wieder verlassen, muß noch der größere theoretische Kontext, in den sie eingebettet sind, geklärt werden. Die Strukturen (Rechte, Pflichten, Mittel und Risiken) und Kulturen (Identität, Wahrnehmung und Werte), die wir im folgenden untersuchen wollen, bilden die Grunddimensionen *sozialer Systeme*. Strukturierung und Enkulturation sind systemische Prozesse. Doch die sozialen Systeme als solche, die Systemhaftigkeit der erwähnten Dimensionen wie auch deren systemische Hervorbringung interessieren an dieser Stelle nicht. Systemtheoretische Fragen werden allenfalls am Ende auftauchen, wenn wir festgestellt haben, was denn überhaupt hervorgebracht worden ist.

Umgekehrt bestimmen die strukturelle Verankerung und die kulturelle Zugehörigkeit sozialer Akteure deren *Macht*. Die Verteilung der Pflichten, die Zuweisung von Rechten, der Zugang zu Mitteln, die Festigkeit der Identität, die Menge an relevanten Wahrnehmungen – das alles hat unweigerlich mit Machtverteilung zu tun. Dabei wurden bislang jedoch meist die sich verändernden strukturellen und kulturellen Zusammenhänge sowie die Lebensformen der Nachkriegseuropäer in den Vordergrund gerückt, nicht aber die Auswirkungen ihrer relativen Machtverhältnisse. Macht läßt sich verstehen als eine Möglichkeit, eine Menge sozialer Beziehungen oder die Ressourcen und Beschränkungen sozialer Akteure zusammenzufassen. Im folgenden liegt die Betonung jedoch auf der Frage, was denn überhaupt zusammengefaßt werden kann. Wie sehen die strukturellen und kulturellen Bedingungen aus? Welche Formen hat soziales Handeln angenommen? Welche Folgen hatte das für die Strukturen und Kulturen?

Abb. 1: Theoretisches Grundmodell dieser empirischen Studie

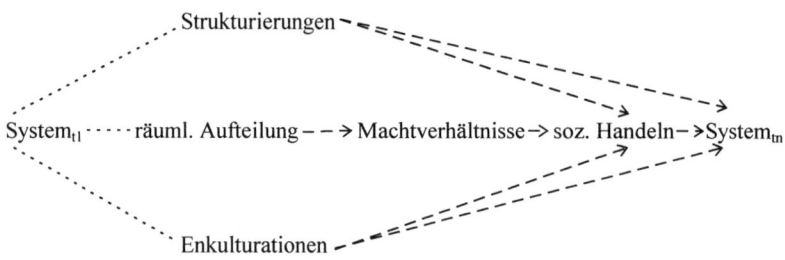

t_1, t_n = aufeinanderfolgende Punkte auf der Zeitachse
.... = impliziert, umfaßt
-----> = beeinflußt

Strukturierungen und Enkulturationen verleihen *sozialem Handeln*, ob individuell oder kollektiv, Richtung und Gestalt. Dessen Stärke wird bestimmt von der zur Verfügung stehenden Machtmenge sowie von deren Gebrauch. Umgekehrt beeinflußt soziales Handeln das soziale System, indem es dieses aufrechterhält oder verändert, sowie die Strukturierungs- und Enkulturationsprozesse. Ein Teil der vorliegenden Untersuchung widmet sich verschiedenen Formen kollektiven Handelns und deren Entwicklung in der Nachkriegszeit.

Die strukturellen und kulturellen Auswirkungen sozialen Handelns betreffen die Aufrechterhaltung, die Ausdehnung, die Schrumpfung oder das

Verschwinden sozialer Systeme. Und damit schließt sich der Kreis, wir sind wieder beim sozialen System angelangt, das die Strukturierungs- und Enkulturationsprozesse steuert. Abbildung 1 versucht einen knappen Überblick über den theoretischen Kontext dieses Buches zu geben.

Zum Zeitpunkt 1, sagen wir 1945-1950, umfaßt das soziale System der europäischen Gesellschaften eine spezifische Menge an Strukturen und Kulturen sowie an räumlichen Konstellationen, um deren Verständnis es uns hier geht. Dazu sollten wir auch zurückgehen zum Zeitpunkt -1, also die Zeit vor dem Krieg, einschließlich der damaligen Machtverhältnisse. Zum Zeitpunkt n, den frühen 90er Jahren, werden wir abermals einen Blick auf die Strukturierungen, Enkulturationen und die räumliche Aufteilung werfen, ebenso zu verschiedenen Zeitpunkten zwischen 1 und n.

Wir konzentrieren uns dabei auf die Auswirkungen, die soziales Handeln und Systemprozesse auf Struktur und Kultur haben. Welche Entwicklungen lassen sich feststellen? Worin liegt ihre Erklärungskraft?

Schließlich wollen wir einen Blick auf zwei Formen sozialen Handelns werfen, die typisch für die Moderne und damit für den Soziologen oder den Historiker dieser Epoche von besonderem Interesse sind. Zum einen geht es dabei um *kollektives Handeln*, insbesondere organisiertes und dauerhaftes kollektives Handeln auf der Grundlage einer gewählten kollektiven Identität. Zum anderen handelt es sich um *soziale Steuerung*, also um Versuche, soziale Prozesse über einen längeren Zeitraum hinweg bewußt in eine bestimmte Richtung zu lenken. Der momentane Versuch der europäischen Einigung kann in diesem Zusammenhang als herausragendes Beispiel sozialer Steuerung gelten, ebenso wie der Versuch, in Osteuropa den »Aufbau des Sozialismus« zu bewerkstelligen. Wenngleich sich alle Schlußfolgerungen hinsichtlich des letzteren Falls wohl bald als verfrüht erweisen, so lassen sich doch einige vorsichtige Betrachtungen darüber kaum vermeiden.

2. Europa in der Moderne

Auch wenn ein klares Bild der fortgeschrittenen vormodernen Welt – im Sinne des hier verwendeten Moderne-Begriffs – noch immer aussteht, so darf Europa doch ohne Zweifel als Vorreiter und Mittelpunkt der Moderne gelten. Weder die islamische Welt noch die schwarzafrikanische, die hinduistische oder die konfuzianische Welt Ostasiens scheinen die Zukunft als einen neuartigen Ort entdeckt zu haben, der zwar noch nie besucht wurde, gleichwohl aber erreichbar ist. Nirgendwo dort gab es um die Mitte des zweiten Jahrtausends und in den darauffolgenden Jahrhunderten größere Diskussionen darüber, ob die Gegenwart der Vergangenheit überlegen sei.[7]

Das ambivalente Zentrum

Europa wurde zum unumstrittenen *Zentrum* der Moderne, sowohl was das Wissen angeht wie auch die Macht. Im Verlauf des 17. und 18. Jahrhunderts überholte Europa sowohl die chinesischen wie auch die islamischen Zivilisationen in puncto Wissensproduktion. Es entwickelte zudem ein asymmetrisches Wissen vom Anderen, von dessen/deren Sprache, Sitten und Geographie. Gültiges Wissen wurde überwiegend zu Hause produziert, auch wenn man natürlich »Rohstoffe« von außerhalb Europas (von den orientalischen Sprachen bis zu den Galapagosfinken, die von Darwin beobachtet wurden) keineswegs verschmähte. Seit dem Ende des 15. Jahrhunderts entwickelten sich die seefahrenden Europäer zu den führenden Welteroberern. In den folgenden vier Jahrhunderten breiteten sich europäische Siedlungen über den gesamten Globus aus. Kapitalinvestitionen kamen vorwiegend aus Europa und stiegen seit dem 18. Jahrhundert beträchtlich an. Die zentrale Stellung Europas manifestierte sich im kulturellen Bereich in Gestalt der Aufklärung sowie im Paris des 19. und frühen 20. Jahrhunderts, das Walter Benjamin (1977, 170ff.) »die Hauptstadt des XIX. Jahrhunderts« genannt hat. Paris war für Exilsuchende aus aller Welt die Stadt der Freiheit, es war die Stadt der Künste und der Literatur.

Europa war der maßgebliche Organisator der Moderne, es verlieh ihr die chrakteristischen Formen: riesige, auf der Seefahrt beruhende Imperien, politisch organisierte Siedlungen in Übersee, interkontinentaler Handel und Investitionstätigkeit, gezielte Verbreitung von Glaubensformen und Herrschaftstechniken. All das war verbunden mit einem System zunehmend national ausgerichteter und säkularisierter Staaten im Zentrum. Dort gab es Arbeitsstätten, die neue Technologien für die Welt schufen, sowie wissensdurstige Wissenschaftler und Gelehrte, die Physik, Astronomie und politische Ökonomie ebenso weiterentwickelten wie die Aufklärung, den Nationalismus und den Orientalismus.

Die kulturellen Strömungen, an denen Europa im Verlauf der Moderne teilhatte, verliefen keineswegs einseitig, d. h. nicht ausschließlich von Europa aus in den Rest der Welt. Sie waren vielmehr asymmetrisch. Die kulturellen Eliten, von Goethe bis Picasso, und die Oberschichten in Europa fühlten sich immer wieder hingezogen zu außereuropäischen Kulturen und nahmen einzelne Merkmale auf, etwa im 18. Jahrhundert die Architektur, die Inneneinrichtung und Malerei Chinas und Japans oder im frühen 20. Jahrhundert Skulpturen und Malerei aus Afrika (vgl. etwa Lach 1977, Bd. 2; Said 1993). Der »geheimnisvolle Orient« übte im 19. Jahrhundert große Anziehungskraft auf die europäischen Eliten aus, wobei als »Orient« wechselweise Nordafrika, Ägypten, Indien, China oder andere exotische Orte galten. Alte Sprachen wie Sanskrit, alte Geschichte und Archäologie zogen die Aufmerksamkeit europäischer Gelehrter ebenso auf sich wie zeitgenössische nicht-europäische Sprachen, Religionen und Sitten, wobei sich die Gelehrten nicht selten zu *den* Experten auf dem jeweiligen Gebiet entwickelten.[8] Die Strömungen in die andere Richtung, also mit Europa als Ausgangspunkt, ergaben sich erst etwas später; entscheidend dabei aber ist, daß es sich in diesen Fällen eher um Massen- denn um Elitenphänomene handelte, die oft tief in die persönliche Identität eingriffen, etwa in Gestalt europäischer Glaubensformen, europäischer Sprachen für die Alltagskommunikation, europäischer Normen, wie man sich kleidet und wohnt, ohne daß deshalb allerdings lebensfähige europäische Kulturen entstanden.

Der Versuch, Europas Ort innerhalb der Weltgeschichte der Ökonomie zu bestimmen, ist hingegen komplizierter. Wirft man einen Blick auf die genauesten verfügbaren Schätzungen, bei denen allerdings stets eine gewisse Fehlermarge in Rechnung zu stellen ist, so scheint es keineswegs so, als sei Europa allein, ja nicht einmal Westeuropa, jemals der reichste Teil der Welt gewesen. Seit dem Beginn des 18. Jahrhunderts teilte Europa sich diesen Rang mit den europäischen Siedlungen in Nordamerika bzw. fiel sogar hinter diese zurück. Sicher, Großbritannien wies bis zum Ende des 19. Jahrhunderts das größte Pro-Kopf-Einkommen auf (Bairoch 1981, 4, 10, 12, 14).[9] China jedoch lag um 1800 mit seinem BSP pro Kopf knapp hinter Westeuropa, aber deutlich vor Osteuropa. Japan und Asien hatten zusammen wahrscheinlich ein BSP, das demjenigen Osteuropas entsprach (Bairoch 1981, 12, 14).[10] Was die Güterherstellung betrifft, so scheint China im 18. Jahrhundert weitaus produktiver gewesen zu sein als Europa; deutlich überholt wurde es jedenfalls erst im zweiten Viertel des 19. Jahrhunderts. Auch der indische Subkontinent lag im Zeitalter der Aufklärung gleichauf mit Gesamteuropa (Bairoch 1982, 296).[11]

Mit anderen Worten: Der endgültige Durchbruch der Moderne in Europa läßt sich kaum aus einem einzigartigen wirtschaftlichen Aufstieg ableiten, noch läßt sich mit guten Gründen behaupten, die wirtschaftliche Entwicklung fuße auf einem neuartigen Bewußtsein von Moderne. Ohne hier irgendwelche Hypothesen über Kausalzusammenhänge aufstellen zu wollen, die ohnehin außerhalb der Kompetenz eines Nicht-Historikers lägen, will ich doch auf die Doppeldeutigkeit hinweisen, die sich aus dem ersten Augenschein einerseits und der Komplexität der möglichen Beziehungen zwischen der Moderne als einer kulturellen Epoche und den soziökonomischen strukturellen Transformationen andererseits ergibt. Dem Soziologen widerstrebt es ebenso wie dem Sozialhistoriker, hier keinen kausalen Zusammenhang zwischen den beiden Aspekten zu vermuten; doch wie immer er aussehen mag, er ist weder einfach noch eindimensional.

Die ambivalente Stellung Europas hinsichtlich des weltweiten Wohlstands wird noch unterstrichen durch die lange – und allmählich anschwellende – Tradition europäischer *Auswanderung*. Zwischen 1850 und 1930, als die Massenemigration in andere Weltgegenden ein Ende fand, verließen etwa fünfzig Millionen Menschen Europa – Rußland eingeschlossen – in Richtung anderer Kontinente. Das entspricht knapp 12 Prozent der europäischen Bevölkerung im Jahr 1900 (Woodruff 1966, 104, 106).[12] Wenn man daher davon spricht, daß die Welt von Europa aus gestaltet worden sei, so bedeutet das auch, daß Europa außer den militärischen, administrativen, ökonomischen und kulturellen Eroberern auch eine beträchtliche Anzahl an Armen und Kriminellen, seine schwarzen Schafe oder einfaches Fußvolk und verfolgte Bevölkerungsgruppen ebenso wie unternehmungslustige Habenichtse »exportierte«.

Der Weg in den Bürgerkrieg

Wie alle großen modernen Zivilisationen hat auch die europäische ihre kulturellen und institutionell-strukturellen Wurzeln in der Antike. Im Falle Europas werden dabei meist die Demokratie der Griechen, das römische Recht sowie der jüdisch-christliche Glaube hervorgehoben. Wie wahr solche Berufungen prinzipiell auch immer sein mögen, so unbrauchbar sind sie, will man Zeitraum und Ausgestaltung der Moderne erklären, die sich deutlich erkennbar nicht schrittweise aus der christlichen Antike heraus entwickelt hat. Von der berühmten Frage nach dem Primat Europas wollen wir in diesem Zusammenhang zunächst einmal absehen und statt dessen die

Betonung auf die spezifische Art und Weise legen, in der sich die Moderne in Europa durchsetzte oder durchgesetzt wurde.

Der europäische Weg in die Moderne führte über den Bürgerkrieg. Unter Bürgerkrieg verstehe ich Konflikte – die üblicherweise, aber nicht notwendig gewalttätig verlaufen – zwischen Gegnern und Befürwortern einer bestimmten sozialen oder kulturellen Ordnung, und zwar innerhalb einer feststehenden Bevölkerung, die sich über bestimmte anerkannte Gemeinsamkeiten sowie durch die Abgrenzung nach außen definiert. Diese dialektische Form des Wandels unterscheidet sich nicht nur von Evolution und Wachstum, sondern auch von den Formen, die entweder – ob unter Protest oder nicht – von oben oktroyiert werden oder von außen kommen, sei es durch Ausbreitung mit anschließender Übernahme, durch Import und Implementierung von oben oder durch Druck und Zwang.

Ergebnis des Bürgerkriegs ist das, was Rechtsgelehrte als das moderne europäische Rechtssystem betrachten, das sich nicht aus dem römischen Recht entwickelte, sondern in der Folge der Bürgerkriege des europäischen Christentums, also der Auseinandersetzungen zwischen dem Papsttum auf der einen und dem Kaiser bzw. anderen weltlichen Herrschern auf der anderen Seite, im 11. und 12. Jahrhundert entstand (Berman 1991). Einem ähnlichen kontinentalen Bürgerkrieg entspringen das heutige religiöse Aussehen Europas und der moderne Säkularismus. Gemeint sind Reformation und Gegenreformation, der englische Bürgerkrieg im 17. Jahrhundert sowie die Französische Revolution mitsamt den sich anschließenden innerkontinentalen Glaubenskriegen (1792-1815) und den noch länger als ein Jahrhundert andauernden nationalen Auseinandersetzungen um die Stellung von Kirche und Religion. Auch die politischen Bürgerrechte und die verfassungsmäßige Rückbindung von Herrschaft setzten sich in Europa mittels Revolution und Bürgerkrieg durch, wobei auch hier wieder an erster Stelle der englische Bürgerkrieg zu nennen ist sowie die sich anschließende »Glorious Revolution« von 1688; Bedeutung kommt daneben aber auch den Revolutionen und Volksaufständen gegen aufsässige Herrscher zu, die im Gefolge der Französischen Revolution aufflammten (vgl. Therborn 1992b).

Die Bedeutung des Bürgerkriegs und anderer innerer Konflikte ergibt sich unmittelbar aus drei Bedingungen, die innere Konflikte im allgemeinen bestimmen und für Europa besonders charakteristisch waren. Zunächst ist hier die seit der Mitte des 16. Jahrhunderts fehlende bzw. unwesentliche und allenfalls entfernt vorhandene Bedrohung durch Eroberung von außen zu nennen. Abgesehen von dem kurzen Augenblick des Jahres 1683, waren

Byzanz und der von den Osmanen eroberte Balkan nur noch von nachgeordneter Bedeutung. Probleme des Widerstands gegen oder der Kollaboration mit einer fremden Macht, die Frage, ob man vom Anderen lernt oder ihn zurückweist, haben die Europäer in den letzten Jahrhunderten kaum berührt.

Ein zweite Bedingung liegt im Vorhandensein klarer Grenzen, die Innen und Außen voneinander trennen. Damit verbindet sich, drittens, ein inneres Beziehungsgeflecht, das für eine ausgeprägte Interdependenz der deutlich abgegrenzten Bevölkerung sorgt, so daß innere Konflikte stets den Aufbau des Ganzen betreffen.

Die christlichen Kirchen, das Staatensystem sowie die Organisation der absolutistischen Staaten und mehr noch der Nationalstaaten sorgten für diese Abgrenzungen und die innere Dichte Europas an der Schwelle zwischen Vormoderne und Moderne. Die Kirche, in besonderem Maße, aber nicht nur die katholische, hat das Christentum auf eine Weise abgegrenzt und integriert, die von anderen großen Religionen nicht annähernd erreicht wurde. Die feudalistische Maxime »nulle terre sans seigneur« (kein Land ohne Herr) und das System der Renaissance- und Nach-Renaissance-Staaten zerstückelte ganz Europa, ungleichmäßig und rational nicht recht einleuchtend, aber dennoch klar und deutlich, so daß praktisch kein Raum blieb für schlichte, segmentierte Koexistenz und krude, vage bleibende Territorialansprüche, wie ernsthaft diese auch immer gewesen sein mögen. Die Konsolidierung dieser Staaten und die Ausbreitung ihrer Justiz-, Fiskal- und militärischen Netzwerke ließ die Frage nach der Legitimät und Form von Herrschaft um so bedeutsamer werden.

Es liegt nicht in unserer Absicht, hier die Anfänge der europäischen Moderne ausführlich darzustellen. Gleichwohl ist festzuhalten, daß der Bürgerkrieg der Malstrom war, in dem und durch den die Moderne sich in Europa den Weg bahnte. Das Kräfteverhältnis zwischen Vernunft, Aufklärung, Emanzipation, Fortschritt, Entwicklung, Leistung, Wandel, Moderne auf der einen und göttlichem Recht und Gesetz, alten Sitten, der Weisheit der Vorfahren, Erbe, Geburt, vergangener Erfahrung, Tradition auf der anderen Seite wurde weithin und typischerweise durch den Bürgerkrieg bestimmt, durch die eine oder andere Form des inneren Konflikts. Ebenso erging es anderen Strukturierungsmechanismen wie etwa feudalistischen Verträgen, Märkten und der Bürokratie.

Die Aufspaltung in gewählte kollektive Identitäten und die Dauerhaftigkeit und Beständigkeit von Wertmustern waren in Europa besonders stark ausgeprägt. Das zeigte sich vor allem darin, daß sich zum einen widerstreitende Kanons herausbildeten, was die Deutung wichtiger zeitgenössischer Ereignisse betraf – typisch sind hier wiederum die polemischen Debatten im Umkreis der englischen und Französischen Revolution. Zum anderen entwickelten sich elaborierte, polemisch-doktrinäre Lehrgebäude mitsamt ihren Gefolgschaften, die sogenannten »Ismen«. Ultramontanismus, Protestantismus, Legitimismus, Monarchismus, Konservatismus, Faschismus, Liberalismus, Republikanismus, Sozialismus, Kommunismus, Anarchismus – sie alle und noch einige mehr sind europäischen Ursprungs und prägen bzw. prägten die europäische Kultur der letzten beiden Jahrhunderte in besonderer Weise. Der wohl einzige bedeutsamere »Ismus« der Moderne, der nicht in Europa entstand, ist der Fundamentalismus, der seinen Ursprung im nordamerikanischen Protestantismus hat und heute meist mit islamistischen Strömungen in Verbindung gebracht wird (vgl. Ammerman 1991). Das gleiche Phänomen zeigt sich aber auch beim katholischen Ultramontanismus und beim orthodoxen Protestantismus, auch wenn im Zusammenhang damit meist nicht von Fundamentalismus die Rede ist.

Die Schlachten zwischen den »Ismen« wurden jedoch überlagert oder bestimmt von einer weiteren Form der Dialektik, die für das moderne Europa besonders bezeichnend ist, nämlich von den Klassenkämpfen. Landbesitzer, Bauern, das städtische Bürgertum aus Industrie und Handel, das städtische Kleinbürgertum, Handwerker, Industriearbeiter, allgemeine Hilfsarbeiter, eher selten die in der Landwirtschaft Beschäftigten – sie alle haben sich zumindest seit dem 19. Jahrhundert in Europa artikuliert und organisiert, und zwar verwandtschafts-, orts- und berufsübergreifend. Mit anderen Worten: Die Klasse, grob definiert als eine umfassende, ausschließlich sozioökonomische Gruppierung, hat die politischen und ideologischen Konfliktlinien und das kollektive Handeln in Europa entscheidend bestimmt.[13]

Wenngleich das Datenmaterial für eine entscheidende empirische Beweisführung noch fehlt, so würde ich doch vermuten, daß der Klassenkonflikt ein weiterer Grundzug moderner sozialer Organisation und sozialen Handelns ist, der Europa stärker als andere Gesellschaften ausgezeichnet hat. Wir wollen hier nicht auf die noch immer schwelende Kontroverse eingehen, welche Bedeutung der Klasse für die englische und die Französische Revolution zukam, sondern nur auf einige Sachverhalte hinweisen: auf die »soziale Frage« bzw. die »Arbeiterfrage« des 19. Jahrhunderts oder auf den im gleichen Jahrhundert entstandenen Begriff einer »sozialen Bewegung«

(Stein 1842); auf die Parteiungen des Jahres 1848; auf das Aufkommen von Handwerker- und Industriearbeiterbewegungen, von Bauernparteien und -kooperativen, von Unternehmer- und Landbesitzerorganisationen; auf die Parteiensysteme und klassengebundenes Wahlverhalten; schließlich auf die russische Oktoberrevolution und die von ihr ausgelösten Erschütterungen.[14]

Das Spezifische des Klassenkonflikts in Europa, das die europäischen und von Europa geprägten Theoretiker der Klasse lange Zeit nicht problematisieren wollten, läßt sich wohl an drei Grundzügen festmachen, die die moderne europäische Geschichte in besonderem Maße prägen. Als grundlegend erscheint dabei der endogene Charakter der europäischen Modernisierung. In diesem Zusammenhang wird die Beziehung zu äußeren Mächten irrevelant, eine Tatsache, die außerhalb Europas nicht vorstellbar wäre. Zwar hatte auch Europa seine ethnischen Konflikte, und es war die Heimstatt des einzigen geplanten und systematischen Genozids auf der Welt, aber selbst in den finstersten Zeiten ethnischer Projektionen behielt die Klasse ihre Bedeutung. Man sollte nicht vergessen, daß die einzigen Gegner der nationalsozialistischen Machtergreifung am Ende die Sozialdemokraten und die Kommunisten waren, also Parteien, die sich ausdrücklich als Vertreter der Arbeiterklasse verstanden.

Zum zweiten dürfte die auffällige Bedeutung der Klasse in Europa durch die europäischen Verwandschafts- und Familienstrukturen begünstigt worden sein. Spätestens mit dem Ende der germanischen Völkerwanderungen herrschten in Europa eher territorial denn genealogisch ausgerichtete gesellschaftliche Organisationen und Kollektividentitäten vor (Armstrong 1982). Es gab die Pfarrei, die Diözese, die Stadt und den Herrn, weniger den Clan, die Abstammung oder den Stamm. Die territoriale Organisation war selbstverständlich in den ethnisch homogeneren westlichen Teilen des Kontinents stärker ausgeprägt. Westlich einer Linie von Triest bis St. Petersburg gab es bereits an der Schwelle zur Moderne einen besonderen Typ von Familie, der sich durch späte Heirat, eine beträchtliche Anzahl unverheirateter Personen sowie durch Kleinfamilienhaushalte auszeichnete (Hajnal 1965; vgl. auch Kaelble 1987, 18ff.). Solche territorialen Trennlinien und losen Familienstrukturen begünstigen – zumindest bilden sie, anders als ihr jeweiliges Gegenteil, kein Hindernis – interne sozioökonomische Spaltungen und damit die Mobilisierung.

Die in einzigartiger Weise umfassende Industrialisierung Europas schließlich bildet den dritten Faktor, der Klassenbewußtsein, Klassenspaltung und Klassenkonflikt begünstigt hat. Europa war nicht nur Vorreiter auf dem Gebiet der verarbeitenden Industrie, hier hatte die Industrie auch die größten Auswirkungen auf die Beschäftigungsstruktur. Nirgendwo sonst auf der Welt spielte Industriearbeit eine derart große Rolle für die wirtschaftlich aktive Bevölkerung wie in Europa, und hier ganz besonders in Großbritannien und Deutschland (Bairoch 1968; vgl. Kap. II,2). Die Beziehungen zwischen Arbeitgebern und Arbeitnehmern im Hinblick auf Produktion und Arbeit zerschneiden darüber hinaus familiäre und pseudo-familiäre Beziehungen, und ein arbeitsteilig organisiertes Kollektiv aus Facharbeitern – ein weit verbreitetes Phänomen in Europa mit seiner engen Verbindung zwischen Handwerk und industrieller Arbeit – konnte ein nicht unbeträchtliches Maß an Autonomie gegenüber seinem Arbeitgeber erlangen (vgl. Therborn 1983).

Topologie der Zeit nach 1945

Von unserem Blickwinkel einer vergleichenden Untersuchung der Moderne aus läßt sich sagen, daß Europa im Jahr 1945, also am Beginn unserer soziologischen Untersuchungen, vor zwei grundlegenden Fragen stand. Die erste betrifft seine Stellung in der Welt: Was läßt sich, wenn überhaupt, angesichts von Europas tiefgreifend erschütterter Stellung als Zentrum der globalen Moderne tun? Und zweitens: Wie wird, wie soll sich die innere gesellschaftliche Dialektik Europas entfalten?

Die unsichere Stellung Europas innerhalb der Weltwirtschaft und der Weltpolitik war dabei keineswegs neueren Datums. In ökonomischer Hinsicht war Europa bereits um die Jahrhundertwende von den Neuen Welten deutlich überholt worden. Entsprach das BSP Großbritanniens 1870 in etwa dem der USA, so lag das amerikanische BSP 1913 schon um das 2,7fache über dem britischen. Deutschlands BSP entsprach 1870 42% des amerikanischen, 1913 waren es nur noch 13%. Frankreichs Wirtschaftskraft betrug 1870 vier Fünftel der amerikanischen, 1913 war sie auf knapp ein Viertel geschrumpft (Maddison 1982, 161). Europas Anteil an der Weltbevölkerung erreichte seinen Höhepunkt im frühen 20. Jahrhundert, als er bei etwas mehr als einem Viertel lag (Braudel 1985/86, 34; Woodruff 1966, 103).

Der amerikanische Sieg über die Spanier im Jahr 1898 war in diesem Zusammenhang weniger bedeutend als die russische Niederlage gegen die Japaner 1905. Spanien hatte sich schon lange auf dem Abstieg befunden, und die Stärke der Vereinigten Staaten war bereits vorher bekannt gewesen.

Aber daß eine asiatische Macht eine europäische in die Knie zwingen würde, ein »gelbes« Volk ein »weißes«, das war doch bemerkenswert, noch dazu zu einer Zeit, als sich Imperialismus, Sozialdarwinismus und allgemeiner Rassismus auf dem Höhepunkt befanden. Der Sieg der Japaner sandte nichteuropäische Hoffnungsstrahlen nicht nur nach ganz Asien, sondern auch nach Nordafrika.[15] Das entscheidende weltpolitische Ereignis war jedoch das Eingreifen der Vereinigten Staaten in den großen europäischen Krieg 1914-1918. In dessen Gefolge erhielt Europa zum ersten Mal in seiner Geschichte Weisungen von außerhalb, nämlich in Gestalt von Wilsons Prinzipien von Demokratie und nationaler Selbstbestimmung.

Einem beträchtlichen Teil der europäischen Avantgarde in den 1920er Jahren galten die USA als Leuchtpunkt des technischen, sozialen und kulturellen (Film, Jazz) Fortschritts. Eine der eindringlichsten Reflexionen darüber stammt aus der Feder eines führenden italienischen Kommunisten, von Antonio Gramsci, der hinter den Mauern eines faschistischen Kerkers, abgeschnitten vom politischen Leben, seine *Quaderni del carcere* (Gefängnishefte) verfaßte (Gramsci 1991ff.).

Doch Europa war zunächst einmal eine Ruhepause vergönnt. Die USA zogen sich aus ihrer weltpolitischen Vormachtstellung auf die, wie Wilsons Nachfolger es nannte, »Normalität« zurück. Die enorme Wirtschaftskraft des amerikanischen Kapitals war zwar zweifellos präsent im Zwischenkriegseuropa (vgl. Maier 1975, 577ff.) und spielte eine zentrale Rolle in den verschiedenen »Plänen«, Europas Wirtschaft zu stabilisieren. Doch es war der Goldstandard, der die Spielregeln bestimmte, weniger das Bankhaus Morgan. Und schließlich folgte die große Weltwirtschaftskrise, von der die Vereinigten Staaten härter und anhaltender betroffen waren als Europa. Insgesamt gesehen schrumpfte die amerikanische Wirtschaft dabei um fast ein Drittel, die europäische lediglich um ein Zehntel (Maddison 1976, 457).[16] Erst 1939 erreichte das amerikanische BSP wieder den Stand von 1929. Im Vergleich zum BSP von 1913 hatten die USA Boden gegenüber Deutschland und einigen kleineren Ländern Nordwesteuropas verloren, den Vorsprung gegenüber Frankreich und Großbritannien konnten sie nur aufgrund ihrer Überlegenheit während des Krieges und der 20er Jahre halten (Maddison 1982, 232).

Die Zeit nach dem Ersten Weltkrieg erlebte die ersten größeren anti-kolonialen Bewegungen, den arabischen Nationalismus, die Kampagne des National-Kongresses in Indien mitsamt dem Massaker von Amritsar, die Bewegung des 4. Mai in China, das Aufkommen des Panafrikanismus.

Doch letztendlich wurden alle Versuche, die europäische Kolonialherrschaft herauszufordern, abgewehrt. Im Gegenteil, die Reichweite kolonialer Macht wurde sogar noch ausgedehnt, als Großbritannien und Frankreich die größeren arabischen Teile des untergegangenen Osmanischen Reiches in Besitz nahmen: Der Libanon und Syrien gingen an Frankreich, Palästina und der Irak an die Briten. In den 30er Jahren unterwarfen Spanien und Frankreich endlich auch das marokkanische Rifgebirge. Italien gelang es mit einiger Mühe, Äthopien unter seine Herrschaft zu bringen. Europa breitete sich also noch immer aus.

In kultureller Hinsicht hatte der Krieg im großen und ganzen keine Auswirkungen auf die europäische Vorrangstellung. Ernest Hemingway und William Carlos Williams gingen nach Paris, Talcott Parsons nach Heidelberg, während ihre europäischen Kollegen nur selten den Weg nach New York fanden. »In Europa machen sie's besser«, lautete ein Wahlspruch der »verlorenen« Nachkriegsgeneration amerikanischer Intellektueller (Wolfe 1981, 13). Zwar zog es einige Schauspieler und Regisseure durchaus nach Hollywood. Aber erst die 30er Jahre brachten eine Richtungsumkehr, die freilich eher durch europäischen Druck bedingt war als durch die Anziehungskraft Amerikas. Faschismus und Antisemitismus vertrieben fast alle bedeutenden Künstler, Wissenschaftler und Gelehrten aus Zentraleuropa: das Bauhaus, die Expressionisten, die Frankfurter Schule, Albert Einstein, Enrico Fermi und all die anderen am späteren »Manhattan Project« Beteiligten, Bertolt Brecht, Fritz Lang, Thomas Mann, Piet Mondrian und John von Neumann, den Prager Kreis, die Psychoanalyse, die Surrealisten, den Wiener Kreis und viele mehr.[17] Es handelte sich dabei um den wohl größten kulturellen Selbstmord aller Zeiten, dem auf linker Seite der ähnlich weit ausgreifende stalinistische Terror in der UdSSR entsprach. Während des Zweiten Weltkrieges jedenfalls hatte die Spitze der europäischen Kunst ihre Zelte außerhalb Europas aufgeschlagen und malte im New York des abstrakten Expressionismus.

Der Zweite Weltkrieg erschütterte die Grundfesten von Europas Machtstellung in der Welt. Seine führende Wirtschaft wurde nicht nur besiegt, sondern zerschlagen. Selbst nachdem sie sich vom ersten Schock erholt hatten, war die italienische Wirtschaft 1946 auf ihr Niveau von 1927 oder 1915/16 zurückgefallen, die französische auf das von 1913, und das deutsche BSP war 1947 wieder auf dem Stand von 1913. Zwar lag die britische Wirtschaftskraft über den beiden Vorkriegsmarkierungen, aber damit war

37

sie nur um 50% gegenüber 1913 gewachsen, während die US-Wirtschaft um das 2,5fache größer war als 1913 (Maddison 1982, 232f.).

Das Herz des Kontinents war von fremden oder zumindest halbfremden Truppen besetzt. Doch obwohl die Royal Air Force Dresden, Hamburg und andere deutsche Städte in Grund und Boden gebombt hatte – es war die Auslöschung von Hiroshima und Nagasaki, die von der kommenden neuen Militärtechnologie kündete. Mit ihr brach das Zeitalter eines auf die Luftstreitkräfte gestützten amerikanischen Imperiums an, das die alten europäischen Seereiche ablöste.

Die Organisation der Nachkriegswelt glitt Europa aus den Händen. Die Vereinten Nationen mit ihrer Zentrale in New York traten die Nachfolge des Völkerbunds in Genf an, das Währungssystem von Bretton Woods, die Organisation für wirtschaftliche Zusammenarbeit in Europa (OEEC), der Marshall-Plan und die Truman-Doktrin, d.h. amerikanische oder von Amerika kontrollierte Initiativen bildeten die Parameter der neuen Weltordnung.

Der große Rückzug Europas begann, fast genau ein halbes Jahrtausend nach Beginn seiner Expansion (der schon früher vollzogene Rückzug vom amerikanischen Kontinent war noch durch neue Eroberungen in Asien und Afrika kompensiert worden). Die Briten merkten, daß sie die Juwelen in ihrer imperialen Krone nicht länger behalten konnten, und entließen Indien in die Unabhängigkeit. Auf Druck der USA sahen sich die Niederlande gezwungen, ihren Kolonialkrieg zu beenden und Indonesien zu verlassen. Frankreich gelang es zwar, Vietnam für kurze Zeit zurückzuerobern, es mußte aber seine osmanische »Beute« abgeben. In Afrika war der europäische Kolonialismus zu keinerlei Zugeständnissen bereit – mit der Ausnahme Äthiopiens, das aus den Fängen des besiegten Italiens in die Unabhängigkeit zurückkehrte. Die andere ehemalige Kolonie Italiens, Libyen, wurde vorübergehend von Großbritannien und Frankreich besetzt.

Europa hatte somit weitgehend, wenn auch nicht vollständig seine Rolle als globale Ordnungsmacht verloren. Paris, dessen intellektuelle Protagonisten nach dem Krieg Sartre und sein Kreis waren, blieb die Weltkulturhauptstadt (sofern es eine solche überhaupt noch gab), auch wenn es nun mit New York und Los Angeles wetteifern mußte. Die Londoner City behielt dagegen weitaus unangefochtener ihre Stellung als Finanznabel der Welt. Paris und Genf schließlich blieben Orte zwischenstaatlicher Begegnungen und Konferenzen.

Die Infragestellung des Privateigentums

Die zweite Frage betraf 1945 die Zukunft der inneren, gesellschaftlichen Dialektik Europas nach der Niederlage des Faschismus und nach den Zerstörungen, Vertreibungen und Massenmobilisierungen des Krieges. Der Hauptpunkt dabei waren nicht, wie nach dem Ersten Weltkrieg, die staatliche Ordnung, die Frage »Republik oder Monarchie?«[18], das Wahlrecht, Arbeiterräte oder Parlamente. Es ging vielmehr um die wirtschaftliche und soziale Verantwortung des Staates, und zwar im Hinblick auf die Wirtschaftsordnung und auf die sozialen Rechte der Bürger.

Die Weltwirtschaftskrise war ein Armutszeugnis für den Liberalismus im europäischen Sinne gewesen. Die Niederlage des Faschismus erschien nun als Armutszeugnis für den Kapitalismus und wiederum für liberale Vorstellungen von privatem Unternehmertum. Das Ahlener Programm der westdeutschen CDU vom Februar 1947, das weitgehend von Konrad Adenauer verfaßt wurde (Schwarz 1991a, 559f.), brachte eine in Europa unmittelbar nach dem Krieg weit verbreitete Meinung zum Ausdruck, wenn es dort heißt: »Das kapitalistische Wirtschaftssystem ist den staatlichen und sozialen Lebensinteressen des deutschen Volkes nicht gerecht geworden. (...) Inhalt und Ziel dieser sozialen und wirtschaftlichen Neuordnung [von Grund auf] kann nicht mehr das kapitalistische Gewinn- und Machtstreben, sondern nur das Wohlergehen unseres Volkes sein.« (Huster u.a. 1972, 424)

Adenauer und seine Gefolgsleute versuchten die radikalere Variante zeitgenössischer Christdemokratie abzuwehren, die von Adenauers Hauptkonkurrenten um die gesamtdeutsche Führung, Jakob Kaiser, angeführt wurde. Er ließ 1945 verlauten: »Das kommende Zeitalter (...) müsse (...) im Zeichen einer ›sozialistischen Ordnung‹ stehen.« (Eschenburg 1983, 188) Das Ahlener Programm war allerdings kein Äquivalent der Reading-Resolution, die die britische Labour Party 1944 auf ihrem Parteitag verabschiedete. In ihr wurde die »Überführung von Land, Großbauten, Schwerindustrie und allen Arten von Banken, Transportwesen, Treibstoff und Energie in öffentliches Eigentum« gefordert (Addison 1977, 256).

Doch ein neuer Eigentumsbegriff, der offen gegenüber Verstaatlichungen war, vor allem aber die Überführung von Privateigentum in öffentliche Verantwortung betonte, beherrschte die zeitgenössische Meinung in der politischen Mitte und rechts davon. In Deutschland sprachen Adenauer und seine Freunde im Ahlener Programm vage von einer »gemeinwirtschaftlichen Ordnung«. Der programmatische Führer der französischen Christdemokraten, Henry Teitgen, der maßgeblich am Wirtschaftsprogramm der Résistance beteiligt gewesen war, sprach sich dagegen eher für eine stärkere Stellung des Staates bei der Wirtschaftslenkung aus, doch die MRP (Mouvement républicain populaire) brachte auch die Vorstellung von einem »nouvel aménagement de la propriété«, einer Neuverteilung des Eigentums, ins Spiel (Nordengren 1972, 82ff.). Die holländischen Katholiken hatten die Idee einer »öffentlich-rechtlichen Organisation von Unternehmen« (»Publiekrechetlijke Bedrifjs Organisatie«), zu der zumindest der Keim in der Nachkriegszeit gelegt wurde (Verhallen u.a. 1980, Kap. 3 und 4).

Diese antikapitalistische Ausrichtung der Nachkriegszeit wurde nicht selten mit der Entgegensetzung von Europa und Amerika versehen. Der britische Historiker A. J. P. Taylor hat dies nach dem Wahlsieg der Labour Party deutlich ausgesprochen, zwar mit einer Selbstsicherheit, die vielleicht eher das Gebaren der englischen Mittel- und Oberschicht vor der Suez-Krise als die Mehrheit der Europäer auszeichnete, gleichwohl aber kaum außerhalb allgemein gängiger Vorstellungen lag: »Kein Mensch in Europa glaubt an den ›American way of life‹«, so ließ er die Hörer der BBC im November 1945 wissen, »also an das Privatunternehmertum; und wenn jemand daran glaubt, so gehört er einer besiegten Partei an, einer Partei, die ebensowenig Zukunft hat wie die Jakobiten in England nach 1688.« (zit. n. Maier 1987, 153).

Die Jahre um 1945 waren in Europa des weiteren durch eine weit verbreitete, tiefe Bewunderung für die Sowjetunion geprägt. Beispielhaft dafür ist die Würdigung der »ungeheuren, historischen und bleibenden Verdienste der Armeen unter der Führung des genialen Joseph Stalin«, die Alcide De Gasperi, der spätere Vorsitzende der italienischen Christdemokraten, bei Kriegsende formulierte (Ragionieri 1976, 2418).

All diese Vorstellungen hingen zusammen mit der Morgenröte nach dem faschistischen Alptraum; man war sich der Rolle, die das deutsche, italienische und französische Großkapital während des Faschismus gespielt hatten, sehr wohl bewußt, ebenso des harten Vorgehens der Faschisten gegen die Arbeiter und die Bürgerrechte ganz allgemein in den Jahren vor dem Krieg. Dazu kam die Erfahrung einer kollektiven und solidarischen Mobilisierung in Zeiten des Krieges, sei es als nationale Kriegsanstrengung wie in Großbritannien oder als nationaler Widerstand im besetzten Europa. Und drittens schließlich gab es die leidvolle Erfahrung der Weltwirtschaftskrise, die alle Aufforderungen, »zur Normalität zurückzukehren«, als wenig verlockend erscheinen lassen mußte. 1945 schien es, als habe sich das Rad der gesellschaftlichen Dialektik nach links, in eine die Interessen des Volkes wahrende Richtung gedreht.

Diese westeuropäische Mischung aus Dankbarkeit und Distanz gegenüber den USA fand ihre spiegelbildliche Entsprechung im Osten, im Hinblick auf die UdSSR. Während der Sozialismus weithin als Ausweg aus Armut, mangelnder Bildung und Bigotterie in eine Moderne der industriellen Blüte und der Aufklärung galt, wurden die neuen kommunistischen Führer zwischen 1944 und 1946 nicht müde zu betonen, daß ihr Land keinesfalls den sowjetischen Weg einer »Diktatur des Proletariats« einschlagen werde. In Polen beteuerte Gomulka im November 1946: »Unsere Demokratie gleicht auch nicht der Sowjetdemokratie, ebensowenig, wie unsere Gesellschaftsordnung der Sowjetordnung gleicht.« Sowohl hinsichtlich der Politik wie auch der Eigentumsverhältnisse distanzierten sich die osteuropäischen »Volksdemokratien« ursprünglich vom sowjetischen Modell. »Bulgarien wird eine Volksrepublik sein«, meinte der ehemalige Führer der Komintern, Georgi Dimitroff, »in der das durch Arbeit erworbene Privateigentum unter dem Schutz der staatlichen Behörden steht.« (zit. n. Brzezinski 1962, 47f.). Diese Versuche, sich gegenüber der UdSSR abzugrenzen, sollte man weder als taktische Lügen noch als Ausdruck tatsächlicher Unabhängigkeit von der Sowjetunion lesen. Die Konzeption eines stufenweisen Wandels hin zum Sozialismus war die Lehre, die sowjetische und osteuropäische Kommunisten in gleicher Weise aus den Niederlagen nach dem Ersten Weltkrieg und in der Zeit zwischen 1919 und 1934 glaubten ziehen zu können. Die Komintern-Generation der Kommunisten zeichnete eine grundsätzliche Loyalität gegenüber der KPdSU aus, doch unter den Kadern, die persönliche Erfahrungen in der Sowjetunion gemacht hatten, war diese Loyalität eher masochistisch denn blauäugig, und in ihren Reihen bestand mit Sicherheit so etwas wie echte Hoffnung auf Eigenständigkeit.[19]

Wie auch immer: Die Hoffnungen auf ein neues europäisches Gesellschaftssystem, auf eine neue europäische Moderne, zerschlugen sich im Westen wie im Osten ziemlich bald, wobei dies in der Westhälfte Europas weniger gewalttätig vor sich ging.

Die ideologische Großwetterlage nach Stalingrad oder nach dem Fall Berlins ließe sich auch deuten als ein weiterer Augenblick der *longue durée* dessen, was die Marxisten die *zunehmende Vergesellschaftung der Produktivkräfte* nennen. Das läßt sich in etwa verstehen als Tendenz zu einer optimalen Produktivität, die in zunehmendem Maße durch eine großangelegte Organisation sichergestellt wird (vgl. Therborn 1989b, 74ff.). Öffentliches

Eigentum und öffentliche Regulierung stehen für diesen Trend, private Kartelle und Trusts erscheinen als die eher unangenehmen Alternativen dazu. Telekommunikation, Rundfunk, Eisenbahn- und Luftfahrtwesen bildeten dabei die deutlichsten Belege für die Vorteile öffentlicher Unternehmen, wie sie – weitgehend unbeeinflußt von den ideologischen Vorgaben von Ministern und Parlamentariern – in Europa während der Zwischenkriegszeit eingerichtet wurden – einschließlich der Londoner Verkehrsbetriebe 1933. Nach dem Krieg wurde ihre Stellung durch die Verstaatlichung der britischen Eisenbahn 1947 und der Pariser Métro 1949 untermauert (Bloch 1964).

In zentraler Weise davon betroffen war das Verhältnis zwischen Unternehmen und Markt. Die sozialistische Theorie ging davon aus, daß letzterer von den Unternehmen allmählich usurpiert werde. Das war wichtig, da ein Unternehmen und ein Staat kollektiv organisiert sein können, ganz im Gegensatz zum Markt, dessen Funktionieren das genaue Gegenteil eines Kollektivs erfordert, nämlich eine Reihe unabhängiger, voneinander getrennter Akteure. Das Fortschreiten industrieller Konzentration und die Ausweitung von Kartellbildungen waren Ausdruck der erwähnten Tendenz; beide verstärkten sich in den 30er Jahren durch den Niedergang des Welthandels und die zunehmenden staatlichen Eingriffe. Die 30er Jahre waren auch die Hochzeit der sowjetischen Fünfjahrespläne und deren internationaler Bewunderung. Der Ruf nach – und die Einrichtung von – staatlicher Wirtschaftsplanung in der Nachkriegszeit setzte diesen Trend fort; besonders deutlich zeigte sich das in Frankreich, den Niederlanden und in Norwegen (vgl. Shonfield 1968; Bjerve 1959; Nordengren 1972; vgl. auch Kap. II,4).

Die Globalisierung des europäischen Bürgerkriegs: der Kalte Krieg

Nach 1945 erhielt die Verknüpfung von Weltpolitik und innereuropäischer Dialektik der Moderne neuen Schwung. Europa gelang es auf ironische Weise, der zentrale Ort der Moderne zu bleiben: Es wurde zur Hauptarena bzw. zum Schlachtfeld rivalisierender Fortschritts- und Entwicklungsvorstellungen, deren entscheidende Streitmacht jeweils außerhalb Europas stationiert war, nämlich jenseits des Urals bzw. auf der anderen Seite des Atlantiks. Kurz und grob gesagt: Der europäische Bürgerkrieg wurde auf die globale Leinwand projiziert – in Gestalt des Kalten (und mitunter an der Peripherie auch heißen) Kriegs zwischen dem Westen und dem kommunistischen Lager. Die europäischen Klassenspaltungen und auskristallisierten ideologischen »Ismen« verwandelten sich in ein bipolares, ideologisch hochgradig aufgeladenes, von der bürgerlichen Gesellschaft reproduziertes weltübergreifendes Staatensystem.

Der Kommunismus war ein Kind der europäischen Arbeiterbewegung und der linken Intelligenz in Europa, wenngleich seine stalinistische Erscheinungsform nach dem Krieg eine ganze Reihe spezifisch russischer Züge trug, nicht anders als die Brutalität einer von Krieg und Verfolgung geprägten militanten Generation. Der Personenkult, die Arbeitslager, die Massendeportationen hatten allesamt ihren Ursprung im zaristischen Rußland, ebenso der *cordon sanitaire*, die in Einflußsphären denkende Außenpolitik auf dem Balkan und der Pomp der Roten Armee. Der Antikommunismus erhielt in Europa seinen ersten kräftigen Schub durch die Amerikaner, doch die nachfolgende weltpolitische und gesellschaftsideologische Konstellation war beispiellos für einen Staat aus der Neuen Welt oder überhaupt außerhalb Europas. Vorläufer gab es allein in Europa. Am deutlichsten zeigen sie sich in der Zeit zwischen 1792 und 1815, als sich die bündnispolitische Ausrichtung der Staaten an ihrer Haltung gegenüber der Französischen Revolution orientierte, und in den früheren protestantischen und katholischen Blockbildungen. Und jenseits aller Geopolitik wies die Nachkriegsspaltung in Europa eine erstaunliche Kontinuität auf, denkt man an die Spaltung, die zehn Jahre zuvor der Spanische Bürgerkrieg bewirkt hatte.

Die Vereinigten Staaten beanspruchten nun die Führungsrolle für das eine Lager, nachdem die Erschöpfung Großbritanniens und Frankreichs Anfang 1947 offensichtlich geworden war. Doch obwohl der Kalte Krieg überall auf der Welt ausgetragen wurde und die größeren Schlachten in Ostasien stattfanden, so blieb Europa doch die zentrale Bühne. Ein ernsthafter *faux pas* dort – und nur dort – wurde von beiden Seiten als fatal angesehen. Die ideologischen Auseinandersetzungen und Klassenkonflikte Europas wurden so zum Dreh- und Angelpunkt eines globalen Staatenkonflikts.

Was der Kalte Krieg nun genau bedeutete und welche Bedeutung ihm zukam, kann an dieser Stelle nicht beantwortet werden. Klar ist nur, daß er die innere Dialektik der europäischen Moderne nicht absorbierte und auch die grundlegenden Strukturierungs- und Kulturationsprozesse nicht bestimmte. Der Kalte Krieg beeinflußte sie allenfalls und wurde seinerseits von ihnen beeinflußt.

Im Folgenden werden uns diese zentralen Fragen beschäftigen: Was geschah mit der europäischen Moderne nach dem Zweiten Weltkrieg? Läßt sich von einer Reifezeit oder vom Ende der Moderne sprechen? Haben wir es mit ihrer Beschleunigung zu tun oder mit einem weiteren Wendepunkt? Sind die europäischen Gesellschaften den anderen auf der Welt ähnlicher geworden? Oder noch spezifischer europäisch? Haben sie sich untereinander weiter ausdifferenziert oder weisen sie mehr Ähnlichkeiten auf? Und wie sehen die zukünftigen Perspektiven Europas nach den Jahrzehnten des Nachkriegswandels und nach dem Ende des Kalten Kriegs aus?

Wir wollen nun also, nachdem wir sozusagen die Gerüstkonstruktion begutachtet haben, unseren Blick auf das Gebäude der europäischen Nachkriegsmoderne richten.

Teil II: Strukturierungen

1. Grenzen und Bevölkerung Europas

Die Territorialität Europas ist selbst ein historisches Konstrukt. Von der hellenistischen Zeit bis zum Aufkommen des und der Bedrohung durch den Islam umfaßte das, was später »Europa« hieß, den Mittelmeerraum einschließlich Alexandrias und anderer Zentren der Zivilisation an der Südküste. Seine heutige Ausdehnung erreichte der europäische Raum erst nach und nach: mit der Christianisierung des Nordens – sie war erst im 14. Jahrhundert (Litauen) abgeschlossen –, mit der Wiedereroberung der Iberischen Halbinsel und der Niederlage der Mongolen im Osten, mit dem Aufstieg Moskaus und der Hinwendung Rußlands zu Europa unter Peter dem Großen, schließlich mit dem Rückzug der Osmanen und dem Aufkommen eines europäisch ausgerichteten Nationalismus auf dem Balkan im 19. Jahrhundert. Kurz gesagt: Das heutige Europa ist weniger als 200 Jahre alt, es besteht seit den ersten serbischen Aufständen, dem von Frankreich inspirierten »Illyrismus« und der griechischen Unabhängigkeit. Den Hintergrund bildeten die Schwächung des Osmanischen Reiches, wie sie 1700 im Friedensvertrag von Karlowitz (in der Nähe des heutigen Novi Sad in der Vojvodina) festgelegt wurde, die Aufklärung – deren Strahlen bis ins Serail des Sultans drangen, mehr aber noch seine Untertanen auf dem Balkan erreichten – und die Kriege im Gefolge der Französischen Revolution, die Napoleon Bonapartes Armee in Richtung Osten brachten, wodurch die bisherige politische Ordnung zerstört wurde (vgl. dazu Castellan 1991, Kap. 8 und 9).

Westeuropa hingegen ist älter, es besteht seit etwa 500 Jahren. Hier sind die Jahre um 1490 entscheidend: Granada wurde erobert und die letzten Reste der islamischen Zivilisation in Andalusien zerstört; ein Genueser in

Diensten Kastilien-Aragons erschloß den Atlantik; die neue Seeroute um das Kap der Guten Hoffnung umging das Mittelmeer – wo Byzanz schon verschwunden war und Venedig in aller Gelassenheit seinen unwiderruflichen Abstieg antrat – auf dem Weg zu den Gewürzen des Ostens. Westeuropa orientierte sich in Richtung Atlantik und 100 Jahre später in Richtung Nordatlantik. Statt zum Zentrum wurde das Mittelmeer zur Grenze.

Man kann es fast eine Ironie der Geographie nennen, daß von allen wichtigen europäischen Grenzen die am deutlichsten gezogene heute das Mittelmeer ist. Es trennt die relativ wohlhabenden Regionen mit geburtenbedingtem Bevölkerungsrückgang und weitgehend ähnlichen politischen Systemen im Norden von den verarmenden, rasant wachsenden Bevölkerungen im Süden, die unter höchst unterschiedlichen politischen und religiösen Systemen leben. In früheren Zeiten dagegen hatte das gleiche Meer eine gemeinsame Zivilisation zusammengehalten. Auf den Britischen Inseln hingegen war man die ganze Neuzeit hindurch bis vor kurzem der Meinung gewesen, daß man eher in Europa vor Anker gegangen sei als zu seinen Bewohnern gehöre. Der Ural ist eine von Kartographen gezogene »künstliche« Grenze; einzig und allein die nördliche Grenze, das Nordkap, ist »natürlich«. Kurz gesagt: Das geographische Europa ist ein etwas verschwommenes Gebilde.

Abgrenzungen

Was ist mit den Grenzen Europas in der Nachkriegszeit geschehen? Der erste Eindruck ist verwirrend. Man denke zunächst an den Verlust der Kolonialreiche. In mancher Hinsicht hat dies Europa und den Rest der Welt, der nun ebenfalls aus souveränen, unabhängigen Staaten besteht, auf eine Stufe gestellt. Auf der anderen Seite hat der Verlust der »Überseeprovinzen« und anderer außerkontinentaler Besitzungen die kontinentalen Grenzen schärfer hervortreten lassen, da sich Geopolitik und Topographie nunmehr in etwa entsprechen. Zum zweiten hat die kulturelle Globalisierung, vor allem durch Satellitenfernsehen und Transistorradios, alle kontinentalen Begrenzungen verwischt. Doch während einerseits die Staaten Ostasiens seit einiger Zeit die europäische oder scheinbar in Europa wurzelnde wirtschaftliche Überlegenheit herausfordern, haben die ökonomischen und demographischen Entwicklungen andererseits dazu geführt, daß sich Europa heute eher stärker von seinen unmittelbaren Nachbarn unterscheidet.

Tab. 1: *Bruttoinlandsprodukt (BIP) pro Kopf an den südlichen Grenzen Europas 1913-1998 (Quotient des BIP pro Kopf)*

Jahr	Griechenl./ Türkei	Italien/ Ägypten	Spanien/ Marokko	Spanien/ Argentinien	Portugal/ Brasilien
1913	1.66	4.19	—	0.59	1.61
1950	1.50	6.62	1.49	0.48	1.27
1973	3.27	10.99	5.29	1.10	1.93
1998^a	2.03	6.45	5.15	1.57	2.33

a Bruttosozialprodukt, das Nettoeinkommen aus dem Ausland einschließt, unter Berücksichtigung der Kaufkraftparitäten.
Quellen: 1913-1973: Maddison 1995, Tab. 1-3; Weltbank 1999, Tab. 1. Die Zahl für die Türkei, die im Weltentwicklungsbericht fehlt, wurde mit Hilfe von Eurostat-Statistiken errechnet.

Der Wirtschaftsboom in Europa nach dem Zweiten Weltkrieg vergrößerte die ökonomische Kluft gegenüber Nordafrika, dem westlichen Asien und (weniger dramatisch) Mittelasien und kehrte das Verhältnis gegenüber Argentinien um. Im letzten Viertel des 20. Jahrhunderts schafften es die Türkei und Ägypten (nun mit einigen Ölvorräten ausgestattet) nicht zuletzt durch Überweisungen von im Ausland beschäftigten Landsleuten, wieder auf den Stand der 50er Jahre emporzuklettern, während Marokko die Kluft zur Iberischen Halbinsel zumindest stabil halten konnte. Insgesamt aber hat sich der Abstand zwischen den nördlichen und den südlichen Mittelmeeranrainern im Verlauf des 20. Jahrhunderts vergrößert.

Auf den ökonomischen Abstand zwischen der EU und ihren östlichen Nachbarn werden wir weiter unten in Kapitel II,5 näher eingehen.

Der Migrationsrückfluß aus den ehemaligen Kolonien hat nicht-europäische Kulturen nach Europa gebracht, allen voran den klassischen Gegenspieler Europas, den Islam. Auf der anderen Seite wiederum sorgten der innereuropäische Einigungsprozeß und die interkontinentalen Ausdifferenzierungsprozesse für eine ökonomische und politische Kohärenz Europas, die in der modernen Geschichte ohne Beispiel ist. Zusammenfassend läßt sich sagen: Die kulturellen Grenzen Europas sind undeutlich geworden, während die strukturellen eher schärfer hervorgetreten sind.

Demographie der Moderne

Die Zeit nach dem Zweiten Weltkrieg erlebte sowohl den Höhepunkt wie auch die Abschwächung eines Trends, der seit Mitte der 30er Jahre erkennbar war, nämlich hin zum *häuslichen Leben in der Kernfamilie*. Dieser Trend war gekennzeichnet durch eine hohe Heiratsquote, eine niedrige Sterblichkeitsrate, eine geringe Instabilität der Ehebeziehungen (von den Zerrüttungen unmittelbar nach dem Krieg einmal abgesehen), die Häufigkeit von Ganztagshausfrauen (außer in den Gesellschaften, die mit dem Wiederaufbau beschäftigt waren) und durch Kinder, die weitgehend ungestört innerhalb der Bezugspunkte von elterlicher Autorität, Nachbarschaft und örtlicher Schule aufwuchsen. Vor dem Krieg war der Anteil derjenigen, die niemals verheiratet waren, in einigen westlichen Ländern ausgesprochen hoch gewesen. Um 1970 hingegen erreichte der Anteil der alleinlebenden Erwachsenen in Westeuropa einen historischen Tiefstand, und entsprechend gelangte das Eheleben auf eine historische Höchstmarke. Von da an sank die rohe Heiratsquote (je 1000 Einwohner) im Osten wie im Westen wieder, wenngleich die Ausbreitung von Formen nicht-ehelichen Zusammenlebens Vergleiche erschwert (Mitchell 1992, 109ff.).[20]

Der Heiratsboom bedeutete allerdings, daß eine Tendenz der frühen Nachkriegszeit, nämlich die Teilnahme von Frauen am Wirtschaftsleben, wieder abnahm (Bairoch 1968, Tab. A 1).[21] Wie hoch dieser Rückgang genau war, läßt sich nur schwer abschätzen, da die Definitionen und Erhebungsverfahren von Familienmitgliedern, die im Haushalt mithelfen, höchst unterschiedlich sind und oft in ein und demselben Land von einer Volkszählung zur nächsten variieren. Für Schweden jedoch läßt sich ein ziemlich genaues Bild zeichnen. Nimmt man die – wie auch immer definierten – Familienmitglieder, die im Haushalt helfen, aus, so sank die im Wirtschaftsleben aktive weibliche Bevölkerung von 815 000 im Jahr 1930 auf 795 000 im Jahr 1950, während die Anzahl der Hausfrauen, die mit berufstätigen Männern verheiratet sind, selbst aber außerhalb des Arbeitsmarktes stehen und nicht großteils am familiären Landwirtschaftsbetrieb oder am familiären Betrieb beteiligt sind, von 925 000 auf 1 240 000 stieg (Therborn 1981, 138). In den Jahren danach, besonders in den 60er Jahren, begann sich das Bild zu wandeln. Wir werden weiter unten beim Thema »Patriarchat« darauf zurückkommen.

Die osteuropäische Nachkriegserfahrung war in vielerlei Hinsicht anders. Hier, wo beinahe jeder verheiratet war, bedeutete die Nachkriegszeit weibliche Arbeit außerhalb des Hauhalts, kollektive Tagesaufsicht für die Kinder und bald darauf, nach der Liberalisierung der Abtreibung in den 50er Jahren, einen starken Rückgang der Kinderzahl. In dieser Hinsicht darf Osteuropa durchaus als Vorläufer späterer Entwicklungen im Westen, insbesondere in Skandinavien, gelten. Die egalitären und vertragsmäßigen Familiengesetze der Kommunisten führten zu einer höheren Scheidungsrate, die allerdings interessanterweise niedriger lag als in den USA; die UdSSR jedenfalls übertraf in dieser Hinsicht schließlich Europa, während die Tschechoslowakei und Ungarn knapp hinter Skandinavien rangierten (Phillips 1991, 211ff., 225; Sipos 1991, 18; vgl. auch Castles/Flood 1993 und Lane 1985, 122f.).

Was die Geburtenziffern anbelangt, so läßt sich in Europa überall ein ähnlicher Rückgang verzeichnen. Die einzige Ausnahme bildet Albanien mit einer reinen Geburtenrate von 25 Lebendgeborenen je 1000 Einwohner.

Mit der Krise, die auf den Fall des Kommunismus folgte, erlebte Osteuropa auch einen demographischen Absturz. In der ehemaligen DDR muß er sogar als dramatisch bezeichnet werden: Das Verschwinden der DDR hatte die niedrigste Geburtenrate zur Folge, die jemals bei einer normalen Bevölkerung zu verzeichnen war. 1993 und 1994 lag die sogenannte totale Fruchtbarkeitsrate (berechnet aus der Altersverteilung der Geburten eines Jahres, wieviele Kinder eine durchschnittliche Frau in ihrem Leben gebären wird; für eine stabile Bevölkerungszahl sind 2,1 Kinder je Frau nötig) in den »neuen Bundesländern« bei 0,77; 1989 hatte sie noch 1,53 betragen, in Westdeutschland lag sie bei 1,39 und 1,35. 1945 hatte die deutsche Fruchtbarkeitsrate 1,53 betragen, in Frankreich war sie 1916 auf 1,1 gesunken (Mounier 1998, 452; Chesnais 1992, 547ff.).

Der säkulare Rückgang der Geburtenraten im modernen Europa fand in der zweiten Hälfte des 19. Jahrhunderts statt, anschließend verliefen die Raten in Wellen auf einem niedrigeren Niveau. Nach dem Tal während der Weltwirtschaftskrise stiegen die Ziffern nach dem Zweiten Weltkrieg stark an, verflachten anschließend, um dann im Westen in den 70er und frühen 80er Jahren wieder zu fallen. Ob der bescheidene Aufschwung, der in mehreren westlichen Ländern nach 1985 zu beobachten ist, anhält, ist zweifelhaft; viel eher läßt sich für die Zukunft ein bescheidener Anstieg des Kinderwunsches ausschließen. Jedenfalls kann die Entwicklung der Geburtenrate in Europa während der letzten 25 Jahre im Ganzen gesehen als spezifisch für diesen Erdteil gelten.

Der demographische Abstand zum benachbarten Afrika und Asien hat sich stärker ausgeprägt. Besonders deutlich zeigte sich diese Tendenz innerhalb der UdSSR. Während sich die russischen Geburtenraten zwischen 1940 und 1987 fast halbierten, stiegen sie in Usbekistan und Tadschikistan an, in Turkmenistan, Kirgisien und Aserbaidschan blieben sie weitgehend unverändert, während sie in Kasachstan um zwei Fünftel sanken (Pockney 1991, Tab. 33). In Südosteuropa (Jugoslawien, Albanien, Griechenland, Rumänien, Bulgarien) sind die Fruchtbarkeitsziffern zwischen 1970 und 1989 insgesamt etwas weniger zurückgegangen als in der Türkei[22], während sie in Südwesteuropa stärker sanken als im Maghreb.[23]

Tab. 2: Europas demographische Grenzen. Jährliches Bevölkerungswachstum in den südlichen und östlichen Grenzregionen 1975-1997 und Prognosen für die Jahre 1997-2015 (in Prozent)

Grenzregion	1975-1997	1997-2015
Mittelosteuropa		
Deutschland	0,2	0
Kroatien	0,2	-0,2
Österreich	0,3	0,2
Polen	0,6	0,1
Slowakei	0,6	0,1
Slowenien	0,6	-0,1
Tschechische Republik	0,1	-0,2
Ungarn	-0,2	-0,4
Südeuropa – Nordafrika		
Ägypten	2,3	1,5
Algerien	2,8	1,9
Frankreich	0,5	0,2
Italien	0,2	-0,3
Marokko	2,0	1,4
Portugal	0,4	-0,1
Spanien	0,5	-0,2
Tunesien	2,2	1,3
Osteuropa – Mittelasien		
Kasachstan	0,7	0,2
Rußland	0,4	-0,2
Ukraine	0,2	-0,4
Usbekistan	2,3	1,4
Südosteuropa		
Albanien	1,2	0,6
Bulgarien	-0,2	-0,6
Griechenland	0,7	-0,1
Rumänien	0,3	-0,4
Türkei	2,1	1,3

Quelle: United Nations 1999, Tab. 6.

Aufgrund des starken Rückgangs der europäischen Fruchtbarkeit hat sich der demographische Abstand zwischen Europa und seinen Nachbarn bzw., je nachdem wie man Europa definiert, in den Grenzregionen Europas während der beiden letzten Jahrzehnte des Jahrhunderts beträchtlich vergrößert.

Und er wird wahrscheinlich noch weiter anwachsen, vor allem im Mittelmeerraum (vgl. Tabelle 2).

Demographisch gesehen ist Europa noch immer eine »alte« Welt. Mit Ausnahme der nahezu menschenleeren Arktis im Norden ist der Kontinent von Populationen mit höherer Reproduktionsrate umgeben. Die größten Veränderungen finden dabei an den östlichen Grenzen Europas statt, doch die Abstände haben sich tendenziell an allen Grenzen außer an derjenigen im Nordwesten vergrößert. Die Situation spiegelt sowohl das momentane Reproduktionsverhalten als auch die von der Vergangenheit geprägten Altersstrukturen wider. Langanhaltende demographische Traditionen lösen sich nicht kurzfristig auf. Innerhalb Europas ist ein sehr niedriges natürliches Bevölkerungswachstum zum allgemeinen Merkmal geworden, das sich von der russischen Steppe bis zu den Britischen Inseln finden läßt.

Von Kolonialismus und Emigration zur Immigration aus den ehemaligen Kolonien

Der europäische Kolonialismus errang seinen letzten Sieg unmittelbar vor dem Ausbruch des Zweiten Weltkriegs, als das faschistische Italien den letzten unabhängigen Staat Afrikas, Äthiopien, eroberte. 1940 hatte der koloniale bzw. – allgemein gesprochen – der nach draußen gerichtete Vorstoß der europäischen Moderne seinen Höhepunkt erreicht. Ganz Afrika stand unter europäischer Herrschaft, sei es durch Siedlungen (Südafrika, Algerien), sei es durch koloniale oder halbkoloniale (Ägypten, Marokko) Herrschaft. Das westliche Asien unterlag mit Ausnahme der Türkei und des größten Teils der arabischen Halbinsel der einen oder anderen Form indirekter Herrschaft bzw. von »Schutz«. Indien bildete ein »Juwel in der Krone« Europas. Die Halbinsel Indochinas und der südostasiatische Archipel waren fest in kolonialer Hand. Shanghai und andere Küstenstädte Chinas beherbergten europäische »Niederlassungen«. In Zentralasien und, indirekt, in der äußeren Mongolei regierte ein Bolschewismus europäischer Prägung. Die chinesischen Kommunisten waren zu einem bedeutenden Machtfaktor geworden und noch immer tief von der Tradition der in Moskau ansässigen Komintern durchdrungen.

Amerika war trotz einiger kleinerer Besitzungen Großbritanniens, Frankreichs und der Niederlande großteils unabhängig, wenngleich in weiten Teilen von Menschen besiedelt, die aus Europa stammten, und blickte kulturell noch immer zu Europa auf. Der Spanische Bürgerkrieg war der Krieg der amerikanischen wie der europäischen Linken. Japan hatte seine Zähne schon 1905 gezeigt, und das Innere Chinas war noch immer zu groß, um es kolonisieren zu können. Was den Rest anbelangt, so gab es kaum einen Flecken, der wirklich von Europa unabhängig war: Siam, das gerade anfing, sich Thailand zu nennen, die Bergregion des Himalaya und des Pamir, die arabische Wüste, die Türkei, die jedoch europäischer wurde mit ihren deutschen Militärberatern, mit dem bürgerlichen Gesetzbuch aus der Schweiz und den englischen und französischen Schulen für die großstädtische Elite.

Nach dem Krieg gelang es den Besiegten von 1940, Frankreich, den Niederlanden und Belgien, ihre Kolonien zurückzuerobern (im Falle Belgiens ohne Widerstand). Doch Italien mußte nicht nur das schon vorher verlorengegangene Äthiopien, sondern auch Eritrea, Somalia und Libyen an die Vereinten Nationen abtreten; Großbritannien zog sich vom indischen Subkontinent, aus Birma, Ceylon und Palästina zurück, widerwillig zwar, aber ohne sich mit Waffengewalt zu widersetzen. Doch in anderen Gegenden, auf der Malayischen Halbinsel und in Kenia etwa, hielten die Briten mit aller Macht ihrer Gewehre aus. Die Niederländer wurden durch einen bewaffneten Aufstand und von den Amerikanern, die am Geldhahn des Marshall-Plans saßen, dazu gedrängt, Indonesien 1949 zu verlassen.

Eine zweite und letzte Welle der Entkolonialisierung setzte 1954 mit dem vietnamesischen Sieg über die Franzosen bei Dien Bien Phu ein; sie endete zwanzig Jahre später, als Portugal im Zuge der Nelkenrevolution seine »Überseeprovinzen« in Afrika aufgab, bzw. in gewissem Sinne vierzig Jahre später, als der Countdown für die Herrschaft der europäischen Siedler in Südafrika zu laufen begann.

Von 1500 bis 1940 hatte Europa sozusagen sein Vergnügen an der Welt. Militärische Macht, die zunächst auf den Schiffskanonen gründete und sich in kolonialen Eroberungszügen manifestierte, eine Wirtschaftskraft, die man durch die Industrialisierung im 18. und 19. Jahrhundert erlangt hatte[24], und der Migrationsfluß von zu Hause Benachteiligten oder Abenteuerlustigen, das alles lag weltweit allein in europäischen Händen. Selbst England als Zentrum einer weltweit operierenden Industrie war von Auswanderung gekennzeichnet, zumindest als es seine geschichtliche Nachmittags-Tea-Time erlebte. Nach einer vorsichtigen Schätzung verließen etwa 50 Millionen Europäer zwischen 1850 und 1930 den Kontinent, das entspricht 12 Prozent der Bevölkerung im Jahre 1900 (Woodruff 1966, 106, 104).[25]

Fast alle europäischen Länder – mit Ausnahme Frankreichs, das bei der allgemeinen Geburtenkontrolle Vorreiter war – waren über einen kürzeren oder längeren Zeitraum hinweg Auswanderungsländer (Therborn 1987b, 184; Woodruff 1966, 106). Die beiden Gegenden mit der höchsten Emigration bildeten dabei die Britischen Inseln und Italien. Zwischen 1850 und 1960 wanderte etwa die Hälfte der Bevölkerung der Britischen Inseln aus, in Italien war es im entsprechenden Zeitraum gut ein Drittel (Woodruff 1966, 104, 106).

Der Zweite Weltkrieg änderte unmittelbar nichts an den Mustern kontinentaler Migration. Vielmehr zeigte sich in der Nachkriegszeit erneut das allgemein verbreitete Muster aus der Zeit vor der Weltwirtschaftskrise. Die Auswanderer verließen die Britischen Inseln, vor allem Irland, in Strömen, und in den Niederlanden förderte die offizielle Politik nach wie vor die Emigration. Auch in Italien, Griechenland, Portugal und Spanien setzte sich die massive Abwanderung fort.

Die Einwanderung aus den Kolonialgebieten begann schon vor dem Ersten Weltkrieg, und zwar in Frankreich 1905/06. Mitte der 20er Jahre lebten dort etwa 70 000 Nordafrikaner, die meisten von ihnen Algerier. 1954, am Vorabend des französisch-algerischen Krieges betrug ihre offizielle Zahl 212 000, daneben gab es noch kleinere Gruppen aus den übrigen Maghrebstaaten sowie aus Schwarzafrika (*Données Sociales* 1981, 46f.; vgl. auch Carlier 1985, 52, 55f.; Ruedy 1992, 99, 125; N'Diaye u.a. 1963, 79ff.).[26] In Großbritannien gab es zwar seit langem eine winzige schwarze Bevölkerungsgruppe in jenen Hafenstädten, die früher am Sklavenhandel beteiligt gewesen waren, doch war ihre Zahl bis in die 50er Jahre gering. 1948, zu Beginn der Nachkriegseinwanderung aus den Kolonien, kamen ganz 547 Migranten aus Jamaika an. Zehn Jahre später, zur Zeit der ersten Rassenunruhen in Großbritannien, gab es bereits etwa 210 000 »farbige« Einwanderer aus den Kolonien (Briggs 1983, 310). In die Niederlande kam eine beträchtliche Anzahl von Bewohnern der Süd-Molukken, die sich mit der niederländischen Armee aus Indonesien zurückgezogen hatten.

In der Nachkriegszeit lassen sich für jedes westeuropäische Land Jahre bedeutender Zuwanderung feststellen, wobei diese sich im Falle Irlands auf die Re-Immigration in den 70er Jahren beschränkt. 1990 war allein Irland ein Auswanderungsland. Die Bedeutung dieser Zuwanderung zeigt sich, wenn man Westdeutschland und die Vereinigten Staaten miteinander vergleicht. Auf ihrem ersten Höhepunkt in den Jahren 1969/70 betrug die Nettozuwanderung nach Westdeutschland pro Jahr 0,9 % der ansässigen Bevölkerung. Das entsprach der amerikanischen Zuwanderung im Spitzenjahr 1913 (OECD 1986b, 234; Historical Statistics of the United States 1975, series A6-8 und C296-301). 1989, in diesem *annus mirabilis*, erreichte die Nettozuwanderung in die Bundesrepublik Deutschland 1,6 % der ansässigen Bevölkerung (Council of Europe 1991, 105).

Zu welchem Zeitpunkt nun wurde der Kontinent Europa eher zur Ankunftshalle denn zum Abflugterminal der interkontinentalen Migration? Die Trendwende erfolgte im Verlauf der ersten Hälfte der 60er Jahre. Zwei Vorgänge spielten dabei eine wichtige Rolle: der Rückgang der alten Auswanderung nach Übersee und die Aufnahme neuer Zuwanderer aus Übersee.

Im Anschluß an die unmittelbare Nachkriegszeit kam die große Emigration aus Osteuropa nach Übersee so gut wie vollständig zum Erliegen, ebenso aber auch jede andere Emigration, wobei vor dem Krieg diejenige von Polen nach Deutschland und Frankreich von besonderer Bedeutung gewesen war. Ausnahmen bildeten die Abwanderung aus der DDR bis zum Mauerbau sowie die Emigration im Gefolge der schweren Krisen in Ungarn 1956, in der Tschechoslowakei 1968/69 und in Polen 1981/82.[27] Während der 80er Jahre fand gleichwohl eine recht bedeutsame Auswanderung – meist inoffiziell mit Hilfe legaler Touristenvisa – aus Ungarn und Polen statt; sie betrug jährlich etwa 2 bis 3 Promille der Bevölkerung, wenngleich die Zahlen für Ungarn nicht ganz sicher sind.[28]

Die Auswanderung aus Nordwesteuropa nach Übersee war mit der Weltwirtschaftskrise der 30er Jahre weitgehend bedeutungslos geworden;[29] in Mitteleuropa war sie schon früher zum Erliegen gekommen. Abgesehen von einem kurzen Zeitraum zwischen 1948 und 1952, stellten die Europäer nicht mehr – wie noch während des Zweiten Weltkriegs – die Mehrheit der Einwanderer in die USA (Wattenberg 1976, 105). Dagegen verließen viele Griechen, Italiener, Portugiesen und Spanier während der 50er Jahre Europa; ihre Zahl nahm erst um 1960 stark ab (vgl. OECD 1987b, 270). Im Falle Italiens allerdings verblieb das Gros der Auswanderer seit Mitte der 50er Jahre innerhalb Europas (Rosoli 1985, 97). Was Portugal und Griechenland betrifft, so bedeutete die Veränderung eine Wendung in Richtung Norden, nach Europa, während die Nettoemigration aus Italien und vor allem aus Spanien seit 1960 allgemein abzunehmen begann (vgl. Kubat 1979; UN Economic Commission for Europe 1979, Tab. II.8-II.10).

Den zweiten wichtigen Faktor in der demographischen Entwicklung Europas bildete der Zustrom außereuropäischer Immigranten. In größerem Umfang hatte diese Entwicklung als geplanter Import von Arbeitskräften nach dem Zweiten Weltkrieg begonnen, als Frankreich algerische Arbeiter ins Land holte. Von 1955 an durften auch »Frauen und Kinder« einwandern. Zu Beginn der 60er Jahre wurden erneut Arbeitskräfte rekrutiert, diesmal in Marokko und zur Mitte des Jahrzehnts auch in Tunesien. Arbeiter aus dem Maghreb wurden später auch für Belgien und die Niederlande angeworben, während, wiederum später, Marokkaner unaufgefordert nach Spanien kamen.

In Großbritannien wuchs die Bevölkerungsgruppe der außerhalb Europas Geborenen seit den 50er Jahren an; die meisten Zuwanderer kamen aus dem sogenannten Neuen Commonwealth, von den Westindischen Inseln, aus Indien und Pakistan, waren also nicht-britischer Abstammung. Während diese Bevölkerungsgruppe in den zehn Jahren bis 1961 netto um 344 000 anwuchs, kamen in den darauffolgenden fünf Jahren noch einmal 327 000 Menschen hinzu (Castles 1984, 43).

Ein beträchtlicher Anteil der Einwanderer nach Europa stammte aus der Türkei. Zwei Monate nach dem Mauerbau in Berlin schloß die westdeutsche Regierung mit der Türkei ein Anwerbeabkommen für Arbeitskräfte; schon vorher bestanden solche Abkommen mit Italien (1955), Griechenland und Spanien (beide 1960), 1964 kam noch Portugal und 1968 Jugoslawien hinzu. Die Türken reagierten ausgeprochen rasch. 1965 lebten 133 000 türkische Gastarbeiter in Westdeutschland. Sechs Jahre später hatten die Türken die Italiener als zahlenmäßig größte Ausländergruppe in Westdeutschland überholt, ihre Zahl belief sich nunmehr auf 653 000 (Herbert 1986, 188f., 193, 195).

Der Höhepunkt ethnischer Integration

Ein dritter Langzeitprozeß, der sich neben Geburten bzw. Todesfällen und der Migrationsentwicklung auf die Bevölkerungsstruktur auswirkt, ist die Herausbildung der wie auch immer definierten ethnischen Zusammensetzung. Das Aufkommen des modernen Nationalstaates bedeutete einen enormen Prozeß ethnischer Homogenisierung innerhalb der Staatsgrenzen. Am ausgeprägtesten war dieser Prozeß in Osteuropa, wo die Entstehung moderner Nationen und Nationalstaaten später als im Westen stattfand. Von den etwa 15 heutigen ›nicht-imperialen‹ Hauptstädten, von Sofia bis Helsinki, von Prag bis Kiew, besaßen allein Ljubljana, Warschau und Zagreb vor gut 130 Jahren bereits eine Bevölkerungsmehrheit, die auch heute noch die beherrschende Ethnie oder Sprachgemeinschaft darstellt. So waren etwa 1897 60 Prozent der Warschauer Bevölkerung Polen; dagegen war Sofia ebenso muslimisch und jüdisch wie bulgarisch geprägt, Kiew war überwiegend von Russen bewohnt, Prag vornehmlich deutsch und Helsinki schwedischsprachig.

Tab. 3: Bevölkerungsanteil des heutigen »Staatsvolks« in den Hauptstädten Osteuropas in der frühen Moderne (in Prozent der Gesamtbevölkerung)

Stadt	Jahr	Prozent
Bratislava	1910	38[a]
Budapest	1870	46
Bukarest	1850 (ca.)	40 (ca.)
Chisinau	1926	40
Helsinki	1890	46
Istanbul	1886	45[b]
Kiew	1926	42
Ljubljana	1880	75 (ca.)[c]
Minsk	1926	42
Prag	1846	<36[d]
Riga	1913	42
St. Petersburg	1910	89
Sofia	1866	33 (ca.)
Tallinn	1871	52
Warschau	1897	62
Wien	1910	85
Wilna	1926	0[e]
Zagreb	1910	75

Die Jahreszahlen beziehen sich, mit Ausnahme von Tallinn und Sofia, auf die letzte Volkszählung, die eine Minorität derjenigen Ethnie verzeichnete, die später zum Staatsvolk wurde, sofern sich ein solches je herausgebildet hatte. Die sowjetische Russifizierung der Letten, die somit in Riga wieder zur Minderheit wurden, bleibt hier außer Betracht.

a Die Sekundärquelle (Glettler 1992) gibt, ebenso wie das dort verwendete Zahlenmaterial, für die Slowaken eine deutlich niedrigere Zahl an, nämlich 14,9 % (302). Beide sind den offiziellen Statistiken entnommen; die hier aufgeführte entstammt jedoch der damaligen Volkszählung.

b Diese Zahl bezieht sich auf die »Muslime«, von denen ohne Zweifel einige Nicht-Türken waren. Die traditionelle Schätzung ging seit dem 17. Jahrhundert dahin, daß das osmanische Istanbul halb muslimisch, halb christlich (griechisch oder armenisch) und jüdisch war. Ein neueres türkisches Lexikon beziffert den Anteil der Türken im Jahr 1878 auf 62 Prozent (Yurt Ansklopeditsi 1983, 3830).

c Hier handelt es sich um eine Schätzung; nach den Daten der Volksbefragung lebten 23 Prozent Deutsche in der Stadt.

d Hier handelt es sich um den maximalen Wert, da sich die Gesamtzahl, nach der sich der tschechische Anteil berechnet, allein auf die »christliche Bevölkerung« bezieht.

e Die Stadt war damals unter polnischer Herrschaft, die Zahl entstammt der polnischen Volkszählung. Laut russischer Zählung von 1897 lag der Anteil der Litauer in Wilna bei 2 %.

Quellen: Glettler 1992, 301, 307; Schaser 1993, 986f.; Lukács 1990, 129; Harris 1993, 18f.; Pauninen 1980, 12; Yurt Ansklopeditsi 1983, 3830; Mantran 1996, 299; Wandruska/Urbanitsch 1988, 56f., 255, 632; Cohen 1992, 268; Engman 1989, 69; Pounds 1988, 158; Rauch 1970, 19; Kappeler 1992, 327. Als Primärquellen – und damit als Grundlage der Kategorisierungen – dienten die offiziellen Statistiken der österreichischen, ungarischen, russischen, polnischen, osmanischen und rumänischen Volkszählungen. In der Regel bezieht sich das ethnische Kriterium auf die verwendete Alltagssprache, aber auch auf die Religion und 1926 auf die ethnische Abstammung (»narodnost«); vgl. Kappeler 1992, 233ff. (er bezieht sich auf die russische Zählung von 1897); Harris 1993, 19.

Die ethnische Homogenisierung in Osteuropa verlief in vier Wellen, wobei jede von ihnen vor allem mit einer spezifischen Ursache für die ursprüngliche Heterogenität verknüpft war. Die erste Welle wurde im letzten Drittel des 19. Jahrhunderts durch die Bauernbefreiung, die Industrialisierung sowie das Aufkommen neuer Verkehrs- und Kommunikationswege ausgelöst und fand ihren Niederschlag durchgängig in einer starken Land-Stadt-Wanderung. Dadurch wurden bisherige ethnische Trennlinien zwischen den deutsch-jüdischen (bzw. im Falle Helsinkis schwedischen) Städten und dem von anderen Ethnien besiedelten Land aufgebrochen, verwischt oder gar völlig aufgehoben. Nationalistische Institutionen und eine nationalistische Politik der früher vornehmlich ländlichen Ethnien förderten neue Sprachen und Schriften. Noch vor der Jahrhundertwende waren Budapest und Prag vorwiegend ungarisch bzw. tschechisch geworden.

Zum zweiten führten der Zusammenbruch der alten Vielvölkerreiche am Ende des Ersten Weltkriegs und die Entstehung neuer Nationalstaaten zu verschiedenen Formen eines forcierten ethnischen Wandels.

Ein besonders eindrucksvolles Beispiel für die neuen Zeiten bietet das Schicksal der multiethnischen, weitgehend jüdisch-osmanischen Stadt Saloniki. Sie galt als »Brückenkopf der Moderne« im Osmanischen Reich, war Heimat einer viersprachigen Arbeiterbewegung, Wiege der jungtürkischen Revolution, Wohnsitz ihres positivistisch-soziologischen Ideologen Gökalp, Geburtsort und militärische Basis von Mustafa Kemal Atatürk, Übungsplatz für die bewaffneten Banden rivalisierender Völker – Bulgaren, Serben, Griechen –, die hier die mazedonische Frage ausfochten. Nach den Balkankriegen fiel die Stadt 1912 an Griechenland. 1913 hatte die Stadt 158 000 Einwohner, von denen laut Volkszählung 39 % Juden waren (in der zweiten Hälfte des 19. Jahrhunderts hatten sie noch die Hälfte der Bevölkerung gestellt) – sie sprachen Djudesmo, eine Varietät des Judenspanischen –, 29 % Türken und 25 % Griechen. In den 20er Jahren dann wurde Saloniki zu einer vorwiegend griechischen Stadt, als die Türken vertrieben wurden und die aus Kleinasien ausgesiedelten Griechen ankamen. Die Juden wurden dann in der nächsten Welle, 1943, vernichtet (vgl. Veinstein 1992). Anfang 1994 erlangte die Stadt einen traurigen Ruf, als chauvinistische Griechen in ihren Straßen gewalttätig gegen die ehemalige jugoslawische Republik Mazedonien demonstrierten.

Die sehr große jüdische Bevölkerungsgruppe in Osteuropa war vor allem Ergebnis der Politik seiner spätmittelalterlichen Herrscher, besonders der Osmanen sowie Polens und Litauens, die sich weitaus toleranter gestaltete als diejenige der westeuropäischen Machthaber. Doch mit der städtischen Massenarmut und dem Aufkommen des Nationalismus wurde die Stellung der Juden problematisch. Einen Ausweg bot die Emigration. Dann kamen die Nazis und der Holocaust. Das fast vollständige Verschwinden der Juden bildete die dritte große Welle ethnischer Säuberung in der osteuropäischen Moderne.

Schließlich waren die Deutschen an der Reihe, und zwar als Vergeltung für die Schrecken der nationalsozialistischen Besatzungsherrschaft. Bis 1948 waren 10,7 Millionen Deutsche aus Osteuropa geflohen oder vertrieben worden. 40 Prozent von ihnen landeten in der sowjetischen Besatzungszone, wo sie etwa ein Viertel der Gesamtbevölkerung bildeten. 1950 lebten 8 Millionen Aussiedler in Westdeutschland, 16,4 Prozent der Einwohner der Bundesrepublik Deutschland (Benz 1992, 382; Niethammer 1991, 303). Während dieser Sachverhalt in Ostdeutschland heruntergespielt wurde, wurde er im Westen lange Zeit hochgespielt.

Doch selbst nach der Auswanderungswelle nach dem Krieg gab es noch etwa 4 Millionen Deutsche – bzw. solche, die erklärten, sie seien deutscher Abstammung – in Osteuropa, vor allem in der UdSSR, in Polen und im rumänischen Siebenbürgen (Transsylvanien). Denjenigen, die bleiben durften, wurden sogar während der Hochzeit des Stalinismus besondere Minderheitenrechte gewährt, und 1956 machte man ihnen von Polen bis Rumänien erhebliche Zugeständnisse (*Der Spiegel,* 27/1956, 29, 30/1956, 30, 31/1956, 26). Bis 1990 war jedoch etwa die Hälfte von ihnen in die Bundesrepublik Deutschland gekommen (Bade 1992, 404f.).

Von ähnlichen Flucht- und Vertreibungswellen waren nach dem Krieg auch Italien (aus Dalmatien und Istrien), Österreich und Finnland betroffen; die beiden letztgenannten Länder nahmen etwa 400 000 Menschen auf, d.h. sechs bzw. zehn Prozent ihrer Bevölkerung.

Die größte ethnische Säuberungsaktion fand im Zusammenhang mit der Errichtung eines neuen Nachkriegspolens statt: 5 Millionen Deutsche wurden – entsprechend einem Abkommen der Alliierten – vertrieben, die von Ukrainern und Weißrussen bewohnten Gebiete wurden an die UdSSR abgetreten. In Westpolen war das Fundament für die Um- und Aussiedlungsaktionen nach dem Krieg von den nationalsozialistischen Besatzern gelegt worden, die dort eine großangelegte Besiedlung durch Deutsche vorbereitet hatten (Benz 1992, 376f.).»Drei Jahre lang waren die polnischen Straßen und Eisenbahnlinien verstopft mit endlosen Trecks von Flüchtlingen, Deportierten, Durchreisenden, Vertriebenen und innerpolnischen Migranten.« (Davies 1981, Bd. 2, 562)

Verläßliche Zahlen sind kaum vorhanden, doch scheint es so, als hätten die Staaten Osteuropas um 1950 herum eine bislang beispiellose ethnische Homogenität ihrer jeweiligen Bevölkerung erreicht. Dazu beigetragen hatten eine rigide Politik und die entsprechenden Institutionen der Nationen- und Staatenbildung, Grenzverschiebungen, Vertreibungen und Rücksiedlungsaktionen. Gleichwohl sollte man Homogenität stets relativ sehen, nämlich im Verhältnis zum jeweiligen früheren und späteren Zustand. Jaroslav Krejci (1978, 129) jedenfalls hat in Europa 69 verschiedene Volksgruppen gezählt, was doch auf den Fortbestand einer gewissen Heterogenität schließen läßt.

Diese Feststellung trifft allerdings kaum auf die westeuropäische Erfahrung zu, wenn wir nur das Hin- und Herschieben ausländischer Bürger betrachten. Es gab nämlich darüber hinaus drei eindeutig multiethnische Staaten, von denen zwei sich auch explizit als solche bezeichneten. Die Bürgerschaft der Schweiz dürfte wohl in den meisten Zusammenhängen als »multiethnisch« gelten, betrachtet man die seit langem bestehenden und genau definierten verschiedenen Sprach- und Kulturgemeinschaften. Die Sowjetunion und Jugoslawien verstanden sich auch von ihrer Staatsform her als Vielvölkerstaaten und hatten diesen Sachverhalt institutionalisiert. In beiden Fällen knüpften die Kommunisten an die Multiethnizität des zaristischen Rußland bzw. Vorkriegsjugoslawiens an (man könnte auch sagen, sie machten aus der ererbten Not eine Tugend). Jedenfalls neigt ein Historiker am Ende des Jahrhunderts eher dazu, die positiven Errungenschaften des Leninschen Multinationalismus hervorzuheben, d.h. seine Fähigkeit, den nationalen Kulturen und Identitäten genügend Raum zu lassen und gleichzeitig die verschiedenen Nationalitäten friedlich zusammenzuhalten.

Die Minderheitenpolitik der UdSSR war in den 20er Jahren von einzigartiger Freizügigkeit. Für 48 Volksgruppen schuf man zum ersten Mal überhaupt Schriftsprachen. Den Analphabetismus bekämpfte man durch Schulunterricht in der jeweiligen Muttersprache, vom Weißrussischen und Jiddischen bis hin zum Usbekischen und Kirgisischen. Im Namen des Internationalismus erhielten 70 Sprachen in der UdSSR die lateinische Schrift, was möglicherweise nicht im Interesse der Muslime und Buddhisten war, aber doch jeder rußland-zentrierten Weltsicht zuwiderlief (Kappeler 1992, 304).

Seit den späten 30er Jahren wurde jedoch das kyrillische Alphabet verordnet, und unter Stalin, der vor der Revolution ironischerweise einer der Bolschwisten gewesen war, die sich besonders für die Rechte der Minderheiten ausgeprochen hatten, wurde die Nationalitätenpolitik den zentralistischen und chauvinistischen Absichten des Diktators untergeordnet. Doch das Prinzip der territorialen nationalen Rechte blieb bis zum Ende der Sowjetära bestehen und schürte dann den nationalistischen Flächenbrand, der mit dem Auseinanderbrechen der Sowjetunion entfacht wurde.

Auch die erfolgreiche Wiedervereinigung von Tschechen und Slowaken nach dem Krieg – nachdem sich die größte slowakische Partei nach dem Münchner Abkommen auf Hitlers Seite geschlagen hatte – sowie der verschiedenen Völker in Jugoslawien, die sich vor dem und während des Krieges aufs blutigste bekämpft hatten, gehört noch immer zu den wenigen bemerkenswerten Leistungen des Kommunismus.

Kurz gesagt: Die Mitte des 20. Jahrhunderts erlebte eine in der europäischen Geschichte bis dahin einzigartige ethnische Integration, sei es durch Homogenisierung, sei es durch eine institutionalisierte Multiethnizität. Beide Prozesse waren Ausdruck der europäischen Moderne. Ersterer stützte sich auf die westliche Aufklärung und auf die Französische Revolution, letzterer stand in der Tradition der mittelosteuropäischen Aufklärung, in derjenigen Herders und der für Mittel- und Osteuropa typischen Mischung aus Rationalismus und Romantik, auf die auch der leninistische Begriff der Nationalität zurückging. Der Wirtschaftsboom der Nachkriegszeit freilich sollte diese Ergebnisse jahrzehntelanger politischer Umwälzungen, die ökonomisch weitgehend Nullsummenspiele darstellten, zunichte machen.

Dennoch zeigte sich im Osten schon früher eine Wende hin zu Nationalismus und neuen chauvinistischen Abgrenzungen, und zwar durch eine paradox erscheinende poststalinistische Ernüchterung hinsichtlich der leninistischen Aufklärung. Seit 1956 setzten die kommunistischen Führer Osteuropas zunehmend auf die nationalistische Karte, die sich vor allem gegen die unter ihrer Knute stehenden ethnischen Minderheiten richtete. Die Rumänen und Bulgaren waren in diesem Spiel die ersten, ein Jahrzehnt später, 1968, folgte ihnen der polnische Antisemitismus. Damit war auch der »Ethnonationalismus« in Jugoslawien zu einem ernsthaften Problem geworden (vgl. dazu Schönfeld 1987; Poulton 1991; Plestina 1992, 161ff.).

Wanderungsbewegungen und die neue Heterogenität

Zwei zentrale Entwicklungen sorgten für eine Umkehr des historischen Trends in Richtung einer ethnischen Homogenisierung, der um 1950 seinen Höhepunkt erreicht hatte. Zum einen handelte es sich dabei um den Arbeitskräftemangel in den neuen, rasch wachsenden Volkswirtschaften, ein Mangel, der vor allem ›schmutzige‹ Arbeit betraf und Anwerbebemühungen zur Folge hatte, die ihrerseits jedoch eine so nicht geplante Familienmigration nach sich zogen. Das geschah im Osten ebenso wie im Westen, nahm in Osteuropa außerhalb der UdSSR freilich weit geringere Ausmaße an und bedeutete dort zumeist nicht Einwanderung aus anderen Kontinenten; gleichwohl gab es auch im Osten eine beträchtliche Anzahl von Gastarbeitern aus Vietnam und aus Mosambik.[30] Das heute hochbrisante Problem der russischen, weißrussischen und ukrainischen Einwanderer im Baltikum dürfte – trotz einiger politischer Besonderheiten – Teil eines größeren kontinentalen Migrationsmusters sein.

Zum zweiten wurde Europa zum Ziel für Flüchtlinge und Verzweifelte aus anderen Erdteilen. Man könnte sagen: Die Hühner des Kolonialismus sind auf die Hühnerstange zurückgekehrt. Bei nüchterner Betrachtung jedoch entspricht dieser Wandel genau dem, was der Rest der Welt früher für Europa darstellte.

Vor allem in den ibero-amerikanischen Beziehungen läßt sich deutlich erkennen, wie hier ein Eldorado, nämlich Brasilien und andere Teile Amerikas als einstige Hoffnung für verarmte Einwanderer aus Portugal und Spanien, durch ein anderes ersetzt wird, und zwar die neuen EU-Mitglieder, die selbst Argentiniern und Brasilianern größere Möglichkeiten zu eröffnen scheinen, von Bewohnern der Dominikanischen Republik oder anderen ganz zu schweigen. Die portugiesischen und spanischen Behörden reagierten auf diese Umkehr der Glückssuche damit, daß sie die unerwünschten armen Lateinamerikaner rigoros abschieben (*FAZ*, 2. 2. 1993, 6; *El País*, 20. 9. 1992, 9).

Der erste Einwanderungsprozeß begann sogleich nach dem Krieg in Frankreich, der Schweiz und Belgien; er knüpfte in diesen Ländern unmittelbar an Vorkriegspraktiken an und breitete sich in den Jahrzehnten des größten Wirtschaftswachstums, die der Ölkrise 1973 vorangingen, über ganz Mittel- und Nordwesteuropa (mit Ausnahme Irlands) aus. Trotz einiger ernsthafter Anstrengungen zeigte sich, daß die Migrationswelle – zumindest unter Beachtung der bestehenden rechtlichen Prinzipien – nicht mehr aufzuhalten war. Ausnahmen bildeten nur die Schweiz und Österreich.

Der andere Einwanderungsprozeß setzte mit der Entkolonialisierung und ihren Nachwirkungen ein, fand seine Fortsetzung mit den lateinamerikanischen Diktaturen der 70er Jahre und ihren Flüchtlingen, verstärkte sich durch die Krisen im Mittleren Osten, die islamische Revolution im Iran, den Einmarsch und die Kriege im Libanon, das Auseinanderbrechen Somalias usw., und erhielt neuen Schwung durch den Zusammenbruch in Osteuropa.

Die strukturellen Auswirkungen dieser beiden Prozesse bis 1997 zeigt zusammenfassend folgende Tabelle.

Tab. 4: *Anteil der ausländischen Bevölkerung in Westeuropa 1950-1995 (in Prozent)*

Land	1950	1997
Belgien	4,3	8,9
Dänemark	—	4,5
Deutschland	1,1	8,7
Finnland	—	1,4
Frankreich	4,1	6,3 (1990)
Großbritannien	—	3,4
Großbritannien[a]	3,2 (1951)	6,0 (1990)[b]
Großbritannien[c]	0,4 (1951)	5,5 (1990)
Irland	—	3,2
Italien	0,7	1,3
Niederlande	1,1	4,4
Norwegen	0,5	3,6
Österreich	4,7	9,1
Portugal	—	1,7
Schweden	1,8	5,6
Schweiz	6,1	18,6
Spanien	---	1,4

a Im Ausland Geborene.
b Außerhalb der Britischen Inseln Geborene.
c Nur »ethnische Minderheiten«, d.h. nicht-weiße Bevölkerung.
Quellen: OECD 1987b, 40 (1950); UN Economic Commission for EuropeSOPEMI 1997, 218 (Frankreich); Minderheiten in GB: Skellington 1992, 37 (1951); Central Statistical Office 1993, 43 (1990).

1995 lebten etwa 18,3 Millionen Ausländer in den EU-Staaten, von denen ein Drittel aus anderen EU-Ländern stammte. In der ersten Hälfte der 90er Jahre stieg die Zahl der Flüchtlinge und anderer Migranten in Europa dramatisch an; sie kamen vor allem aus dem ehemaligen Jugoslawien, als

Deutschstämmige aus Rumänien und der früheren Sowjetunion, aber auch aus dem Mittleren Osten und vom Horn von Afrika.

Eine längerfristige Perspektive ergibt sich, wenn man frühere Zahlen für Deutschland und Frankreich betrachtet. Ausländer machten in Frankreich 1881 2,7 % der Bevölkerung aus, 1911 waren es 3,0 % und 1936 6,5 %. Im Deutschen Reich lag der Ausländeranteil 1871 bei 0,5 % und 1910 bei 1,9 %. Die überwältigende Mehrheit dieser Immigranten waren Europäer, Italiener und Polen bzw. Bürger aus Österreich-Ungarn (Tapinos 1973, 4, 6; Marc 1987, 27; Herbert 1986, 25).

Die Gesamtzahlen bleiben insgesamt jedoch niedrig, auch wenn man einwenden könnte, daß sie die ethnische Heterogenität unterschätzen, da die im Land geborenen Ausländer nicht erfaßt werden; sie machten in Frankreich 1991 und in Schweden 1995 gut zehn Prozent der Bevölkerung aus (INSEE 1997, 13; SOPEMI 1997, 158f.). Das ist mehr als in den Vereinigten Staaten, wo ihr Anteil 1991 7,9 % betrug, aber weniger als in Australien (22,3 %) und Kanada (15,6 %) (SOPEMI 1997, 29). Etwa 18 Prozent der schwedischen Bevölkerung sind heute Einwanderer der ersten oder zweiten Generation, was für eine traditionell sehr homogene und von Abwanderung geprägte Gesellschaft eine dramatische Veränderung bedeutet.

Bemerkenswert ist auch die geographische Konzentration der Einwanderer, was mancherorts besondere Auswirkungen zeitigt. So machten »Ausländer« (ohne im Land Geborene) im Großraum Paris 1990 16 Prozent der Bevölkerung aus; 100 Jahre zuvor waren es noch 7 Prozent gewesen. In Großbritannien, dem einzigen europäischen Land, in dem »Rasse« und Hautfarbe Eingang in den öffentlichen Diskurs und in die offiziellen Statistiken gefunden haben, waren 1991 94,5 % der Gesamtbevölkerung »Weiße«, im Großraum London dagegen nur 79,8 %. In Amsterdam betrug der Ausländeranteil Anfang der 90er Jahre 22 Prozent – bei Grundschülern 50 Prozent –, in Frankfurt etwa 25 Prozent und in Brüssel gut 28 Prozent. In Paris lebte 1990 ein Drittel aller Jugendlichen unter 17 Jahren in Einwandererfamilien. Diese Zahl kann es leicht mit dem gegenwärtigen Anteil im Ausland Geborener in New York aufnehmen (gut ein Fünftel) – bzw. mit Warschau oder Zagreb zur Zeit der letzten Jahrhundertwende (*Le Monde*, 11. 5. 1993, 17, 8. 4. 1994, 12; Central Statistical Office 1993, Tab. 3.8.; *Die Zeit*, 9. 2. 1990, 48; *FAZ*, 3. 12. 1991, 7; *Financial Times*, 14. 4. 1991, 7).

Für Osteuropa gibt es nach wie vor nur spärliche Zahlen. Ohne Zweifel aber fielen die Wanderungsbewegungen abgesehen von der unmittelbaren Nachkriegszeit und mit Ausnahme der Sowjetunion deutlich schwächer aus als in Westeuropa. Oben war bereits davon die Rede gewesen, daß ein Viertel der ursprünglichen DDR-Bevölkerung aus Vertriebenen aus dem Osten bestand, ein Umstand, der nicht gerade dazu beitrug, die an der Macht befindlichen Verbündeten der Roten Armee beliebter zu machen. Am Ende des sozialistischen Experiments in Deutschland machten Ausländer, vor allem Polen und Vietnamesen, etwa ein Prozent der Bevölkerung aus (*Die Zeit*, 11. 10. 1991, 19). Über die Gesamtzahl der Gastarbeiter in den Comecon-Staaten gibt es jedoch noch keine genauen Angaben.

In der UdSSR zeigten die Volkszählungsdaten zur Nationalität - im Gegensatz zu den Tendenzen in Westeuropa, jedoch anders definiert – zwischen 1959 und 1989 in allen Republikhauptstädten einen kontinuierlichen Anstieg lokaler nationaler Identität (*natisionalnost*); Ausnahmen bilden allein Tallinn und Riga, wo sich die Russifizierung fortsetzte. Eine ähnlich abweichende Entwicklung in diesen zwei von insgesamt drei baltischen Hauptstädten zeigt sich auch, wenn man in bezug auf die Sprache zwischen 1897 und 1989 vergleicht: Der Anteil der estnisch bzw. litauisch sprechenden Bevölkerung lag 1989 niedriger als 1897. Die am wenigsten national geprägten Hauptstädte in der früheren Sowjetunion waren Alma Ata und Bischkek; in ihnen lebten 1989 weniger als ein Viertel Kasachen bzw. Kirgisen (Harris 1993, 18f.).

Ende der 90er Jahre war der gesamte postkommunistische Teil Europas zu einem Auswanderungsgebiet geworden, nachdem Rußland und die Ukraine aufgrund der Bevölkerungsbewegungen in der sich auflösenden Sowjetunion in der ersten Hälfte des Jahrzehnts noch Nettozuwanderungsländer gewesen waren (Mounier 1999, 474; Scharff 1998). Doch mit Ausnahme der vom Krieg zerrissenen Balkanstaaten, fielen die Wanderunsbewegungen geringer aus, als viele Westeuropäer noch zu Beginn der 90er Jahre befürchtet hatten. In Albanien allerdings verließ in den frühen 90er Jahren ein Zehntel der Bevölkerung das Land (Ellman 1997, 363).

Die europäische Moderne war von *Auswanderung* geprägt. Wie groß dabei die Auswirkungen waren, die Jahrzehnte der Massenemigration auf die Klassenstruktur Europas hatten, läßt sich nur schwer abschätzen. Klarer dagegen läßt sich sagen, welche Bedeutung sie hatte: Die Massenemigration verringerte die Armut und entschärfte den sozialen Druck und Konflikt. Ob die Klassenstrukturierung europäischer Identitäten und sozialen Handelns dadurch unter dem Strich ab- oder zunahm, läßt sich ebenfalls schwer beurteilen. Die Auswanderung bot einerseits individuelle Alternativen zu kollektivem Handeln. Andererseits führte sie aber auch zu weniger angespannten Arbeitsmarktsituationen und zu geringerer sozialer Abhängigkeit. Kurz gesagt: Sie verbesserte für die Mehrheit derer, die blieben, die Bedingungen, sich als Klasse zu organisieren. Darüber hinaus bewahrte die Emigration die relative ethnische Homogenität der westeuropäischen Staaten, ein Faktor, der sich ebenfalls günstig auf die Klassenidentifikation auswirkt. Einzig und allein Frankreich war nie ein Auswanderungsland und nahm schon in den 1830er Jahren eine erste Einwanderungswelle auf. Die Schweiz, seit alters her ein Emigrationsland, begann im späten 19. Jahrhundert massenhaft ausländische Arbeitskräfte zu importieren und anzuziehen, vor allem für den Eisenbahnbau und allgemein als Bauarbeiter. Belgien holte nach dem Ersten Weltkrieg Bergleute ins Land.

Der Arbeitskräftemangel in Nordmitteleuropa in den 60er Jahren, die rasante Entwicklung Südeuropas in den 60er und 70er Jahren, der Zusammenbruch der kommunistischen Regime in Osteuropa und die erweiterten Möglichkeiten interkontinentaler Migration haben Westeuropa zu einem Einwanderungsgebiet gemacht (vgl. Therborn 1987b). Am dramatischsten wirkte sich dieser Wandel in Deutschland aus. In den Jahren 1968/69 lag die Nettoeinwanderungsquote in Westdeutschland bei 0,9 % der einheimischen Bevölkerung und entsprach damit etwa derjenigen der USA 1913, also auf dem Höhepunkt der dortigen interkontinentalen Einwanderung. 1988 betrug die Quote 0,5 % (SOPEMI 1989, 128, 133; Eurostat 1990a). 1992 lag die Nettozuwanderung im vereinten Deutschland bei einem Prozent der Bevölkerung, wobei ein Viertel der Immigranten Deutschstämmige waren (SOPEMI 1997, 106).

In den 90er Jahren betrug die Nettozuwanderung etwa zwei Drittel des Bevölkerungswachstums in der EU. In der Tat begannen die Deutschen, die Italiener und etwas später auch die Schweden »auszusterben« (in Westdeutschland setzte dieser Prozeß bereits in den 70er Jahren ein). Auch Griechenland wies 1998 einen natürlichen Rückgang der Bevölkerung auf. Das Migrationsmuster hat sich im Laufe des Jahrzehnts verschoben. War es zunächst von Flüchtlingsströmen geprägt (vor allem aufgrund des Auseinanderbrechens Jugoslawiens) und vor allem auf Deutschland als Ziel gerichtet, so diversifizierten sich später die Wanderungsbewegungen, wobei besonders Länder mit ehemals hoher Auswanderung wie etwa Irland, Griechenland, Italien, Spanien oder Portugal nun eine beträchtliche Zuwanderung zu verzeichnen hatten. Frankreich hingegen wies in den 90er Jahren eine bemerkenswert niedrige Zahl an (registrierten) Einwanderern auf. Insgesamt gesehen liegt die Zuwanderung in der EU (1990-94 jährlich 0,29 % der Bevölkerung, 1999 0,19 %) niedriger als in den USA (1997 0,32 %). Im postkommunistischen Osteuropa nimmt die Bevölkerung ab. Alle europäischen Nachfolgestaaten der Sowjetunion, Mittelosteuropa (mit Ausnahme der streng katholischen Länder Polen und Slowakei), Bulgarien und Rumänien (jedoch nicht der übrige Balkan) weisen wesentlich höhere Sterbe- als Geburtenraten auf. Gleichzeitig sind sie allesamt Auswanderungsländer, am deutlichsten Rußland in Umkehr der beträchtlichen Nettozuwanderung vor 1998 (Mounier 1999, 745ff.; Eurostat, *Press release* 2/2000; *Transition Newsletter*, August 1999).

Die Verschiebung von der Auswanderung hin zur Einwanderung bedeutete einen epochalen Wandel in der europäischen Gesellschaftsgeschichte. Ethnische – und weithin kontinental-ethnische – Konflikte sind an die Stelle der innereuropäischen nationalistischen Rivalitäten getreten. Die gesellschaftspolitischen Auswirkungen bestehen in einer Schwächung der Klassenspaltungen und in einer Politik, die sich vornehmlich an ethnischen und anderen Trennlinien, die nichts mit Klasse zu tun haben, orientiert. Das Vorhandensein einer großen ausländischen Arbeiterklasse ohne Bürgerrechte ist mit Sicherheit einer der Hauptgründe dafür, daß die Arbeiterparteien in der Schweiz, einem hochindustrialisierten Land, bei Bundesratswahlen erst zweimal mehr als 30 Prozent der Stimmen erhielten, nämlich 1917 und 1947.[31]

Eine explizit fremdenfeindliche Politik hat sich am stärksten in Frankreich (Front National), Österreich (FPÖ) und Belgien (Vlaams Blok u.a.) etabliert, beeinflußt aber seit Ende der 80er Jahre überall in Europa die öffentliche Meinung und die sozialen Beziehungen und nimmt nicht selten sogar gewalttätige Formen an. Gleichzeitig ist die Gruppe der Immigranten zu klein bzw. es fehlen ihr die politischen Rechte, so daß eine ethnisch begründete Koalitionspolitik, wie sie für die Neue Welt bezeichnend ist, in Europa – abgesehen von einigen Gegenden in Großbritannien mit einer großen, rechtlich gleichgestellten Bevölkerung aus den ehemaligen Kolonien – fast gänzlich ausgeschlossen erscheint. Zu Beginn des Jahres 2000 unternahm die politische Elite der EU den bisher einmaligen Schritt, aus Protest gegen die Regierungsbeteiligung der FPÖ diplomatische Sanktionen gegen Österreich zu verhängen. Die Auswirkungen dieses Schritts bleiben abzuwarten. Die politischen Eliten reagierten auf fremdenfeindliche Ressentiments bislang weniger rhetorisch als vielmehr durch eine verschärfte Kontrolle der Zuwanderung, und die Diskriminierung von Einwanderern spielt sich zumeist auf einer informellen Ebene ohne rechtliche oder offizielle Unterstützung ab.

2. Aufgaben: Arbeitsteilungen

Aus soziologischer Sicht ist eine Aufgabe nicht einfach etwas, das man wählt und sich stellt. Ganz gleich, in welchem Alter man sich durch die Welt bewegt, ist man mit einer spezifisch strukturierten Menge von Aufgaben konfrontiert. Man ist sozusagen als Schauspieler Teil eines gesellschaftlichen Drehbuchs, aus dem man sich seine Rolle und deren Interpretation wählt. Die geläufigste Bezeichnung für die Rollenverteilung unter den dramatis socialis personae ist die »*Arbeitsteilung*«.

In der vormodernen Gesellschaftsphilosophie kam der Arbeitsteilung eine zentrale Stellung zu. Sie war Teil einer funktionalistischen Vorstellung von Gesellschaft und legitimierte die bestehende Ordnung hinsichtlich der hierarchischen Abhängigkeitsverhältnisse zwischen denjenigen, die beteten, denen, die kämpften, und denjenigen, die den Boden bestellten. Variieren konnten dabei die Rangfolge zwischen den beiden erstgenannten und der Ort, an dem Händler und Handwerker innerhalb des Nährstandes plaziert wurden – es sei denn, es gab ausnahmsweise, wie etwa in Schweden-Finnland, sogar eine offizielle Einteilung in vier Funktionen, nämlich Adel, Klerus, Bürger und Bauern. Diese funktionale, statische und gleichsam organisch-wesenhafte Arbeitsteilung bildete die tragende Säule im Weltbild des europäischen Feudalismus (vgl. Duby 1986).

Ein moderner Begriff der Arbeitsteilung tauchte erstmals in der schottischen Aufklärung auf, nämlich in den Vorlesungen und Schriften von Adam Smith und seinem Schüler John Millar. Zwei Gedanken vor allem waren es, die die feudale Form der Arbeitsteilung in Richtung Moderne aufbrachen. Der eine brachte eine zeitliche Dimension ins Spiel. Die Arbeitsteilung war nicht mehr zeitlos und entsprach damit auch nicht mehr der Dreifaltigkeit des christlichen Gottes. Die gesellschaftlichen Aufgaben hatten eine Weiterentwicklung erfahren, von der Jagd über die Seelsorge und den Ackerbau bis hin zum Handel.

Der andere Gedanke verstand die Arbeitsteilung als nach allen Seiten hin offen. Sie sollte danach nicht mehr auf drei oder allerhöchstens vier Ordnungen oder Stände beschränkt bleiben, sondern sich auf eine unbegrenzte

Zahl von Berufen und Spezialgebieten, beispielsweise das Herstellen von Stecknadeln, erstrecken.[32] Dieser Gedanke fand später auch Eingang in die »Modernisierungstheorie«, und zwar auf dem Umweg über Emile Durkheims Interesse an der Arbeitsteilung und Max Webers Betrachtungen zur Trennung von Haushalt und Unternehmen, die sich mit dem Begriff der »*Differenzierung*« verbinden. Die zuerst genannte, evolutionäre Vorstellung von Arbeitsteilung verzweigte sich in zwei Richtungen, nämlich einerseits zu Karl Marx und seiner Abfolge komplexer sozioökonomischer Zustände, von Produktionsweisen und dem ihnen jeweils entsprechenden »Überbau«, sowie, zweitens, zu Colin Clarks strenger an den Aufgaben ausgerichteter Sichtweise der agrarischen, industriellen und Dienstleistungsgesellschaften (vgl. Luhmann 1985; Clark 1957; Kozyr-Kowalski/Przestalski 1992).

Die Entwicklung bezahlter und unbezahlter Arbeit

Wir wollen hier zunächst im Rahmen der engeren Tradition der Arbeitsteilung verweilen und den weiteren Aspekten in den anderen Kapiteln (über die Rechte, Mittel, Risiken und Chancen) nachgehen. Wir beschränken uns dabei auf die historische Konzeption unterschiedlicher Formen von Arbeitsteilung. Dennoch sei hier zunächst auf zwei neue Ansätze bzw. Tendenzen hingewiesen.

Der erste ergibt sich aus der Reflexivität der Spätmoderne. Wir werden das Augenmerk demnach auf die Trennung zwischen Arbeit und Freizeit sowie zwischen bezahlter und unbezahlter Arbeit richten. Das Verhältnis von Arbeit und Freizeit sowie die Aufgabenverteilung zwischen Männern und Frauen bilden zwei lange Zeit verborgen gebliebene Formen der modernen Arbeitsteilung. Auf beiden Gebieten stehen die Sozialwissenschaften und die Sozialgeschichte noch ganz am Anfang ihrer Forschungen.

Der zweite Ansatz ergibt sich aus dem hier aufgestellten globalen Vergleichsrahmen, innerhalb dessen die spezifisch europäische Teilung der (bezahlten) Arbeit hervorsticht.

Arbeit und Freizeit

Bezahlte Arbeit machte im Jahr 1990 bei der erwerbstätigen Bevölkerung in Europa etwa ein Fünftel des Jahres aus, ein paar Prozent hin oder her, vielleicht ein wenig mehr in Osteuropa, aber auch in Spanien und in der

Schweiz. Die Europäer tendieren vor allem in den größeren Ländern und in Schweden dazu, weniger zu arbeiten als die US-Amerikaner und die Japaner. Schlafen, Essen und ähnliche persönliche Bedürfnisse beanspruchen etwa zwei Fünftel der Zeit, Hausarbeit etwa 15 bis 20 Prozent. Der Rest, also durchschnittlich zwischen einem Fünftel und einem Viertel, ist Freizeit, freie Zeit.[33] Das heißt, im Verlauf eines Jahres verfügen die Menschen über ebensoviel, wenn nicht sogar mehr, Freizeit, wie sie Zeit für ihren Beruf aufbringen.

Überblickt man den gesamten Zeitraum der industriellen Moderne, so erkennt man zwei große Perioden, in denen es zu einer weitverbreiteten Reduzierung der Arbeitszeit kam. Hier ist zum einen die Zeit zwischen 1913 und 1929 zu nennen (in Frankreich und Italien reichte sie bis in die 30er Jahre), als der Achtstunden-Tag Gegenstand vehementer Forderungen und Auseinandersetzungen war und schließlich auch gesetzlich geregelt wurde, zum anderen die Zeit, als sich das Wachstum der Industriegesellschaften auf dem Höhepunkt befand, also von etwa 1960 bis gegen Mitte bzw. Ende der 70er Jahre (Maddison 1982, 211; Marchand 1992, 30, 34).

Seit 1980 vollzog sich die Arbeitszeitverkürzung vor allem in Form von Frühverrentung und Arbeitslosigkeit. Doch gegen Ende des Jahres 1993 war ein erneutes Interesse an der Arbeitszeitreduzierung zu erkennen. Ausdruck dafür waren eine lebhafte ganztägige Debatte in beiden Kammern des französischen Parlaments über die 32-Stunden- bzw. 4-Tage-Woche – sie endeten allerdings ohne Entscheidung (*Le Monde*, 3. 11. 1993) – sowie deren spätere Einführung bei Volkswagen und der Ruhrkohle AG.

Was Arbeit und Freizeit betrifft, so läßt sich im heutigen Westeuropa ein bemerkenswerter Klassenaspekt feststellen. Arbeiter verfügen über mehr Freizeit als Manager und Unternehmer. Der Begriff der »Freizeitklasse« erhält damit eine andere Bedeutung als noch vor einem Jahrhundert bei Thorstein Veblen.[34] Studien aus Großbritannien (aus den 70er Jahren), Frankreich (aus den 80ern) und Schweden (1990/91) weisen allesamt darauf hin, daß Arbeiter über (etwas) mehr Freizeit verfügen als die »Mittelklasse«, Unternehmer und »Führungseliten« sowie Bauern/Selbständige bzw. Angestellte (Gershuny 1992c, 218ff.; Marchand 1992, 39; Levnadsförhållanden 1992, 80f.). Andererseits gibt eine 1986/87 vorgenommene Umfrage zum Zeitbudget in Ungarn für Arbeiter längere Arbeitszeiten an als für Manager und Intellektuelle (Andorka u.a. 1992, 133).[35]

Bislang gibt es noch zu wenige verläßliche Daten, um diese Wende in den Klassenbeziehungen temporal exakt bestimmen zu können; wahrscheinlich jedoch handelt es sich um ein Phänomen der letzten Jahre. Damals, als die große internationale Umfage zum Zeitbudget unter der Leitung von Alexander Szalai stattfand, also Mitte der 60er Jahre, gab es noch kein europäisches Land, in dem »höhere« Angestellte mehr Freizeit als Arbeiter hatten, sieht man einmal von einer kleinen Stichprobe aus dem westfälischen Osnabrück ab, die ein solches Verhältnis anzeigt.

Aber wir können die Arbeitsmenge auch noch von einem anderen Blickwinkel aus betrachten, nämlich vom *Angebot an bezahlten Aufgaben* in unterschiedlichen Gesellschaften zu verschiedenen Zeitpunkten. In empirische Kategorien übersetzt heißt das, die Anzahl der Beschäftigten sowie der durchschnittlichen Arbeitsstunden pro Jahr herauszufinden, um anschließend dann die Zeitverteilung zu berechnen.

Für zwei derjenigen Länder, für die gesichertes Zahlenmaterial vorhanden ist, nämlich für Großbritannien und Schweden, ergibt sich dabei das Bild einer historischen Entwicklung. Seit 1870 stieg das gesellschaftliche Gesamtarbeitsvolumen an, in Schweden bis zur Attacke der Weltwirtschaftskrise in den 1930er Jahren, in Großbritannien bis zum Zweiten Weltkrieg. Anschließend folgte ein gemäßigter Rückgang, doch 1973 wurde in Schweden und Großbritannien mehr bezahlte Arbeit geleistet als ein Jahrhundert zuvor (setzt man 1870 als 100, so erhält man 1973 für Großbritannien einen Wert von 116, für Schweden von 108). Auch ohne genaue Zahlen dürfen wir mit ziemlicher Sicherheit annehmen, daß es im Gegensatz dazu in Frankreich während des gleichen Zeitraums zu einem signifikanten Rückgang des Arbeitsvolumens kam.[36]

Seit 1973 läßt sich als allgemeine Tendenz für Westeuropa – im Gegensatz zu den Neuen Welten und zu Japan – ein Rückgang der Gesamtmenge an bezahlter Arbeit feststellen. Doch auch hier gibt es Ausnahmen. So hatte beispielsweise Schweden zwischen 1973 und 1989, also bis zur Krise der 90er Jahre, eine Zunahme des Arbeitsvolumens zu verzeichnen, die mit etwa 10 Prozent derjenigen Japans entspricht. Zwischen 1973 und 1992 sank das Volumen der offiziell registrierten bezahlten Arbeit pro Jahr in Frankreich von 100 auf 91, in Westdeutschland auf 92 (1990), in Schweden stieg es auf 103 und in den USA auf 126 (berechnet nach den OECD-Zahlen der Beschäftigten und der durchschnittlich pro Jahr tatsächlich geleisteten Arbeitsstunden; OECD 1987c, 24; 1992a, 275, 277; 1993, 5, 186).

Das westliche Nachkriegseuropa machte eine Zeitlang eine für die Weltgeschichte des Kapitalismus ungewöhnliche Erfahrung, insofern nämlich das Angebot an und die Nachfrage nach bezahlten Tätigkeiten einander fast die Waage hielten. Anders ausgedrückt: Es herrschte *Vollbeschäftigung.* Dieses Phänomen tauchte für Regierungen wie für Wirtschaftsexperten völlig unerwartet auf. In Großbritannien basierten die Planungen des Wohlfahrtsstaats und die Politik einer »hohen und stabilen Beschäftigungsquote« inoffiziell auf einer für die Nachkriegszeit avisierten Arbeitslosenquote von 8,5 Prozent. Keynes war in dieser Hinsicht der Meinung, der maximal erreichbare Wert liege bei 6 Prozent (Deacon 1981, 63f.).

1950 wiesen die meisten westeuropäischen Länder eine nicht-standardisierte Arbeitslosenquote von zwei bis drei Prozent auf; Westdeutschland und Italien bildeten die großen Ausnahmen und hatten sieben bis acht Prozent zu verzeichnen. Vollbeschäftigung – entsprechend den Nachkriegsstandards – wurde in Westdeutschland, Dänemark und Österreich 1959/60 erreicht, in Belgien ein paar Jahre später (Maddison 1992, Tab. C-6b, 208).

Mit der Krise Mitte der 70er Jahre und der politischen Reaktion darauf kam die Vollbeschäftigung dann jedoch in den meisten Marktwirtschaften des Kontinents an ein Ende. Nur Österreich, Norwegen, Schweden und die Schweiz hielten dank verschiedener öffentlicher und privater Maßnahmen ein wenig länger durch (vgl. Therborn 1986). Der längere Aufschwung der 80er Jahre allerdings machte deutlich, daß eine hohe Arbeitslosigkeit erneut zum Dauerzustand geworden war. Bevor sie wieder anstieg, war die standardisierte Arbeitslosenquote 1990 in Mittel- und Westeuropa (ohne Österreich und die Schweiz) nur auf 6,9 Prozent und in Südeuropa (mit Ausnahme Griechenlands) auf 11,4 Prozent gesunken. Die weltweite Krise der 90er Jahre, die durch die Deregulationen und Spekulationen des vorangegangenen Jahrzehnts noch verschärft wurde, beendete dann auch in den nordischen und in den Alpenländern die Zeit der Vollbeschäftigung.

In Osteuropa gab es eine ähnliche Entwicklung wie in Norwegen und Schweden: Schon bald nach dem Zweiten Weltkrieg wurde Vollbeschäftigung erreicht, die auch durch all die Wechselfälle der folgenden vier Jahrzehnte hindurch Bestand hatte. In den 90er Jahren war es damit dann zu Ende, wahrscheinlich für den Rest des Jahrtausends, möglicherweise aber auch für immer.[37]

Die Arbeitslosenquote war in Westeuropa von Konjunkturzyklus zu Konjunkturzyklus stetig angestiegen. In den Jahren 1995 und 1996 war sie in den EU-Ländern bei 11,2 bis 11,3 % Prozent angelangt, während die Durchschnittswerte in Japan und den USA bei 3,2 % bzw. 5,5 % lagen (OECD 1997, 4). Im Dezember 1999 war die Arbeitslosigkeit in der EU zum ersten Mal seit 1992 wieder unter 9 Prozent gefallen. Mit 8,8 Prozent liegt die Quote aber noch immer höher als zwischen 1988 und 1991. Doch in Europa hat Arbeitslosigkeit eine andere Bedeutung, und die Gefahr, in die Armut abzugleiten, ist geringer. Wir werden darauf weiter unten noch zurückkommen.

Arbeitslosigkeit wurde intellektuell und politisch erstmals in den frühen 1890er Jahren, während der damaligen großen Weltwirtschaftskrise, als soziales Problem wahrgenommen (Garraty 1978, 121ff.). Nach dem Zweiten Weltkrieg schien es zwanzig bis dreißig Jahre lang – in Skandinavien und Osteuropa sogar über vierzig Jahre lang – so, als sei das Problem gelöst. Heute, ein Jahrhundert nach ihrer Problematisierung, ist man offensichtlich dabei, Arbeitslosigkeit als unanfechtbares Urteil des Richters namens Kapitalismus zu betrachten. Oder, so der überwiegende Tenor der westlichen Ratschläge an den Osten, wenngleich *sotto voce* vorgetragen, als ganz normalen Bestandteil der Marktwirtschaft.

Die Aufteilung der Lebensalter

Eine der grundlegendsten gesellschaftlichen Veränderungen nach dem Zweiten Weltkrieg bestand in der sozialen Neubestimmung des Alters. Das Altern des Menschen galt einst als weithin anerkanntes Symbol des vorbestimmten Lebenslaufs. Zu Zeiten der europäischen Vor- und Frühmoderne stellte der gewölbte Treppenbogen des Lebens – mit einem Ansteigen bis zum Gipfel, der bei 30, 40 oder 50 Jahren lag, und einem sich anschließenden Abstieg bis zum Tod – das charakteristische Bild des menschlichen Lebenslaufs dar. Seine Anziehungskraft verlor es erst mit dem Ersten Weltkrieg (vgl. Cole/Winkler 1988, 46ff.).

Seit etwa 1960 hat das »Alter« (im Sinne des hohen Lebensalters) weitgehend eine neue Bedeutung und neue gesellschaftliche Implikationen erhalten. Sprachlich hat sich das am sinnfälligsten im Französischen niedergeschlagen, und zwar in dem Ausdruck »troisième âge«, dem dritten Lebensalter (nach Jugend und Erwachsenenalter), d.h. als Lebensalter des Renteneinkommens oder der Pension, als Lebensalter der Freizeit, das im positiven Sinne frei ist von den zeitlichen Beschränkungen des Arbeitsalltags (vgl. Lenoir 1979; Guillemard 1986, 138ff.). Den schlagendsten Beweis für dieses dritte Lebensalter erhält man, wenn man sich die Heirats- und Kontaktanzeigen betrachtet, in denen heutzutage eine stattliche Anzahl von Frauen und Männern über 60 ihren Lebenshunger annonciert.

Sinkende Fruchtbarkeit und eine geringere Kindersterblichkeit haben den

Bevölkerungsanteil alter Menschen ansteigen lassen: In Osteuropa einschließlich der Russischen Föderation ist jeder achte 65 Jahre oder älter, in Westeuropa jeder sechste (UNDP 1999, 197).

Beträchtlich zugenommen bzw. verbessert haben sich auch Freizeit, Aktivität und, zumindest für viele, Gesundheitszustand alter Menschen. 1950 war in Finnland, Irland und Schweden noch die Hälfte aller Männer über 65 berufstätig gewesen; in den ärmeren Ländern Südeuropas (Griechenland, Portugal, Spanien) waren es sogar zwei Drittel aller älteren Männer, zumindest mehr als 50 Prozent. In den anderen Ländern arbeitete noch gut ein Drittel, in Deutschland ein Viertel (OECD 1979, 120).[38] 1985/86 hingegen gehörte in Deutschland und Frankreich nur noch jeder zwanzigste über 65 zur arbeitenden Bevölkerung, in Italien war es jeder zwölfte, in Großbritannien jeder dreizehnte. Knapp ein Viertel der französischen Männer über 60 blieb im Berufsleben, in Deutschland lag der Anteil bei knapp unter einem Drittel, während in Finnland, Italien und den Niederlanden mehr als ein Drittel mit 60 noch berufstätig waren (OECD 1987c, 480ff.).[39]

Die Frühverrentung ist vor allem ein Phänomen der Arbeiterklasse und trägt ebenfalls zu der neuen Klassenstruktur der Freizeit bei, die wir oben bei den Beschäftigten festgestellt haben. In Schweden beispielsweise liegt das übliche Rentenalter bei 65, doch in den frühen 90er Jahren arbeiteten von den Mitgliedern der Metallgewerkschaft nur noch 5 Prozent der 60- bis 65jährigen Vollzeit.[40]

Geht man davon aus, daß europäische Männer mit sechzig noch durchschnittlich 17 Lebensjahre vor sich haben, so bedeutet das, daß eine Mehrheit von ihnen heute etwa ein Drittel ihres Erwachsenenlebens außerhalb der Erwerbstätigkeit verbringt. Es entwickelt sich ein reichhaltiges, blühendes Leben nach dem Arbeitsalter – finanziell vor allem in den am weitesten entwickelten Teilen Westeuropas gut ausgestattet, freizeitorientiert und von verschiedensten Aktivitäten geprägt (einschließlich der erotischen, wenngleich oft nicht mehr körperlich-sexuellen Aktivität). Historisch gesehen bezeichnet dieses Aufkommen eines dritten Lebensalters gleichsam eine Biegung in der Entwicklungskurve der Moderne. Unter dem Gesichtspunkt der Macht bedeutet dies, zumindest unter demokratischen Verhältnissen, daß dem Alter (teilweise) wieder eine Macht zukommt, die es weithin verloren hatte, als die Zukunftsprojekte auf einmal mehr zählten als die Erfahrungen der Vergangenheit. Das historische Äquivalent, das den heutigen *Rentnern* Nordwesteuropas, die aus öffentlichen Kassen versorgt werden, am nächsten kommt, bildeten die Rentiers, die »finanziell unabhängigen«

Männer der frühen Moderne, die reichen Müßiggänger, die durch den Zweiten Weltkrieg fast gänzlich ausgelöscht wurden. Aus den Rentiers von gestern wurden die heutigen älteren Bürger des Wohlfahrtsstaates.

Diese Entwicklung haben die Westeuropäer mit den Nordamerikanern und den Ozeaniern gemeinsam – wenngleich diese nicht dem mitteleuropäischen Muster nach 1975 folgten, die meisten Leute ab 60 in Rente zu schicken –, weniger dagegen mit den länger arbeitenden Japanern. Obwohl Frankreich und Schweden – bedingt durch niedrige Geburtenraten und im Falle Schwedens eine massive Auswanderung im späten 19. Jahrhundert – historisch gesehen eine Art Vorreiter beim Altern der Gesellschaften waren, so fanden Altenorganisationen, Freizeitaktivitäten und die Konsumorientierung alter Menschen ebenso wie die Geriatrie zuerst in den Vereinigten Staaten Verbreitung (Stearns 1977, 34ff., 108ff.).[41] Mit anderen Worten: Das Altern der Alten Welt läßt sie in gesellschaftlicher Hinsicht der Neuen ähnlicher werden.[42]

Arbeit und Freizeit – männlich, weiblich

Die Verteilung der Arbeit nach Geschlecht besitzt zwei Hauptaspekte: die Aufteilung bezahlter Arbeit zwischen Männern und Frauen bzw. den jeweiligen Anteil am Ausschluß von bezahlter Arbeit, d.h. an der Arbeitslosigkeit, sowie zweitens die Aufteilung der unbezahlten Arbeit im Haushalt. Beide Aspekte lassen sich noch weiter unterteilen, wenn man danach fragt, wie Beschäftigungs- und Haushaltsaufgaben verteilt sind.

In der frühen Moderne sah das System der Geschlechterverteilung so aus, daß Männer vorwiegend in der Marktwirtschaft und Frauen vor allem in der Hauswirtschaft zu finden waren, was nicht zuletzt natürlich mit der Ehe zusammenhing. Das änderte sich zwischen 1910 und 1950 nur unwesentlich, und die Veränderungen konnten in verschiedenen Ländern in völlig entgegengesetzter Richtung verlaufen (Maddison 1982, Tab. C-2). Für die meisten westeuropäischen Länder läßt sich dabei als übergreifendes Muster bis zum Ende der 60er Jahre ein Oszillieren ohne klar erkennbare Tendenz feststellen, wenngleich Frauen in Dänemark und Schweden seit Mitte der 60er Jahre verstärkt in den Arbeitsmarkt überwechseln konnten. Der Beschäftigungsanteil nach Geschlecht variiert nach wie vor beträchtlich zwischen den einzelnen Ländern, ebenso die Geschlechtertrennung innerhalb jedes Landes, auch wenn sich eine Tendenz in Richtung größerer Gleichheit beobachten läßt (OECD 1992, 39; Schmidt 1993).

Tab. 5: Geschlechtsspezifische Verteilung bezahlter Arbeit in den OECD-Ländern
Beschäftigung: weiblicher Beschäftigungsanteil in Prozent des männlichen, korrigiert hinsichtlich der Teilzeitbeschäftigung; zwei Teilzeitbeschäftigte entsprechen einem Vollzeitbeschäftigten; 1996
Beruf bzw. berufliche Geschlechtertrennung: umgekehrter Unähnlichkeitsindex (100 minus Indexzahl) der einstelligen beruflichen Geschlechtertrennung; Schwankungsbereich zwischen 100 (keine Trennung) und 0; ca. 1986

Land	Beschäftigung	Beruf
Belgien	71,9	60,8
Dänemark	85,8	59,9
Deutschland	75,6	62,2
Finnland	91,0	57,0
Frankreich	80,9	61,7
Griechenland	56,7	75,6
Großbritannien	79,4	55,6
Irland	63,2	57,1
Italien	59,5	74,4
Niederlande	73,9	60,0
Norwegen	84,0	53,4
Österreich	76,8	55,6
Polen	82,5	—
Portugal	78,7	74,9
Schweden	93,5	62,1
Schweiz	77,2	60,8
Spanien	62,0	63,1
Tschechische Republik	78,4	—
Ungarn	75,0	—
Mexiko[a]	44,7	—
USA	82,8	62,6
Japan	68,6	76,9

a Nur Umfragedaten zur städtischen Beschäftigung.
Quellen: OECD 1997, 164f. (Beschäftigungsanteil); OECD 1988b, 209 (berufliche Geschlechtertrennung).

Überdies unterscheiden sich die bezahlten Jobs für Männer und Frauen gewöhnlich voneinander: Die Positionen mit mehr Einfluß, höherem Prestige und besserer Bezahlung werden vom sogenannten starken Geschlecht besetzt. Das Ausmaß der beruflichen Geschlechtertrennung läßt sich mit Hilfe eines Unähnlichkeitsindex fassen; er mißt den Anteil der Angehörigen des einen Geschlechts, die ihre Aufgaben ändern müssen, um die Geschlechtertrennung aufzuheben, und zwar unter der Annahme, daß sich die Angehörigen des anderen Geschlechts nicht bewegen. Gleichheit der Beschäftigung und Gleichheit der Jobs hängen nicht miteinander zusammen. Eher läßt sich die Tendenz erkennen, daß es entweder einen hohen weiblichen Beschäftigungsanteil oder eine geringe berufliche Geschlechtertrennung gibt (Tabelle 5).

Die berufliche Geschlechtertrennung – die Trennung von Männern und Frauen in unterschiedliche Beschäftigungen – besitzt eine ganz eigene länderübergreifende Struktur. Während die Unterschiede zwischen den anderen Ländern relativ begrenzt sind, bilden Griechenland, Italien, Japan und Portugal hier eine eigene Gruppe. Das hängt wahrscheinlich damit zusammen, daß in diesen Ländern die Wirtschaftsform des Haushaltsunternehmens in der Landwirtschaft, im Einzelhandel und in anderen Dienstleistungsbereichen noch immer eine zentrale Rolle spielt, aber auch, besonders in Japan und Portugal, damit, daß weithin Frauen für ungelernte Fabrikarbeiten herangezogen werden, ursprünglich vor allem in der Textilproduktion, später auch im Elektronikbereich. Japan und Portugal sind die einzigen Länder, in denen der Frauenanteil im produzierenden Gewerbe in etwa ihrem Anteil an der Gesamtbeschäftigung entspricht (ILO 1991, Tab. 2A; vgl. auch Ishida u.a. 1991, 985f.).

Bemerkenswert ist auch, daß die nordischen Länder sich, mit Ausnahme Schwedens, tendenziell dadurch von anderen unterscheiden, daß sie eine ausgeprägtere berufliche Geschlechtertrennung als die kontinentalen EU-Staaten aufweisen. In den 80er Jahren war in den meisten EU-Ländern ein Rückgang der beruflichen Geschlechtertrennung zu verzeichnen (Commission of the European Communities 1990, Tab. 8).[43]

Was den Beschäftigungsanteil anbelangt, so war in den letzten Jahren ein beachtlicher Rückgang der Geschlechtsunterschiede zu beobachten. Die nordischen Länder bilden dabei das stärker egalitäre Cluster, Griechenland, Irland, Italien und Spanien weisen die größte Ungleichheit auf. Der eine – nördliche – Pol (hoher Anteil) besteht aus Finnland, Schweden und Dänemark, der andere – südliche – (niedriger Anteil) aus Irland, Spanien und den Niederlanden. Diese Verteilung erinnert ein wenig an den Gegensatz von reicher protestantischer und bescheidenerer katholischer oder orthodoxer Welt. Doch Portugal ist ärmer und katholischer als Spanien, und daß die Kluft zwischen den Geschlechtern sich in den protestantischen und wohlhabenden Ländern Niederlande (halb protestantisch, halb calvinistisch) und Norwegen verringert hat, ist ein erst in jüngster Zeit zu beobachtendes Phänomen.

Im kommunistischen Osteuropa setzte der Anstieg des weiblichen Beschäftigungsanteils schon früher ein und verlief rascher als im Westen. Ende der 80er Jahre lag er bei etwa 80 Prozent der männlichen Rate (ILO 1991, Tab. 1)[44] und damit höher als in Westeuropa, allerdings nicht durchgängig: Der Anteil in Finnland lag höher, in Schweden war er in etwa gleich. Heute sind die Geschlechtsunterschiede in Osteuropa und im westlichen Mitteleuropa annähernd gleich.

Was das Verhältnis von Frauen und Arbeitsmarkt betrifft, so gibt es jenseits der nationalen Unterschiede auch beträchtliche regionale Differenzen. So schwankte der Beschäftigungsanteil der Frauen zwischen 15 und 64 Jahren in Spanien 1986 zwischen 18 % in Extremadura und 38 % in Galizien. In Deutschland lag er im selben Jahr zwischen 32 % im traditionell von der Schwerindustrie geprägten Saarland und 48 % in West-Berlin oder 47 % im erst seit kurzem industrialisierten Bayern (Eurostat 1989 sowie nationale statistische Jahrbücher; für GB Central Statistical Office 1993, 91; Einteilung der Regionen nach OECD 1989). Das regionale Muster läßt eher auf wirtschaftliche denn auf kulturelle oder national-institutionelle Ursachen schließen, wenngleich ein Einfluß der letztgenannten nicht auszuschließen ist. In Regionen mit Schwerindustrie und Latifundienwirtschaft jedenfalls liegt der weibliche Beschäftigungsanteil tendenziell niedrig.

Arbeitslosigkeit ist in den 80er Jahren zu einem eindeutig weiblichen Phänomen geworden. Über das gesamte Jahrzehnt betrachtet lag die weibliche Arbeitslosenquote in den OECD-Ländern Europas (d.h. Westeuropa plus Türkei) bei 9,7% der weiblichen Beschäftigten, während die männliche bei 7,2 % lag. Eine Ausnahme bildet nur Großbritannien, wo von Arbeitslosigkeit weiterhin vor allem Männer betroffen sind (OECD 1992b, Tab. 2.15, 2.16, 2.17; OECD 1993, Tab. J, M, N). Dieses Muster hat bis heute Bestand: 1996 lag die weibliche Arbeitslosenquote in der EU um vier Prozentpunkte höher als die männliche. Ausnahmen bildeten Großbritannien und Schweden, den Extremfall Spanien. Dort lag die weibliche Arbeitslosenquote um 10 Prozent über der männlichen (Eurostat, *News release* 15/2000).

Auch Osteuropa folgte nach 1989 dieser Entwicklung (OECD 1997, 164f.), am deutlichsten Polen und die Tschechoslowakei. Doch hier veränderte sich vor allem das Beschäftigungsmuster. Überall im postkommunistischen Europa ging die Zahl der Beschäftigten zurück. 1998 war die Beschäftigungsrate im Vergleich zu 1989 in Mazedonien um 35 Prozent gesunken, in Bulgarien und Ungarn um 30 Prozent, in der Slowakei, Rumänien un den baltischen Staaten um etwa 20 Prozent, in Rußland um 16 Prozent, in der Tschechischen Republik und Polen um 10 Prozent (Economic Survey of Europe 2/1998, Tab. B5). Dieser Rückgang der Beschäftigung verlief deutlich geschlechtsspezifisch.

Tab. 6: Geschlechtsspezifische Verteilung des Beschäftigungsrückgangs im postkommunistischen Europa. Beschäftigungsentwicklung 1985-1997 (in Prozent)

Land	männlich	weiblich
Estland	-10,8	-30,9
Lettland	-16,4	-33,3
Litauen	-7,4	-23,7
Polen	-8,3	-13,4
Rußland	-6,4	-20,6
Slowenien	-15,6	-16,2
Tschechische Republik	-1,2	-11,8
Ungarn	-29,8	-40,1

Quelle: UN Economic Commission for Europe: Economic Survey of Europe 1/1999, 136.

Zur geschlechtspezifischen Aufteilung der *Haushaltstätigkeit* fehlen weitgehend noch immer regelmäßige statistische Erhebungen, wenngleich die offiziellen statistischen Behörden in den letzten zehn Jahren zumindest unregelmäßige Untersuchungen durchgeführt haben. Wir verfügen jedoch über eine systematische internationale Zeitstudie von Mitte der 60er Jahre, die von einer internationalen Soziologengruppe unter der Leitung des Ungarn Alexander Szalai erstellt wurde. Dabei war für die damalige Zeit symptomatisch, daß der Abschlußbericht trotz entsprechender Fragen und Antworten keinen gesonderten Abschnitt zum geschlechtsspezifischen Zeitaufwand enthält. Dennoch lassen sich die Daten wie folgt zusammenfassen.

Dabei ist anzumerken, daß Tabelle 7 Männer und Frauen miteinander vergleicht, die sich hinsichtlich der bezahlten Arbeit auf dem Arbeitsmarkt und des Ehestandes in der gleichen Situation befinden. Daraus ergibt sich ein krasses Bild der geschlechtsspezifischen Verteilung der gesamten Hausarbeit. Im Osten ist diese ungleiche Verteilung zumindest tendenziell weniger stark ausgeprägt. Vor allem der Unterschied zwischen dem ostdeutschen Hoyerswerda (damals eine neu erbaute Bergbau- und Kohlestadt) und Westdeutschland sticht ins Auge. Doch da sich die Primärdaten nur auf einzelne Personen beziehen, nicht auf Haushalte, läßt sich nicht feststellen, wieviel davon der hohen westlichen Zahl an Hausfrauen geschuldet ist und wieviel einer weniger ungleichen Arbeitsverteilung bei berufstätigen Paaren.

Tab. 7: Geschlechtsspezifische Verteilung der Hausarbeit Mitte der 60er Jahre
(Zeit, die verheiratete berufstätige Männer für Hausarbeit aufwenden, in Prozent des Zeitaufwands verheirateter berufstätiger Frauen)

Land	ohne Kinder	mit Kindern
Belgien	10	8
Bulgarien	19	29
Deutschland (Ost)	17	24
Deutschland (West)	5	7
Frankreich	18	14
Jugoslawien	10	12
Polen	18	18
Sowjetunion	16	16
Tschechoslowakei	21	21
Ungarn	12	12
USA	17	12
Peru	1	7

Quelle: Szalai 1972, 643. Die Zahlen für Belgien, Deutschland (West) und die USA stammen aus landesweiten Stichproben, für Frankreich aus sechs Städten, für Jugoslawien aus zwei Städten (eine in Slowenien und eine in Serbien), alle anderen aus vereinzelten lokalen Stichproben. Alle beziehen sich auf die nicht-bäuerliche Bevölkerung zwischen 18 und 65 Jahren.

Jedenfalls verbrachten die Männer in allen Stichproben dieser Studie mehr Stunden außerhalb des Haushalts als berufstätige Frauen. Um zu einer gerechten Beurteilung zu kommen, müssen wir aber auch die jeweils verfügbare Freizeit miteinander vergleichen.

Dabei stellen wir fest, daß Freizeit vor allem ein Vorrecht der Männer ist. Verheiratete Männer verfügen über etwa 50 Prozent mehr freie Zeit als verheiratete Frauen. Dieses Muster ist bemerkenswert gleichförmig in allen Ländern. Einzig die Vereinigten Staaten sowie die bulgarische Stadt Kazanlik fallen durch eine stärkere Gleichheit ein wenig aus dem Rahmen. Dieses Mal besteht auch keine reelle Teilung Europas in Ost und West. Im Gegenteil, die extremste Ungleichheit findet sich im slowenischen Maribor, wo die Frauen nur über halb soviel Freizeit verfügten wie die Männer.

Zeitlich und räumlich vergleichbare Zahlen sind auf diesem Gebiet selten zu finden. Die geschlechtlichen Muster der 60er Jahre haben weiterhin Bestand, und es ist schwer zu sagen, in welchem Ausmaß sie sich verändert haben. Dennoch scheinen sich die Unterschiede hinsichtlich der Freizeit um einiges verringert zu haben. Nimmt man die Rohergebnisse aus sieben westeuropäischen Ländern, die in den 70er und 80er Jahren untersucht wurden (nämlich Belgien, Dänemark, Frankreich, Großbritannien, Italien, die

Niederlande und Westdeutschland), so ergibt sich daraus, daß Frauen durchschnittlich über 95 Prozent der Freizeit der Männer verfügten. Dagegen scheinen die Veränderungen bei der Verteilung der unbezahlten Hausarbeit bescheidener ausgefallen zu sein. Im Durchschnitt fällt auf die westeuropäischen Männer damit ein Fünftel der Zeit, die Frauen mit Hausarbeit verbringen (Gershuny 1992b, 96 und 1992c; Andorka u.a. 1992, 133).

Für die späteren Jahre gibt es bislang offenbar noch keine weitreichenden vergleichenden Zeituntersuchungen. Zumindest aber vermerkt eine Studie von 1991/92, daß die tägliche Arbeitszeit für Frauen und Männer in Deutschland gleich ist (einschließlich unbezahlter Hausarbeit), während die Frauen in Österreich 11 Prozent mehr Arbeit leisten mußten als ihre Landsmänner (UNDP 1999, 237).

Die auffällige, aber auch stark variierende geschlechtsspezifische Verteilung der Hausarbeit wurde auch in einer EU-Umfrage Mitte der 90er Jahre sichtbar. Ein Drittel aller Frauen zwischen 25 und 59 Jahren in den damals 12 EU-Staaten gab an, daß Hausarbeit ihre Hauptaktivität darstelle, während es bei den Männern nur 0,8 Prozent waren. Die Unterschiede zwischen den einzelnen Ländern waren allerdings groß. In Dänemark bildete Hausarbeit nur für 4 Prozent der Frauen die Haupttätigkeit, in Frankreich waren es 25 Prozent, in Großbritannien 27, in Deutschland 31, in Italien 40, in Spanien 49 und in Irland 60 Prozent (Eurostat, Memo 0597/1997).

High Noon der Industriegesellschaft

Betrachtet man die lange Weltgeschichte gesellschaftlicher Arbeitsteilung, so finden sich das Ende der traditionellen Agrargesellschaft, der Höhepunkt der Industrialisierung sowie die darauffolgende rasante Demontage der Industriegesellschaft in zwei auffälligen Merkmalen Nachkriegseuropas gleichsam komprimiert wieder.

Blickt man zurück, so sei im folgenden summarischen Überblick über den steilen Abstieg der bäuerlichen Klassen eine sicherlich ein wenig leichtfertige Vereinfachung im Hinblick auf ihre interne Differenzierung gestattet. Als nach dem Zweiten Weltkrieg der Frieden ›ausbrach‹, bildeten die Bauern, die Hof und Grund besaßen, mit Abstand die größte Schicht. Doch die Großgrundbesitzer spielten noch immer eine zentrale Rolle in Ungarn und Rumänien, in Teilen Polens, in Ostdeutschland, in Süd- und Westspanien sowie im südlichen Portugal – man kann das jedoch auch deutlich in

Ascot, Longchamps und an anderen Treffpunkten der Schönen und Reichen in Westeuropa sehen – und waren natürlich nach wie vor auf Landarbeiter angewiesen, die sich überdies noch immer in den Diensten kleinerer Getreidebauern mühten.

Sieht man von Großbritannien und, in geringerem Ausmaße, einem von der Mitte nach Norden verlaufenden Korridor, der von der Schweiz bis Schweden reichte, einmal ab, so war Europa am Ende des Zweiten Weltkriegs noch immer vorwiegend eine Agrargesellschaft.

Als der zweite europäische Weltkrieg ausbrach, waren die europäischen Gesellschaften durchgängig stärker agrarisch als industriell geprägt gewesen. Ausnahmen bildeten nur die Britischen Inseln und das westliche Mitteleuropa (Belgien, Deutschland, die Niederlande und die Schweiz). Östlich der Leitha, der alten Grenzlinie der Habsburger Doppelmonarchie, sowie südlich der Pyrenäen jedoch war der Kontinent noch überwiegend landwirtschaftlich geprägt.

Die UdSSR hatte zwar ihre »Entkulakisierung« forciert, von der sich das Land bis heute ebensowenig erholt hat wie die USA von der Versklavung der Schwarzen; doch die Balkanländer mit Ausnahme Griechenlands und Litauens verharrten noch immer in einem Zustand, den man als Ur-Arbeitsteilung bezeichnen könnte: Etwa 80 Prozent der Menschen waren in der Landwirtschaft tätig. Selbst bedeutende Länder der frühen europäischen Moderne wie Italien, die Heimat der Renaissance, und Frankreich, das Zentrum der Aufklärung und Bühne der Großen Revolution, waren noch immer vorwiegend agrarisch geprägte Gesellschaften (Bairoch 1968, Tab. A 2; Rauch 1970, 75; Shoup 1981, 397).

Die europäische Entwicklung weg von der Landwirtschaft verlief lange Zeit ausgesprochen unterschiedlich. Der Anteil der 1960 in den damals 12 Staaten der EG im Agrarbereich Tätigen, nämlich 21,1 %, war in Großbritannien schon 1851 erreicht worden, und die 6,9 % des Jahres 1989 waren in Großbritannien bereits 1921 annähernd (7,1 %) erreicht worden.

Unmittelbar nach dem Krieg war der Agrarsektor in Italien und Frankreich bis in die frühen bzw. späten 50er Jahre hinein größer als der industrielle (Bairoch 1968, 87, 96, 98f., 108; OECD 1991c, 40). Zu Beginn der 60er Jahre übertraf der Anteil der in der Industrie Beschäftigten in Finnland und Spanien erstmals denjenigen der in der Landwirtschaft Tätigen; in Irland geschah das in den späten 60ern, in Griechenland Ende der 80er Jahre (OECD 1987c und 1991c, jeweils Tab. 7.0). Mitte der 90er Jahre machte die Beschäftigung im Agrarbereich EU-weit nicht ganz 6 Prozent der Gesamtbeschäftigung aus; lediglich in Griechenland liegt der Anteil bei über 20 Prozent, in Irland, Portugal und Spanien sind es zwischen 10 und 15 Prozent. Ganz ähnlich wie in der EU verhält es sich inzwischen in der Tschechischen Republik, in Ungarn und in der Slowakei; dagegen dominiert in Albanien nach wie vor der Agrarsektor, in Rumänien sind ein Drittel der Beschäftigten in der Landwirtschaft tätig, in Bulgarien und Polen zwischen einem Fünftel und einem Viertel. Als die UdSSR zusammenbrach, lag der Beschäftigungsanteil des Agrarbereichs dort bei einem Fünftel (OECD 1995, 209; ILO 1992, Tab. 2).

Auch wenn die jüngsten traumatischen Erfahrungen der enteigneten Bauern im Osten und das Elend der landlosen Tagelöhner im Osten und Süden Anspruch darauf haben, einen angemessenen Platz im Gedächtnis des Historikers zu finden, so hat sich die Agrarfrage auf die eine oder andere Weise letztlich in den meisten (wenn auch nicht in allen) Ländern erledigt. Nur in Albanien, Griechenland, Polen und der jungen Republik Moldawien sind noch immer mehr Menschen in der Landwirtschaft beschäftigt als im Industriesektor.

Diese Entwicklung beschränkt sich nicht allein auf Europa. Zwar unterliegt sie ohne Zweifel den politischen Leitlinien in der EU – in Argentinien, Japan oder den USA ist dies nicht anders –, doch als solche genommen ist sie heute eher eine Art »Handel« zwischen den einzelnen Wirtschaftsbereichen als eine Klassenfrage. Auch bei der Wiederherstellung der bäuerlichen Eigentumsrechte in den postkommunistischen Staaten Osteuropas geht es mehr um Grundeigentum und ideologische Prinzipien als um Agrarland. Die Auflösung der bäuerlichen Kollektive ist eher das Ergebnis politischer Initiative von oben, also von den neuen Machthabern und ihren Wirtschaftsberatern, und geht weniger von unten, nämlich von den Bauern selbst aus.

Gleichwohl ist anzumerken, daß der gegenwärtige krisenhafte Übergang im Osten in einigen Ländern zu einer *Re-Agrarisierung* geführt hat, besonders deutlich in Albanien, Litauen, Moldawien, Rumänien und Weißrußland. Was die postkommunistischen Staaten insgesamt, also einschließlich Mittelasiens und der Kaukasusregion, angeht, so stieg die Beschäftigung in der Landwirtschaft zwischen 1989/90 und 1995 um 3 Prozentpunkte (UN Economic Commission for Europe 1999, Tab. 4,7 European Bank for Reconstruction and Development 1997, 62). Dieser Prozeß der Re-Agrarisierung ist dabei in unterschiedlichem Maße Ausdruck für die Rückkehr zu einer vormodernen Subsistenzwirtschaft; in einigen Teilen Rußlands und der Balkanländer jedenfalls ist dies eindeutig der Fall (vgl. Thanner 1999).

Tab. 8: Historische industrielle Erfahrung. Perioden einer relativen Dominanz industrieller Beschäftigung gegenüber Agrar- und Dienstleistungsbeschäftigung; industrielle Beschäftigung (einschl. Bergbau, Bau- und Versorgungswirtschaft) in Prozent der zivilen Erwerbstätigen bzw. aller Beschäftigten (im Spitzenjahr und 1990). Die Periodisierung richtet sich nach den Jahren der Volkszählungen oder der Umfragen zur Beschäftigung

Land	Zeitraum	Spitzenanteil (Jahr)	Anteil 1997
Albanien	nie	25,7 (1980)	22,5 (1990)
Belgien	1880-1965	49,1 (1947)	26,0
Bulgarien	1965-	46,4 (1987)	33,0 (1996)
Dänemark	nie	37,8 (1969/70)	26,8
Deutschland (BRD)	1907-1975	48,5 (1970)	36,5
Deutschland (DDR)	1946-1990	50,2 (1970-74)	—
Finnland	nie	36,1 (1975)	27,5
Frankreich	1954-1959	39,5 (1973)	25,6
Griechenland	nie	30,2 (1980)	22,9
Großbritannien	1821-1959	52,2 (1911)	26,9
Irland	nie	32,6 (1974)	28,4
Italien	1960-1965	39,7 (1971)	32,0
Niederlande	nie	41,1 (1965)	22,2
Norwegen	nie	37,5 (1971)	23,7
Österreich	1951-1966	42,8 (1973)	30,3
Polen	1974-1991	38,9 (1980)	31,9
Portugal	1982	37,5 (1982)	31,5
Rumänien	1976-	43,5 (1980)	34,0 (1996)
Schweden	1940-1959[c]	42,8 (1965)	26,0
Schweiz	1888-1970	48,8 (1963/64)	26,8
Sowjetunion/Rußland	1970(?)-1973	39,0 (1980)	34,0 (1996)
Spanien	nie	38,4 (1975)	30,0
Tschechoslowakei	1961-	49,4 (1980)	41,6
Ungarn	1963-vor 1988	44,8 (1970)	33,4
EU	—	—	29,8
Japan	nie	37,1 (1973)	33,1
Mexiko	nie	29,0 (1980)	22,7
USA	nie	35,8 (1967)	23,9

Quellen: vor 1960: Bairoch 1968, Tab. A 2 sowie für Großbritannien 1821 Hunt 1981, 26; ab 1960: OECD 1991d, Tab. 2.9-2.12 und OECD 1987c, Tab. 7.0 und Ländertabellen (wenn, wie im Falle Belgiens und der Schweiz, die vergleichende Tabelle 7.0 und die Ländertabelle III A voneinander abweichen, so wurde für die OECD-Länder jeweils die Ländertabelle herangezogen); Marer u.a. 1992, Ländertabellen (ehemalige kommunistische Staaten und DDR 1988); für 1997 und 1996: OECD 1998a, 43; UN Economic Commission for Europe 1999, 104.

Als einer der wichtigsten Grundzüge der europäischen Moderne kann gelten, daß und wie Europa zu einer *industriellen Klassengesellschaft* wurde: »industriell« im Hinblick auf die absolute wie die relative Größe der industriellen Beschäftigung sowie den Anteil des Bruttoinlandsprodukts (BIP), der sich aus der Industrieproduktion ergibt; »Klasse« im Sinne von Klassenbewußtsein, Klassendiskurs und, am deutlichsten greifbar, als Klassenorganisation, nämlich in Form von Gewerkschaften, Arbeitgeberorganisationen, Arbeiterparteien, Bauernparteien usw. Die beiden Epitheta stehen miteinander in Beziehung, freilich nicht in besonders enger. Kulturelle Identitäten und kollektives Handeln verfügen über eine Eigendynamik, auf die wir weiter unten noch ausführlicher zu sprechen kommen. Dennoch ist die stark industriell geprägte sozioökonomische Struktur nur in Europa zu finden, auch wenn nicht alle westeuropäischen Länder sie aufweisen. Die explizite Zwei- oder Dreiklassenpolitik in den meisten Teilen Westeuropas hat mit Ausnahme der britisch geprägten Länder Australien und Neuseeland in der Welt keine Entsprechung.

Als einziger Teil der Welt ging Europa den Weg von der Agrar- zur Industrie- und schließlich zur Dienstleistungsgesellschaft (definiert über die relative Dominanz der Beschäftigungsanteile).[45] Großbritannien war in diesem Sinne natürlich das erste Industrieland, nämlich bereits im Jahr 1821 (Hunt 1981, 26); es folgten Belgien 1880, die Schweiz 1888 und Deutschland im Jahr 1907.

Um die letzte Jahrhundertwende wurde in Australien, Neuseeland und den Niederlanden jedoch auch noch ein anderer Weg beschritten, der sich in der 1920er Jahren als große Alternative erwies, als ihn auch die USA und Kanada einschlugen. Gemeint ist der direkte Schritt von der Agrar- zur Dienstleistungsgesellschaft, den auch noch andere Länder taten: Chile 1940, Argentinien spätestens 1947, Japan zwischen 1955 und 1960 und Südkorea in den 80er Jahren (Bairoch 1968).[46]

In Europa setzte sich die Industrialisierung nach dem Krieg fort, und die industrielle Beschäftigung erreichte ihren Höhepunkt in den damals 12 EG-Staaten relativ gesehen zu Beginn, in absoluten Zahlen gegen Ende der 60er Jahre, als sie bei 40 bis 41 Prozent aller zivilen Erwerbstätigen lag. Osteuropa durchlief einen dramatischen Industrialisierungsprozeß und wurde schließlich zum Inbegriff einer industriellen Gesellschaft. Man kann das als typisches Ergebnis kommunistischer Herrschaft ansehen, wobei deren positive – d.h. nicht-repressive – Aspekte aus dem klassischen Zeitalter der Arbeiterbewegung stammten. Deren Zukunftsvision hatte sich Industrialisierung, Vollbeschäftigung, soziale Grundsicherung, Arbeiterbildung und die formelle Gleichberechtigung zwischen Männern und Frauen zum Ziel gesetzt. Was allerdings die späteren sozialen Entwicklungen und Forderungen anbelangt, sei es die Sicherung des Einkommens, seien es die tatsächlichen Geschlechterverhältnisse bei der Arbeitsverteilung oder der Umweltschutz, so fanden diese bei den kommunistischen Machthabern kein Gehör.

16 der 25 in Tabelle 8 aufgeführten europäischen Ländern erlebten eine Periode des (relativen) Übergewichts industrieller Beschäftigung. Außerhalb Europas gab es das allein in Taiwan, und zwar um 1980. Für zwei der vier großen Länder des Kontinents, für Großbritannien und Deutschland, handelt es sich dabei um eine lange historische Erfahrung, während die Vorherrschaft des Industrialismus in Frankreich und der Sowjetunion auf ein recht kurzes Zwischenspiel zwischen Agrar- und Dienstleistungsgesellschaft beschränkt blieb. Diese Art der Darstellung unterschätzt bzw. unterschlägt jedoch das Spezifische des europäischen Industrialismus.

In Europa besaß die Industriearbeit lange Zeit und vielerorts ein Übergewicht über den nicht-agrarischen Wirtschaftssektor. Das war in Frankreich mindestens seit den 1840er Jahren der Fall; lediglich in den Volkszählungen von 1936 und 1946 gab es eine Periode des Gleichstands mit den Dienstleistungstätigkeiten. Es war darüber hinaus offensichtlich in der UdSSR der Fall, aber auch in Italien seit 1871, in Spanien zwischen 1860 und 1964 und in Jugoslawien in den 60er und 70er Jahren. Und in der Tat: Von unseren 25 europäischen Ländern hatten in der Moderne einzig und allein die Seefahrernationen Griechenland, Niederlande und Norwegen mit ihrer nicht-agrarischen Wirtschaft keine solche Periode eines industriellen Übergewichts; in Dänemark und Irland hingegen gab es die entsprechenden Perioden im 19. Jahrhundert.

In den nicht-agrarischen Volkswirtschaften Argentiniens und Japans gab es ebenfalls nie diese industrielle Spitzenposition. In den Vereinigten Staaten teilten sich Industrie und Dienstleistungsbereich in der zweiten Hälfte des 19. Jahrhunderts das nicht-agrarische Segment der Beschäftigungsstruktur, doch schon 1910 übernahm der Dienstleistungssektor die Führung. Die Tatsache, daß es in den USA zwar »den Arbeiter«, aber keine »Arbeiterklasse« und »organisierte Arbeit«, aber keine »Arbeiterbewegung« gibt, hängt wahrscheinlich mit dieser nicht-europäischen modernen Klassenstruktur zusammen: Der Übergang von einer Agrar- zu einer Dienstleistungswirtschaft vollzieht sich ohne die umfassende industrielle Zwischenform, die gleichsam Berufe und Gewerbe in Klassen sowie Gruppen, Interessen und formale Organisationen in Bewegungen gießt.

Industriearbeit erlangte gleichwohl niemals eine überwältigende Dominanz. Ein wichtiger Gesichtspunkt der modernen Klassengeschichte ist, daß keine nationale Gesellschaft jemals zu einer Art Fabrik im großen Maßstab wurde noch einer Unternehmensstadt glich. Beziehen wir die Bereiche Transport, Lagerung und Kommunikationswesen, das übrigens ganz ähnliche Arbeitsbedingungen wie der industrielle Sektor aufweist bzw. aufwies, bevor die Medienkommunikation ihre Bedeutung erlangte, so machten in den 10er Jahren industrielle und industrieähnliche Beschäftigung höchstens etwa 60 Prozent der Gesamtzahl aus. 1965 wären es demnach in Belgien, Großbritannien, Deutschland und der Schweiz 53-55 % gewesen, ebensoviel wie in der Tschechoslowakei und in der DDR in den 70er und 80er Jahren. In Frankreich und Italien betrug der Anteil zu keiner Zeit mehr als etwa 45 %.

Die im Vergleich zu anderen Kontinenten einzigartige Industrialisierung Europas breitete sich nach dem Zweiten Weltkrieg aus und erreichte ihren Höhepunkt. In Osteuropa gestaltete sich der Wandel besonders dramatisch und gipfelte in den gigantischen neuen Industriestädten, die dort aus dem Boden gestampft wurden: Magnitogorsk im Ural schon vor dem Krieg, Nowa Huta in Südpolen, Stalinstadt, später Eisenhüttenstadt auf der ostdeutschen Seite der Oder und noch einige andere. Doch auch in Finnland, den Niederlanden, Portugal und, nach 1950, in Spanien gab es einen kräftigen industriellen Schub. In der abstrakten Zahlenwelt der Gesellschaftsstatistiken hatte Europa seine moderne Bestimmung erreicht.

Die Verteilung der Arbeitsplätze in der Industrie hat sich selbstverständlich im Laufe der Zeit stark verändert, und auch die Besonderheiten, durch die sich Industriearbeit und ihre Arbeitsbedingungen auszeichneten, sind heute wahrscheinlich weit weniger ausgeprägt. Dennoch haben ihre Charakteristika die sozialen Beziehungen in Europa zum großen Teil strukturiert: Die Menschen arbeiteten in großen Gruppen, in denen die Arbeitsteilung klar festgelegt und kollektiv geprägt ist, und produzierten materielle Güter. Diese industrielle Gesellschaft bildete den Nährboden für die europäische Klassenpolitik und Klassensoziologie.

In unseren Zeitraum fällt jedoch auch der epochale Gezeitenwechsel. In Westeuropa erreichte die Industrialisierung ihren Höhepunkt um 1970, am Ende des stärksten und längsten Wirtschaftswachstums in der Geschichte. Danach betrat die De-Industrialisierung die Bühne. Westeuropa verlor nun allmählich seine industriellen Züge. Seit 1984 liegt der Anteil der industriellen Beschäftigung in Japan höher als in der Europäischen Union.

Die Wirtschaftskrise der 70er Jahre bildet eine Art Wasserscheide in der Geschichte der Industrialisierung. Sie beendete endgültig die Ausbreitung des Industrialismus im Bereich der OECD und eröffnete eine Ära relativer De-Industrialisierung. Am ausgeprägtesten zeigte sich diese in den ältesten Industriestaaten: In Großbritannien etwa sank die industrielle Beschäftigung zwischen 1974 und 1989 um 12,6 Prozentpunkte.

Mit diesem Prozeß war die vollständige oder teilweise Schließung der einstmals führenden Industriezweige verbunden. Als erster verabschiedete sich seit den 50er Jahren der Kohlebergbau; er hatte einst das Herzstück der britischen und belgischen Arbeiterbewegungen gebildet und war auch für die Sozial- und Wirtschaftsgeschichte Deutschlands, Frankreichs und Spaniens von großer Bedeutung gewesen. Ihm folgten ein Großteil der nordwesteuropäischen Textilindustrie, des Schiffbaus und, in mehreren Wellen, der Stahlindustrie. In Großbritannien ging es in den 70er Jahren auch mit der Automobilindustrie bergab. Hauptstädte wie Brüssel, London oder Paris verloren so gut wie alle industriellen Arbeitsplätze, fanden jedoch schnell andere Beschäftigungsmöglichkeiten. In den anderen Industrieregionen waren die Fähigkeiten, sich der neuen Situation anzupassen, unterschiedlich stark ausgeprägt; auf alle Fälle aber hat die De-Industrialisierung eine ganze Reihe von Langzeit-Krisengebieten hinterlassen, die alle von Verfall und Trostlosigkeit geprägt sind. Als erste Region und am nachhaltigsten traf es dabei Wallonien (vgl. Regiones europeas de antigua industrialización 1989; zu Großbritannien auch Fothergill/Vincent 1985, 32ff.).

In Osteuropa wird die De-Industrialisierung, Ungarn ausgenommen, lediglich Teil der Rückkehr des Kapitalismus sein, der mit ziemlicher Sicherheit dafür sorgen wird, daß die Transformation in etwa so umstürzend vor sich geht wie die Hals-über-Kopf-Industrialisierung nach dem Krieg. In der ehemaligen DDR, die allerdings einen Sonderfall darstellt, ging zwischen 1989 und 1992 ein Drittel aller Arbeitsplätze verloren (*Die Zeit*, 7. 8. 1992, 33; *FAZ*, 14. 1. 1993, 11).

In Osteuropa erreichte die Industrialisierung ihren Zenit in den 80er Jahren, und außerhalb Ostdeutschlands müssen nach wie vor Kohlebergwerke, Stahlwerke, Textilfabriken und Werften ihre Tore schließen. Der Osten, bei Kriegsende der am stärksten agrarisch geprägte Teil Europas, gehörte beim Zusammenbruch des Kommunismus zu den am stärksten industrialisierten Teilen; daran hat sich auch nach zehn Jahren postkommunistischer De-

Industrialisierung wenig geändert (Marer u.a. 1992, Ländertabellen; UN Economic Commission for Europe 1991, Tab. 1.10).

Läßt sich auch im Hinblick auf die kommende Dienstleistungsgesellschaft und die damit verbundenen neuen Berufsstrukturen von einem spezifisch europäischen Weg sprechen? In der Tat ereignete sich im Laufe der 80er Jahre Bemerkenswertes, wenngleich noch nicht mit Sicherheit zu sagen ist, ob es sich hier um eine längerfristige Entwicklung handelt. Gemeint ist die Bedeutung des öffentlichen Dienstes, also der vom Staat bereitgestellten Arbeitsplätze, und der dort Beschäftigten.

Geht man vom historischen Erbe sowie den heutigen Stereotypen über die kontinentaleuropäischen Bürokratien und ihre weithin fehlenden Entsprechungen in der Neuen Welt aus, so könnte man erwarten, daß die Unterschiede groß und deutlich ausgeprägt sind. In Wirklichkeit lag der zivile Beschäftigungsanteil des öffentlichen Dienstes in den USA in den 60er und 70er Jahren *höher* als in Deutschland (OECD 1992b, Tab. 2.13).[47] Seit Ende der 70er Jahre jedoch verfügt die EU als ganze über einen etwas größeren (und noch anwachsenden) öffentlichen Dienst als die USA (Deutschland seit Mitte der 80er Jahre). Im Zeitraum zwischen 1980 und 1990 beschäftigte der Staat in der EU 17,8 % aller Erwerbstätigen; in den USA waren es 14,9 % (1980-1989), in Japan 6,4 %.

Diese Zahlen berücksichtigen jedoch nicht den nicht-bürokratischen öffentlichen Dienst, d.h. marktförmige öffentliche Dienstleistungen aller Art wie etwa Post- und Telekommunikationsdienste, Eisenbahnen und öffentlicher Nahverkehr. Für eine relativ kleine Gruppe von Ländern verfügen wir über vergleichbare Zahlen zu so gut wie allen Arten öffentlicher Beschäftigung. Aus ihnen ergibt sich ein klareres Bild (Tabelle 9).

Zunächst läßt sich hier ein nordisches Muster erkennen (Kruse 1984, 18)[48], nämlich der nordische Wohlfahrtsstaat mit seinen öffentlichen Sozialleistungen und Infrastruktureinrichtungen. Aber das erweiterte Zahlenmaterial zeigt auch deutlich den Gegensatz zwischen dem europäischen Dienstleistungsstaat und dem Apparat in den USA und Japan, der die Bürokratie ebenso umfaßt wie den Bereich Bildung und Erziehung. Dieses Muster entwickelte sich weitgehend nach dem Beginn der Krise in den 70er Jahren, und zwar indem einerseits in Nordamerika (und Großbritannien) der öffentliche Sektor reduziert wurde, während er andererseits auf dem europäischen Festland eine Ausweitung erfuhr. Doch da die Privatisierung noch immer allerhand Möglichkeiten birgt, bleibt abzuwarten, auf welchem Niveau sich diese neuen Unterschiede in der Beschäftigungsstruktur stabilisieren.

Tab. 9: Gesamtzahl der im zivilen öffentlichen Dienst Beschäftigten in Prozent der Gesamtbeschäftigung in einigen Ländern (1985)

Land	Anteil (%)
Belgien (1984)	24,4
Dänemark (1984)	37,4
Deutschland (1983)	18,9
Frankreich	25,7
Großbritannien	26,2
Norwegen (1984)	34,3
Schweden	38,2
Kanada	17,9
USA	14,8

Quellen: Cussack u.a. 1987, 7 (öffentlicher Dienst); OECD 1992b, Tab. 2.14 (Gesamtbeschäftigung).

Sozial betrachtet, bedeutet Beschäftigung im Dienstleistungssektor tendenziell eine höhere Arbeitsplatzsicherheit, bessere Bezahlung und bessere Arbeitsbedingungen für Personal niedriger (manchmal auch mittlerer) Ränge sowie bessere Bedingungen für Zusammenschluß und politische Teilhabe im Wohlfahrtsstaat. Anders ausgedrückt: Der Wohlfahrtsstaat ist ein wichtiges Charakteristikum der heutigen Beschäftigungsstruktur. Darüber hinaus hat die sektorale Beschäftigungsverteilung großen Einfluß auf die Chancen für die unmittelbarsten Formen der Klassenorganisation, nämlich Gewerkschaften oder ähnliche Vereinigungen eines kollektiven ökonomischen Interesses. Neben den heute nicht mehr sehr bedeutsamen häuslichen Dienstleistungen sind es die distributiven und geschäftlichen Dienstleistungen, die am wenigsten zum kollektiven Handeln der Beschäftigten neigen.

Innerhalb Europas verläuft die deutlichste Dienstleistungsgrenze zwischen Ost- und Westeuropa, und zwar, so sollte man fairerweise hinzufügen, nicht nur hinsichtlich der Beschäftigungsquantität, sondern auch, was die Qualität der Dienstleistungen anbelangt. Im Westen waren 1990 ein gutes Fünftel (Westdeutschland, Schweden) bzw. knapp ein Drittel (USA, Japan, Schweiz) aller Beschäftigten in den Bereichen Handel und Gastronomie, Banken und anderen Branchen tätig. In Osteuropa lag dieser Wert üblicherweise bei einem Zehntel und reichte von einem Achtel in Ungarn bis zu einem Fünfzehntel in Rumänien (ILO 1984, 1988, 1991, 1992, jeweils Tab. 2 A).[49]

Die Größe der arbeitenden Klassen

Klasse sei »die einzige unabhängige [d.h. explanatorische] Variable der Soziologie«, gestand mir betrübt einer der bedeutendsten Vertreter des Faches vor ein paar Jahren zu später Konferenzstunde.[50] Ich glaube zwar nicht, daß ich dieser Feststellung zustimmen würde, aber das gehört nicht hierher. Jedenfalls wird »Klasse« im folgenden ohne alle theoretische *haute couture* Verwendung finden. Wir werden auf Klassenphänomene stoßen, wenn wir die Strukturierungen von Aufgaben untersuchen, nämlich im Hinblick darauf, ob man für sich selbst oder für andere arbeitet. In letzterem Falle betrifft das vor allem die Aufgabenverteilung zwischen den Mitarbeitern des Arbeitgebers, also im Management und im Büro, auf der einen und den in der Produktion des Unternehmens Tätigen auf der anderen Seite. Weiter unten werden wir die Rechte, die Mittel sowie die Risiken und Chancen unterschiedlicher Bevölkerungsklassen näher betrachten.

Die industrielle Beschäftigung fand im oben Gesagten nicht nur als interessantes Faktum der sozioökonomischen Strukturierung Verwendung, sondern auch als empirisch anwendbarer Näherungswert für die quantitative Entwicklung der Arbeiterklasse, also die einzige der modernen Klassen, für die die Anzahl ihrer Mitglieder zur Schlüsselvariablen wird.

Falls der Indikator ›Industrialismus‹ nicht allzu stark daneben liegt, so ist eine gewisse Korrespondenz mit anderen Klassenindikatoren zu erwarten. Demnach gibt es, was die Größe der Arbeiterklasse betrifft, einen frühen – und in Westeuropa einzigartigen – Höhepunkt in Großbritannien, einen Gipfelpunkt auf hohem Niveau in den 60er und frühen 70er Jahren sowie einen sich anschließenden rapiden Rückgang. Im Falle Großbritanniens schätzt Eric Hobsbawm (1981, 3), daß der Bevölkerungsanteil der Arbeiter 1911 bei 75 Prozent, 1931 bei 70 Prozent, 1961 bei 64 und 1976 bei 55 Prozent lag. Die Kriterien für diese Schätzung werden jedoch nicht explizit genannt, so daß man die absoluten Zahlen lieber nicht für international vergleichende Zwecke verwenden sollte. Dennoch gibt es keinen Grund, die innere Stimmigkeit dieser Berechnungen und das darin zum Ausdruck kommende Muster zu bezweifeln. In den 15 Jahren seit 1961 spielten sich damit ebenso große Veränderungen ab wie zuvor in den 50 Jahren seit 1911.

Gemäß der offiziellen deutschen Definition betrug der Anteil der Arbeiter 1907 55 Prozent der wirtschaftlich aktiven Bevölkerung und bis zu den 60er Jahren (einschließlich der Zählungen von 1961) knapp über 50 Prozent, sank dann aber auf etwas über 40 Prozent im Jahr 1977. Die im herstellenden Gewerbe und im Handwerk Tätigen stellten vom Ende des Kaiserreichs bis weit in die 70er Jahre hinein ein Drittel der Erwerbstätigen; der höchste Anteil wurde dabei 1961 mit 37 Prozent erreicht.

Tab. 10: Die Größe der Arbeiterklasse 1997. Anteil an den Gesamtbeschäftigten

Land	Industriearbeiter
Nordwesteuropa	
Belgien (1992)	31,9
Dänemark	31,0
Deutschland	33,5
Finnland	24,2
Frankreich	—
Großbritannien	29,7
Irland	22,0
Niederlande	25,6
Norwegen	25,2
Österreich	36,4
Schweden	28,4
Schweiz	26,2
Südeuropa	
Griechenland	29,2
Italien	38,9
Portugal	38,4
Spanien	41,7
Osteuropa	
Estland	40,6
Lettland	40,9
Litauen	37,8
Polen	36,0
Rumänien	36,5
Slowakei	44,8
Slowenien	37,2
Tschechien	42,4
Ukraine	48,8
Ungarn	41,8
USA	25,1
Japan	34,7

Berufsgruppen 7-9 der Internationalen Standardklassifikation für Berufe, d.h. Facharbeiter, »Bau- und Maschinenarbeiter«, ungelernte »Elementarberufe«; die Klassifikation schließt selbständige Arbeiter ein.
Quelle: ILO 1998, Tab. 2C.

In Frankreich entsprach der Anteil der Arbeiter an der gesamten erwachsenen Bevölkerung im ersten Drittel des 20. Jahrhunderts in etwa demjenigen Deutschlands, d.h. er lag bei gut einem Drittel. Doch anders als in Deutschland begann der Rückgang in Frankreich bereits nach der Weltwirtschaftskrise. Gleichwohl entsprach der Anteil der nicht im Agrarbereich beschäftigten Arbeiter 1954 und 1962 in etwa demjenigen in den Jahren 1926 und 1931, und der Rückgang war bis 1968 bescheiden. In Schweden erreichte der Anteil der außerhalb der Landwirtschaft in Industrie und im Transportwesen beschäftigten Arbeiter seinen historischen Höchststand 1950 (und zwar sowohl im Hinblick auf die Zahl der Erwerbstätigen wie auch auf die Gesamtbevölkerung zwischen 15 und 64 Jahren); tiefgreifende Veränderungen ergaben sich hier erst nach 1975. Auch in den anderen skandinavischen Ländern erreichten die Arbeiter ihren höchsten Anteil nach dem Zweiten Weltkrieg.[51]

Heute lassen sich, was die Größe der klassischen Arbeiterklasse angeht, drei große Gruppen von Ländern unterscheiden (Tabelle 10). In Ost- und Südeuropa macht sie etwa vierzig Prozent aller Beschäftigten aus, wobei Griechenland als alte Handels- und Agrarnation sowie die Ukraine mit ihrer hohen Industrialisierung und Proletarisierung jeweils aus dem Rahmen fallen. Im industriellen Kern Kontinentaleuropas, also in Deutschland, Österreich, Belgien und der Schweiz (heute allerdings in geringerem Maße) liegt ihr Anteil bei etwa einem Drittel. In den übrigen reichen Ländern Westeuropas und in den USA sind nur noch etwa ein Viertel aller Beschäftigten Arbeiter.

Jeder systematische Vergleich mit anderen Berufsgruppen wird jedoch weitgehend unmöglich gemacht, da sich die Klassifikationen häufig und meist ohne weitere Erläuterung ändern. Soviel aber läßt sich zumindest sagen: In den meisten westeuropäischen Ländern machen Geschäftsführer, Beamte und professionelle Berufe etwa ein Viertel oder ein Fünftel der Beschäftigten aus, ebenso in manchen Ländern Osteuropas, von Estland bis zur Ukraine, während ihr Anteil in anderen Ländern zwischen 9 (Rumänien) und 17 Prozent (Ungarn) schwankt. In einigen Wohlfahrtsstaaten wie Finnland und Norwegen und bis zur jüngsten Neuklassifikation auch in Dänemark und Schweden sowie in den auf privater Ebene professionalisierten USA liegt ihr Anteil bei einem Drittel und damit höher als derjenige der traditionellen Arbeiterklasse (ILO 1998).

Die fürsorglichen Wohlfahrtsstaaten, also die skandinavischen Länder und die Niederlande, sind die am stärksten wissenszentrierten Gesellschaften und bieten den größten Anteil an professionellen und halbprofessionellen Arbeitsplätzen. Entgegen geläufiger Vorstellungen bildet vor allem der Wohlfahrtsstaat die Grundlage solcher »Wissensgesellschaften«, weniger die Universitäten, die Medien und die Selbständigen. Bislang ist Schweden das einzige Land auf der Welt, das sich von einer Industriegesellschaft, und zwar im oben genannten Sinne, zu einer »Wissens- und Informationsgesellschaft« entwickelt hat, d.h. es verfügt auf ILO-Deutsch über mehr »professionelle, technische und verwandte Arbeiter« als über »im produzierenden Gewerbe und verwandten Bereichen sowie im Transportwesen Tätige und ungelernte Arbeiter«. Dabei ist zu beachten, daß die »Bürokraten« – also die in der Verwaltung und im kirchlichen Bereich Tätigen – zumeist ebensowenig unter die Professionellen fallen wie die im Handel Beschäftigten.

Die Arbeit für einen Arbeitgeber hat eine überwältigende Dominanz innerhalb der Wirtschaft erlangt und betrifft in den meisten Ländern 80 bis 90 Prozent der wirtschaftlich aktiven Bevölkerung. In dieser Hinsicht besteht zwischen den beiden Ufern des Atlantik kein Unterschied, ebensowenig zwischen Ost- und Westeuropa, was durchaus ein wenig überraschend sein mag. Die Trennlinien hinsichtlich unterschiedlicher Proletarisierung verlaufen vielmehr innerhalb Ost- wie Westeuropas.

Dieses Muster scheint von vier Einflußfaktoren bestimmt zu sein. Da ist zum einen das allgemeine Entwicklungsniveau, das sich im Ausmaß landwirtschaftlicher Arbeit manifestiert; hier bestehen große Unterschiede zwischen dem Nordwesten und dem Südwesten Europas. Ein zweiter Faktor war die innere Ausgestaltung des Sozialismus; hier nahmen Polen und Jugoslawien mit ihrer vorwiegend privat organisierten Landwirtschaft eine Sonderstellung innerhalb Osteuropas ein. Als dritter Punkt ist die innere Ausgestaltung des Kapitalismus zu nennen, Mechanismen, die bisher kaum beachtet und untersucht worden sind. Dabei fällt auf, daß Griechenland, Italien und, außerhalb Europas, Japan über einen ungewöhnlich hohen Anteil an Selbständigen verfügen, und zwar in der Landwirtschaft wie auch außerhalb. So kommen in Griechenland auf zehn Arbeiter bzw. Angestellte fast neun (8,8) Selbständige und arbeitende Familienangehörige, während es etwa in Portugal nur vier sind und in Großbritannien (1,4) und Deutschland (1,05) sogar nur einer ist (ILO 1998, Tab. 2A). Viertens schließlich gibt es eine dauerhafte Massenarbeitslosigkeit, verbunden mit einer Schattenwirtschaft, die eine beträchtliche Anzahl von Arbeitskräften in »nichtklassifizierbare« Beschäftigungspositionen bringt. Dieses Phänomen beschränkt sich nicht mehr allein auf Westeuropa, etwa auf Belgien, Italien und Spanien, sondern läßt sich nunmehr auch in den jüngsten Arbeitsmarktuntersuchungen für Osteuropa feststellen.

Dennoch sollten wir nicht nur das räumliche Muster betrachten, sondern auch das zeitliche. In den 80er Jahren trat innerhalb der langfristigen, wenn auch zumeist ganz allmählich voranschreitenden Tendenz zur »Proletarisierung« eine Veränderung ein. In einer Reihe westeuropäischer Länder begann die Zahl der Selbständigen wieder anzusteigen. Zwischen 1979 und 1990 nahm der Anteil der nicht im Agrarbereich tätigen Selbständigen, gemessen an der Gesamtbeschäftigung, in den meisten westeuropäischen Ländern zu, besonders deutlich in Großbritannien von 6,6 auf 11,6 Prozent (OECD 1992a, 158). Zumindest ein Teil dieser Trendumkehr hat ganz ähnliche Ursachen, wie sie auch zum Anstieg des »informellen Sektors« in Lateinamerika führten, d.h. die Vertreibung bzw. der Ausschluß aus dem regulären Arbeitsmarkt. Man kann darauf wetten, daß Westeuropa, wie früher schon bei der De-Agrarisierung, der Industrialisierung und der De-Industrialisierung, auch hier Osteuropa den Weg weist. Gleichwohl wird das internationale Muster so heterogen bleiben, wie es sich heute darstellt.

Im postkommunistischen Europa läßt sich der Anteil der Unternehmer und Selbständigen als Ausdruck einer De-Proletarisierung deuten. Man sollte gleichwohl nicht vergessen, daß die jeweiligen Zahlen in beträchtlichem Maß von der Größe des Agrarsektors sowie von der informellen Wirtschaft abhängen.

Tab. 11: De-Proletarisierung im postkommunistischen Europa. Prozentanteil der Unternehmer/Selbständigen in Relation zu den abhängig Beschäftigten 1997

Estland	6,6
Lettland	15,9
Litauen	27,6
Polen	32,2
Rumänien	35,0
Rußland (1995)	10,2
Slowakei	6,6
Slowenien	14,7
Tschechische Republik	13,7
Ukraine	12,4
Ungarn	11,9

Quelle: ILO 1998, Tab. 2D.

Die Zahlen für Tschechien und die Slowakei lassen auf ein beträchtliches Kleinbürgertum schließen, während diejenigen für Litauen, Polen und Rumänien vor allem aufgrund einer weitgehend privat organisierten (in Litauen und Rumänien privatisierten) Landwirtschaft in die Höhe schnellten. Bemerkenswert sind die großen Unterschiede zwischen den Ländern.

Formen der Arbeitsorganisation

Die soziale Arbeitsteilung weist ebenso wie die Klassenstruktur des Kapitals eine Dimension der Arbeitsorganisation auf, und zwar unter den Gesichtspunkten Hierarchie vs. Kollektivität und unterschiedlicher Qualifikationsstrukturen. Das Bildungssystem, die nationalen gesellschaftlichen Erfahrungen, die Machtverhältnisse zwischen Kapital und Arbeit sowie die Arbeitsmarktbedingungen scheinen als Ursachen hinter der großen Bandbreite an entwickelter kapitalistischer Arbeitsorganisation zu stehen.

Ob und, wenn ja, bis zu welchem Grade von einem europäischen Typus der Arbeitsorganisation gesprochen werden kann, läßt sich zum gegenwärtigen Zeitpunkt wohl nicht beantworten, obwohl ich zu vermuten wage, daß ein solcher zumindest als eine Art Blaupause nicht existiert. Bis jetzt kamen die großen Modelle der Arbeitsorganisation zunächst aus den USA – »Taylorismus«, »Fordismus« – und dann aus Japan – »schlanke Produktion« (*lean production*) und »flexible Produktion« –, wenngleich die Italiener zu letzterem Modell einen eigenen Beitrag geleistet haben (vgl. Piore/Sabel 1989, bes. Kap. 9; Boyer 1986; OECD 1992d; Holland 1993). Vergleichende Untersuchungen innerhalb Europas vermitteln uns ein Bild der typischen Formen industrieller Arbeitsorganisation in den drei wichtigsten Ländern Westeuropas. Dabei bilden Frankreich und Deutschland meist die beiden extreme Pole, Großbritannien befindet sich dazwischen. Allgemein läßt sich sagen: Französische Unternehmen weisen eine höhere Zahl an Managern und leitenden Angestellten auf als ihre Pendants in Deutschland, sie verfügen über mehr Verwaltung, eine ausgeprägte Hierarchie und eine schärfere Unterscheidung zwischen Arbeitern und Angestellten. Das steht, wie man herausfand, in Zusammenhang mit der höheren Qualifikation und Autonomie des deutschen Facharbeiters, der sich durch eine extensive Berufsausbildung auszeichnet. Interessanterweise hat es weniger mit den Managern und leitenden Angestellten zu tun, die in Frankreich relativ gesehen ›günstiger zu haben sind‹. Hier ist das genaue Gegenteil der Fall.[52]

Zwischen Ost- und Westdeutschland bestand 1990 ein interessanter Unterschied in der Qualifikationsstruktur der Arbeiterklasse. Die Arbeiter machten in der DDR 39 Prozent der Arbeitskräfte aus, in der Bundesrepublik 35, doch der Hauptunterschied lag im Anteil der Facharbeiter. Er lag in der DDR bei 27 Prozent aller Arbeitskräfte, in der BRD dagegen nur bei 14 Prozent (*Das sozioökonomische Panel. Wochenbericht*, 37/1990, 520). Was andere Länder betrifft, so müssen wir angesichts mangelnder größerer Datenmengen zur Arbeitsorganisation in den kommunistischen Staaten vorläufig auf weitergehende Aussagen verzichten. Aus Michael Burawoys ausgezeichneten Fallstudien wissen wir, daß jüngere kommunistische Industrieunternehmen mitunter effizienter als kapitalistische arbeiten konnten, daß also konkret eine ungarische Fertigungshalle effizienter sein konnte als eine amerikanische.[53] Wir wissen aber auch (oder glauben zumindest, es zu wissen), daß ein solcher Fall die Ausnahme gewesen ist. Dazwischen aber liegt die Möglichkeit, daß unsere Unkenntnis uns Lügen straft.

Auch die Untersuchung von *Unternehmenskulturen* berührt den Bereich der Arbeitsorganisation. Zu den interessantesten Studien gehören die Arbeiten zweier Holländer, die für multinationale Konzerne arbeiten, nämlich von Geert Hofstede (Hofstede 1980), der für IBM arbeitet, und von Frans Trompenaars (Trompenaars 1993), der für Shell tätig ist, sowie eine niederländisch-britische Gemeinschaftsuntersuchung, die aus internationalen Managementseminaren hervorgegangen ist (Hampden-Turner/Trompenaars 1993). Sieht man einmal vom Beratungsjargon und den etwas wackligen Methoden ab, so stimmen die drei Studien in ihren Beobachtungen zur firmeneigenen Aufgabenstrukturierung überein, Beobachtungen, die auch mit den eher anekdotischen Wahrnehmungen des Verfassers übereinstimmen, die er auf Business-Class-Flügen innerhalb Europas und über den Atlantik machen durfte.

Was die Aufgabenhierarchie angeht, so gibt es in Europa eine klare Trennung zwischen den germanischen und den romanischen Ländern. Die Romanen sind, allen voran die Belgier, viel stärker hierarchisch und entsprechend weniger kollegial ausgerichtet, sie sind fast ängstlich darauf bedacht, zwischen dem Chef und seinen Untergebenen zu unterscheiden. Schwieriger zu bestimmen ist, wie die Amerikaner in dieses Schema passen. Sie sind deutlich stärker führungsorientiert als die germanischen Europäer, doch die Bosse in den USA pflegen tendenziell einen anderen Stil als ihre Kollegen in den romanischen Ländern Europas, weniger förmlich, individueller, was einen Vergleich der Aufgabenorganisation erschwert.

Wie aber haben sich die hierarchischen Verhältnisse und die Proletarisierung der Arbeiter oder, anders gewendet, das Ausmaß an Unterordnung und die Polarisierung zwischen Arbeitsplanung und -ausführung im Laufe der Zeit entwickelt? Da es zu dieser einstmals heiß diskutierten Frage keine systematischen internationalen Untersuchungen gibt, greife ich auf eine eigene Studie zu Schweden zurück. Sie basiert auf Volkszählungen, Industriestatistiken und dem Zahlenmaterial gemeinsamer Vereinbarungen und erstreckt sich, zumindest in Teilen, auf den Zeitraum zwischen 1930 und den später 70er Jahren; ihre Ergebnisse sind am genauesten hinsichtlich der Arbeiter.

Zwischen 1930 und 1950 gab es in Schweden eine deutliche Proletarisierung des Mittelstandes, und zwar in dem Sinne, daß nicht nur die absoluten Zahlen, sondern auch der Anteil derjenigen Arbeiter, die eine deutlich untergeordnete Stellung innehaben, von 18 auf 27 Prozent anstieg. Anschließend, also in dem Zeitraum, der uns hier interessiert, folgte eine langsame relative Entproletarisierung, nämlich auf 23 Prozent im Jahr 1975. Betrachtet man die Hierarchien nach dem Krieg genauer, so läßt sich feststellen, daß beim technischen Personal in der Industrie zwischen 1947 und 1975 grundsätzlich stabile Verhältnisse herrschten zwischen den Management- und unabhängigen Positionen auf der einen und den »anderen«, d.h. den untergeordneten Positionen auf der anderen Seite. In den Büros der Industrie jedoch nahm der Anteil der untergeordneten Positionen ab, er sank von 72 Prozent 1947-1952 auf 55 Prozent 1975 (Therborn 1981, 68ff.). Kurz: Es ergibt sich das genau gegenteilige Bild zu demjenigen, das Harry Braverman gezeichnet hat (Braverman 1980).[54]

Auch Arbeitsmarktuntersuchungen vermitteln uns zusätzliche Kenntnisse über die Arbeitsorganisation. Aus Untersuchungen der OECD über zeitlich befristete Arbeitsplätze und Arbeitsplatzunsicherheit geht hervor, daß die Situation für die Arbeiter in Spanien mit Abstand am schlechtesten ist. Der Anteil befristeter Beschäftigungsverhältnisse (etwa ein Drittel aller Jobs) und von Entlassungen ist der höchste innerhalb der OECD. Trotzdem greift auf allen Arbeitsmärkten ein zunehmendes Gefühl der Unsicherheit um sich (OECD 1997, 135, 148; Commission of the EC 1997, 51).

Mehr Arbeitsmarktunsicherheit für die Beschäftigten und mehr »Flexibilität« der Unternehmer waren ein wichtiges Thema der politischen Debatten in den 90er Jahren, weil man sich von ihnen vor allem eine Reduzierung der Arbeitslosigkeit erhoffte. Der OECD, der großen Denkfabrik der reichen Volkswirtschaften, gelang es allerdings nicht, länderübergreifend eine Korrelation zwischen solcher Flexibilität und der Arbeitslosenrate festzustellen. Allerdings scheint sie sich auf die Verteilung der Arbeitslosigkeit auszuwirken: Je unsicherer die Arbeitsmärkte, desto größer die Chance für junge Leute, überhaupt eine Beschäftigung zu finden (OECD 1999a, 71ff.).

3. Anspruchsrechte: Mitgliedschaft und Wohlfahrt

Rechte und ihr Gegenpart, die Verpflichtungen, unterscheiden sich von anderen Ressourcen, von den Mitteln vor allem in einem: Sie ergeben sich direkt daraus, daß sie von anderen als zum Handelnden gehörig anerkannt werden. Rechte und Pflichten bilden soziale *Institutionen*, beispielsweise die Ehe, das Privateigentum oder soziale Sicherheit. In Europa und den von Europäern besiedelten Weltgegenden sind die Rechte seit langem von besonderer Bedeutung, und zwar aufgrund einer einzigartigen Unterscheidung der Bereiche des Rechts bzw. des Rechtssystems von denjenigen der Religion, Moral und Macht (Berman 1991). Diese Unterscheidung implizierte eine Unterscheidung der (gesetzmäßigen) Rechte, ihre Einklagbarkeit sowie, zumindest im Prinzip, ihre Durchsetzung, und zwar mit Hilfe des gesetzlich festgelegten Sanktionssystems, gegen die Machthaber und sogar gegen religiöse und moralische Vorstellungen. Diese gesetzliche Unterscheidung bildet die Grundlage für die spezifische Funktionsweise von Rechten: Obgleich sie sich aus der Anerkennung durch andere ergeben, gehören sie zum Handelnden, der sie wiederum gegen andere verwenden kann, weil sich nämlich die ersteren und die letzteren »anderen« voneinander unterscheiden.

Weder die soziologische Theorie[55] noch die Gesellschaftsgeschichte noch die empirische Soziologie haben den Rechten bislang große Aufmerksamkeit geschenkt. Die Soziologen waren eher an Pflichten und Normen interessiert als an Rechten. Dennoch sollte man wie immer skeptisch gegenüber der eigenen Originalität sein. Es gibt inzwischen vermehrt Anzeichen dafür, daß das Interesse für Rechte und Rechtssysteme auch außerhalb der juristischen Zunft zunimmt (einen theoretischen Wendepunkt bildete dabei Coleman 1991ff., Kap. 3; vgl. auch Habermas 1992a; Luhmann 1983; Gephart 1993; Teubner 1986 und 1987; Turner 1993). Dennoch bleibt ein gewisses Gefühl der Einsamkeit und deshalb auch der Vorsicht bei dem Versuch, eine Nachkriegsgeschichte der Rechte in Europa zu skizzieren.

Für unsere heuristischen Zwecke wollen wir zumindest zwei Typen von Rechten unterscheiden: die *Anspruchsrechte* und die *Handlungsrechte*. Der amerikanische Rechtstheoretiker Wesley Hohfeld, dem spätere Autoren noch immer verpflichtet sind, hat zu Beginn unseres Jahrhunderts zwar vier Rechtstypen unterschieden, die sich allerdings zu zweien zusammenfassen lassen. Neben den Anspruchsrechten wies Hohfeld auf drei gesetzlich verbürgte Handlungsrechte hin: die Freiheit, X zu tun; die Macht, X zu tun; der

Schutz vor X (Hohfeld 1964, erstmals 1919; Martin 1993, Kap. 2; Coleman 1991ff., 56f.). Die Grenzen zwischen diesen drei Typen mögen schwammig sein, aber das tut in diesem Zusammenhang nichts zur Sache.

Den ersten Rechtstyp wollen wir aus praktischen Gründen *Anrechte* nennen. Sie gelten als legitime Ansprüche an die Gesellschaft, und zwar normalerweise an den Staat. Anrechte beinhalten vor allem die Rechte auf »Mitgliedschaft« in einem Staat oder einer Gemeinschaft und zweitens Rechte auf Hilfsdienste und ökonomische Unterstützung im Falle der Bedürftigkeit. Die Geschichte der Anrechte läßt sich nur schwer in ein gut sitzendes evolutionäres Jäckchen stecken. Wenn wir dabei große konjunkturelle Ausschläge ebenso in Kauf nehmen wie von Gegend zu Gegend unterschiedliche Abfolgen der Arten von Anrechten – daß also gerichtliche, politische und soziale Rechte in unterschiedlicher Reihenfolge erweitert werden –, so läßt sich sagen, daß die Moderne tendenziell eine Ausweitung der Anrechte mit sich brachte, und hier besonders der Rechte auf Teilhabe und soziale Unterstützung. Europa und die von Europäern besiedelten Teile der Neuen Welt waren Vorreiter dieser Entwicklung, am deutlichsten bei den Teilhaberechten (vgl. Therborn 1992).

Handlungsrechte bestimmen die Reichweite legitimer Handlungen. Sie sorgen für eine Institutionalisierung sozialer Beziehungen, sie definieren (zusammen mit den entsprechenden Pflichten) soziale Rollen, sie eröffnen und verschließen legitime Möglichkeiten. Vor allem drei Bereiche unterliegen der Regulierung durch Handlungsrechte. Das betrifft zum einen die Rechte dessen, was man *freies Erwachsenenleben* nennen könnte. Dahinter verbirgt sich ein ganzer Komplex aus verschiedenen Rechten, die seit den Zeiten der amerikanischen und der Französischen Revolution oft unter der Rubrik der Menschenrechte gefaßt wurden, historisch betrachtet aber die Emanzipation der Sklaven, Leibeigenen und Frauen hin zu einem menschenwürdigen Erwachsenendasein ermöglichten. Darin eingeschlossen war die Frage nach der Reife: Wann und unter welchen Umständen erhält eine Person die Handlungsrechte eines Erwachsenen? Beginnend im Mittelalter in der Normandie und in England und dann seit der Französischen Revolution wurde die männliche Reife üblicherweise auf den 21. Geburtstag datiert. Seit 1972 gelten – auf Empfehlung des Europarats, der die einzelnen Länder folgten – 18 Jahre als Reifealter sowohl für Frauen wie auch für Männer (Therborn 1993b, 251). Freies Erwachsenenalter beinhaltet nunmehr das Recht auf freie Meinungsäußerung und friedlichen Zusammenschluß ebenso wie die Rechte auf persönliche Integrität und Eigentum gegenüber der gesetzgebenden Autorität.

Die beiden anderen wichtigen Bereiche der Handlungsrechte umfassen zwei grundlegende Formen sozialer Beziehungen unter Erwachsenen. Das sind zum einen die Beziehungen zwischen den Geschlechtern; sie konzentrieren sich im wesentlichen (ohne freilich darauf reduziert werden zu können) auf das Familienrecht. Der andere Bereich betrifft die Wirtschaft und bezieht sich auf die Klasse; in der Moderne meint dies vor allem die Handlungsrechte der Privateigentümer und der abhängig Beschäftigten.

Rechte auf Mitgliedschaft

Nach einem post-merkantilistisch liberalen Zwischenspiel gewann die Frage der Zugehörigkeit zu einem Staat durch den Ersten Weltkrieg und die internationalen Beziehungen der Zwischenkriegszeit (die sich mehr oder weniger nach Art eines Nullsummenspiels gestalteten) wieder an Bedeutung. Nach dem Zweiten Weltkrieg kam das Thema durch die neue Migration in Richtung Europa auf die Tagesordnung.

Die Rechtstradition beinhaltet zwei zentrale Kriterien für die Zugehörigkeit zu einem Staat, also die Staatsbürgerschaft: »Boden« oder »Blut« oder, in einem etwas feierlicher klingenden Latein, *ius soli* und *ius sanguinis*. In ein alltagstaugliches Deutsch übersetzt, heißt das: In ersterem Falle erhält man die Staatsbürgerschaft aufgrund des Ortes, an dem man geboren wurde, in letzterem hängt es davon ab, wer die Eltern (oder Vorfahren) waren. Grob gesprochen optierten Siedlungsgebiete – die Neue Welt – und Imperien wie das britische oder französische tendenziell für den »Boden«, andere europäische Länder für das »Blut«. Im Falle Frankreichs wird das Gewicht der imperialen Tradition noch verstärkt durch die universellen Ansprüche der Revolution und, noch wichtiger, im 19. Jahrhundert durch die militärischen Rekrutierungserfordernisse eines in Europa einzigartig frühen Einwanderungslandes (Hammar 1990, Kap. 5; *Le Monde*, 11. 5. 1993, 9; 3. 7. 1993, 7; *Die Zeit*, 6. 8. 1993, 9f.).[56]

In der Realität jedoch reicht die Unterscheidung in Boden und Blut nicht aus, um die unterschiedlichen Varianten im Europa der Nachkriegszeit und die allgemeinen Tendenzen einer restriktiveren Entwicklung zu erfassen. So hat Großbritannien seit 1971 die Einwanderung aus den nicht-weißen Gebieten des Commonwealth mehr und mehr erschwert, während es andererseits, trotz des Terrors der IRA, die Tür für die Immigranten aus Irland offengehalten hat. Irische Einwohner Großbritanniens haben die gleichen Rechte wie britische Staatsbürger. Frankreich hat an seinem Ziel der Assimilation festgehalten und die deutschen Zuhörer in Erstaunen versetzt, als es 1992 einen farbigen Staatssekretär in eine französisch-deutsche Debatte über Migration entsandte. Die tatsächliche Naturalisierungsrate jedoch entspricht derjenigen der Niederlande und liegt sogar um einiges unter der schwedischen, und der französische Umgang mit Asylbewerbern ist weitaus restriktiver als in Deutschland (Hammar 1990, 77; *Le Monde*, 6. 2. 1993, 13; 17. 11. 1993, 10).[57]

Deutschland verfuhr in vielerlei Hinsicht restriktiver. Importierte Arbeitskräfte wurden (ebenso wie in Österreich und in der Schweiz) als »Gastarbeiter« empfangen, und ihnen wurde jedes Recht auf dauerhaften Aufenthalt verweigert. Bis 1990 hatten alle, die keine deutsche Abstammung nachweisen konnten, kein Recht auf die Staatsbürgerschaft, ganz gleich, wie lange sie schon in Deutschland lebten. Die Staatsbürgerschaft war ein Gnadenakt, der unter Umständen gewährt wurde. Seither besteht nach fünfzehn Jahren Aufenthalt bzw., im Falle von Jugendlichen zwischen 16 und 23, nach acht Jahren Aufenthalt und sechs Schuljahren, das Recht auf die Staatsbürgerschaft.

Andererseits verschafften die Blutsrechte vielen Osteuropäern, die deutsche Abstammung für sich reklamierten, Zugang nach (West-)Deutschland. Auch das Asylrecht, das in Paragraph 16 der Bonner Verfassung verankert ist und 1993 eingeschränkt wurde, verlieh der Mitgliedschaft in der Bundesrepublik eine Form der Offenheit. 1991 beispielsweise nahm Frankreich grob gerechnet 46 000 Asylbewerber auf, Großbritannien 45 000, Italien 23 000 und Deutschland 256 000 (*Libération*, 27. 11. 1992, 29; vgl. auch SOPEMI 1997, Tab. B3).

Politische Mitgliedschaftsrechte sind am leichtesten in Großbritannien und in Irland zu erwerben. Einwohner aus dem Commonwealth oder aus Irland verfügen in Großbritannien über die vollen politischen Rechte, ebenso wie seit 1984 britische Bürger, die in Irland leben (Hammar 1990, 151). Schweden gewährte ausländischen Bürgern 1976 das Wahlrecht bei lokalen Urnengängen, gefolgt von Dänemark und Norwegen sowie Island und Finnland, wo dieses Recht jedoch auf Bürger der nordischen Länder beschränkt ist. Im Schweizer Kanton Neuchâtel besteht dieses Recht seit 1849 und im neuen Kanton Jura seit 1980. In den anderen Ländern gibt es dieses Recht bislang nur in den Niederlanden (seit 1986) (Hammar 1990, 152, 171).

Im Osteuropa der Nachkriegszeit ging der Staatsbürgerschaft ihr andernorts wichtigstes Accessoire, der Paß, verloren (man vergleiche Wladimir Majakowskis berühmtes Gedicht »Verse vom Sowjetpaß« von 1929). Abgesehen von Jugoslawien seit der zweiten Hälfte der 50er Jahre, Ungarn seit der zweiten Hälfte der 80er und, allerdings in geringerem Maße, Polen seit den 70er Jahren hatten die Osteuropäer kein Recht auf einen Paß, er bildete vielmehr ein besonderes Privileg, das man sich entweder durch Loyalität oder im Rentenalter verdiente. Andererseits nutzten osteuropäische Regime wie etwa diejenigen in der UdSSR oder in der DDR ihre Macht, um Bürgern ihre Staatsangehörigkeit zu entziehen. Alexander Solschenizyn und Wolf Biermann bildeten dabei die bekanntesten Fälle.

Nach dem Krieg war das inidividuelle Wahlrecht nur in Ausnahmefällen ein Problem. Nunmehr waren auch die Frauen auf dem Balkan, in Belgien, Frankreich und Italien berechtigt, mittels des Wahlrechts am politischen Leben teilzunehmen. Die griechischen Frauen folgten ihren balkanischen Schwestern 1952, nachdem das pro-westlich orientierte autoritäre Regime siegreich aus dem Bürgerkrieg hervorgegangen war. Die Schweizerinnen dagegen mußten auf die Anerkennung ihrer politischen Reife bis 1971 warten, die meisten Frauen auf der Iberischen Halbinsel gar bis zum Ende der Diktaturen Mitte der 70er Jahre.[58] Was das Recht der Frauen auf Zugehörigkeit zur politischen Gemeinschaft betrifft, so spielten historisch gesehen die Grenzregionen der angelsächsischen Neuen Welt eine Vorreiterrolle. Dort erhielten die Frauen zuerst das Wahlrecht, und zwar in den USA westlich des Mississippi, in Neuseeland und im australischen Hinterland; erst dann begann dieser Prozeß auch in Europa, ausgehend von der nördlichen Peripherie in Finnland (1906) und Norwegen (1903) (vgl. Therborn 1977, 55ff.). Am Ende des Ersten Weltkriegs erreichte er auch das gesamte Mitteleuropa (mit Ausnahme der Schweiz), Nord- und Nordosteuropa sowie stufenweise sogar die Britischen Inseln. Der politische Abstand zwischen Finnland und der Iberischen Halbinsel beträgt, gemessen am Wahlrecht für Frauen, somit etwa 70 Jahre, zwischen Frankreich und Norwegen liegt er bei etwas über 30 Jahren.

Ein Sonderfall sind die *kollektiven Mitgliedschaftsrechte* innerhalb eines Staates, also die Rechte der Mitglieder einer Religions-, Sprach- und/oder territorialen Gemeinschaft. Solcherart Rechte waren konstituierender Bestandteil der Mitgliedschaftsanrechte in den expliziten Vielvölkerstaaten Schweiz, UdSSR und Jugoslawien. Aber auch in einer Reihe anderer Ländern werden sie garantiert bzw. wurden sie erstritten: Belgien (Flamen und

Wallonen), Dänemark (deutschsprachige Minderheit), Deutschland (dänischsprachige Minderheit, Sorben), Finnland (schwedischsprachige Minderheit, Samen), Griechenland (thrakische Türken), Großbritannien (alte schottische Kircheneinrichtungen, Erziehungswesen, Recht, das Walisische), Italien (Südtiroler, Bewohner des Aostatals), Niederlande (Friesen), Norwegen (Samen), Schweden (Samen), Spanien (nach Franco das Baskenland, Katalonien und andere Regionen), Tschechoslowakei (Tschechen und Slowaken).

Insgesamt betrachtet nimmt sich die Nachkriegsbilanz der kollektiven Gemeinschaftsrechte ziemlich positiv aus, insofern relativ weitgehende, zumeist konsensuale Regelungen erreicht wurden. Die Problematik umfaßt dabei fast ganz Europa, mit Ausnahme vielleicht der Republik Irland, die über eine externe *irredenta* verfügt, sowie von Portugal. Frankreich hat mehr oder weniger erfolgreich versucht, das Problem zu leugnen, nicht ohne Anfechtungen, wie sich vielleicht am stärksten auf Korsika zeigte. Das Problem ist jedenfalls noch keineswegs gelöst oder gar überwunden; davon zeugen auf dramatische Weise die fortdauernden gewalttätigen Auseinandersetzungen in Nordirland und im Baskenland sowie zahlreiche andere potentielle Konfliktherde. Die »Föderalistische Union der europäischen Völker« die 1949 gegründet wurde und ihr Zentrum in und um Südtirol hat, zählt zur Zeit mehr als 70 ethnische Gruppen zu ihren Mitgliedern und setzt sich für eine Ausweitung und Systematisierung der kollektiven Mitgliedschaftsrechte auf Autonomie ein.

Heiß umkämpft sind die Gemeinschaftsrechte in Bulgarien (muslimische und türkische Minderheiten) und in Rumänien (Deutschrumänen, Ungarn, Sinti und Roma), ohne daß bisher eine dauerhafte Lösung erreicht worden wäre. Nach dem Zerfall der Vielvölkerstaaten im Osten, der vom Westen zunächst noch vehement begrüßt wurde, bald aber wegen der dabei wachgerufenen neuen Nationalismen in Mißkredit geriet, sind die kollektiven Mitgliedschaftsrechte von Estland bis zum Kaukasus zum Zankapfel geworden.

Soziale Rechte und Wohlfahrtsstaaten

Soziale Anrechte, Anspruchsrechte auf ein bestimmtes Einkommensniveau und Zugang zu Gesundheits- und Sozialdienstleistungen sind zu einem spezifischen Merkmal der europäischen Moderne geworden. Ihre rechtliche

Etablierung setzte sie ab von den alten Traditionen der Barmherzigkeit, die den Armen je nach Gutdünken der Reichen gewährt wurde.

In den späten 40er Jahren zeigte sich erstmals das spezifisch Europäische dieser Rechtsentwicklung. Unter den Ländern der Neuen Welt wendete allein Neuseeland einen Anteil des Nationaleinkommens für soziale Rechte auf, der über dem europäischen Durchschnitt lag. Alle anderen Länder lagen darunter. Andererseits waren die interkontinentalen Unterschiede nicht besonders groß. 1949 wendeten 16 westeuropäische Länder durchschnittlich 8,8 Prozent ihres Nationaleinkommens für soziale Leistungen auf, während vier Länder der Neuen Welt (einschließlich Chile, aber ohne Neuseeland, das mit 14,4 Prozent eine Ausnahme bildete) 6,5 Prozent dafür zur Verfügung stellten (ILO 1961, Tab. 3).

Eine Ausweitung der sozialen Anrechte wurde im allgemeinen – auch in relativen Zahlen – von den reichen Ländern vorgenommen und im besonderen von den europäischen. Auf dieser Grundlage aus ›reich‹ und ›europäisch‹ lassen sich bestimmte politische Varianten feststellen. In den frühen 80er Jahren waren Portugal und Jugoslawien unter 25 aufgeführten europäischen Ländern die einzigen, die nicht mehr als ein Zehntel ihres BIP für soziale Sicherung aufwandten: Bei ihnen waren es genau zehn Prozent. Von 30 Staaten auf dem amerikanischen Kontinent wandten nur vier mehr auf als Jugoslawien (Kanada, USA, Chile und Kuba) und eines (Uruguay) genauso viel. Einzig Kanada zeigte sich großzügiger als die Schweiz, die in Westeuropa die vorletzte Position einnahm. Kein einziges afrikanisches Land stellte mehr als drei Prozent seines BIP für soziale Sicherung zur Verfügung. Unter den asiatischen und pazifischen Ländern, von der Türkei bis Neuseeland, lag allein letzteres über dem Niveau der Schweiz, und einzig Australien und Israel lagen über dem Wert für Jugoslawien und Portugal. Vergleicht man die EU, Japan und die USA miteinander, so ergibt sich folgendes Bild: Laut ILO betrugen ihre Aufwendungen für soziale Sicherung 1983 22, 11 und 13 Prozent des BIP (ILO 1988a, Tab 2).

Der europäische Wohlfahrtsstaat schlug seinen modernen Kurs zuerst in Deutschland in den 1880er Jahren ein, nachdem zuvor während der Französischen Revolution einige entsprechende Versuche gescheitert waren (Forrest 1981). Er entstand als Antwort des Staates auf die sozialen Risiken und politischen Herausforderungen einer industriekapitalistischen Klassengesellschaft. Auch andere Formen auf der breiten Palette moderner sozialer Anrechte waren denkbar, und eine davon entwickelte sich in der Tat für kurze Zeit, nämlich die Anspruchsrechte der Veteranen aus dem amerikanischen Bürgerkrieg sowie die dortigen fortschrittlichen Projekte für Mütter und Kinder (Skocpol 1992). Letztendlich aber war der europäische Wohlfahrtsstaat der einzige, der von Dauer war und sich weiterentwickelte.

Innerhalb des europäischen Musters bildeten sich schon früh zwei zentrale Unterformen sozialer Anrechte aus. Keine von beiden basierte auf dem Prinzip der Staatsbürgerschaft. Mit dem Ersten Weltkrieg waren ihre zentralen Institutionen bereits voll etabliert. Alternative Formen entstanden zuerst im Hinblick auf die Rentenrechte. Die kontinentale Variante, die sich zuerst in Deutschland und Österreich etablierte, knüpfte die öffentlichen Rentenansprüche an die Lebensarbeitszeit (einschließlich der Art der Arbeit) und die Beiträge, die gezahlt wurden. Die zentralen politischen Überlegungen betrafen dabei das Verhältnis des Staates zur industriellen Arbeiterklasse und der rasch wachsenden Arbeiterbewegung sowie zu den Angestellten.

Die anglo-skandinavische Variante entfaltete sich zunächst in Dänemark in den 1890er Jahren. Hier richteten sich die Rentensansprüche primär nach dem Alter und dem Einkommen oder dem Vermögen. Alte Menschen mit geringen Mittel hatten Anrecht auf eine Rente. In Dänemark gestaltete sich das ursprünglich in Form einer kommunal verwalteten Fürsorge für alte Menschen, die allerdings vom Stigma der früheren Armenfürsorge befreit war. Großbritannien führte 1908 ein beitragsunabhängiges, an den Möglichkeiten des einzelnen orientiertes Rentensystem ein. In Schweden dagegen hielt das Parlament den ursprünglichen Plan, die Betuchten auszuschließen, für unnötig kompliziert und führte 1913 gezwungenermaßen ein allgemeines, auf Beiträgen beruhendes Rentensystem ein.[59]

Es waren vor allem zwei Überlegungen, die die Briten und die Skandinavier eine andere als die von Bismarck gewiesene Richtung einschlagen liessen. Das betraf zum einen das Gewicht, das die lokale Armenfürsorge vor allem in Dänemark und Großbritannien hatte: Zentrale staatliche Fürsorge sollte auf kommunaler Ebene wirksam werden und die Altersarmut entstigmatisieren. Zum anderen existierte ein Muster der Klassenbeziehungen, das in der politischen Organisation und Führerschaft Ausdruck fand und am Ende des 19. Jahrhunderts dadurch charakterisiert war, daß zwischen den Kleinbauern und den nicht in der Landwirtschaft tätigen Arbeitern eine bemerkenswerte Affinität bestand. Ihr kam in Dänemark und Schweden eine Schlüsselrolle zu. 1884 brachte der Vorsitzende der schwedischen Yeoman-Partei das Parlament dazu, dem Auftrag zur Untersuchung der Arbeiterversicherung den Zusatz »[Arbeiter] und ihnen gleichgestellte

Personen« anzufügen. Die Untersuchungskommission legte daraufhin eine Klassenanalyse Schwedens vor und kam zu dem Ergebnis, daß 1988 »94,25 % der gesamten Bevölkerung Arbeiter oder ihnen gleichgestellte Personen« waren (Arbetarförsäkringskommittén 1888, 48). Seit dieser Zeit steht der Gedanke, soziale Anrechte auf möglichst weite Kreise der Bevölkerung auszudehnen, im Zentrum schwedischer Politik.

Als politische Herausforderung war die Arbeiterbewegung von entscheidender Bedeutung für die Entwicklung der öffentlichen Sozialversicherung. In Deutschland ergriff man die Initiative unter dem Eindruck der Pariser Commune (Vogel 1951). Nachdem die sozialen Einkommensrechte auf die politische Tagesordnung gelangt waren, entwickelte die Arbeiterbewegung ihre eigenen diesbezüglichen Vorstellungen und Konzeptionen.[60] Gleichwohl konnte die Perspektive der Arbeiter nur innerhalb der Rahmenbedingungen Einfluß ausüben, die von den weitaus stärkeren politisch-ökonomischen Kräften gesetzt wurden.

In der UdSSR wurden die Prinzipien sozialer Sicherheit, wie die Arbeiterklasse sie vertrat, schon früh allgemein verkündet; dennoch entwickelte sich die sowjetische Sozialpolitik nur häppchenweise, da sie politischem Machtkalkül und Fragen der Arbeitsverteilung angepaßt wurde und stark von der allgemeinen wirtschaftlichen Entwicklung bestimmt war. Ab Mitte der 20er Jahre funktionierte die Sozialversicherung für städtische Arbeiter mehr oder weniger gut, zumindest was die damalige Arbeitsunfähigkeitsrente anging. Ansonsten aber herrschte ein Wirrwarr aus Sonderrechten, während andere gleichzeitig überhaupt keine Rechte für sich in Anspruch nehmen konnten. Altersrenten wurden erst 1929 eingeführt, jedoch nur für Arbeiter, die im Bergbau, in der Metall-, Elektro- und Textilindustrie sowie im Transportwesen beschäftigt waren. 1937 kamen auch Büroangestellte in diesen Genuß. Gleichzeitig jedoch bestimmte ein neuer Gedanke die öffentliche Sozialversicherung. Um einer exzessiven Arbeitskräftefluktuation entgegenzuwirken, begann man nun, die staatlichen Leistungen danach zu bemessen, wie lange jemand im gleichen Unternehmen beschäftigt war. Eine weitere Differenzierung setzte nach dem Krieg und der durch ihn bedingten Inflation ein: »Grundkategorien« von Arbeitern und Technikern in den »führenden Wirtschaftszweigen der Nationalökonomie« erhielten spezielle Anrechte.

1956 folgte eine Art städtischer Rationalisierung und Gleichstellung, doch erst 1964 erhielten auch die überlebenden Opfer der Kollektivierung der Landwirtschaft das Recht auf eine Rente und noch später, nämlich

1970, Kranken- und Kindergeld.[61] Seit einem sowjetischen Erlaß aus dem Jahr 1929 wurde das Rentenalter in kommunistischen Ländern für Männer und Frauen unterschiedlich festgesetzt. Üblicherweise wurde es vom langlebigeren Geschlecht (also den Frauen) fünf Jahre früher erreicht.

Die neuen kommunistischen Regime in Osteuropa weiteten die bestehenden sozialen Anrechte nach dem Krieg aus und verzichteten – zumindest im großen und ganzen – darauf, die spezifischen Besonderheiten des stalinistischen Systems zu übernehmen. In Polen hielt man sogar am Rahmen der sozialen Gesetzgebung der Vorkriegszeit fest, einschließlich der Rechte für Angestellte, die bis in die 70er Jahre hinein galten. Auch die Sozialgesetzgebung der DDR enthielt zahlreiche Elemente des früheren deutschen Rechts. Überall behielt das kontinentale System arbeitsbezogener Schemata seine Gültigkeit. Die genossenschaftlich organisierten Bauern wurden allmählich in die soziale Sicherung Osteuropas integriert, es kam zu einer Vereinheitlichung der Rechte, wenngleich bestimmte Sonderrechte für bestimmte Gruppen die Regel blieben. Doch die Sozialpolitik stand nie im Zentrum der kommunistischen Vorstellung von Sozialismus (vgl. dazu Belinsky 1982; Dixon/Makarov 1992; Ferge 1979; Matey 1978).

In Westeuropa haben viele Staaten nach dem Krieg bzw. später nach dem Fall der noch verbliebenen faschistischen Regime soziale Anrechte in ihren Verfassungen verankert. Hier lassen sich Prinzipien einer sozialen Staatsbürgerschaft finden, doch in der Nachkriegsrealität spielten die Verfassungsgrundsätze meist nur eine marginale Rolle bei der Entwicklung der Wohlfahrtsrechte. Ironischerweise scheint die am harmlosesten klingende Formulierung die bedeutungsvollste zu sein, nämlich Artikel 20, Absatz 1 des Bonner Grundgesetzes, der die Bundesrepublik Deutschland als »demokratischen und sozialen Bundesstaat« definiert (Pieters/Schell 1990; Hartwich 1978).

Der britische *Beveridge Report* vom November 1942 vereinigte drei Traditionslinien miteinander: die aufklärerische Tradition der Bemühungen um ein Armenrecht, für die vor allem Sir William Beveridge selbst steht; die Vorstellungen der Arbeiterklasse von eindeutigen und gleichen Rechten, wie sie sich im Aufruf der Gewerkschaft TUC finden, aus dem schließlich der *Report* entstand; und schließlich die nationale Solidarität der Kriegszeit, durch welche die Vorschläge über eine eher skeptische, von den Tories beherrschte Regierung hinaus im ganzen Land und unter den Soldaten Verbreitung fanden. Der *Beveridge Report* bildete natürlich auch den Hintergrund für T. H. Marshalls Lobpreis der sozialen Staatsbürgerschaft (Marshall 1965).

Doch obwohl das unbesiegte Großbritannien im allgemeinen und die britische *Labour Party* im besonderen nach dem Krieg bei der Linken in hohem Ansehen standen, liefen alle Versuche, gemäß der Lehre von Sir William neue Systeme sozialer Rechte zu begründen, im übrigen Westeuropa weitgehend ins Leere. Statt dessen erlebte das Vorkriegsmuster, nämlich besondere Rechte für besondere soziale Gruppen, eine Renaissance. Erst seit etwa 1970 lassen sich deutliche Tendenzen in Richtung einer Generalisierung und Harmonisierung der spezifischen Systeme sozialer Anrechte erkennen (vgl. Laroque 1980, 905ff.; Ferrara 1986ff., 390ff.).

Die Ausweitung des Wohlfahrtstaates resultierte jedoch weder aus dem Krieg noch aus der Nachkriegsordnung. Sie vollzog sich in den Jahren des stetig steigenden Wirtschaftswachstums und in der Zeit unmittelbar danach. Die Streitfrage, ob das Wachstum bedeute, daß man weniger soziale Anrechte brauche oder im Gegenteil mehr Anrechte möglich und gerechtfertigt seien, war um 1960 ausgefochten und entschieden. Den Sieg davongetragen hatte weitgehend die letztgenannte Meinung, die vor allem von Sozialdemokraten und Christdemokraten vertreten worden war. In Dänemark und Schweden geriet die Zukunft der Sozialpolitik zum zentralen Streitpunkt politisch äußerst polarisierter Wahlen, in Belgien wurde sie Teil der politischen Krisendebatte im Zuge eines ausgedehnten, militanten Proteststreiks der Arbeiterklasse 1960/61. Was folgte, war eine explosionsartige Zunahme der sozialen Anrechte, die vor allem in den westlichen Ländern stattfand (vgl. Tabelle 12).

Die absoluten Zahlen für die Jahre 1960 und 1980/81 sind zwischen den einzelnen Ländergruppen nicht vergleichbar. Die Quellen wurden vor allem mit Blick darauf ausgewählt, die besten Zeitreihen für diese Ländergruppen zu erhalten, weniger hinsichtlich einer minimalen allgemeinen Vergleichbarkeit. Denn die Definitionen von Sozialausgaben variieren nicht unwesentlich, und auch die Bezugsgrößen sind nicht die gleichen: BIP in den OECD-Ländern, NMP (*net material product*) in Osteuropa. Vergleichen sollte man deshalb einzig die Veränderungen, die in den 60er und 70er Jahren stattgefunden haben.

Dabei erscheint Osteuropa in einem überraschend schlechten Licht, wenn man ein Befürworter sozialer Anrechte ist, d.h. von einem neoliberalen Blickwinkel aus betrachtet mögen die ehemaligen kommunistischen Länder als Modell für Rechtschaffenheit erscheinen.

Tab. 12: Ausweitung der Sozialausgaben 1960-1981 (in Prozent des BIP/NMP)

Land	Sozialausgaben[a] 1960 (%)	Zunahme 1960-1980/81 (%)
Westeuropa[b]	10,5	11,3
Belgien	13,1	16,5
Dänemark	9,8	15,9
Deutschland (BRD)	18,1	8,2
Finnland	8,7	11,0
Frankreich	13,4	10,4
Griechenland	6,8	4,2
Großbritannien	10,2	7,7
Irland	8,7	12,6
Italien	13,1	9,6
Niederlande	11,7	17,3
Norwegen	7,9	13,1
Österreich	15,9	8,0
Portugal	4,4	9,0
Schweden	10,8	16,0
Schweiz	4,9	9,6
Spanien	9,5 (1970)	7,7
Osteuropa	11,0	4,3
Bulgarien	10,7	1,5
DDR	12,7 (1980)	3,1 (1967)
Jugoslawien	12,2 (1965 bzw. 1965-1980)	-0,1
Polen	8,9	6,8 (1967)
Sowjetunion	10,2	3,8 (1967)
Tschechoslowakei	15,4	3,5 (1967)
Ukraine	9,1	6,4 (1967)
Ungarn	8,8	9,5
reiche Länder Neue Welt[c]	8,4	6,1
Argentinien	3,2 (1965 bzw. 1965-1980)	6,2
Mexiko	2,6 (1965 bzw. 1965-1980)	0,8 (1965-1976)
Japan	4,0	8,5

a Sozialversicherung, Sozialhilfe und Sozialeinrichtungen ohne Bildungseinrichtungen, wobei national unterschiedliche Definitionen möglich sind.
b Ohne Spanien.
c Australien, Kanada, Neuseeland und USA.
Quellen: Johansen 1986ff., 234 (Dänemark); Bruto da Costa 1986, 38 und 50 (Portugal); Cruz Roche u.a. 1985, 76 (Spanien); OECD 1985b, Tab. 1 und 3 (andere OECD-Länder); ILO 1985 und 1988a (Osteuropa); Mesa-Lago 1991, 388 (Argentinien, Mexiko).

In Westeuropa stieg der Anteil der Sozialausgaben am ebenfalls wachsenden BIP in diesen beiden Jahrzehnten stärker als jemals zuvor in der Geschichte. Das gleiche gilt für Japan, während die reichen Länder der Neuen Welt in der Substanz stark zulegten, die USA in historisch einmaliger Weise. In den meisten Ländern Lateinamerikas (einschließlich Mexikos) stagnierten die ohnehin niedrigen Sozialausgaben; dennoch sind für Argentinien und Costa Rica (zwischen 1965 und 1980), wenn auch von einem niedrigen Niveau ausgehend, eindrucksvolle Zuwächse zu verzeichnen (Mesa-Lago 1991). Angesichts dessen fehlt dem Zuwachs in Osteuropa der Glanz, und Jugoslawien reiht sich mit seinen stagnierenden Sozialausgaben sogar unter die außereuropäischen Länder ein.

Den Hauptanteil an den Zuwächsen machten die Rentenansprüche aus (vgl. Palme 1990; Kangas 1991). Eine neue Welle der Ausweitung des Wohlfahrtsstaates wurde 1957 in Westdeutschland und 1958 in Schweden ausgelöst, als eine neue Stufe der beruflichen Rentensysteme in Kraft trat. Hinzu kam, daß die alten Beitragssysteme allmählich besser funktionierten und ein neues Indexierungssystem eingeführt wurde, das die Rentenhöhe nicht mehr an geleistete Beiträge und Löhne bzw. Gehälter knüpfte, sondern primär an das jeweilige Wachstum des Lebensstandards.

Grundlegende soziale Voraussetzung für das Alter als drittes Lebensalter menschlicher Aktivität und nicht mehr als Lebensphase, die von Verfall und Warten auf den Tod geprägt ist, war die Einführung der Rente als Einkommensquelle, die einen bescheidenen Lebensstandard ermöglichen soll. Denn obwohl das Phänomen der Rente innerhalb bestimmter sozialer Gruppen Europas seit etwa 250 Jahren bekannt ist – beim Militär, bei der Handelsmarine und bestimmten offiziellen Amtsträgern aus dem zivilen Bereich (Gutton 1988, Kap. IX) – und die ersten Formen einer Rente für die breite Bevölkerung sich auf das wilhelminische Kaiserreich zurückdatieren lassen, gibt es Renten, die der Mehrheit der Ruheständler einen normalen Lebensstandard erlauben, erst seit der Zeit nach dem Zweiten Weltkrieg, überwiegend erst seit Ende der 50er Jahre. 1950 noch betrugen die Renten in Europa nur 20 bis 30 Prozent des Durchschnittslohns eines Arbeiters.[62] Erst dann setzte ein radikaler Wandel ein, und zwar ausgehend von der deutschen Rentenreform 1957, welche die Renten an die Einkommensentwicklung bei der arbeitenden Bevölkerung knüpfte.

Ergebnis war, daß die soziale Frage keine »Arbeiterfrage« mehr war, sondern eine »Altersfrage«. 1985 machten allein die Renten in den OECD-Ländern fast die Hälfte (46 %) der gesamten öffentlichen Sozialausgaben (ohne Bildung und Erziehung) aus. Gesundheitsfürsorge für die ältere Bevölkerung und Renten beliefen sich zusammengenommen auf fast zwei

Drittel (62 %) der wohlfahrtsstaatlichen Aufwendungen (OECD 1987a, 90 und 1988d, Tab. 1 und 3). Das durchschnittliche Rentenniveau lag innerhalb der OECD bei 58 Prozent eines Arbeiterlohns (Palme 1990, 49).

Daß die Indexierung der Renten im Osten Europas nie übernommen wurde, ist einer der Hauptgründe (wenngleich nicht der einzige) für die relative Stagnation der dortigen Sozialausgaben; ein anderer liegt in der strafferen Kontrolle der Kosten im Gesundheitswesen. Das Rentenniveau war deshalb weit niedriger als in Westeuropa, mißt man es im Verhältnis zu den jeweiligen nationalen Lohnraten. Einzig in Ungarn entsprach das Rentenniveau demjenigen Westeuropas (Beyme 1989, 379).[63]

Man muß mindestens drei Gründe unterscheiden, die zu dieser Differenz zwischen Ost und West geführt haben. Ihr relatives Gewicht ist dabei im einzelnen schwer zu bestimmen. Zunächst ist hier der ständige Arbeitskräftemangel im Osten zu nennen, was dazu führte, daß Rentner berechtigt waren, sowohl Rente als auch Lohn zu beziehen, wenn sie gewillt waren zu arbeiten. So gesehen hätte ein großzügiges Rentensystem den Arbeitskräftemangel noch verstärkt. Ein zweiter Grund liegt in der offiziellen Ideologie fester Preise, die zumindest verhindert hat, daß die Frage der Indexierung überhaupt auf die Tagesordnung kam. Zum dritten läßt sich über die Auswirkungen der Diktatur spekulieren. Die wirtschaftliche Schlagkraft von Rentnern ist gering, ihre wichtigste politische Einflußmöglichkeit ist die Wählerstimme. Angesichts ständig manipulierter Wahlen ist diese nicht eben groß, und nüchtern betrachtet darf man annehmen, daß die Belange der Rentner bei den Mächtigen nicht besonders hoch im Kurs standen (vgl. dazu Therborn 1991b und Castles 1986).

Doch das Problem ist noch ein wenig komplizierter. Denn in diesem Kapitel wurden die sozialen Anrechte weitgehend im westlichen Sinne (einschließlich der ILO) behandelt. Für einen Forscher aus Westeuropa ist das natürlich recht praktisch, und heute mag dieser Sichtweise auch ein wenig die Aura historischer Wahrheit anhaften. Aus einem stärker wissenschaftlichen Blickwinkel betrachtet, ist diese Sicht der Dinge jedoch einseitig, da sie die unterschiedliche Struktur sozialer Rechte nicht beachtet.

So galten in Osteuropa subventionierte Niedrigpreise für Güter des alltäglichen Lebens als grundlegendes soziales Recht. Als beispielsweise die polnische Regierung in den Jahren 1956, 1970, 1976 und 1980 versuchte, die Anzahl dieser subventionierten Güter zu verringern, stieß sie jedes Mal auf den militanten Protest der Arbeiterklasse. Und jedes Mal gaben die polnischen Kommunisten nach, auch wenn es 1956 erst zu Blutvergießen kommen mußte. Nach 1989 galt die Abschaffung dieser Subventionen dem westlichen Sachverstand einmütig als *sine qua non* für die Einführung der Marktwirtschaft. Die Subventionen waren Teil der kommunistischen Vorstellung von sozialen Rechten, und die Auseinandersetzungen in Polen zwischen 1956 und 1990 haben insofern sowohl einen tragischen wie auch einen ironischen Zug an sich. Jedenfalls waren diese Subventionen bedeutsam und kostspielig. In der DDR beispielsweise beliefen sie sich 1987/88 auf etwa die Hälfte der im Westen üblichen Sozialausgaben, wenn man letztere weit faßt und sowohl Ausgaben für Bildung wie auch für den Wohnungsbau einschließt. Und in der Tat wurde für subventionierte Preise ein Drittel mehr als für soziale Sicherung aufgewendet (Lipschitz/McDonald 1990, 156). Wie diese Prioritätensetzung zu beurteilen ist, soll hier nicht Thema sein. Wichtig in unserem Zusammenhang ist, daß die massive Subventionierung bei der Versorgung mit Grundgütern die Ressourcen für andere Zwecke zwangsläufig begrenzt hat.

Die gängigen Typologien der Wohlfahrtsstaaten beschränken sich bislang auf den Bereich der OECD-Staaten ohne die ärmeren europäischen Mitglieder. Die osteuropäischen Länder finden dabei durchwegs keine Berücksichtigung. Wenn wir im folgenden versuchen, soziale Anrechte und Organisationsformen des Wohlfahrtstaats in eine gesamteuropäische Perspektive zu rücken, so sind dabei drei Dimensionen von besonderer Bedeutung.

Zunächst die Organisation der Leistungen und Transfereinkommen. Diese Variable reicht von staatlicher Versorgung bis hin zu einem staatlich regulierten und mehr oder weniger öffentlich finanzierten, aber privat organisierten Versicherungs- und Leistungssystem. In dieser Hinsicht variieren die Systeme vor allem in drei wichtigen Bereichen: Bildung, Gesundheitsfürsorge und Renten. Bildung und Gesundheitsfürsorge können in Form staatlicher Versorgung oder durch ein weitgehend privat organisiertes System, das durch öffentliche Versicherungsleistungen subventioniert wird, gewährleistet sein. Die Rentensysteme beruhen überwiegend auf dem Prinzip der öffentlichen Sozialversicherung, können aber auch privat organisiert sein, freilich mit einer gewissen staatlichen Grundsicherung. Abbildung 2 legt ihren Schwerpunkt vor allem auf die Gesundheitsfürsorge und die Renten. Würde man den Bereich Bildung stärker berücksichtigen, so würde sich die Unterscheidung zwischen »öffentlicher Subventionierung/Versicherung« und »Mischsystemen« weitaus komplizierter gestalten; andererseits käme das Spezifische der nordischen und der ehemaligen kommunistischen Staaten noch stärker zu Geltung, insofern private Bildungseinrichtungen in beiden Fällen nur eine marginale Rolle spielen.

Eine zweite Dimension bildet das Muster der sozialen Anrechte. Hier bilden die Pole auf der einen Seite die universalistischen Rechte, die allen Bürgern oder Bewohnern ein Anrecht auf Sozialleistungen und Einkommenssicherheit gewähren, wobei meist nur nach deren Stellung innerhalb des menschlichen Lebenszyklus unterschieden wird, andererseits der Partikularismus mit bestimmten Rechten für bestimmte Berufs- oder andere soziale Gruppen, etwa die Armen und Mittellosen, die stärker als andere darauf angewiesen sind, oder die Kriegsveteranen, die diese Rechte mehr als andere verdient haben. An erster Stelle stehen hier die Rentenrechte.

Schließlich ist die Dimension der Größe oder Großzügigkeit dieser Leistungen und Einkommenstransfers zu nennen. Aus praktischen Gründen unterteilen wir diese Variable in der Abbildung in drei Werte: »groß« – die Sozialausgaben (einschließlich Bildung und Erziehung) machen etwa ein Drittel des BIP aus (oder über 30 %); »mittel« – sie betragen etwa ein Viertel (zwischen 20 und 30 %); »klein« – sie betragen weniger als ein Fünftel, also unter 20 %.

Wenn wir nun diese drei Größen trichotomisieren, so ergibt sich für die Wohlfahrtsstaaten in Europa das in Abbildung 2 dargestellte Muster. Es empfiehlt sich, die Abbildung spaltenweise von oben nach unten zu lesen. Leere Zellen wurden nicht aufgenommen, beispielsweise kleine Wohlfahrtsstaaten mit universellen Rechten und staatlicher Versorgung oder Organisationsformen öffentlicher Subventionierung mit universalistischen sozialen Rechten.

Links unten finden wir die nordischen Länder, die sich alle durch eine vorherrschend staatliche Versorgung mit Leistungen und Einkommenserhalt sowie durch universalistische Rechte auszeichnen.[64] Rechts außen haben wir die Länder mit wenigen relativen Anrechten und partikularistischen Rechten, die weitgehend, wenn nicht sogar ausschließlich auf eine öffentlich subventionierte und privat organisierte Versorgung mit Leistungen und Beihilfen setzen, ganz besonders die partikularistische Schweiz sowie die drei am wenigsten entwickelten Länder Westeuropas.

Die ehemals sozialistischen Staaten unterscheiden sich von den nordischen Ländern weniger durch ihre damalige staatliche Versorgung, die in Mittelosteuropa zum Teil geringere Ausmaße als in Schweden hatte, sondern vor allem durch ihre partikularistischen sozialen Anrechte, etwa für Bauern, bestimmte Gruppen von Intellektuellen, politische Veteranen usw.

Abb. 2: Formen europäischer Wohlfahrtsstaaten (zweite Hälfte der 80er Jahre)

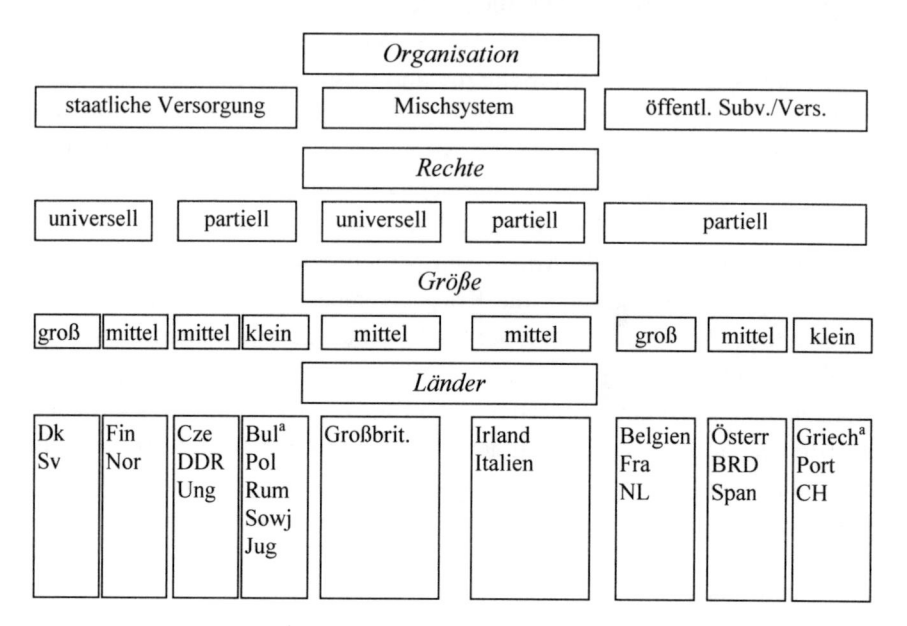

Organisation								
staatliche Versorgung				Mischsystem		öffentl. Subv./Vers.		
Rechte								
universell		partiell		universell	partiell	partiell		
Größe								
groß	mittel	mittel	klein	mittel	mittel	groß	mittel	klein
Länder								
Dk Sv	Fin Nor	Cze DDR Ung	Bul[a] Pol Rum Sowj Jug	Großbrit.	Irland Italien	Belgien Fra NL	Österr BRD Span	Griech[a] Port CH

a Etwa 20 Prozent, größenmäßig kein wesentlicher Unterschied zur Schweiz oder zu Großbritannien.
Quellen: Die Angaben zu Organisationsform und Anrechten stammen aus verschiedenen nationalen und internationalen Quellen. Letztere waren für Westeuropa: Flora 1986ff.; Pieters/Schell 1990; OECD 1990c und 1988c; für Osteuropa: Jahrbuch für Ostrecht 23:1-2 (1982); Winkler 1988; Beyme 1975. Die Angaben zur Größenordnung (einschl. Bildung und Erziehung) stammen für Westeuropa aus dem Jahr 1985 und sind entnommen aus OECD 1988d, Tab.1; für Polen Wiktorow/Mierzevski 1991, 211; für Jugoslawien ILO 1988a, Tab. 2; für die UdSSR ebd. und Unicef 1993, 76; die quantitativen Angaben für den Rest Osteuropas stammen aus Unicef 1993, 76.

Universalistische Rechtssysteme sind eher die Ausnahme als die Regel. Und nicht einmal dort, wo es sie gibt, ist die Staatsbürgerschaft von besonderer Bedeutung. Vielmehr sind es zunächst vor allem die Einwohner, diejenigen, die sich rechtmäßig dort aufhalten, und weniger die Staatsbürger, die zu sozialen Ansprüchen an den Staat berechtigt sind. Das gilt allgemein für die Sozialversicherung wie für die staatlichen Sozialleistungen. Sozialhilfe (und mitunter auch Arbeitslosenunterstützung) sind üblicherweise gebunden an – zunehmend strengere – Auflagen, was die Dauer des Aufenthalts betrifft, aber nur in den seltensten Fällen spielt die Staatsbürgerschaft für soziale Anrechte überhaupt eine Rolle (vgl. dazu Council of Europe 1992a; Pieters/Schell 1990 und Roberts/Bolderson 1993).

Was passierte in den 90er Jahren? Mit den westeuropäischen Wohlfahrtsstaaten nicht viel. Man hielt an den Grundeinrichtungen fest, auch wenn in Schweden private Alternativen bei der Pflege zugelassen wurden. Einrichtungen zur Kinderbetreuung erfuhren in vielen Ländern eine Ausweitung, in einigen wie etwa in Deutschland auch die Altenpflege. Vorschläge, die Renten, die in den meisten kontinentaleuropäischen Ländern ein soziales Recht darstellen, stärker an private Altersvorsorge zu knüpfen, wurden zwar gemacht, konnten sich aber bislang nicht durchsetzen. Trotz wiederholter Einschnitte im Verhältnis zum steigenden Bedarf wuchsen die westeuropäischen Wohlfahrtsstaaten auch weiterhin.

Tab. 13: Sozialausgaben in Westeuropa 1990-1997 (in Prozent des BIP)

Land	1990	1997
Belgien	26,7	28,5
Dänemark	29,7	31,4
Deutschland	25,4	29,9
Finnland	23,5	29,9
Frankreich	27,7	30,8
Griechenland	23,2	23,6
Großbritannien	23,2	26,8
Irland	19,1	17,5
Italien	24,1	25,9
Luxemburg	22,6	24,8
Niederlande	32,5	30,3
Österreich	26,7	28,8
Portugal	15,6	22,5
Schweden	33,1	33,7
Spanien	19,9	21,4
EU-15	25,4	28,2

Quelle: Eurostat, *Press Release* 17/2000.

Insgesamt gesehen setzte sich das quantitative Wachstum, gemessen am zunehmenden Alter der Bevölkerung, fort. 45 Prozent der Sozialausgaben in der EU fließen in die Renten und die Altenpflege. Auch ein Großteil des für die Gesundheitsvorsorge aufgewendeten Drittels kommt älteren Menschen zugute. Die Arbeitslosigkeit beanspruchte 7,5 Prozent der Sozialausgaben.

In Osteuropa kam es, legt man unsere obige Abbildung 2 zugrunde, zu Verschiebungen nach rechts. Das heißt nicht, daß die sozialen Anrechte abgebaut worden wären, aber man ersetzte vor allem im Gesundheitsbereich die staatliche Versorgung durch Versicherungssysteme. Die Einführung des Kapitalismus machte eine Arbeitslosenversicherung nötig, und westliche

Modelle und Erfahrungen rückten auch die Sozialhilfe in den Blickpunkt. Die neue Berufsgruppe der Sozialarbeiter entstand. Wenig oder nichts wurde für das unterbezahlte Personal im Gesundheitswesen getan, so daß es oft von »Trinkgeldern« abhängt, ob ein Patient behandelt wird.

Die Weltbank setzte die Osteuropäer stark unter Druck, die allgemeinen Rentensysteme aufzugeben zugunsten verpflichtender privater Rentenfonds, wie sie von der chilenischen Militärdiktatur entwickelt wurden und später auch in anderen Ländern Lateinamerikas zu finden waren. In Polen, Ungarn und Bulgarien wurde dieser Vorschlag zumindest im Prinzip übernommen.

Tab. 14: Sozialausgaben in einigen postkommunistischen Ländern 1997 (Anteil am BIP)

Bulgarien	10,8
Polen	26,7
Rumänien (1996)	11,0
Slowakei	16,9
Tschechien	20,3
Ungarn	18,0

Quellen: OECD Economic Surveys 1998/99: Bulgarien 1999, 50; Tschechien 1998, 96; Ungarn 1999, 53f.; Polen 1998, 38, 157; Rumänien 1998, 132; Slowakei 1999, 58.

Doch in erster Linie sind es die westeuropäischen Modelle der Sozialpolitik und hier ganz besonders das österreichisch-deutsche, die in Osteuropa übernommen wurden. Die Auswirkungen waren recht unterschiedlich. In Rußland, der Ukraine und in den Balkanstaaten sind die sozialen Sicherungs- und Gesundheitssysteme mit dem gesamten sozioökonomischen System zusammen- und weggebrochen. In Mittelosteuropa haben politische Veränderungen und Kurskorrekturen dazu geführt, daß es nicht so weit kam. In Polen etwa wurde das Rentensystem zunächst beträchtlich ausgeweitet und verbessert, um die große Zahl derer, die aus dem Arbeitsmarkt herausfielen, aufzufangen. Auch die neue Arbeitslosenversicherung war ursprünglich recht großzügig angelegt. Beide wurden aber bald zurückgefahren oder reorganisiert. Die tschechische Regierung etablierte im Gesundheitswesen eine Reihe konkurrierender Versicherungsgesellschaften, was Mitte der 90er Jahre dazu führte, daß Chaos herrschte und die Menschen aufgrund von Insolvenzen und Bankrotten dieser Gesellschaften ihren Versicherungsschutz verloren. In Ungarn verschärfte die Sozialpolitik zunehmend die Kriterien für die Gewährung von Sozialleistungen (Cichon 1995; Cichon/Samuel 1995).

Zwar unterscheiden sich die Berechungsarten für die Sozialausgaben zwischen EU, OECD und den einzelnen Nationalstaaten. Dennoch bewegen sich die Länder Mittelosteuropas, wenngleich mit beträchtlichen Unterschieden, deutlich im Rahmen der europäischen Wohlfahrtsstaaten.

4. Handlungsrechte: Politik, Geschlecht und Eigentum

Nach dem Zweiten Weltkrieg etablierte Westeuropa das weltweit erste suprastaatliche System von Rechten, das vom internationalen oder zwischenstaatlichen Recht ebenso zu unterscheiden ist wie von internationalen Rechtserklärungen. Nur in ersterem Falle (jedoch nicht in letzterem) können Individuen ihre Rechte gegenüber Staaten juristisch einklagen. Dieses Rechtssystem bildete die eine Säule der Nachkriegsbemühungen um eine europäische Einigung und führte zur Einrichtung des Europarats im Jahre 1949. Im Herbst 1950 wurde die Europäische Konvention zur Erhaltung der Menschenrechte und Grundfreiheiten unterzeichnet. Sie war inspiriert durch die UN-Menschenrechtserklärung zwei Jahre zuvor, jedoch mit dem entscheidenden Unterschied, daß in Europa ein Justizapparat eingerichtet wurde, der die Rhetorik der Menschenrechtserklärung in konkrete Rechte, eine Kommission und einen Gerichtshof für Menschenrechte umsetzte. Das alles dauerte zwar seine Zeit, der Europäische Gerichtshof für Menschenrechte nahm erst 1959 seine Arbeit auf, und ein so großes westeuropäisches Land wie Frankreich ratifizierte die Konvention gar erst 1974. Das Rechtssystem des Europarats deckt grundlegende Menschenrechte ab: das Recht auf Leben, auf Freiheit und auf kollektives wie individuelles Streben nach Glück (Meinungs-, Versammlungs- und Vereinigungsfreiheit ebenso wie Gewissens- und Religionsfreiheit). Folter und (zumindest in Friedenszeiten) die Todesstrafe sind verboten, das Recht auf gerichtliche Revision bleibt gewahrt. Von Beginn an bis heute haben Einzelpersonen vom Einspruchsrecht bei der Kommission für Menschenrechte und beim Gerichtshof regen Gebrauch gemacht. 1988 verzeichnete man 1000 Anrufungen (Arvidsson 1989, 21; vgl. auch Robertson/Merrills 1993).

Die Diktaturen Westeuropas wurden nicht in den Europarat aufgenommen. Als jedoch in Griechenland 1967 eine Militärregierung die Macht übernahm, bedurfte es der Intervention durch die skandinavischen Länder, um die Junta 1969 zum Rückzug aus dem Rat zu zwingen. 1982 wurde auch die damalige Militärregierung in der Türkei vor dem Gerichtshof angeklagt, was 1985 zu einer Vereinbarung über die humanere Behandlung von Strafgefangenen führte. Nach dem Zusammenbruch des Kommunismus haben sich die meisten osteuropäischen Staaten mit Erfolg um Aufnahme in den Europarat beworben.

Für den gesellschaftspolitischen Prozeß in Europa von Bedeutung war auch eine nicht-bindende und lange Zeit kaum beachtete gesamteuropäische Menschenrechtserklärung. Bedeutsam war sie vor allem in dem Sinne, daß sie für einen Referenzrahmen sorgte, und zwar in einer Sprache, die es schwer machte, ihre Legitimität für Menschen in Staaten, in denen die Menschenrechte augenscheinlich stark eingeschränkt waren, zu leugnen. Die Rede ist von der Schlußakte der Konferenz über Sicherheit und Zusammenarbeit in Europa, die im August 1975 in Helsinki stattfand. Ihr siebter Abschnitt über die Achtung der Menschenrechte und Grundfreiheiten (einschließlich der Gedanken-, Gewissens-, Religions- bzw. Glaubensfreiheit) war der Preis, den die osteuropäischen Regime für die Anerkennung der in Jalta vereinbarten Grenzziehungen zu zahlen hatten. Die Schlußakte von Helsinki bot dem Kern der intellektuellen Dissidenten in der Sowjetunion, der Tschechoslowakei, Polen und anderen osteuropäischen Ländern eine Plattform. Obwohl kein bindender Vertrag, hatte die Deklaration eine regelmäßige kritische Bestandsaufnahme zur Folge, was ihr eine beständigere Form verlieh als der Sand, in den feierliche Erklärungen üblicherweise geschrieben werden.[65]

Politische Unterdrückung in Ost und West: eine Bestandsaufnahme

Um Rechte zu untersuchen, wirft man am besten einen Blick auf das Ausmaß ihrer Verletzung. So respektierten die kommunistischen Nachkriegsregime in Osteuropa das Recht auf Leben unterschiedlich stark, die Rechte auf Freiheit und das selbstgewählte Glück beachtete man kaum. Der umfassende Terror in der stalinistischen UdSSR fand jedoch nirgends in Osteuropa Nachahmer, weder die direkte Form der Liquidierung noch die indirekte Form der Zwangskollektivierung der Landwirtschaft, bei der man die Menschen verhungern ließ. Aber die Bilanz ist schlimm genug. Nach dem polnischen Bürgerkrieg 1944-1946, der auf beiden Seiten etwa 30 000 Tote forderte, wurden etwa 2000 Menschen durch verschiedene Formen des Terrors getötet.[66] In der Tschechoslowakei lag die Zahl der Getöteten trotz der blutigen Grabenkämpfe unter den Kommunisten selbst (etwa der Slánský-Prozeß) weitaus niedriger, nämlich unter 300.[67] Doch erst in den kommenden Jahren wird sich das volle Ausmaß der kommunistischen Unterdrückung in Osteuropa wirklich abschätzen lassen.[68]

Politische Unterdrückung und Überwachung waren freilich im Nachkriegseuropa keineswegs auf die kommunistischen Länder beschränkt.[69] Portugal und Spanien waren bis in die Mitte der 70er Jahre rechtsgerichtete Diktaturen, ebenso die meisten Jahre über Griechenland. Nordirland wurde bis in die 70er Jahre von einer ethnisch-religiösen Mehrheit diktatorisch regiert. Der Kalte Krieg hatte zur Folge, daß auch Bürger Westeuropas in massiver Weise überwacht wurden: In neutralen Ländern wie Schweden und der Schweiz wurden Hunderttausende bespitzelt, und in Norwegen wurde gar das Parlament von der regierenden Arbeiterpartei abgehört. Kommunisten waren häufig Diskriminierungen ausgesetzt und wurden mitunter sogar entlassen, doch nur in Westdeutschland blieb ihre Partei, die KPD, von 1956 bis in die zweite Hälfte der 70er Jahre hinein verboten. Gleichwohl wurde in Westeuropa außerhalb Griechenlands und Spaniens nach 1945 kein einziger Kommunist hingerichtet.

Konkrete vergleichende Erkenntnisse zum Ausmaß der Überwachung liegen zwar noch nicht vor, aber wir verfügen doch über einige Grundlagen, um das Ausmaß der Unterdrückung vergleichen zu können. Unser Ansatz dabei ist streng soziologisch, alle moralischen Fragen nach Schuld und Unschuld, Verbrechen oder Ungerechtigkeit bleiben ausgeklammert.

Dabei sollten wir uns zunächst daran erinnern, daß antifaschistische Säuberungen, die in großem Maßstab auch im Westen erfolgten, Teil der stalinistischen Revolution im Osten waren. In Frankreich zum Beispiel wurden nach der Befreiung 100 000 Menschen verurteilt, zwischen 2500 und 3500 wurden hingerichtet. In Norwegen waren 92 000 Menschen, drei Prozent der Bevölkerung, angeklagt, von denen 40 000 bestraft wurden. In den Niederlanden gab es Dossiers über fünf Prozent der Bevölkerung, drei Prozent wurden angeklagt, am Ende verurteilte man 64 000 Menschen (0,7 % der Bevölkerung). In Belgien liefen Strafverfahren gegen etwa vier Prozent der Einwohner (vgl. die Länderbeiträge in Henke/Woller 1991; die Zahlen für Belgien aus Fitzmaurice 1983, 45).

Für Osteuropa gibt es meines Wissens noch keine entsprechenden Zahlen. Allein mit Ungarn lassen sich einige Vergleiche anstellen. Dabei erweist sich, daß die direkte antifaschistische Säuberung in Ungarn begrenzter war als im Westen. Bis März 1948 gab es 31 000 Verfahren, bei denen

19 000 Menschen verurteilt wurden, 146 von ihnen wurden hingerichtet. 8000 Fälle waren noch nicht abgeschlossen (Szöllösi-Janze 1991, 331f.).[70] Auf der anderen Seite schätzt man, daß es in den Schreckensjahren des späten Stalinismus, also 1950 bis 1953, insgesamt 650 000 Verfahren und 380 000 Verurteilungen gab, die meisten von ihnen wegen wirtschaftlicher und politischer »Sabotage« (Magyar 1986, zit. n. Hankiss 1990, 40). Wenn wir annehmen (was nicht unbedingt richtig sein muß), daß sich diese Zahlen auf Einzelpersonen beziehen und jede nur einmal gezählt wird, dann hieße das, daß etwa sieben Prozent der Bevölkerung angeklagt und vier Prozent verurteilt worden sind. Anders ausgedrückt: Die Zahl der Menschen, die in den schlimmsten Zeiten des ungarischen Rákosi-Regimes Opfer der Unterdrückung wurden, entspricht in etwa der Zahl derjenigen, die in den kleineren der ehemals besetzten westeuropäischen Länder nach 1945 wegen nationalsozialistischer Verbrechen und Kollaboration angeklagt waren.

Die Perestroika öffnete die Archive der ehemaligen Sowjetunion, so daß die stalinistische Unterdrückung zum ersten Mal wissenschaftlich untersucht werden konnte.[71] Die Gesamtzahl der Hinrichtungen zwischen 1930 und 1953 betrug demnach 786 000, wobei allein 682 000 Menschen im Zuge der Säuberungen 1937/38 getötet wurden. Mit anderen Worten: Die Zahl der direkten stalinistischen Tötungen – ohne die Menschen, die in den Lagern starben, 1,05 Millionen zwischen 1934 und 1953 – beläuft sich auf etwa 13 Prozent der Zahl der Juden, die von den Nazis umgebracht wurden (ohne die anderen Opfer nationalsozialistischer Verfolgung wie die Slawen, Sinti und Roma und Antifaschisten ganz allgemein). Die während der stalinistischen Säuberungen 1937/38 Hingerichteten machten 3,5 Promille der sowjetischen Bevölkerung aus, während die antifaschistische Säuberung im befreiten Frankreich 0,06 bis 0,09 Promille der Bevölkerung das Leben kostete. Berücksichtigt man zudem, daß zwischen 1944 und 1947 in Frankreich auch noch auf andere Weise mit den Faschisten abgerechnet wurde, so belief sich der Anteil der Toten auf etwas weniger als 0,3 Promille, also knapp ein Zwölftel der Opfer, die die Große Tschistka in der Sowjetunion forderte. Als Stalin starb, saßen etwa 2,5 Millionen Menschen im Gulag und in den Arbeitslagern; dazu kamen etwa 300 000 Häftlinge in den Gefängnissen (Getty u.a. 1993, 1049)[72], d.h. insgesamt 1,6 Prozent der Bevölkerung (von 1950). In Westeuropa nach dem Faschismus läßt sich nicht im entferntesten Entsprechendes feststellen, dafür jedoch in den USA unserer Tage. Der Anteil derer, die 1953 in der UdSSR in Haft waren, entspricht in etwa dem Anteil der inhaftierten Schwarzen in den USA im Jahr 1990: 3,4

Prozent der männlichen schwarzen Bevölkerung saßen im Gefängnis
(Christie 1995, 96).[73]

Legt man bei den Berechnungen die Gesamtbevölkerung zugrunde, so
lag der Anteil der Inhaftierten im nachstalinistischen Osteuropa bis in die
späten 80er Jahre hinein weiterhin über demjenigen im Westen. Erst dann
überholen die USA die UdSSR hinsichtlich des relativen Anteils der im
Gefängnis einsitzenden Bevölkerung – 426 je 100 000 gegenüber 353 im
Jahr 1989 –, Polen und Kanada lagen in etwa gleichauf (107 zu 111), während Großbritannien die westeuropäische Gefängnisliga mit 90 je 100 000
anführte (Christie 1995, 16f.).

Europäische Rechtsprechung

Das europäische Recht und die Rechtsprechung, wie sie vom Europäischen
Gerichtshof entwickelt wurden, befassen sich in erster Linie mit Handlungsrechten, vor allem mit denjenigen von Unternehmen und von Staaten im
Verhältnis zu Unternehmen. Diese Art, einen Markt zu institutionalisieren,
Verträge in nicht-vertragliche Elemente einzubetten, gehört seit den Zeiten
Émile Durkheims vor einem Jahrhundert zu den klassischen Betrachtungsweisen der Soziologie. Auf die Rolle, die das Recht im europäischen Eigungsprozeß spielt, werden wir im Abschnitt über soziale Steuerung zurückkommen. Im folgenden wollen wir zunächst die Rechte der Geschlechter und Klassen in den Blick nehmen.

Frauenrechte und Muster des Patriarchats

Seit Urzeiten verläuft das Leben von Männern und Frauen überwiegend
unterschiedlich. Geschlechtsspezifische Lebensläufe bestimmen noch immer das soziale Leben nicht nur in Europa, sondern auch auf anderen Kontinenten. Gleichwohl läßt sich für die Zeit nach dem Zweiten Weltkrieg ein
deutliches Erschlaffen der traditionellen Erektion männlicher Vormachtstellung erkennen.

Zur Zeit des Zweiten Weltkriegs umfing Europa noch immer die Nacht
des Patriarchats. Überall im lateinischen Teil Europas, auf dem Balkan und
in der Schweiz wurden Frauen, wie wir im vorherigen Kapitel gesehen haben, von der Politik ferngehalten, sie galten als zu unreif, um in öffentlichen
Angelegenheiten mitreden oder gar wählen zu können. Mit Ausnahme der

nordischen Länder und der UdSSR bildete die männliche Vormachtstellung überall in Europa sowohl in der Ehe wie bei der Vaterschaft die offizielle Norm, die zudem durch die Familiengesetzgebung gestützt wurde.[74] Überall außer in der UdSSR und (seit 1939) in Schweden hatten die Arbeitgeber das Recht, Frauen, die heirateten, zu entlassen.

Dennoch verfügten die modernen europäischen Frauen, verglichen mit der Situation, die in nichteuropäischen Zivilisationen die Regel war, über mehr Rechte und Freiheiten. Auf der anderen Seite war der anglo-amerikanische Raum Europa voraus, wenn es darum ging, die sozialen Beziehungen zu individualisieren und aus der Herrschaft des Vaters bzw. Ehemannes zu befreien sowie, Mitte des 19. Jahrhunderts, Frauenbewegungen hervorzubringen. Die Französischen Revolutionen von 1789 und 1848 haben daran trotz einiger mutiger Versuche nichts geändert (vgl. dazu Evans 1979 und Sachs/Hoff Wilson 1978).

Ehefrauen und Ehemänner

Die wegweisende europäische Familienregelung, wie sie der französische Code Napoléon (1804) schuf, war in mancher Hinsicht emanzipatorisch – etwa was Erwachsenenalter, Erbschaft und Scheidung betraf –, in bestimmten Bereichen jedoch auch repressiv. Das galt vor allem im Hinblick auf die familieninterne Hierarchie, die alle Macht in die Hände des Ehemannes legte und die Frau zum »Gehorsam« ermahnte (§ 213). 1938 ersetzte die von der Volksfront beherrschte französische Nationalversammlung die Verpflichtung zum Gehorsam durch eine andere Formulierung männlicher Überlegenheit: »Der Mann ist das Oberhaupt der Familie« (vgl. Dhavernas 1978, 89ff.).

Die komplexe Vielfalt der Geschlechterbeziehungen läßt sich systematisch, in räumlich und zeitlich vergleichender Perspektive nur schwer erfassen. Das Recht bietet dabei ein brauchbares Instrument, was Werte, Normen und Praktiken angeht. Zwar müssen erstere nicht unbedingt mit letzteren übereinstimmen, aber wenn man die unterschiedlichen Rechtsformen sowie die unterschiedliche Rolle der Gerichte in Betracht zieht, so läßt sich vermuten, daß das Muster gesetzlicher Variation als Annäherungswert für das Muster, das die Geschlechterverhältnisse ausbilden, dienen kann.

Das europäische Familienrecht hatte zur Zeit der letzten Jahrhundertwende *vier Patriarchatsvorstellungen* ausgebildet, zwei traditionelle und zwei moderne. Eine Form des traditionellen Patriarchats ergab sich direkt und ohne Zwischenstufe aus dem Kirchenrecht, das ohnehin als solches schon streng patriarchalisch verfaßt ist. Eine andere traditionelle Vorstellung fand sich im weltlichen Recht und leitete sich unter anderem aus der überkommenen männlichen Vormundschaft her, also aus Vorrechten, die sich allgemein seit der Mitte des 19. Jahrhunderts in Auflösung befanden. Das moderne Patriarchat stützte sich auf das Erbe der Aufklärung und fand seinen modernen Ausdruck in elaborierten Gesetzesformulierungen. Innerhalb des modernen Patriarchats lassen sich zwei Haupttypen unterscheiden, ein extremer, der explizit die männliche Macht und Überlegenheit (des Ehemannes bzw. Vaters) proklamiert, und ein gemäßigter, der Normen ehelicher und elterlicher Partnerschaft zum Ausdruck bringt, aber im Falle familiärer Unstimmigkeiten dem Mann die letztgültige Entscheidung zuerkennt. Dieses Vermächtnis aus der Zeit um 1900 hat weitgehend auch die Entwicklung der Familien- und Geschlechterbeziehungen im 20. Jahrhundert bestimmt.

Abb. 3: Formen rechtlichen Patriarchats im frühen 20. Jahrhundert (vor 1914).
Bestimmt durch die gesetzlichen und gerichtlichen Festlegungen der ehelichen und elterlichen Beziehungen zwischen Mann und Frau

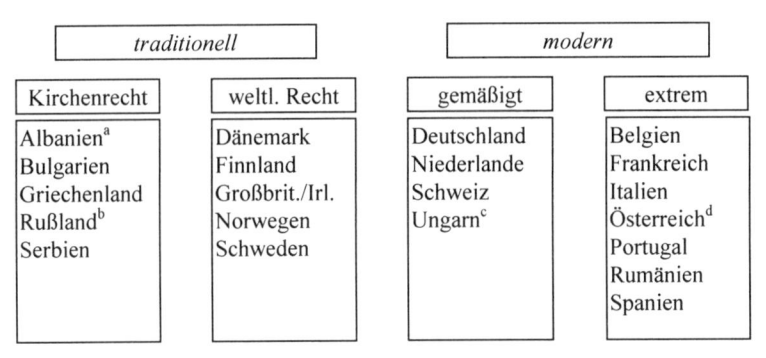

traditionell		modern	
Kirchenrecht	weltl. Recht	gemäßigt	extrem
Albanien[a]	Dänemark	Deutschland	Belgien
Bulgarien	Finnland	Niederlande	Frankreich
Griechenland	Großbrit./Irl.	Schweiz	Italien
Rußland[b]	Norwegen	Ungarn[c]	Österreich[d]
Serbien	Schweden		Portugal
			Rumänien
			Spanien

a Für die muslimische Mehrheit galt das Recht gemäß der Schule der Hanefiten, d.h. das Recht des Osmanischen Reiches. Es gab überdies ein lokales Gewohnheitsrecht, und das Land bildete rechtlich noch keine Einheit.
b In einem multikonfessionellen Reich bedeutete Kirchenrecht, daß die familiären Beziehungen durch die Festlegungen der jeweiligen Religion geregelt wurden.
c Neben dem neuen Ehegesetz von 1894 galt auch das traditionelle Gewohnheitsrecht, das 1517 schriftlich fixiert worden war.
d In Fragen der Ehe galt das Bürgerliche Recht in Österreich zwar für alle Bürger, es war jedoch konfessionell spezifiziert.
Quellen: Bergmann 1926, Bd. 2; Loewenfeld/Lauterbach 1963ff.; vgl. auch Therborn 1993b.

Das Schema des öffentlichen Patriarchats setzt sich zusammen aus Recht und Religion. In den orthodoxen Ländern galt das kirchliche Recht, wobei im multikonfessionellen Rußland daneben auch andere religiöse Rechtsgrundsätze Anwendung fanden. Die traditionell säkularen Staaten sind die protestantischen im Norden und auf den Britischen Inseln. Großbritannien hat sein ungeschriebenes Gewohnheitsrecht (gemeines Recht, *common law*), während in den nordischen Ländern eine eigene Variante des kontinentalen Zivilrechts gilt, nämlich die am wenigsten vom römischen Erbe berührte (vgl. dazu Zweigert/Kötz 1996).[75] Auf der rechten Seite der Abbildung finden sich die katholischen Länder, aber auch die Vorreiter modernen Rechts, nämlich Frankreich (1804) und Österreich (1811). Stark beeinflußt vom französischen Code Civil ist zudem das Zivilrecht in Belgien, Italien, Luxemburg, Portugal, Rumänien und Spanien.

Die drei anderen germanischen Länder, in denen das Zivilrecht gilt, sind alle religiös in etwa gleichmäßig unterteilt – im Augenblick findet sich dort eine katholische Mehrheit (Clévenot 1987, 339, 350, 356; Fischer Weltalmanach 1989, 136)[76], zum Zeitpunkt, den die Abbildung darstellt, war der Protestantismus politisch beherrschend –, sie verfügen über eigene Rechtstraditionen und formulierten um die Jahrhundertwende eigene Grundsätze des Familienrechts. Deutschland erhielt 1896 ein neues Bürgerliches Gesetzbuch, die Schweiz 1907, und die einstmals von Napoleon beeinflußten Niederlande erweiterten die Familiengesetzgebung 1901. Neben der Religion hatten auch Rechtsstile – etwa die Neigung zu allgemeinen normativen Ermahnungen im kontinentalen Recht – und die Zeitumstände – beispielsweise sind die napoleonischen und österreichischen Rechtsvorstellungen im generell stärker patriarchalischen Ton der frühen Moderne gehalten – einen nicht unwesentlichen Anteil.

Die Trennung zwischen Katholiken und Protestanten ist wahrscheinlich nur zum geringsten Teil eine Frage der Theologie. Der Protestantismus zeichnet sich sichtbar durch patriarchale Vorstellungen aus, und in den Niederlanden waren die vehementesten Gegner von Frauenrechten die Calvinisten, die sich in der Gegenrevolutionären Partei organisiert hatten (sie nannten sich deshalb so, weil sie gegen die Französische Revolution, aber natürlich auch gegen alle weiteren Revolutionen waren) (vgl. Stuurman 1983, 231ff.). Entscheidend war jedoch eher die Unverwüstlichkeit traditioneller religiöser Glaubenssätze und der kirchlichen Autorität. Das Papsttum sicherte beides in der katholischen Welt, und um 1900 erhielt das Patriarchat einen enormen Schub durch die Enzyklika *Rerum novarum* von 1891 – die man sonst vor allem wegen ihrer sozialen Anliegen kennt –, die die Macht des Vaters geradezu bejubelte. Auf der anderen Seite begannen die bürokratisierten, an den Nationalstaat gebundenen Kirchen der Anglikaner, der Lutheraner und der größte Teil der niederländischen Calvinisten (Hervordme) allmählich ihren Einfluß auf die Bevölkerung zu verlieren, während sie intern in verschiedene fundamentalistische Strömungen auseinanderbrachen.

In der zweiten Hälfte des 19. Jahrhunderts erfuhren die Frauenrechte eine Ausweitung, etwa im Hinblick auf die Rechte verheirateter Frauen (beispielsweise in Fragen des Eigentums) und bezüglich Bildung und Erziehung. Die vor dem Gesetz gleichgestellte Familie erreichte Europa in drei großen, weit auseinanderliegenden Wellen. Die erste entstand unmittelbar vor dem Ersten Weltkrieg, die zweite folgte mit dem nächsten großen Krieg und die dritte nach »1968«, d.h. nach den Unruhen und Protesten gegen Ende der 60er Jahre.

Die eheliche Gleichstellung konzentrierte sich in Europa nach dem Ersten Weltkrieg auf alle nordischen Staaten, von Finnland bis Island, sowie auf die Sowjetunion. Die neuen osteuropäischen Staaten südlich des finnischen Meerbusens waren dagegen vorsichtiger. Polen, Rumänien und Jugoslawien erhielten vor dem Zweiten Weltkrieg kein neues, einheitliches Familienrecht.

Im Hinblick auf die rechtliche Gleichstellung der Geschlechter lassen sich drei wichtige Einflußfaktoren sowie drei historische Wellen der modernen Entwicklung unterscheiden. Dabei ist zunächst die Rechtsphilosophie der Aufklärung zu nennen; sie gedieh am besten im säkularisierten protestantischen Milieu und zeitigte ihre ersten Erfolge in Skandinavien, reichte jedoch über die amerikanische Besatzungsarmee bis nach Japan. Ein zweiter Einflußfaktor war der Marxismus, ohne den die führende Rolle Osteuropas bei den Frauenrechten nicht zu erklären ist. Zum dritten waren die feministischen und pro-feministischen Bewegungen von Bedeutung, vor allem seit den späten 60er Jahren, aber auch heute noch; sie waren bereits Ende des 19., Anfang des 20. Jahrhunderts aktiv und von großem Einfluß, als es darum ging, dem hemmungslosen Patriarchat zumindest ein wenig die Zügel anzulegen.

Die erste Welle war vor allem nordisch und bolschewistisch, sie verdankte sich der gemeinsamen Anstrengung skandinavischer Juristen und der Oktoberrevolution. Die ersten waren die Schweden mit ihrem Ehegesetz von 1915, gefolgt von den Revolutionären in Rußland 1918. Als letzte kamen die Finnen 1929. Die nordischen Länder und die UdSSR übernahmen dabei den Staffelstab der rechtlichen Frauenemanzipation von den USA.

Dort wurde die rechtliche Gleichstellung der Ehepartner in den meisten der (damals) 48 Staaten in den 20er Jahren eingeführt; einige jedoch, wie z. B. Ohio, hielten bis in die 70er Jahre hinein an ihren patriarchalen Kodices fest (Fordham Law Review 1950, 607-614; Glendon 1977, 183).

Abb. 4: Zeitpunkt der rechtlichen Gleichstellung zwischen Ehefrau und Ehemann

erste Welle		zweite Welle		dritte Welle	
um 1929	um 1950	um 1960	um 1975	um 1985
Dänemark	Albanien	BRD	Frankreich	Belgien
Finnland	Bulgarien		Großbrit.[a]	Griechenl.
Großbrit.[a]	DDR		Irland	Luxemburg
Island	Jugoslawien		Italien	Niederlande
Norwegen	Polen		Österreich	Portugal
Schweden	Rumänien			Schweiz
UdSSR	Tschechosl.			Spanien
	Ungarn			
USA[b]				Argentinien
	Japan			

a Nachdem die alte Mann-Frau-Hierarchie sich in puncto Scheidungsregeln in den 20er Jahren aufgelöst hatte, gab es im gemeinen Recht Großbritanniens weder ein Verbot noch die Pflicht zur Gleichgerechtigung in der Ehe. Gleichwohl scheinen sich öffentliche anti-egalitäre Auffassungen bis in die 60er Jahre hinein auch in der herrschenden Rechtsmeinung gehalten zu haben.
b Die meisten Staaten der USA.
Quellen: Bergmann 1938, Bd.1; Bergmann/Ferid 1955ff.; Loewenfeld/Lauterbach 1963ff.; Blom/Tranberg 1985; dazu nationale Rechtsquellen und Gesetzeskommentare (vgl. Therborn 1993b).

Nach den nordischen Reformen und der bolschewistischen Revolution wurde es lange Zeit still um dieses Thema, und selbst das Ende des Zweiten Weltkriegs brachte überraschenderweise kaum Veränderungen im Familienrecht und auf anderen Gebieten mit sich, außer dort, wo die Sowjetunion und die USA das Sagen hatten, also im sowjetischen Einflußbereich, im von den USA besetzten Japan sowie in Westdeutschland, dort allerdings mit einem Jahrzehnt Verzögerung. Die osteuropäischen Kommunisten läuteten dem rechtlich verbürgten Patriarchat das Totenglöcklein, sobald sie ein Glockenseil dafür hatten. In Bulgarien zum Beispiel wurde die Gleichheit der Geschlechter schon im Oktober 1944 verkündet (Milkova 1992, 163; vgl. auch Miklasz 1992, 151ff. und Scott 1974, Kap. 4).

Die Gründung der Bundesrepublik Deutschland nach dem Krieg bedeutete auch eine neue Verfassung mit einem allgemeinen Gleichheitsgrundsatz und die Einrichtung eines Verfassungsgerichts nach dem Vorbild der USA. Erstere hatte weder ein gleichberechtigtes Familienrecht noch die rechtliche

Gleichstellung der Geschlechter außerhalb der Familie zur Folge[77], letzteres aber sehr wohl. 1953 war die misogyne Gesetzgebung konstitutionell erschöpft, ein Ereignis, das auch vom Verfassungsgericht unterstrichen wurde. Doch erst 1957 konnte sich die konservative Parlamentsmehrheit dazu durchringen, ins Familienrecht ein »Gleichberechtigungsgesetz« einzufügen. 1959 erklärte das oberste Gericht dieses jedoch für verfassungswidrig, da der sogenannte »Stichentscheid« nach wie vor dem Ehegatten vorbehalten sei. Erst danach kam es in der Bundesrepublik zu einer wirklichen rechtlichen Gleichstellung von Mann und Frau (vgl. Vogel 1989, 168f.; Glendon 1977, 119).

Die Gleichheitsklauseln der französischen und italienischen Nachkriegsverfassungen – in Frankreich in den Präambeln der Verfassungen von 1946 und 1958, in Italien in § 3 der Verfassung von 1947 (Rieg 1992, 429; Boulanger, 42f.) – hatten keine Auswirkungen auf die offiziellen Familiennormen. Die napoleonische Lehre vom männlichen »Familienoberhaupt« verwehrte verheirateten Frauen bis in die 70er Jahre, die Handlungsrechte eines Erwachsenen wahrzunehmen; in den Niederlanden dauerte es bis 1956.[78] Der französische Kassationsgerichtshof bestätigte 1962 das Recht des Ehemannes, seiner Frau die Ausübung eines Berufes zu verbieten, und verweigerte 1969 einer Frau, deren Mann Ehebruch begangen hatte und die sich nicht scheiden lassen durfte, das Recht, sich eine eigene Wohnung zu nehmen (Dhavernas 1978, 103, 114). 1970 brachte die französische Regierung einen Gesetzesantrag ein, mit dem, sozusagen als Abschwächung der »chef de famille«-Klausel, in Frankreich der männliche »Stichentscheid« eingeführt werden sollte, der elf Jahre zuvor vom deutschen Verfassungsgericht verworfen worden war. Doch diesmal reagierte das Parlament, es wies den Antrag zurück und führte statt dessen die Gleichberechtigung ein (Dhavernas 1978, 107ff.).[79] Italien erhielt erst 1975 ein egalitäres Familienrecht.

Irland, das als unabhängiger Staat seiner Tradition des gemeinen Rechts das kanonische Recht und das katholische Patriarchat aufpfropfte, schaffte die rechtliche Ungleichheit in der Ehe zwischen 1957 und 1965 mit einer Reihe von Gesetzen ab. Gleichwohl ist dieses frühe Mitschwimmen im allgemeinen Strom nicht ganz richtig, denn das Land schaffte eine Regelung, nach der alle verheirateten Frauen aus dem öffentlichen Dienst entlassen werden durften, erst nach dem EG-Beitritt und auf Drängen der EU-Kommission ab (Kirk 1975, 416ff.).

Die europäische Nachhut bilden Griechenland, wo die PASOK-Regierung unter Papandreou 1983 ein egalitäres Gesetzbuch einführte; die Niederlande, wo die grundsätzliche formale Macht des Ehegatten und Vaters, die substantielle Änderungen des Familienrechts 1969 überstanden hatte, im August 1984 schließlich ganz diskret abgeschafft wurde; und schließlich die Schweiz, wo beim Referendum 1984 die Stimmen der frankophonen (protestantischen) Schweizer letztlich den Ausschlag zugunsten der Gleichberechtigung zwischen Mann und Frau gaben (Grtossen 1986, 255ff.).

Die Handlungsrechte Verheirateter beinhalten auch das Recht auf Scheidung. Dieses war ursprünglich aus religiösen Gründen innerhalb des Christentums – vor allem innerhalb des Katholizismus, für den die Ehe nicht, wie für Luther, ein »weltlich Ding«, sondern ein heiliges Sakrament ist – stark eingeschränkt, erfuhr jedoch im Laufe des 20. Jahrhunderts eine Ausweitung. In Westeuropa (ohne Skandinavien) bilden hier die 70er Jahre eine Schlüsselperiode, als weithin die Ehescheidung straffrei ermöglicht wurde (vgl. Castles/Flood 1993).

Diskriminierung und sexuelle Belästigung

Die Gleichberechtigung zwischen Mann und Frau und die Benachteiligung der Frauen beschäftigten die modernen Gesellschaften erneut im Zusammenhang mit den sozialen Unruhen gegen Ende der 60er Jahre. Wie schon die Feministinnen des 19. Jahrhunderts war auch die europäische Frauenbewegung im letzten Drittel des 20. Jahrhunderts ursprünglich stark von amerikanischer Theorie und Praxis beeinflußt. In den 70er Jahren wurde überdies ganz allgemein die Diskriminierung aufgrund des Geschlechts sozial anstößig oder zumindest unrechtmäßig. In diesen Jahren gab es eine ganze Flut von Gesetzen, die sich explizit gegen die Geschlechterdiskriminierung richteten. In den USA hatte diese Entwicklung schon etwas früher eingesetzt, und zwar mit dem Gesetz für gleichen Lohn (*Equal Pay Act*, 1963) sowie mit der Anti-Diskriminierungsliste des Bürgerrechtsgesetzes (*Civil Rights Act*, 1964), der man in letzter Minute auch noch die Kategorie ›Geschlecht‹ hinzugefügt hatte.[80]

Ich will hier nicht die einzelnen nationalen Varianten aufführen. Gleichwohl war die Geschlechterfrage von Anfang an in den neuen Mechanismen der europäischen Integration institutionalisiert. Das Prinzip ›gleicher Lohn für gleiche Arbeit‹, ob nun von Männern oder Frauen geleistet, fand Eingang in die Römischen Verträge von 1957 (in § 119), allerdings nur deshalb, weil die Franzosen fürchteten, die deutschen Arbeitskosten könnten wegen des dort weiter verbreiteten Sexismus niedriger liegen, nicht wegen irgendeines universalistisch ausgerichteten französischen Feminismus (vgl. Haas 1958, 515-519). Gleichwohl waren die Geschlechterbeziehungen ein Bereich ständiger Einmischung der EG. Die bedeutsamsten Folgen hatte das nicht im Hinblick auf den Lohn[81] – der sehr schwer durch rechtliche Einflußnahme zu steuern ist, da die jeweilige Höhe durch eine ganze Reihe von Faktoren und Überlegungen beeinflußt wird, was die Lohnrate vor rechtlicher Steuerung schützt –, sondern in Form von Anrechten im Hinblick auf Arbeit, Sicherheit am Arbeitsplatz, Arbeitsplatzsicherung und soziale Unterstützung (vgl. Mazey 1988).

Im Osten befaßte man sich in den Comecon-Staaten nicht mit den Rechten der Geschlechter, und folglich gab es in Osteuropa in dieser Zeit keine bedeutsame Veränderung in diesem Bereich. In den 70er Jahren hatte vor allem die pro-natalistische Bevölkerungspolitik in diesem Teil Europas Auswirkungen auf das Geschlechterverhältnis. Daß die dortigen Länder auf diesem Gebiet schon früh recht fortschrittlich waren, ist keine befriedigende Erklärung, da sogar die Skandinavier, die noch früher eine Vorreiterrolle spielten, im hier betrachteten Zeitraum die Gleichberechtigung und ihre Verpflichtung zu tatsächlicher Gleichheit der Geschlechter deutlich ausweiteten (Blom/Traberg 1985, 68f., 100f., 181, 203f.).[82]

Bis jetzt haben wir uns mit Geschlechterrechten im juristischen Sinne befaßt. Was das betrifft, so gab es eine deutliche, historisch einmalige Tendenz in Richtung einer rechtlichen Gleichstellung sowie, im Falle der Scheidung, einer Ausweitung der Individualrechte. Doch die Beziehungen zwischen Männern und Frauen lassen sich auch aus einer stärker sexuellen Perspektive betrachten. Dabei geht es vor allem um zwei Gesichtspunkte. Der eine betrifft das Recht der Frauen auf Sex, und zwar vor allem außerehelichen Sex.[83] Der andere meint die eingeschränkten Rechte des Mannes auf Notzucht oder, anders gewendet, ein verstärktes Recht der Frau, nein zu sagen, sogar gegenüber dem Ehegatten oder bei einem Rendezvous. In beiden Fällen hat das ausgehende 20. Jahrhundert bedeutsame Veränderungen erlebt.

Bemerkenswert dabei ist, daß die beiden sexuellen Rechte der Frau, nämlich ja und nein zu sagen, miteinander in Beziehung zu stehen scheinen und daß die nordischen Länder, vor allem Schweden, in beiden Fällen eine Vorreiterrolle gespielt haben. Das neue schwedische Strafgesetzbuch von 1962 machte Schluß mit der Annahme, Vergewaltigung könne es nur außerhalb der Ehe geben, und stellte alle Formen sexueller Nötigung auf eine

Stufe. Die rechtlich relevanten Erläuterungen zum Gesetzbuch machten darüber hinaus deutlich, daß das Verhalten der Frau vor der Vergewaltigung rechtlich irrelevant ist.[84] Dreißig Jahre später scheint diese unterschiedlose Kriminalisierung sexueller Nötigung im kontinentalen Recht jedoch noch immer eine Ausnahme zu sein.[85]

Auch das gemeine Recht hielt Vergewaltigung in der Ehe für unvorstellbar (Cretney/Masson 1991, 183f.). 1991 jedoch änderte sich die juristische Meinung in England. Ein Berufungsgericht bestätigte die Strafe, die ein verheirateter (und von seiner Frau verlassener) Mann wegen Vergewaltigung seiner Frau erhalten hatte, und die Rechtskommission legte einen Gesetzentwurf vor, die Ehe nicht länger von der Vergewaltigung auszunehmen (Hearthfield 1992, 186). 1997 kam auch der deutsche Bundestag endlich zu dem Schluß, daß Vergewaltigung sehr wohl auch innerhalb der Ehe vorkommen könne und deshalb eine Straftat darstelle.

In den 70er Jahren verlor sexuelle Gewalt ihre familiäre Schutzhülle. In London nahm die Chiswick Women's Aid für verprügelte Frauen 1971 ihre Arbeit auf und wurde zu einer europäischen Avantgarde des Protests (Snare 1983, 224). Juristisch brachte der *Domestic Violence and Matrimonial Proceedings Act* (Gesetz über häusliche Gewalt und Verfahren in Eheangelegenheiten) die Gewalt in der Familie ins Rampenlicht. In Skandinavien wurde das Schlagen der Ehefrau unter »öffentliche Anklage« gestellt, d.h. es konnte Anklage selbst dann erhoben werden, wenn die Frau keine Anzeige erstattet hatte (Snare 1983, 230ff.)

Sexuelle Belästigung geriet zehn Jahre nach Diskriminierung und Gewalt ins Rampenlicht und wurde zum Straftatbestand. Wiederum waren hier die USA führend, konkret die dortigen bundestaatlichen Revisionsgerichte, die 1977 und 1981 verfügten, daß sexuelle Belästigung eine sexuelle Diskriminierung darstelle und deshalb nach dem *Civil Rights Act* strafbar sei. Während die gesamte angelsächsische Neue Welt bald darauf nachzog und sexuelle Belästigung ausdrücklich, durch Gesetz oder Gerichtsentscheid, unter Strafe stellte, war das nicht in allen europäischen Ländern der Fall. Bis 1991 gab es entsprechende Verfügungen in Belgien, Frankreich, Irland, Spanien, Schweden und der Schweiz. Belgien und Schweden haben darüber hinaus auch die Förderung von Frauen (*affirmative action*), die sexuellen Beziehungen sowie die Geschlechterbeziehungen rechtlich geregelt (Husbands 1992, 540, 549).

In Osteuropa waren Benachteiligung aufgrund des Geschlechts, Diskriminierung und sexuelle Belästigung de facto niemals offiziell anerkannte

Probleme, auch wenn in den letzten Jahren des Kommunismus einige wenige feministische Stimmen zu vernehmen waren. Das Beamtentum des späten Kommunismus strahlte einen beträchtlichen männlichen Sexismus aus, der sogar demjenigen auffiel, der nur gelegentlich in den Osten reiste. Die beachtliche Zahl an Erlebnissen, die dem Verfasser zu Ohren kamen, weist auf ein ebenso beachtliches Maß an sexueller Ausbeutung und Belästigung durch Männer in den entsprechenden Positionen hin, einschließlich der Universitäten und Forschungsinstitute.

Eigentumsrechte und Arbeitsrechte

Die Methoden, die Beziehungen zwischen Kapital und Arbeit oder Staat und Arbeit zu systematisieren und international vergleichend zu untersuchen, sind noch immer nicht ausgefeilt genug, um uns ein handhabbares Instrumentarium zu liefern, ganz zu schweigen vom Vergleich der Beziehungen Kapital–Arbeit *und* Staat–Arbeit.[86] Die miteinander vernetzten sozialen Beziehungen des Eigentums, der Arbeitsplatzorganisation, die Verteilung von Wissen und Fertigkeiten, Muster der Kapitalakkumulation, die Organisation kollektiver Interessen – gemeint sind hier vor allem die Beziehungen zwischen Unternehmen und Beschäftigten im industriellen Bereich –, Arbeitsrecht und Arbeitsmärkte verteilen sich üblicherweise auf verschiedene Disziplinen und Zirkel von Fachleuten.

Der Problematik der Beziehungen zwischen Kapital und Arbeit bzw. Staat und Arbeit kann man sich von beiden Seiten her nähern. Von der Seite des Kapitals bzw. Staates her geraten *der Umfang und die Absolutheit des Eigentums* in den Blick. Diese beiden Dimensionen können untereinander frei variieren. Eng begrenztes oder weitläufiges Eigentum kann jeweils entweder absolut oder stark eingeschränkt sein. Ganz allgemein gesprochen, können wir sagen, daß die drei Pole des gegenwärtigen Hochkapitalismus drei unterschiedliche derartige Kombinationen aufweisen. In den USA ist Privateigentum am extensivsten und absolutesten, während es in Westeuropa in beiderlei Hinsicht beträchtlich weniger ausgeprägt ist. In Japan gibt es ebenfalls sehr umfangreiches Privateigentum, das jedoch weit weniger absolut ist als in den USA.[87] Der Absolutheit des Privateigentums sind dabei nicht nur durch die Rechte der Arbeiter Grenzen gesetzt, sondern auch durch die Entscheidungsbefugnisse, die den leitenden Angestellten in großen Unternehmen übertragen werden (Dohse u.a. 1982; Wedderburn 1991).

Die Macht des Eigentums und das Auskommen der Arbeiter

In diesem Abschnitt wollen wir die *Absolutheit des Eigentums* näher betrachten. Allgemein läßt sich dabei sagen, daß die Absolutheit des Eigentums sich danach bemißt, bis zu welchem Grade der Eigentümer frei darüber verfügen, Nutzen daraus ziehen und es veräußern kann. Der Kapitalismus würde seinen größten Triumph feiern, wenn alle gesellschaftlichen Phänomene in Privateigentum überführt würden und die Macht des Eigentümers unbegrenzt wäre: Alles in der sozialen Welt könnte von seinem jeweiligen Besitzer gekauft und verkauft oder sogar zerstört werden. Damit würde alles Soziale zu einer Ware wie jede andere und wäre marktwirtschaftlichen Gesetzen unterworfen, oder, um einen Satz von Oscar Wilde abzuwandeln, alles hätte einen Preis, nichts einen inneren Wert.

Die entsprechende Absolutheit einer dirigistischen Wirtschaft – absolutes Staatseigentum sollte man nicht als »sozialistisch« bezeichnen, da die meisten sozialistischen Projekte in letzter Konsequenz eine Abschaffung des Staates zum Ziel hatten – könnte man heute als Politisierung bezeichnen. Alle sozialen Phänomene können von den Herrschenden für ihre politischen Ziele verwendet oder gar zerstört werden.

Sowohl dem Warencharakter (als einer Dimension von Eigentum) wie der Politisierung sind der Despotismus oder die Verschwendung durch den Eigentümer[88] ebenso inhärent wie eine gewisse Systemrationalität. Die Absolutheit kapitalistischen Eigentums erfährt stets dort eine Einschränkung, wo man vom Eigentümer ohne gewinnbringende Gegenleistung oder Bezahlung Zuwendungen erhält, diejenige staatlichen Eigentums dort, wo man etwas ohne politische Gegenleistung oder Bezahlung bekommt.

Ein modernes marktwirtschaftliches Unternehmen kann ein Bündel von Waren sein, d.h. von Vermögen, Dienstleistungen oder Produkten, die gekauft und verkauft werden, oder eine Organisation, die bestimmte Aufgaben ausführt. Diese beiden Pole sind Idealtypen, und das real existierende kapitalistische Unternehmertum vereint tendenziell Aspekte beider Typen in sich, wenngleich in erkennbar unterschiedlicher Dosierung. Ein Unternehmen, das mit Waren handelt, läßt sich uneingeschränkt kaufen, veräußern, aufteilen oder schließen, auch gegen den Willen aller dort Beschäftigten. Im Englischen bezeichnet man denjenigen, der auf dem Markt der Unternehmen die Schlüsselrolle einnimmt, als »the corporate raider«. Er gelangte in den 80er Jahren in den USA zu einiger Berühmtheit. Der Handel mit Unternehmen scheint bislang vor allem eine amerikanische und möglicherweise angelsächsische Variante der kapitalistischen Beziehungen zu sein. Auf dem europäischen Kontinent wird er durch eine Reihe von feststehenden Rechten begrenzt, die von den ausgedehnten Rechten des Familieneigentums bis hin zu den Gewerkschaftsrechten reichen. In Mittel- und Nordeuropa sind soziale Rechte und verschiedene andere Regelungen von größerer Bedeutung, während die Beschränkungen des Unternehmenshandels im Süden stärker familistisch geprägt sind (vgl. den Überblick im *Economist*, 30. 11. 1991, 67f. sowie Albert 1992, Kap. 3 und passim).

Auch die Aktivität eines marktwirtschaftlichen Unternehmens kann entweder Produkt von Kapitalakkumulation oder Ausführung bestimmter sozialer Aufgaben sein. Michel Albert, selbst Manager im Versicherungsbereich, sieht einen deutlichen Gegensatz zwischen dem warenförmig organisierten angelsächsischen Versicherungswesen und dem, wie er es nennt, »alpenländischen Modell« in der Schweiz, Österreich, Deutschland und Italien. In letzterem herrscht die Ansicht, eine Versicherung beruhe auf Gegenseitigkeit zwischen Versicherer und Versichertem. Es gibt *einen* Kfz-Versicherungstypus, und die Tätigkeiten der Versicherungsgesellschaften sind gesetzlich geregelt. Das Versicherungsgeschäft ist Privateigentum, das sich im Wettbewerb befindet, doch die Eigentumsrechte sind eng umgrenzt (Albert 1992, Kap. 4). Die informellen Beziehungen zwischen Staat und Großunternehmen in Japan und zu Hochzeiten des sozialdemokratischen Schwedens sind andere Beispiele für eine gewisse nicht-warenförmige Organisation der Unternehmensaktivitäten.

Die Fragebögen, die Hampden-Turner und Trompenaars (1993, 32) Managern vorlegten, zeigen, ungeachtet ihrer Repräsentativität, einen deutlichen Unterschied zwischen amerikanischen und kontinentaleuropäischen Managern hinsichtlich ihrer Sichtweise, ob einziges Ziel von Großunternehmen der Profit sei oder sein solle. Briten und Kanadier liegen hier in der Mitte, während die Japaner am wenigsten ausschließlich profitorientiert dachten.

In rechtlicher Hinsicht kann die Macht des Eigentums durch die Anspruchsrechte der Nicht-Besitzenden, der Arbeiter und der Bürger eingeschränkt werden (vgl. Okun 1975, Kap. 1). Soziologisch betrachtet, hängen die Machtverhältnisse zwischen Arbeit auf der einen und dem Kapital bzw. dem Staat auf der anderen Seite auch von deren jeweiligem ökonomischen Gewicht ab.

In der von uns gewählten Perspektive, nämlich von den Klassen aus auf die Rechte zu blicken, steht die Schnittfläche zwischen den *Weisungsrechten des Eigentums* und den *Rechten der Arbeiter auf Lebensunterhalt* im

Zentrum der Analyse; es geht uns also nicht um die Institution des Eigentums an sich und auch nicht um den allgemeinen Status der Arbeit, der noch zahlreiche weitere Gesichtspunkte enthält, die zum Teil an anderer Stelle in diesem Buch behandelt werden. Obgleich die beiden genannten Bereiche leicht miteinander in Konflikt geraten, wäre es zu einfach, den einen einfach als Gegenpol des anderen zu sehen. Denn sie beziehen sich auf zwei unterschiedliche Dimensionen der Klassenbeziehungen. Die Weisungsrechte des Eigentums umfassen zunächst einmal die Rechte des Besitzers, in seinem und über sein Unternehmen zu entscheiden und seinen Angestellten, sobald und solange sie dort beschäftigt sind, Anweisungen zu erteilen. Gegen diese Weisungsrechte des Eigentums setzte man die Rechte auf Kooperation am Arbeitsplatz, z. B. das Recht auf Information, Konsultation, Tarifverhandlungen, Mitbestimmung oder respektvolle Behandlung (Verbot von sexueller Belästigung oder Diskriminierung).

Die Lebensunterhaltsrechte der Arbeiter beinhalten vor allem den Zugang zu einem Arbeitsplatz sowie Arbeitsplatzsicherheit, beides unter den Bedingungen der modernen Aufteilung in Besitzende und Besitzlose. Das bezieht sich primär auf die Regelungen und Praktiken von Einstellung und Entlassung. Bemerkenswert sind dabei die Parallelen zur Frauenfrage im Common Law. Arbeitsrechte entscheiden darüber, ob Arbeiter als Menschen oder lediglich als »Produktionsfaktoren« gesehen werden, ob als kapitalistischer Grundstoff oder physischer Input im Rahmen autoritärer Planungen.

Die zentrale Bedeutung der Klasse in der europäischen Moderne hat auch die Rechte von Eigentum und Arbeit in den Mittelpunkt innereuropäischer Auseinandersetzung und Politik gerückt. Dennoch sind Klassenrechte kein Gegenstand wissenschaftlicher Forschung. Was uns in diesem Kapitel interessiert, muß deshalb aus drei verschiedenen Quellen extrahiert werden: aus dem Arbeitsrecht, das sich auch mit den relevanten Eigentumsrechten befaßt; aus der Untersuchung der industriellen Beziehungen, d.h. der Beziehungen zwischen Beschäftigten und Arbeitgebern und ihren jeweiligen Organisationen (Arbeitgeberverbände, Gewerkschaften), wie sie die Geschichtswissenschaft, die Politikwissenschaft, die Soziologie und andere Disziplinen vorgenommen haben; und schließlich aus vergleichenden Untersuchungen zu Organisation und Management, besonders zur tatsächlichen Funktionsweise der Eigentumsrechte.

Wir haben es dabei mit drei, vielleicht sogar vier verschiedenen Arten von Rechten zu tun. Eine davon bilden natürlich die substantiellen rechtlichen Regelungen. Sie scheinen sich in den Ländern mit kontinentalem Recht am weitesten entwickelt zu haben, also dort, wo die Zunfttraditionen in den industriellen Kapitalismus überführt wurden – in den germanischen Ländern Westeuropas, auf der Iberischen Halbinsel und in Italien[89] – oder wo schwache Gewerkschaften mächtige politische Freunde hatten, etwa in Griechenland und in Frankreich in der ersten Hälfte der 80er Jahre.

Das angelsächsische Common Law, das auch in Irland Fuß faßte, hat weitgehend einen anderen Weg genommen, als positive Rechte zu setzen. Hier entwickelte sich das Arbeitsrecht vielfach in Form rechtlicher »Immunitäten«, die die Handlungen der Arbeiter, die laut Vertrags- und Eigentumsrecht als Vergehen gelten würden, genossen (vgl. Wedderburn 1991, Kap. 4). Aufs Ganze gesehen entwickelten sich daraus die Rechte der Arbeiter, ihre kollektiven Einkommensinteressen zu organisieren. Das heißt, nicht im positiven Sinn als Rechte, Gewerkschaften zu bilden, sondern als Immunität gegenüber möglichen Sanktionen der wirtschaftlichen Interessenverbände (Wedderburn 1978, 373, 378, 383, 386, der sich hier auf Schweden, Deutschland, Frankreich und Italien bezieht).

Neben rechtlichen Regelungen und Immunitäten gibt es zum dritten Rechte, die aus gemeinsamen Vereinbarungen hervorgehen; deren Bedeutung spiegelt sich in der Autonomie und relativen Macht der Klassenorganisationen. Vorreiter war hier Dänemark, wo 1899 der »September-Kompromiß« zwischen den vereinten Gewerkschaften und der zentralen Arbeitgebervereinigung gleichsam zur ›Verfassung‹ des dänischen Arbeitsmarkts im 20. Jahrhundert wurde. In den 30er Jahren folgten Norwegen, Schweden und die Schweiz; auch sie setzten in gemeinsamer Übereinkunft grundlegende Arbeiterrechte fest, so auf Zusammenschluß, Tarifverhandlungen und rechtsstaatliche Verfahren.

Schließlich sind noch die impliziten, de facto geltenden Rechte und Immunitäten zu nennen, die wir, soweit sie sich ausmachen lassen, ebenfalls beachten sollten. Eine wichtige Form der Immunität im nicht-juristischen Sinne ist der Ausschluß der rechtlichen Haftung des Arbeitgebers im Falle von Arbeitslosigkeit und Armut. In den kapitalistischen Ländern gibt es, trotz der Rhetorik einiger Verfassungen und fortschrittlicher Politiker, im strengen Sinne kein Recht auf Arbeit. Was jedoch in weiten Teilen Westeuropas nach dem Krieg ziemlich lange Bestand hatte, war der Schutz vor Arbeitslosigkeit, der in einigen Ländern politisch institutionalisiert wurde und vor allem der Entstehung relativ stabiler, von Vollbeschäftigung gekennzeichneter Volkswirtschaften zu verdanken war.

Der Aufstieg der Arbeit nach dem Krieg

Zum Zeitpunkt, an dem unsere Geschichte hier beginnt, gab es bedeutende Arbeiterbewegungen mitsamt den de-facto-Rechten auf Zusammenschluß und Tarifverhandlungen einzig und allein im nordwestlichen Eck Europas: auf den Britischen Inseln, in den Niederlanden (wenngleich sich dort große Unternehmen wie Philips noch immer erfolgreich gegen Tarifverhandlungen wehrten), in der Schweiz und in Skandinavien. Die einst mächtigen Arbeiterbewegungen in Deutschland und Österreich waren von den Nationalsozialisten zerschlagen worden, und die Arbeitsbeziehungen hatte man zunehmend auf die Mobilisierung für den Krieg ausgerichtet. Die Sieger über die Arbeiterbewegung waren auch in Italien und auf der Iberischen Halbinsel an der Macht. Die französischen Arbeitgeber hatten das 1936 geschlossene Abkommen mit der Arbeiterschaft aufgekündigt und sich für die offene Konfrontation entschieden. In den »Nachfolgestaaten«, die aus den zerfallenen Reichen der Habsburger und der Romanows hervorgegangen waren, gab es zwar von Finnland bis Ungarn Gewerkschaften, sie waren jedoch schwach, isoliert und in der Regel (mit Ausnahme der Tschechoslowakei) ohne die Möglichkeit von Tarifverhandlungen. Auf dem Balkan war die Ghettoisierung dessen, was wir hier als »organisierte Arbeiterschaft« bezeichnen wollen, noch schlimmer. In der UdSSR hatten die Arbeiter, die Träger der Oktoberrevolution gewesen waren, in den Bürger- und Interventionskriegen den Tod gefunden; und in den 30er Jahren verstärkte und beschleunigte sich der mit eiserner Hand geführte Versuch, die Bauern zu Industriearbeitern zu machen (vgl. für einen allgemeinen Überblick Slomp 1990; vgl. auch Crouch 1993, 158ff.).

Am Vorabend des Zweiten Weltkriegs waren die Weisungsrechte des Eigentums kaum irgendwo begrenzt, weder im stalinistischen Management der UdSSR noch im westlichen Kapitalismus. Am Ende des Ersten Weltkriegs waren im Osten, im Westen und in der Mitte Europas von Gewerkschaftsvertretern und Arbeiterräten noch Ansprüche geltend gemacht worden, aber fast überall setzte schon bald die »Rückkehr zur Normalität« ein. Zwar hatte die Bedrohung durch eine soziale Revolution in Mitteleuropa ein wichtiges institutionelles Erbe hinterlassen, nämlich in Gestalt von (gemäßigten) Mitbestimmungsrechten in Österreich (Betriebsratsgesetz von 1919) und in Deutschland (Betriebsratsgesetz von 1920), aber mit dem Abebben der revolutionären Bewegungen, mit der Weltwirtschaftskrise und dem Sieg des Faschismus erlebte das »Führerprinzip« auch in den Unternehmensleitungen ausdrücklich wieder eine Renaissance.

Auch wenn man lokale Varianten in Betracht zieht, so blieb die Machtstellung des Eigentümers und seiner Repräsentanten weiterhin unangefochten. Hinter der institutionellen Schale und/oder der Kruste der Entscheidungsmacht jedoch verbarg sich eine Realität, die nicht ganz so aussah. Facharbeiter konnte man außer in Zeiten der Wirtschaftskrise nur schlecht nach Belieben herumkommandieren, am allerwenigsten in Großbritannien und Skandinavien. Doch die Rechte der Arbeiter waren tendenziell eher reaktiv und defensiv, ihre Gegner sprachen gar von »Verhinderungspraktiken«. Noch immer waren die ausschließlichen Vorrechte des Eigentümers in allen Fragen des Managements institutionell überall in Europa verankert.

Was jedoch die Rechte der Arbeiter auf ihren Lebensunterhalt anbetrifft, so war es in diesem Bereich bereits zu wichtigen Veränderungen gekommen. Kurz vor Ausbruch des Ersten Weltkriegs wurde fast überall in Europa die Haftung des Arbeitgebers für die Sicherheit am Arbeitsplatz eingeführt, sei es direkt oder indirekt in Gestalt einer öffentlichen Unfallversicherung. Nachzügler wie Bulgarien und Spanien folgten hierin bald nach dem Krieg (ILO 1933). Der Achtstunden-Tag setzte sich im industriellen Europa nach dem Ersten Weltkrieg durch, und auch bezahlter Urlaub für Arbeiter wurde in einigen Ländern gesetzlich verankert, in West- und Mitteleuropa zuerst in Norwegen (1919) sowie in Polen (1922) (Ambrosius/Hubbard 1986, 55f.).

Dort, wo Gewerkschaften und Tarifverhandlungen nicht anerkannt waren, gab es mitunter »funktionale Alternativen« hinsichtlich der Rechte auf Lebensunterhalt. Die »korporatistische« Lehre der faschistischen Staaten, von Deutschland bis Portugal, führte zu einer Institutionalisierung der sozioökonomischen Verantwortung des Arbeitgebers. Die UdSSR, die das Recht auf einen Wechsel des Arbeitsplatzes und damit die Mobilität der Arbeitskräfte abgeschafft hatte, sorgte ihrerseits unter Stalin für ein wirksames Recht auf einen Arbeitsplatz.

Vor diesem doch ein wenig düsteren Hintergrund nehmen sich die Fortschritte, die hinsichtlich der Arbeit in den drei oder vier Jahrzehnten nach 1945 gemacht wurden, höchst bedeutungsvoll aus und bilden einen wichtigen Aspekt der soziologischen Nachkriegsgeschichte. Man dürfte nicht ganz falsch liegen, wenn man die Nachkriegsentwicklungen in die Formel vom *Aufstieg der Arbeiterklasse* faßt. In Osteuropa wurde sie gar zur »herrschenden Klasse« ausgerufen, eine Tatsache, die zumindest ein Kultursoziologe oder ein Kulturhistoriker – beide zur Zeit hoch angesehen – äußerst ernst nehmen sollte, aber nicht notwendigerweise wörtlich.[90]

Unter weitaus weniger Getöse ereignete sich beim klassischen Vorreiter der europäischen Moderne, nämlich in Großbritannien, in der zweiten Hälfte der 40er Jahre etwas ganz ähnliches. An der Peripherie, in den reichen Ländern Schweden und Norwegen, beherrschte das, was sich stolz »Arbeiterbewegung« nannte, bis in die 70er Jahre hinein die Parteipolitik und behauptete sich auch seitdem als bedeutende politische Kraft. In Österreich behielt sie seit 1970 die Oberhand in einem auf Konsens ausgerichteten Gemeinwesen. In abgeschwächter Form bestanden in Westdeutschland, Frankreich, Belgien, Finnland, den Niederlanden, Spanien, Portugal und Griechenland zum ersten Mal in der Geschichte stabile Regierungen, in denen die dominante Kraft für sich in Anspruch nahm, vor allen anderen die Arbeiterklasse zu vetreten. In Ost wie West mußte man sich dabei jeweils feindlichen, von außen kommenden wirtschaftlichen Zwängen anpassen und weithin auf die Klassenrepräsentation der Regierung vertrauen.

In der Zwischenkriegszeit hatten einige Arbeiterparteien die Regierungsmacht erlangt, standen dabei jedoch unter großem Druck und/oder konnten sich nicht lange halten; lediglich in den skandinavischen Ländern erreichten sie eine gewisse Stabilität und wurden als legitim anerkannt. Vor dem Krieg war es vor allem die Sowjetunion, das »Vaterland der Arbeiter«, die, ob nun zu Recht oder Unrecht, international äußerst einflußreich war, vergleichbar nur mit der Französischen Revolution. Doch vor der Schlacht von Stalingrad wurde die UdSSR sogar noch stärker als die westlichen Regierungen von der »anständigen« Meinung angefeindet und verachtet, und innerhalb der Arbeiterklasse war ihre Rolle zwischen denen, die an den Kommunismus glaubten, und den sozialdemokratischen Anklägern heftig umstritten.

Unmittelbar nach dem Krieg gab es, ähnlich wie im Verhältnis der Geschlechter, auch in den Klassenbeziehungen Westeuropas neue verfassungsmäßige Gleichheitsklauseln sowie einige institutionelle Veränderungen: Gewerkschaften und Tarifverhandlungen wurden überall offiziell anerkannt, und in ganz Kontinentaleuropa richtete man eine Art beratender Arbeitnehmervertretung ein. Doch unter der Ägide des Marshallplans wurden die veränderten Machtverhältnisse zwischen den Klassen erfolgreich im Zaum gehalten, auch hier wieder ähnlich den Geschlechterbeziehungen im demobilisierten Europa.

Die beiden ambitioniertesten frühen Versuche, die Eigentumsrechte in Westeuropa nach dem Krieg zu verändern, wurden in den Niederlanden und in Westdeutschland unternommen. Im restlichen Westeuropa dauerte es bis in die 70er Jahre hinein, in Frankreich und Griechenland sogar bis zu den 80er Jahren, bevor irgendwelche substantiellen Veränderungen an den Weisungsrechten der Eigentümer vorgenommen wurden.

Was 1918/19 der Achtstunden-Tag gewesen war, war 1945 die Vollbeschäftigung, nämlich zentrale Forderung der Arbeiterschaft. Die Ergebnisse fielen allerdings weitaus unterschiedlicher aus als im ersten Fall, was aber angesichts der deutlich komplizierteren Problematik nicht überraschen dürfte. Letztendlich wurde Vollbeschäftigung in Norwegen, Schweden und der Schweiz – und um 1960 auch in Österreich – als grundlegendes Recht auf Arbeit und/oder als vordringliches Ziel staatlicher Politik institutionell verankert. Im Rest Westeuropas, einschließlich Großbritanniens, der Heimat des Keynesianismus, blieb sie ein frommer Wunsch, der institutionell kaum Unterstützung fand (vgl. Therborn 1986, Kap. III,5).

Doch die Nachkriegsmoderne in Europa schaffte auch das im gemeinen Recht verankerte Prinzip der »Beschäftigung nach Belieben« sowie dessen kontinentale Entsprechungen ab und schränkte somit die Handlungsrechte des Arbeitgebers im Hinblick auf Einstellung und Entlassung ein. Auch hier war Westdeutschland mit seinem Gesetz zum Kündigungsschutz von 1950 Wegbereiter. In den 60er Jahren kam es in einigen Ländern zu wichtigen tariflichen Vereinbarungen, und in den 70er und frühen 80er Jahren fanden zentrale Arbeitsrechte Eingang ins Gesetz (Hepple 1985, 495ff.).

Um 1990 wurde die Verpflichtung zur Vollbeschäftigung in Norwegen und Schweden aufgehoben, in Österreich und in der Schweiz steht sie auf der Kippe und gilt nur noch teilweise, und zwar auf Kosten des vertraglich festgelegten Arbeitsangebots für Frauen und Ausländer. Angesichts dessen ist der im Augenblick beste Indikator für die Arbeitsrechte wohl die Regelung von Entlassungen. Unter dem Gesichtspunkt »flexibler« Arbeitgeberrechte stand sie jüngst im Zentrum einer ganzen Reihe von Arbeitsmarktstudien (Commission of the European Communities 1993, Kap. 7; OECD 1993, 95ff.; Harder 1993, bes. 89ff.). Um das gegenwärtige Profil der Arbeits- und Eigentumsrechte in Westeuropa zu erhalten, werden wir versuchen, die keineswegs abschließenden oder übereinstimmenden Ergebnisse dieser Studien zur Arbeitsflexibilität mit einem Indikator für die geschäftlichen Eigentumsvorrechte zu verbinden.

Die folgende Klassifikation ist notwendigerweise ziemlich grob. Die in Gesetzen und Tarifverträgen verankerten Regelungen sind wie immer national sehr unterschiedlich, und die Gewichtung der verschiedenen Klauseln – so werden z. B. in Deutschland Abfindungen über einen längeren Zeitraum gezahlt, in Frankreich decken die Arbeitsrechte einen größeren Bereich ab – bleibt eine Ermessensfrage. Obwohl ich eher vorsichtig wäre, was den exakten Verlauf der beiden Trennlinien angeht, so glaube ich doch, daß sich aus der Kombination der verwendeten Quellen die bestmögliche Rangliste der Länder ergibt (wobei man berücksichtigen muß, daß die Länder in der Abbildung alphabetisch geordnet sind).

Abb. 5: Eigentums- und Arbeitsrechte in Westeuropa in den frühen 90er Jahren

Arbeitsrechte	Eigentumsrechte		
	schwach	*mittel*	*stark*
stark	Österreich	Griechenland Italien Niederlande Portugal	Spanien
mittel	Finnland Deutschland Norwegen Schweden	Belgien Frankreich	Schweiz
schwach	Dänemark	Irland	Großbrit.

Schwache Eigentumsrechte sind definiert durch die rechtlich gewährleistete Arbeitnehmervertretung im Aufsichtsrat von Unternehmen, starke durch deren Fehlen und die Mittelposition durch bestimmte Arbeitnehmerrechte hinsichtlich der obersten Entscheidungsbefugnis des Besitzers, z. B. das Recht auf Anhörung, auf Vorabinformation oder auf Vertretung in bestimmten Arten von Unternehmen. Arbeitsrechte sind bestimmt durch die Kosten und die Schwierigkeit, die ein Arbeitgeber bei der Kündigung hat, wie sie von der EG und der OECD festgelegt wurden.
Quellen: Arbeitsrechte: Commission of the European Communities 1993, 176, 184; OECD 1993, 96f.; Harder 1993, 89. Eigentumsrechte: Hamani/Monat 1985, 266ff.; Ellis/Storm 1990, Länderberichte.

Die klassischen Länder kollektiv vereinbarter Rechte, nämlich Großbritannien, Irland und Dänemark, finden sich bei den Arbeitsrechten heute am unteren Ende. Während in Großbritannien dafür mit Sicherheit der Thatcherismus verantwortlich zu machen ist, läßt sich über die Plazierung Dänemarks durchaus streiten. Dort lasten die vorkapitalistischen korporatistischen Traditionen auch am Ende des 20. Jahrhunderts noch schwer auf der relativ geringen marktwirtschaftlichen Organisation von Arbeit.

Interessant sind die Pole der beiden Diagonalen, Österreich und Großbritannien bzw. Dänemark und Griechenland/Spanien. Österreich hielt an seiner präkapitalistischen Tradition wirtschaftlicher Regulierung fest (durch die Kammern für Berufe und Industriezweige), sah sich 1919 durch eine mögliche sozialistische Revolution herausgefordert, betrieb eine Zeitlang einen hausgemachten Korporatismus (Austrofaschismus), verfügte nach dem Krieg über ausgiebige Erfahrungen in der Kooperation der Klassen und in den 70er Jahren über eine starke sozialdemokratische Regierung, die 1974 ein Betriebsverfassungsgesetz auf den Weg brachte, welches das Gesetz von 1919 ersetzte. In Großbritannien schaffte man die vorkapitalistischen Beschränkungen ab, entging jeder ernsthaften Bedrohung durch Arbeiter und Faschisten und erhielt 1979 nach einigen schwachen Labour-Regierungen in den 70er Jahren eine knallharte (wenngleich nur von einer Minderheit gewählte) rechte, anti-gewerkschaftlich ausgerichtete Regierung.

Auf der anderen Diagonale findet sich zum einen Dänemark mit seinen alten, mächtigen, vom Staat unabhängigen Gewerkschaften, mit seiner langen demokratischen Geschichte, die lediglich durch die nationalsozialistische Okkupation unterbrochen wurde, mit einer bedeutenden Sozialdemokratie, der es jedoch unter den Bedingungen des dänischen Verhältniswahlrechts nie gelang, die parlamentarische Mehrheit zu erringen. Am anderen Ende haben wir Griechenland und Spanien, wo es nie starke Gewerkschaften gab, sondern wo sich starke antidemokratische Kräfte auf die (autoritäre) Zuteilung der Arbeit konzentrierten und erst in jüngster Zeit Kräfte an der Macht sind, die sich für die Belange der Arbeitnehmer einsetzen.

In den 90er Jahren sind die Arbeitsrechte unter Druck geraten. An der Schwelle zum neuen Jahrhundert läßt sich einzig von Griechenland, Portugal und Italien behaupten, daß sie noch über starke Arbeitsrechte verfügen. Die Niederlande bewegten sich in unserer Abbildung in die Mitte bzw. nach rechts. Und auch Österreich sollte man eher im Mittelfeld ansiedeln (OECD 1999a, Kap. 2; allerdings unterscheiden sich die Kriterien der OECD hinsichtlich des »Kündigungsschutzes« von denen, die unserer Abbildung zugrunde liegen).

Osteuropa zwischen Akkumulation und Herrschaft der Arbeiterklasse

Nach westlichen Standards läßt sich die Situation im spätkommunistischen Osteuropa mit Recht als Verbindung aus sehr starken Arbeitsrechten und schwach oder sogar sehr schwach ausgeprägten Eigentumsrechten beschreiben. Es war zwar nicht unmöglich, Beschäftigten zu kündigen – bei den sowjetischen Gerichten waren 1975 4000 Klagen auf Wiedereinstellung anhängig (Lampert 1985, 152) –, aber ausgesprochen schwierig. Sonderregelungen stellten sicher, daß Unternehmen einen bestimmten Anteil an Behinderten (in der UdSSR 2 %) beschäftigen mußten (Berner 1976, 98). Das Prinzip der betrieblichen Eigenverwaltung, ursprünglich ein jugoslawisches Erbe, fand erst kurz vor dem Ende allgemeine Anerkennung. Die Jugoslawen hatten eine ausgeklügelte Konzeption dieser betrieblichen Selbstverwaltung 1974 in ihrer Verfassung verankert, aber die entsprechenden Rechte gingen ständig mit hoher Arbeitslosigkeit und massiver Abwanderung von Arbeitskräften einher. Von 1987 an sollten sowjetische Topmanager von den Beschäftigten gewählt werden. In Ungarn funktionierte dieses Prinzip seit 1985. Während oder unmittelbar nach den politischen Krisen 1956, 1968 und 1981 war es in Osteuropa immer wieder auf die Tagesordnung gelangt (Tyomkina 1993, 30; Kornai 1989, 40; Myant 1993, 35ff.).

Die Unternehmen sowie die Eigentums- und Arbeitsrechte steckten dabei in der Zwickmühle zwischen den beiden zentralen Zielvorstellungen der kommunistischen Revolutionen: Herrschaft der Arbeiterklasse und beschleunigte Wirtschaftsentwicklung. Auf längere Sicht, also auf ein oder mehrere Jahrzehnte hinaus betrachtet, waren die beiden Ziele keineswegs unvereinbar. Die wirtschaftliche Entwicklung unter der herrschenden Vorhut der Arbeiterklasse sollte und konnte dieser Herrschaft eine solidere Grundlage verschaffen. In Wirklichkeit jedoch steckte das Projekt voller Konflikte.

Beschleunigte Entwicklung bedeutete Akkumulation, verschärftes Tempo, eher mehr als weniger Managementkontrolle über die Arbeiter und Zurückstellung der Konsumwünsche. Die osteuropäischen Vorstellungen von Mitbestimmung aus der frühen Nachkriegszeit waren schon bald Makulatur. In der sowjetisch besetzten Zone Deutschlands etwa wurde die Weimarer Tradition der Betriebsräte 1948 aufgegeben (Niethammer 1991, 57, 89). Prompt kam es zu moralischen Konflikten innerhalb der Arbeitsökonomie. Diese Konflikte wurden noch verschärft durch die sozialistische Politisierung der Zielvorstellung. Somit stand nicht irgendeine Entwicklung auf dem Spiel, sondern die politisch gewollte, die politisch korrekte.

Das Ziel einer Herrschaft der Arbeiterklasse brachte die Frage der Repräsentation mit sich. Obwohl die kommunistischen Machthaber zu keiner Zeit daran zweifelten, die Arbeiterklasse zu repräsentieren, zumindest derern langfristige Interessen, wurde dieser Anspruch niemals auf die leichte Schulter genommen. Alle herrschenden kommunistischen Parteien waren bis 1989/90 sehr auf die Zusammensetzung ihrer Mitgliedschaft bedacht, darauf, daß sie an allen größeren Produktionsstätten präsent waren, und alle hatten das Gefühl, sie müßten der Arbeiterklasse ständig ihre Hochachtung erweisen. Die kommunistische Partei war zugleich Regierungsmacht und Motor der Akkumulation. Gerade deshalb konnte sie das Problem der Repräsentation nie beseitigen.

Die Idee der Akkumulation von staatlichem Eigentum bedeutete, daß man an den Eigentumsrechten mittels Kriminalisierung festhielt. Fehlzeiten und unerwünschte Arbeitskräftefluktuation wurden durch einen sowjetischen Erlaß vom Dezember 1938 mit einem ganzen Arsenal an Strafmaßnahmen belegt, das man nach dem Krieg dann auch in Osteuropa übernahm, bis der Erlaß 1956 von den Sowjets wieder aufgehoben wurde (Deutscher 1969, 110ff.; Berman 1963, 350). Der »Plan« war ebenso verpflichtend wie ein Gesetz. Eine Mischung aus Verrechtlichung der ökonomischen Beziehungen, die einer statischen Vorstellung von Eigentum entsprang, und politischer Paranoia führten zu unzähligen Anklagen wegen ökonomischem Mißmanagement, Vernachlässigung der Arbeitspflicht und Diebstahl, die alle als »Wirtschaftssabotage« galten. Auch hier änderte sich erst etwas mit dem Parteikongreß der KPdSU im Jahr 1956, der die Entstalinisierung einläutete (vgl. Hankiss 1990, 27f.; Morzol/Ogórek 1992, 64ff.).

Doch üblicherweise wurde ein sozialistisches Staatsunternehmen nicht mit Mitteln des Kriegrechts geführt. Statt dessen geschah das durch einen Vertrag zwischen Management und Arbeiterschaft, wie das Plansoll zu erfüllen sei. Diese Art des Kollektivvertrags, die sich deutlich von kapitalistischen Managementformen unterschied, wurde in der UdSSR nach der Oktoberrevolution eingeführt. Zu Zeiten des Stalinismus, konkret zwischen 1935 und 1947, schaffte man diesen Unternehmensvertrag ab; er tauchte jedoch wieder auf und wurde in den neuen kommunistischen Staaten übernommen (Berman 1963, 353-359; Kleßmann/Wagner 1993, 386ff.).

Möglicherweise noch wichtiger war die Tatsache, daß dieses Recht der Unternehmensbelegschaft, mit dem Management über die zu leistende Arbeit wie über die zusätzlichen Leistungen – der Grundlohn war ursprünglich von größerer Bedeutung gewesen – zu verhandeln, durch die tatsächliche Arbeitsweise sozialistischer Unternehmen kräftig unterstützt wurde. Denn deren materielle Basis unterminierte in einem fort das »leninistische« Prinzip eines einheitlichen Managements. Sozialistische Staatsunternehmen mußten ein von außen auferlegtes Ziel mit einem (weitgehend) vorgegebenen Angebot an Arbeitskräften erfüllen, während gleichzeitig die Versorgung mit Rohstoffen und anderen Gütern starken Schwankungen unterworfen war. Unter diesen Umständen waren die Manager mehr und mehr von gut funktionierenden Beziehungen zu ihrer Belegschaft abhängig (Burawoy/Lukács 1992, 76; Stark 1989; Kleßmann/Wagner 1993, 422).

Heute, unter den Bedingungen unternehmerischer Unabhängigkeit von Planvorgaben (übrigens ein Ergebnis spätkommunistischer Wirtschaftsreformen), beginnt ein neues Spiel. Die Rechte der Beschäftigten wurden auch weiterhin garantiert, aber die Bezahlung konnte höchst unterschiedlich ausfallen. Unter diesen Umständen war man imstande, ein an hoher Produktivität orientiertes Lohnsystem einzuführen und gleichzeitig am grundlegenden Recht auf bezahlte Beschäftigung festzuhalten. In Ungarn entstand so tatsächlich ein Unternehmen, das eine höhere Produktivität als ein vergleichbares US-amerikanisches aufwies (Burawoy/Lukács 1992, 66ff.).

Die Politisierung des Arbeitsplatzes entsprang jedoch nicht nur einer statischen Vorstellung von Eigentum, sondern auch der Programmatik einer Herrschaft der Arbeiterklasse. Das bedeutete eine starke Parteipräsenz an jedem Arbeitsplatz, politische Slogans – z.B. »Mein Arbeitsplatz – mein Kampfplatz für den Frieden« –, ein ganzes Arsenal an politischen Auszeichnungen – individuelle und kollektive Ehrentitel, Medaillen usw. –, die auch ganz gewöhnlichen Menschen verliehen wurden, im Gegensatz etwa zur britischen »Ehrenliste«. Besonders deutlich zeigte sich diese Politisierung in der DDR, wo die Arbeitsplätze in »sozialistischen Kollektiven« mitsamt ihren detaillierten Vorschriften, wie man »1. auf sozialistische Art zu arbeiten 2. auf sozialistische Art zu lernen 3. auf sozialistische Art zu leben« habe, organisiert waren (vgl. Berner 1976, 76ff.; Niethammer 1991, 329-353; Kleßmann/Wagner 1993, 372f.).

Was jedoch 1989/90 Triumphe feierte, waren weder die Arbeitsrechte noch die Arbeitsnormen, sondern die von den Menschen erkannten Konsummöglichkeiten. Am stärksten fällt dabei auf, daß es keinerlei Widerstand gegen die Abschaffung oder Marginalisierung der Demokratie am Arbeitsplatz gab. Inwiefern die sozialistische Erfahrung überhaupt irgendein bewahrenswertes Erbe hinterlassen hat, wird Thema eines späteren Abschnitts sein.

Wie in der Sozialpolitik, so hatte das postkommunistische Europa auch in punkto Arbeitsmarktorganisation mehr Ähnlichkeit mit Westeuropa als mit den USA. Die ILO erwies sich dabei als bedeutsames Gegengewicht zu Internationalem Währungsfond und Weltbank. So übernahm man das dreiteilige Institutionengefüge, das den Gewerkschaften – in Polen die entscheidende antikommunistische Kraft – einen Platz neben Kapital und Regierung einräumt und Tarifverhandlungen auf nationaler Ebene sichert.

Ungarn und Kroatien haben darüber hinaus das deutsche System der Betriebsräte übernommen, eine Einrichtung, die ausländische Investoren gerne an die Stelle der Gewerkschaften setzen würden. Die Wirtschaftskrise und die politische Spaltung der Gewerkschaften, die durch die Gesetzgebung begünstigt wurde, haben den Einfluß der Gewerkschaften geschwächt. In Mittelosteuropa, wo das neue System am besten funktioniert, sind die Arbeitsrechte deutlich stärker ausgeprägt als in Großbritannien und den USA; was jedoch den Kündigungsschutz betrifft, so fallen diese Länder hinter das westliche Mitteleuorpa zurück (Makó/Smonyi 1999; OECD 1999a, 66).

Von der Verstaatlichung zur Privatisierung

Künftige Historiker werden mit Sicherheit die auffälligen Parallelentwicklungen bemerken, die sich nach dem Krieg trotz aller offensichtlichen Unterschiede hinsichtlich des politischen Systems und der Ideologie in Ost- und Westeuropa abspielten, Parallelen, die verständlicherweise den meisten Menschen, die auf einer der beiden Seiten des Eisernen Vorhangs lebten, so nicht bewußt geworden sind. Doch diese Parallelen – zumindest diejenigen, die hier für bezeichnend gehalten werden – folgen nicht den Entwicklungslinien, die von der Modernisierungstheorie oder der Theorie der Industriegesellschaft gezeichnet worden sind, also von Sichtweisen, die sich jeweils auf eine einzige Konzeption von Moderne beschränken.[91] Wir haben bereits auf das Spezifische der europäischen Industriegesellschaft hingewiesen. In diesem Abschnitt wollen wir uns dem zuwenden, was den meisten Klassentheoretikern und -ideologen sowie ihren militanten Vertretern – und zwar jeder modernen Klasse – als Schlüsselfrage galt: die Ausweitung des privaten und öffentlichen Eigentums.

Im 20. Jahrhundert verlief die Entwicklung lange Zeit in Richtung des öffentlichen Eigentums, am deutlichsten in den Bereichen der Verkehrs- und Kommunikationsinfrastruktur, aber auch in der Rohstoff- und Bedarfsgüterindustrie vertraute man zunehmend auf Verstaatlichung und andere Formen übergeordneter Regulierung, während die Tendenz in der Landwirtschaft in Richtung des Familienbetriebs ging. Mit anderen Worten: Während die Produktion in den kapitalistischen Marktwirtschaften expandierte, gewannen auch die entgegengesetzten Kräfte an Einfluß.

Koordinationserfordernisse, Kapitalbedarf, geringe private Rentabilität unter den herrschenden Bedingungen, das konservative Beharren auf nationalen Interessen – all das verlieh der Entwicklung in Richtung öffentliches

Eigentum oder zumindest staatlicher Regulierung einen Schub. Für die Nachgeborenen liegt der vielleicht bemerkenswerteste Aspekt dieser Entwicklung, die von Marx einst als zunehmende Vergesellschaftung der Produktivkräfte vorhergesagt wurde – womit er die Ausweitung der Organisationsparameter optimaler Produktivität meinte –, in ihrem fundamental unideologischen Charakter. Das heißt, die Entwicklung bahnte sich ihren Weg durch vielfältiges ideologisches Dickicht. Einer ihrer Höhepunkte war der Londoner *Passenger Transport Act* von 1933, ein anderes die Überführung der Pariser Métro in städtisches Eigentum 1949. Post, Telephon- und Telegraphendienste, städtisches Transportwesen, Eisenbahnen, Fernsehen, Flugverkehr – all diese Bereiche gingen in Europa tendenziell in öffentliche Hände über (vgl. Bloch 1964; Therborn 1989b). Die internationalen Kartelle der Zwischenkriegszeit, etwa in der Stahlindustrie, lassen sich ebenfalls als Teil dieses Prozesses sehen (Jacobs 1988, Tl. III). Die Weltwirtschaftskrise führte überdies dazu, daß der Staat in zahlreichen Ländern, vom faschistischen Italien bis hin zu Schweden, das damals noch nicht sozialdemokratisch regiert war, bankrotte Privatunternehmen übernahm.

Nach dem Krieg kam es in Österreich, Großbritannien, Frankreich und Osteuropa zu einer Welle von Verstaatlichungen. Auch in mehreren anderen Ländern, von Finnland bis Spanien (dort bereits während des Krieges), entstanden und entwickelten sich ansehnliche öffentliche Unternehmen. Ihren Höhepunkt erreichte die Entwicklung im Jahrzehnt zwischen den frühen 70er und den frühen 80er Jahren: mit den letzten Verstaatlichungsschüben in Osteuropa (Shoup 1981, Tab. E-36 und 37), mit der Nelkenrevolution in Portugal sowie mit den französischen Sozialisten, die 1981/82 mit dem Kapitalismus »brachen«, was für kurze Zeit zu beträchtlichen Verstaatlichungen im Industriebereich führte.

Danach schwenkte das Pendel in die entgegengesetzte Richtung, allen voran in Großbritannien unter Margaret Thatcher, es kam zu Privatisierungen im Westen, zur Öffnung für private Unternehmen in Ungarn und anderen osteuropäischen Ländern und schließlich zum Zusammenbruch des Kommunismus (vgl. Debbasch 1989). Der große ungarische Schriftsteller und Dissident György Konrád meinte 1984 in einem Interview, daß das wichtigste Ereignis der jüngsten Zeit in Ungarn die »sozialistische Verbürgerlichung« gewesen sei (zit. n. Szelenyi 1989, 68). Zu Beginn des Jahres 1988 wurde in Budapest wieder eine Börse eröffnet. Die polnische Gewerkschaftsbewegung Solidarnósc 1980/81 war, wie wir nun im nachhinein wissen, die letzte sozialistische Opposition in Osteuropa. Im Verlaufe ihrer

Unterdrückung in den folgenden Jahren und unter starkem US-amerikanischen Einfluß setzte ein Wandel ein. Programmatisch schließlich vollzog sich die explizite Wendung vom sozialistischen zum Privateigentum 1989, unmittelbar nachdem die (nicht-kommunistische) Regierung unter Mazowiecki gebildet worden war.[92]

Der Umfang öffentlichen Eigentums war niemals gleich, weder im Osten noch im Westen. Stets waren eine Reihe nationaler Gründe und Kräfte dafür verantwortlich. Aber ist die in zeitlicher Hinsicht grundsätzlich gleichlaufende Entwicklung in Ost und West nur ein Zufall? Als Sozialwissenschaftler wird man diese Deutung nur widerwillig akzeptieren. Ich würde statt dessen behaupten, daß es zwei allgemeine Kräfte waren, die zwar miteinander in Beziehung stehen, sich aber nicht automatisch aus der je anderen ableiten lassen, die die Entwicklung der Eigentumsverhältnisse gelenkt oder doch zumindest den politischen Führern die Optionen vorgegeben haben. Das betrifft zum einen *die soziale Organisation der Produktivität* (vgl. Therborn 1989b), die Art der Produktivkräfte, wie Marx es genannt hätte, zum anderen die Klassenmacht, oder genauer: die *Machtverhältnisse* zwischen denjenigen, die Eigentum besitzen, und denen, die über keines verfügen.

Dem erstgenannten Einflußfaktor nähern wir uns am besten, indem wir die relativen Kapazitäten der Unternehmen, Märkte und Staaten betrachten. Bei ansonsten gleichen Verhältnissen läßt sich erkennen: Je größer der Markt im Verhältnis zu den Unternehmen und zum jeweiligen Staat ist, desto höher ist die Produktivität im Vergleich zu anderen Unternehmensformen und umgekehrt. Zum Verhältnis zwischen Unternehmen und Markt gehört größtenteils auch die Frage hinsichtlich Wettbewerb vs. Monopol: Ein Markt, der weit größer ist als die Umsätze irgendeines dort präsenten Unternehmens, ist tendenziell kompetitiv. Wenn eines oder mehrere Unternehmen den Markt beherrschen, spricht vieles für Verstaatlichung oder staatliche Regulierung, um die Interessen der Verbraucher zu sichern. Dieses Argument wird um so gewichtiger, je höher der gleichberechtigte Zugang zu Produkten und Dienstleistungen eingeschätzt wird, vor allem was extramonetäre Gleichheit angeht, etwa die Alters- und Gesundheitsversorgung für Bewohner unterschiedlicher Gegenden und unterschiedlicher Mobilität. Noch nachhaltiger wird es, je offener das staatliche System für Rückmeldungen der öffentlichen Meinung ist.[93]

Das Verhältnis Staat–Markt erfährt seine Bedeutung aus dem Abhängigkeitsargument. Je weniger der Staat von externen Märkten abhängt, desto flexibler muß er Wirtschaft und Gesellschaft gestalten. Dabei ergeben sich jedoch nicht unbeträchtliche Reibungsverluste, denn Autarkie mag zwar kurzfristig Abhängigkeit verringern, langfristig aber droht eher eine Zunahme, da sich der Staat kostspielig gegen den im Wettbewerb herrschenden Innovationsdruck schützen muß.

Je größer der Staat unter gegebenen Marktbedingungen im Verhältnis zu einer Reihe von Unternehmen ist, desto wirksamer kann er die Leistung der Unternehmen regulieren. »Größe« bezieht sich dabei auf die ökonomisch wesentlichen Ressourcen, im Falle der Märkte also vor allem auf die effektive Größe von Angebot und Nachfrage. Bei den Unternehmen bezieht sie sich demnach auf den Output und das Kapital, hinsichtlich des Staates auf die Steuereinnahmen und andere Finanzressourcen. Darüber hinaus ist für alle drei Institutionen der Umfang des Wissens von Bedeutung, im Falle der auf dem Markt Agierenden der Umfang an relevanter Information, in den Unternehmen und im Staatsapparat der Umfang an Fachkenntnissen.

Der dritte Teil der Hypothese stützt sich auf das Argument der Kapazität, d.h. die Fähigkeit, gestellte Aufgaben zu erledigen. Ein finanzkräftiger Staat ist unter Umständen in der Lage, Investitionen zu tätigen und Unternehmen zu gründen, die relativ kleinen Unternehmen oder Unternehmern als zu groß, zu riskant oder zu langfristig erscheinen. Aber nicht nur die Finanzkraft ist ausschlaggebend. Wichtig ist auch die Verteilung von Wissen und Rationalität. Die konstruktive Kapazität[94] des Staates übertrifft diejenige privater Unternehmen um so eher, je besser ausgebildet das staatliche Personal ist und je stärker es sich kollektiver Rationalität verpflichtet fühlt.

Mit anderen Worten: »Rivalität« und »Budgetzwänge« sind zwar von Bedeutung, in ihnen erschöpft sich aber bei weitem nicht die ganze Geschichte der modernen Eigentumsverhältnisse.[95]

Die absolute Größe der obengenannten Variablen ist vermutlich äußerst schwer zu bestimmen, aber das ist nicht weiter problematisch, solange erkennbar ist, in welche Richtungen sich der Wandel vollzieht. Meine ein wenig bruchstückhafte Theorie will erklären, wie sich Veränderungen in der relativen Größe von Unternehmen, Staaten und Märkten auf die Eigentumsverhältnisse auswirken. Dieser Teil der explanatorischen Hypothese beruht auf der Annahme, daß die Veränderungen in der relativen Größe eines Marktes, Staates oder Unternehmens exogen bestimmt sind, d.h. in erster Linie von anderen Kräften als den von uns untersuchten Märkten, Staaten und Unternehmen ausgehen. Diese Kräfte sind wohl primär technologische Bestimmungsfaktoren bei der Kostendegression (*economies of scale*) sowie die politische Ökonomie des Welt- (bzw. des jeweiligen suprastaatlichen) Systems.

Die Tendenz zur Verstaatlichung betraf in der ersten Hälfte des 20. Jahrhunderts vor allem drei Bereiche.[96] Hier ist zum einen die Transport- und Kommunikationsinfrastruktur zu nennen; sie wurde zunächst von Privatunternehmen betrieben, schon bald aber kam es zu Situationen mit nur einem oder wenigen Anbietern und einem staatlich oder kommunal begrenzten Markt. Einen weiteren Bereich bildete die Grundgüterindustrie, die andere Unternehmen üblicherweise mit wichtigen Inputs versorgt; sie hat es mit einer kaum schwankenden Nachfrage zu tun und/oder ist von Krisenzyklen besonders hart betroffen. Bedeutsame Beispiele für den Bereich der Industrie sind hier der Bergbau und die Rohstahlerzeugung, für den Bereich der Dienstleistungen die Banken in Zeiten der Wirtschaftskrise. Das wohl berühmteste Beispiel für neue Großunternehmen in Wirtschaftsbereichen, in die sich lokale Privatunternehmen nicht oder nur zögernd wagen, ist die deutsche Automobilfirma Volkswagen mit ihrer Massenproduktion. Aber auch große Staatsunternnehmen in Finnland, Italien und Spanien passen in dieses Schema, ebenso die staatlich gelenkte Industrialisierung in Osteuropa, ungeachtet aller damit verbundenen Fragen von Macht und Ideologie.

Diese Erfahrungen fügen sich allesamt recht gut in unser triadisches Schema aus Unternehmen, Markt und Staat. Doch in der zweiten Jahrhunderthälfte ging der Trend in Richtung eines relativen Marktwachstums. Vom Ende der »Belle Époque« 1914 bis in die späten 40er Jahre stieg der Quotient im Verhältnis Staat–Markt. Der Exportanteil am BIP sank in ganz Westeuropa. Nach dem Krieg erfolgte eine Trendwende, doch erst um 1970 übertraf der Quotient aus Export und BIP den Wert von 1913. Der relative Rückgang des Außenhandels fiel in Osteuropa (einschließlich der vor dem Krieg nicht kommunistischen Staaten) höher aus als im Westen, und die Trendwende setzte nach dem Krieg auch dort ein (Ambrosius/Hubbard 1986, 192ff.).

In den 80er Jahren begannen supranationale Finanz- und Devisenmärkte die Nationalstaaten in den Schatten zu stellen. Am Ende des Jahrzehnts lag der britische Devisenhandel angeblich 69 mal höher als der Handel mit Waren und Dienstleistungen, in Schweden machte er das 23fache aus (*Svenska Dagbladet*, 14. 3. 1993, Nöringslivet, 1).[97] Man kann diese Zahlen auch mit den gesamten öffentlichen Ausgaben vergleichen, die in Großbritannien bei etwa 80 Prozent des gesamten Exports/Imports liegen, in Schweden bei ca. 120 Prozent. Global betrachtet, lag das Verhältnis zwischen Devisenhandel und dem Wert der weltweiten Exporte 1979 bei 12:1, 1989 bei 61:1 und 1995 bei 60:1 (Held u.a. 1999, 209).

Die Entwicklung der Kommunikationstechnologie hat dafür gesorgt, daß Kommunikation nicht mehr an politische Territorialgrenzen gebunden ist, und einen neuen globalen Markt eröffnet. Die Akkumulation von Privatvermögen hat in Westeuropa ein solches Ausmaß erreicht, daß das Argument, selbst große europäische Staaten wie Großbritannien und Deutschland müßten in Zukunft auf privates Kapital vertrauen, um ihre Post- und verwandte Dienste weiterhin sicherzustellen, zumindest an Glaubwürdigkeit gewinnt – auch wenn es deshalb nicht unbedingt wahr sein muß (vgl. den Überblick über die offizielle Argumentation in *Financial Times*, 10. 12. 1992, 14 bzw. *Die Zeit*, 4. 12. 1993).

Die industrielle Entwicklung und die anschließende De-Industrialisierung haben dazu geführt, daß die Kosteneinsparungen durch erhöhte Produktion zurückgegangen sind und die vormaligen Grundgüterindustrien sich nicht länger als solche erwiesen und zum Teil sogar überflüssig wurden. Die Befriedigung elementarer Bedürfnisse der Konsumenten durch das Wirtschaftswachstum nach dem Krieg impliziert angesichts eines zunehmend diversifizierten Angebots auch Kostenprogressionen in den Unternehmen.

Die Organisation von Privatunternehmen in Europa funktionierte nach bzw. orientierte sich zum Teil an dem Wissen, das sich im Militär-, Verwaltungs- und Justizapparat des Staates angesammelt hatte. Obwohl die französische Geschäftswelt nach dem Krieg ihr Führungspersonal weiterhin aus dem öffentlichen Sektor rekrutierte, läßt sich doch der Eindruck nicht recht von der Hand weisen, daß seither die Entwicklung von Sachverstand und Routine in Sachen Management vor allem in der Privatwirtschaft stattgefunden hat und somit die Verteilung organisatorischen Wissens zwischen Staat und Unternehmen in ziemliche Schieflage geraten ist.

Kurz gesagt: Die Veränderungen in der relativen Größe von Märkten, Staaten und Unternehmen nach dem Krieg sollten erwarten lassen, daß der Druck auf öffentliches Eigentum und staatliche Regulierung am Ende dieses Jahrhunderts einen neuen Höhepunkt erreicht.

Doch Verstaatlichung und Privatisierung sind beide auch Fragen der Macht, und zwar gleichzeitig als Manifestationen von Macht und als Mittel, um mehr Macht zu erlangen. Nach 1945 ging es vor allem darum, die Macht der »privaten Monopole«, der Wirtschaftsbosse der großen Krise, derjenigen, die den Faschismus finanziert, mit ihm kollaboriert oder von ihm profitiert hatten, oder ganz einfach des besiegten Deutschlands, ungeachtet seines faschistischen Regimes, zu brechen. In den 80er Jahren war Privatisierung für die britischen Tories, die hierbei eine Art Avantgarde bildeten, ein wichtiges Mittel, um die Gewerkschaften zu bezwingen, die beim Streik der Bergleute 1974 noch einmal ihre Stärke bewiesen hatten, aber im Zuge der raschen De-Industrialisierung nach 1974 an Einfluß verloren (vgl. dazu die gründliche Fallstudie von Swann 1988, Kap. 7). Im übrigen Westeuropa scheint diese Frage der ›Klassenrevanche‹, wenn überhaupt, nur eine geringe Rolle gespielt zu haben. (vgl. Debbasch 1989).

Doch das Ende der Industriegesellschaft wird die Arbeiterbewegung wohl schwächen und spalten und den Kräften der Privatisierung mehr Gewicht verleihen. In Osteuropa sieht man heute Privatisierung natürlich vor allem als ein Mittel, um die Macht der Kommunisten zu brechen, doch zugleich kommt es zu einer schleichenden Privatisierung, da die im Krieg kämpfende und vor dem Krieg verfolgte Generation von Kommunisten allmählich ausstirbt.

Die postkommunistische Privatisierung verlief auf unterschiedliche Art, wobei es jedoch stets zu massiven Eigentumstransfers kam. Vier Hauptformen lassen sich unterscheiden. Die deutlichste war der direkte Verkauf staatlicher Unternehmen. Dabei hing es vom westlichen Kapital ab, wo sich privatwirtschaftliche Kräfte etablieren konnten. Am einfachsten lief das in Deutschland ab, wo die westdeutsche Treuhandanstalt innerhalb weniger Jahre das gesamte Staatseigentum der DDR an westdeutsche und ausländische Investoren verkaufen konnte. Etwas schwieriger war dieser Weg in Ungarn und Estland, wo er durch einen massiven Zufluß ausländischen Kapitals ermöglicht wurde. Zwar versuchten alle postkommunistischen Länder diesen Weg einzuschlagen, doch in vielen Staaten war er bewußt oder erzwungenermaßen von geringerer Bedeutung.

Ein innovatives Vorgehen wurde zuerst in der Tschechoslowakei entwickelt. Man bot den Bürgern Gutscheine an, die gegen eine geringe Gebühr in Anteile umgetauscht werden konnten. Die ursprüngliche Idee dabei war, mittels öffentlicher Auktion einen Kapitalmarkt zu etablieren, doch was das Vorhaben tatsächlich durchsetzte, war die Einrichtung von Investmentfonds durch die staatlichen Banken, die die Anteile aufkauften. Dieser Weg galt vielen als bestens geeignet, um dem Privatisierungsprozeß öffentliche Legitimation zu verschaffen, und so fanden denn auch verschiedene Varianten dieses Systems in zahlreichen Ländern, vor allem in Polen, Anwendung.

Vorrangige Bedeutung jedoch erlangten sie außer in Tschechien nur in Lettland und Litauen.

Ein dritter Weg zum privatwirtschaftlichen Kapitalismus war der Aufkauf durch das Management. Dabei übernahm die Geschäftsführung der staatlichen Unternehmen diese als Privateigentum. Bis 1997 war dieses Vorgehen in Rußland, Rumänien, der Ukraine, Kroatien, der Slowakei und Polen dominant. In Polen weitete sich seit 1995 eine Form der Massenprivatisierung aus, die de facto von 15 Investmentfonds mit aus dem Ausland importierten Managern gesteuert wurde.

Darüber hinaus wurde Eigentum vor allem aus politischen Gründen auch an die Erben früherer Besitzer zurückgegeben. Bedeutsam war das jedoch nur im Falle von Grundstücken und bäuerlichem Grundbesitz.

Diese vier Formen stellen weitgehend eine Privatisierung von oben dar, wenn sie nicht gar als Diebstahl zu bezeichnen sind wie zweifellos in vielen Fällen die Übernahmen durch das Management, vor allem in der früheren Sowjetunion und auf dem Balkan. Es gibt jedoch noch einen vierten Weg, nämlich Privatunternehmertum von unten wachsen zu lassen. Diese Strategie verfolgten die chinesischen Kommunisten bei ihren marktwirtschaftlichen Reformen, während sie in Osteuropa stets hinter den institutionellen Veränderungen an der Spitze zurückstand. Gleichwohl handelt es sich dabei um einen bedeutsamen Weg zur Privatwirtschaft. Vor allem in Mittelosteuropa führte er zu einem explosionsartigen Wachstum bei Einzelhandel und Dienstleistungen. So lag die Einzelhandelsdichte Mitte der 90er Jahre dort wesentlich höher als in Westeuropa. Kamen im Westen 90 Einzelhändler auf 10 000 Einwohner, so waren es in Ungarn 260, in der Tschechischen Republik 220 und in Polen 179. Zwar handelt es sich dabei um eine Übergangssituation, wie sich am geringen Umsatz und am zunehmenden Wettbewerb von seiten westlicher Firmen zeigt, aber es verdeutlicht doch die Dynamik unternehmerischer Initiative nach dem Kommunismus.

Als institutioneller Wandel verlief die Privatisierung in Osteuropa, was Ausmaß und Geschwindigkeit des Prozesses anbelangt, ausgesprochen eindrucksvoll. 1996/96 waren bereits mehr als die Hälfte der großen und mittleren Staatsunternehmen in der Tschechischen Republik, in Estland, Ungarn und der Slowakei privatisiert, in Polen und Rußland waren es knapp die Hälfte. In Ungarn werden am Ende des Jahrhunderts über 85 Prozent des BIP außerhalb des staatlichen Sektors erwirtschaftet. In Rußland ist Ende der 90er Jahre ein gutes Drittel aller Beschäftigten im privaten Sektor tätig, etwa ein Viertel im gemischt privat-öffentlichen Bereich (vgl. zur Privatisierung allgemein European Bank for Reconstruction and Development 1997; Eyal/Szelényi/Townsley 1998; Stark/Bruszt 1998; Zecchini 1997; speziell Ipsen/Puntillo 1998; Thede 1998; Mathijs/Swinnen 1998; Eurostat, Memo 7/1997 ›Shopping in Central Europe‹).

Obgleich in vieler Hinsicht verschieden, verlief die soziologische Geschichte West- und Osteuropas in der zweiten Hälfte des 20. Jahrhunderts also in vielerlei Hinsicht ausgesprochen ähnlich. Auf dieses Phänomen werden wir auch im nächsten Kapitel stoßen.

5. Mittel: »Die glorreichen Jahre«

Der Boom von Kapitalismus und Sozialismus in Europa

Nach dem Zweiten Weltkrieg erlebte ganz Europa eine bislang beispiellose Phase wirtschaftlichen Wachstums, gepaart mit Einkommenszuwächsen und einer Vergrößerung der materiellen Ressourcen. Tabelle 15 veranschaulicht das, vielleicht weniger deutlich als eine Wachstumskurve, dafür enthält sie mehr und genauere Informationen als eine Graphik.

Die Zahlen in Tabelle 11 sind Schätzungen mit einer beträchtlichen Fehlermarge für jedes Land.[98] Sie sind dennoch gesichert genug, um ein zuverlässiges Bild der historischen Entwicklung zu zeichnen. In der Mitte des Jahrhunderts lagen die pro Jahr verfügbaren ökonomischen Ressourcen etwa doppelt so hoch wie 1913. Das bedeutete eine jährliche Wachstumsrate von 1,8 Prozent, ein historisch gesehen ganz beachtliches Ergebnis für einen Zeitraum, in dem zwei große Kriege, zwei revolutionäre Wellen und eine große Wirtschaftskrise stattfanden. Vor dem Aufstieg des industriellen Kapitalismus lagen die langfristigen Wachstumsraten weit unter einem Prozent pro Jahr. Wahr ist aber auch, daß das Wachstum zwischen 1820 und 1913 mit etwa 2,1 Prozent um ein geringes höher lag (Maddison 1982, 6 und 44f.).[99] Doch zwischen 1950 und 1990 wuchsen die am stärksten entwickelten Volkswirtschaften Westeuropas, wie sich aus Tabelle 11 errechnen läßt, um jährlich 3,6 Prozent.

Heute eignen sich die jährlichen Wachstumsraten eher als Indikatoren der Wirtschaftspolitik und als Zielvorgaben in ideologischen Ökonomiedebatten denn als Hinweise auf langfristige historische Trends, da sie die Größe des Wachstums nicht berücksichtigen. Deshalb ist die Tabelle auch so aufbereitet, daß die damit verbundenen Größenverhältnisse deutlich werden. Erkennen läßt sich somit zum einen, daß die ökonomischen Ressourcen Westeuropas sich zwischen 1950 und 1990 gegenüber dem Stand am Ende der »Belle Époque« versechsfacht haben bzw. 1990 dreimal höher lagen als 1950.

Tab. 15: Ökonomische Ressourcen in Europa 1870-1990. Indexzahlen des BIP (1913 = 100). Grenzen von 1970/80

Land	1870	1938	1950	1965	1990
Belgien	43	125	146	251	534
Bulgarien	—	157	219	579	—
Dänemark	32	187	248	438	798
Deutschland (West)	30	169	177	480	866
Finnland	31	198	243	498	1205
Frankreich	49	121	145	299	672
Griechenland	—	219	168	438	1148
Großbritannien	45	133	161	247	431
Irland	—	109	124	177	488
Italien	54	148	170	385	934
Jugoslawien	—	156	181	418	—
Niederlande	41	172	243	480	1003
Norwegen	41	208	292	521	1264
Österreich	36	103	110	242	550
Polen	—	105[a]	—	—	—
Portugal	—	145	196	394	1112
Rumänien	—	178[a]	—	—	—
Schweden	31	193	279	504	893
Schweiz	41	163	210	425	732
Spanien	—	142 (1935)	123	309	787
Tschechoslowakei	—	150 (1937)	156	282	—
UdSSR	35	198	253	630	—
Ungarn	—	134	128	247	—
Europa (ungewichtet)	39	157	189	393	839
Westeuropa[b]	39	160	202	398	824

a Nur produzierendes Gewerbe.
b Ohne Griechenland, Irland, Portugal und Spanien.
Quellen: Gesamtzahlen 1870-1965: Maddison 1982, 172ff. und 1976, Anhang B; UdSSR/Rußland 1870: Maddison 1969, 155; Polen und Rumänien: Svennilson 1954, 304f.; Zahlen für 1990: Berechnungen nach OECD 1992b, Tab. 3.1, 48, wobei die Zahlen für 1960 aus Maddison 1982 als Basisjahr genommen wurden.

Betrachtet man einzelne Ländermuster (und sieht man vorerst einmal von der heiklen Frage nach der Wirtschaftsleistung der kommunistischen Länder Osteuropas ab), so erkennt man, daß sich auf lange Sicht, also seit 1870, die nordischen Länder am weitesten nach vorne gearbeitet haben. Das gilt besonders für Finnland, das sein BIP zwischen 1870 und 1990 fast vervierzigfacht hat, in Norwegen und Schweden lag es 1990 dreißigmal höher, in Dänemark – anfangs das am weitesten entwickelte Land Skandinaviens – fünfundzwanzigmal. Nach 1950 kamen Griechenland und Portugal fast an Finnland und Norwegen heran.

Auch für die Staaten Osteuropas bedeutete die Nachkriegszeit eine enorme Ausweitung der Chancen, einen beispiellosen Anstieg der Lebenshaltung. Um wieviel genau, ist weit weniger sicher, ebensowenig die konkrete Entwicklung von Investitionen und Konsum. Nach dem Zusammenbruch der kommunistischen Regime sind die archivierten Daten und Materialien nun zugänglich, und sobald sich der ideologische Staub gelegt hat, werden mit Sicherheit bessere historische Zahlenreihen zur Verfügung stehen. Für den Nicht-Fachmann wäre es jedoch wenig klug, sich schon jetzt ins Getümmel zu stürzen. Da selbst die Wirtschaftsdaten der OECD oft nicht mehr als eine Jahresstatistik überdauern, sollten wir nicht erwarten, daß schon jetzt verläßliche Zahlen zu den Wachstumsraten oder zum Pro-Kopf-Einkommen in Osteuropa vorliegen. Vergleiche mit anderen Ländern können also nur mit beträchtlichen Fehlermargen gezogen werden. Doch das alles ändert nichts an der Erkenntnis, daß auch das kommunistische Europa ein beachtliches, wenn auch nicht einzigartiges, Wirtschaftswachstum zu verzeichnen hatte.

Die ambitionierteste und verläßlichste historische Schätzung, die im Augenblick verfügbar ist, zeichnet folgendes Bild: 1913 lag das osteuropäische BIP pro Kopf bei etwa 60 Prozent des westeuropäischen, sank dann nach dem Ersten Weltkrieg auf 55 Prozent kurz vor der Weltwirtschaftskrise und stieg bis 1938 wieder auch zwei Drittel an; 1950 war das BIP Osteuropas wieder leicht zurückgegangen, um 1960 dann abermals auf gut zwei Drittel anzusteigen (Berechnungen nach Bairoch 1981, 12).

In den Jahren 1945-1950 befanden sich die USA auf dem Höhepunkt ihrer weltweiten Macht und ihres relativen Wohlstands. Seitdem hat sich der ökonomische Abstand zum Rest der Welt (mit Ausnahme der ärmsten Länder) verringert. Um 1950 waren die unmittelbaren Kriegszerstörungen in Europa weitgehend überwunden. Das BIP pro Einwohner betrug zu dieser Zeit in den drei damals entwickelten, großen europäischen Ländern

Großbritannien, Frankreich und Deutschland durchschnittlich etwa die Hälfte des US-amerikanischen, was ungefähr dem Verhältnis im Jahr 1929 entsprach. 1989 lag der entsprechende europäische Wert bei 71 Prozent (Berechnungen nach Bairoch 1981, 10 und OECD 1991b, 18 und 21; letztgenannter Wert bezieht sich auf das BIP pro Kopf bei gleicher Kaufkraft).

Tab. 16: Europäisches Wachstum im interkontinentalen Vergleich. Index des BIP pro Kopf (USA = 100). Ungewichtete kontinentale Durchschnittswerte

Region	1950	1965	1980
Westeuropa[a]	44	58	69
Osteuropa[b]	29	41	48
reiche Länder der Neuen Welt[c]	69	74	76
Lateinamerika[d]	25	27	32
Afrika[e]	17	18	22
Südasien[f]	8	8	7
Japan	17	43	72
asiatische »Tiger«[g]	10	14	28
Türkei	15	19	26
Israel	17	46	51

a Belgien, Dänemark, Deutschland, Finnland, Frankreich, Griechenland, Großbritannien, Irland, Italien, Niederlande, Norwegen, Österreich, Portugal, Schweden, Schweiz, Spanien.
b Bulgarien, DDR, Jugoslawien, Polen, Rumänien, Tschechoslowakei, UdSSR, Ungarn.
c Australien, Kanada, Neuseeland.
d Argentinien, Brasilien, Chile, Mexiko.
e Ägypten, Nigeria, Südafrika.
f Indien, Pakistan.
g Südkorea (von 1953 an), Taiwan.
Quelle: Berechnungen nach Summers/Heston 1984, 220f. und 259f.

Das bemerkenswerte Wirtschaftswachstum in ganz Nachkriegseuropa als Erholung von den Verheerungen des Krieges zu sehen, ist somit kaum zutreffend. Es beruht vielmehr auf einer neuen Wirtschaftsdynamik, die dem kommunistischen wie dem kapitalistischen Europa gleichermaßen eigen war. Eine ähnliche Dynamik ist in den ersten beiden Jahrzehnten nach dem Krieg nur in zwei weiteren Ländern zu finden, nämlich in Japan und im neuen Staat Israel.

Diese gesamteuropäische Dynamik wurde bislang kaum im Vergleich mit einer weiteren Neuheit nach 1945 gesehen: der Entstehung einer tripolaren, ökonomisch entwickelten Welt, in der das japanische BIP pro Kopf 1990 um 13 Prozent über demjenigen der Europäischen Union lag. Japan hatte Europa in dieser Hinsicht schon 1981 überholt (OECD 1992c, 147).

Wo liegen nun die Gründe für diesen Erfolg Europas, der sowohl den kommunistischen Sozialismus (zumindest für ein paar Jahrzehnte) wie auch alle Arten des europäischen Kapitalismus auszeichnet?

So weit ich weiß, wurde diese Frage von Wirtschaftshistorikern bislang kaum gestellt, und sie hinreichend zu beantworten überschreitet meine Kompetenz bei weitem. Aber eine Hypothese sei wenigstens gewagt. Der Nachkriegsboom von Sozialismus und Kapitalismus in Europa erhielt einen besonderen Anstoß durch den Krieg, durch seine Zerstörungen und durch seine sozioökonomischen Lektionen.[100] Diese besondere Auswirkung des Krieges, wenn es denn eine solche gibt, müßte sich demnach auch in Japan und, mit einer gewissen Verzögerung, in Korea und in Taiwan sowie ganz allgemein in Südostasien feststellen lassen (Israel stellt einen Sonderfall dar als neue Neue Welt, die gleichwohl ebenfalls im Krieg entstanden ist).

Dabei muß man innerhalb Europas unterscheiden zwischen den Ländern, die nicht durch Krieg und Besatzung verwüstet wurden, also Großbritannien, Irland, Portugal, Schweden und die Schweiz, und dem Rest, wenngleich sich in den erstgenannten Ländern aufgrund des Marshallplans, der NATO und anderer innereuropäischer wie europäisch-amerikanischer Verbindungen gewisse *spillover*-Effekte bemerkbar gemacht haben dürften. Der erste Augenschein stützt hier meine Hypothese zum Teil. Großbritannien und die beiden armen, vom Krieg nicht zerstörten Länder Irland und Portugal wuchsen zwischen 1950 und 1965 langsamer als der europäische Durchschnitt; das trifft jedoch nicht auf die beiden reichen, neutralen Staaten Schweden und Schweiz zu. Letztere waren natürlich als offene, exportorientierte Volkswirtschaften ökonomisch stärker mit dem Rest Europas verbunden und profitierten deshalb stärker als die drei anderen Länder außerhalb des Kriegsgebiets von der gesamteuropäischen Dynamik.

Es bleibt zumindest eine recht plausible Hypothese, daß die Nachkriegsmoderne in Europa maßgeblich von der sozioökonomischen Dynamik geprägt worden ist, welche die Kontingenz des Zweiten Weltkriegs entfesselte. Weiter unten werden wir jedoch auch sehen, welch enormen kulturellen Verlust Nachkriegseuropa durch den zeitweiligen Sieg des Faschimus erlitten hat.

Aber zurück zur Wirtschaftsleistung. Eine weitere Möglichkeit, die herkömmliche Ost-West-Teilung in Frage zu stellen, bietet die statistische Methode der Cluster-Analyse. Dabei werden Einheiten so in Gruppen unterteilt, daß die Unterschiede innerhalb der Gruppen möglichst klein und zwischen den Gruppen möglichst groß sind. Wenn wir nun also Europa im

Hinblick auf das BIP pro Kopf in vier Gruppen unterteilen, welche Cluster von Ländern erhalten wir dann? Die elektronisch erstellten Computerstatistiken mag man dabei als zeitgenössische Schwestern der Göttin Justitia mit ihren verbundenen Augen betrachten.

Tab. 17: *Cluster europäischer Länder hinsichtlich des BIP pro Kopf 1950-1980*

Cluster	1950	1965	1980
reich	Dänemark Schweden Schweiz	Dänemark Schweden Schweiz	Belgien Dänemark Deutschland (West) Frankreich Norwegen Österreich Schweden Schweiz
oberes Mittel	Belgien Großbritannien Niederlande Norwegen	Belgien Deutschland (West) Finnland Frankreich Großbritannien Niederlande Norwegen Österreich Deutschland (Ost) Tschechoslowakei	Finnland Großbritannien Italien Niederlande Deutschland (Ost) Tschechoslowakei
unteres Mittel	Deutschland (West) Finnland Frankreich Österreich Tschechoslowakei	Irland Italien Spanien Bulgarien Polen UdSSR Ungarn	Griechenland Irland Portugal Spanien Bulgarien Jugoslawien Polen UdSSR Ungarn
arm	Griechenland Irland Italien Portugal Spanien Bulgarien Deutschland (Ost) Jugoslawien Polen UdSSR Ungarn	Griechenland Portugal Jugoslawien Rumänien	Rumänien

Quelle: Berechnungen nach Summers/Heston 1984.

Zwischen 1950 und 1980 gab es in Europa kein Land, das nach unten abgerutscht ist. Dänemark, Schweden und die Schweiz blieben in der Gruppe der reichen Länder, Großbritannien und die Niederlande im oberen Mittel und Rumänien in der Gruppe der Armen. Alle anderen 18 Länder stiegen auf, d.h. die europäischen Volkswirtschaften neigten sich mehr und mehr dem reichen Pol zu. Österreich, Frankreich, West- und Ostdeutschland sowie Italien kletterten auf der innereuropäischen Leiter um jeweils zwei Stufen nach oben, die anderen um eine Stufe.

Vom stagnierenden Kommunismus zur Krise des Kapitalismus

In den Augen seiner etwas hellsichtigeren späten Führer, von Michail Gorbatschow in der Sowjetunion bis zu dessen Genossen in Ungarn, Polen und Slowenien, endete der Kommunismus in Stagnation und Stillstand. Doch der Übergang zum Kapitalismus erwies sich trotz seines friedlichen Charakters, trotz der großzügigen Unterstützung aus dem Westen und trotz ganzer Horden westlicher Ratgeber als weitaus schwieriger und traumatischer als erwartet. Für die Länder der ehemaligen Sowjetunion und für die Balkanstaaten bedeuteten die 90er Jahre, was das Wirtschaftswachstum angeht, das größte »friedliche« Unglück im 20. Jahrhundert. Der ökonomische Niedergang war so tiefgreifend und langanhaltend, daß er die schlimmsten Erfahrungen der Weltwirtschaftskrise in den 30er Jahren noch übertraf. Sogar in den damaligen Krisenzentren USA und Deutschland war er weniger tiefgreifend und von weitaus kürzerer Dauer gewesen (Maddison 1985).

Unter den 18 in Tabelle 18 aufgeführten Ländern bedeuteten die ersten zehn Jahre des neuen Kapitalismus einzig in Polen schließlich ein höheres Wirtschaftswachstum als im letzten, von Stagnation geprägten Jahrzehnt des Kommunismus. Sogar unter günstigsten Bedingungen waren die ersten Jahre des Kapitalismus für einen Großteil der Bevölkerung traumatisch. So lag 1992 der Bevölkerungsanteil derjenigen, die ein Feldforscher einmal die »Ultra-Armen« nannte, also derjenigen, deren Einkommen ein Drittel oder weniger des Durchschnittslohns 1989 betrug, in Polen bei 20 Prozent, in der Tschechischen Republik bei 10 Prozent und in Ungarn wohl etwas darunter (Cornea 1994, Tab. 2). Aufgrund der zunehmenden Ungleichheit ging es dem ärmsten Fünftel der Bevölkerung sogar in Polen 1996 schlechter als 1989 (Unicef 1999, 5).

Tab. 18: *Wirtschaftswachstum in Osteuropa im späten Kommunismus und im frühen Kapitalismus 1980-1999 (jährliches Wachstum des BIP in Prozent)*

Land	1980-1990	1990-1996	1997	1998	1999 (geschätzt)
Albanien	1,5	-1,5	-7,0	8	5-6
Bulgarien	4,0	-3,5	-6,9	3,5	1,5
Estland	2,1	-6,5	10,6	4,0	0,4
Jugoslawien	—	ca. -1[a]	(7,4)	(2,6)	-25 bis -50
Kroatien	—	-1,0	6,8	2,5	-1,0
Lettland	3,4	10,7	8,6	3,6	1
Litauen	—	-6,0	7,3	5,1	0–1
Mazedonien	—	-9,1	1,5	2.9	1–2
Moldawien	—	-16,7	1,6	-8,6	-2 bis -3
Polen	1,9	3,2	6,9	4,8	4
Rumänien	0,5	(0)[b]	(-6,9)	-7,3	-4,8
Rußland	2,8	-9,0	0,9	-4,6	0,5–1,5
Slowakei	2,0	-1,0	6,5	4,4	2,8
Slowenien	—	—[c]	4,6	3,9	3,5
Tschechien	1,7	-1,0	0,3	-2,3	-0,5
Ukraine	—	-13,6	-3,2	-1,7	-3
Ungarn	1,6	-0,4	4,6	5,1	4–5
Weißrußland	—	-8,3	11,4	8,3	4

a Die Quelle nennt keine Zahlen, aber die Daten für 1993-1998, mit einem katastrophalen Rückgang 1993, lassen darauf schließen, daß das BIP 1993-1998 jährlich um etwa 1 Prozent gesunken ist.
b Die UN Economic Commission liefert keine Zahlen für Rumänien 1990-1996, doch die Unicef (The State of the World's Children 2000, Tab. 8) gibt das BIP pro Kopf für 1990-1997 mit jährlich -0,1 Prozent an.
c Die Zahl für 1990-1996 ist in der Quelle offensichtlich falsch oder ein Druckfehler, wenn man sie mit anderen Zahlen, etwa von der UN Economic Commission oder der European Bank for Reconstruction and Development, vergleicht.
Quellen: UN Economic Commission for Europe 1999, Tab. 5.2 (1980-1996); UN Economic Comission for Europe, *Press Release* ECE/GEN/99/30 (14. 12. 1999), Tab. 1.2.1 (1997-1999).

Der rasante ökonomische Absturz in Osteuropa bedeutete natürlich, daß sich die Wohlstandskluft zwischen West- und Osteuropa in den 90er Jahren trotz aller Annäherungen bei den Institutionen, den Konsummustern oder beim Make-up der Eliten deutlich vergrößert hat (Tabelle 19).

Zu Beginn des Jahres 2000 hatten nur drei bzw. vier (wenn man die ungarische Schätzung für 1999 berücksichtigt) der 27 postkommunistischen Staaten Osteuropas und der ehemaligen Sowjetunion ihr BIP von 1989 wieder erreicht. Einzig Polen verfügt über eine stärkere Wirtschaftsleistung als damals. Damit aber konnten die Polen die Kluft zur EU lediglich stabil halten und sie 1999 vielleicht ein wenig verkleinern.

Tab. 19: Der Abstieg im Osten und die Kluft zwischen Ost und West 1989-1998
Niveau: Indexzahlen BIP 1998 (1989 = 100)
Kluft: Indexzahlen BIP, Differenz gegenüber den 15 EU-Ländern (1989 = 100)

Land	Niveau 1998	Kluft zur EU 1998
Albanien	86	136
Bulgarien	66	177
Estland	76	154
Kroatien	78	150
Lettland	59	198
Litauen	65	180
Mazedonien	72	163
Moldawien	32	366
Polen	117	100
Rumänien	76	154
Rußland	55	213
Slowakei	100	117
Slowenien	104	113
Tschechien	95	123
Ukraine	37	316
Ungarn	95	123
Weißrußland	78	150

Quellen: Niveau: *Financial Times*, 10. 11. 1999, 11; Kluft: EU-Maßstab aus OECD 1999b, vergleichende Tabellen, sowie EU-Wachstumszahlen für 1998 aus Eurostat, Memo 10/99.

Was das exakte Verhältnis zwischen dem Nationaleinkommen in den kommunistischen Staaten und anderen Ländern 1989 betrifft, so fehlen hier bislang allgemein anerkannte Zahlen. Was sich aber messen läßt, ist, ob sich die Kluft des Jahres 1989, wie klein oder groß sie auch immer gewesen sein mag, im Lauf der 90er Jahre verändert hat. Die Ergebnisse finden sich in der rechten Spalte von Tabelle 19. Je höher die Indexzahl, desto stärker ist die Kluft zwischen dem jeweiligen Land und den 15 EU-Staaten seit 1989 angewachsen. Die Polen konnten die Kluft dabei trotz des hohen Wachstums in der zweiten Hälfte des Jahrzehnts lediglich auf dem Stand von 1989 halten. Auf der anderen Seite ist der Abstand der Tschechen und Ungarn zur EU um 23 Prozent angestiegen. Zwischen Kiew und Brüssel hat sich der ökonomische Abstand sogar fast verdreifacht. Insgesamt also haben sich Ost- und Westeuropa im Hinblick auf die Lebensbedingungen der einfachen Leute in den 90er Jahren in völlig unterschiedliche Richtungen bewegt.

In absoluten Zahlen beträgt das BIP pro Kopf (unter Berücksichtigung der Kaufkraft) des am stärksten prosperierenden Landes Osteuropas, Sloweniens, zwei Drittel des EU-Durchschnitts, d.h. es entspricht in etwa demjenigen des am wenigsten prosperierenden EU-Mitglieds Griechenland. Das tschechische BIP lag 1998 bei 60 Prozent des EU-Durchschnitts, das ungarische in etwa bei der Hälfte (49 %), das polnische bei 39 Prozent und damit fast gleichauf mit dem BIP in Estland und der Türkei (36 bzw. 37 %). Rumänien und Bulgarien verfügen lediglich über ein Viertel des BIP in der EU. Die Zahlen für die Länder Osteuropas lassen sich auch mit denjenigen für die ärmsten der insgesamt 211 Regionen der EU vergleichen (Eurostat, Memo 10/99). Das BIP pro Kopf in der ärmsten EU-Region, im griechischen Epirus, betrug 1997 43 Prozent des EU-Durchschnitts. Das deutsche Dessau (zusammen mit Kalabrien in Italien die ärmste kontinentale EU-Region außerhalb Griechenlands) lag bei 60 Prozent (Eurostat, *Press Release* 18/2000).

Der postkommunistische Kapitalismus ist noch immer im Fluß, so daß Vorhersagen, wie er denn endgültig aussehen wird, verwegen wären. Für die offiziellen EU-Beitrittskandidaten – der Kreis der ursprünglich vorgesehenen Länder (Tschechische Republik, Ungarn, Polen und Slowenien) wurde Ende 1999 noch rasch um die drei baltischen Republiken, Bulgarien, Rumänien und die Slowakei erweitert – wird von entscheidender Bedeutung sein, wie die Beitrittsverhandlungen verlaufen. Ein Großteil der ehemaligen Sowjetunion und die Balkanstaaten sind politisch noch immer höchst instabil, auch wenn Kroatien nach dem Tode Tudjmans nun den Weg nach Mitteleuropa einzuschlagen scheint.

Ökonomisch befindet sich der europäische Postkommunismus heute im Spannungsfeld dreier höchst unterschiedlicher Pole. Den einen bildet eine international abhängige – was fachlichen Rat wie auch Kapital angeht – Variante des europäischen Kapitalismus mit unsicheren Eigentumsverhältnissen und ungewissen Aussichten, aber institutionell gefestigt. Die mittelosteuropäischen Länder, von Polen bis Slowenien, bilden den einen Pol dieses Dreiecks. Ein weiterer, für den unter anderem Rußland und die Ukraine stehen, ist gekennzeichnet durch einen großangelegten mafia-ähnlichen Kapitalismus, der die natürlichen Ressourcen einer extrem verarmten Bevölkerung ausbeutet. Die russischen »Oligarchen«, umgeben von einer kleinen Schicht der »neuen Russen«, welche die zaristische Aristokratie so gut es geht nachzuahmen suchen, sind die Bosse in diesem Kapitalismus: Jeder Oligarch verfügt über seine eigenen natürlichen Ressourcen, sein eigenes Export-Import-Imperium, seine Bank, seinen Fernsehsender und andere Medien, seine Auslandskonten, seine privaten Bodyguards und seine speziellen Kontakte zum Kreml oder, noch schlimmer, über einen ihm verbundenen Anwärter auf die Macht.

Den dritten Pol bildet das internationale Armenhaus, ökonomisch (zumindest im Moment) nicht lebensfähige Gebilde, oftmals ohne funktionsfähige politische Strukturen, am Leben gehalten und gelenkt von ausländischen Protektoren oder lokalen Banden. Bosnien-Herzegowina und das Kosovo sind hier die auffälligsten Beispiele.

Diese drei Pole – ein verschwommener, aber gefestigter Kapitalismus europäischen Typs, ein mafiöser Kapitalismus und das internationale Armenhaus – bilden das Spannungsfeld, innerhalb dessen sich die postkommunistischen Länder Europas bewegen, wobei sie jeweils dem einen oder anderen Pol näher stehen.

Die etwas konfusen Besitzverhältnisse in den meisten mittelosteuropäischen Unternehmen (wenn es sich nicht gerade um Tochtergesellschaften ausländischer Unternehmens handelt) wirken fast wie eine Ironie des Schicksals. Denn das Versagen des Reformkommunismus führte man gerade darauf zurück, daß es an wirklichem und eindeutigem Privateigentum gefehlt habe, das für Effizienz durch »harte« Budgetbeschränkungen hätte sorgen können. Ende der 90er Jahre werden diese »komplizierten Besitzverhältnisse« (OECD) in mittelosteuropäischen Unternehmen zwar erkannt, aber kaum wirklich verstanden. Es handelt sich um eine komplexe Mischung aus institutionellen Eignern, aus Unternehmen, die Unternehmen besitzen, welche wiederum Unternehmen besitzen, aus Anteilen der Geschäftsführung usw. Ob das nun gut oder schlecht ist, weiß kaum jemand zu sagen, da eindeutige Korrelationen zwischen den Eigentumsformen und der ökonomischen Restrukturierung und Effizienz kaum auszumachen sind. Die komplexen Netzwerke des osteuropäischen Eigentums haben aber zumindest einen Vorteil, den die Privatisierung in Deutschland auf Kosten der ostdeutschen Wirtschaft zunichte machte: Lokale und regionale Volkswirtschaften entfalten sich durch Netzwerke von Lieferanten und Käufern, und dort, wo die Treuhand nicht am Werk war, paßte sich die Privatisierung (sofern man nicht an ausländische Besitzer verkaufte) diesen Netzwerken nicht nur an, sondern förderte sie sogar.

Die antikommunistischen Befürchtungen eines Nomenklatura-Kapitalismus haben sich nicht bewahrheitet. Ganz sicher nicht in Mittelosteuropa und nicht einmal in Rußland, wo zwei Drittel der Unternehmensleiter von 1992 auch 1996/97 noch im Amt waren; die berüchtigten, ungeheuer reichen »Oligarchen« stammen allesamt nicht aus dem früheren Establishment (vgl. zu diesem Abschnitt Frydman u.a. 1996; Eyal u.a. 1998; Stark/Bruszt 1998; Zecchini 1997; Blasi u.a. 1996; Sondhof/Mezger 1998; Schönfelder 1999; Thanner 1999; Svenar 1996).

Die Entstehung der Konsumgesellschaften

Aus soziologischer Sicht liegt eine der wichtigsten Implikationen dieser Nachkriegsphase wirtschaftlichen Wachstums darin, daß sie in ganz Europa den Massenkonsumenten hervorgebracht hat. Mit anderen Worten: Es entwickelten sich Märkte für die massenhafte Nachfrage nach Verbrauchsgütern, nachdem die Massen, deren Einkommen nun mehr als nur die Grundbedürfnisse abdeckten, die Möglichkeit zu Marktoptionen erhalten hatten. In der Geschichte der Klassengesellschaften ist dies eine neue, spätmoderne Erscheinung. In der traditionellen Klassenanalyse sind Klassen definiert als verschiedene Arten von Produzenten sowie als Nicht-Produzenten, welche sich die Produkte der produzierenden Klassen aneignen und sie konsumieren. Vor diesem Hintergrund läßt sich das Aufkommen des Massenkonsums entweder als Verwischen der Klassenunterschiede oder als Ausweitung der Klassenunterschiede auf die Konsummuster betrachten.

Ein deutliches Beispiel für diese Entwicklung liefern uns die Untersuchungen spanischer Haushalte. Wendeten diese 1958 noch durchschnittlich 55 Prozent ihrer Ausgaben für Lebensmittel auf, so sank dieser Anteil auf 44 Prozent im Jahr 1968 und 27 Prozent 1988 (Instituto Nacional de Estadistica 1989, 221).

Es sind vor allem zwei Bereiche des neuen Massenkonsums, die das Alltagsleben der Menschen in besonderer Weise geprägt haben: das Fernsehgerät und das Auto. In Europa wurden beide zur gleichen Zeit zum Massenartikel, nämlich im Verlauf der 60er Jahre, in Südeuropa ein wenig später. Dabei handelt es sich um einen der rasantesten Prozeß sozialer Mutation und Diffusion in der Moderne.

Er entstand vor dem Hintergrund des Rundfunks (und damit der Radiogeräte) sowie der Verteilung von Autos vor dem Massenkonsum. Hinsichtlich dieser beiden Gebrauchsartikel gruppierten sich die Europäer vor dem Zweiten Weltkrieg in vier Cluster. Am unteren Ende befanden sich dabei die Balkanstaaten, der Appenin und die Iberische Halbinsel zusammen mit Polen sowie, so dürfen wir mit Sicherheit annehmen, der UdSSR, also der südliche und östliche Rand Europas. An der Spitze lagen dagegen die Briten und die Franzosen, gefolgt von den Deutschen, den Schweizern, Skandinaviern und Niederländern. Das untere Mittel bildeten Österreich, Finnland, die Tschechoslowakei, Ungarn und Irland, wenngleich letzteres eine beachtliche Automobildichte aufwies, die wohl auf den Einfluß des großen Nachbarn zurückzuführen ist. Die USA waren weit voraus, während Japan in dieser Hinsicht gleichauf mit Ungarn lag.

Wir wollen nun einen Blick auf die Entwicklung der Konsumgesellschaft werfen, wie sie sich am Kauf von Autos und Fernsehgeräten ablesen läßt. Um 1960 bestand der europäische Haushalt durchschnittlich aus etwa 3 Personen (Council of Europe 1990; die Zahl ist seitdem auf etwa 2,5 gesunken); damit hätten etwa 300 Autos oder Fernsehgeräte je 1000 Einwohner bedeutet, daß praktisch jeder Haushalt über eines verfügte. 100 je Tausend würden Massenbesitz bedeuten. In diesem, sicher ein wenig eng gefaßten, Sinne setzt der Massenkonsum in den späten 50er Jahren in Schweden und Großbritannien ein, breitet sich dann in den 60er Jahren im Großteil Westeuropas aus und erreicht schließlich in den 70ern Spanien, in den 80ern Griechenland und Portugal.

Den dramatischsten Sprung in den Massenkonsum erlebte Schweden zwischen 1955 und 1960; es lag auch in den 60er und 70er Jahren an der Spitze des europäischen Konsums, bevor es dann von Westdeutschland überholt wurde. Was das Bedürfnis des Privatverbrauchers nach dem Auto angeht, so zog Frankreich Ende der 80er Jahre gleich, während die Schweiz und, äußerst bemerkenswert, Italien den reichen Wohlfahrtsstaat im Norden sogar überholten.

Erreichte der Massenkonsum auch die Bürger des kommunistischen Sozialismus? Die Antwort ist ein eindeutiges Ja. Die allgemeine Verbreitung von Fernsehgeräten begann sogar früher und ging weiter als in den ärmsten Ländern Westeuropas, also in Portugal und Griechenland. Auch das Privatauto kam ins Rollen, allerdings ein Jahrzehnt später als im Westen. Am Ende lagen die DDR und die Tschechoslowakei gleichauf mit Irland und Spanien. Die Bulgaren, Ungarn, Polen und Jugoslawen waren mit PKWs in etwa so gut versorgt wie die Portugiesen und Griechen. Die Qualität der Waren – also beispielsweise der Autokomfort oder Farb- bzw. Schwarzweißfernseher – ist bei diesen Vergleichen nicht berücksichtigt, aber die Unterschiede sind bekannt; die Produkte im Westen waren durchweg von besserer Qualität. Auch plötzlich auftretende Produktknappheit als Folge einer schlecht funktionierenden Zentralisierung des Handels bleibt hier, obwohl vielleicht noch wichtiger als die Qualität, unberücksichtigt.[101] Dennoch: Es ergibt sich das Bild einer gemeinsamen Konsumgesellschaft, deren interne Differenzierung nicht entlang der politischen Demarkationslinien nach dem Krieg verläuft.

Die historische Entwicklung der europäischen Konsumstruktur hinsichtlich langlebiger Gebrauchsgüter wird deutlich, wenn wir die Daten zur Ausstattung mit Rundfunkgeräten und Autos vor dem Zweiten Weltkrieg sowie zur Verbreitung von Fernsehgeräten und Autos am Ende der 80er Jahre einer statistischen Cluster-Analyse unterziehen (Tabelle 20).

Als der Kommunismus in Osteuropa zusammenbrach, verlief die Trennlinie hinsichtlich des Konsums langlebiger Gebrauchsgüter in den nördlichen Breiten nicht geopolitisch zwischen Ost und West, sondern zwischen Nordamerika und Europa.[102] In den späten 80er Jahren unterschieden sich die USA und Großbritannien etwa bei der Verbreitung von Autos stärker voneinander als Großbritannien und die DDR, die Kluft zwischen Kanada und Dänemark war größer als diejenige zwischen Dänemark und der Tschechoslowakei. In Japan gab es quantitativ pro Kopf ähnlich viele Autos wie in Ostdeutschland, aber weit weniger als in Westdeutschland, obgleich beide deutsche Staaten näher beieinander lagen.

Innerhalb dieser vier Konsumcluster gab es nur einen klaren Abstieg, nämlich außerhalb Europas im Falle Argentiniens. Dänemark hatte eine geringere Autoexpansion zu verzeichnen, als man hätte erwarten können, das Konsummuster richtete sich dort stärker an Fernsehgeräten aus. Ob man darin einen relativen Abstieg sehen kann, wäre zu diskutieren. In Osteuropa fiel unter dem Kommunismus kein Land hinsichtlich des relativen Massenkonsums zurück. Ungarn machte sogar gemeinsam mit Irland, Italien, Japan und Spanien einen Sprung nach vorn. Die Tschechoslowakei kletterte um eine Stufe nach oben, ebenso Österreich, Finnland und Frankreich.

Sowohl wegen der historischen Wurzeln wie auch wegen der Auswirkungen auf die Sozialstruktur kann man die Entstehung der Konsumgesellschaft auch als *Amerikanisierung Europas* bezeichnen.

Das Auto als Objekt des Massenkonsums (wie der Massenproduktion) ist eine amerikanische Erfindung. Schon 1919 gab es in den USA 190 Autos je 1000 Einwohner (Wattenberg 1976, 10 und 716)[103], eine Zahl, die bis 1960 von keinem europäischen Land erreicht wurde.[104] Dennoch scheint in Europa relativ wenig von der amerikanischen Automobilkultur, von den Automodellen bis hin zur Stadtplanung, übernommen worden zu sein. Bemerkenswert ist auch, daß die Japaner mehr Autos produzieren als kaufen. Dafür gibt es natürlich gute Gründe, unter anderem solche räumlicher Art.

Tab. 20: Interkontinentale Cluster des Massenkonsums 1938 und 1989/90. Vier Cluster ähnlicher Verteilung von Rundfunkgeräten und Autos 1938, von Fernsehgeräten und Autos 1989/90 in Europa, Argentinien, Japan und den USA

1938	1989/90
Cluster 1: höchster Konsum USA	*Cluster 1: höchster Konsum* USA
Cluster 2 Belgien Dänemark Deutschland Großbritannien Niederlande Norwegen Schweden Schweiz	*Cluster 2: Automobil-dominiert*[a] Belgien Deutschland (West) Deutschland (Ost) Finnland Frankreich Großbritannien Italien Niederlande Norwegen Österreich Schweden Schweiz Spanien Tschechoslowakei Ungarn
Cluster 3 Argentinien Finnland Frankreich Österreich Tschechoslowakei	*Cluster 3: TV-dominiert*[a] Dänemark Japan
Cluster 4: niedrigster Konsum Albanien Bulgarien Griechenland Irland Italien Japan Jugoslawien Polen Portugal Rumänien Spanien Ungarn	*Cluster 4: niedrigster Konsum* Albanien Argentinien Bulgarien Griechenland Jugoslawien Polen Portugal Rumänien UdSSR

a Cluster 2 beruht auf hohem Automobilbesitz (durchschnittlich 327 je 1000) und relativ geringer Ausstattung mit Fernsehgeräten (429 je 1000); in Cluster 3 ist es genau umgekehrt, die Zahl der Fernsehgeräte liegt bei durchschnittlich 569 je 1000, die der Autos bei 284 je 1000.
Quellen: Rundfunkgeräte 1938/Autos 1937: Berechnungen nach United Nations 1951, Tab. 178 und 136 sowie Tab. 1 (Bevölkerung 1937); Fernsehgeräte: Unesco 1991, Tab. 9.2; Autos 1989/90: Berechnungen nach United Nations 1992, Tab. 112; Bulgarien/Rumänien 1989: Marer u.a. 1992; DDR 1988: Berechnungen nach Fischbach 1990, 24, 45 und 93; UdSSR 1989: Eurostat 1992, 309; Bevölkerung 1989: Weltbank 1992b.

Das Fernsehen ist auf beiden Seiten des Atlantiks ein Phänomen der Nachkriegszeit. Dennoch begann es in den USA ein wenig früher und fand, vom Nordosten des Landes ausgehend, raschere Verbreitung. 1952 verfügten 37 Prozent der amerikanischen Haushalte über ein Fernsehgerät (Bogart 1958, 10). Weiter unter werden wir noch einmal auf das Phänomen der Massenkultur zurückkommen.

Der Massenkonsum entstand in den USA, und viele der dabei vorgegebenen Standards stammen von dort, nicht nur was langlebige Gebrauchsgüter angeht, sondern auch kurzlebige Produkte wie Jeans, Coca Cola/Pepsi Cola und Fast Food. McDonald's ging erst 1970 ins Ausland, zunächst nach Kanada, anschließend nach Australien und Japan und erst dann nach Westeuropa. 1971 gab es in den Niederlanden und in Deutschland die ersten amerikanischen Hamburger zu kaufen, und von da an eroberten sie in Europa im Verlauf der 70er Jahre einen beträchtlichen Massenmarkt (Love 1988). In Osteuropa hatte McDonald's gerade ein Segment im oberen Lebensmittelmarkt besetzt, als der Kommunismus ein Ende fand. Auch der Selbstbedienungsladen und der Supermarkt verbreiteten sich in dieser Zeit, von den USA ausgehend, in Europa; dagegen ist das Fachgeschäft eine Erfindung des Second Empire in Frankreich, und die Einzelhandelskette stammt aus der Spätzeit des viktorianischen England (Davis 1966, 283ff.).

Der postkommunistische Konsum weist eine ganz eigene Dynamik auf: Die Optionen erweitern sich, die Märkte teilen sich in Segmente auf, die Ressourcen werden knapper, die Prioritäten verschieben sich. Die realen Ausgaben für Konsum konnten sich aufgrund von Ersparnissen, Überweisungen aus dem Ausland und Schattenwirtschaft besser als das BIP behaupten. 1997/98 gaben nicht nur die Polen, sondern auch die Rumänen und Tschechen real gesehen ebensoviel oder sogar etwas mehr aus als 1989. In Rußland lagen die Ausgaben bei 80 Prozent im Vergleich zu 1989 (UN Economic Commission for Europe, Economic Survey 2/1999, Tab. B2).

Doch Verarmung und Ungleichheit hatten zweifellos Auswirkungen auf das Lebensnotwendigste wie Nahrungsmittel und Kleidung. Anfang 1995 verfügten etwa ein Drittel der Polen, Ungarn und Slowaken sowie ein Sechstel der Tschechen über eine schlechtere Ernährung als fünf Jahre zuvor. Etwa zwei von fünf Ungarn und Polen gaben an, sie seien schlechter gekleidet als 1989 (Ferge u.a. 1996, 114; Cornea 1994).

Insgesamt gesehen gibt es im postkommunistischen Europa mehr Autos als früher (in Albanien hat ihre Zahl sogar explosionsartig zugenommen), doch die Menschen essen weniger und schlechter. Der Fleischverbrauch hat sich in Bulgarien zwischen 1990 und 1997 mehr als halbiert, und auch bei Gemüse ist er um ein Viertel zurückgegangen. In der Tschechischen Republik und in Ungarn (aber nicht in Polen) wurde der Rückgang des Fleischverbrauchs zumindest teilweise durch einen Anstieg beim Gemüse ausgeglichen. In Rußland ist der Fleischverbrauch 1997 gegenüber 1990 um zwei Drittel gesunken, beim Fisch hat er sich mehr als halbiert, bei Gemüse ging er um 17 Prozent zurück (Wiener Institut für Internationale Wirtschaftsvergleiche 1998, Tab. V.2).

Gleichzeitig waren für diejenigen, die Geld hatten, alle Arten von Status- und Luxusgütern erhältlich. In dieser Hinsicht haben sich Budapest, Prag, Warschau oder Moskau nicht nur Berlin und Paris angenähert, sondern auch Karachi, Kinshasa und Port-au-Prince.

Der Massenkonsum wirkt sich auf unterschiedliche, wenngleich selten eindeutige Weise auf die Klassenstruktur von Kultur und sozialem Handeln aus. Die Nutzung der beiden wichtigsten Symbole des Massenkonsums, Auto und Fernsehen, begünstigt eher das abgeschottete Individuum bzw. die Familie als den gemeinsamen Kreis und das öffentliche Gespräch, wenngleich Skandinavien bis jetzt bewiesen hat, daß ersteres und letzteres sich durchaus in hohem Maße miteinander verbinden lassen.

Auch wenn Konsummuster sich nicht unwesentlich an Klassen orientieren, so vergrößert die Entwicklung individuell gestalteter Konsummöglichkeiten für die gesamte Bevölkerung auch die Möglichkeit selbstgewählter Lebensstile und Konsumidentitäten. In den 80er Jahren gab es eine ganze Flut internationaler Literatur, Rhetorik und Forschung zum Thema Lebensstile, ob nun als Thema in den Medien, als Ziel von Werbung und Marketing oder als Fokus soziologischer und politischer Analyse. Dabei findet sich die gesamte Palette an Positionen, von klassenbestimmten Unterscheidungen bis hin zu ökonomisch unabhängigen Konsummustern, man entdeckte eine ganze Reihe von Lebensstilen und wetteiferte geradezu darum, sie mit einem Etikett zu versehen. Insgesamt betrachtet jedoch ging die vorherrschende Tendenz dahin, wirtschaftliche Stellung, Alter, manchmal auch Geschlecht, und kulturell bestimmte Wahlmöglichkeiten zu unterschiedlichen Formen der Lebensführung zu verbinden (vgl. Müller 1989).

Wir wollen jedoch fürs erste die laufende Debatte über Bedeutung und Implikationen der neuen Konsumarten nicht weiter verfolgen. Der individuell geprägte Massenkonsum hat auf alle Fälle der klassischen Klassenstrukturierung ein neues Element hinzugefügt. Anderseits jedoch ist die Wahl von Lebensstilen nicht sozial beliebig.

Das westeuropäische Kapital im globalen Kapitalismus

Der Kapitalismus ist nicht aus einem Guß, sondern nimmt verschiedene Formen an. Gleichzeitig jedoch bedeutet die augenblickliche Globalisierungswelle, die vom Finanzkapital und der Informationstechnologie angetrieben wird, daß es weniger denn je sinnvoll ist, nationale oder regionale Formen des Kapitalismus für sich zu betrachten. In diesem Abschnitt wollen wir kurz auf drei Gesichtspunkte eingehen: die wesentlichen Merkmale des westeuropäischen Nachkriegskapitalismus, die relative Größe des westeuropäischen Kapitals und drittens seine Stellung im globalen Wettbewerb an der Jahrtausendwende.

Das Kapital im Westeuropa der Nachkriegszeit mit seinem Kern im Rheinland zeichnet sich durch fünf Hauptmerkmale aus. Zum ersten handelt es sich um einen offenen Kapitalismus, der auf ausländischen Märkten operiert und von diesen abhängig ist und für den der Wettbewerb mit dem Ausland ganz natürlich ist. Die größeren Volkswirtschaften der USA und Japans waren weitaus abgeschotteter. Zum zweiten fand diese internationale Ausrichtung auch auf regionaler Ebene Ausdruck, nämlich in Form der Einrichtung des Gemeinsamen europäischen Marktes und in einem stark ausgeprägten interregionalen Handel. Zum dritten, und das macht die Sache nun schon etwas komplizierter, ist die große Bedeutung zu nennen, die dem Nationalstaat als wirtschaftlichem Akteur zukommt, nämlich in Gestalt von staatlichen Unternehmen, öffentlicher Infrastruktur und großen öffentlichen Haushalten Auch in Japan kommt dem Staat eine wichtige Regulierungs- und Koordinationsrolle zu, doch seine Unternehmen und Budgets lassen sich mit denen in Europa nicht vergleichen. Viertens haben große Familienunternehmen, enge Verbindungen zwischen Banken und Industrie sowie ein eher sekundärer Aktienmarkt für eine an langfristigen Zielen orientierte, auf Entwicklung ausgerichtete Sichtweise von Unternehmertum gesorgt. Auf diesem hohen Abstraktionsniveau ähnelt der westeuropäische Kapitalismus hier dem japanischen. Fünftens schließlich hat der Kapitalismus in Westeuropa gelernt, sich angesichts einer starken Arbeiterbewegung oder starker Beteiligung der Arbeiter im Zaum zu halten. Die Rechte der Arbeiterschaft auf Tarifverhandlungen, kollektive Repräsentation und Arbeitsplatzsicherheit sind fest im europäischen Nachkriegskapitalismus verankert.

Während das erste Wesensmerkmal immer wichtiger wird, was Anpassungsfähigkeit an den globalen Wettbewerb und demokratische Legitimation der Globalisierung betrifft – die in den USA weitaus umstrittener ist und der in Japan de facto weitaus mehr Widerstand entgegengebracht wird –, und das zweite aufgrund der osteuropäischen »Umarmung« des Kapitalismus von wachsender Bedeutung ist, sehen sich die drei anderen Grundzüge im Moment durch die Globalisierung herausgefordert und angegriffen.

Die Übernahme des deutschen Mannesmann-Konzerns durch das britische Telekommunikationsunternehmen Vodafone im Februar 2000 warf ein bezeichnendes Licht auf die veränderten Regeln im kapitalistischen Spiel. Es handelte sich um eine internationale, ursprünglich feindliche Übernahme, bei der letztlich die Anteilswerte entscheidend waren. Der Widerstand von Aufsichtsrat und Vorstand konnte einzig den Preis in die Höhe treiben. Die öffentlich bekundeten Besorgnisse des deutschen Bundeskanzlers spielten keine Rolle, dafür mußte die britische Übernahme des französischen Unternehmens Vivendi den Widerstand bei Mannesmann fast zwangsläufig zusammenbrechen lassen. Die Mehrheit der Mannesmann-Aktien und damit das letzte Wort lag bei Institutionen in Übersee, vor allem in den USA. Dort glaubte man, die Schlacht um Mannesmann sei zugleich die Entscheidungsschlacht zwischen angelsächsischem und rheinischem Kapitalismus. Ersterer hat diese Schlacht gewonnen, aber hat er damit auch den Krieg für sich entschieden?[105]

Das zu behaupten wäre voreilig. Der rheinische und in seiner Quintessenz auch westeuropäische Kapitalismus ist noch nicht tot. Die Schlacht endete nicht mit der bedingungslosen Kapitulation, sondern mit einem Verhandlungsfrieden. Danach sollen Mannesmann als eigenständige Größe und das für Deutschland typische zweigliedrige Management (Aufsichtsrat und Vorstand) erhalten bleiben, auch die Gewerkschaften sind weiterhin vertreten, sogar im Aufsichtsrat. Die deutsche Regierung will untersuchen, welche Lehren sich aus dem Fall ziehen lassen.

Die Regierungen der Nationalstaaten befinden sich ideologisch freiwillig auf dem Rückzug, die Gewerkschaften sind geschwächt und deshalb zum Rückzug gezwungen. Doch beide sind noch immer vorhanden. Die enorme Ausweitung der Kapitalmärkte setzt jedes Unternehmen der Gefahr aus, zum Wohle des Aktienkurses Opfer einer feindlichen Übernahme zu werden. Und die soziologische Erfahrung lehrt uns auch, daß Institutionen über ein zähes Leben verfügen. Sie sterben nur langsam. Europa ist nicht angelsächsisch und damit auch nicht sein Kapitalismus.

Die relative Größenordnung des westeuropäischen Kapitals läßt sich von mindestens drei verschiedenen Blickwinkeln aus betrachten, wobei jeder von ihnen sich durch eine spezifische Informationsquelle repräsentiert findet. Kapitalistische Muskelkraft läßt sich am besten anhand des Börsenwerts von Unternehmen, ihrer »Marktkapitalisierung«, messen. Diesem Maßstab folgt in systematischer und verantwortungsvoller Weise die *Financial Times*. Auf kapitalistisches Vermögen hat sich die Zeitschrift *Forbes* spezialisiert, während die weltweite Stellung von Unternehmen, nach Absatz oder nach Umsatz, von *Fortune* gemessen wird. Die Volatilität der Aktien- und Devisenmärkte und die derzeitige Welle von Unternehmensfusionen bergen allerdings die Gefahr, daß jede Momentaufnahme schon bald wieder obsolet ist. Das folgende Bild spiegelt die Situation zwischen Mitte 1999 und Februar 2000 wider.

Was die Börsenkapitalisierung – also den an der Börse gehandelten Wert – insgesamt angeht, so war die US-Wirtschaft 1997 etwas größer als die EU und Japan zusammen (Eurostat, Memo 2408/1998). 1998 lagen die an der New Yorker Aktienbörse gehandelten Werte um ein Zehnfaches über den an der deutschen Börse gehandelten (*International Herald Tribune*, 25./26. 9. 1999). Zur Jahreswende 1999/2000 gab es weltweit 45 Unternehmen, deren Börsenwert 100 Milliarden Dollar oder mehr betrug. 30 von ihnen waren amerikanische Unternehmen, zwölf aus Europa und drei aus Japan. Die sechs größten kamen allesamt aus den USA, angeführt von Microsoft und General Electric. Das japanische Telekommunikationsunternehmen NTT lag auf Rang 7, die Deutsche Telekom und Nokia aus Finnland belegten die Plätze 9 und 10 (*Financial Times*, Januar 2000, ›Markets 2000‹).

Das Bild, das sich laut *Fortune* für 1998 bei den Umsätzen ergibt, sieht deutlich anders aus. Hier liegen die USA, die EU und Japan in etwa gleichauf. Die *Fortune*-Liste der 500 größten Unternehmen nennt 185 US-Firmen, 170 aus Europa und 100 aus Japan. Unter den 50 größten Unternehmen, angeführt von General Motors, DaimlerChrysler, Ford und Wal Mart, kommen mit Daimler Chrysler 17 aus Europa (Internetausgabe, www.pathfinder.com/Fortune/global 500).

Am privaten Kapitalvermögen gemessen beherbergten die Schweiz und Deutschland 1999 die meisten Dollar-Milliardäre. Wenngleich die vier größten Privatvermögen – durch Öl oder anderweitig reich gewordene Staatsoberhäupter bleiben hier unberücksichtigt – allesamt in den USA zu Hause sind, führte *Forbes* (5. 7. 1999) nur 50 US-Milliardäre gegenüber 43 Deutschen, 30 Japanern, 15,5 Franzosen, 10,5 Briten sowie jeweils 13 aus Hongkong und der Schweiz auf. Die Auflistung ist allerdings sehr volatil, da sie auf Börsenwerten beruht. 1997 gab es in Rußland vier Milliardäre, doch sie sind 1999 mit der russischen Finanzkrise des Jahres 1998 allesamt verschwunden. Insgesamt aber zeigt die Auflistung deutlich den stark persönlichen Charakter des deutschen Kapitalismus.

Was die Wirtschaftsideologie betrifft, so sind hier die US-Unternehmen maßgebend. In einer weltweiten Umfrage unter Geschäftsleuten zu den »weltweit angesehensten Unternehmen« (*Financial Times*, 7. 12. 1999) lagen sieben Unternehmen sowohl 1998 wie auch 1999 an der Spitze. Die vier in beiden Jahren am höchsten bewerteten Firmen kamen alle aus den USA: General Electric, Microsoft, Coca-Cola und IBM. Ihnen folgten DaimlerChrysler, Nestlé (Schweiz) sowie Toyota (Japan). Auch die MBA-Studiengänge (Master of Business Administration) an europäischen Hochschulen beziehen sowohl ihren Namen wie ihren Inhalt aus den USA, und das einzige dort vermittelte Erfolgskriterium lautet »Shareholder Value«.

Das gängige europäische Kapitalismusmodell am Ende des 20. Jahrhunderts steht zweifellos unter starkem Druck. In welchem Maße es ihm gelingt zu überleben, hängt vermutlich vor allem von zwei Faktoren ab. Zum einen davon, ob die Arbeiterschaft und die demokratischen Regierungen fähig bzw. willens sind, sich für die soziale Marktwirtschaft, für Arbeits- und Bürgerrechte einzusetzen. Zum zweiten kommt es darauf an, ob das europäische Kapital auch weiterhin mit der Spitze des weltweiten Kapitals mithalten kann.

Sichere Antworten lassen sich darauf nicht geben. Doch die Gewerkschaften spielen in Europa noch immer eine große Rolle, und das wird wohl auch in absehbarer Zukunft so bleiben, auch wenn sie geschwächt sind. Die Sozialdemokratie behauptet sich in Europa, und die Christdemokraten verfügen noch immer über einen »Arbeitnehmerflügel«. Auch der Wohlfahrtsstaat hält sich bislang wacker, wenngleich seine sozialdemokratischen Verteidiger heute weniger selbstbewußt auftreten und stärker auf das Wohlwollen der Wirtschaft angewiesen sind. In Frankreich und Deutschland wird es mit Sicherheit starken Druck geben, die Rentensysteme zu privatisieren und damit zu kapitalisieren. Doch das dürfte sich regeln lassen, ohne die Anspruchsrechte der Rentner zu verletzen.

Die EU hatte in den 90er Jahren ein hohes Technologiedefizit zu verzeichnen (Eurostat, *Press Release* 81/1998), und ein beträchtlicher Teil der neuen profitträchtigen Wirtschaftszweige wie Computer, Luft- und Raumfahrt, Gentechnologie und Unterhaltung wird von den USA beherrscht.

Damit aber sind wir schon mitten in einer neuen Art von Wirtschaft, deren Preise noch nicht zu bestimmen sind. Ebenfalls noch nicht entschieden ist die Frage, wie es mit den Bereichen E-Commerce und elektronische

Kooperation, wo Kunden direkt mit Produktionsabteilungen oder Subunternehmern kommunizieren, weitergeht. Die USA nehmen zwar bei Computern und Software allgemein eine führende Position ein, doch die deutsche Firma SAP ist im Moment bei betrieblichen Computersystemen führend, und auch die führende Stellung von Schweden und Finnland bei der Herstellung von Mobiltelephonen zeigt, daß das Rennen eben erst begonnen hat. Wer es gewinnen wird, ist noch offen.

Kurz gesagt: Man darf durchaus davon ausgehen, daß der europäische Kapitalismus in absehbarer Zukunft wieder eine ganz spezifische institutionelle Rolle spielen wird (vgl. Dore/Lazonick/O'Sullivan 1999, 115ff.).

Verteilungsfragen

Die Einkommensverteilung eröffnet in Wirklichkeit selbst für Nicht-Philosophen und Nicht-Statistiker ein ganzes Bündel von Fragen. Wir bekommen sie wohl am besten in den Griff, wenn wir unseren Blick auf zwei Aspekte konzentrieren: Zwischen wem wird verteilt? Nach welchen Kriterien wird verteilt (Bedarfskriterien)? Dabei verfügen wir als Analytiker jeweils über mehrere Optionen, und als vergleichende Beobachter erkennen wir, daß tatsächlich mehrere davon in Gebrauch sind.

Die Frage, zwischen wem verteilt wird, kann sich entweder auf die Bevölkerung als eine Ansammlung von Individuen (und/oder Haushalten) beziehen oder auf die Verteilung zwischen wichtigen Teilen der Bevölkerung. Ersteres kann mal als eine Art statistische Zusammenfassung aller Varianten der letzteren betrachten. Deren Ergebnisse mag man als bestmöglichen Gesamtüberblick sehen, aber ein solcher ist nicht unbedingt besonders interessant. Was einzelne Teile der Bevölkerung anbelangt, so fanden vier die größte Beachtung: Klassen oder »sozioökonomische Gruppen«, wie die schwedische Statistik sie zu nennen pflegt, die wahrscheinlich von allen statistischen Ämtern heute das stärkste Klassenbewußtsein aufweist; demographische Kategorien wie Geschlecht, Altersgruppen und Familientypen; drittens territoriale Einteilungen der Bevölkerung, etwa Stadt–Land, unterschiedliche Provinzen, unterschiedliche Städte; viertens schließlich verschiedene Ethnien oder »Rassen«. Während letztere Unterscheidung in weiten Teilen der Neuen Welt, beispielsweise in den USA, seit langem besteht und auch offizielle Verwendung findet, kommt sie in Europa erst allmählich zum Tragen, nachdem die früheren ethnischen Säuberungen zum Teil rückgängig gemacht wurden.

Die Frage, nach welchen Kriterien verteilt wird, bezieht sich auf implizite oder explizite Vorstellungen von Verteilungsgerechtigkeit. Ihnen werden wir uns nicht von der theoretischen Seite her nähern, sondern vom öffentlichen Diskurs her. In Nordwesteuropa haben sich in der Nachkriegszeit drei solcher Diskurse über Verteilungskriterien herausgebildet, von denen zwei tief und einer nur locker in der Vorkriegszeit verwurzelt sind.

Dabei steht in Großbritannien (und in den ehemaligen britischen Kolonien in der wohlhabenden Neuen Welt) die Armut im Mittelpunkt, also der Ausschluß bzw. das Fernhalten eines Teils der Bevölkerung vom »normalen« oder jeweiligen »Mindest«lebensstandard. Diese Art des Diskurses leitet sich wohl her aus dem beeindruckenden, weil nationalen und detaillierten englischen Armenrecht und den späteren Versuchen, es zu reformieren (vgl. dazu Walker/Lawson/Townsend 1984).[106]

In den Niederlanden wie auch in Belgien, Österreich und Deutschland konzentrierte sich der Verteilungsdiskurs weniger auf die Armut als vielmehr auf »Gerechtigkeit«, auf Existenz- bzw. Einkommenssicherung und auf die Frage Solidarität vs. Ausschluß. Er geht zurück auf Versuche, staatliche Eingriffe in die Ergebnisse des Marktes mit Hilfe christlicher ethischer und rechtlicher Kategorien zu begründen (vgl. Veldkamp u.a. 1978), sowie auf die zentrale Stellung der Sozialversicherung innerhalb der kontinentaleuropäischen Sozialpolitik. Auch wenn in Südeuropa einschließlich Frankreichs Verteilungskriterien bestimmend sind, die hier nicht aufgeführt wurden, so bewegen sich diese doch innerhalb der Trias aus *Gerechtigkeit, Sicherheit und Integration*. Zwar sprach die sozialistische Regierung in Frankreich in den 80er Jahren von »Ungleichheiten« und Armut, aber die charakteristischen Konzepte sozialen Schutzes, von Exklusion bzw. Integration und Solidarität waren nach wie vor bestimmend (vgl. Ménière 1993, Tl. 3; allgemein Walker/Lawson/Townsend 1984; Vries 1986).

In Schweden und, allerdings in geringerem Maße, den anderen nordischen Ländern kreist der Verteilungsdiskurs seit den späten 60er Jahren um den Kernbegriff der *Gleichheit*. Einige Jahre nachdem unter Präsident Johnson in den USA der »Kampf gegen die Armut« ausgerufen worden war und in Großbritannien die »Armutslobby« damit begonnen hatte, gegen »Kinderarmut« vozugehen, traten in Schweden die Arbeiterbewegung und die sozialdemokratische Regierung mit dem Wahlspruch »Mehr Gleichheit« an (vgl. dazu Therborn 1991c, 108ff.). Diese Norm der Gleichheit ist »tous azimuts«, wie man auf französisch sagen würde, d.h. sie zielt in alle Richtungen, auf alle statistischen Gesamtheiten, auf alle Klassen, Geschlechter, Altersgruppen, Ethnien und Territorien. Zwar entfernte sich der Gleichheitsdiskurs schon bald von der Radikalisierung der schwedischen Sozialdemokratie, die mit deren politischem Erfolg gegen Ende der 60er Jahre einherging, doch er kann noch immer für sich in Anspruch nehmen, seine frühen Wurzeln in einer freien Gesellschaft von Bauern zu haben.

Im vorrevolutionären Rußland entwickelte sich eine ganz eigene Tradition von Statistiken zum Familienbudget, die nach der bolschewistischen Revolution von offizieller Seite enorm an Bedeutung gewannen, da man mit ihrer Hilfe Fragen der Verteilung und des Existenzminimums glaubte kontrollieren zu können. Mit der akkumulativen Dynamik der Fünfjahrespläne und der Etablierung von Stalins Machtvorstellung begann man die Verteilungsdaten dann jedoch unter Verschluß zu halten. Erst Mitte der 50er Jahre, unter Chruschtschow, konnte über Verteilungsfragen wieder diskutiert werden. Sie blieben gleichwohl ein sensibles Terrain, und bis in die allerletzten Jahre kommunistischer Herrschaft in Osteuropa wurde die öffentliche Auseinandersetzung darüber immer wieder untersagt (Matthews 1986, Kap. 1; Atkinson/Micklewright 1992, Kap. 7).

Die offizielle Verteilungskonzeption im kommunistischen Osteuropa war *funktional*. Das heißt, die Verteilungspolitik beruhte auf der Überlegung, Anreize zu schaffen, damit das wirtschaftliche und politische System anständig funktionierte. So erscheint denn auch Verteilung in einem Lexikon zur Sozialpolitik im typisch hölzernen Stil der DDR als »Verteilung nach Arbeitsleistung« und wird als »spezifisches ökonomisches Gesetz des Sozialismus« bezeichnet: »[Die Verteilung] muß die Bemühungen der Werktätigen um hohe Arbeitsergebnisse, um richtigen volksw.[irtschaftlichen] Einsatz der Arbeitskräfte und um die Erhöhung der Qualifikation stärken.« (Winkler 1987, 406) Anders gewendet: In der sozialistischen Planwirtschaft spiegelt sich gleichsam der marktwirtschaftliche Diskurs über Verteilung als Schaffung von Anreizen, wie er von der Mehrzahl westlicher Wirtschaftsfachleute, liberalen Politikern und den kapitalistischen Kräften gepredigt wurde.

Man könnte diesen Abschnitt auf vielfältige Weise verfassen. Einige Aspekte werden an anderer Stelle behandelt. Mit der Einkommenssicherung, dem Lieblingsthema der Literatur zum Wohlfahrtsstaat, haben wir uns in Kapitel II,3 beschäftigt. Territoriale Verteilungen werden in Kapitel III,2 zur Sprache kommen. Im folgenden wollen wir uns deshalb mit Fragen der

(Un-)Gleichheit und Armut unter dem Gesichtspunkt von Klasse und Demographie befassen.

Die Geschichte der Moderne ist ein ungleichmäßiger Prozeß der zunehmenden Gleichstellung breiter Bevölkerungsschichten, der zeitlich und räumlich höchst unterschiedlich verläuft. Es ist aber auch die Geschichte von ständiger Armut inmitten einer immer reicher werdenden Welt.

Um die letzte Jahrhundertwende herrschte in Westeuropa größere Ungleichkeit als in den USA. Das begann sich zu ändern, da die Anteile für die europäische Oberschicht seit dem späten 19. Jahrhundert immer weiter zurückgingen und die Spitzenverdiener in den USA bis 1929 immer mehr bekamen. Die 30er und 40er Jahre waren die Zeit der großen Wirtschaftskrise und der kriegsbedingten Umverteilung, die schließlich im Boom der Nachkriegszeit ein Ende fanden.

Nach dem Krieg gab es in Westdeutschland in den späten 50er und in der ersten Hälfte der 70er Jahre kleinere Bestrebungen in Richtung größerer Gleichheit, während in den 60er Jahren eher eine Tendenz zur Ungleichheit vorherrschte. In Großbritannien war die Lage bis etwa in die 70er Jahre stabil, anschließend kam es ein Jahrzehnt lang zu größerer Gleichheit, bevor diese Tendenz dann radikal umgekehrt wurde. 1981/82 lag die Ungleichkeit bei den Einkommen (nach Steuern) leicht höher als 1949 (Kraus 1981; zu Deutschland Alber 1986ff., 66, zu Großbritannien Parry 1986ff., 198).

Zur Zeit befindet sich eine für Vergleiche brauchbare internationale Datensammlung zur Einkommensverteilung im Aufbau, nämlich die Luxemburg Income Survey; für die Situation in Osteuropa bis zum Ende des Kommunismus ergibt sich seit der beeindruckenden Arbeit von Anthony Atkinson und John Micklewright ein klareres Bild. Gewöhnlich wird die Einkommensverteilung durch den sogenannten Gini-Koeffizienten erfaßt, der von 0 (= völlige Gleichheit) bis zu 100 (bzw. 1 = maximale Ungleichheit) reicht.

Da die aufgeführten Zahlen das Ergebnis von Stichprobenuntersuchungen sind, sollte man jeweils eine gewisse Fehlermarge in Rechnung stellen. Dazu kommen methodologische Unterschiede, die die Ungleichheit im Osten überschätzen bzw. diejenige im Westen unterschätzen. So geben die Erhebungen für Osteuropa die Verteilung des Haushaltseinkommens pro Kopf an, d.h. das Einkommen eines Vierpersonenhaushalts wird einfach durch vier geteilt. Die westlichen Untersuchungen versuchen die Kosteneinsparungen eines Haushalts zu berücksichtigen, indem sie von einem »äquivalenten Einkommen« sprechen, das unterschiedlich ausfallen kann.

Laut der Äquivalenzskala, die in der ersten großen Luxemburg Income Survey Anwendung findet, ist das Einkommen einer aus vier Personen bestehenden Familie durch 2,5 zu teilen, laut der OECD-Skala durch 2,7.

Tab. 21: Nettoeinkommensverteilung in Ost- und Westeuropa in der zweiten Hälfte der 80er Jahre[a] (Gini-Koeffizienten)

Osteuropa	Westeuropa	Neue Welt
Lettland 27,4	Deutschland (West) 24,5	Australien 28,7
Litauen 27,8	Finnland 20,0	Kanada 26,9
Polen 26,8	Frankreich 29,0	USA 31,8
Rußland 27,8	Großbrit. 27,8/26.5/29,3[b]	
Tschechoslowakei 20,1	Niederlande 26,2	
UdSSR 28,9	Norwegen 22,2	
Ukraine 23,5	Schweden 21,1	
Ungarn 24,4	Schweiz 33,6	
Weißrußland 23,8		

a Zahlen für Osteuropa aus dem Jahr 1989, außer Ungarn (1987) und Tschechoslowakei (1988); Zahlen für Westeuropa aus den Jahren 1985-1987, außer Frankreich und Deutschland (beide 1984), Norwegen (1979) und der Schweiz (1980). Die Zahlen für Osteuropa sind Pro-Kopf-Einkommen, während die westeuropäischen die Haushaltsmitglieder auf einer »Äquivalenzskala« gewichten. Aus diesem Grund überschätzen die Zahlen systematisch die Ungleichheit in Osteuropa. Vgl. dazu auch die Ausführungen im Text.
b Die erste Zahl läßt sich am ehesten mit den anderen westlichen Zahlen vergleichen; sie entstammt der Luxemburg Income Survey; die letzte ist genauso wie die osteuropäischen Zahlen berechnet; die mittlere Zahl beruht auf der gleichen Datengrundlage wie die dritte, entspricht jedoch der momentanen westlichen Berechnung von Gini-Koeffizienten.
Quellen: Atkinson/Micklewright 1992, 137, Tab. B 13 (Osteuropa und die letzten beiden Zahlen zu Großbritannien); Gustafsson/Uusitalo 1990, 85 (Finnland); Mitchell 1991, 178 (Schweiz); Mitchell 1993, Tab. B 2.2 (restliche Zahlen; bei der dortigen Angabe für Norwegen Mitte der 80er Jahre unterlief ein Computerfehler, sie wird deshalb hier nicht angeführt).

Diese Äquivalenzskalen verringern den Ungleichkeitskoeffizienten. Um wieviel, hängt von der Zusammensetzung des Haushalts ab; für Finnland und Großbritannien in den 80er Jahren belief sich die Reduktion auf 3 bis 3,5 Punkte des Gini-Koeffizienten (Atkinson/ Micklewright 1992, 137-141; Smeeding u.a. 1990, 12; Uusitalo 1989, 32). Anders gesagt: Um vergleichbar zu sein, sollten die Ungleichheitsmessungen für Osteuropa um etwa drei Einheiten niedriger angesetzt werden.

Damit lassen sich aus der obigen Tabelle drei Schlußfolgerungen ziehen:
1. Die Einkommensverteilung ins Europa ist ausgewogener als in der (entwickelten) Neuen Welt, und zwar vor allem aufgrund der Situation im Nordwesten und Osten Europas. Südeuropa würde diesen Unterschied verwischen, und die beträchtliche ökonomische Ungleichheit in der Schweiz,

die zum Teil auf kantonale Spaltungen zurückzuführen ist, ist ebenfalls bemerkenswert: Nach Abzug von Steuern und Transferleistungen – beide in der Schweiz von eher geringer Bedeutung – lag das Pro-Kopf-Einkommen der fünf reichsten Kantone 1987 um 80 Prozent über demjenigen in den fünf ärmsten (Berechnungen nach OECD 1991f, 30).

2. In Osteuropa herrscht bzw. herrschte aufs Ganze gesehen mehr Gleichheit als in Westeuropa. Wie Einkommenszahlen zeigen, trifft das auch auf Ost- und Westdeutschland zu (OECD 1991a, 22). In Mittelosteuropa hält sich die neue kapitalistische Ungleichheit im westeuropäischen Rahmen. In Rußland dagegen hat die Ungleichheit lateinamerikanische Ausmaße angenommen, der Gini-Koeffizient lag 1993 nach verschiedenen Berechnungen zwischen 44 und 49,6, bei einem Wert also, der für Argentinien und Mexiko gemessen wird und nur noch um ein geringes unter demjenigen für Südafrika und Brasilien (nahe bzw. über 60) bleibt (Weltbank 1997, 254f.; Foley 1997, 75ff.).

Tab. 22: Ökonomische Ungleichheit im Postkommunismus. Anteil der reichsten 10 Prozent und der ärmsten 20 Prozent der Bevölkerung am gesamten Einkommen bzw. an den Aufwendungen für Konsum (Anfang bis Mitte 90er Jahre, in Prozent)

Land	die reichsten 10 %	die ärmsten 20 %
Bulgarien	24,7	8,3
Polen	22,1	9,3
Rumänien	22,7	8,9
Rußland	37,4	4,1
Slowakei	18,2	11,9
Slowenien	24,5	9,3
Tschechien	23,5	10,5
Ukraine	36,8	4,3
Ungarn	24,0	9,7
Weißrußland	22,6	8,5
Zum Vergleich		
BRD (1989)	22,6	9,0
Schweden	20,1	9,6
Südafrika	45,9	2,9
USA	28,5	4,8

Quelle: Weltbank 1999, 239.

Das Ende des Kommunismus bedeutete allgemein eine Zunahme der ökonomischen Ungleichheit, allerdings in sehr ungleichmäßiger Verteilung.

Exakte Vergleiche sind angesichts der noch immer im Fluß befindlichen Situation nur schwer möglich. Am besten eignen sich dafür im Moment wohl eine ganze Reihe von Umfragen, die von der Weltbank zusammengefaßt wurden. Einige, darunter die für Rußland, verzeichnen eher die Aufwendungen für Konsum als die Einkommen, die zumeist ein verläßlicheres Bild der Unterschiede zwischen Arm und Reich liefern (Tabelle 22).

Das egalitäre Vermächtnis war in der Tschechischen Republik und in der Slowakei (1992/93) zwar noch immer spürbar, doch findet eine rasante Annäherung an die westeuropäische Ungleichheit statt. Auf der anderen Seite näherten sich Rußland und die Ukraine 1995/96 Südafrika nach dem Ende der Apartheid an. Aber auch in Großbritannien, den USA sowie (von einem relativ geringen Level aus) in Schweden nahm die Ungleichheit in den 90er Jahren deutlich zu (Gottschalk/Smeeding 1997).

3. Radikale ökonomische Gleichheit bedarf nicht notwendigerweise einer kommunistischen Revolution. In Finnland und vielleicht auch in Norwegen und Schweden herrschte letztlich nicht weniger Gleichheit als in Ungarn und sogar mehr als in Polen. Die Tschechoslowakei scheint gar unter allen entwickelten Ländern auf der Welt dasjenige mit der größten Gleichheit gewesen zu sein, bevor dann die beiden Vaclavs Klaus und Havel an die Macht kamen. Wie wir in Kürze sehen werden, enthielt aber auch dieser am stärksten ausgeprägte Egalitarismus noch ein gutes Stück Ungleichheit.

Vergleiche der *Vermögensverteilung* sind bislang noch kaum entwickelt und verläßliche Zahlen deshalb spärlicher. Überblickt man die verfügbaren Daten, so ergibt sich ein internationales Bild, das nicht einfach mit der Einkommensverteilung identisch ist. Großbritannien zum Beispiel weist eine weitaus ungleichere Wohlstandsverteilung auf als die anderen westlichen Länder, einschließlich Frankreichs, das in dieser Hinsicht eine relativ geringe Ungleichheit zeigt. Schweden erweist sich als das am wenigsten ungleiche Land, und die USA heben sich nicht besonders deutlich vom europäischen Muster ab (Pålsson 1990, 85 und 127).

Unter dem Aspekt der Klasse läßt sich Ungleichheit betrachten, wenn man einen Blick auf die relativen Einkommensanteile und auf die relative Bedeutung unterschiedlicher Einkommensquellen wirft.

Der Anteil der Löhne (und Gehälter) an der Gesamtwirtschaft war über drei Jahrzehnte (1960-1990) hinweg in der EU und in den USA im wesentlichen der gleiche. In Japan lag er 1960 etwas höher, glich sich dann in den 60er Jahren an und liegt seitdem wieder beträchtlich darüber (Economie européenne 46/1990, 253; die Zahlen sind hinsichtlich des Anteils der Angestellten und Selbständigen berichtigt).

Hinsichtlich der Bruttogewinne als Anteil am Mehrwert lag Japan von 1960 bis 1990 an der Spitze, beim produzierenden Gewerbe gefolgt von Finnland und den Niederlanden, bei den Rohstoffen von den öl- und gasreichen Niederlanden und Norwegen sowie im Bereich der Transportindustrie und der Kommunikation von Kanada. Die Gewinnanteile in den USA, ob nun netto oder brutto, im produzierenden Gewerbe oder in der Industrie u.a., gehören zu den niedrigsten in der OECD, ebenso, wenn auch in etwas geringerem Maße, diejenigen in Großbritannien. Unter der Thatcher-Regierung sind sie zwar gestiegen, aber nicht gerade in medaillenverdächtiger Weise (OECD 1992b, 78f.).

Die Aufteilung der Arbeit nach Klassen sowie die Klassenorganisation (s. oben Kap. II,2 und unten Kap. V,1) bestimmen die klassenspezifische Verteilung der Anteile offensichtlich nicht in direkter Weise, ob es sich nun um den Mehrwert im herstellenden Gewerbe (wie in der OECD-Studie) handelt oder um den ökonomischen Kuchen als ganzen (wie in den Zahlen der EU). Eine wichtige Rolle scheinen die jeweilige Industriestruktur und ihre technologischen Rahmenbedingungen zu spielen.

Was die Bezahlung von Geschäftsführern und Managern angeht, so haben Unternehmensberatungen, Banken und die Geschäftswelt dazu eine ganze Reihe von Untersuchungen vorgelegt, die allerdings von höchst unterschiedlicher Verläßlichkeit sind. Vergleicht man diese mit den Lohnstatistiken der OECD oder der EU, läßt sich aber zumindest ein Muster deutlich erkennen. In Spanien, Frankreich und Italien verdienen Geschäftsführer überproportional mehr, als die relativen Löhne ihrer Arbeiter rechtfertigen würden. Mit anderen Worten: Die Klassenunterschiede beim Einkommen in Großunternehmen sind im lateinischen Europa besonders deutlich ausgeprägt. In Skandinavien findet sich die genau entgegengesetzte Lohnstruktur im Verhältnis Geschäftsführung/Arbeiter (vgl. etwa *Financial Times* 16. 9. 1987, 15; 12. 10. 1990, 1; 24. 5. 1991, .1; 15. 10. 1991, 2; 1. 11. 1991, 1; Mermet 1993, 228f.). Diese Spaltung zwischen Nord und Süd entspricht den ähnlich gelagerten Unterschieden bei der Arbeitsorganisation und Unternehmenskultur ebenso wie bei der gewerkschaftlichen Organisierung.

Die Trennung von Arbeitern und Angestellten ist in Europa seit je her ausgeprägter als in der Neuen Welt (vgl. Kocka 1977). Einkommenszahlen aus den 70er Jahren bestätigen das, vor allem angesichts der Unterschiede zwischen Facharbeitern und einfachen Angestellten, und zwar für beide

Geschlechter. Während in Frankreich und Deutschland alle Kategorien von Angestellten höhere Einkommen als ausgebildete Facharbeiter bezogen, lagen letztere in den USA vor allen unteren Gruppen der »Kopfarbeiter« (Haller 1989, 208f.).

In Osteuropa ähnelte die Einkommensverteilung zwischen der Arbeiterklasse und den nicht im Management tätigen Angestelltenschichten eher dem amerikanischen als dem westeuropäischen Muster, allerdings nicht durchgängig. In der UdSSR erhielten Arbeiter in den Nachkriegszeit deutlich höhere Löhne als Büroangestellte. In anderen Teilen Osteuropas war das zwar nicht der Fall, aber der Quotient zwischen allen Arbeitern und Arbeitern lag in Bulgarien, Polen, Rumänien und in der Tschechoslowakei deutlich unter demjenigen in den westeuropäischen Ländern. Einzig in Ungarn entsprach er in etwa dem westlichen (Lane 1985, 179; Boeri/Keese 1992, 143).

Mit der Ausweitung des Wohlfahrtsstaats seit den 60er Jahren hing die Einkommensverteilung vor allem von dessen Größe und Struktur sowie dem Finanzmodus und den Anrechten ab. Der Wohlfahrtsstaat entwickelte sich zu einer bedeutsamen Einkommensquelle, vergleichbar den Einkünften aus Kapital und unternehmerischer Initiative in entwickelten kapitalistischen Ländern. Da der Lohn- und Gewinnanteil an der Gesamtwirtschaft oder am Mehrwert von der Industriestruktur und den Akkumulationsmustern beeinflußt wird, kann ein Blick auf die Einkommensquellen der Haushalte ein schärferes Bild der klassenmäßigen Verteilung vermitteln.

Den umfassendsten Überblick über das Haushaltseinkommen liefern dabei die nationalen Berechnungen, die es für die meisten OECD-Staaten gibt und die für die postkommunistischen Länder allmählich erstellt werden.

Die wichtigste Einkommensquelle der Haushalte bleibt insgesamt gesehen noch immer die Vergütung für Arbeit (einschließlich derjenigen von Geschäftsführern und Managern); vor allem in traditionellen Auswanderungsländern sind jedoch auch private Transferleistungen von nicht zu unterschätzender Bedeutung.

Insoweit die Zahlen für Osteuropa verläßlich und mit den westlichen vergleichbar sind, bedeuten sie, salopp gesprochen, einen weiteren Nagel im Sarg des »Totalitarismus«. So war das Einkommen aus Eigentum in den »sozialistischen« Staaten Polen und Jugoslawien von größerer Bedeutung für die nationalen Haushalte nicht nur als in den nordischen Ländern, sondern auch der Schweiz. Von einen Systemunterschied bei den relativen Einkommensquellen der Haushalte läßt sich jedenfalls nicht sprechen.

Tab. 23: Die Bedeutung von sozialen Einkünften und Einkünften aus Eigentum. Öffentliche Transferzahlungen[a] an Haushalte sowie Einkünfte aus Eigentum und Unternehmen[b] in Prozent der gesamten Haushaltseinkünfte (Durchschnittswerte 1985-1989)

Land	soziale Einkünfte	Einkünfte aus Eigentum
Belgien (1985-1988)	20,4	26,2
Deutschland	15,5	23,6
Finnland	15,5	18,1
Frankreich	20,0	20,8
Griechenland	15,2	42,3
Großbritannien	13,9	23,1
Italien (1985-1988)	17,1	36,9
Niederlande	25,9	20,5
Norwegen	19,7	17,1
Österreich	17,2	19,1
Portugal (1985-1988)	9,9	36,1
Schweden	19,8	14,7
Schweiz	14,6	20,9
Spanien (1985-1988)	15,7	32,3
Durchschnitt Westeuropa	17,2	22,3
Bulgarien[c]	19,6	—
Jugoslawien	13,3	20,2
Polen	20,7	25,2
Rußland	14,4	—
Tschechoslowakei	25,4	3,4
USA	10,9	22,4
Japan	12,7	23,4

a Definiert als Summe dessen, was in den statistischen Berechnungen der einzelnen Länder als »Sozialversicherungsleistungen«, »Sozialhilfe«, »staatliche Transferleistungen« u.ä. bezeichnet wird. Auch »Renten und Beihilfen« sowie »Stipendien« werden zu den Transferleistungen gerechnet, nicht jedoch solche aus privatwirtschaftlicher Hand und »andere Einkünfte«.
b Definiert als die Summe aus »betrieblichem Überschuß aus privatem, nicht als Aktiengesellschaft eingetragenem Unternehmen« und »Einkünfte aus Eigentum und Unternehmen«.
c Durchschnittswerte 1980 und 1989.
Quellen: Berechnungen nach OECD 1991e, II, Ländertabellen 8 (OECD); Chernozemski 1991, 129 (Bulgarien); Weltbank 1993b, 551 (Rußland); B. Milanovic: Income Distribution in Late Socialism, zit. in Smeeding u.a. 1992, 349 (restliches Osteuropa).

Der Anteil des Einkommens aus Eigentum ist in den am wenigsten entwickelten und damit auch am wenigsten proletarisierten Ländern am größten. Doch nur in Griechenland liegt er über dem Arbeitseinkommen.[107] In fortgeschrittenen kapitalistischen Staaten machen Gewinne, Zinsen, Renditen und unternehmerische Initiative normalerweise zwischen einem Fünftel und einem Viertel der Haushaltseinkommen aus. Damit wird deutlich, wie sozial komplex diese Form des Kapitalismus ist, in den USA und Japan ebenso wie in Europa.

In drei Ländern ist der Wohlfahrtsstaat für die Haushaltseinkommen inzwischen von größerer Bedeutung als Privateigentum. Staatliche Transferzahlungen der Sozialversicherungen und der Sozialhilfe liegen in den Niederlanden, in Norwegen und in Schweden über den Einkünften aus Eigentum und Unternehmertum. In Frankreich liegen die beiden Einkommmenskategorien in etwa gleichauf. Dabei ist zu berücksichtigen, daß erstens die Löhne und Gehälter von Angestellten des öffentlichen Dienstes in diesen Transferleistungen noch nicht enthalten sind und daß sich zweitens die obige Tabelle auf die Jahre des Wirtschaftsaufschwungs in der zweiten Hälfte der 80er bezieht, als sich die Eigentümer über ungewöhnlich hohe Zuwächse freuen durften.

Solche bemerkenswerten Tendenzen konnte man in Westeuropa zuerst Anfang der 70er Jahre in den Niederlanden und in Schweden beobachten. Daß dabei verschiedene Systeme miteinander verbunden werden können und die politisch-ökonomischen Optionen zahlreich sind, wird auch durch die Tatsache unterstrichen, daß die Niederlande und Schweden neben Belgien zu den offensten Volkswirtschaften in Europa gehören: Beide beheimaten, wie wir oben gesehen haben, weltweit konkurrenzfähige Großunternehmen. Eine kräftige Kapitalakkumulation kann also für massive staatliche Einkommensumverteilungen ebenso verwendet werden wie vor allem für den Nutzen der Eigentümer.[108]

Wie entwickelte sich die Struktur der Haushaltseinkommen in den 90er Jahren? Im Westen gab es einige Veränderungen in jeweils entgegengesetzte Richtungen. So lag Mitte der 90er Jahre in sechs Ländern das Einkommen aus öffentlichen Transferleistungen über demjenigen aus unternehmerischer Tätigkeit und Eigentum: in den nordischen Ländern Dänemark, Finnland, Norwegen und Schweden, in den Niederlanden sowie, etwas überraschend, in der Schweiz. In Dänemark, Finnland und Schweden lag das soziale Einkommen sogar deutlich höher. Deutschland blieb in etwa auf dem Stand der 80er Jahre (17-18% soziale Einkünfte, 23 % aus Unternehmen und Kapital). Auch in Frankreich blieb das Verhältnis mit jeweils 21 Prozent in etwa gleich, während es sich in Österreich stark zugunsten des Kapitals veränderte. In den entwickelten EU-Ländern findet sich mit 39 gegenüber 19 Prozent die größte relative Bedeutung von Kapital gegenüber sozialen Einkünften in Italien. In Dänemark liegen die Anteile bei 10 bzw. 26 Prozent. In Großbritannien wird der Wohlfahrtsstaat nunmehr von der Londoner City überschattet. Damit ist das Verhältnis zwischen Kapitaleinkünften und sozialem Einkommen in Großbritannien und in den USA erstaunlich ähnlich, nämlich 26 gegenüber 14 Prozent bzw. 23 gegenüber 13 Prozent im Jahr 1996. In Japan dagegen liegen die Werte mit 19 gegen 15 Prozent enger beisammen.

Was die postkommunistischen Länder Europas betrifft, so gab es hier nur spärliche neuere Informationen. Lediglich für die Tschechische Republik liegen aktuelle Zahlen vor. Sie liegt danach mit 19 Prozent Kapitaleinkünften und 15 Prozent sozialen Einkommen im europäischen Durchschnitt oder, wenn man so will, gleichauf mit Japan (OECD 1998b, Ländertab. 8).

Was die Demographie der (Un-)Gleichheit anbelangt, so wollen wir hier nur eine demographische Kategorie näher betrachten, nämlich das *Geschlecht*. Während sich die Gleichheit der Geschlechter vor dem Gesetz in den 80er Jahren überall in Europa durchgesetzt hat, ist die ökonomische Ungleichheit zwischen Mann und Frau noch immer allgegenwärtig. Doch wahr ist auch, daß dabei einige Frauen ungleicher sind als andere.

Die Spitzenstellung bei den Löhnen für Frauen nehmen drei der skandinavischen Länder ein, etwas weiter hinten auf Platz 7 findet sich Finnland. Die Zahlen zu den Gehältern sind zwar etwas lückenhaft, aber auch sie bestätigen Schwedens führende Position bei der Entlohnung für Frauen; die anderen nordischen Länder schlagen sich ebenfalls ganz passabel, aber nicht gerade glänzend. Die Länder der Neuen Welt unterscheiden sich in keinster Weise. Japan ist, was die Bezahlung angeht, am stärksten misogyn, in Westeuropa bilden Großbritannien und die Schweiz die Schlußlichter.

Eine EU-Untersuchung zu den Bruttostundenlöhnen von Vollzeitbeschäftigten aus dem Jahr 1995 stieß auf ein interessantes Erbe des Kommunismus. Die geringste Ungleichheit zwischen den Geschlechtern nämlich herrschte mit einem weiblichen Lohn, der bei 89,9 % des männlichen lag, in den »neuen Bundesländern« Deutschlands. Entsprechende Zahlen für andere Länder sind 88,1 % in Dänemark, 87,0 % in Schweden, 76,9 % in den »alten« Bundesländern, 76,6 % in Frankreich, 76,5 % in Italien und 73,7 % in Großbritannien (Eurostat, *Press Release* 48/1999).

Die Einkommenskluft zwischen den Geschlechtern läßt sich vor allem auf zwei verschiedene Faktoren zurückführen, von denen nur einer mit Sexismus und der sozialen Benachteiligung von Frauen zu tun hat. Die andere Ursache liegt im allgemeinen Muster der Ungleichheit begründet. Ganz gleich, wie groß die Diskriminierung von Frauen auch ist, variiert die Einkommenskluft zwischen den Geschlechtern je nach den allgemeinen Einkommensunterschieden. Sind diese geringer, so wird auch, ceteris paribus, die Kluft zwischen den Geschlechtern kleiner sein als in einer Gesellschaft mit großen Unterschieden. Während die Frauen in Nordamerika, Großbritannien und Österreich unter den großen und (im Falle der USA) sich jüngst wieder vergrößernden Unterschieden zu leiden haben, gereicht ihnen etwa in den Niederlanden, Italien und Schweden die geringere allgemeine Einkommensstreuung zum Vorteil (vgl. Blau/Kahn 1991).[109]

Tab. 24: Ökonomische Unterschiede zwischen Männern und Frauen in den OECD-Staaten. Weibliche Stellung in Prozent der männlichen.
Lohn: Stundenlohn für Frauen in Prozent des männlichen im produzierenden Gewerbe (um 1988)
Gehalt I und II: Monatsverdienst voll berufstätiger Frauen in Prozent der männlichen Beschäftigten, um 1980 (Belgien, Italien, Irland und Niederlande 1974); I = Einzelhandel; II = Staatsdienst

Land	Lohn	Gehalt I	Gehalt II
Belgien	74,5	71,1	—
Dänemark	84,6	72,6	—
Deutschland	72,8	67,9	—
Finnland	76,8	79,3	74,0
Frankreich	79,5	67,5	83,9
Griechenland	78,0	—	—
Großbritannien	68,4	56,1	—
Irland	68,9	58,5	—
Italien	—	85,8	—
Niederlande	78,0	61,2	—
Norwegen	85,5	80,6	76,3
Österreich	—	69,5[a]	83,9
Schweden	89,5	92,2	92,5
Schweiz	67,5	63,0	78,8
USA	—	60,0	—
Australien	79,6	79,6	—
Neuseeland	75,3	—	—
Japan	48,9	—	—

a Alle Privatangestellten.
Quellen: OECD 1991b, 58 (Löhne); OECD 1985, 84 (Gehälter).

Langfristig betrachtet hat sich die ökonomische Einkommenskluft in Westeuropa in der Nachkriegszeit verkleinert; eine Ausnahme bildet allein die Bezahlung in der Schweiz, wo nur geringfügige Veränderungen zu verzeichnen waren. Die Angleichung der Einkommen setzte allgemein in der Mitte der 60er Jahre ein. Die nordischen Länder behandelten ihre berufstätigen Frauen schon 1955 ein wenig besser als andere; doch die Unterschiede blieben recht gering (OECD 1988b, 152f., 212). Ende der 80er, Anfang der 90er Jahre stiegen die Einkommen von Frauen in Dänemark und Großbritannien sogar schneller als die ihrer männlichen Kollegen, während es in Frankreich, Deutschland und Italien in dieser Hinsicht keine Veränderungen gab (OECD 1997, 47).

Außerhalb Europas vergrößerte sich die Kluft zwischen den Geschlechtern (gemessen an den Jahresverdiensten von Vollzeitbeschäftigten) schon in den 50er Jahren, blieb dann in den beiden folgenden Jahrzehnten weitgehend stabil und fiel erst 1981 wieder auf den Stand von 1953 zurück. In den letzten Jahren haben sich die Einkommen der Frauen in den USA jedoch wieder den männlichen angenähert. Auch Japan bezahlte seine Frauen weit schlechter, und der Abstand gegenüber dem männlichen Stundenlohn nahm nach 1973 sogar noch zu.

In der Tschechoslowakei scheint der Durchschnittslohn für Frauen die gesamte Nachkriegszeit über bei lediglich zwei Dritteln des männlichen gelegen zu haben (Vecernik 1991, 244f., 250).[110] Man sollte jedoch hinzufügen, daß das Niveau der Geschlechterdiskriminierung in der Tschechoslowakei von den britischen Frauen erst in der zweiten Hälfte der 80er Jahre erreicht wurde; deren Durchschnittsverdienst hatte 1967 gerade mal knapp die Hälfte des männlichen betragen (Atkinson/Micklewright 1992, 96).

Der misogyne Egalitarismus in der Tschechoslowakei war jedoch ein landesspezifischer. Die anderen osteuropäischen Gesellschaften wiesen zugleich geringere Unterschiede zwischen den Geschlechtern und eine größere allgemeine Ungleichheit auf. Doch die Einkommensgleichheit zwischen Mann und Frau war nirgends übermäßig ausgeprägt. Zwar ging es den Frauen in Osteuropa relativ gesehen etwas besser als ihren Schwestern in Großbritannien oder Westdeutschland, aber schlechter als denen in Skandinavien (Atkinson/Micklewright 1992, 97; Boeri/Keese 1992, 143).

Die *Armut* ist aus den reichen Ländern der fortgeschrittenen Moderne keineswegs verschwunden, zumindest nicht in dem Sinne, daß ein Teil der Bevölkerung vom normalen Lebensstandard der Mehrheit ausgeschlossen ist. Die EU-Komission zeigte sich zu Recht sehr besorgt angesichts dieses Problems und hat mehrere Studien dazu in Auftrag gegeben (z.B. O'Higgins/Jenkins 1989; Room 1990).

Auch der Kommunismus konnte die Armut nicht austreiben. Sogar die offiziellen Quellen der späten Glasnost-Ära sprechen von Haushalten, die unter die (ohnehin niedrige) nationale Armutsgrenze gefallen seien: 7,5 % der Bevölkerung in der Tschechoslowakei, 10-15 % in Ungarn und der UdSSR und 10-25 % in Polen. Von Armut betroffen waren vor allem Rentner und unter ihnen besonders die Bauern. Mitte der 80er Jahre hatten Ungarn und ganz besonders Polen einen Anstieg der Armut zu verzeichnen; in der Tschechoslowakei hingegen gab es zunächst einen starken Rückgang, dem allerdings wieder ein leichter Anstieg folgte (Atkinson/Micklewright 1992, 222f.).

Der Wirtschaftsboom der Nachkriegszeit und die rasanten sozioökonomischen Transformationsprozesse in Ost und West sorgten dafür, daß die meisten traditionellen Formen der Armut ein Ende fanden: die Armut auf dem Lande, die Armut der ungelernten oder der marginalisierten städtischen Bevölkerungsgruppen sowie, zumindest für lange Zeit, die Armut aufgrund von Arbeitslosigkeit. Sogar die erschreckende bäuerliche Armut in der UdSSR und in den Balkanstaaten, von den neuen Machthabern lange Zeit geleugnet, bekam man nach dem Ende des Stalinismus allmählich in den Griff.

Der expandierende Wohlfahrtsstaat hat nach und nach die Armut aufgrund von Alter und langer Krankheit weitgehend (jedoch nur selten vollständig) ausgemerzt. In Osteuropa wurden alte Menschen nie besonders gut behandelt, auch wenn Ungarn in den 80er Jahren in dieser Hinsicht beträchtliche Fortschritte machte. In den am stärksten entwickelten Teilen Westeuropas ist bemerkenswert, daß es in Großbritannien und der Schweiz auch weiterhin ein beachtliches Ausmaß an Altersarmut gab.[111]

Doch kaum hatten Industrialisierung, Urbanisierung, Ausweitung des Wohlfahrtsstaats, Wirtschaftsboom und staatliche Wachstumspolitik in den 70er Jahren (etwa ein Jahrzehnt später in den südlichen Ländern des Nachkriegsfaschismus) ihren Höhepunkt erreicht, wendete sich das Blatt und neue, Armut produzierende Tendenzen griffen Platz.

Eine Untersuchung, die verschiedene nationale Quellen zusammenfaßt, belegt, daß die relative Armut – definiert als Einkommen, das um mehr als 50 Prozent unter dem durchschnittlich verfügbaren Einkommen eines Landes, korrigiert nach Größe der Haushalte, liegt – in der Europäischen Union während der Krisenjahre gestiegen ist: von 38,6 Millionen Menschen um 1975 auf 43,9 Millionen im Jahr 1985. Das sind 13,9 Prozent der EU-Gesamtbevölkerung. Die höchste relative Armutsquote wiesen dabei die ärmsten Länder Griechenland, Irland, Portugal und Spanien auf, wo zwischen einem Fünftel und einem Viertel der Bevölkerung betroffen waren. Eine überdurchschnittliche Armut war auch in Frankreich zu verzeichnen (O'Higgins/Jenkins 1989, hier zit. n. Room 1990, 71ff.).

Eine Untersuchung Mitte der 90er Jahre machte ein interessantes neues Muster der Armut in Europa aus; als arm gelten dabei Menschen, die mit weniger als der Hälfte des durchschnittlich verfügbaren Einkommens (nach Abzug von Steuern und Transferleistungen) ihres Landes auskommen müssen. Die EU (ohne Österreich und Luxemburg) und Norwegen lassen sich danach in drei Gruppen aufteilen. Die Länder mit der größten Armut (ein Fünftel bis ein Viertel der Bevölkerung) waren die in absoluten Zahlen am wenigsten entwickelten, nämlich Griechenland, Irland, Portugal, Spanien sowie Großbritannien unter Margaret Thatcher. Auch Italien lag nicht weit von dieser Gruppe entfernt. Zur zweiten Gruppe, in der die Armen zwischen einem Zehntel und einem Achtel der Bevölkerung ausmachen, gehören die Kernländer der EU, nämlich Frankreich, Deutschland, Belgien und die Niederlande. Schließlich gibt es die skandinavischen Länder wo nur einer von 20 relativ arm war (Vogel o. J.).

Nach 1974 nahmen die meisten westeuropäischen Länder nacheinander Abschied von der Vollbeschäftigung. Mehr als zwanzig Jahre später erweist sich, daß Vollbeschäftigung, einmal fallengelassen, nicht mehr zurückkehrt, nicht einmal in Zeiten eines überhitzten Wirtschaftsbooms. Vielmehr ist eine neue Art von Dauerarbeitslosigkeit entstanden. Gleichwohl scheint es dem europäischen Wohlfahrtsstaat gelungen zu sein, dafür zu sorgen, daß der Anstieg der Arbeitslosigkeit während der 80er Jahre zu keiner signifikanten Zunahme der Armut führte. Die einzige Ausnahme bildet bislang Großbritannien unter Margaret Thatcher.[112]

Zum zweiten haben instabiler werdende Familienmuster zusammen mit einem rauheren Klima auf dem Arbeitsmarkt und weitgehend inadäquaten Kinderbetreuungseinrichtungen dazu geführt, daß vor allem alleinerziehende Eltern von Armut bedroht sind. Auch wenn die Aussichten in Europa weitaus besser sind als in den (wohlhabenden) Ländern der Neuen Welt, so lebten in Großbritannien, Frankreich und der Schweiz zu Beginn der 80er Jahre dennoch zwischen einem Fünftel und einem Sechstel der Familien mit nur einem Elternteil in (relativer) Armut; in Deutschland waren es ein Zehntel.[113]

Drittens haben die wirtschaftlichen Umwälzungen im Zuge der De-Industrialisierung zu einem neuen Arbeitsmarkt geführt und viele der einst begehrten »Gastarbeiter« sowie deren Nachkommen überflüssig gemacht. Auch in Europa entsteht somit das in den USA wohlbekannte und seit langem existierende Problem einer ethnisch begründeten Armut.

Viertens schließlich setzte in den frühen 90er Jahren in Osteuropa ein weitreichender Prozeß der Verarmung ein, wobei vor allem die alten Menschen und ein großer Teil der vormaligen industriellen Arbeiterklasse den Preis für die Restauration des Kapitalismus zu zahlen haben. Wie weit dieser Prozeß geht und wie lange er anhalten wird, kann heute niemand guten Gewissens vorhersagen. Aber in der ehemaligen Sowjetunion hat er zum Teil bereits makabre Ausmaße angenommen. Wir werden auf sie im folgenden Kapitel zurückkommen.

6. Risiken und Chancen

Zwischen der Zeit, als man die Moderne in Kategorien der Chance, der Eigeninitiative und individuellen Leistung im Gegensatz zur (vormodernen) Zuschreibung zu betrachten pflegte, und der heutigen Sichtweise als Risikogesellschaft liegt ein beträchtliches Maß an Erfahrung und Reflektion.

Chancen sowie besonders deren Gleichheit sind ein altes Anliegen der liberalen Moderne. In Form der Mobilität zwischen den Generationen beschäftigt sich auch die Soziologie seit langem damit, zwar nicht wirklich seit den Klassikern des Faches, aber doch mindestens seit den 20er Jahren (bahnbrechend v.a. Sorokin 1927). Das Interesse am Gegenstück zur Chance, am Risiko, ist dagegen weitaus jüngeren Datums. Zwar ist Risiko spätestens seit dem 19. Jahrhundert Handwerkszeug der Versicherungsstatistiker und ein etablierter Begriff im kontinentalen Sozialrecht des 20. Jahrhunderts, aber die Hauptbühne sozialen Denkens blieb Aktuaren und Anwälten bekanntlich weitgehend verschlossen.

Die allgemeine Beachtung, welche die Risiken gefunden haben, ist ein Phänomen der Nachkriegszeit; zunächst hatte man vor allem das Risiko eines auf beiden Seiten alles zerstörenden Nuklearkriegs wahrgenommen, war dann aber auch möglicher friedlich produzierter Katastrophen gewahr geworden, von der Umweltverschmutzung ganz allgemein bis zur Kernenergie im besonderen. Mit anderen Worten: Die geringe Wahrscheinlichkeit einer ungeheueren, von Menschen verursachten Katastrophe brachte das Thema Risiko auf die gesellschaftliche, politische und theoretische Tagesordnung.

Wie stark auch immer sie im Kontext der jeweils bevorzugten ideologischen Rezeption voneinander abweichen mögen – die Diskurse der Chancen und Risiken sind im Grunde die gleichen. Beide beziehen sich auf die Wahrscheinlichkeit, daß Ereignisse zu einer bestimmten Zeit eintreten, und auf die Konsequenzen von Entscheidungen.

Der Begriff der Chance, der sozialen Mobilität war Ausdruck eines unreflektierten Glaubens an die Moderne, während die Rede vom Risiko deren kritische (wenngleich nicht notwendig feindliche, anti-moderne) Reflektion deutlich werden läßt. Beide wurden bislang noch nicht gemeinsam abgehandelt. Dabei bilden Chance und Risiko nur zwei verschiedene Seiten der Medaille »Moderne«, doch die vorherrschende Sozialwissenschaft hat noch keinen Weg gefunden, um sie beide zugleich unter die Lupe zu nehmen. Wir wollen hier, immer im Rahmen und im Bewußtsein der Grenzen einer synoptischen empirischen Untersuchung, versuchen, beiden Aspekten Beachtung zu schenken.

Sterberisiken

Der Tod ist das ultimative Risiko, und einigen seiner Facetten wollen wir uns in diesem Abschnitt zuwenden.

In Europa wie auch anderswo haben sich die Überlebenschancen lebendgeborener Kinder nach dem Zweiten Weltkrieg enorm verbessert. Doch wie verteilt sich diese Risikominderung beim Eintritt ins Leben? Wir wollen Europa zunächst hinsichtlich der Kindersterblichkeitsrate 1937 und 1990 in vier Gruppen aufteilen und die Statistik der Cluster-Analyse entscheiden lassen, mit welchen Ländergruppen wir es zu tun haben.

Kindersterblichkeitsraten können auch als Indikatoren für den Grad sozialer Organisation von bei Paaren wie von Gemeinschaften gelten. Sie werden beeinflußt von der öffentlichen Hygiene, den ökonomischen Ressourcen und der Geburtenkontrolle. Die Zahlen gehören zwar für alle Länder und Zeiträume zu den am wenigsten unzuverlässigen, sind aber trotzdem nicht ohne Schwächen. Denn zum einen sind die Berichte in einigen Ländern ganz allgemein unvollständig, zum anderen variieren die Definitionen der Lebendgeburt im Hinblick auf Frühgeburten und stark untergewichtige Babys. Bis heute herrscht in den meisten osteuropäischen Ländern (Ausnahmen sind die Tschechoslowakei und Ungarn) ein engerer Begiff von Lebendgeburt vor, wodurch natürlich die Kindersterblichkeitsrate tendenziell niedriger ausfällt, wenn auch nur unwesentlich (Unicef 1993, 16).

Tab. 25: Kindersterblichkeitsraten in Europa 1937. Vier Cluster (= in Promille)

sehr niedrig: 43	*niedrig: 73*	*hoch: 124*	*sehr hoch: 159*
Niederlande	Belgien	Albanien (1951)	Bulgarien
Norwegen	Dänemark	Griechenland	Portugal
Schweden	Deutschland	Italien	Rumänien
Schweiz	Estland	Jugoslawien	UdSSR (1928)
	Finnland	Litauen	
	Frankreich	Polen	
	Großbritannien	Spanien (1935)	
	Irland	Tschechoslowakei	
	Lettland	Ungarn	
	Österreich		

Quellen: Statistical Yearbook of the League of Nations 1937/38, Tab. 5; Mitchell 1992, Tab. A6 (Albanien und UdSSR).

Betrachtet man die Tabelle näher, so fällt zunächst auf, daß sich alle späteren kommunistischen Staaten (außer Estland und Lettland) in den beiden rechten Spalten finden, also in denjenigen mit den geringsten Überlebenschancen für Kinder. Zwar sind sie nicht die einzigen, aber sie waren gleichwohl Teil einer von hohem Risiko geprägten Gegend in Südosteuropa.

Außerhalb Europas gehören die USA sowie Australien und Neuseeland zum ersten Cluster, Argentinien (94) zum zweiten und Mexiko (123) zum dritten. Japan, damals zwar eine starke militärische Macht, aber sozial noch unterentwickelt, fällt in das dritte Cluster (106).

Hier zeigt sich vor allem zweierlei in aller Deutlichkeit: die ungemeine Steigerung der Überlebenschancen überall und eine asymmetrische internationale Konvergenz. Im Vergleich zur Tabelle für 1937 neigt sich diejenige für 1990 nach links (sh. Tabelle 26). Blicken wir auf die nichteuropäischen Länder, so finden sich Japan in der ersten Gruppe, die USA in der zweiten, Argentinien und Mexiko in der vierten. Die osteuropäischen Länder haben sich im Vergleich mit der Neuen Welt gut geschlagen: Albanien und Rumänien liegen nun deutlich vor Argentinien (29 je Tausend, 1990) und Mexiko (39), die DDR vor den USA, die sich ihrerseits mit Bulgarien, der Tschechoslowakei und zwei baltischen Staaten in einer Gruppe wiederfinden.

Tab. 26: Kindersterblichkeitsrate in Europa 1990. Vier Cluster (je 1000; Durchschnittswerte)

sehr niedrig: 7,7	niedrig: 11,8	hoch: 15,0	sehr hoch: 23,5
Belgien	Bulgarien	Estland (1987)	Albanien
Dänemark	Griechenland	Polen	Jugoslawien
Deutschland (Ost)	Lettland (1987)	Ungarn	Rumänien
Deutschland (West)	Litauen (1987)		UdSSR
Finnland	Portugal		
Frankreich	Tschechoslowakei		
Großbritannien			
Irland			
Italien			
Niederlande			
Norwegen			
Österreich			
Schweden			
Schweiz			
Spanien			

Quellen: Weltbank 1992b, Ländertabellen; Pockney 1991, Tab. 37 (Republiken der ehemaligen Sowjetunion); Marer u.a. 1992, 99 und 147.

Doch nach anfänglichen Fortschritten in den 50er Jahren hat sich Osteuropa, vergleicht man es über die volle historische Distanz mit dem Westen, kaum mehr unterschieden. Im Lichte der derzeitigen Ideologien betrachtet, sollte man hinzufügen: Osteuropa hat mit Sicherheit nicht verloren. Die größten Gewinner im Nachkriegseuropa aber waren die italienischen und spanischen Kinder, während die positive Entwicklung in Japan sogar alle europäischen Länder in den Schatten stellt.

Die auffällige Stagnation bei den Kindersterblichkeitsraten, die sich in der früheren Sowjetunion seit Mitte der 60er Jahre einstellte (27,2 Promille 1965, 25,4 Promille 1987), ist vor allem auf eine fast makaber zu nennende Entwicklung in Mittelasien zurückzuführen. Dort nämlich *stieg* die Sterblichkeitsrate in den 70ern an, spektakulär in Usbekistan (vielleicht handelt es sich dabei aber auch um ein statistisches Artefakt), in beträchtlichem Ausmaß in Kasachstan, Turkmenistan und Tadschikistan und immerhin merklich in Aserbaidschan, Armenien und Georgien (Pockney 1991, 78).

Aufgrund des traumatischen Übergangs zum Kapitalismus stieg die Kindersterblichkeit in allen postkommunistischen Staaten zu Beginn der 90er Jahre an. Bestenfalls kam wie in Polen der frühere Rückgang zum Stillstand (Unicef 1994, Tab. G4). Später jedoch besserte sich die Situation in vielen Ländern, was unter anderem dem drastischen Geburtenrückgang zu verdanken ist. 1998 war die Rate in der Tschechischen Republik und in Slowenien auf Westniveau gesunken, nämlich auf unter 6 je 1000. In Kroatien, Polen, Ungarn, der Slowakei, Estland und Litauen lag die Rate zwar deutlich über der westeuropäischen, aber zumindest unter 10 je 1000. Rußland erreichte 1997 wieder den Stand von 1990, die Ukraine 1998, doch noch immer auf hohem Niveau: 16,4 in Rußland, 12,9 in der Ukraine (Mounier 1999, 760f.). Man sollte dabei berücksichtigen, daß der Rückgang der Kindersterblichkeit zu den wenigen weltweit (auch in den meisten Ländern Afrikas) erfolgreichen Entwicklungen gehört. Ihr Anstieg in Mittelasien und Osteuropa muß deshalb als Zeichen einer ernsten Fehlentwicklung gelten.

Die enge Wechselbeziehung von Risiken und Chancen läßt sich an der anderen Seite des Sterberisikos ablesen, an der Lebenserwartung. Die Zunahme an Chancen nach dem Krieg ist zu einem wesentlichen Teil auf die längere Lebenserwartung bei Geburt zurückzuführen (Tabelle 27).

Zwischen 1930 und 1965 kam es nicht nur zu einem allgemeinen Anstieg der Lebenserwartung, sondern auch zu einer Annäherung zwischen den Ländern. Die totale Streuung verringerte sich von 21 Jahren auf 9 Jahre, wobei sowohl Westeuropa wie Osteuropa aufholten. Andererseits ist zwischen 1965 und 1990 kaum etwas von einer Angleichung zu spüren, die Streuung reduziert sich lediglich auf 8 Jahre. Der Hauptgrund dafür liegt in der Verlangsamung des sozialen Wandels in Osteuropa, der hier deutlicher erkennbar ist als anhand der Wirtschaftsdaten.

Tab. 27: Lebenserwartung bei der Geburt in Ost- und Westeuropa 1930-1998. In Jahren, Männer und Frauen (ungewichtete nationale Durchschnittswerte)

Land	um 1930	1965	1990	1998
Osteuropa[a]	49	69	71	71
Westeuropa[b]	59	71	76	77

a Bulgarien, Jugoslawien, Polen, Rumänien, Tschechoslowakei, UdSSR, Ungarn. Für das Jahr 1998 wurden die Zahlen für die Tschechische Republik und die Slowakei sowie für Kroatien und Jugoslawien eingerechnet. An die Stelle der UdSSR trat 1998 Rußland. Berechnungen für 1990 ergeben für die UdSSR den gleichen ungewichteten Durchschnittswert wie für Rußland, wenngleich die UdSSR als ganze eine höhere Lebenserwartung als Rußland aufzuweisen hatte.
b Belgien, Dänemark, Westdeutschland, Finnland, Frankreich, Griechenland, Großbritannien, Irland, Italien, Niederlande, Norwegen, Österreich, Portugal, Schweden, Schweiz, Spanien.
Quellen: Statistical Yearbook of the League of Nations 1937/38, Tab. 11 und Flora 1987, 96ff. (1930); Weltbank 1990, Tab. 32 (1965); Weltbank 1992b, einzelne Länder (1990); Weltbank 1999.

In den sieben kommunistischen Staaten stieg die Lebenserwartung bei der Geburt zwischen 1965 und 1990 durchschnittlich um drei Jahre und 1990 um zwei Jahre, in Ungarn nur um ein Jahr, während sie in den 16 kapitali stischen Ländern Europas um fünf Jahre zunahm. In den 90er Jahren vergrößerte sich die Kluft zwischen Ost- und Westeuropa aufgrund der Stagnation im Osten erneut.

In Brasilien, Chile und Mexiko betrug der Anstieg der Lebenserwartung im selben Zeitraum im Durchschnitt sogar zehn Jahre, in Argentinien fünf. Damit entsprach die Lebenserwartung den Standards in Rumänien und der Sowjetunion und lag bei 70 Jahren; den gleichen Wert weist übrigens auch Südkorea auf.[114]

Aus bislang noch nicht geklärten Gründen gelang es dem kommunistischen Europa nicht, in den 70er und 80er Jahren mit der westeuropäischen Entwicklung Schritt zu halten. Die Entwicklung im Gesundheitswesen war am katastrophalsten in Ungarn, aber auch die anderen osteuropäischen Länder hatten eine (wenngleich weniger dramatische) Zunahme der männlichen (nach Alter standardisierten) Sterberaten zu verzeichnen.

Die heutigen wie die früheren Ideologen hatten somit beide unrecht. Das kommunistische Europa war nicht immer und nicht in jeder Hinsicht ein Fehlschlag, es kann aber auch nicht als besonders erfolgreich bezeichnet werden. Irgendetwas ging in den 70er und 80er Jahren schief bei den physischen Lebenschancen der Bevölkerung, aber wir wissen nicht, warum, und nicht einmal genau, wann, da durchaus noch mit bislang unbekannten zeitlichen Verschiebungen zu rechnen ist.[115] Und die Ideologen hatten auch unrecht mit den Konsequenzen, die sie nach dem Ende des Kommunismus erwarteten.

So belaufen sich in Rußland die Kosten für den Zerfall des Kommunismus auf gut eine halbe Million Tote innerhalb von zwei Jahren. Sie sind natürlich nicht Opfer der antikommunistischen Unterdrückung, und diese Zahl sollte man nicht mit den im GULAG Umgekommenen vergleichen, sondern viel eher mit den verheerenden Folgen, die die Kollektivierung der Landwirtschaft hatte (wobei der Privatisierungsprozeß dabei noch ganz gut abschneidet). Die Zahl von einer halben Million bezieht sich dabei auf den rasanten Anstieg der Todesfälle in den Jahren 1992 und 1993, also nach der Machtübernahme durch Boris Jelzin, im Vergleich zu 1991 (Unicef 1993, 70).[116] Bis Ende 1996 waren die Kosten der Einführung des Kapitalismus auf 1,5 Millionen zusätzliche Tote seit 1989 (also verglichen mit der damaligen Sterblichkeitsrate) angewachsen (Unicef 1999, 14), also mehr als doppelt soviele Tote, als zwischen 1921 und 1939 dem bolschewistischen Terror unmittelbar zum Opfer gefallen waren (Getty/Norman 1999, 588).

Überall in Osteuropa war nach dem Fall des Kommunismus ein Anstieg der Sterberaten zu verzeichnen – deutlicher Ausdruck der menschlichen Kosten radikalen sozialen Wandels, in welche Richtung auch immer –, am schwächsten und nur kurzfristig in Tschechien und der Slowakei, am heftigsten und nachhaltigsten in Rußland (und wohl auch in den anderen Staaten der ehemaligen Sowjetunion).

Tab. 28: Die Verteilung von Aids in Europa 1997

Land	Fälle je 100 000 Einwohner
Belgien	23,7
Bulgarien	0,6
Dänemark	40,1
Deutschland	20,7
Finnland	5,2
Frankreich	81,0
Großbritannien	25,9
Irland	17,1
Italien	71,5
Niederlande	29,6
Norwegen	13,7
Österreich	21,7
Polen	1,5
Portugal	48,0
Rumänien	22,8
Rußland	0,2
Schweden	17,6
Schweiz	83,8
Spanien	123,3
Tschechische Republik	1,1
Ungarn	2,8
USA	225,3
Japan	1,2

Quellen: UNDP 1999, Tabelle zum Gesundheitsprofil

Das *Aidsrisiko* beschränkte sich bislang vor allem auf Nordamerika und Afrika. Mitte 1993 verzeichnete die Weltgesundheitsorganisation (WHO) 719 000 offiziell registrierte Fälle der Immunschwächekrankheit, 40 Prozent davon in den USA, ein Drittel in Afrika, 13 Prozent in Europa, 11,5 Prozent im übrigen Amerika und ein Prozent in Asien und Ozeanien. Aktuelle Schätzungen gehen davon aus, daß gut zwei Drittel aller tatsächlichen

Fälle in Afrika auftreten, ein Achtel in den USA und ein Zwanzigstel in Europa. In Asien, das vom interkontinentalen Sexhandel bislang noch marginal betroffen ist – dort, wo er in Asien Fuß gefaßt hat (v.a. in Thailand), breitet sich die Seuche freilich rasch aus –, liegt die Quote bei schätzungsweise einem Prozent aller Fälle weltweit. Die Ursachen für diese besondere Seuchengeographie, bei der die reichsten und die ärmsten Länder der Welt sozusagen isomorph sind, sind noch immer rätselhaft. Das gilt aber auch für die Verteilung in Europa.

Der Kommunismus bildete sicherlich einen Schutzfaktor, selbst die verseuchten Bluttransfusionen in Rumänien hoben die Risiken allenfalls auf westeuropäischen Standard. Der Postkommunismus jedoch ist zumindest unter bestimmten Umständen der Ausbreitung der Immunschwächekrankheit förderlich. Laut Unicef (1999, 17) schnellte die Zahl der HIV-Infizierten von 30 000 1994 auf 270 000 Ende 1998, wobei die ehemalige Sowjetunion einen Schwerpunkt bildet. Auch die vor einem Jahrhundert weitverbreitete Syphilis erlebt in Rußland ein erschreckendes »Comeback«.

Aus welchem Grund aber ist Spanien das am stärksten betroffene Land in Europa? Warum gibt es in Frankreich und Italien so viel mehr Fälle als in Deutschland und Großbritannien, warum in der Schweiz so viel mehr als in Österreich? Auf der anderen Seite scheint die in Sachen Drogen und Sex so tolerante niederländische Politik kaum aidsfördernd zu wirken, auch wenn die Zahl der Aidsfälle dort um einiges höher liegt als etwa in Schweden, das bei Drogen und Sex gleichsam den intoleranten Gegenpol bildet.

Vergleicht man die Aidsfälle mit den Verkehrstoten, so zeigt sich, daß in Europa nur in der Schweiz, in Frankreich und Italien die Zahl der bis Frühjahr 1993 bekannten Aidsfälle über der Zahl der jährlichen europäischen Verkehrsopfer liegt. Die gefährlichsten Straßen finden sich in Portugal und Belgien, wo 1990 auf 100 000 Einwohner 25 bzw. 20 Tote kamen, die sichersten hingegen in Norwegen, Schweden und Großbritannien mit 8, 9 und noch einmal 9 Verkehrstoten je 100 000 Einwohner (Berechnungen nach Eurostat 1993, Tab. 7.11 und 3.1).[117]

Karrierechancen und die Aussicht auf Eigentum

Europa, so glaubte man, habe sich in seiner frühmodernen Geschichte, also im 19. Jahrhundert, im Vergleich zu den USA durch eine geringere berufliche Mobilität ausgezeichnet (vgl. Thernstrom 1970; Kaelble 1987, 34ff.).

Die soziologischen Meinungsführer nach dem Zweiten Weltkrieg betonten jedoch eher die grundsätzliche Ähnlichkeit sozialer Mobilität in den entwickelten Industriegesellschaften, auch wenn sie die USA ans obere Ende dieses Kontinuums setzten oder als in gewisser Hinsicht besonders offen betrachteten (vgl. etwa Lipset/Bendix 1959; Blau/Duncan 1967).

Die Untersuchung der sozialen Mobilität zwischen den Generationen ist inzwischen methodisch ziemlich ausgefeilt und kompliziert (und auf hohem analytischen Niveau), aber wir wollen uns hier nicht auf irgendwelche technischen Einzelheiten einlassen. Angesichts der umfangreichen und ausführlichen Literatur zu diesem Thema können wir uns zudem kurz fassen und vor allem auf eine Frage konzentrieren: Gibt es etwas, wodurch sich die soziale Mobilität in Europa besonders auszeichnet?

Eine Besonderheit ergibt sich aus der spezifischen sozioökonomischen Geschichte Europas, von der weiter oben schon die Rede war, nämlich aus der Abfolge von Agrar-, Industrie- und schließlich Dienstleistungsgesellschaft. Dabei steht zu vermuten, daß die Mobilität im Hinblick auf körperliche und geistige Arbeit sowie, wenn auch weniger ausgeprägt, ganz allgemein in der Neuen Welt und in Japan stärker ist, da diese Länder von einer agrarisch bestimmten Gesellschaft unmittelbar in eine vom Dienstleistungssektor dominierte übergingen.

Auch die Untersuchungen zur Mobilität zeigen tendenziell für das 20. Jahrhundert ein solches Muster, d.h. in Westeuropa eine geringere Mobilität bei Arbeitern und Angestellten als in der Neuen Welt und in Japan, wobei die Unterschiede jedoch nicht besonders groß sind (vgl. den Überblick bei Ganzeboom u.a. 1989). Gleichwohl ist darauf hinzuweisen, daß wir hier wie auch weiter unter vor allem über relative Mobilität sprechen, d.h. über die relativen Chancen von Söhnen (oder Töchtern), deren Väter unterschiedlichen Klassen oder Berufsgruppen angehören, die eine oder andere Klassenposition oder berufliche Zielsetzung zu erreichen. Im Gegensatz zur absoluten Mobilitätsrate ist die relative unabhängig von jeder Veränderung der Klassenstruktur im Gefolge der Generationen.

Einige europäische Länder jedoch liegen gleichauf mit der Neuen Welt und Japan, obwohl sie eindeutig in das europäische Muster industrieller Entwicklung fallen. Es sind dies die ehemaligen kommunistischen Staaten Osteuropas und das sozialdemokratische Schweden, wobei die Daten allerdings vornehmlich aus der ersten Hälfte der 70er Jahre stammen und sich auf Mobilitätserfahrungen im zweiten und besonders dritten Viertel unseres Jahrhunderts beziehen. Die Liste sozialer Offenheit oder, wie die Autoren es nennen, »sozialer Fluidität« in der folgenden Tabelle entstammt einem Buch der beiden in den 80er Jahren führenden Forscher zur sozialen Mobilität, John Goldthorpe und Robert Eriksson.

Tab. 29: Gesamte soziale Fluidität in der hochentwickelten Welt. ß-Werte. Der internationale Durchschnitt entspricht 0. Positive Werte bedeuten somit eine unterdurchschnittliche Fluidität oder Klassenoffenheit, negative Werte eine überdurchschnittliche

Deutschland	0,13
England	0,09
Frankreich	0,16
Irland	0,16
Italien	0,12
Niederlande	0,16
Schottland	0,19
Schweden	-0,17
Polen	-0,18
Tschechoslowakei	-0,23
Ungarn	0,02
Australien	-0,23
USA	-0,20
Japan	-0,20

Quelle: Eriksson/Goldthorpe 1992, 381.

Die Tabelle zeigt ein sehr homogenes westeuropäisches Muster sozialer Fluidität, aus dem einzig Schweden herausfällt (Zahlen für die anderen nordischen Länder fehlen). Die drei Staaten Mittelosteuropas weisen demgegenüber eine größere soziale Offenheit auf. Der Kommunismus erhöhte also die Chancengleichheit, allerdings nur im Vergleich zu dem, was man vom europäischen Kapitalismus erwarten konnte.

Betrachtet man die herrschenden Eliten, so bedeutete der Kommunismus sicherlich einen radikalen soziologischen Bruch mit der Vergangenheit. Es folgte jedoch eine neue Schließung, und zwar in diesem Falle eine soziale, nicht die offensichtliche politische. Eine Untersuchung von Max Haller, Tamás Kolosi und Péter Róbert, die riesige nationale Datenmengen aus den Jahren 1982-1986 heranzogen, ergab für Mittelosteuropa unter anderem das folgende Nachkriegsmuster bei der Elitenrekrutierung in Bürokratie und Management.

Aus der Tabelle lassen sich vor allem drei Dinge ablesen: das im Grunde unveränderte Muster des Elitezugangs im Nachkriegsösterreich; der große Einfluß der kommunistischen Revolutionen – unter der Annahme, daß die Vorkriegsregime in Ungarn und der Tschechoslowakei nicht wesentlich gleicher waren als in Österreich –, der sich am niedrigen Anteil der Söhne von höheren Beamten und Managern in der höchsten Altersgruppe ablesen läßt, die schon früh in der Nachkriegszeit in ihre Positionen kamen; drittens schließlich der darauffolgende Prozeß einer Schließung der tschechoslowakischen und ungarischen Eliten, mitsamt der neuen Schicht von Managern, die sich vor allem seit Mitte der 70er Jahre erfolgreich selbst reproduzierte.

Tab. 30: Elitenrekrutierung nach dem Krieg in Österreich, Tschechien, Ungarn und der Slowakei. Anteil der Söhne in gehobenen Positionen in Bürokratie und Management, deren Väter eine gleichartige Position innehaben/-hatten (in Prozent; Alter bei Durchführung der Untersuchung; Zahlen 1982-1986)

Altersgruppe	*Österreich*	*Tschechien*	*Ungarn*	*Slowakei*
18 bis 35	27	36	41	29
36 bis 50	28	24	20	12
51 bis 65	25	15	11	9

Quelle: Haller/Kolosi/Róbert 1990, 66.

Die Chancen zwischen den Generationen zu öffnen ist mit Sicherheit ein schwieriger Prozeß mit ungleichmäßigem Verlauf. Dabei scheint es mindestens drei verschiedene Wege zu geben, um ihn relativ erfolgreich zu gestalten: den liberalen Kapitalismus in der Neuen Welt, den Kommunismus und die nordische Sozialdemokratie.

Ein faszinierender Gegenstand für künftige Gesellschaftshistoriker dürfte ein Sonderfall der Chancenungleichheit sein. Gemeint ist die Art und Weise, wie Leute oder die Nachkommen von Leuten mit Eigentum und/oder hoher Kultur es schaffen, dieses bzw. diese auch in widrigen Zeiten weiterzugeben. Der erste Forscher, der darauf aufmerksam machte, wie kapitalistisches oder Kleinunternehmertum nach dem kommunistischen Winterschlaf wieder erwacht, war Ivan Szelenyi in seinem Buch über Ungarn in den 80er Jahren: »Das wichtigste Ergebnis dieses Buches ist die Entdeckung einer starken positiven Korrelation zwischen der vorsozialistischen unternehmerischen Orientierung einer Familie und dem heutigen Unternehmertum.« (Szelenyi 1989, 234)

Was hinter dem Phänomen der neuen osteuropäischen »Räuberbarone« steckt, muß erst noch ausfindig gemacht werden. Aber schon jetzt läßt sich mit Sicherheit darauf wetten, daß sie in unverhältnismäßig enger Verbindung mit den vormals bemittelten Klassen stehen. Weniger sicher ist dagegen, wieviel von diesen finanziellen Mitteln während der kommunistischen Zeit angesammelt wurde und wieviel auf den früheren Kapitalismus zurückgeht. Die Wiedereinführung des Privateigentums und von dessen Erbschaftsprinzip, das eine ganze Reihe von osteuropäischen Ländern nach deutschem Vorbild übernommen haben, wird ohne Zweifel mühelos die Familien der ehemaligen Eigentümer zurückbringen. Die Rückkehr der landbesitzenden Junker wurde jedoch aus dem ostdeutschen »Anschluß«-Vertrag ausgeklammert, und bis jetzt kehrt die alte herrschende Klasse auch nur spärlich zurück.

Ein anderes aufschlußreiches Beispiel für die Überlebensfähigkeit von Kapitalisten in Europa ist Portugal. Seit der Mitte der 80er Jahre sind die alten, wirtschaftlich beherrschenden Familien Portugals, die Champalimauds, die Espirito Santos, die Mellos und wie sie alle heißen, die im Zuge der Revolution 1974/75 vertrieben worden waren, eingeladen, wieder zurückzukehren, und bringen neuen Wohlstand mit (*Financial Times*, 22. 4. 1994, 3). Ähnliches läßt sich in China beobachten (dort kehren die Leute aus Hongkong und Taiwan zurück) und morgen vielleicht schon auf Kuba.

Offensichtlich wohnt der Zuteilung und Weitergabe kultureller und sozialer Fertigkeiten – die akademischen Kreise in Chicago (Becker, Coleman) und Paris (Bourdieu) würden in diesem Zusammenhang vermutlich von Kapital sprechen – die Fähigkeit inne, enormen ökonomischen und politischen Umwälzungen auszuweichen. Oder, um mit einem Begriff aus einem unlängst verblichenen Herrschaftstypus zu sprechen: Es gibt eine *kulturelle Nomenklatur*, mit der zu beschäftigen Soziologen und Sozialhistorikern gut anstünde.

Teil III: Räume

Betrachtet man Räume und räumliche Ordnung unter dem Gesichtspunkt der europäischen Moderne, so kommt Raum dabei, soziologisch gesprochen, sowohl als »unabhängige« wie als »abhängige« Variable zum Tragen. Das heißt, die räumlichen Verhältnisse – Grenzen, Nachbarschaften, Entfernungen, räumliche Verbindungen – sind auf der einen Seite historisch bedingt und als solche für die zeitgeschichtliche Soziologie des Kontinents von Bedeutung. Auf der anderen Seite ist die räumliche Ordnung Gegenstand einer besonderen, in der Weltgeschichte einmaligen Anstrengung nach dem Krieg, nämlich der suprastaatlichen Integration Westeuropas.[118]

Räumliche Aufteilungen und territoriale Abgrenzungen rangieren dabei vor allem vor Verteilungen (von Ressourcen und Beschränkungen, Rechten und Pflichten, kulturellen Identitäten und anderen kulturellen Unterscheidungen), die auf der Abstammung und genealogischen Zugehörigkeit (zu einer Familie, einem Clan, einem Stamm oder einer Ethnie) oder der Religion (oder irgendeiner Wertegemeinschaft) gründen. In diesem Sinne waren Raum und Territorium immer von zentraler Bedeutung für die Kernländer Europas. Das rührt her von einer Tradition der Seßhaftigkeit im Gegensatz zum Nomadentum, das die islamischen Zivilisationen stark geprägt hat (vgl. Armstrong 1982), hat seinen Grund aber auch darin, daß in der religiösen und ethischen Tradition Europas die Vorfahren eine weniger wichtige Rolle spielten als etwa in den ebenfalls seßhaften Hochkulturen Asiens (vgl. Weber 1921).

In der antiken griechischen *polis* mit ihrer an das Stadtgebiet gebundenen Bürgerschaft waren die hier geborenen Männer auf der *agora* einander gleichgestellt, ein Prinzip, das, mutatis mutandis, auch in den eigenständigen mittelalterlichen Städten galt. Das Römische Reich schuf eine ausgeklügelte territoriale Organisation, deren Tradition und mitunter sogar konkrete Ausformungen noch lange nach dem Untergang des Imperiums weiterwirkten. Im mittelalterlichen Europa gelang es – im Westen nachhaltiger als im Osten –, die germanischen, slawischen und magyarischen Stämme in einer territorial geordneten Welt gleichsam zu absorbieren.

Das römische Modell vor Augen, unterlegte die christliche Kirche dem gesamten Kontinent ein territoriales Ordnungsschema. Die Beilegung der Religionskriege, der Auseinandersetzung zwischen Reformation und Gegenreformation gründete auf dem Territorialprinzip, das in den berühmten Formel »cuius regio, eius religio« zum Ausdruck kommt. Die andere, dunkle Seite der Medaille war, daß sich in Westeuropa mit Ausnahme der Niederlande eine Art totalitärer, religiös bestimmter Territorialität herausbildete. In Osteuropa dagegen fanden die Osmanen und, zumindest zum Teil, Polen-Litauen zu einer toleranteren Form religiöser Koexistenz.

Einen Großteil ihrer relativen Wirkungsmacht bezogen das territoriale und genealogische Strukturierungsprinzip – ohne sie darauf reduzieren zu wollen – aus dem physikalischen Charakter des Territoriums. Wüsten und Steppen fördern das Nomadentum und damit die Genealogie, während feuchte Ebenen seßhafte Landwirtschaft und territoriale Abgrenzungen begünstigen.

Die *Physiogeographie* beeinflußt die sozialen Beziehungen und Praktiken auf mehrfache Weise. So begünstigen Gebirgsregionen die patriarchale Autonomie, während die Ebenen sich in der Hand von Landbesitzern und Herrschern befinden. Beide Sachverhalte lassen sich auch erklären mit Hilfe der allgemeineren soziologischen Überlegung, wie sich die verschiedenen Möglichkeiten, Gewaltmittel innerhalb eines abgegrenzten Gebietes zu konzentrieren, jeweils konkret auswirken: In den Bergen sind die Chancen gering, im Flachland hoch.

Darüber hinaus beeinflussen Klima und Bodenbeschaffenheit Erzeugung und Konsum von Essen und Trinken, die noch lange Gewohnheiten und Vorlieben prägen, auch wenn die landwirtschaftliche Produktion nur noch eine marginale Rolle spielt. Das zeigt sich beispielsweise bei Erzeugung bzw. Verbrauch von Kartoffeln oder Getreide, Butter oder Olivenöl, von Zitrusfrüchten, Bier oder Wein (vgl. Braudel 1990, I, Tl. 1; Scardigli 1987, 60f.). Auf die Bedeutung von Kohlevorkommen für die Industrialisierung wie auch von Wasserstraßen für die Verbindung von Orten und Menschen werden wir weiter unter zu sprechen kommen.

Physikalisch läßt sich Europa in drei große Klimazonen einteilen: eine mediterrane, eine maritim-nordatlantische und eine binnenländisch-kontinentale. Als vierte Zone sollte man noch die Hochgebirgsregionen hinzunehmen.

1. Städte und Staaten

Als die beiden wichtigsten Metropolen Europas können zweifellos London und Paris gelten; ihre Spitzenstellung läßt sich an einer ganzen Reihe ökonomischer und kultureller Indikatoren ablesen. Es folgen Mailand und gemeinsam auf dem dritten Rang Amsterdam, Barcelona, Brüssel, Frankfurt, Madrid, München und Rom. Platz vier beginnt mit Wien (RECLUS/ DATAR 1989).

Des weiteren läßt sich die räumliche Aufteilung Europas unter dem Gesichtspunkt von Zentrum und Peripherie betrachten. Wir wollen im folgenden drei Versuche, Kerneuropa kartographisch zu erfassen, nebeneinanderstellen.

Der erste wurde 1929 von R. Delaisi unternommen; in ihm kommt eine Vorstellung von Zentralität zum Ausdruck, die sich auf den industriellen Kapitalismus als Erklärungsfaktor stützt: Kohle plus Kapital plus Wissenschaft. Der zweite, 1979 von D. Seers präsentiert, definiert Zentralität über Kategorien, die man ohne weiteres als post-industriell bezeichnen kann, nämlich über die Auswirkungen auf Bewegungen, d.h. über die Attraktivität für Migranten und die Kapazität, Touristen auszusenden (Delaisi 1929; Seers 1979; eine Zusammenfassung beider bei Rokkan/Urwin 1983, 42ff.). Der dritte Ansatz schließlich, der von Roger Brunet und der französischen Forschungsgruppe RECLUS entwickelt wurde, ähnelt dem zweiten, ist aber, was die Kriterien für Zentralität anbelangt, exklusiver. Ihm geht es um urbane Netzwerke in der EU, Zentralität bestimmt sich nach Kategorien der Kommunikation und verschiedenen Aspekten der Attraktivität eines Ortes.

Die industrielle und die fünfzig Jahre jüngere post-industrielle Karte ähneln sich in auffallender Weise. Auf seiner östlichen Flanke hat sich das Zentrum nach dem Krieg im Zuge des osteuropäischen Systems des industriellen Sozialismus nach Westen verschoben, während es auf der westlichen Seite nach Osten gewandert ist, was auf den Niedergang des alten industriellen Herzens im Nordwesten Englands zurückzuführen ist. Die RECLUS-Karte des »urbanen Gewebes« bestätigt wissenschaftlich bislang am gründlichsten die EU-»Banane«: Das wirtschaftliche und kulturelle Zentrum Europas erstreckt sich in gebogener und langgezogener Form von der Lombardei und Mailand bis zum Großraum London. Den Kern der »Banane« bilden die im Mittelalter bedeutsamen Städte entlang der Nord-Süd-Handelsrouten von Deutschland nach Italien, dazu kommt das moderne, imperiale London.

Karte 1: Bestimmungen von Kerneuropa

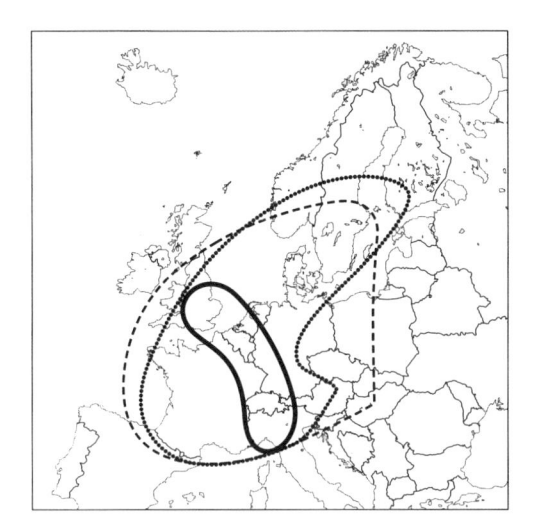

.... Grenzen des industriellen Kerns (1929)
- - - - - Grenzen des postindustriellen Kerns (1979)
⎯⎯⎯ Netzwerk der postindustriellen Kernländer

Quellen: Rokkan/Urwin 1983, 43; RECLUS/DATAR 1989, 79.

Karte 2: Ost-West-Teilungen Mitteleuropas 843–1945

⎯⎯⎯ Ostgrenze des Karolingischen Reiches nach dem Vertrag von Verdun (843)
.... Ost-West-Teilung Europas (1945–1989)
▓▓▓▓▓ Reich Lothars I. nach dem Vertrag von Verdun (843): »Städtegürtel«

Quelle: The Penguin Atlas of World History 1974, 124 (Vertrag von Verdun).

Im Vergleich mit den Karten von Delaisi und Seers fällt besonders auf, daß einem Großteil Frankreichs ebenso wie Norddeutschland, den nördlichen Niederlanden und Dänemark nur noch Peripheriestatus zukommt. Im 19. Jahrhundert trennte eine Linie von Saint Malo bis Genf das entwickelte vom weniger entwickelten Frankreich, den Nordosten vom Südwesten; 1970 hingegen verlief sie in wirtschaftlicher Hinsicht stärker von Nord nach Süd, von Caen bis Marseille (Rokkan/Urwin 1983, 195; sie beziehen sich dabei vor allem auf die These von Quellenec 1972).

Die Studie von RECLUS weist zudem darauf hin, daß die nordwestliche Mittelmeerregion von Livorno bis Valencia, vielleicht in Verbindung mit Madrid, (wieder) an Bedeutung gewinnt. Sie ist nicht nur besonders attraktiv als Altersruhesitz wohlhabender Leute, sondern verfügt auch über eine nicht unbeträchtliche spätmoderne Industrie sowie einen kommerziell betriebenen Gartenbau und Landwirtschaft; dazu kommen hohe Investitionen in den Bereichen Wissenschaft und höheres Bildungswesen (vgl. Laffont 1993, 106ff.).

Historisch betrachtet bedeutete die Nachkriegszeit zwischen 1945 und 1990 nicht nur eine Ost-West-Teilung Europas, der Kontinent entwickelte sich auch auseinander, was in den nicht-politischen Karten von Delaisi und Seers nicht berücksichtigt ist. Westeuropa neigte sich nach Westen, Berlin und Wien gerieten an die Peripherie, Preußen und Teile des Habsburger Reiches gehörten nun zum Osten. Osteuropa wurde östlicher, sowohl aufgrund des starken russischen Einflußes als Orientierungspunkt wie auch deshalb, weil die sowjetische Hauptstadt kurz nach der Revolution von St. Petersburg nach Moskau verlegt wurde.

Urbane Kultur und die europäische Nachkriegsmoderne

Es dauerte bis nach dem Zweiten Weltkrieg, ehe auch in Europa ebenso wie auf dem amerikanischen Kontinent (aber einige Jahrzehnte nach Nordamerika) die urbane Lebensform zur dominanten wurde. Vom Mittelalter bis 1800 lebte nur ein Zehntel der europäischen Bevölkerung in Städten. Um 1900 waren es fast ein Drittel, 1950 etwa zwei Fünftel. 1980 dagegen lebten zwei Drittel aller Europäer in Städten (Bairoch 1988, 302, 495).

Im Gegensatz zum Rest der Welt verlief das Wachstum der europäischen Städte kontrolliert. So stagnierte die Bevölkerungszahl im Großraum London zwischen 1950 und 1980, im Großraum Paris stieg sie im selben Zeitraum um knapp die Hälfte an. Moskau, 1950 die drittgrößte Stadt Europas, wuchs trotz behördlicher Sondermaßnahmen hinsichtlich der Migration um 70 Prozent. Von allen europäischen Großstädten konnten einzig Madrid (es wuchs beinahe um das Dreifache) und Rom ihre Bevölkerungszahl mindestens verdoppeln; Athen und Mailand blieben knapp darunter. New York wuchs um die Hälfte, während sich die Bevölkerung in Tokio und Los Angeles mehr als vervierfachte (Bairoch 1988, 309).

Nach einer etwas anderen Berechnung, die auch das Gebiet an Rhein und Ruhr als großstädtische Agglomeration miteinbezieht, lagen 1950 13 der 35 weltgrößten Ballungszentren in Europa, darunter diejenigen auf den Plätzen zwei (London), vier (Rhein-Ruhr) und sieben (Paris). 1985 waren es insgesamt nur noch sieben, allen voran London auf Platz zwölf (Dogan/Kasarda 1988, 14f.).

Der deutsche Sozialhistoriker Hartmut Kaelble behauptet, die europäische Stadt habe als mittelgroße aufgrund des kontrollierten Wachstums und der Stadtplanung eine besondere Lebensqualität zu bieten (Kaelble 1987, Kap. II,6). Nun gehört Kaelble zu denjenigen Autoren (unter ihnen freilich zu den besten), die »Europa« mit Westeuropa gleichsetzen. Das gilt auch für Arnold Heidenheimer und seine Kollegen, die in ihrer zu Recht erfolgreichen Studie *Comparative Public Policy* ebenfalls von der Überlegenheit europäischer Stadtplanung sprechen (Heidenheimer u.a. 1990, Kap. 8). Und die Macht der Stadtplaner in West- wie Osteuropa ist in der Tat, verglichen mit der ihrer Kollegen in der übrigen Welt, beträchtlich. In dieser Hinsicht kann ganz Europa auf Aspekten aufbauen, die im Verlauf der langen Geschichte der Moderne in ungewöhnlich homogener Weise wirksam waren.

Ein Teil des Vermächtnisses wurde jedoch verschleudert. Das frühe Muster von Vororten für die obere Mittelschicht führte in den britischen Großstädten nach dem Krieg zu einer sozialen Implosion der Zentren, die der Entwicklung US-amerikanischer Städte kaum nachsteht. Unter der Thatcher-Regierung mißtraute man einer zwischen der Regierung und den Agenten des reinen Marktes vermittelnden Zivilgesellschaft und schaffte deshalb die Repräsentationsorgane und gewählten Autoritäten in den Großstädten ab, auch dies zum Nachteil der Stadtplanung. Brüssel hingegen ist in 19 Bezirke aufgesplittert und wurde so Opfer künstlich geschaffener urbaner Leerflächen, die sich abwechseln mit Gegenden, die aufgrund von Spekulationen verfallen.

Die Achse der Stadtplanung verlief ebenso von Nord nach Süd wie von Ost nach West. Erstere betrifft die Ausweitung der öffentlichen Dienstleistungen, mehr Ehrlichkeit auf der lokalen Politikebene, die zunehmende Bedeutung von Umweltbelangen und verstärkte Kontrollmaßnahmen gegen Umweltverschmutzung. Das Ausmaß an staatlicher Regulierung in Westeuropa (und ganz besonders im Norden) bedeutete zugleich, daß die unterschiedlichen Eigentumssysteme in Ost und West nicht besonders stark ins Gewicht fielen. So gab es denn auch in den 60er und 70er Jahren in Bulgarien, Jugoslawien und der Tschechoslowakei mehr Hausbesitzer als etwa in Westdeutschland, Italien oder Schweden (Beyme 1990, 204).

Ironischerweise lagen die erfolgreichsten Anstrengungen kommunistischer Stadtplanung nach dem Krieg im Bereich der Restaurierung, z. B. der Altstadt von Warschau oder des Stadtteils Buda in Budapest, Bemühungen, die unter der Herrschaft des Marktes kaum vorstellbar sind. Abgesehen davon jedoch lassen sich kaum positive Charakteristika kommunistischer Stadtplanung ausmachen. An die neuen sozialistischen Industriestädte, die nach dem Vorbild von Magnitogorsk (das seinerseits nicht wenig amerikanischer Planung der 30er Jahre zu verdanken hatte) errichtet wurden, etwa Halle-Neustadt, Hoyerswerda, Eisenhüttenstadt, Nowa Huta und andere, wird man sich, vielleicht mit Ausnahme der erstgenannten, kaum mit großer Bewunderung erinnern (Beyme 1990, 192). Sicherlich, die Moskauer Untergrundbahn war verglichen mit der in New York ein Wunder an Sauberkeit und Sicherheit und konnte es durchaus mit der Londoner U-Bahn und der Pariser Métro aufnehmen. Und Großstadtflaneure des ausgehenden 20. Jahrhunderts werden das Gefühl der Sicherheit zu schätzen wissen, mit dem man auch spät nachts noch die Straßen osteuropäischer Metropolen durchstreifen konnte. Aber das lag eher an der sozialen Kontrolle als an einer weitsichtigen Stadtplanung.

Die nationalen Traditionen und die von den kommunistischen Stadtplanern vielbeschworenen kollektiven Ideale wurden am Ende jedenfalls vollständig der monumentalen Zurschaustellung der Macht und dem Paradenbedürfnis der neuen Machthaber untergeordnet, von der Stalin bzw. Karl-Marx-Allee in Ostberlin bis zur Straße der Siege und dem Palast des Volkes in Bukarest. Die tristen, windigen und leeren Orte der Macht, die fehlenden Cafés, Restaurants und Geschäfte, die entsetzlich engen und überbelegten Wohnungen im kommunistischen Osteuropa mindern doch beträchtlich (auch wenn sie ihn nicht ganz aufheben) den Vorzug, den städtisches Leben in Europa hat, wenn man es etwa mit Detroit oder Tokio vergleicht. Die osteuropäischen Großstädte, von Warschau bis Sofia, bewahrten jedoch trotz allem ein Gutteil ihres historischen Charmes, und das bei niedrigen

Mieten und nächtlicher Sicherheit. Der Umweltverschmutzung durch die Industrie wurde jedoch, wenn überhaupt, in geringerem Maß und später als in Nordwesteuropa Einhalt geboten.

Die neue Traditionalität der Staatenordnung

Die Nachkriegsteilung Europas wurde natürlich, wie nach jedem Krieg, von den Siegern vollzogen, auf den Konferenzen von Jalta, Potsdam und andernorts. Insgesamt betrachtet, folgten die neuen Grenzziehungen dabei alten europäischen Teilungen. Die UdSSR bekam zurück, was Rußland in den Jahren 1918 bis 1920 verloren hatte, zwar ohne Finnland und Mittelpolen, dafür zusätzlich Ostgalizien (die Gegend von Lwow) und die nördliche Bukowina (mitsamt Czernowitz, dem Geburtsort Paul Celans) sowie Immanuel Kants Königsberg (vgl. dazu Dohrn 1992). Als die Sowjetunion in ihren letzten Zügen lag, wurden diese neuen Territorien im Westen übrigens zu den ersten Zentren antisowjetischer und antirussischer Agitation und Protestbewegungen.

Im großen und ganzen fiel die Teilung von Jalta auf die alte Linie Elbe-Leitha zurück, die im 9. Jahrhundert die Ostgrenze des Karolingischen Reiches gebildet hatte (vgl. Szücs 1990, 13, 15).

Auch die ideologische Teilung Europas nach dem Krieg hatte ihre historischen Vorläufer, nämlich die Haltung des Kontinents für und gegen die Französische Revolution. In beiden Fällen gab es das wegbereitende Vaterland der »Patrioten« bzw. der »Arbeiter«, von »Freiheit« bzw. von »Sozialismus«; den missionarischen Eifer und das Großmachtgebaren der Führer, Soldaten und einflußreichen Zivilisten dieses Landes; kampfbereite, revolutionär gesinnte Minderheiten in den verbündeten Teilen Europas; mutige, aber nicht immer populäre Maßnahmen zugunsten sozialer Veränderungen; nationalistische Mobilisierungen der Gegenrevolution; vorsichtige Manöver neutraler Staaten; und schließlich ein sicheres und machtvolles außerkontinentales Zentrum der Gegenrevolution, nämlich Großbritannien zu Zeiten der Revolution von 1789, die USA und, als schwaches zweites, Großbritannien im Falle der russischen Oktoberrevolution. Der Hauptunterschied zwischen den Positionsverteilungen für oder gegen das jakobinische bzw. napoleonische Frankreich und die stalinistische UdSSR lag, abgesehen von der Beteiligung der USA in letzterem Falle, in der Vorsicht Stalins und seiner Nachfolger, die vier Jahrzehnte der Stabilität im Kalten Krieg ermöglichte.

Staatliche Grenzen erlangten ihre größte historische Bedeutung in Europa von etwa 1950 bis etwa 1980. Vor dem Zweiten Weltkrieg waren, wie wir in Kapitel II,4 gesehen haben, einige der neuen Staaten rechtlich niemals eine Einheit: die Tschechoslowakei, Litauen, Polen, Rumänien oder Jugoslawien (vgl. dazu Bergmann 1938).[119] Nach dem Krieg waren sie es. Wahr ist aber auch, daß das Zeitalter des Reisepasses schon nach dem ersten der beiden Weltkriege begonnen hatte.

Die neue Demarkationslinie zwischen den beiden politisch-ökonomischen Systemen folgte den Staatsgrenzen und schuf zwei deutsche Staaten. Und obgleich die Amerikaner über Westeuropa wachten und die Russen mit härterer Hand im Osten intervenierten[120], hielten die verschiedenen Staaten in beiden Lagern an ihren Besonderheiten fest. Wie sein dramatischer Bruch mit den Jugoslawen zeigte, stand Stalin einer osteuropäischen Integration, die mehr beinhalten sollte als nur bilaterale, d.h. zwischenstaatliche Beziehungen mit der UdSSR, stets äußerst skeptisch gegenüber. Selbst die finsteren Machenschaften der sowjetischen Geheimdienste zu Hochzeiten des spätstalinistischen Terrors zeitigten in den einzelnen Ländern völlig unterschiedliche Folgen.[121]

In den 80er Jahren verloren die Nationalstaaten allmählich an Bedeutung, als die kapitalistischen Länder in die Stürme der globalen Finanzmärkte gerieten und die EG in der zweiten Hälfte dieses Jahrzehnts an Boden gewann. Dieser Wandel fand seinen Höhepunkt in den frühen 90er Jahren, als die Vielvölkerstaaten Sowjetunion und Jugoslawien ins Chaos stürzten und in neue, fragile Staaten zerbrachen und auf der anderen Seite private Finanzoperationen das westeuropäische Währungssystem zusammenbrechen ließen.

Im vormodernen Europa waren Territorialgrenzen oft eher Provinz- oder Stadtgrenzen als solche souveräner Staaten. Rechtssysteme und politische Ordnungen besaßen zumeist nur für eine Provinz oder im lokalen Rahmen Gültigkeit und hatten für gewöhnlich auch über die Kriegswirren hinaus Bestand.

Die nächsten beiden Kapitel werden einen Blick auf zeitgenössische Überschreitungen staatlicher Grenzen werfen.

2. Der Wirtschaftsraum Europa

Der Städtegürtel und die Europäische Union

In seiner begrifflichen Vermessung Europas – sie wurde entwickelt, um nationale politische Unterschiede zu erklären, und fand meines Wisssens bislang keine Anwendung auf die europäische Einigung – benutzte der späte Stein Rokkan zwei geopolitische Variablen aus der europäischen Geschichte, die zusammen eine Ost-West Dimension bildeten: die Herausbildung eines Zentrums und das Städtenetzwerk.

Zwischen dem maritim und dem kontinental ausgerichteten Teil des Kontinents verlief ein Gebiet, das der große soziopolitische Kartograph mitunter das »Rückgrat« Europas nannte (Rokkan 1980, 123, Anm.), zumeist jedoch als »Städtegürtel« bezeichnete. Dieses Rückgrat ist gekennzeichnet durch eine schwach ausgeprägte Zentrumsbildung und ein auffälliges Netzwerk aus Städten. Es verläuft von Nord nach Süd entlang der alten Handelsrouten und überbrückt die kulturelle Trennlinie zwischen lateinischem und germanischem, katholischem und protestantischem Europa: von den Hansestädten des Baltikums Richtung Süden durchs Rheinland (also das, was heute die Niederlande, Belgien und Luxemburg sind), das alte Lothringen, die Schweiz, über die Alpen bis hinunter zur italienischen Halbinsel. Im großen und ganzen entspricht dieser Städtegürtel dem kurzlebigen Königreich Lothars, wie es im Vertrag von Verdun 843 festgelegt wurde (vgl. Karte 2).

Nehmen wir die beiden Hauptvariablen, die Charles Tilly verwendete, um den Prozeß der Staatenbildung in Europa zu erklären, so war der Städtegürtel eher durch Kapitalakkumulation und Kapitalkonzentration charakterisiert als durch eine Konzentration der Zwangsmittel (Tilly 1990).

Nachdem die historisch relativ kurze Phase, in der Preußen als Zentrum Deutschland dominierte, 1945 zu Ende gegangen war, verlagerte sich der Schwerpunkt Deutschlands wieder zurück zu jenem Städtegürtel, dem eine monozentrische Territorialstruktur gerade fehlte. Auch das vereinte Italien ist noch immer vielfach polyzentrisch geprägt. Mit anderen Worten: Auch nach über einem Jahrtausend ist der europäische Städtegürtel weiterhin auf der politisch-ökonomisch-kulturellen Landkarte zu finden. Die schwach ausgeprägte oder besser: nicht ausschließliche nationalstaatliche Ausrichtung des Städtegürtels war entscheidend sowohl dafür, daß das europäische Einigungsprojekt überhaupt in Angriff genommen wurde, als auch dafür, daß es später neuen Schwung erhielt. Die Holländer, die Belgier und die Italiener stellten dabei die föderalistischen Elitetruppen ebenso wie, von Paul-Henri Spaak bis Ruud Lubbers, die Chefunterhändler. Aus dem Rheinland kamen die zu Beginn entscheidenden politischen Führer, Robert Schuman und Konrad Adenauer, sowie der wichtigste Politiker des Projekts einer europäischen Wirtschaftsintegration in den 90er Jahren, nämlich Helmut Kohl (vgl. dazu auch die Sammelbände der drei Straßburger Historikertreffen Poidevin 1986, Schwabe 1988, Serra 1989).

Die Europäische Union ist von ihrer Konstruktion her selbst ein Städtegürtel im Großen, ein lose verbundenes Wesen ohne starkes und machtvolles Zentrum, ein Netzwerk aus weitgehend souveränen Einheiten, die vor allem durch Handel und Handelsrecht miteinander verbunden sind. Innerhalb der historischen Macht- und Staatenstruktur Europas bildet die EU eine Krümmung in einer langgezogenen Kurve, wobei sich die innereuropäische Ausgestaltung von Macht und politischer Ordnung vor allem entlang der Kapitalkonzentration entwickelt.

Dieses bisher wenig oder gar nicht beachtete geopolitische Rückgrat der EU ist von essentieller Bedeutung, um deren Aufstieg verstehen zu können, sollte aber nicht als ausschließliche Erklärung verstanden werden. Denn in der jüngsten Geschichte war es weit wichtiger, Frankreich, das in gewissem Sinne den ersten entwickelten Nationalstaat Europas darstellt, in ein supranationales Netzwerk einzubinden und die Schweiz davon abzuhalten, innerhalb des europäischen Handelsgürtels wieder ihre alte Rolle einzunehmen. Dabei ist, was Frankreich angeht, bemerkenswert, daß die anderen EU-Mitglieder dem französischen Nationalismus gegenüber stets besondere Zugeständnisse machen mußten, indem sie Frankreich bereitwillig eine Rolle als politische und kulturelle Führungsmacht innerhalb der Gemeinschaft zubilligten.

Integration ohne Konvergenz?

Auf den ersten Blick mag es so erscheinen, als gehe es bei der europäischen Integration um territoriale Verteilungen. Doch nach kurzem Nachdenken wird der Leser ohne Zweifel erkennen, daß territoriale Annäherung und Ähnlichkeit nicht gleichbedeutend sind mit der Konstitution einer Gesellschaft. Staatengebundene Gesellschaften weisen mitunter große territoriale Disparitäten (und andere sozioökonomische Ungleichheiten) auf und können zur Polarisierung oder Divergenz ebenso neigen wie zur Konvergenz.

Fragt man danach, wie sich das territoriale Muster der Wirtschaftsressourcen in Westeuropa entwickelt hat, so läßt sich zusammenfassend sagen: 1. Die europäischen Territorien wurden im Verlauf der Nachkriegsjahre immer ähnlicher. 2. Das verdankt sich vor allem dem wirtschaftlichen Aufschwung und der Modernisierung. 3. Die EG/EU hat wenig zu dieser territorialen Annäherung oder gar Angleichung beigetragen.

Beim BIP pro Kopf verringerten sich die Unterschiede zwischen den westeuropäischen Ländern im Zeitraum von 1950 bis 1973 beträchtlich. Dabei waren die 60er Jahre die Zeit der größten Konvergenz wie des raschesten Wachstums. Dieser Prozeß verlangsamte sich dann und kam schließlich mit der Rezession völlig zum Stillstand. Während der zweiten Ölkrise in den frühen 80er Jahren stieg die Ungleichheit sogar wieder an (Summers/ Heston 1984; OECD 1992b).

Die beiden Jahrzehnte von 1950 bis 1970 waren eine Zeit der Deagrarisierung, Industrialisierung und europainternen Migration. Um 1950 waren im westlichen Frankreich von der Normandie bis zu den Pyrenäen mehr als die Hälfte aller Beschäftigten in der Landwirtschaft tätig. Nicht anders verhielt es sich in Süditalien sowie im gesamten östlichen Teil der Halbinsel bis hinauf an die Grenze zur Lombardei. Auch in Bayern, Rheinland-Pfalz, Niedersachsen und Schleswig-Holstein lag der Beschäftigungsanteil der Landwirtschaft bei über 30 Prozent (Molle 1980, 55ff.).

Das osteuropäische Muster gleicht demjenigen Westeuropas auf verblüffende Weise. Nach Schätzungen von Summers und Heston lag der Variationskoeffizient des BIP pro Kopf in den dortigen acht Ländern (ohne Albanien) 1950 bei 0,35, 1960 bei 0,33, 1970 bei 0,26 und 1980 bei 0,22. Die 60er Jahre waren auch hier der Zeitraum, in dem die armen Länder (in diesem Falle die Balkanstaaten) aufholten.

Auch für die EU-Staaten läßt sich eine solche Zahlenreihe zusammenstellen. Da sich die Berechnungen des BIP zum Teil unterscheiden und mitunter auch verändern, sollte man die folgende Tabelle spaltenweise lesen.

Dabei zeigt sich, daß die 60er Jahre entscheidend waren für die europäische Konvergenz, und zwar nicht nur für die damals sechs EWG-Mitglieder. Die Gründungsmitglieder waren bereits auf einen Konvergenzkurs festgelegt, bevor die Römischen Verträge in Kraft traten, die diesem Prozeß dann Gestalt verliehen. Auch die gesamte Konvergenz zwischen den ab

1973 zwölf Mitgliedsstaaten der EG hatte bereits stattgefunden, bevor sie eine Gemeinschaft bildeten. Und auch die heutigen 15 Mitgliedsstaaten waren bereits auf dem Weg der Konvergenz, bevor sie sich institutionell zusammenschlossen.

Tab. 31: Ökonomische Ungleichheit zwischen den EG/EU-Ländern 1950-1997. Variationskoeffizient des BIP pro Kopf, errechnet über Kaufkraftparitäten

Jahr	EU 5^a (1950-1997)	EU 12 (1960-1985)	EU 14^b (1980-1997)
1950	0,19	—	—
1958	0,23	—	—
1960	—	0,27	—
1965	—	0,23	—
1970	—	0,19	—
1973	0,08	0,17	—
1980	—	0,18	0,21
1985	—	0,19	—
1990	0,06	—	0,19
1997	0,03	—	0,16

a Belgien, Westdeutschland, Frankreich, Italien, Niederlande (ohne Luxemburg).
b Ohne Luxemburg, dessen hohem BIP im Vergleich zur Größe des Landes übermäßiges Gewicht zukäme.
Quellen: Berechnungen nach Maddison 1982, 8, 161, 176f., 212 und OECD 1992c (1950-1990); Commission of the European Communities 1987, 128 (1960-1985); OECD 1999b, 162f.

Bemerkenswert, wenngleich weniger überraschend, ist auch die Nachkriegserfahrung, daß sich in Zeiten des Wirtschaftsbooms die Ungleichheiten innerhalb Westeuropas verringern, während sie sich in Phasen der Rezession vergrößern (allerdings nicht dramatisch).[122]

Die Schwankungsbreite des BIP in den EG-Ländern ist 1997 beachtlich: 2,38:1, wenn wir Luxemburg als reichstes Land nehmen, aber nur 1,8:1, wenn wir Luxemburg für zu klein und damit für einen Sonderfall halten und statt dessen Dänemark nehmen (das ärmste Land ist übrigens Griechenland, dicht gefolgt von Portugal, das bis 1989 ärmer als Griechenland war).

Auf die relativ armen Länder wirkte sich die EU-Mitgliedschaft eindeutig positiv aus. 1972 betrug das irische BIP pro Kopf 61 % des damaligen EG-Durchschnitts; Ende der 90er Jahre lag es sogar leicht über dem Durchschnitt der 15 Mitgliedsstaaten. Auch die Portugiesen haben deutlich von ihrem Beitritt profitiert; das BIP stieg von 55 % des EU-Durchschnitts 1986 auf über 70 % 1997. Die Griechen waren zwar weniger erfolgreich, können aber keineswegs als Verlierer gelten. Laut OECD-Zahlen lag das griechische BIP zum Zeitpunkt des Beitritts 1981 bei 65 % des EU-Durchschnitts, 1997 bei 68 %.

Das ehemalige Jugoslawien hatte vor seinem Zerfall noch größere Unterschiede als die EU zu verzeichnen. So stand das BIP pro Kopf Sloweniens 1988 gegenüber demjenigen Mazedoniens im Verhältnis 3,22:1, das Verhältnis zum Kosovo betrug gar 7,52:1 (Plestina 1992, 180). In der ehemaligen Sowjetunion lag die Disparität des BIP pro Kopf zwischen den Republiken Estland und Tadschikistan bei 3,6:1 (Weltbank 1993a, Tab. 1).

In den USA dagegen sind die territorialen Unterschiede weitaus geringer als in der EU. Die maximale Schwankung zwischen den dortigen Bundesstaaten lag 1986 bei 1,82:1, und zwar zwischen Connecticut und Mississippi (Statistical Abstract of the United States 1990, Tab. 26 und 702).[123] Die Variation zwischen den EG-Ländern in den 80er Jahren entspricht in etwa derjenigen innerhalb der USA in den 50ern, die bei 0,182 lag (1950-1961; Williamson 1965, 12). Innerhalb der NAFTA-Staaten standen das BIP pro Kopf der USA und Mexikos 1993 im Verhältnis 4,4:1 (OECD 1996, 13).

Die autonome Dynamik des Handels

Der Handel, d.h. ein gemeinsamer Markt und seit neuestem ein einheitlicher Binnenmarkt, bildete das Herzstück des westeuropäischen Einigungsprozesses. Doch wie weit gingen die Bemühungen, die Mitgliedsstaaten mittels Handels zusammenzubinden, wirklich?

Die Gründungsmitglieder der EWG steigerten ihre Exporte in der Tat gegenüber den Noch-Nicht-Mitgliedern in gleicher Weise wie gegenüber den anderen Mitgliedern. In den beiden stärksten Volkswirtschaften, Deutschland und Frankreich, waren die Exportanstrengungen eher nach außerhalb (aber immer noch innerhalb Westeuropas) denn auf die Mitgliedsländer der EWG gerichtet. Auf der anderen Seite wuchs der EWG-Markt für die Nicht-Mitglieder, wenn überhaupt, langsamer. So scheint denn der Zeitraum zwischen 1956 und 1973 weniger durch Handelsintegration als durch eine breite europäische Exportorientierung gekennzeichnet zu sein, die durch das kontinentale Muster einer lebhaften Wirtschaftsentwicklung, in deren Mittelpunkt das Deutschland und Frankreich standen, unterstützt wurde.

Was die Gründungsmitglieder betrifft, so stagnierte der Handel innerhalb der EG nach 1973, zwischen 1973 und 1980 ging er sogar zurück. Die neuen Mitglieder konnten ihr EU-Handelsvolumen zwar steigern, allerdings läßt sich außer in Spanien und zum Teil in Dänemark kein Trend erkennen, der auf ein baldiges Gleichziehen mit den Gründungsmitgliedern schließen ließe. Und das Nicht-Mitglied Schweiz ist inzwischen stärker auf die EU ausgerichtet als Deutschland.

Nach 25 Jahren eines gemeinsamen Marktes also sind die Auswirkungen der Handelsorientierung und -integration marginal und ungleichmäßig verteilt. Der internationale Handel der westeuropäischen Staaten wurde vielmehr von einer Dynamik vorangetrieben, die kaum auf Gemeinschaftsanstrengungen zurückzuführen ist.

Welche Auswirkungen »1992« haben wird, also die Einrichtung eines einheitlichen Marktes für Personen, Güter, Kapital und Dienstleistungen, bleibt abzuwarten. Das erste Jahr jedenfalls verlief glanzlos, es war von Rezession geprägt und sicherlich nicht vom erhofften beschleunigten Wirtschaftswachstum. Die Mitgliedsstaaten konnten sich nicht darauf verständigen, die Zollkontrollen abzuschaffen. Daß man noch immer mit unterschiedlichen Steuersätzen und anderen nationalen Regelungen zu kämpfen hat, bezeichnet nach wie vor einen beträchtlichen Unterschied zwischen nationalem und EU-Handel. Unternehmenspolitiken, die auch weiterhin darauf setzen, nationale Märkte untereinander aufzuteilen, und Grossisten daran hindern, ihre Produkte in andere EU-Länder zu reexportieren, verstärken noch den Trend, an bereits bestehenden Teilungen festzuhalten.

Die Märkte (wohlgemerkt im Plural) werden wohl ihre Eigendynamik behalten, und es ist kaum anzunehmen, daß der europäische Binnenmarkt dem Börsenparkett gleicht. In den 90er Jahren jedenfalls entwickelte sich der Handel in der EU sehr ungleichmäßig. In einigen Ländern schwächte sich die Handelsintegration in die EU sogar ab, unter ihnen Deutschland, Irland und die Niederlande (United Nations 1997, Ländertabellen).

Andererseits bilden die neuen Regelungen, die von der EU und ihrem Gerichtshof vorgegeben wurden, einen eindrucksvollen Rechtsrahmen, den die Marktakteure wie die Bürger sicherlich berücksichtigen werden. Die neuen Elitennetzwerke, die in jüngster Zeit stark gefördert werden und nicht nur Geschäftsleute, Spitzenpolitiker und Bürokraten betreffen, sondern auch Politiker an der Basis, Gewerkschafter, Akademiker und Studenten, werden von zunehmender Bedeutung sein, wenn es darum geht, ein vereintes Europa zu fördern.

Das Europa der Regionen

Das regionale Muster entspricht ganz allgemein betrachtet in groben Zügen dem nationalen. Zwischen 1950 und 1973 war ebenfalls ein deutlicher Rückgang der regionalen Disparitäten zu verzeichnen, danach gab es Oszillationen auf einer stabilen Grundlage. Die Zunahme regionaler Ungleichheiten innerhalb der EG in den 80er Jahren fiel allerdings etwas deutlicher aus als im Fall der Staaten. Für insgesamt 174 Regionen stieg der nach Bevölkerung gewichtete Variationskoeffizient von 0,261 (1980) auf 0,279 (1986), in den Jahren danach ging er wieder leicht zurück. Die ökonomische Disparität zwischen Hamburg und den Inseln der Nordägäis lag in den späten 80ern bei 4,48:1, zwischen Hamburg und Nordportugal bei 4,36:1 (Molle 1980, 80; Commission of the European Communities 1987, 59; 1991, 87, 109, 111). Die Arbeitslosenzahlen divergieren noch weitaus stärker als das BIP.

Bis 1997 hatten die ärmsten Regionen beträchtlich aufgeholt. Einzig Epirus in Griechenland blieb unter der Hälfte des EU-Durchschnitts (43 %); noch Ende der 80er Jahre hatte der Norden Portugals nur 41 Prozent zu verzeichnen, sieben Regionen lagen damals knapp unter 50 Prozent, nämlich zwei in Portugal, zwei in Griechenland, die Extremadura in Spanien und der Nordwesten Irlands. Der Norden Portugals und das Alentejo haben nun auf 64 Prozent zugelegt, in Griechenland lagen einige Regionen unter 60 Prozent, die Extremadura erreichte einen Wert von 55 Prozent, das italienische Kalabrien 59 Prozent.

Auf der anderen Seite lag Hamburg, setzt man den EU-Durchschnitt mit 100 an, bei einem Wert von 197 (4,6:1 in Relation zur ärmsten Region), Luxemburg erreichte 174, Brüssel 169, die Île de France um Paris 153 und London 146. 1986 hatte Hamburg noch bei 183 gelegen, London bei 136; hier zeigt sich deutlich die Tendenz, daß sich die sehr reichen Regionen noch weiter von den anderen entfernen, auch wenn die Île des France relativ gesehen zurückgefallen ist (1986 bei 165).

Die Unterschiede in den einzelnen Ländern sind noch immer beträchtlich. In Frankreich bewegen sich die Werte zwischen 153 (Île de France) und 74 (Languedoc-Roussillon), in Italien zwischen 131 (Emilia-Romagna und Lombardei) und 59 (Kalabrien), in Großbritannien zwischen 146 (London) und 74 (der Westen Wales'). In Deutschland vergrößerte die Wiedervereinigung die Disparitäten, das Verhältnis zwischen Hamburg (197) und Sachsen-Anhalt (64) beträgt 3:1. In diesen vier Ländern sind die regionalen

Unterschiede größer als die zwischen den heutigen EU-Staaten (Eurostat, *Press Release* 18/2000).

Fügt man diesem Bild die Regionen Osteuropas hinzu, so zeigen sich deutlich die großen regionalen Unterschiede innerhalb aller postkommunistischen Staaten (mit Ausnahme Bulgariens, Litauens und Sloweniens). So weisen mit Ausnahme der drei eben genannten Länder alle EU-Beitrittskandidaten von Estland bis Rumänien ökonomische Disparitäten zwischen den Regionen auf, die über denen zwischen den EU-Staaten (ohne Luxemburg) liegen und zwischen 3:1 und 2:1 schwanken. Den Hauptstädten (Ausnahme Sofia) geht es dabei durchweg besser als dem Rest des Landes. Das BIP pro Kopf in Prag etwa entspricht mit 120 Prozent des EU-Durchschnitts ungefähr demjenigen Stockholms (123 %) und liegt deutlich über dem BIP Berlins (109 %). Bratislava erreicht in etwa den EU-Durchschnitt, während Budapest bei 88 Prozent liegt und Warschau bei lediglich 65 Prozent (Eurostat, *Press Release* 97/1999 und 18/2000)

Regionale und nationale Ungleichheiten lassen sich jedoch nicht in vollem Maße vergleichen. Die verfügbaren regionalen Zahlen sind meist solche zum BIP, die Transferleistungen nicht berücksichtigen. Solche Transferzahlungen sind natürlich zwischen Regionen innerhalb eines Staates von weitaus größerer Bedeutung als zwischen den Staaten, selbst innerhalb der EU. Das BIP einer Region und das Einkommen ihrer Bewohner sind daher auch nicht vollkommen deckungsgleich.

Nach diesen Vorüberlegungen lassen sich die Verteilungen zwischen Ländern und diejenigen zwischen Regionen besser vergleichen. Von allen regionalen Unterschieden beim BIP pro Kopf ist etwa die Hälfte (47 % 1985) auf Disparitäten zwischen den Ländern zurückzuführen, die andere auf regionale innerhalb eines Landes (Commission of the European Communities 1987, 24). Das heißt, die territorialen Unterschiede innerhalb der Nationalstaaten sind in der Tat in Westeuropa relativ groß. Dabei weisen Frankreich und Italien die größten binnennationalen Disparitäten auf. Sogar die Ungleichheiten zwischen den 12 EG-Mitgliedsstaaten sind um einiges kleiner als die zwischen den französischen oder italienischen Regionen.

3. Der Kulturraum Europa

Der Kontinent Europa besteht nicht nur aus Nationen, die sich im Prozeß einer ökonomisch-politischen und kulturellen Vereinigung oder zumindest eines Zusammenrückens befinden. Die Bevölkerung eines an einen Staat gebundenen Territoriums bildet nicht notwendigerweise auch eine unproblematische kulturelle Einheit. Sie kann durch supranationale Verbindungen überwölbt sein oder unterhöhlt durch territoriale und/oder funktionale Teilungen der unter dem Dach eines Staates lebenden Bevölkerung. Überdies kann man den Kontinent nicht als gegebene kulturelle Entität behandeln, die im Laufe der Zeit lediglich mit verschiedenen Bedeutungszuschreibungen versehen wurde. Statt dessen sollte man Europa als Gebiet betrachten, in dem sich, geologisch gesprochen, räumlich verschiedene Sedimente der Kulturgeschichte abgelagert haben; sie liegen in Schichten übereinander, überlagern sich, schieben sich übereinander, überlappen sich zum Teil, stoßen aneinander und vermischen sich.

Man kann sagen, der Kulturraum Europa bildete sich aus einer ganzen Reihe kultureller Systeme, die Identitäten, Wissen, Normen und Werte bereitstellten und reproduzierten. Dabei können wir einige wenige dieser kulturellen Systeme unterscheiden, die die heutige europäische Kultur, ihre spezifische territoriale Einheit wie ihre Teilungen, ihre Zentren und Peripherien geformt haben. Auch wenn man die mögliche Bedeutung anderer kultureller Systeme nicht in Abrede stellen sollte, so glaube ich doch, daß dieses Set kultureller Systeme uns die Grundelemente einer historischen Kulturgeographie Europas liefert. Doch bevor wir näher darauf eingehen, wollen wir noch einigen anderen Sichtweisen des europäischen Kulturraums unsere Aufmerksamkeit zuwenden.

Die sozialwissenschaftlich ambitionierteste Karte Europas stammt von dem schon erwähnten norwegischen Politikwissenschaftler Stein Rokkan. Er benutzte dazu eine geopolitisch-geoökonomische Ost-West-Achse sowie eine geokulturelle Nord-Süd-Dimension, die er historisch betrachtete, um heutige politische Spaltungen erklären zu können. Die geokulturelle Dimension war eine religiöse, sie reichte vom staatskirchlichen Protestantismus im Norden über gemischt-konfessionelle Gebiete und solche mit einem »nationalen Katholizismus« in der Mitte bis zum Katholizismus der Gegenreformation im Süden. Von West nach Ost dagegen reichte die Achse von den ländliche strukturierten maritimen Peripherien (von Island und Norwegen über Schottland und Wales bis zur Bretagne), den maritim ausgerichteten imperialen Nationen (England, Frankreich, Dänemark, Spanien, Portugal) und dem Städtegürtel (von den Hansestädten des Baltikums bis nach Italien) bis zu den ländlich strukturierten, landwärts gerichteten Staaten (Schweden, Preußen, Bayern, Österreich) und den »kontinentalen Pufferstaaten« (von Finnland bis Ungarn oder Jugoslawien). Rußland und die Balkanländer wurden in diesem Schema üblicherweise nicht berücksichtigt (Rokkan 1980, 123; Rokkan/Urwin 1983, 30ff.; vgl. auch Rokkan 1973, 86).

Doch abgesehen vom Jahrhundert der Reformation und Gegenreformation, verliefen die großen Konflikte in Europa eher entlang der Ost-West- als der Nord-Süd-Achse. Das heißt, sie hatten mehr mit der Rivalität zwischen Staaten zu tun als mit kulturellen Unterschieden. Über Jahrhunderte stand die französische Krone im Mittelpunkt der Auseinandersetzung: Sie kämpfte gegen die englische Monarchie im Westen und gegen die Habsburger im Osten, zeitweise auch noch gegen die Preußen und unter Napoleon sogar gegen die Russen. Die deutsche Reichsgründung ließ das nunmehr geeinte Reich zum Zentrum Europas werden, aber auch zum Zentrum der europäischen Kriegsführung, was vor allem die Russen im Osten und die Franzosen und Briten im Westen zu spüren bekamen.

Hier wollen wir unsere Reise in den Kulturraum Europa beginnen und zunächst den *Ausstrahlungen der Macht* folgen. Macht soll dabei theoretisch als Ergebnis von Strukturierung und Enkulturation und damit auch als räumlich und zeitlich bestimmt betrachtet werden. Dieser vielschichtige Ursprung der Macht läßt sie zu einem zweckmäßigen Ordnungsprinzip werden, das mit Hilfe ihrer Monumente, Hinterlassenschaften und Erinnerungen Identitäten, Wissensstrukturen sowie Werten und Normen Gestalt verleiht. Macht betrifft dabei alle spezifischen kulturellen Systeme, die den Kontinent im Laufe der Jahrhunderte formten, darunter besonders *Religion, Sprache, Recht und audiovisuelle Kommunikation*, die wir im folgenden näher betrachten wollen.

Die Nation, die ohne Zweifel innerhalb der europäischen Geschichte ein höchst wichtiges kulturelles System darstellt, ist hier innerhalb der oben erwähnten Koordinaten europäischer Kultur situiert. Wir wollen uns nicht in die Auseinandersetzungen um die Determinanten von Nationen einmischen, sondern gehen davon aus, daß sie zwar Teil der europäischen Kulturgeschichte sind, diese aber nicht »produzieren«. Fragen der nationalen Identität nach 1945 kommen im nächsten Kapitel zur Sprache.

Die Dimensionen der Kulturgeographie verhalten sich asymmetrisch zueinander. Macht und die Erfahrung von Macht betreffen die Religion stärker, als das umgekehrt der Fall ist, Religion betrifft stärker die Sprache als umgekehrt, die Sprache stärker das Recht, und das Recht wiederum hat größere Auswirkungen auf die audiovisuelle Kommunikation als diese auf das Recht. Diese Asymmetrie der kulturellen Determinanten gilt auch für die Dauerhaftigkeit ihrer Wirkung. Jede von ihnen entfaltet ihren Einfluß rekurrent und nicht sozusagen auf einen Schlag. Dabei ist jedoch die Macht älter und dauerhafter als die Religion, die ihrerseits der Sprache an Alter und Beständigkeit überlegen ist usw.[124] In dieser breiter angelegten, komplexeren und weniger politisch ausgerichteten Perspektive unterscheidet sich die historische Karte Europas von einigen bereits bestehenden.

Ausstrahlungen der Macht

Die Erfahrung von Macht hinterläßt Institutionen und Verbindungen, schafft Erinnerungen und erteilt Lektionen, sorgt für gedankliche Konnotationen und Assoziationen, die allesamt auf den späteren Generationen lasten. Die erste große Erfahrung in dieser Hinsicht, die noch für die heutige europäische Geschichte bedeutsam ist, war die athenische Demokratie: Sie machte erstmals die Herrschaft des Volkes mittels Wahlen zu einer vorstellbaren Form der kollektiven Organisation, die über die römische Republik, die Kirche und die mittelalterlichen Städte des urbanen Gürtels bis in die Moderne fortwirkte. Am Vorabend der Moderne wurden die beiden höchsten Potentaten in Europa, der Papst und der Kaiser, nach festen Regeln gewählt. Doch obgleich die Erinnerung an die antike Demokratie wichtiger Bestandteil der europäischen Hochkultur war und in der Ikonographie der Französischen Revolution ihre Popularisierung erfuhr, läßt sich kaum eine direkte Verbindungslinie zwischen den damaligen und den modernen Formen der Politik ziehen (vgl. Therborn 1992).

Das Römische Reich hingegen war unmittelbarer und in greifbarerer Weise wirksam. Seine europäische Ausdehnung bestimmte größtenteils das moderne Westeuropa (oder zumindest dessen Kern), der Kontinent östlich der Elbe und (weitgehend) der Donau blieb ebenso außen vor wie, von einigen kurzen Raubzügen abgesehen, die Gegenden nördlich des Rheins. Die Niederlage der Römer im Teutoburger Wald im Jahre 9 n. Chr. ist noch heute Teil der nationalen Volkstradition in Niedersachsen und wird zum Beispiel in der Landeshymne beschworen. Die ehemaligen Grenzen des Römischen Reiches zu Schottland und Irland haben zwar an Bedeutung verloren, bestehen aber noch immer.

Die Ost-West-Teilung Europas fand im Mittelalter (das Karolingische Reich und seine Nachfolger) und in frühmodernen Zeiten (Feudalismus, Wachstum der Städte und später die Bauernbefreiung im Westen, ein stärker ausgeprägter, in der agrarischen Struktur gründender Patrimonialismus im Osten, dem später die »zweite Leibeigenschaft« folgte) ihre Fortsetzung. Und auch der italienische Mezzogiorno entspricht noch heute weitgehend der Ausdehnung der mittelalterlichen Königreiche von Sizilien und Neapel sowie ihres Nachfolgers (»Beide Sizilien«).

Nordeuropa unterschied sich davon durch die Wikingergesellschaft freier und bewaffneter Bauern (vgl. Anderson 1979 und 1981). Eine autonome bäuerliche Gesellschaft, die in Finnland, Norwegen und Schweden nie in den Griff zu bekommen war und im landbesitzenden Dänemark zumindest als potentiell wiederbelebbare Tradition überdauerte, war stark genug, um einem Gutteil der nordischen Politik von der Mitte des 19. bis zur Mitte des 20. Jahrhunderts ihren Stempel aufzudrücken. Sie läßt sich sogar noch in den 90er Jahren erkennen: in den noch immer bedeutsamen, post-agrarischen Zentrumsparteien in Finnland, Norwegen und Schweden sowie in der (seit einiger Zeit eher rechtsgerichteten) Partei der Linken in Dänemark.

Macht und Ruhm der Araber haben bleibende Spuren in der europäischen Kultur hinterlassen, mitunter so tiefe, daß ihre Herkunft schon in Vergessenheit geraten ist. Auf dem Höhepunkt ihrer Regentschaft in Europa im 9. Jahrhundert herrschten sie über den Großteil des heutigen Spanien und Portugal, das südliche Frankreich von Aquitanien bis zu den Westalpen, Korsika, Sardinien, Sizilien sowie Kalabrien und Apulien im Süden Italiens.

Das weitaus praktischere und ausgefeiltere Zahlensystem, das Leonardo von Pisa erlernte und im frühen 13. Jahrhundert nach Europa brachte, wo es allmählich die schwerfälligen römischen Ziffern ersetzte, stammte von arabischen Mathematikern (die es ihrerseits in Indien kennengelernt hatten). Auch ein beträchtlicher Teil des noch heute gebräuchlichen europäischen Wortschatzes geht auf das Arabische zurück, von »Alkohol« bis »Kaffee« und »Limonade«, von »Orange« bis »Reis«. Vor allem die spanische Sprache hat über alle christlichen Bereinigungen hinweg ein bedeutendes arabisches Erbe bewahrt, das man am leichtesten in den nicht-lateinischen Wörtern erkennt, die mit »al-« beginnen (vgl. dazu Hunke 1960). Die arabischen Eroberer haben überdies unvergeßliche architektonische Spuren auf der Iberischen Halbinsel hinterlassen, nicht nur die Alhambra in Granada und die Moschee von Córdoba, sondern auch in der Baukunst und der dekorativen Außenarchitektur im zurückeroberten Aragón im spanischen Norden.[125] Noch heute wird die Reconquista in Spanien mit einem Volksfest gefeiert.

Die Herrschaft der Mongolen und der Goldenen Horde der Tataren schnitt Rußland vom europäischen Hochmittelalter wie von der Renaissance ab und trug nach ihrem Ende nicht unwesentlich zur Machtikonographie und vermutlich auch Machtkonzeption der Moskowiter Zaren bei. Die Verpflichtung zu einem allgemeinen Dienst für den Staat, die sich im Gesetzbuch des Dschingis Khan findet, wurde dann auch ins russische und sowjetische Recht übernommen (vgl. zur Kulturgeschichte Rußlands allgemein Bodin 1993, zur Ikonographie ebd., 63ff.; zum mongolischen Erbe im Bereich des Rechts vgl. Berman 1963, 194ff.).

Südosteuropa dagegen wurde besonders durch die mehr als fünf Jahrhunderte dauernde Herrschaft der Osmanen geprägt. Dabei muß man vor allem die Komplexität des osmanischen Erbes betonen, ohne hier das jeweilige Gewicht der einzelnen Aspekte bestimmen zu wollen. Ein Element, das jüngst weitgehend zerstört wurde, ist die religiöse Toleranz; sie sorgte dafür, daß die verfolgten spanischen Juden im Osmanischen Reich Zuflucht fanden, und hinterließ ein Mosaik aus christlichen, muslimischen und jüdischen Gemeinschaften im heutigen Albanien, Serbien, Bosnien-Herzegowina, Bulgarien und Griechenland.

Das osmanische Thessaloniki kann dabei, wie wir in Kapitel II,1 gesehen haben, als leuchtendes Beispiel für einen lebendigen Multikulturalismus gelten. Ein Nachklang dieser osmanischen Toleranz ist noch heute in der Autobiographie des im jetzt bulgarischen Ruse an der Donau geborenen Dichters Elias Canetti sowie in den Gedichten Abdullah Sidrans, eines zeitgenössischen Dichters und Drehbuchautors aus Sarajewo, zu vernehmen. Er schreibt auf Serbokroatisch, aber sein Gedicht, das der Sephardims auf dem jüdischen Friedhof gedenkt, enthält auch spanische Verse.[126]

Doch auch die unberechenbare, mitunter despotische Macht, die keinen Regeln folgt, wirtschaftliche und intellektuelle Trägheit sowie ein langanhaltender gesellschaftlicher Verfall gehören zur Hinterlassenschaft der Osmanen. Es ist das Erbe eines Imperiums, das sich schon lange überlebt hatte, das hilflos zwischen Südeuropa und Westasien hing, auf beiden Seiten seine Wurzeln verlor und weitgehend nur noch durch die Rivalität seiner Feinde am Leben gehalten wurde.

Man sollte darüber hinaus nicht vergessen, daß die Osmanen auch eine anti-osmanische Tradition hinterließen: die militärische Grenze des Habsburgerreiches, die Krajina, aus der die erbarmungslosesten Kämpfer in den serbisch-kroatischen und bosnischen Kriegen des zerfallenden Jugoslawien stammten; und einen anti-türkischen Nationalismus, an den die spätkommunistischen Machthaber in Bulgarien in der zweiten Hälfte der 80er Jahre appellierten, als sie die muslimische Minderheit zwangen, »bulgarische« Namen anzunehmen.

Die wichtigsten modernen Momente in der Geopolitik der Volkskultur sind die Französische Revolution und die beiden Weltkriege des 20. Jahrhunderts, und zwar sowohl in ihrer unmittelbaren Nachwirkung wie auch in ihrem Einfluß auf die weitere Entwicklung. Was das erstgenannte Ereignis betrifft, so sollten wir uns an Eric Hobsbawms (1962, 162) Schlußfolgerung erinnern: »Man kann so gut wie ohne Übertreibung sagen, daß keiner der wichtigen Kontinentalstaaten westlich von Rußland und der Türkei und südlich von Skandinavien aus den zwei Kriegsjahrzehnten ohne eine Veränderung seiner Institutionen nach französischem Muster hervorging.«

Es entspricht genau der Linie von Hobsbawms Analyse, wenn man die Ausdehnung der Französischen Revolution durch den Hinweis spezifiziert, daß das Kaiserreich Österreich und das Königreich Preußen, obwohl von Napoleon schwer geschlagen, selbst und auf eigene Art und Weise ihre Anpassungen an das revolutionäre Zeitalter vornahmen. Mit anderen Worten: Es gab das napoleonische Europa – also Frankreich, die Niederlande, der Westen Deutschlands, die Schweiz, der Appenin und die Iberische Halbinsel sowie weitgehend das heutige Polen, Kroatien und Slowenien –, ein Gebiet also, das fast identisch ist mit dem westeuropäischen Teil des Römischen Reiches (ohne Großbritannien, dafür mit Polen). Außerhalb gab es die beiden germanischen Herzländer Preußen und Österreich, Ungarn, den osmanischen Balkan, Rußland, die Britischen Inseln und die skandinavischen Länder. Letztere begannen in den spätern 1780er und 1790er Jahren, also zeitgleich mit den revolutionären Erhebungen in Frankreich und seinen Nachbarstaaten, mit grundlegenden eigenen gesellschaftlichen Reformen (vgl. zu dieser bislang kaum bemerkten Koinzidenz Therborn 1989a).

Die beiden Weltkriege und ihr Ergebnis zogen aufs neue die alte Trennlinie zwischen Ost und West, sie bewirkten das französisch-deutsche Trauma, von dem der Prozeß der europäischen Einigung seinen Ausgang nahm, und bestätigten den Schweizern und Schweden den Erfolg ihrer Neutralität, während die Holländer, Dänen und Norweger im zweiten Krieg deren Nutzlosigkeit erkennen mußten.

Kulturell gesehen riß der Ausgang des Zweiten Weltkriegs Europa auseinander. Im Osten tanzten die kommunistischen Machthaber nach der Pfeife des Kreml und versuchten, allerdings mit immer weniger Erfolg, ihre aufmüpfigen Gesellschaften dazu zu bringen, die sowjetischen Institutionen, ihre monumentalen Ambitionen und Rituale zu übernehmen, einschließlich der gigantischen Stalinstatuen, die nach dem XX. Parteitag der KPdSU wieder vom Sockel gestürzt werden mußten. Im Westen war die einstige Machtfülle Deutschlands und Italiens völlig zerschlagen, diejenige Großbritanniens und Frankreichs begann schnell zu verblassen. Statt dessen waren die USA nähergerückt, in den Augen der Antikommunisten waren sie gar eine Art Ehrenmitglied Europas geworden: Sie stellten die stärkste Kraft in der NATO, spielten auf allen europäischen Sicherheitskonferenzen unter den westlichen Staaten die Schlüsselrolle und bildeten den großen Anziehungspunkt für alle Arten »westlicher Kultur«.

Diese Geographie der Erfahrung hat auch nach dem Verschwinden der Institutionen noch Bestand. »Sozialismus« und »sozialistisch« haben im westlichen lateinischen Europa der 90er Jahre eine andere Bedeutung als im Osten. »1968« trägt in West- und Osteuropa geradezu entgegengesetzte Konnotationen mit sich. Eine weit verbreitete, wenngleich keineswegs universelle, osteuropäische Erfahrung mit diesem Jahr brachte ein junger serbischer Soziologe dem Verfasser gegenüber im Juni 1991 zum Ausdruck, als er bezogen auf Jugoslawien meinte: »Nach 1968 konnte kein vernünftiger Mensch mehr an den Kommunismus glauben.«

Im Osten war 1968 das Jahr der antisemitischen Hetzkampagne in Polen, der brutalen Niederschlagung der Belgrader Studentenproteste durch die Polizei, des Einmarsches in die Tschechoslowakei mit der anschließenden Frostperiode, die sich über diesen Teil Europas legte. Im Westen hingegen brachte 1968 eine neue Generation der Linken hervor, von denen viele auf die eine oder andere Art zu Kommunisten wurden. Ihre Weisheit war stets umstritten, doch die Intelligenz ihrer prominenten Vertreter wurde nur selten in Abrede gestellt. Es war das Jahr des Protests gegen den Krieg der Amerikaner in Vietnam, der Studentenrevolte, der Maiereignisse in Frankreich; man erwartete einen baldigen revolutionären Wandel der Gesellschaft; man entdeckte den Marxismus, in China tobte die Kulturrevolution Maos, und in der Dritten Welt traten die nationalen Befreiungsbewegungen auf den Plan (vgl. dazu auch Kap. V,1).

Die Teilungen eines christlichen Kontinents

Die Religion, das Christentum war die erste kulturelle Legierung in Europa, die eine Affinität zwischen den vielen verschiedenen Herrschern der Kontinents und ihren Untergebenen zu Bewußtsein brachte: Das christliche Europa wurde der Welt des Islam entgegengestellt.

Von Anfang an untermauerten strukturelle Institutionen die Vorstellung von Europa als dem Kontinent des Christentums: das Papsttum und die Idee von einem christlichen Reich seit Kaiser Konstantin und erneut seit Karl dem Großen sowie die Kirchensprache, also das Lateinische im Westen, das Griechische oder Slawische im Osten. In einigen Ländern (Spanien, Portugal, Polen, Österreich, Serbien) wurde die Religionsgrenze zu einem bestimmenden Aspekt der Nationalkultur.

Nachdem die Religion Europa zum erstenmal vereint hatte, war sie auch als erste hauptverantwortlich für die Teilung des Kontinents: seit 1054 in Ost und West, seit 1517 in Nord und Süd (in Westeuropa). Beide religiös motivierten Spaltungen hatten weitreichende gesellschaftspolitische Implikationen, die hier nur angedeutet werden können. Grob gesagt blieb das osteuropäische Christentum an die politische Macht gebunden und von den geistigen Strömungen der Zeit abgeschnitten, während die Kirche im Westen den entgegengesetzten Weg einschlug: Sie kämpfte um ihre Unabhängigkeit von den säkularen Machthabern bzw. beteuerte ihre Unabhängigkeit und stand in enger Verbindung mit der Gelehrsamkeit und den jeweiligen aktuellen geistigen Auseinandersetzungen.

Die Spaltung zwischen Reformation und Gegenreformation war jedoch nicht nur eine Frage der Theologie. Es ging auch darum, ob man sich mit der weltlichen politischen Macht verbünden oder auf Autonomie ihr gegenüber bestehen sollte, ob man auf die Nationalsprachen zurückgreifen und sie vereinheitlichen oder am internationalen Latein festhalten sollte, ob man die Fähigkeit zur Bibellektüre fördern sollte oder nicht (also die Frage der Alphabetisierung). Auf Max Webers These von der Beziehung zwischen Protestantismus und dem »Geist des Kapitalismus« wollen wir hier gar nicht weiter eingehen. Stein Rokkan jedenfalls sah im Ergebnis der Reformationsbestrebungen *die* kulturelle Nord-Süd-Trennlinie Europas (vgl. dazu Rokkan/Urwin 1983, bes. Kap. 1; Rokkan 1980).

Die religiöse Teilung Europas folgt weitgehend den antiken Machtverteilungen. Das katholische Europa entspricht dem weströmischen Reich, ohne Großbritannien, dafür unter Einschluß des frühmittelalterlichen Irland und des hoch- und spätmittelalterlichen Polen und Litauens. Die Orthodoxie umfaßt das Europa des Ostreichs und das byzantinische Missionsgebiet bei den Slawen. Der Protestantismus setzte sich im nördlichen Teil des Kontinents durch, in Deutschland, in den Niederlanden nördlich und östlich des Limes sowie in Großbritannien (vgl. Karte 3). Diese Aufteilung im großen Maßstab sollte jedoch nicht die zahlreichen Überlagerungen von religiösen Mehrheiten und Minderheiten vergessen lassen, die sich aus den Glaubenskriegen im 16. und 17. Jahrhundert ergaben.

Seit dem Fall des Kommunismus hat die religiöse Karte Europas neue Bedeutung erlangt. Einer der neu aufflammenden Konfliktherde hat seine Wurzeln im alten Verhältnis zwischen Orthodoxie und Katholizismus, die immer wieder versuchten, sich teilweise zu vereinen, worauf wieder neue Konflikte entstanden.

Die Verteilung des Judentums in Europa folgte weitgehend der Verteilung der bigotten Machthaber im Spätmittelalter und 16. Jahrhundert. Im intoleranten Westen war es mit Ausnahme der Handelsrepubliken Niederlande und Venedig nicht zu finden oder vertrieben worden, im toleranteren Osten, ob nun bei den katholischen Polen oder den islamischen Osmanen, war es stark vertreten. Gleichwohl ist die europäische Kulturgeschichte nach dem Krieg dadurch geprägt, daß die Juden in ihr kaum mehr eine Rolle spielen.

Der Hauptgrund dafür ist natürlich der Holocaust, von dem (wie vom Terror der Nazis insgesamt) vor allem Osteuropa betroffen war. Es handelte sich um einen allgemeinen Genozid, aber die schlimmste Folge für das kulturelle Leben der Nachkriegszeit war wohl, daß das vorwiegend jüdische intellektuelle Milieu vollständig ausgelöscht war. Für alle mittelosteuropäischen Hauptstädte, angefangen mit Berlin, bedeutete dies eine deutliche Verarmung der Kultur, die vielleicht am stärksten in Wien zu spüren war. Auch für die soziale oder geographische Mobilität hatte der Holocaust einschneidende Folgen. Das betrifft vor allem das Verschwinden der jüdischen Arbeiterklasse, die vor dem Krieg fester und unverwechselbarer Bestandteil der Arbeiterschaft in Osteuropa, Amsterdam und London gewesen war.

Die heutige Zahl der Juden in Europa ist nicht bekannt; umstritten ist auch die Frage, ob man dabei nach religiösen oder ethnischen Kriterien zählen soll. Einzig in Frankreich, wo das Judentum durch den Zustrom aus dem postkolonialen Norden Afrikas wieder auflebte, und in Großbritannien im Westen sowie in der ehemaligen UdSSR und in Ungarn im Osten stellen sie etwa 1 Prozent der Bevölkerung.

Karte 3: Die großen Religionen Europas

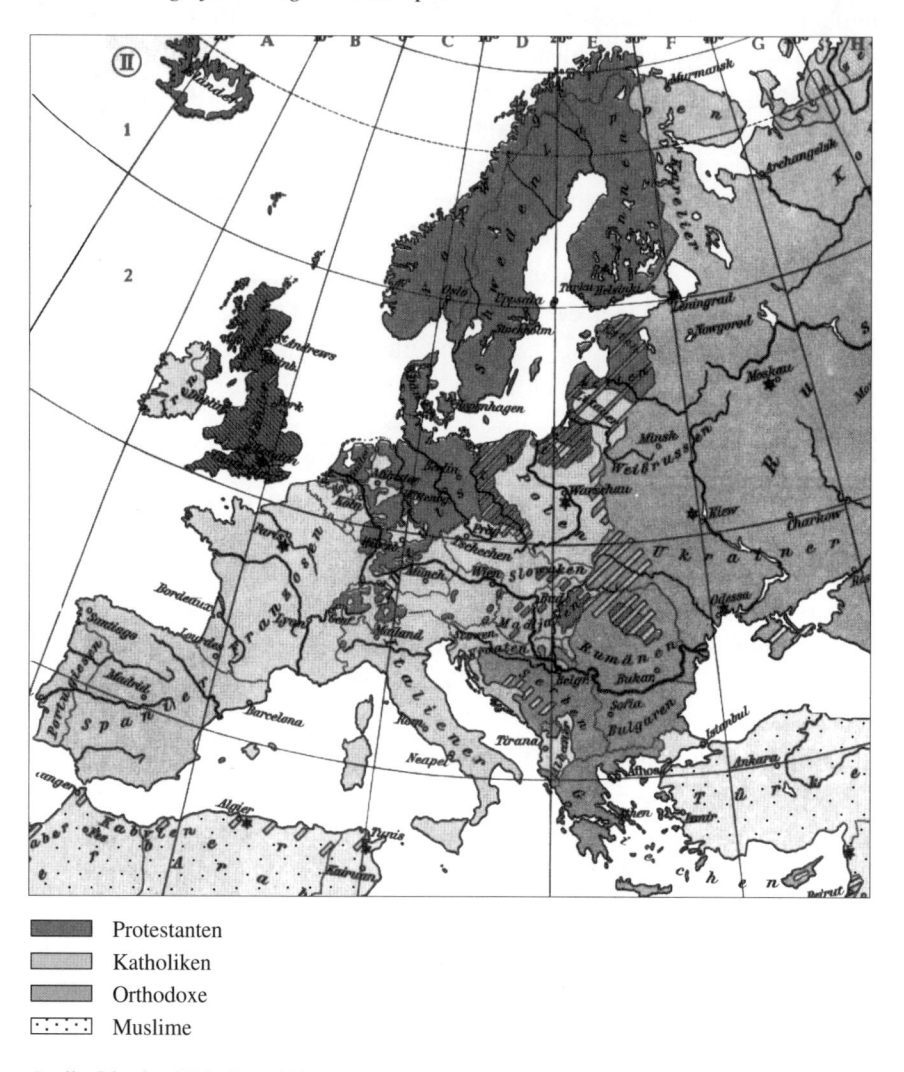

◼︎ Protestanten
◻︎ Katholiken
◼︎ Orthodoxe
⋯ Muslime

Quelle: Dierckes Weltatlas, 1972.

Die große Bedeutung des Islam in Europa wurzelt in der langen Herrschaft der Osmanen auf dem Balkan und der Mongolen in Rußland. Alteingesessene islamische Bevölkerungen von beträchtlicher Größe gibt es in Albanien, Bosnien-Herzegowina, Bulgarien, im Kosovo, in Mazedonien, Rußland (die Tataren) und Serbien. Die Hauptreligion bildet der Islam heute in Albanien und Bosnien-Herzegowina, eine starke Minderheit stellt er in Mazedonien, Restjugoslawien und Bulgarien (etwa 10 %). Bei etwa einem Prozent liegt der Anteil in Griechenland und Rumänien. Nach dem Krieg führte der Arbeitskräftemangel in Europa zum organisierten »Import« von Muslimen, wobei nach Deutschland und Belgien vor allem Türken kamen, während man in Frankreich und den Niederlanden Bewohner des Maghreb ins Land holte (Clévenot 1987, 331ff.).

Die Sprachen: Verbindungen und Trennlinien

An der Verteilung der Sprachen in Europa läßt sich auf faszinierende Weise ablesen, wie die Geschichte von Macht und Religion sich in einem neuen Medium niederschlug (vgl. Armstrong 1982, Kap. 8; Rokkan/Urwin 1983). Das Römische Reich, die Völkerwanderungen und die damit verbundenen bewaffneten Auseinandersetzungen formten das Grundmuster der Sprachen. Die Prozesse der Staatenbildung, die Reformation und die gedruckte Bibelübersetzung setzten Standards für die Dialektkontinua. Doch keiner dieser Einflußfaktoren hat eine saubere linguistische Trennlinie gezogen.

So ist beispielsweise die Westgrenze zwischen den romanischen und den germanischen Sprachen seit über 1000 Jahren bemerkenswert stabil; sie verlief jedoch nur selten entlang der wichtigsten politischen Grenzlinien in dieser Gegend. Ebensowenig korrespondiert sie einer religiösen Trennlinie noch irgendwelchen natürlichen Begrenzungen. Sie entfaltete sich westlich des Rheins, im heutigen französischen Elsaß, und verlief oder besser: zog einen Riß mitten durch das heutige Belgien (Armstrong 1982, 25, 281).

Auf der anderen Seite ist die einzigartige Dreiteilung in germanische, romanische und slawische Sprachen an der Nordküste der Adria weithin Ergebnis der politischen Machtwirren im 20. Jahrhundert. Die damit verbundenen kulturellen Möglichkeiten jedoch scheinen allein noch auf in der nostalgischen Erinnerung an das, was Triest einst war oder hätte werden können (vgl. Ara/Magris 1987).

Die moderne Sprachenkarte Europas wurde weitgehend von den Nationalisten des 19. Jahrhunderts gezeichnet. Zahlreiche neue Sprachen wurden erfunden, vom Norwegischen bis zum Serbokroatischen. Im Gegensatz zur klassisch orientierten arabischen Renaissance (*Nahda*) griffen die nationalistischen Intellektuellen Europas selbst dort, wo es naheliegend gewesen wäre, nicht auf die klassischen Sprachen wie Altgriechisch, Latein oder Kirchenslawisch zurück, sondern bauten ihre Erfindungen auf den Volksdialekten auf, die sie künstlich standardisierten (vgl. Hobsbawm 1991, 59ff.).[127]

In Westeuropa gibt es mehrere Sprachgemeinschaften über nationalstaatliche Grenzen hinweg. Großbritannien und Irland verbindet das gemeinsame Englisch; Deutschland, Österreich und der größte Teil der Schweiz sind deutschsprachig; in Frankreich, Wallonien und Brüssel sowie der Westschweiz spricht man französisch, in Holland und Flandern niederländisch.[128]

Das osteuropäische Muster unterscheidet sich vom westlichen auf interessante Weise. Hier finden sich Sprachdiasporas und -minderheiten, d.h. sprachliche Restbestände ehemals mehrsprachiger Staaten: Schwedischsprecher in Finnland, Russischsprachige im Baltikum usw. bis hin zur türkischsprachigen Bevölkerung im griechischen Thrakien. Dagegen fehlen die Sprachgemeinschaften, es kommt in jüngster Zeit vielmehr zu deren Auseinanderbrechen dort, wo sie einmal bestanden: Tschechoslowakisch wurde zu Tschechisch und Slowakisch, Serbokroatisch spaltete sich in Serbisch und Kroatisch.

Rechtsfamilien

Die vierte große Kulturtradition, die Nationen informell miteinander verbindet, nämlich das Recht, wurde von den Nicht-Fachleuten bislang weitaus weniger gewürdigt. Während die Gesetzgebung auf der nationalen Ebene stattfindet (und manchmal auf der subnationalen, wie wir weiter unten sehen werden) oder in internationalen Verträgen festgelegt wird, gibt es auch supranationale Traditionen des Rechtsbegriffs und Rechtsdenkens sowie im Hinblick auf die Rolle, die den Gerichten in einem funktionierenden Rechtssystem zukommen sollte. Auf dieser Grundlage unterscheidet man verschiedene Rechtssysteme oder »Rechtsstile« (vgl. dazu Zweigert/Kötz 1996). Im modernen westeuropäischen Recht differieren diese vor allem hinsichtlich der Art des Rechtsdenkens, der als gültig anerkannten Rechtsquellen sowie in spezifischen Rechtsbegriffen oder -institutionen.

In Westeuropa gibt es zwei Abstammungslinien: das angelsächsische gemeine Recht (*Common Law*) mit seiner besonderen Bedeutung der fallbezogenen Rechtsprechung und der gerichtlichen Präjudiz auf den Britischen Inseln sowie das kodifizierte bürgerliche Recht (*Civil Law*) auf dem Kontinent. Letzteres läßt sich seinerseits wiederum in drei bzw. für die Zeit von Ende der 40er bis Ende der 80er Jahre vier Rechtsfamilien oder Rechtskreise unterteilen. Hier ist zunächst die napoleonische Familie zu nennen, die auf den französischen Code Civil von 1804 zurückgeht; sie umfaßt Frankreich, Belgien Luxemburg, wahrscheinlich die Niederlande (sie sind jedoch auch durch den Nachbarn im Osten beeinflußt), Spanien, Portugal und Italien sowie darüber hinaus das kanadische Québec, Louisiana in den USA und andere außereuropäische Gegenden. Zum zweiten besteht eine germanische Familie, zu der Deutschland, Österreich, die Schweiz sowie Griechenland gehören (wobei das griechische Familienrecht bis in die 80er Jahre auf dem orthodoxen Kirchenrecht fußte).[129] Drittens schließlich gibt es eine nordische Familie, die als einzige institutionelle Formen der internationalen Rechtszusammenarbeit ausgebildet hat (vgl. zu dieser Untergliederung Zweigert/Kötz 1996).[130]

Vor dem Zweiten Weltkrieg glich Osteuropa westlich der UdSSR in rechtlicher Hinsicht einem bunten Flickenteppich, der noch immer unter dem Einfluß der vor 1919 dort herrschenden Imperien stand, einschließlich des Osmanischen Reiches und seiner muslimischen Rechtsschule von Hanafi. Das russische Recht leitete sich wie andere moderne Rechtssysteme in Europa vom römischen Recht her. Es war jedoch lange Zeit intellektuell unterentwickelt, ihm fehlten sowohl Rechtsgelehrte wie auch ein gefestigtes Justizwesen. Ins sowjetische wie auch ins postsowjetische Recht fanden alte russische Traditionen Eingang, so etwa die undeutliche Unterscheidung zwischen Erlaß und Gesetz, die Institution eines Vertreters des öffentlichen Interesses (einer Art Ombudsmann) und die mongolische Vorstellung von einer Dienstverpflichtung im Bedarfsfall.

Nach dem Krieg kam es in den osteuropäischen Ländern zum ersten Mal in der Geschichte zu einer nationalen Rechtsvereinheitlichung. Der kommunistische Sozialismus schuf eine eigene Rechtsfamilie, die man nicht auf die im Poststalinismus so genannten »Verletzungen der sozialistischen Gesetzlichkeit«, also auf eine Politik der Willkür reduzieren sollte. Das Besondere dieser sozialistischen Rechtsfamilie läßt sich ablesen an neuartigen Vorstellungen von Eigentum und Vertrag, an einer neuen Auffassung der Familienbeziehungen, an neuen Institutionen für die Schlichtung zwischen

Unternehmen oder die Laiengerichte (vgl. Berman 1963; Zweigert/ Kötz 1996, Tl. V). Wir haben oben jedoch auch gesehen, daß und wie Vorkriegsvorstellungen von sozialen Anrechten im kommunistischen Europa bewahrt, modifiziert oder wiederbelebt wurden.

Obwohl der napoleonische Code anfangs mit Hilfe der Gewehre der französischen Armeen Verbreitung fand, bezeugt die Tatsache, daß er nach der Schlacht von Waterloo beibehalten wurde und der Rechtkodifikation in Italien, Spanien und Portugal im späten 19. Jahrhundert seinen Stempel aufdrückte, einen kulturellen Einfluß, der über rein militärische Macht bzw. deren Erfahrung und die Erinnerung daran hinausreicht. Er blieb auch Grundlage des bürgerlichen Rechts im deutschen Rheinland und in Baden, bis das Deutsche Reich dann mit dem Bürgerlichen Gesetzbuch (BGB) 1896 auf eine einheitliche Rechtsgrundlage gestellt wurde. Österreich erhielt sein modernes Gesetzbuch, das aus der josephinischen Aufklärung hervorging, im Jahr 1811.

Die Rechtszusammenarbeit und Rechtsabstimmung zwischen den nordischen Staaten mittels Juristenkommissionen begann 1872, d.h. noch bevor ähnliches zwischen den Schweizer Kantonen (1874) oder den US-amerikanischen Bundesstaaten (1892) stattfand (Eyben 1962; Schmidt 1971). Erstes Gemeinschaftsunternehmen war dabei das Handelsrecht, gefolgt vom Familienrecht. Letzteres kann als die wohl wichtigste Errungenschaft der nordischen Rechtskooperation gelten und wurde in den 20er Jahren in vielen Ländern übernommen. Auch das gesamte 20. Jahrhundert hindurch blieben die Kontakte innerhalb der nordischen Rechtsfamilie bestehen.

Die rechtliche Integration ist nunmehr auch wichtiger Bestandteil des europäischen Integrationsprozesses. Eine Schlüsselrolle spielt dabei der Europäische Gerichtshof, dessen Machtbefugnisse eher denjenigen des Obersten Gerichtshofs der USA ähneln (wenngleich nicht ganz so weitreichend sind) als denen der nationalen europäische Gerichte (vgl. Martens 1970; allgemein Hartley 1983; Boulouis 1991). Auf der Grundlage der Gemeinschaftsabkommen und gestützt auf die nationalen Rechtssysteme, entwarf der Gerichtshof für seine Rechtsprechung bestimmte allgemeine Rechtsprinzipien. Am einflußreichsten scheinen dabei das französische und das deutsche Recht gewesen zu sein, aber der Gerichtshof hat sich zu einer starken und selbstbewußten supranationalen Institution entwickelt, die auch imstande war, das Common Law Großbritanniens zu integrieren (vgl. Hartley 1983; zu den Problemen Großbritanniens mit dem Gemeinschaftsrecht vgl. Mitchell 1971). Seit dem Fall Van Gend en Loos 1963 ist es im Rahmen des Integrationsprozesses gelungen, das Primat des Gemeinschaftsrechts über das nationale Recht und seine »unmittelbare Anwendbarkeit« (*l'applicabilité directe*) auf die nationalen Rechtsprechungen durchzusetzen.

Gleichwohl handelt es sich dabei um einen komplexen Prozeß, und eine generelle Vereinheitlichung ist nicht in Sicht. Es sieht eher so aus, als sei eine europäische Rechtsfamilie im Entstehen, in der vielfältige Beziehungen zwischen Gemeinschaftsrecht und nationalem Recht bestehen, die sich unter den Begriffen Substitution, Harmonisierung, Koordination und Koexistenz zusammenfassen lassen (Boulouis 1991, 209ff.). Hinzufügen sollte man wohl eine ganze Reihe von Anpassungen nationalen Rechts und nationaler Rechtsprechung an die veränderte normative Ordnung Europas.[131]

Die audiovisuelle Amerikanisierung

Die vier bisher genannten Dimensionen des europäischen Kulturraums haben innerhalb Europas vor allem zu Abgrenzungen geführt, indem sie Nationen kulturell einander näher brachten und trennten. Der Dimension der audiovisuellen Kommunikation kommt eine ganz eigene Bedeutung zu, vor allem durch die Art und Weise, wie sie die europäische Kultur mit außereuropäischen Kulturen in Beziehung setzt. Ein wenig überzeichnet könnte man sagen, daß das vorherrschende Muster internationaler audiovisueller Kommunikation Europa zu einem kulturellen Satelliten macht, der die nordamerikanische (und in einem gewissen Sinne allgemeiner angelsächsische) Massenkultur umkreist.

Insoweit die Massenkultur des 20. Jahrhunderts international war, war sie weitgehend amerikanisch (und mitunter britisch). Auf dem europäischen Kontinent tauchten die neuen Zeichen der Zeit erstmals nach dem Ersten Weltkrieg auf: Jazz, amerikanische Tanzmusik und Filme aus Hollywood. Nach dem Zweiten Weltkrieg beschleunigte sich dieser Prozeß, vor allem durch das Aufkommen der Rockmusik und des Fernsehens.

Mit dem Niedergang des öffentlich-rechtlichen Fernsehens in den 80er Jahren, der sich unter dem Druck neuer Telekommunikationsformen (Satelliten- und Kabelfernsehen) und ideologischer Vorstellungen vollzog, erreichte dieser Prozeß eine neue Stufe. Bis dahin hatte das gesetzlich geregelte öffentlich-rechtliche System den europäischen Rundfunkanstalten einen weitgehend identischen Charakter verliehen; manchmal neigte dieser der Regierung zu, viel öfter aber ging die Tendenz hin zu einer staatstragenden Objektivität und einer ein wenig oberlehrerhaften Vorstellung von kultureller Bildung (vgl. Kleinsteuber u.a. 1986; Balle 1990, 317ff., 501ff.).

Auch wenn spezielle antikommunistische Rundfunksender wie Radio Free Europe und Radio Liberty ohne Zweifel eine gewisse Hörerschaft im Osten Europa erreichten, war es vor allem die Ausbreitung des Fernsehens, die in den 80er Jahren eine andere als die vertraute heimische Welt ins Wohnzimmer brachte. Die Ostdeutschen sahen eher West- als Ostfernsehen, die Esten empfingen finnische Sender, und die Rumänen bevorzugten statt der heimischen bulgarische oder jugoslawische Fernsehstationen. Die audiovisuelle Massenkommunikation durchlöcherte allmählich den sogenannten Eisernen Vorhang (zur DDR vgl. Lemke 1991, 190; die anderen Informationen entstammen Interviews des Verfassers).

Laut einer Umfrage aus dem Jahr 1988 waren gut zwei Drittel der Fernsehprogramme, die in Luxemburg, Italien, Irland, Spanien, Portugal und Frankreich gesehen wurden, europäischer Herkunft, d.h. es handelte sich entweder um nationale Sender oder um aus anderen europäischen Ländern importierte. Für ein Medium, das ins private Wohnzimmer reicht, ist das eine bemerkenswerte außereuropäische Orientierung (Balle 1990, 515).

Amerikanische Filme nehmen in den frühen 90er Jahren auf so gut wie allen europäischen Märkten eine beherrschende Stellung ein, ihr Anteil liegt bei etwa zwei Dritteln (*Svenska Dagbladet*, 25. 11. 1993, 27).[132] Der französische Film hat in den letzten Jahren stark an Gewicht verloren, konnte aber immer wieder an Boden gutmachen. Frankreich führte denn auch 1993 in den GATT-Verhandlungen diejenigen Kräfte an, die auf eine europäische Filmprotektion drangen, nicht ohne Erfolg.

Der Musikmarkt ist eher amerikanisch-britisch als US-dominiert. Tonträger sind zu einem der wichtigsten Bestandteile spätmoderner Massenkultur geworden. Aus bestimmten Gründen ist dies in Italien und Frankreich weniger der Fall als in Deutschland und Großbritannien, in Österreich weniger als in der Schweiz und in Belgien in geringerem Maße als in den Niederlanden. Die eifrigsten Musikkäufer in Europa sind dabei, pro Kopf gerechnet, die Briten (3,8 Alben pro Kopf 1988), gefolgt von den Schweizern und den Westdeutschen (3,1), In Italien dagegen waren es nur 0,8, in Frankreich 1,9 (Berechnungen nach Consumer Europe 1989/90, 476f.).[133]

90 bis 95 Prozent der verkauften Alben fallen unter die Sparten Rockmusik und leichte Muse, 5 bis 10 Prozent sind klassische Musik. Die Zahlen für Klassik lagen in Österreich, Frankreich und, 1990, in Großbritannien höher, während diese Sparte in den USA, den Niederlanden und Schweden

einen geringeren Anteil ausmachte; Deutschland liegt etwa in der Mitte (*Economist*, 21. 12. 1991, Beilage ›A Survey of the Music Business‹, sowie Interviews mit Mitarbeitern der niederländischen und schwedischen Vereinigungen der Schallplattenproduzenten, NVPI bzw. GLF). Ausländische Popmusik, vor allem britische und amerikanische, macht 60 bis 65 Prozent der Verkäufe in Schweden und den Niederlanden aus. In Deutschland bietet sich wahrscheinlich ein etwas anderes Bild, aber auch hier spricht einiges für die Vermutung, daß der weitaus größte Teil der Musik entweder aus heimischen Gefilden oder aus dem angelsächsischen Raum stammt und eher selten aus anderen europäischen Ländern. Auch in diesem Bereich versuchen die Franzosen Widerstand zu leisten; dort gibt es zum Beispiel einen Fernsehkanal für französische Musik, der mit dem amerikanischen Weltsender MTV zu wetteifern versucht, sowie andere Schutzbestimmungen rund um den einheimischen *chanson*.

Die Muster audiovisueller Kommunikation stellen eine Grunddimension der zeitgenössischen Kultur dar. Sie zeigen eine ganz eigene Ausprägung, die sich deutlich von anderen kulturellen Aspekten und Formen unterscheidet. Den europainternen kulturellen Abgrenzungen, die auf unterschiedlichen Erfahrungen von Macht, Religion, Sprache und Recht gründen, fügt die audiovisuelle Dimension ein kulturelles Zentrum des zeitgenössischen Europa hinzu, das außerhalb des Kontinents liegt. Man kann durchaus erwarten, daß die Orientierung an Fernsehen, Rundfunk, Kino und Musik die Weltsicht der Konsumenten beeinflußt, auch wenn man bis jetzt recht wenig darüber weiß, auf welche Weise und in welchem Ausmaß das geschieht. Aber die Vermutung scheint nicht abwegig, daß diese Schicht der europäischen Kultur in Beziehung steht zu den Ergebnissen, die eine großangelegte Umfage unter den westeuropäischen Verbrauchern im Frühjahr 1991 erbrachte. So würde in Großbritannien, Frankreich, Deutschland und Italien eine Mehrheit, wenn sie im Ausland leben müßte, die USA, Kanada oder Australien jedem europäischen Land vorziehen. Unter den sechs befragten Nationen gab es nur in den Niederlanden und in Spanien eine Präferenz für Europa. Vor allem unter jungen Menschen (16 bis 24 Jahre) war die Vorliebe für die angelsächsische Welt besonders ausgeprägt (zit. n. *Financial Times*, 19. 9. 1991, 8).

Teil IV: Enkulturationen

Eine der grundlegendsten soziologischen Prämissen lautet, daß menschliche Lebewesen über keine »stabilen Präferenzen« verfügen, die allenfalls dem Wunschdenken irgendeines beamteten Wirtschaftsexperten entspringen. Im Gegenteil besteht einer der soziologisch faszinierendsten Aspekte der Menschen darin, daß sie unterschiedlichen Kulturen angehören: Sie umfassen verschiedene Identitäten, verfügen über unterschiedliche Arten des Wissens – und sind nicht nur »ungenügend informiert« – und achten auf verschiedene Werte und Normen.

Diese Identitäten, Kognitionen, Werte und Normen sollte man ebenso wie ihre strukturellen Gegenstücke (Grenzen, Aufgaben, Rechte, Mittel, Risiken und Chancen) als Ergebnisse fortwährend ablaufender Prozesse sehen, ob nun des Wandels oder der Reproduktion. Darum sprechen wir hier auch lieber von Enkulturationen als von Kulturen.

Unser Fach hat den Grundfragen der Kultur höchst ungleichmäßige Beachtung geschenkt. Werte und Normen gehören dabei sozusagen zur Grundausstattung. Die Soziologie des Wissens, die als solche der Zwischenkriegszeit entstammt, aber ihre Wurzeln bei Émile Durkheim im frühen 20. Jahrhundert hat, hat heute eine fast klassische Patina angenommen. In den letzten Jahren sind auch Sprache und andere kulturelle Codes, symbolische Formen, kommunikatives Handeln, symbolischer Wettstreit sowie Symbolhierarchien ins Rampenlicht gerückt.

Was jedoch Identität anbelangt, so herrscht hier erstaunliches Schweigen, das nicht nur wegen der Bedeutung von Identität bemerkenswert ist, sondern mehr noch, weil von ihr im Moment besonders gern die Rede ist: in der Politik und Ideologie des Multikulturalismus, in den jüngsten Behauptungen einer religiösen oder nationalen Identität (also in Sachen »Fundamentalismus« und Nationalismus).

Eine ernsthafte soziologische Selbstkritik dieser Art gilt es zu belegen. So gibt es im jüngsten internationalen Handbuch zur Soziologie nicht einmal einen Registereintrag ›Identität‹, geschweige denn einen Artikel dazu. Das im Moment international meistbenutzte Textbuch enthält ebenfalls keinen entsprechenden Registereintrag. Das Wort taucht zwar in zwei Untertiteln auf – so ist von kultureller Identität und Geschlechteridentität die Rede –, aber eine Diskussion auch nur zu irgendeinem Problem der Identität findet sich, abgesehen von einer kurzen Zusammenfassung von Freuds Sicht der Geschlechteridentität und dem Hinweis, daß diese aus feministischer Sicht kritisiert worden sei, nicht. Gleiches gilt für ein zehnseitiges »Glossar der Grundbegriffe« und für ein 19 Seiten langes »Glossar wichtiger Begriffe«; auch dort ist der Begriff der Identität keine Erwähnung wert. Auch in dem zur Zeit vermutlich avanciertesten theoretischen Reader zur Soziologie findet sich im Register weit und breit nichts von Identität. Und schließlich scheint es sogar möglich zu sein, wichtige aktuelle Aufsatzsammlungen zur Kultursoziologie zu veröffentlichen und dabei Fragen der Identität fast vollständig außer acht zu lassen (vgl. Smelser 1988; Giddens 1995; Collins 1988; Alexander/Seidman 1990; Wuthnow 1992).[134]

1. Identitätsfragen

»Wir« und »die Anderen«

Das Wort »Identität« stammt aus dem nachklassischen Latein und bedeutet »Selbigkeit«. Als solche ist sie nur in dialektischem Zusammenhang verwendbar, d.h. in Verbindung mit ihrem Gegenteil, der »Andersheit«. Aufgrund dieser Dialektik können wir sagen, daß die Andersheit der Selbigkeit bei der Schaffung einer Identität vorgeordnet ist. Der große norwegische Anthropologe Fredrik Barth hat uns das schon vor einem Vierteljahrhundert gelehrt, als er vermutete, daß ethnische Untersuchungen ihren Blick auf die »*Grenze*, die die Gruppe definiert«, zu richten hätten (Barth 1969, 15). Das »alter« ist dem »ego« übergeordnet. Die Rede vom »Selbst« bedeutet herkömmlicherweise denn auch »nicht jemand anderer«.

Der Prozeß der Identitätsbildung besteht aus drei wichtigen Komponenten: Unterscheidung; Ausbildung eines Selbstbezugs oder Selbstbildes; Anerkennung durch andere.

Unterscheidung bezieht sich auf die Abgrenzung eines potentiellen »Ich« oder »Wir« von der Umwelt. Bei diesem Unterscheidungsprozeß spielen vor allem zwei Aspekte eine Rolle: die Erfahrung eines Anderen und die Entdeckung eines Selbst.

Unterscheidung ist eine gesellschaftliche Konstruktion einer Grenze. Obgleich sie der Dynamik der Persönlichkeitsbildung inhärent ist, besitzt sie nicht notwendig eine Grundlage innerhalb eines Systems sozialer Interaktion. In modernen Gesellschaften sollte man sie eher als Ergebnis des Wettstreits zwischen möglichen Abgrenzungen betrachten. Letztere schließen nicht nur die Skizzierung verschiedener Kollektive ein, sondern auch die Entscheidung über die Frage ›Gruppe/Gemeinschaft oder Individuen/ Aggregate?‹ Wie andere Konstruktionen haben auch kollektive Identitäten ihre Architekten, ihre Bauunternehmer und ihre Bauarbeiter, die sich hinsichtlich ihrer Wettbewerbsfähigkeit auf dem unvollständigen Markt der Identität unterscheiden. So sollte man etwa erwarten, daß in Situationen ungewohnter Unsicherheit oder Not diejenigen Unternehmer, die für Mißtrauen und enger gesteckte Grenzen der Identität eintreten, erfolgreicher agieren als Verfechter von Vertrauen und offenen Grenzen.

Unter ansonsten gleichen Bedingungen können wir auch vermuten, daß trotz der immanent konstruierten Grundlagen kollektiver Identitäten eine abgegrenzte Identität um so früher und ausgeprägter entsteht, je deutlicher die Anderen wahrzunehmen sind und je verschiedener sie erscheinen. Deshalb dürfte es kaum überraschen, daß die Wende Europas von einem Kontinent der Auswanderung zu einem der Einwanderung zu einem größeren ethnischen Bewußtsein der Europäer geführt hat.

Da wir uns hier auf Erfahrungen beziehen, gilt natürlich auch, ceteris paribus, das Umkehrverhältnis: je klarer das Selbst, desto deutlicher der Unterschied zu den Anderen. Das ist auch der Grund, warum die nordischen Länder, die, relativ gesehen, in sozioökonomischer Hinsicht über das größte Maß an Gleichheit verfügen, die am stärksten ausgeprägte Klassenidentität in Europa aufweisen (vgl. dazu den nächsten Abschnitt sowie den Abschnitt über klassenspezifisches Wahlverhalten in Kap. IV,3).

Die Erfahrung der Andersheit des Anderen ist eng verbunden mit (aber nicht zu reduzieren auf) die Entdeckung und Schaffung des Selbst. Zu dieser Ausbildung des Selbst gehört die Loslösung von nahestehenden Anderen. Abgesehen von der Erfahrung der Anderen scheint dieser Selbstbehauptungsprozeß vor allem durch die Zunahme der inneren Ressourcen, ob nun eines Individuums, einer Gruppe von Berufstätigen oder einer historischen, potentiellen Gemeinschaft, angetrieben zu werden. Das heißt, je mehr Ressourcen zur Verfügung stehen, desto lauter ist die Forderung nach Abgrenzung und Autonomie. Das gilt meiner Ansicht nach für die Dynamik der menschlichen Persönlichkeit ebenso wie für die Geschichte von Berufen oder Nationalstaaten, wie sich jüngst erst gezeigt hat, als die baltischen Länder bzw. Slowenien und Kroatien eine Vorreiterrolle beim Aufbrechen der UdSSR bzw. Jugoslawiens spielten.

Unterscheidung ist ein sehr ungleichmäßig verlaufender Prozeß, der einen längeren Zeitraum in Anspruch nimmt. Er enthält ebenso eruptive, ruckartige Momente wie stabile, lange andauernde Zwischenphasen der Wahrnehmung von Selbst und Anderem. Im Bereich der kollektiven Identitäten bilden Kriege und der Zusammenbruch einer bestehenden staatlichen Ordnung die dramatischsten und entscheidendsten Umbruchsituationen.

Zum zweiten sollte man Identität nicht als bloße Negation des Anderen sehen. Identität ist, zumindest unter normalen Umständen, auch etwas Positives, nämlich die Identifikation *mit* jemandem oder etwas, nachdem man sich einer bestehenden Getrenntheit bewußt geworden ist. Mit dem großen Soziologen Robert Merton und seiner Theorie der Bezugsgruppen kann man diesen zweiten Aspekt der Identitätsbildung als *Ausbildung eines Selbstbezugs oder Selbstbilds* (und möglicherweise auch mehrerer) bezeichnen (Merton 1995, Kap. 8 und 9). Der Begriff der »Ausbildung« meint hier das Ergebnis des Prozesses, mag es sich dabei nun um eine bewußte Selbstzuordnung, eine bewußte Sozialisation an andere oder um unbewußte Anpassungsprozesse handeln. Auch dieser Vorgang verläuft zeitlich sehr ungleichmäßig, er ist markiert durch wenige entscheidende Ereignisse und lang anhaltende Auswirkungen.

Hier kommt auch das Zeitalter, der »Zeitgeist« ins Spiel, der ein Muster relevanter Selbstentwürfe anbietet. Dabei sind vor allem die Kommunikationskanäle von Bedeutung.

Eine Hauptrolle bei der Konsolidierung und Reproduktion kollektiver Identitäten kommt Ritualen zu. Sie halten Erinnerung und Bedeutung lebendig, organisieren und visualisieren die Zusammengehörigkeit und sind Ausdruck gegenseitiger Rückversicherung, Selbstbestätigung des Kollektivs. Das bedeutet, daß *Rituale* einen wichtigen empirischen Zugang zu kollektiven Identitäten in einer Bevölkerung eröffnen.

Bei der Entstehung kollektiver Identitäten kann dieser Selbstbezug oder dieses Selbstbild als die einem potentiellen Kollektiv gemeinsame *Abstammung* konstruiert sein, als gemeinsame *Kompetenz* oder Aufgabe – daß man beispielsweise die gleiche Sprache spricht, Lohnarbeit verrichtet oder über eine besondere Bildung oder Einsicht verfügt – und/oder als Festhalten an bestimmten *Werten*, ob nun christlichen, muslimischen, sozialistischen, liberalen oder anderen.

Empirisch betrachtet, waren Identitäten, die sich über eine gemeinsame Herkunft oder gemeinsame Vorfahren definierten, am machtvollsten. Mehr als andere brachten sie Menschen dazu, zu töten und sich töten zu lassen. In der europäischen Geschichte ist diese alles überrragende nationale Identität unter dem Begriff der »Ideen von 1914« bekannt. Warum das so ist, ist eine immerwährende Frage der Literatur zum Nationalismus. Die soziologische Theorie, die unserer Arbeit hier zugrunde liegt, hat zumindest ein paar Hypothesen zu dieser Frage zu bieten.

Man sollte erwarten, daß Identitäten, die auf Ideologien des Einschlusses bzw. Ausschlusses gründen, stärker antagonistisch sind als solche, die sich aus unterschiedlichen Positionen innerhalb eines arbeitsteiligen Prozesses ergeben. Das heißt, ethnische und religiöse Identitäten müßten, falls sie sich in die Quere kommen, gewalttätiger aufeinanderprallen als Klassen- oder Berufsidentitäten (vgl. Therborn 1980, 22ff.). Zum zweiten kann es sein, daß nicht die nationale oder ethnische Identität als solche mächtig ist, sondern die Macht selbst. Wir können deshalb vermuten, daß die wirkungsmächtigsten kollektiven Identitäten diejenigen sind, die am wirkungsvollsten mit Macht ausgestattet sind. In der Moderne bilden die Staaten die wichtigsten Orte der Macht, insofern sich Macht überhaupt an einem Ort festmachen läßt. Die begeisterten Soldaten des Jahres 1914 identifizierten sich eher mit ihren Staaten als mit ihren Nationen. So kämpften etwa die Soldaten aus den verschiedenen Nationen des Habsburgerreiches, bevor die Welle vernichtender Niederlagen über sie hereinbrach, für den Kaiser und seinen Staat (Hobsbawm 1991, 149ff.).

Nationale oder ethnische Identität weist auch eine bedeutsame *zeitliche Dimension* auf. Eine ethnische Identität zu behaupten bedeutet zugleich, die Gegenwart und Zukunft der Vergangenheit unterzuordnen, zu glauben und zu sagen, daß die Vergangenheit wichtiger ist als die Gegenwart. Um welche ethnische oder nationale Zugehörigkeit es auch immer sich handeln mag, sie ist aus der Vergangenheit ererbt. Wer deine Eltern waren, ist entscheidender als das, was du tust, denkst oder werden könntest. Das heißt, je weniger Werte die Gegenwart zu bieten scheint, desto wichtiger wird die Vergangenheit, wird Ethnizität.

Der osteuropäische Nationalismus erwuchs zunächst aus der Schwächung der multinationalen bzw. nach offizieller Sprachregelung internationalistischen Anderen und schließlich aus der Entwertung von Gegenwart und Zukunft. Insoweit es den liberalen Sirenen des Westens gelingt, die versprochenen Güter der Mehrheit der Bevölkerung zukommen zu lassen, können wir annehmen, daß die Nationalismen in Osteuropa sich abschwächen, wenn nicht sogar ganz verschwinden. Falls das aber in absehbarer Zukunft nicht gelingt, und das erscheint im Moment eher wahrscheinlich, ist ein weiteres Umsichgreifen nationalistischer Reaktionen zu erwarten.

Schließlich hängt Selbstidentität vom Anderen nicht nur insofern ab, als man sich von ihm abgrenzt, sie muß auch von ihm anerkannt werden. *Anerkennung* ist damit der dritte wichtige Prozeß bei der Identitätsbildung.

Damit wird aber keine chronologische Abfolge dieser Prozesse behauptet. Anerkennung durch Andere kann der Unterscheidung auch vorangehen. In Form der Diskriminierung kann sie auch Anstoß zur Herausbildung einer kollektiven Identität sein. So haben beispielsweise der Antisemitismus und die Niederlagen universalistischer Projekte den Zionismus und andere Formen ethnischer Identität der Juden erst bewirkt.

In den gegenwärtigen Diskussionen um ethnische und sexuelle Identität steht eine »Politik der Anerkennung« im Mittelpunkt.[135] Auch in der aktuellen soziologischen Theorie der Professionen gilt die staatliche Anerkennung der Identität einer bestimmten Kategorie von Menschen, die als einzige über eine bestimme Art des Wissens verfügen, als entscheidend. Dagegen spielt sie in der Entwicklungspsychologie, der Sozialisationstheorie und in Bewußtseinstheorien eine untergeordnete Rolle, in der Rollentheorie wird sie lediglich postuliert.

Eine sehr wichtige, implizite Politik der Anerkennung besteht, auch wenn sie nur Verwaltungszwecken dienen, in den territorialen Grenzen eines potentiell multinationalen Staates, der sich beginnender nationalistischer Agitation ausgesetzt sieht. Dabei wiederholt sich in Europa in der ehemaligen UdSSR und im früheren Jugoslawien derselbe Grenzfetischismus, wie er auf dem amerikanischen Kontinent vor 200 Jahren oder in Afrika vor einer Generation zu beobachten war. Wie kontingent und neu auch immer sie sein mögen, so umfassen die vornationalen Grenzen zumindest das »heilige« Territorium des Vater- bzw. Mutterlandes, das natürlich auch »nicht-befreite« Gebiete jenseits der Grenze einschließen kann. Der Unterschied liegt freilich darin, daß diese administrativen und juristischen Aufteilungen in Amerika und Afrika im großen und ganzen pragmatisch für die Nationen- und Staatenbildung genutzt wurden. In Nagorny-Karabach,

Kroatien und Bosnien-Herzegowina jedoch haben sie zu blutigen Kriegen geführt und im Hinblick auf die Krimhalbinsel zu einem politischen Konflikt, der durchaus in einen Krieg münden könnte.

Eine Theorie der Identitätsbildung sollte deshalb nach den Schlüsselmomenten der Unterscheidung fragen, nach Angebot von und Nachfrage nach Bezugsbildern sowie nach positiver und negativer Anerkennung.

Soziologisch gesehen hat Identität vor allem drei Auswirkungen. Womit oder mit wem man sich identifiziert, ist eine wichtige *Quelle für die eigenen Werte und Normen*. Aus seiner Identität ergeben sich weitgehend die evaluativen Standards, der »Stil« und die Ethik eines Menschen. Zum zweiten bestimmt Identität den Spielraum, den *Rationalität* besitzt. Wenn man davon spricht, jemand strebe danach, das rationale Eigeninteresse zu befriedigen, so hängt das davon ab, wer dieses »eigene« Selbst ist: nur ich selbst, meine Eltern und ich, mein Partner und ich, meine Kinder und ich, meine Eltern, meine Partner, meine Kinder, meine Geschwister und ich, meine Klassengenossen und ich, meine Familie, mein Clan und ich, mein Stamm oder mein Volk und ich usw.?

Ein Beispiel aus jüngster Zeit sind die GATT-Verhandlungen zwischen der EU und den USA im Jahr 1993. Wenn es nach den Franzosen geht, schrieb kritisch ein Mitarbeiter der *Frankfurter Allgemeinen Zeitung*, müsse die Europäische Union eine »europäische Identität« sichern (*FAZ*, 25. 11. 1993, 15). Der Sozialist Dominique Strauss-Kahn, damals Minister für Industrie und Außenhandel und später Finanzminister, brachte diese französische Sichtweise zur gleichen Zeit auf die dramatische Formel: »Schließlich steht [bei den GATT-Verhandlungen] die Existenz Europas auf dem Spiel.« (*Le Monde*, 19. 11. 1993, 2). Sobald sie wirksam wird, hat eine kollektive Identität also auch Auswirkungen auf den Spielraum der Rationalität. Während die Franzosen behaupten, es gehe um die europäische Identität, sieht die »Zeitung für Deutschland« diese Behauptung als Ausdruck einer irrationalen »Wagenburgmentalität«.

Bevor die europäische Sprache nach Maastricht eine offizielle Vereinheitlichung erfuhr, spiegelten sich die unterschiedlichen Vorstellungen einer westeuropäischen Identität und Rationalität deutlich im Unterschied zwischen der kontinentaleuropäischen Vorstellung von einer »Europäischen Gemeinschaft« auf der einen und der entsprechenden britischen Standardformel vom »Gemeinsamen Markt« auf der anderen Seite. Mit einer Gemeinschaft kann man sich sehr wohl identifizieren, aber schwerlich mit einem Markt, nicht einmal mit einem »gemeinsamen«.

Drittens bestimmt Identität Umfang und Reichweite der geltenden Normen. Im Rahmen der Identifikation etwa ist das Töten eine Art von Selbstmord, die Verweigerung von Hilfe ist eine Art Selbstverleugnung, Ausscheren aus der Solidarität, Nestbeschmutzung. Außerhalb, also im Verhältnis zum Anderen, kann beides legitim sein, ja sogar eine Pflicht, ein Zeichen von Aufrichtigkeit und Anstand. Der Andere läßt sich über alle möglichen Formeln der Nicht-Identität bestimmen: Familie, Stamm, Ethnie, Klasse, Religion usw. Die Serben, die Sarajewo zerstören, identifizieren sich nicht mit Bosnien, ebensowenig die Kroaten, die Mostar angreifen; es sind vielmehr Serben, die sich selbst als Serben identifizieren, Kroaten, die sich als Kroaten fühlen.

Die eng umgrenzte europäische *Reichweite der geltenden Normen* wurde schon bei Kriegsende deutlich. Politiker und Militärs, die für sich in Anspruch genommen hatten, für Demokratie und Unabhängigkeit, gegen den Faschismus zu kämpfen, bewiesen, daß Demokratie und sogar elementare Bürgerrechte nicht für die Menschen in den französischen, belgischen und niederländischen Kolonien galten, daß sie vielleicht für Inder und einige andere Gültigkeit hatten, aber nicht für alle Untertanen Ihrer Majestät, der Königin von England. Nach dem bewaffneten Widerstand mußte diese europäische Beschränkung der Menschenrechte und Normen aufgegeben werden; in den frühen 60er Jahren fand der Universalismus zumindest formelle Anerkennung.

Im folgenden wollen wir zwei Arten von Identitäten näher betrachten, nämlich europäische Identitäten und Identitäten der Europäer. In beiden Fällen haben wir es mit sozialen Konstruktionen zu tun, die sich im Laufe der Geschichte herausgebildet haben. Identitäten sind kontingent, nicht zwingend. Jeder, der sich mit etwas identifiziert, kann über eine unbestimmte Anzahl von Identitäten verfügen, die er übernimmt bzw. anerkennt. Darum sind europäische Identitäten nicht identisch mit den Identitäten der Europäer. Letztere können viele Identitäten besitzen, von denen die europäische nur eine mögliche ist.

Europäische Identitäten beziehen sich hier auf die Identifikation mit Europa, die wir mit anderen territorialen Identifikationen vergleichen wollen. Die möglichen Identitäten der Europäer jedoch sind unbegrenzt. In diesem Zusammenhang konzentrieren wir uns auf die wichtigsten kollektiven Identitäten, wie sie in Ritualen und Feierlichkeiten zum Ausdruck kommen. Dabei werden wir eher auf die Geschichte Europas als Ort des Gedenkens stoßen denn auf Europa selbst.

Europäische Gedenktage

»Ganz besonders an Weihnachten fühlt man sich als Fremder«, meinte vor einigen Jahren eine Europäerin, die in Algier lebt (*Le Monde*, 26./27. 12 1993, 7). Eine kollektive Identität ist nicht nur eine Identität, die eine Ansammlung von Individuen gemeinsam in ihrem Inneren spürt. Als Herrschaft ist sie auch eine öffentliche Angelegenheit, die in öffentlichen Ritualen Ausdruck und Unterstützung findet. Ein Blick auf kollektive Identitäten muß sich deshalb zunächst auf Feiern und Zeremonien des jeweiligen Kollektivs richten.

Dabei zeigt sich, daß die kollektive Identität der Europäer noch immer vor allem anderen religiös bestimmt, also eine christliche Identität ist. Diese drückt sich weniger in einer umfassenden christlichen Theologie aus als vielmehr in der Teilnahme an den großen christlichen Feiertags- und Familienriten wie etwa Taufen oder Beerdigungen. Ein Europäer zu sein heißt, Weihnachten und Ostern (und vielleicht auch noch Pfingsten) zusammen mit fast jedem ringsum zu feiern. Zwar leben Christen auch in anderen Weltgegenden, von denen die meisten inzwischen auch den Sonntag als normalen arbeitsfreien Tag in der Woche übernommen haben; doch einzig in Europa und, zumindest großteils, in den von Europäern besiedelten Teilen der Neuen Welt folgt das gesellschaftliche Jahr weitgehend dem christlichen Kirchenjahr.

Die Bolschewisten schafften zwar Weihnachten ab, aber die neu eingeführten Neujahrsfeierlichkeiten unterschieden sich kaum vom Weihnachtsfest des orthodoxen Kalenders. Die orthodoxe Kirche hatte Neujahr und Weihnachten bereits miteinander verbunden, ebenso wie heidnische und christliche Bräuche. Als sowjetische Rituale in den 60er Jahren wieder auflebten, nahmen deren Veranstalter stets auf den christlichen bzw. in Zentralasien auf den islamischen Kalender Rücksicht (vgl. Lane 1981, Kap. 8).

Das Christentum war sehr lange Zeit multikulturell gewesen, und zwischen Sinter Klaas, der holländischen Kindern am 6. Dezember Geschenke bringt, und der Ankunft der Reyes Magos, die gleiches in Spanien tun, liegt immerhin ein ganzer Monat. Auch die relative Bedeutung von Weihnachten und Ostern variiert; letzteres Fest ist für die Orthodoxen und die spanischen Katholiken wichtiger als für die Protestanten.

Wenn ein Europäer erkennt, daß der Ausdruck »Al Qods«, der plötzlich in einem ansonsten vertraut wirkenden französischen oder englischen Text in einer, sagen wir, marokkanischen oder ägyptischen Zeitung auftaucht, das bezeichnet, was er üblicherweise »Jerusalem« nennt, so wird er das Gefühl haben, es hier mit unterschiedlichen Identitäten zu tun zu haben. Oder er mag es als seltsam empfinden, wenn er, der sich selbst für einen Christen hält, als »Messianer«, also als Anhänger des Messias bezeichnet wird, wie etwa im heutigen Arabisch, oder als »Nazarener«, wie in der Sprache der Qumran.

Dieser christliche Charakter des europäischen Kalenders wird wohl kaum davon berührt werden, daß sich in Europa in den vergangenen Jahren größere islamische Gemeinschaften angesiedelt haben. Die europäischen Muslime werden den Ramadan und andere Feste in den Freiräumen begehen, die ihnen der alles überwölbende christliche Kalender gewährt, wie das umgekehrt seit langem schon die Christen in der islamischen Welt tun. Weitaus größer dagegen ist die Bedrohung, die von den Fanatikern des Mammon und seinen Pharisäern ausgeht.

So beklagte sich der *Economist* in einem Editorial darüber, daß 1993 durch das Weihnachtsfest in Großbritannien zu viele Tage verloren gegangen seien, an denen man hätte »Handel treiben« oder »Geschäfte machen« können. Das Blatt forderte deshalb: »Gesetzliche Feiertage sollte man abschaffen«, sie seien »ökonomisch schädlich und kein Spaß«. Ich vermute, das ist eine der radikalsten Formulierungen eines individualistischen Warenfetischismus, die sich finden läßt (*Economist*, 25. 12. 1993, 16). Ob sie Erfolg haben wird, läßt sich jedoch bezweifeln.

Als zweites nach der etwas ausgedünnten Religion haben die Europäer ihre großen und schrecklichen Kriege gemeinsam. Ebenso wie die christlichen Festtage und deren große Augenblicke fallen auch die Erinnerungen an die gleichen Kriege zeitlich, formal und in ihrer relativen Wichtigkeit von Land zu Land unterschiedlich aus; dazu kommen im Gegensatz zum Christentum auch unterschiedliche Bedeutungen dieser Kriege. In Großbritannien und Frankreich begann man 1919 damit, den 11. November, den Tag des Waffenstillstands und des Kriegsendes, zu feiern, nicht als Tag des Sieges, sondern vielmehr als Tag der Trauer im Gedenken an die Gefallenen des Weltkriegs. Die Briten führten im ganzen Empire zwei Schweigeminuten um 11 Uhr ein. Nach dem Zweiten Weltkrieg wurde der 11. November bzw. der nächstgelegene Sonntag zum Tag des Gedenkens und der Trauer um die Toten beider Weltkriege in Europa.

Die Italiener feierten ihren Sieg über die Habsburgische Armee in Vittorio Veneto, dem Ort der siegreichen Schlacht des Ersten Weltkriegs, während die besiegten Mächte überhaupt nicht feierten. Darüber hinaus begeht

Italien den 25. April als Tag der Befreiung vom Faschismus, an dem 1945 die Widerstandsbewegung letztmals zur Erhebung aufrief. In Frankreich ließ Präsident Giscard d'Estaing den 8. Mai als nationalen Feiertag abschaffen, um sowohl Deutschland als auch dem Vichy-Frankreich eine Geste der Versöhnung zu erweisen. Diese Entscheidung war nicht besonders populär, und unter Präsident Mitterand wurde denn auch der 8. Mai wieder als Tag des Gedenkens an den Krieg etabliert.

Die Sowjets feierten den 9. Mai als Tag des Sieges. Ihnen galt der Zweite Weltkrieg als der Große Vaterländische Krieg, und wie stark der Nationalismus ist, zeigt sich daran, daß dieser Tag als Gedenktag weitaus lokaleren und familiäreren Charakter hat als der 1. Mai und der Jahrestag der Oktoberrevolution (Lane 1981, 143ff.). Und so wird er denn wohl überleben, während der proletarische Internationalismus und die Revolution diskreditiert sind. Unter dem Kommunismus feierten die osteuropäischen Länder das Ende der Naziherrschaft, das meist mit dem Einmarsch der Roten Armee zusammenfiel.

Die Feier des Endes der beiden Weltkriege bildet somit ein wichtiges kollektives Ritual der Europäer, das sich von Juli (Proklamation des polnischen Nationalbefreiungskomitees 1944) bis Mai erstreckt, wenngleich der Schwerpunkt auf den ersten Novembertagen und im Mai liegt. Trotzdem scheint es so zu sein, daß die nachgeborene Generation der darin liegenden Bedeutung gleichgültiger gegenübersteht als Christi Geburt, Tod und Auferstehung.[136]

Mit einigem Abstand folgt als dritter Aspekt kollektiver Identität unter Europäern die Klasse. Obwohl er allmählich verblaßt und aufgegeben wird, ist der *1. Mai* (bzw. ein Tag um den 1. Mai) noch immer ein gesamteuropäischer Feiertag. Selbst der Versuch der klassenbewußten, gegen die Arbeiterschaft eingestellten Regierung in Großbritannien, ihn abzuschaffen, wurde aufgegeben (*Financial Times*, 17. 12. 1993, 9).

Zwar stammt der Maifeiertag ursprünglich aus Nordamerika, und seine Zielsetzung ist eine universelle. Doch die Bemühung der American Federation of Labor (AFL) um den 1. Mai 1890 wurde in den USA von Beginn an überschattet von einer nicht klassenspezifischen Feier des Tages der Arbeit im September. Außerhalb Europas sowie, später, in den unter sowjetischem Einfluß stehenden Staaten wurde der 1. Mai nicht als Tag der Solidarität und der Forderungen der Arbeiterklasse institutionalisiert. In Lateinamerika, wo er in Buenos Aires und Havanna schon 1890 gefeiert wurde, verlief seine Geschichte sehr wechselhaft; das lag vor allem an den politischen

Wechselfällen in dieser Gegend, auch wenn er fester Bestandteil des argentinischen Peronismus, des brasilianischen Populismus und der mexikanischen Revolution war. Auch in Ozeanien, wo der Achtstunden-Tag schon früh durchgesetzt wurde, verschwanden die Maikundgebungen während des Kalten Krieges fast ganz. In Japan dagegen lebte die Tradition nach dem Zweiten Weltkrieg wieder auf.

Vor dem Zweiten Weltkrieg war der 1. Mai nur in drei Ländern nationaler Feiertag. Zunächst natürlich in der UdSSR, wo sich die Arbeiterbewegung schon 1917 auf den westlichen Kalender umgestellt hatte, um den Tag der Arbeit gleichzeitig mit ihren Klassen-Kameraden im Rest Europas zu feiern. Zum zweiten in Deutschland, wo allerdings 1919 ein Gesetz, das die Wiedereinführung des 1. Mai im darauffolgenden Jahr regeln sollte, keine parlamentarische Mehrheit fand, so daß der Feiertag nur in einigen Ländern wie Sachsen und Hamburg weiterbestand. Hitler war es dann, der 1933 den 1. Mai zum »Tag der nationalen Arbeit« machte; diese Tradition wurde bemerkenswerterweise auch in das von den Nationalsozialisten besetzte Europa, so etwa in die Niederlande, übertragen. Das dritte Land war Schweden, wo die sozialdemokratische Regierung 1938 den 1. Mai zum ersten nichtreligiösen Feiertag des Landes machte, da Schweden keinen eigentlichen Nationalfeiertag besitzt.

Nach dem Zweiten Weltkrieg wurde der 1. Mai fast überall in Europa, wenn auch in höchst unterschiedlicher Weise, zu einem wichtigen Feiertag der Arbeiterklasse. Die stärksten und dauerhaftesten Maitraditionen entstanden in den nordischen Ländern, in Österreich, Belgien, Italien sowie in Teilen der Schweiz (v.a. in Basel, Zürich und im Tessin).[137]

Aus den Zahlen für die 1. Mai-Abzeichen, die von den schwedischen Sozialdemokraten verkauft wurden, ergibt sich eine lange Zeitreihe zu den Maikundgebungen, die von den 20er Jahren bis in die 90er Jahre reicht.[138]

Trotz seines spezifischen hohen Niveaus dürfte der Graphikverlauf auch ein gutes Bild der westlichen Klassenidentitäten im Lauf der Zeit liefern. In den 30er Jahren verstärkten sie sich, wohl aufgrund der deprimierenden Erfahrung der Weltwirtschaftskrise. Nach dem Krieg stieg die Klassenidentifikation mit den Hoffnungen auf eine neue Gesellschaft erneut an, schwächte sich dann aber in den 50er und 60er Jahren wieder ab, als auf einmal die Möglichkeiten eines individuell ausgerichteten Konsumverhaltens gegeben waren und der Kalte Krieg Europa teilte. Ab 1970 erfolgte ein erneuter Anstieg, die Arbeiterbewegungen waren durch die Vollbeschäftigung gestärkt, und es entstand ein neuer Internationalismus, der nun auch antiimperialistische Studenten und zugewanderte Arbeiter mit einschloß. Seit Mitte der 80er Jahre läßt sich ein deutlicher Rückgang beobachten, dessen Ursachen wohl in der postindustriellen Arbeitsteilung wie in den Desillusionierungen eines linken Internationalismus liegen.

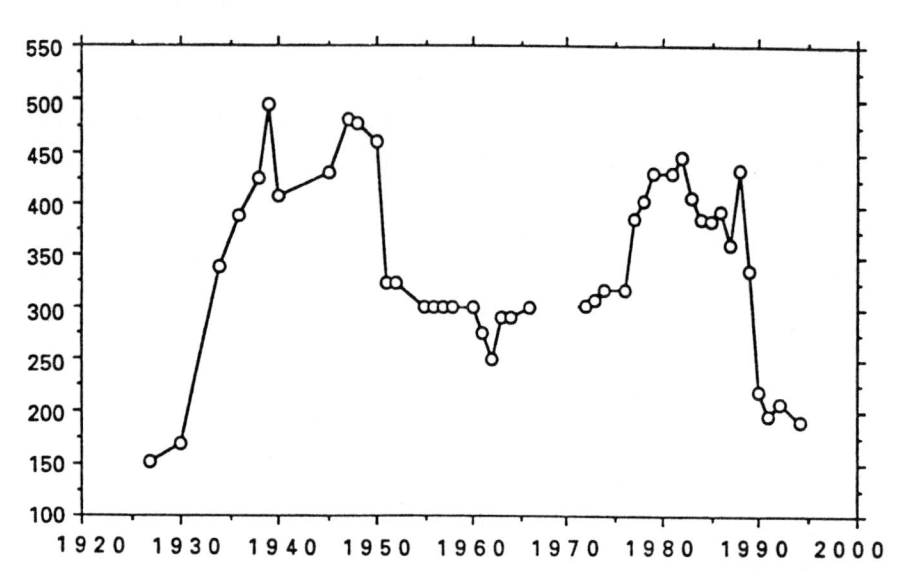

Abb. 6: Verkaufte 1. Mai-Abzeichen in Schweden 1927-1993 (in 1000)

Quellen: SAP Annual Report, 1916-1992; mündliche Mitteilung von Inger Mähler, Geschäftsführer der SAP.

Die Zukunft des Maifeiertags wird vermutlich davon abhängen, in welchem Maße er sich mit einem neuen und starken internationalistischen Multikulturalismus verbinden kann. Die Tendenz, daß sich der 1. Mai von einem Tag der Klassensolidarität und des Klasseninternationalismus zu einem des multiethnischen Radikalismus entwickelt, an dem nun vor allem Zuwanderer, Studenten und Militante teilnehmen, war überall in Westeuropa zu beobachten. Aber ob er stark genug ist, um den Niedergang der Klasse ausgleichen zu können, darf bezweifelt werden.

Die Klassenorganisationen – Gewerkschaften, Arbeiterparteien, klassenspezifische Kulturorganisationen – wie auch der Wohlfahrtsstaat können als funktionale Äquivalente zu den Klassenritualen gelten, als Ausdrucksformen einer sozioökonomisch begründeten kollektiven Solidarität. In diesem Sinne ist Europa ein höchst klassenbewußter Kontinent (vgl. Kap. II,3 und V,1). Umfragedaten zeigen darüber hinaus, daß die Identifikation mit einer sozioökonoomischen Klassenposition in (West-)Europa stärker ausgeprägt ist als in der (angelsächsischen) Neuen Welt (das gilt nicht nur für die USA, sondern z. B. auch für Australien; vgl. Evans 1993, 126; Wright 1989, 13).

Die *Nationalfeiertage* in Europa weisen eine große Bandbreite auf, sowohl was die jeweilige nationale Bedeutung betrifft wie auch die jeweiligen Ereignisse, derer gedacht wird. Verfassungen und die Erlangung nationaler Unabhängigkeit sind die beiden Hauptgründe nationaler Erinnerung; darüber hinaus finden sich aber auch der Todestag eines Dichters (des Portugiesen Luis de Camões, 1580), eine königliche Geburt (der ehemaligen niederländischen Königin Juliana im Jahr 1909), ein Ereignis der Seefahrt (in Spanien und im spanischsprachigen Lateinamerika erinnert man an den Genueser Kolumbus), ein Heiliger (St. Patrick in Irland) oder eine Revolution (in Frankreich und der ehemaligen Sowjetunion).

Geht man von der soziologischen Bedeutung aus, d.h. von der Beteiligung des Volkes, so bewegen sich die Nationalfeierlichkeiten im Nachkriegseuropa zwischen zwei Extremen. Auf der einen Seite gibt es großangelegte offizielle wie gesamtgesellschaftliche Manifestationen: in Frankreich am 14. Juli, in der Sowjetunion am 7. November, in Norwegen am 17. Mai und in Irland am 17. März. Hier versammeln sich die Massen um zwei Revolutionen, eine unabhängige Verfassung bzw. einen Missionar und Heiligen. Am anderen Ende des nationalen Spektrums finden sich zwei der ältesten Monarchien Europas, die über keinen echten Nationalfeiertag verfügen: Großbritannien und Schweden. Statt dessen gibt es dort einen etwas armseligen Ersatz: In Großbritannien ist es die »Trooping of the colour«-Parade vor dem britischen Monarchen an einem Samstag im Juni, in Schweden der »Tag der Fahne« am 6. Juni. Zwischen diesen beiden extremen Polen bewegt sich der Rest des Kontinents.

Im kommunistischen Osteuropa bildete das Ende des Faschismus den offiziellen Nationalfeiertag, der inoffiziell entweder der Tag des Einmarschs der Roten Armee war oder ein wichtiges Datum beim kommunistischen Griff nach der Macht. Einzig in Rumänien hielt man am Unabhängigkeitstag als Nationalfeiertag fest, bis dieser 1987 unter General Jaruzelski auch in Polen wieder eingeführt wurde. Nach dem Zusammenbruch des Kommunismus geraten diese Gedenktage allmählich in Vergessenheit.

Die späten großen Nationen Westeuropas, Italien und Deutschland, hatten nicht viel, was sich angesichts ihrer schwankenden Nationalgeschichte von allen übereinstimmend hätte feiern lassen. Italien feiert offiziell den 25. April 1945, als die allgemeine antifaschistische Erhebung losbrach, sowie den 2. Juni 1946, den Tag, an dem per Volksentscheid die Monarchie abgeschafft wurde. Zu großem Enthusiasmus reicht es an keinem der beiden Tage. Deutschland feierte offiziell den Arbeiteraufstand in der DDR vom 17. Juni 1953 als Tag der deutschen Einheit, seit dem Ende der DDR ist der 3. Oktober der Tag der Wiedervereinigung.

Die nationalen Rituale unterscheiden sich auch darin, wie groß dabei die Nostalgie ist und wie tief diese reicht. Einige sind seltsam nekrophil wie etwa das serbische Ritual, das heute einer katastrophalen Niederlage im Jahr 1389 gedenkt, oder bis vor kurzem die schwedische Vorliebe, des Todes seiner großen Kriegskönige zu gedenken. In einigen nationalen Feiern kommt eine tiefe religiöse Überzeugung zum Ausdruck, so gegenüber dem Heiligen Patrick oder nach dem Kommunismus gegenüber *Svataja Rus* (dem heiligen Rußland). Andere beschwören einen vergangenen nationalen Glanz, etwa »die Helden des Meeres« in der portugiesischen Nationalhymne, die spanische Entdeckung Amerikas oder der »Glanz« der Habsburgermonarchie, deren Erinnerung heute in Österreich inoffiziell sehr lebendig ist. Andere nationale Gedächtnisse sind eher rational mit entscheidenden Ereignissen verbunden, seien das Revolutionen, die Monarchie, Verfassungen oder die Erlangung nationaler Unabhängigkeit.

Schließlich lassen sich die nationalen Feiern auch danach unterscheiden, mit welchem Pomp sie begangen werden. Gäbe es einen europäischen Preis für nationalen Pomp, so müßten sich diesen für die Nachkriegszeit zwei Länder teilen, die jeweils universalistische Revolutionen zu feiern haben: Frankreich und die Sowjetunion. Nüchtern soziologisch gesprochen ist nationaler Pomp bestimmt als offizielle Feier der nationalen Geschichte mittels, neben anderem, Militärparaden. Nach dem Ende der UdSSR, Jugoslawiens und des Albanien der kommunistischen Partisanen bleibt Frankreich, was bewaffnete Feiern nationalen Glanzes betrifft, die letzte Bastion und damit Sieger auf dem europäischen Kontinent.

Nationale Rivalität, staatlicher Dissens und Bindestrich-Identitäten

Mit dem Ende der Feiern des Kalten Krieges in Westdeutschland und strittiger Machtübernahmen durch die Partisanen in Osteuropa sind zwischen den Nationen umstrittene Gedenktage, die den Sieg des einen über den anderen zelebrieren, weitgehend obsolet geworden. Einzig und allein die Protestanten in Nordirland feiern noch immer mit großem Trara den endgültigen Sieg Williams von Oranien (d.h. der Niederlande) über den Stuart-König James am 12. Juli 1691. Aber gerade deshalb wirken sie heute in Westeuropa so deplaziert.

Doch so friedlich es auch immer zugegangen sein mag: Westeuropa war auch nach dem Krieg kein Hort der Harmonie zwischen Nationen und Staaten. Wenn wir von Dissens innerhalb eines Staates oder von nicht an einen Staat gebundenen politischen Identitäten sprechen, so meinen wir politische Zugehörigkeiten, die entweder auf einem anderen Territorium als dem eines bestehenden Staates beruhen oder auf einer anderen Sprache als der innerhalb eines bestehenden Staates dominanten. In diesem Sinne lassen sich für Westeuropa zu Beginn der 90er Jahre vier Hauptmuster abweichender Identitäten erkennen.

Zunächst einmal gibt es in Westeuropa zwei besonders problematische Nationalstaaten, nämlich Österreich und Belgien.

Nachdem sie das Habsburgerreich im Ersten Weltkrieg zerschlagen hatten, untersagten die siegreichen Alliierten Rumpfösterreich, sich als Deutschösterreich zu bezeichnen; letzten Endes aber waren sie nicht in der Lage, den Anschluß an Deutschland zu verhindern, der sogar von antifaschistischen Österreichern als endgültiges Eintreffen der Bestimmung gefeiert wurde. 1945 standen die Österreicher ihrem Deutschtum, das ihnen nicht viel Gutes eingebracht hatte, zwiespältiger gegenüber. Doch es dauerte noch eine ganze Weile, bis das Gefühl einer österreichischen Nation Wurzeln geschlagen hatte. Erst in der zweiten Hälfte der 60er Jahre glaubte eine Mehrheit der Österreicher, daß sie eine eigene Nation bildeten (Czaky 1991, 31; Brockmüller 1993, 199).

Ein Fall für sich ist das heutige Belgien. Dort gibt es keine einzige nationale Partei. Seit Mitte der 60er Jahre gründen alle politischen Parteien auf substaatlichen sprachlichen und territorialen Identitäten: Christdemokraten, Sozialisten, Liberale, Umweltparteien und einige anti-belgische Nationalisten gibt es sowohl in der flämischen wie in der frankophonen Ausführung. Aus einem allgemeinen historischen oder soziologischen Blickwinkel heraus betrachtet, könnte man erwarten, das diese Situation auf einen Bürgerkrieg oder zumindest auf den Zerfall des Staates hinausläuft. Fürs erste Szenario jedoch bestehen offenbar kaum Chancen, und das zweite erscheint eher unwahrscheinlich als wahrscheinlich, obwohl sich Belgien allmählich mehr zu einer Konföderation als zu einem einheitlichen Staat entwickelt.

In einer zweiten Gruppe finden wir Staaten, in denen Parteien, die nicht national vertreten sind, einen Teil des Landes regieren. Der älteste Fall findet sich im deutschen Bundesland Bayern, das während der Nachkriegsdemokratie nie von einer im ganzen Land zur Wahl stehenden Partei gelenkt wurde. In den letzten zehn Jahren kamen noch Katalonien und das Baskenland in Spanien hinzu. Trotz der andauernden Gewalt von seiten der baskischen ETA ist das Hauptmuster hier eines der friedlichen Koexistenz, die gleichwohl Reibereien nicht ausschließt. Wie in Belgien oder auch Kanada ist die Sprachenfrage zu einem heiklen Thema geworden. Welches sind beispielsweise die legitimen Rechte des Spanischen in Katalonien?

Zum dritten sind die Nationalismen von Minderheiten zu nennen, die zwar selbst auf ihrer heimatlichen Erde in der Minderzahl sind, aber nichtsdestotrotz mehr oder weniger militant auftreten, was ihre Forderungen an den bestehenden Staat angeht. Diese Art der politischen Identität findet sich an allen drei Peripherien Großbritanniens, sie wird vertreten durch Plaid Cymru in Wales, die Scottish National Party (SNP) sowie alle politischen Parteien in Nordirland. Auch in Italien ist vor einiger Zeit mit der Lega Nord eine derartige Bewegung auf den Plan getreten, die 1994 sogar an der Regierung unter Silvio Berlusconi beteiligt war. Solche subnationalen Parteien finden sich darüber hinaus auch in der Schweiz.

Viertens schließlich gibt es in zahlreichen Ländern Vertretungen nationaler Minderheiten: der Türken im griechischen Thrakien, der Südtiroler und der Bewohner des Aostatals in Italien, der Deutschen in Belgien und Dänemark, der Dänen in Deutschland und der Schweden in Finnland.

In den postkommunistischen Staaten ist das zu einem bedeutsamen Phänomen geworden, vor allem in Bulgarien, wo die Partei der türkischen Minderheit drittstärkste Kraft im Lande ist. Auch im Baltikum ist der Status der nationalen Minderheiten ein sehr heikles Problem, besonders in Estland und Lettland mit ihrem hohen russischen Bevölkerungsanteil. Konfliktstoff liefert diese Frage auch in Rumänien und in der Slowakei. Und das Auseinanderbrechen Jugoslawiens ließ die meisten der neuen Staatsgrenzen zu blutigen Schauplätzen bewaffneter Auseinandersetzungen werden.

Aus diesem groben Überblick lassen sich zwei Schlußfolgerungen ziehen. Zum einen zeigt sich, daß das Phänomen politischer Identitäten, die auf einer anderen Grundlage als der des jeweiligen Staates beruhen, weit verbreitet ist. In der zweiten Hälfte des 20. Jahrhunderts gab es allein in Schweden, Portugal und Norwegen keinen bedeutsamen Dissens gegenüber dem bestehenden Staat. Zum zweiten fällt auf, daß es den westeuropäischen Nationen trotz des weiterschwelenden Konflikts in Nordirland, trotz des regelmäßigen Terrors im Baskenland und einiger anderer gelegentlicher

Gewaltausbrüche nach dem Zweiten Weltkrieg erstaunlich gut gelungen ist, friedlich mit diesen unterschiedlichen Identitäten zu verfahren. Das zeigt sich besonders deutlich, wenn man im Gegensatz dazu die jüngste Gewalt im ehemaligen Jugoslawien oder in der Kaukasusregion betrachtet, aber auch die fortwährenden Spannungen zwischen Rumänien und Ungarn, Ungarn und der Slowakei oder Griechenland und Albanien.

Die dramatische Einwanderungswelle Ende der 80er, Anfang der 90er Jahre blieb nicht ohne Auswirkungen auf den Nationalismus in Westeuropa. Besonders unter jungen Leuten läßt sich deutlich eine Renaissance der nationalen Symbole (Nationalflagge, Nationalhymne usw.) beobachten. Eher im Verborgenen dagegen zeigt sich eine deutliche Tendenz zur Fremdenfeindlichkeit und fremdenfeindlichen Gewalt, die inzwischen auch normalerweise friedliche Länder wie die Niederlande und Schweden erreicht hat.

Doch kurz- oder mittelfristig gesehen wird die neue kulturelle Heterogenität der westeuropäischen Staaten höchstwahrscheinlich nicht zu innerstaatlichem Dissens oder sich bekriegenden Nationalismen führen, sondern, anders als in der früheren europäischen Tradition, zu einem Muster ethnischer Beziehungen innerhalb eines Staates, wie wir es aus den Neuen Welt kennen. Unter der zweiten und dritten Generation der neuen europäischen Einwanderer läßt sich bereits die Herausbildung von sogenannten *nationalen Bindestrich-Identitäten* erkennen: türkisch-deutsch, marokkanisch-französisch, chilenisch-schwedisch usw. Mehr und mehr finden sich zudem besondere Tage und Feste, mit denen man an die Kultur des Herkunftslandes erinnert und sie feiert. Musikgruppen bereiten ebenso wie Jugendbanden diesen neuen Bindestrich-Identitäten die Grundlage.

Ethnische Konkurrenz, ethnische Schichtung und gelegentliche ethnische Gewalt werden die europäischen Gesellschaften wohl auch in Zukunft begleiten, wobei letztere möglicherweise in ethnisch bestimmten lokalen Gegenden aufflammen wird. Aber insgesamt gesehen ist diese Ethnizität der Neuen Welt für Frieden und Freiheit weit weniger bedrohlich als die rivalisierenden Nationalismen aus dem Europa von gestern und ihre sich gegenseitig ausschließenden Rufe nach Identifikation.

In Kapitel IV,3 werden wir bei der Frage nach den Werten auf den Nationalismus zurückkommen. Obgleich hier eine Beziehung besteht, handelt es sich doch um etwas anderes als bei der Frage nach der Nation als Objekt der Identität.

Europäische und andere Zuordnungen

Ebenso wie die nationale oder ethnische Identität ist auch das Europäertum eine historisch konstruierte, historisch variable, historisch geformte, gewählte kollektive Identität. Eine Identifikation mit Europa unterscheidet sich in diesem Sinne nicht grundlegend von einer Identifikation mit, sagen wir, Großbritannien, Irland, Polen oder Schweden. Statt von Europäertum oder europäischer Identität könnte man auch von Nationalismus, Nationalität und/oder Ethnizität sprechen. Ob Europa je zu einem Nationalstaat wird, ist eine offene Frage, auf die wohl nur wenige hohe Wetten setzen würden. Doch wie auch immer man es definieren mag, eines ist sicher: Europa ist nicht nur bevölkerungsärmer, sondern auch kulturell – z. B. religiös oder sprachlich – weniger heterogen als ein durchaus etablierter Nationalstaat auf der Welt – nämlich Indien.

Die Anderen Europas

Wie allen kollektiven Identitäten standen auch der europäischen Identitätsbildung zwei Arten von Anderen gegenüber. Die einen befanden sich außerhalb, außer Reichweite des (potentiellen) Kollektivs, die anderen innerhalb und teilten so das Selbst, das entstehen sollte. Ein beständiges Problem bestand für das Europäertum darin, daß der einigende Andere außerhalb weit entfernt, schwach oder nebulös und damit für die meisten Bewohner des Kontinents weitgehend irrelevant war. Dagegen erwies sich der Andere im Inneren als bedrohlich nahe und stark, in vielen Fällen sogar als näher und stärker als in anderen Teilen der Welt.

Die früheste und stärkste Form einer modernen europäischen Identität entwickelte sich von Mitte des 19. bis Mitte des 20. Jahrhunderts vermutlich in den kosmopolitischen Kolonialstädten oder in den dortigen urbanen Gegenden, so etwa in Alexandria – nach Flaubert war Ägypten ein »beinahe europäisches Land« (zit. n. Lagoudis Pinchion 1989, 25) –, in Kapstadt, Casablanca – bzw. in den anderen neuen Städten des »Protektorats« Marokko, in Rabat oder in Fès, die beide von Hubert Lyautey und seinem Archtitekten Henri Prost als europäische Städte erbaut wurden (vgl. Rabinow 1989, 288ff.) –, in Colombo oder Tanger.[139] Hier hatten die kolonialen Siedler die Anderen unmittelbar vor Augen. Dagegen war das Osmanische Reich für die meisten Europäer zu weit entfernt, und nicht alle fühlten sich von den Osmanen in gleicher Weise bedroht. Dennoch wurden sowohl die Hohe

Pforte wie auch die andere nächstgelegene muslimische Macht, Marokko, ins Machtspiel der europäischen Akteure hineingezogen.

Die Existenz und Bedeutung des äußeren Anderen sollte man angesichts von sich tolerant-liberal gebenden Inszenierungen der europäischen Einigung nicht aus dem Auge verlieren. In spätmodernen Zeiten waren diese Anderen die UdSSR, die USA und seit neuestem auch Japan. Was die Identitätsbildung angeht, so war keiner von ihnen wirklich ideal. Die UdSSR war allerdings in mehrfacher Hinsicht ein guter Kandidat: eng benachbart, deutlich anders, mächtig, bedrohlich. Und in der Tat spielte sie eine positive Rolle bei der Förderung der westeuropäischen Integration; die Entspannung, die 1955 zwischen den USA und der Sowjetunion eintrat, war mitentscheidend dafür, daß Adenauer den Weg hin zur westeuropäischen Integration einschlug, der dann in die Römischen Verträge mündete (Schwarz 1991b, 296). Andererseits konnte man den Standpunkt vertreten, die UdSSR diesseits des Urals sei ein Teil Europas oder, alternativ dazu, die sowjetische »Einflußsphäre« in Osteuropa gehöre, als ganze oder partiell, zu Europa. Das hieß dann auch, daß Jalta weniger die Ostgrenze Europas gezogen als vielmehr Europa auseinandergerissen habe. Kurz gesagt: Der am besten geeignete äußere Andere hat Europa vielleicht ebenso geteilt wie vereint.

Geographisch verhielt sich die Sache im Falle der USA einfacher; auch bildete deren Plädoyer für eine »Flexibilisierung« des Marktes zu Zeiten der Einheitlichen Europäischen Akte in den 80er Jahren eine wichtige Konkurrenz, wie es schon die eindrucksvolle Mobilisierung während des Krieges für Jean Monnet und seine Generation getan hatte. Andererseits waren die USA der Retter Europas, d.h. sie hatten in beiden Weltkriegen den Sieg der späteren Westmächte sichergestellt, und nach dem Zweiten Weltkrieg sorgten sie mit Hilfe des Marshallplans für den Wiederaufbau Europas und boten einen atomaren Schutzschild gegen die Russen.

Obwohl schon Kaiser Wilhelm II. die »gelbe Gefahr« beschworen hatte, erlangte Ostasien erst in den 70er Jahren als Anderer für Europa Bedeutung, und auch jetzt nur als wirtschaftlicher Konkurrent. Rivalen auf dem Markt können zwar durchaus als signifikante Andere fungieren, wenn es darum geht, vom Konkurrenzdenken gepägte »Corporate Identities« aufzubauen. Weit schwieriger aber ist es, einen Marktkonkurrenten zu einem bedeutsamen Anderen für die gesamte Bevölkerung eines Kontinents zu machen.

Wenngleich die USA, die Sowjetunion, West- und Ostasien als Andere durchaus eine Rolle gespielt haben, unterscheidet sich die heutige europäische Identität vor allem von einem: vom Nationalstaat. Da dieser Nationalstaat nun aber eine europäische Erfindung ist – sie geht zurück auf die Französische Revolution und den deutschen Widerstand gegen das napoleonische Frankreich –, bedeutet das, daß der zentrale Andere der europäischen Identität heute *die Vergangenheit Europas* ist. Diese Vorstellung von einem Bruch mit der Geschichte, die heute oftmals durch fromme Wallfahrten in die Geschichte der »europäischen Idee« geleugnet wird, verleiht dem ursprünglichen Projekt des Europäertums einen deutlich modernistischen Anstrich.

Nationale Identitäten in Europa haben evolutionäre Vorstellungen von der Moderne in zweifacher Weise herausgefordert. Zum einen mit ihrem Aufkommen, als Begleiterscheinung dessen, was die Gründungsväter der Soziologie (Saint-Simon, Comte, Spencer) als Übergang von sich bekriegenden Militär- zu friedlichen Industriegesellschaften ansahen. Zum zweiten durch ihren abrupten Niedergang nach dem Zweiten Weltkrieg.

Die Woge nationaler Identität, die mit der Französischen Revolution und den Befreiungskriegen – die den deutschen Nationalismus hervorbrachten – begonnen hatte, ebbte in Europa nach dem Zweiten Weltkrieg ab. Seinen Höhepunkt hatte der europäische Nationalismus während des neuen dreißigjährigen Krieges zwischen 1914 und 1945 erreicht, oder besser: im »Geist von 1914«, in der Regelung »nationaler Selbstbestimmung« 1918 bis 1920 und in der Mobilisierung für die nationale Revanche in den 30er Jahren. Als schließlich die Zeit für den Rachefeldzug gekommen war, bedeutete auch er einen Wendepunkt. Auf dem Höhepunkt des Krieges führten die kriegführenden Parteien auf beiden Seiten den Slogan von der europäischen Einigung im Munde, der antifaschistische Widerstand ebenso wie die herrschenden Faschisten, so etwa Hitler, und die unter faschistischer Besatzung Lebenden und mit ihr Kollaborierenden, etwa im Vichy-Frankreich (Lipgens 1968; Bédarida 1992, 5ff.). Bevor sie dann angesichts der drohenden totalen Niederlage zum verzweifelten Aufruf zum Kampf wurde, zielte die faschistische Vorstellung natürlich auf einen von den Deutschen beherrschten Kontinent. Dieses Vorhaben wurde 1945 endgültig zerschlagen.

Die deutsche Kriegsmaschinerie hatte die meisten Nationalstaaten des Kontinents besiegt, aber damit zum einen eine nicht-staatliche Widerstandsbewegung auf den Plan gerufen, die vor allem das nationalsozialistische Deutschland bekämpfte und weniger nationalistisch ausgerichtet war, und es zweitens nun mit einer globalen Allianz aus supranationalen und weitgehend außereuropäischen Mächten (das britische Empire, UdSSR, USA) zu tun.

Die Nachkriegsvereinbarungen drängten die Widerstandsbewegung, den Hauptvertreter einer nicht-hegemonialen europäischen Identität, an den Rand. Was nunmehr entstand, waren weniger Nationalstaaten als vielmehr ein System *sozioökonomischer Staaten*. Das heißt, das politische Relief Europas war primär an wirtschaftlichem Wiederaufbau, sozialer Integration und Wirtschaftswachstum ausgerichtet. Dieser sozioökonomische Staat, von dem mehrere konkurrierende Varianten in Umlauf waren, ersetzte weitgehend die Vorkriegsunterscheidung in politische Projekte, die entweder an der Nation (im rechten Lager), an der Klasse (bei der Linken) oder (in katholischen oder religiös gemischten Ländern) an der Religion ausgerichtet waren.

Solange er funktioniert und seine Aufgabe erfüllt, ist dieser sozioökonomische Staat weitgehend immun gegen die herkömmlichen Werte traditioneller Art wie Loyalität gegenüber der Nation, Nationalstolz oder die Bereitschaft, fürs Vaterland zu kämpfen. Wenn jedoch die Aussichten auf wirtschaftliches Wachstum und/oder sozialen Fortschritt schwächer werden oder sogar ganz schwinden, werden andere Identitäten wieder attraktiver. Deutlichstes Beispiel dafür ist die nativistische Identität, die 1983/84 in Frankreich ihren ersten Durchbruch erlebte, nachdem das sozioökonomische Projekt der Linken aufgegeben worden war, und sich dann Ende der 80er Jahre auch in Westdeutschland, Europas Haupteinwanderungsland, bemerkbar machte.

In den 90ern breitete sich dieser Nativismus in ganz Europa aus, der weitgehend als Antwort verarmter junger Menschen auf das Ende der sozialistischen und kommunistischen Vision von einer anderen Zukunft zu sehen ist. Selbst die Eliten der Sozialdemokratie und die Gewerkschaften haben das sozioökonomische Projekt des Wohlfahrtsstaates aufgegeben zugunsten einer zunehmenden Europäisierung; diese Entwicklung nahm auf der Iberischen Halbinsel Mitte der 80er Jahre ihren Anfang und wurde dann zu Beginn der 90er von den Sozialdemokraten in den nordischen Ländern und in Österreich übernommen.

Die neuen sozioökonomischen Staaten, die von einer neuartigen inneren Dynamik angetrieben werden, gaben – eine weitere Vorbedingung für eine eigene europäische Identität – ihre *Überseeimperien* zwar sicherlich nicht aus freien Stücken auf, aber doch unter weniger Blutvergießen und Widerstand, als man hätte vermuten können. Erst nachdem sie ihre Kolonien verloren hatten, waren Frankreich, Großbritannien und Portugal (in dieser Reihenfolge) bereit, sich primär als Teil Europas zu betrachten und weniger als europäische Mächte, die sich in die Welt ausdehnten.

Die besondere Andersheit, gegenüber der sich Europa vor allem abgrenzte – der ehemalige europäische Nationalstaat und die imperiale Nation –, bedeutet aber auch, daß die europäische Identität lediglich eine Sache der Elitenkultur war, wenngleich natürlich das Bedürfnis, einen weiteren nationalen Krieg zu vermeiden, und die Notwendigkeit einer transnationalen Zusammenarbeit in Europa allgemein anerkannt sind. Das Aufkommen des Wohlfahrtsstaates nach dem Krieg brachte der Bevölkerung den Nationalstaat näher als jemals zuvor. Die europäische Identität dagegen war die ganze Zeit über vor allem Sache einiger nationaler Politiker, denen ein paar Intellektuelle, Bürokraten und lange Zeit nur wenige Geschäftsleute folgten.

Die Verbundenheit mit dem Kontinent

Ganz allgemein und ohne konkrete Spezifizierungen kann die westeuropäische Einigung auf eine breite öffentliche Unterstützung bauen. Seit den ersten Umfragen Anfang der 50er Jahre halten 70 Prozent der westdeutschen Öffentlichkeit sie für eine gute Sache. In Italien sprachen sich mehr als 60 Prozent und seit 1970 sogar 75 bis 80 Prozent der Befragten für ein vereintes Europa aus. Die Zahlen für Frankreich waren anfangs in etwa gleich mit den italienischen, sanken jedoch für kurze Zeit ab, nachdem die französische Nationalversammlung 1954 eine Europäische Verteidigungsgemeinschaft abgelehnt hatte. Seit Mitte der 70er Jahre entspricht die französische Meinung wieder in etwa derjenigen in Deutschland und Italien. Die Briten dagegen waren nach Abschluß der Verträge in Rom weit weniger europäisch gesinnt als die Franzosen oder Italiener, doch seit dem EG-Beitritt Großbritanniens spricht sich auch dort eine Mehrheit der Bevölkerung für die europäische Einigung aus (Inglehart 1990, 418).

Doch diese Unterstützung bedeutet nicht notwendigerweise eine tiefere Überzeugung, sie läßt sich vielmehr weitgehend als Anpassung an die jeweilige nationale Politik interpretieren. Und die hauptsächliche Alternative zu einer wirklichen europäischen Überzeugung ist nicht Ablehnung, sondern Gleichgültigkeit. Dennoch findet die Idee eines geeinten Europa feste Unterstützung bei mindestens 40 Prozent der EU-Bevölkerung, was durchaus als Erfolg ihrer Befürworter gelten darf. Der Euphorie, welche die erste EG-Erweiterung begleitete, folgte die Ernüchterung während der Rezession. Der Beschluß zur Einführung des Binnenmarktes ließ die Zustimmung dann wieder steigen, nach Maastricht jedoch folgte erneut eine gewisse Ernüchterung (Eurobarometer, Trend Variables 1974-1990, März 1991, Tab. B7; Eurobarometer 39, Juni 1993, Tab. A16).

Die Identifikation mit Europa ist inzwischen beachtlich, aber welche Bedeutung sie für die Menschen in Europa hat, darüber läßt sich streiten. 1981 ergab eine breitangelegte Umfrage durch die European Values System Study Group, welche die gesamte EG mit Ausnahme Griechenlands und Portugals umfaßte, nur eine geringe Identifizierung mit Europa. Fünf Möglichkeiten territorialer Identifikation standen zur Wahl; dabei identifizierten sich 47 % zuerst mit ihrer lokalen Umgebung, 27 % mit ihrem Land, 15 % mit ihrer Region, 9 % mit der Welt als ganzer und nur 4 % mit Europa (und 4 % wußten es nicht; Harding u.a. 1986, Anhang, Frage 346a). Dagegen fanden die Interviewer des Eurobarometer im Herbst 1986 eine beträchtliche Anzahl von Menschen, die sich »oft« als »Bürger Europas« fühlten, nämlich 19 % der EG-Bevölkerung (zit. n. Journal für Sozialforschung 27 [1987], 373ff.).

1998 stellte das Eurobarometer ähnliche Fragen. Danach fühlten sich in den 15 EU-Staaten ebensoviele als, beispielsweise, Deutsche *und* Europäer wie einzig als Deutsche. Die Italiener, Spanier und Niederländer waren dabei am stärksten europäisch gesinnt, die Briten und Skandinavier am wenigsten. Aber 50 Prozent verneinten, daß es eine kulturelle Identität Europas gebe, und nur 38 Prozent wollten dieser Behauptung zustimmen. Einzig die Griechen und Iren waren in ihrer Mehrheit überzeugt, daß es so etwas wie eine kulturelle Identität Europas gebe. In Deutschland lagen Zustimmung und Ablehnung in etwa gleichauf (Eurobarometer 50/1999, Internetausgabe, Tab. 3.11a, 3.12a).

Die Referenden zu Europa im Jahr 1992 – in Dänemark und Frankreich zum Vertrag von Maastricht, in der Schweiz zum Abkommen zwischen EU und EFTA über einen Europäischen Wirtschaftsraum – ließen jedoch einen deutlichen Widerstand unter der Bevölkerung erkennen. Der knappe Erfolg in Frankreich (50,8 % gegenüber 49,2 %) sowie das knappe Scheitern in Dänemark, dem später dann ein knapper Sieg folgte, machten eine Fragilität des Europäertums sichtbar, die von den Umfragen des Eurobarometer nicht erfaßt wurde. Auch die norwegische Volksabstimmung gegen den EG-Beitritt des Landes 1972 hatte eine starke Ablehnung gezeigt, sich an der europäischen Vereinigung zu beteiligen, eine Haltung, die unter der norwegischen Bevölkerung noch immer weit verbreitet ist. Aber wer sind nun genau die Anti- und die Pro-Europäer?

Die französischen Ergebnisse wurden von *Le Monde* zusammengefaßt. Danach stimmte vor allem die »wohlhabende städtische« Bevölkerung für Maastricht; dem stand das »Nein der französischen Bauern und Arbeiter« gegenüber, vor allem im Norden des Landes, in der Mitte südlich von Paris sowie in den Mittelmeerprovinzen (*Le Monde,* 22. 9. 1992, 2-4, 9). Ein ähnliches Muster läßt sich auch in anderen Teilen Europas erkennen, in denen abgestimmt wurde (Siune u.a. 1992; *Dagens Nyheter,* 6. 9. 1993, 2). Die Menschen, die politisch, kulturell, ökonomisch und geographisch im Zentrum leben, unterstützen eher die Europäische Union, während die Menschen an der Peripherie ihr eher skeptisch gegenüberstehen. Das EG/EU-Projekt bleibt eines der Eliten. Als solches ist es vor allem ein männlich dominiertes, von Männern kommt weit mehr Zustimmung als von Frauen (Eurobarometer 39, Juni 1993, A18). In der Schweiz gab es zudem eine ethnische Aufteilung: Die frankophonen Kantone stimmten mehrheitlich dafür, die deutsch- und italienischsprachigen dagegen (*Le Monde*, 8. 12. 1992, 4).

Sobald Staaten einmal Mitglied in der EU sind, ist die EU eher durch die Indifferenz als durch die Gegnerschaft der Bürger bedroht. Einer von acht EU-Bürgern würde sich demnach erleichtert fühlen, wenn die EU aufgelöst würde; in Schweden, Großbritannien, Finnland, Ostdeutschland und Dänemark sind es sogar zwischen einem von fünf und einem von drei. Ein Drittel würde einen solchen Schritt bedauern, einem Drittel wäre es egal, und ein Achtel der Befragten wußte keine Antwort zu geben (Eurobarometer 50/1999, Inernetausgabe, Tab. 3.3a).

Tab. 32: Kontinentale Identifikation. Anteil derer, die auf die Frage nach der territorialen Identifikation als erste oder zweite diejenige mit dem Kontinent nennen (1990/91, in Prozent); ungewichtete nationale Durchschnittswerte[a]

Westeuropa (EU-Staaten)	16
Westeuropa (Nicht-EU-Staaten)	9
Osteuropa	15
Nordamerika	10
Lateinamerika	14
Afrika	22
Asien	5

a EU-Staaten: alle Länder außer Griechenland und Luxemburg; Nicht-EU-Staaten: Finnland, Island, Norwegen, Österreich, Schweden; Osteuropa: Bulgarien, DDR, Estland, Lettland, Litauen, Polen, Rußland, Tschechoslowakei, Ungarn, Weißrußland; Nordamerika: Kanada, USA; Lateinamerika: Brasilien, Chile, Mexiko; Afrika: Nigeria, Südafrika; Asien: China, Japan.
Quelle: World Values Survey 1990/91, Variable 320.

Ein vergleichender Blick über den Tellerrand hinaus kann oft sehr erhellend sein. Identifizieren sich die Europäer stärker mit ihrem Kontinent als die Bewohner anderer Erdteile? Die Antwort lautet: nicht wesentlich. Zwar ist innerhalb Westeuropas sicherlich von einem gewissen Einigungseffekt auszugehen. Ansonsten aber gibt es keine europäische Identität, die ausgeprägter wäre als eine lateinamerikanische oder afrikanische.

Dagegen scheinen in Europa lokale und regionale Identitäten im Vergleich zu den nationalen stärker ausgeprägt zu sein als anderswo. Nur in vier von 25 europäischen Staaten lag der Anteil der nationalen Identifikation über den beiden anderen Kategorien (Tschechoslowakei, Finnland, Island und Polen). Dagegen war das bei der gleichen Umfrage in acht von zwölf außereuropäischen Ländern der Fall (Chile, Indien, Japan, Kanada, Südafrika, Südkorea und Türkei).

Die Globalisierung der Jugend

Das Aufkommen eines »dritten Lebensalters«, einer Phase des aktiv gestalteten Alters (vgl. Kap. II,2), fiel zeitlich mit dem Beginn einer internationalen, dauerhaften Jugendkultur zusammen, die sich um die Rockmusik herum entwickelte. Ihr erstes Auftreten läßt sich vielleicht auf das Jahr 1956 datieren, als Elvis Presley seinen ersten Hit, *Heartbreak Hotel*, veröffentlichte. Mit Ausnahme Großbritanniens spielte Europa hinsichtlich dieser neuen Kultur, die von den USA ausstrahlte, weitgehend eine rezeptive Rolle. Einzig Großbritannien hat hierbei auch noch nach den 60er Jahren, nach den Beatles, den Rolling Stones und der Mode der Carnaby Street (vgl. Kap. III,3), eine zentrale internationale Stellung inne. Paris hingegen ist, nachdem das Feuerwerk der Mai-Ereignisse 1968, die für einen Augenblick die Rebellion am hellsten aufleuchten ließen, erloschen ist, wieder zu einem Ort geworden, dem man allenfalls einen Besuch abstattet. Sicherlich tauchten gelegentlich einige lokale Stars mit internationalem Glanz auf, etwa die schwedische Popgruppe ABBA, aber insgesamt gesehen ist schon erstaunlich, wie lange sich die USA hier im Mittelpunkt halten konnten. So blieb etwa der Eurovision Song Contest, der ebenfalls 1956 erstmals über die Bühne ging, ein zweitklassiges Produkt des Protektionismus.

Aus soziologischer Sicht am bedeutsamsten aber ist die Tatsache, daß sich eine internationale – und weitgehend globale – generationsspezifische Jugendkultur herausgebildet hat, die von Alterskohorte zu Alterskohorte

Bestand hat, mitsamt den spezifischen Identifikationsprozessen hinsichtlich dessen, was es heißt, jung zu sein. Den Mittelpunkt dieser Kultur (sofern es denn überhaupt einen solchen gibt) bildet im Moment wohl der Musiksender MTV, der weltweit seine Musikvideos ausstrahlt. Historisch gesehen handelt es sich dabei um eine völlig neue Welt, die vor dem Aufkommen der elektronischen Medien kaum möglich gewesen wäre, andererseits aber auch nicht unmittelbar auf den Plattenspieler, Film, Radio oder Fernsehen zurückzuführen ist. Neu sind vor allem die internationale Simultaneität und die Fähigkeit, über so lange Zeit Bestand zu haben. Neu sind aber auch die Geldsummen, die dabei im Spiel sind. Jugend ist zum großen Geschäft geworden, und junge Megastars, nicht nur in der Musik, sondern auch im Profisport, in der allgemeinen Unterhaltung und im Modedesign, gehören heute zu denjenigen, die weltweit mit die größten Einkommen erzielen. Nicht neu dagegen sind die Stars; auch das Theater, das Ballett und der Film haben solche hervorgebracht. Neu hingegen sind deren Anzahl und deren Wohlstand; kein Wunder also, wenn der Versuch, Rockmusiker oder Profisportler zu werden, für Hunderte oder Tausende junger Menschen ein völlig rationales Ziel darstellt.

Jugendkulturen lassen sich bis ins vorindustrielle Europa zurückverfolgen; damals waren sie jedoch vorwiegend lokal – wenn nicht strukturell, so doch hinsichtlich ihrer kulturellen Orientierung, auch wenn es einige wenige nationale und gelegentlich sogar internationale Einsprengsel gab, die mit der Kultur der Wanderschaft zusammenhingen, so etwa die ursprüngliche Tour de France (vgl. Gillis 1980; Mitterauer 1986). Explizite Jugendbewegungen entstanden im Gefolge der Französischen Revolution und der Julirevolution. Mazzinis Bewegung »Jungitalien« und seine Bemühungen um ein »Jungeuropa« wurden international zum Vorbild für patriotische, antitraditionalistische Jugendbewegungen.

Die 68er-Generation gehört zu einer recht kleinen Reihe besonders prägender »historischer Generationen«: »Jungeuropa« im frühen 19. Jahrhundert; die nachviktorianische Generation der Jahrhundertwende mit ihren Massenorganisationen wie den Pfadfindern und den Wandervögeln, mit ihren sozialistischen und religiösen Jugendbewegungen, mit ihrer traumatischen historischen Erfahrung wie etwa die spanische Generation von 1898; die Generation der Weltwirtschaftskrise mit ihrer ganz eigenen Erfahrung und einer neuen Welle der Jugendmobilisierung, ob faschistisch oder antifaschistisch, sozialdemokratisch oder bäuerlich wie etwa in Skandinavien (vgl. Braungart 1984).

Von dauerhafterer Bedeutung als die 68er-Generation ist jedoch diese neue globale, an den USA bzw. Großbritannien orientierte Jugendkultur, die von einer Kohorte zur nächsten übergeht. Sie hat sich auch in Osteuropa ausgebreitet und wurde dort zum Teil in das Repertoire des kommunistischen Jugendangebots integriert, zum Teil aber auch, und das ist von weit größerer Bedeutung, Zeichen der Dissidenz, etwa im Kreis um Vaclav Havel und die Charta '77. In der kommunistischen Tschechoslowakei erlangte die Musik von Velvet Underground ähnliche politische Qualitäten, wie sie Verdis Opern Mitte des 19. Jahrhunderts ausgezeichnet hatten.

Die heutige Jugendkultur ist selbstverständlich keine homogene. Sie strukturiert sich nach Klasse, Geschlecht und Ethnie, und ihre konkreten Ausdrucksformen funktionieren nach dem Schema von Modezyklen. In der Verbindung aus globalen Medien, denen man sich aussetzt, und relativ lockeren lokalen Bindungen (an Familie und Beruf) besteht eine große Enkulturationskraft. Sie breitet sich nicht nur räumlich aus, sondern auch zeitlich. So werden etwa internationale Musikrichtungen von Kindern in schwedischen Tagesstätten ebenso aufgenommen wie von den wohl etwas einsameren Vorschulkindern, die in vielen Ländern MTV sehen.

Die materielle Infrastruktur dieser Jugendwelt besteht vor allem in den Kommunikationsmedien, im zeitlich verlängerten Bildungssystem und im schwächer werdenden Einfluß der Eltern. Die Bildungsexpansion fiel sogar drastischer aus als die Ausweitung des Wohlfahrtsstaates und des Rentensystems. Wie das nächste Kapitel zeigen wird, waren dieser Wandel und seine Konsequenzen in Frankreich und Italien am dramatischsten.

Doch in Westeuropa dauert die Jugendphase schon seit jeher länger als in anderen Teilen der Welt. Diese Tatsache ist Teil des *(west-)europäischen Familienmusters*; man heiratet spät (und ein relativ hoher Prozentsatz heiratet nie), und vor allem nach dem Krieg geschah es immer häufiger, daß man das Elternhaus vor der Heirat verlassen hat (Kaelble 1987, 18ff.). Doch Jugend hat nicht nur mit Identität zu tun, sie ist auch Objekt von Bildungs- und Erziehungssystemen und damit wichtiger Bestandteil der kognitiven Enkulturation.

2. Glaube und Wissen

Im Nachkriegseuropa kam es endgültig zu einer Generalisierung und Ausweitung der formalen Bildung, sogar in den östlichen und südlichen Teilen, wenngleich für zahlreiche Länder aus verschiedenen Gründen durchaus Zweifel angebracht sind, ob die funktionale Alphabetisierung wirklich so universal gelungen ist. Sekundäre und tertiäre Bildung wurden zu einem Massenphänomen, so daß Europa hier zu den USA aufschließen konnte.

Das Aufkommen des *Fernsehens* veränderte die Reichweite des Alltagswissens und die Freizeitformen auf eine Weise, die noch immer nicht in ihrem vollen Ausmaß erfaßt ist.[140] Aus den USA gelangte es in den 50er Jahren nach Großbritannien und Schweden und breitete sich dann rasch über den gesamten Kontinent aus; die Massen in Spanien und den meisten Ländern Osteuropas erreichte es in den 70ern, in Griechenland, Portugal, Rumänien und Jugoslawien faßte es als Massenmedium in den 80ern Fuß (vgl. Kap. II,5).

Auch wenn offensichtlich ist, daß das grenzüberschreitende Fernsehen dazu beitrug, daß die ideologische Rüstung des Kommunismus im Osten allmählich zerfiel, so fehlen doch bislang die handfesten Beweise dafür. In der DDR jedenfalls wurde das westdeutsche Fernsehen zwischen 1985 und 1988 zum bevorzugten Medium der Jugend (Lemke 1990, 190). Das nächste Kapitel wird zeigen, daß diese Entwicklung zumindest korreliert mit der zunehmenden Distanzierung von den ostdeutschen Machthabern.

Eine einleuchtende Hypothese lautet, daß das Fernsehen die Welt der Menschen und ihre Lebensperspektiven dort am stärksten beeinflußt, wo literarische Massenkultur und gesellschaftliche Assoziation nur schwach ausgeprägt sind. In den südlichen Ländern der EU etwa haben Zeitungen nur eine geringe Auflage und Reichweite, vor nicht allzu langer Zeit waren dort ein Teil der Bevölkerung Analphabeten, und in Spanien und Portugal wurde 1990 überdurchschnittlich viel Zeit dem Fernsehen gewidmet (Mermet 1993, 349, 356; zur schwach ausgeprägten Verbandskultur in diesen Ländern vgl. Kap. V,1).

Der Aufstieg des kommerziellen Fernsehens in Europa im Lauf der 80er und 90er Jahre, das vor allem mit der Waffe seichter Unterhaltung gegen die Konkurrenz kämpft, reproduziert in neuer Gestalt die Trennung von Eliten- und Massenwissen, die es in der britischen Presselandschaft schon lange gibt, die auf dem Kontinent bislang aber nicht so ausgeprägt war.

Der erste Durchbruch gelang der TV-Politik in Europa im Frühjahr 1994, als Italiens Medienmogul Silvio Berlusconi den Sprung ins Amt des Ministerpräsidenten schaffte. Zwar war es unmittelbar zuvor zum Zusammenbruch des politischen Systems der Nachkriegszeit gekommen, aber dennoch könnte damit eine neue Ära imaginärer Politik eingeläutet worden sein.

Der Bestand an naturwissenschaftlichem und technologischem Wissen hat sich enorm erweitert. Rückblickend begann der Zeitraum unserer Untersuchung mit der *Wissenschaft vom Tode*, mit der industriellen Tötungsmaschinerie der Deutschen in Auschwitz und der Erfindung der Atom- und Wasserstoffbombe in den USA. Die erstaunliche Stabilität des folgenden Kalten Kriegs beruhte paradoxerweise auf dem Gleichgewicht der Vernichtungskapazitäten.

Doch während die große Politik sich mit dem Imperativ der »gegenseitig gesicherten Vernichtung« konfrontiert sah, liegt die wichtigste Entwicklung aus soziologischer Sicht in der Horizonterweiterung bei den *Biowissenschaften*. Sie reicht von der frühen Verbreitung des Penicilin über die Anti-Baby-Pille in den 60er Jahren bis zur Entschlüsselung des genetischen Codes (1953) und seit kurzem den ersten Schritten in der Gentechnologie. Am spektakulärsten waren sicherlich die Raumfahrtunternehmen, sozusagen ein Nebenprodukt der Rivalität im Kalten Krieg und der Militärtechnik, wobei die Russen hier 1957 mit ihrem Sputnik-Satelliten die Nase vorn hatten.

Erkenntnis und Wissensproduktion verändern sich vor allem durch die *Computerrevolution*: Design und Herstellung laufen computergestützt ab, und der PC hat zu Zwecken der normalen Wissensproduktion seit den 80er Jahren in den entwickelteren Ländern Einzug gehalten.

Mit welcher Geschwindigkeit sich Erkenntnis in der Nachkriegszeit entwickelt hat, läßt sich noch immer schwer sagen, da es dabei von der dramatischen Zunahme an wissenschaftlichen Aufsätzen, die überall verfaßt und veröffentlicht werden, zu unterscheiden gilt. Was technische Innovationen (einschließlich solcher bei den wissenschaftlichen Instrumenten) betrifft, so unterscheidet sich die Nachkriegszeit kaum. Vielmehr scheint Konsens darüber zu bestehen, daß in den ersten drei Vierteln dieses Jahrhunderts die Jahre 1935 bis 1939, also unmittelbar vor dem Krieg, die innovativste Zeit darstellten (vgl. dazu Bornschier 1988, 97). Nach dem Krieg hat sich die geographische Situation in dieser Hinsicht dramatisch verändert: Neue wissenschaftliche Entwicklungen finden immer weniger in Europa, besonders in Westeuropa, statt.

Nachkriegseuropa war auf die Zukunft ausgerichtet, eine neue Zukunft, die es zu gestalten galt. In diesem Sinne war es im Osten wie im Westen höchst modern. Doch die Hoffnungen waren gedämpft, verglichen mit den Erwartungen, die sich nach dem Ersten Weltkrieg mit Begriffen wie Revolution, Demokratie oder nationale Selbstbestimmung verbanden. Die Weltwirtschaftskrise, der Faschismus und der neue, noch zerstörerischere Krieg hatten ein gewisses Maß an Bescheidenheit angesichts der Kräfte des Bösen gelehrt.

Als Jean-Paul Sartre Europas wohl bedeutendste intellektuelle Zeitschrift nach dem Krieg, *Les Temps modernes* (der Titel geht zurück auf einen Vorkriegsfilm von Charlie Chaplin), im Oktober 1945 vorstellte, sprach er nicht von Moderne oder »modernen Zeiten«. Statt dessen richtete er sein Augenmerk auf »den totalen Menschen. Total engagiert und total frei.« (Sartre 1978, 168). Die Moderne nach dem Zweiten Weltkrieg war zurückhaltend, aber nichtsdestotrotz omnipräsent: von der Dichtung bis zur politischen Rhetorik, von der Architektur bis zum Sozialengineering.

In den 70er Jahren änderten sich die modernen Zeiten. Ein neues Mißtrauen gegenüber der Zukunft machte sich breit und stellte die Bedeutung von Moderne, ob nun ästhetisch, wirtschaftlich oder politisch, überhaupt in Frage. In den 80er Jahren schließlich sorgte die Idee der »Postmoderne« für heftige Diskussionen und Kontroversen.

Dieses Kapitel geht nur auf einige wenige der möglichen Themen ein, was vor allem die Beschränkungen des Verfassers widerspiegelt, vielleicht aber auch in gewissem Maße die des Faches Soziologie.

Massenbildungssysteme

Erst nach dem Zweiten Weltkrieg gelang es in Europa, den grundlegenden Analphabetismus zu bannen und alle Kinder zur Schule zu schicken. In Albanien geschah das nach 1965, in Portugal und großteils in Jugoslawien um 1970, in Spanien in den 60er Jahren, in Italien in den 50ern, in Griechenland und im Rest Osteuropas Ende der 40er und in den 50er Jahren. Um 1960 waren die Hälfte aller Griechen und Bulgaren über 65 Jahre Analphabten, in Spanien ein Drittel und in Italien ein Viertel dieser Altersgruppe (Unesco 1974, Tab. 4; Weltbank 1990, 241, 244f. und 1992b, 498, 654).[141]

Auch das allgemeine Bildungsniveau ist gestiegen, und an die Stelle der scharfen Abgrenzungen zwischen Analphabeten, Grundschulabsolventen und einer gebildeten Elite sind graduellere Differenzierungen getreten. Allerdings scheint es keinen allgemeinen Trend hin zur Angleichung der Bildungschancen für junge Menschen mit unterschiedlichem sozialen Hintergrund gegeben zu haben. Die Klassenstrukturierung gilt hier noch immer, allerdings auf einem höheren Bildungsniveau; Ähnliches gilt ja auch, wie wir oben gesehen haben, für die berufliche Mobilität. Auch der Kommunismus hat keine großen und konsistenten Auswirkungen auf das Bildungssystem gehabt.

Die klassenspezifischen Quotenregelungen beim Zugang zur höheren Bildung, die in den osteuropäischen Ländern nach dem Krieg für mindestens zehn Jahre in Kraft waren, zeigten zwar nachweislich Wirkung, allerdings recht ungleichmäßig und allenfalls temporär. Einzig in den Niederlanden und in Schweden läßt sich für das 20. Jahrhundert eine anhaltende Tendenz in Richtung gleicher Bildungschancen erkennen (Peschar 1990, bes. 131f., 166, 250ff.; Shavit/Blossfeld 1993).[142]

Die Vorteile, die Kinder aus der gehobenen Angestelltenschicht durch ihre höhere Bildung gegenüber Kindern aus der Arbeiterklasse haben, fallen in Polen und Ungarn geringer aus als in Westeuropa, unterscheiden sich jedoch kaum von denen in Schweden (vergleichbare Daten für die Tschechoslowakei und die DDR sind nicht verfügbar). Frankreich sticht durch sein besonders elitäres System hervor. Die USA, die bislang hinsichtlich der Gleichheit der Bildungschancen führend waren, scheinen nunmehr für die Geburtsjahrgänge ab 1950 (1950-1964) von Schweden überholt worden zu sein (Eriksson/Jonsson, 1993, Kap. 10).

Die Untersuchungen zur Bildungsmobilität kommen implizit und gelegentlich auch explizit durchweg zu dem Ergebnis, daß das primäre und sekundäre Bildungssystem als solche keine starken, nachhaltigen Auswirkungen auf die Bildungschancen haben. Das durchgängige Muster ließe sich vielmehr so beschreiben, daß »Ungleichheit möglichst aufrechterhalten wird«, d.h. Chancengleichheit nur dann gewährt wird, wenn die privilegierten Schichten »gesättigt« sind. Zwar läßt sich die Tendenz beobachten, daß Gesamtschulsysteme, wie sie etwa in den nordischen Ländern, in Schottland und im kommunistischen Europa bestehen bzw. bestanden, sich positiv auf die Chancengleichheit auswirken. Allerdings kann diese Wirkung durch andere Mechanismen offensichtlich konterkariert oder aufgehoben werden. Der Wegfall der Gesamtschulen in der ehemaligen DDR und deren Ersetzung durch das dreistufige Bildungssystem, das in Westdeutschland vorherrscht, könnte sich in diesem Zusammenhang als interessanter Testfall erweisen.

Walter Müller und seine Kollegen, die Bildung und Klassenmobilität in Europa untersucht haben, fanden unter anderem heraus, daß sich die einzelnen Länder weniger im Hinblick auf die Offenheit bzw. Geschlossenheit bei der höheren Bildung oder bei der Berufswahl unterscheiden als vielmehr beim *Verhältnis zwischen Bildungsqualifikation und Berufswahl* (Müller u.a. 1990).

Der »Credentialismus«, also die Erfordernis formaler Bildungszeugnisse, ist in Deutschland, Ungarn, Schweden und, an der Spitze, Frankreich am stärksten ausgeprägt, auf den Britischen Inseln dagegen am wenigsten. Müller erklärt diesen Unterschied vor allem mit der historischen Rolle des Staates bei der Herausbildung einer professionellen Managementschicht: Wo der Staat eine zentrale Rolle spielte, entstand ein hohes Maß an Credentialismus.

Unterhalb der beruflichen Spitzenpositionen bildeten die Bildungsqualifikationen der europäischen Klassen ein dreigeteiltes nationales Muster aus. Den einen Pol besetzte Frankreich mit der geringsten Bildung bei Angestellten, Kleinbürgern, Bauern und Arbeitern, den anderen Deutschland mit der höchsten Bildung. Zwischen Frankreich und Deutschland lagen die anderen Länder, die sich untereinander nur unwesentlich unterscheiden (Müller 1991, Abb. 1-4). Der Grund für dieses Muster liegt in dem stark ausgeprägten System organisierter Berufsausbildung in Deutschland einerseits und dem besonders restriktiven höheren Bildungssystem, gepaart mit sehr geringer spezieller Berufsausbildung in Frankreich andererseits.

Nun bezieht sich Müllers Analyse vorwiegend auf die Situation vor der Bildungsexpansion in den 60er und 70er Jahren. Seither haben sich vor allem in Frankreich die Umstände beträchtlich verändert. Im Rahmen der EG-Arbeitsmarktumfrage 1989 gaben 74% der Franzosen an, zumindest eine gewisse Berufsausbildung erhalten zu haben; diese Zahl liegt zwar unter derjenigen für Deutschland (84 %), aber über dem Durchschnitt der Gemeinschaft (66 %). Die wenigsten ausgebildeten Menschen gab es mit 48 bis 50 % in Großbritannien, Irland und Portugal (*European Economy*, Nr. 47/1993, 25).[143]

Die massive Bildungsexpansion ist ein allgemeines Nachkriegsphänomen; doch trotz dieser Ausweitung und einem Aufholprozeß blieb der Weg zur höheren Bildung in Westeuropa relativ eng, ganz im Gegensatz zu Nordamerika und Japan. In Osteuropa bot er gar noch weniger Raum.

Zwischen 1960 und 1970 hat sich die Zahl der Studenten im höheren Bildungswesen in Frankreich und den nordischen Ländern mehr als verdreifacht, in Italien und Belgien stieg sie nicht ganz um das Dreifache. Kein Wunder, daß das Bildungssystem angesichts dieser Belastung zusammenbrach. Allein die absoluten Zahlen, die dabei im Spiel waren, sorgten für eine beträchtliche gesellschaftliche Krise. Gleichwohl sind die nationalen Muster nicht einheitlich. England und Wales – was das Bildungssystem angeht, ist das Vereinigte Königreich alles andere als vereint –, Irland und besonders die Schweiz hielten an einem weitaus engeren System fest, und die hauptsächliche Expansion in Deutschland, den Niederlanden und Österreich fand erst etwas später, nämlich in den frühen 70er Jahren, statt.

Die USA spielten bei der höheren Bildung für die Massen eine Vorreiterrolle. 1950 befand sich ein Fünftel der 20- bis 24jährigen Amerikaner in höherer Ausbildung, 1960 war es schon ein Drittel. 1975 studierten in Frankreich nur ein Viertel der 20- bis 24jährigen. Seitdem hat sich die Kluft zwischen Europa und den USA zwar verringert, verschwunden aber ist sie keineswegs (OECD 1971, 80; Flora 1983, Kap. 10; OECD 1990a, 109).

Die Staaten Osteuropas, die nach dem Krieg ihre höhere Bildung ausweiteten und soziale Quoten einführten – eher solche der Klasse als des Geschlechts oder der Ethnie – waren vorsichtiger mit dem Wachstum der höheren Bildung, in den 80er Jahren verschanzten sie sich regelrecht. Am Ende jedenfalls blieben sie hinsichtlich des tertiären Bildungsangebots deutlich hinter Westeuropa zurück (Unesco 1991, Tab. 3.10).

Doch während die relativen Chancen auf höhere Bildung zwischen den Klassen weiterhin sehr ungleich verteilt sind, lösen sich die geschlechtsspezifischen Unterschiede eindeutig auf. So weisen die tertiären Bildungseinrichtungen (Universitäten und Fachhochschulen) heute in vielen Ländern mehr Studentinnen als Studenten. In der EU ist das wie in den USA in den meisten Ländern der Fall. Ausnahmen bilden vor allem Deutschland, wo Frauen 44 bis 45 Prozent der Studentenschaft ausmachen, Österreich, die Niederlande und Griechenland. Auch die Universitäten in der Schweiz sind mit einem Studentenanteil von 60 Prozent noch immer männlich dominiert. Die Slowakei gehört ebenfalls zu diesem mitteleuropäischen Club männlicher Dominanz, während Polen und Ungarn ihre höhere Bildung ausgeweitet haben; hier überwiegen die Frauen (UNDP 1999, 229ff.; Eurostat, *Press Release* 55/1999).

Die Grenzen der Wissenschaft wandern westwärts

Die Nobelpreise sollte man nicht als Verdikte der Geschichte betrachten. Als Sozialwissenschaftler sollte man vielmehr davon ausgehen, daß dahinter das übliche Gerangel steckt. Doch obwohl sicher nicht unfehlbar, liefern sie uns doch einen einzigartigen Überblick über die wissenschaftlichen Meriten. Betrachtet man die Preise über einen langen Zeitraum und über viele Weltgegenden hinweg, so können sie durchaus als einigermaßen repräsentativ für die internationale wissenschaftliche Meinung gelten.

Tab. 33: Nobelpreise in Natur- und Wirtschaftswissenschaften 1901-1993. Nach Aufenthaltsland

Land	1901-1945	1946-1993
Deutschland (West)	34	26
Frankreich	15	10
Großbritannien	26	42
übriges Europa	38	49
Osteuropa[a]	2	10[b]
Gesamteuropa	113	127
USA	24	173
übrige Neue Welt	2	7
(ehemalige) Kolonien	1	0
EIM-Länder[c]	0	3
insgesamt	140	310

a Kommunistisches Nachkriegseuropa.
b Ohne DDR, die einen Preis erhielt.
c Japan, China, Thailand, Iran, Irak, Saudi-Arabien, Türkei, Ägypten, Marokko. Äthiopien u.a.
Quelle: Berechnungen nach Zahlen, die freundlicherweise vom Nobelpreiskomittee in Stockholm zur Verfügung gestellt wurden.

In diesem Sinne, also als Indikator über den Grenzverlauf im Bereich wissenschaftlicher Erkenntnis, sind die Nobelpreise für Natur- und Wirtschaftswissenschaften für uns von Interesse. Wie Tabelle 33 zeigt, bildete der Zweite Weltkrieg dabei eine Wasserscheide, die in Faschismus und Antisemitismus ihre Ursachen hat.

Es ist geradezu spektakulär, in welchem Maße die Europäer nach dem Krieg die naturwissenschaftliche Wissensfront den USA überlassen haben. Doch aus globaler Perspektive betrachtet ist es mindestens ebenso verblüffend, daß sich der Elitenwettlauf um wissenschaftliche Erkenntnis weitgehend zwischen Westeuropa und den USA abspielt; innerhalb Europas jedenfalls sind die Forschungserfolge weitgehend auf Westeuropa konzentriert. Doch falls der Kommunismus irgendeine Auswirkung auf die Nobelpreise hatte, dann eine positive: Der osteuropäische Anteil der Preisträger stieg.

Wenn wir die Ausgezeichneten nach ihrem Geburtsland oder dem Land, in dem sie ihre Ausbildung erfuhren, unterteilen, reduziert sich die US-Dominanz zwar um einiges, aber nicht wirklich entscheidend. 16 der 24 US-Preisträger vor 1945 sind in den USA geboren, nach dem Krieg sind es 129 von 173. Das heißt, 1901 bis 1945 stammen 11 Prozent aller Preisträger aus den USA, im Zeitraum nach 1945 sind es 42 Prozent. Wenn es um die Ausbildung geht, schneidet Osteuropa besser ab. 22 der nach 1945 Ausgezeichneten waren in diesen Ländern ausgebildet worden.

Die US-Dominanz verteilt sich ziemlich gleichmäßig über die einzelnen Disziplinen. So heimsten die USA nach 1945 in den Wirtschaftswissenschaften 22 von 34 Preisen ein, in Physik 51 von 93, 36 von 75 in der Chemie und 64 von 108 im Bereich der Medizin.

Auffallend ist das Fehlen der Japaner; an sie gingen nach dem Krieg nur 3 der 310 Nobelpreise. Jeder einigermaßen informierte Sozialwissenschaftler kann denn auch die überraschende Bescheidenheit zumindest der japanischen »Humanwissenschaften« bestätigen. Wieviel davon tatsächlich japanischer Bescheidenheit geschuldet ist und inwieweit die Sprachbarriere und die Tatsache, daß die Japaner kaum am internationalen Wissenschaftsaustausch teilnehmen, dafür verantwortlich zu machen sind, muß offen bleiben.

Die Computerrevolution wurde von den USA aus gesteuert, von IBM, Microsoft, Intel, Motorola, Apple und anderen Firmen. Dagegen haben es die Japaner, ganz im Gegensatz zu ihren Erfolgen auf den Gebieten Rundfunk, Fernsehen und Video, bislang nicht geschafft, auch im Computerbereich groß einzusteigen. Die Europäer haben das nicht einmal groß versucht, auch wenn Sinclair in Großbritannien und Siemens-Nixdorf in der Bundesrepublik sich als recht innovativ erwiesen; so gibt es zumindest noch ein paar europäische Mitspieler auf diesem Sektor.

Doch mit den neuen Technologien, die Computer, Mobiltelephone, Internet und E-Commerce miteinander verknüpfen, werden die Karten neu gemischt. Bei der Produktion von Handys ist die finnische Firma Nokia im Augenblick Weltmarktführer, auf Platz drei, hinter Motorola, folgt mit Ericsson aus Schweden ein weiteres europäisches Unternehmen. Die britische Firma Vodafone ist, nachdem man Vivendi aus Frankreich und den deutschen Mannesmann-Konzern geschluckt hat, zu Beginn des neuen Jahrtausends im Kommunikationsbereich weltweit führend. Die rasante Ausbreitung der neuen Informationstechnologie macht es wahrscheinlich, dass die amerikanische Führungsposition bei den Privatverbrauchern bald schon dahin ist. Bemerkenswert ist auch, daß Osteuropa bei den Internetanschlüssen gleichauf mit Westeuropa liegt. Dort bilden die skandinavischen Länder die informationstechnologische Vorhut Europas, vor allem, Finnland, das egalitärste Land des Kontinents.

Tab. 34: Computer und Internetzugänge je 1000 Einwohner 1997 bzw. 1999

Land	Computer 1997	Internetzugänge 1999
USA	407	113
Japan	202	13
Belgien	235	16
Dänemark	360	53
Deutschland	256	16
Finnland	311	106
Frankreich	174	8
Griechenland	45	5
Großbritannien	242	24
Irland	241	15
Italien	113	6
Norwegen	361	72
Niederlande	280	36
Österreich	211	18
Portugal	74	5
Schweden	350	49
Schweiz	394	32
Spanien	122	7
Polen	36	3
Rußland	32	1
Tschechien	83	7
Ungarn	49	8

Quelle: Weltbank 1999, Tab. 19.

Nun sollte man die Angaben zur Verbreitung von Computern nicht einfach eins zu eins als Indikator für die damit verbundene Bedeutung hinsichtlich des Erkenntnisfortschritts ansehen. Viele Computer dienen reinen Unterhaltungszwecken. Es läßt sich jedoch ablesen, wie sich die Revolution in der Informationstechnologie geographisch verteilt.

Die *Financial Times* hat den interessanten Versuch unternommen, den Grenzverlauf wissenschaftlicher Erkenntnis unter kommerziellem Gesichtspunkt zu bestimmen. Sie unterscheidet dabei sechs Technologiesektoren. Dabei sind die europäischen Aussichten im Bereich Personalcomputer

»schlecht«, in den Bereichen Genmanipulation, Hochtemperatur-Supraleiter, neuronale Netzwerke und Kommunikationssatelliten »mittel«. »Gut schneidet Europa nur bei den magnetischen Aufzeichnungstechnologien ab (*Financial Times*, 2. 3. 1994, 9). Von entscheidender Bedeutung am Beginn des neuen Jahrhunderts wird sein, wer den Wettlauf um die Entschlüsselung des menschlichen Erbguts für sich entscheiden kann. Dabei konkurrieren die private US-Firma Celera und ein internationales Konsortium unter britischer Führung (Wellcome Trust), das sich dazu verpflichtet hat, seine Forschungen allgemein zugänglich zu machen (*Financial Times*, 11. 1. 2000). Genetische Patente, vor allem aus den USA, spielen bereits eine wichtige Rolle im Agrarbereich. Ähnliche Patente im Bereich der menschlichen Gesundheit würden eine enorme Monopolmacht bedeuten.

Ein seriöser Soziologe, der nicht auf diesem Gebiet tätig ist, sollte mit Bemerkungen dazu vorsichtig sein. Dennoch seien zwei Hinweise erlaubt, einer aus Sicht des Laien, einer aus professioneller Sicht. Ersterer würde betonen, daß einige europäische Forschungszentren im Bereich der Naturwissenschaften und der Medizin auch weiterhin eine international bedeutsame Rolle spielen. Zu nennen sind hier etwa das Forschungszentrum für Teilchenphysik (CERN) in Genf, das Heidelberger Institut für Molekularbiologie sowie das Pariser Institut Pasteur, das schließlich als Sieger aus dem transatlantischen Streit um die Aidsbekämpfung hervorgegangen ist.

Was das große Gebiet dessen, was die Franzosen »sciences de l'homme« nennen, also Geistes- und Sozialwissenschaften anbelangt, so kann ich dafür zumindest teilweise professionelle Kompetenz für mich in Anspruch nehmen. Ohne ins Detail gehen zu wollen, läßt sich dabei meiner Ansicht nach eine historische Entwicklung erkennen. So lernten die Europäer zwischen den späten 40er und den 60er Jahren eine ganze Menge von den Amerikanern. Ein Beispiel dafür ist Paul Lazarsfeld; ursprünglich Österreicher, kam er 1948 mit einem amerikanischen Stipendium nach Oslo und unterrichtete dort die erste Generation norwegischer Soziologen. Ein anderes ist Theodor W. Adorno; er, der Musiker und Musikkritiker, der zunächst Soziologe und dann Philosoph war und unter den deutschen Nachkriegssoziologen als Leitfigur der »empirischen Sozialforschung« galt, hatte letztere im amerikanischen Exil gelernt (vgl. Wiggershaus 1986, 501ff.).

Seither, so kann man wohl sagen, hat sich in Westeuropa eine eigenständige wissenschaftliche Kultur etabliert, die sogar in die USA exportiert wurde. So wird es eher zu einer Geschmacksfrage, wo man die großen Geister ansiedelt. Die renommiertesten Zeitschriften kommen zwar in einer

Reihe von Disziplinen noch immer aus den USA. Aber in den Geistes- und Sozialwissenschaften finden sich die intellektuellen Leitfiguren eher in Westeuropa als jenseits des Altlantiks. Auf dem weiten und nur vage bestimmten Feld der »Gesellschaftstheorie« etwa gab es in jüngster Zeit wohl nur einen einzigen Amerikaner, nämlich John Rawls, der international ähnlich einflußreich war wie Pierre Bourdieu, Michel Foucault, Anthony Giddens und Jürgen Habermas.

Doch während sich die Weltliteratur inzwischen in der Tat über die ganze Welt verteilt (»The empire writes back«), sind Wissenschaft und Gelehrtentum noch immer erstaunlich provinziell. Die einflußreichsten Beiträge kommen nach wie vor aus einigen wenigen Provinzen dieser Erde.

Zukunftsdämmerung: Ansichten der Postmoderne

Das Europa der frühen Nachkriegszeit zeichnet sich kaum durch einen blinden Fortschrittsglauben aus, man hielt nicht einmal den Blick starr auf die Zukunft gerichtet. Die beiden Weltkriege, die Weltwirtschaftskrise und das stalinistische Trauma hatten bleibende Spuren hinterlassen. Die jungen Menschen auf der Linken waren davon überzeugt, daß die Morgendämmerung bevorstehe. Wie später die Freiwilligen in Kuba, Nicaragua oder Guinea-Bissau, so wollten auch jetzt junge Leute aus zahlreichen Ländern beim Aufbau des neuen Osteuropa mithelfen, ob es sich dabei nun um eine Eisenbahnlinie in Jugoslawien, ein Stadion in Bukarest oder ähnliches handelte. Doch die meisten Intellektuellen und Politiker der Zeit waren sich der »Dialektik der Aufklärung« durchaus bewußt, selbst wenn sie das Buch nicht gelesen hatten.[144]

Wie gesehen startete die französische Zeitschrift *Les Temps modernes* ohne Fanfarenstoß für die Moderne oder die Zukunft. Mehrere Kommunistenführer der Nachkriegszeit wie etwa Dimitroff, Gomulka oder Togliatti, hatten das Übel im eigenen Lager erkannt, ohne daß sie deshalb wie betäubt und stumm vor Angst gewesen wären, auch wenn sie sich ruhig verhielten. Hugh Dalton mag in der Tat ein »Lied in seinem Herzen« vernommen haben, als er im November 1945 den britischen Haushalt vorstellte, und die britischen Arbeiter präsentierten sich nach einem Jahrhundert des Respekts in voller Größe, auch wenn ihr Führer Attlee, ausgestattet mit dem Charisma eines durchschnittlichen Bauunternehmers, mit der schicksalhaften Bestimmung nur wenig anzufangen wußte (Hennessy 1993, Kap. 3).

Die antifaschistischen Intellektuellen in Deutschland sahen sich als kampfbereite »demokratische Elite«, die auf einen christlichen Sozialismus hoffte und vor einem Trümmerhaufen stand, vor dem Abgrund der nationalsozialistischen Verbrechen; sie glaubten sich umgeben von geschlagenen, ressentimentgeladenen Massen, die von den Nazis verführt worden waren und vor denen man nicht wirklich sicher war, während sie sich zugleich von den Besatzungsmächten bevormundet und erniedrigt fühlten (vgl. dazu Schwiedrzik 1991). In Schweden feierten die Ideologen der sozialdemokratischen Partei »Erntedank«, doch unter den Intellektuellen war die modernistische Jubelstimmung der 30er Jahre den nun vorherrschenden Erfahrungen von Verzweiflung und Desorientierung gewichen.

Andererseits gewöhnten sich die Menschen in den 50er und 60er Jahren an die Aussicht, daß ihre ökonomischen Ressourcen Jahr für Jahr anstiegen. Seit Beginn der 50er Jahre war »Wachstum« zum Standardziel aller Mainstreampolitik geworden. Auf der linken Seite des politischen Spektrums dagegen führten noch immer alle Straßen, ob nun national oder weltweit und wie lang auch immer sie sein mochten, »zum Sozialismus«.

Im Reich der Kunst setzte sich kein neuer Avantgardismus durch, sondern der Vorkriegsmodernismus konnte eine Zeitlang auf den Wellen des besiegten antimodernen Faschismus Erfolge feiern. Und fast ein wenig verschämt richtete man neue Institutionen der Avantgarde ein, die wichtigsten davon in Deutschland: Darmstadt wurde zum Zentrum neuer Musik, Kassel mit seiner Documenta zum Ort avantgardistischer Malerei und Skulptur.

Der moderne »Wille zur Zukunft«, wie Oswald Spengler es nannte, wurde später von drei unterschiedlichen, weitgehend eigenständigen Bewegungen unter Beschuß genommen. Zusammen starteten sie einen Angriff auf drei der vier Grundpfeiler der Moderne (vgl. zur Postmoderne allgemein die ausgezeichnete Darstellung bei Anderson 1998).

Die erste Bewegung war ästhetischen Ursprungs und kam weitgehend aus Nordamerika, verbreitete sich aber bald schon in Westeuropa. Sie stellte die avantgardistische Kunst, also eine zukunftsorientierte Ästhetik in Frage. Dagegen setzte sie eine Monumentalisierung der Gegenwart, der kommerziellen Massenkultur von der Architektur in Las Vegas bis zu den Nachahmungen der Madison Avenue. Postmoderne Architektur und Pop Art waren Früchte des amerikanischen Nachkriegsbooms, sie gründeten auf der Lektion von Robert Venturi (Venturi u.a. 1979) und auf der Botschaft von Andy Warhol (vgl. Huyssen 1986, Tl. 3).

Zum zweiten wurde der Sinn von Kapitalakkumulation und Wirtschaftswachstum vom »Club of Rome« in Frage gestellt, einem informellen weltweiten Zusammenschluß von abtrünnigen Wirtschaftsführern und besorgten Wissenschaftlern, der 1968 von dem italienischen Industriellen Aurelio Peccei sowie dem schottischen Wissenschaftler und Staatsbeamten Anthony King ins Leben gerufen worden war. Sie beauftragten ein amerikanisches Forschungsteam am MIT, einen Bericht zu erarbeiten, der zu einem Manifest an die Welt wurde: *Die Grenzen des Wachstums*. Er erschien 1972, unmittelbar vor der UN-Umweltkonferenz in Stockholm und knapp ein Jahr, bevor der Ölschock das Selbstvertrauen der westlichen Wirtschaft schwer erschütterte. Das Buch soll sich 10 Millionen Mal verkauft haben und bildete die Speerspitze einer neuen Ökologiebewegung, die eher die Gegenwart (und die Vergangenheit) bewahren als eine neue Zukunft errichten wollte (Meadows u.a. 1972; vgl. dazu Moll 1993).

Schließlich läutete einer linken Politik und ihren »großen Erzählungen« von Fortschritt, Emanzipation, Sozialismus usw. das Totenglöcklein. In diesem Zusammenhang etablierte sich die neue Wendung von der »Postmoderne«, die eine französische Errungenschaft war. 1979 erschien Jean-François Lyotards Buch *La condition postmoderne*. Der Autor hatte einen makellosen linken Hintergrund vorzuweisen, er war lange Zeit Mitglied einer Gruppe abtrünniger Trotzkisten gewesen, die nach dem Titel ihrer Zeitschrift »Sozialismus oder Barbarei« hieß (1949-1965), und stand in Verbindung mit der ersten Gruppierung des Mai 1968, der anarchistischen »Bewegung 22. März«. Lyotards Nachruf auf die Moderne war Teil einer ganzen Reihe französischer Verabschiedungen. Ein Jahr später verkündete der linke Soziologe Alain Touraine den »Postsozialismus«, und der radikale Journalist und Philosoph André Gorz nahm feierlich Abschied vom Proletariat (Lyotard 1986 und 1989; Touraine 1980; Gorz 1980).

Auch der Hintergrund des Ganzen war ein sehr französischer. Wie nirgendwo sonst war die Mehrheit der Intellektuellen in Frankreich in den ersten dreißig Jahren nach dem Krieg vom Marxismus überzeugt. Wichtiger noch ist, daß es sich dabei gleichzeitig um eine unglückliche Liebe zum Kommunismus handelte, entweder zu den außergewöhnlich ordinären örtlichen Hütern der Orthodoxie, zu einer Reihe lokaler Dissidenten oder zu den maoistischen Häretikern. Die Maiereignisse des Jahres 1968 vertieften die Kluft zwischen der kommunistischen Partei PCF und den Dissidenten und Häretikern noch weiter, wobei sie aber offenbar letztere gegenüber ersterer stärkten. Als der maoistische »Neue Widerstand« in den 70er Jahren nachzulassen begann, war die Bühne so manchem *coup de théatre* bereitet.

Dabei ging es zuerst um den Gulag. Die Ausweisung Alexander Solschenizyns aus der Sowjetunion und die Veröffentlichung des ersten Teils von *Archipel Gulag* in Paris (allerdings auf Russisch in einem Emigrantenverlag) standen sogleich im Mittelpunkt erregter Pariser Debatten. In seinem Frontalangriff auf die marxistische Vorstellung von der Aufklärungstradition bereitete das Buch den Boden für das, was später kam. Kurzfristig jedoch mußten sich die »neuen Philosophen« auf ein stark verbreitertes, aber noch immer umkämpftes antikommunistisches Terrain beschränken, wobei sie stets Gefahr liefen, von einem neuen Spektrum des »Eurokommunismus« in die Zange genommen zu werden, einer stolzen westeuropäischen Variante, die Mitte der 70er Jahre innerhalb des linken Meinungsspektrums im lateinischen Teil Europas beträchtlichen Erfolg hatte.[145]

Aufgrund von Umfragen und lokalen Wahlen hatte es 1976, Anfang 1977 in Frankreich den Anschein, als würde die neue Allianz aus Sozialisten und Kommunisten die Parlamentswahlen 1978 gewinnen können. Im Herbst 1977 jedoch verlor das Bündnis an Glanz und wurde schließlich im März 1978 knapp geschlagen.

Diese Wahlniederlage war der unmittelbare Auslöser für die Rede von der Postmoderne, vom Postsozialismus und für den Abschied von der Arbeiterklasse. Alles spätere war selbstverständlich eloquent vorgetragen und wurde von den Medienherren des Geschmacks wohlwollend aufgenommen, mehr aber auch nicht.

Zunächst aber mag einige Konsternation geherrscht haben, weil die französische Linke siegreich aus den Präsidentschaftswahlen 1981 hervorging; doch als die Regierung in der internationalen Rezession steckenblieb, schienen sich die Verdikte von 1979/80 doch zu bewahrheiten. Darüber hinaus gab es natürlich auch noch andere Wahlen, die zur Pariser Stimmung der Ex-Linken in diesen Jahren paßten: Margaret Thatcher und Ronald Reagan kamen an die Macht, und in Westdeutschland brach die sozialliberale Koalition auseinander.

Die post-linke Postmoderne war auch ein Hinweis auf das Aufkommen der postindustriellen Gesellschaft (vgl. Kap. II,2) mitsamt den Auswirkungen, die das für die Fähigkeit der industriellen Arbeiterklasse hatte, die Menschheit in die Zukunft zu führen.[146] Und schließlich zerstörte das Verschwinden des regierenden Kommunismus 1989-1991 endgültig die wacklige Brücke in diese Zukunft, die aktuell existiert hatte und die danach durch keinen anderen Glauben an eine strahlende Zukunft ersetzt wurde. »Normalität«, eine »normale Wirtschaft«, ein »normaler Staat«, »zurück nach Europa« lauteten die postkommunistischen Schlagworte. Warren Harding wurde damit sozusagen posthum rehabilitiert.[147]

Die avantgardistische Kunst, liberale Wirtschaft und Ideologie sowie sozialistische Politik und Ideologie waren drei Säulen der Moderne. Die vierte bildete die Wissenschaft. In diesem Bereich gab es keine bedeutende, grundsätzliche Herausforderung an die Moderne, d.h. daß Wissensakkumulation möglich und erstrebenswert sei, wurde nicht in Frage gestellt. Bislang fand sich keine nennenswerte Gruppe von Wissenschaftlern, die nach einer Begrenzung des Wissenswachstums gerufen hätte. In den interpretierenden Disziplinen, die in Kontinentaleuropa zu den Wissenschaften gerechnet werden, gab es zwar eine einflußreiche Richtung, die sich Postmoderne nannte, aber ihr standen starke und hochrangige Verteidiger der Moderne gegenüber (vgl. Rosenau 1992; Habermas 1992b; Beck u.a. 1996).

Allerdings bedeutete das in den 70er Jahren aufkommende Problem der Kernenergie einen Bruch in der öffentlichen Wahrnehmung der wissenschaftlichen Zuverlässigkeit, der technologischen Risiken und des wissenschaftlichen Strebens. Damit geriet auch der vierte Eckpfeiler der Moderne zumindest teilweise ins Wanken.

Die Zukunft selbst wurde nun Gegenstand wissenschaftlicher Untersuchungen oder »Konjekturen«. »Zukunftsstudien« gehören seit den 60er Jahren – vor allem in den USA, in Westeuropa und Australien – zu den institutionalisierten intellektuellen Unternehmungen, die zwar universitären Standards kaum genügen, aber von verschiedenen Regierungen und Unternehmen finanziert werden. Sie sind inzwischen groß genug, um verschiedenen Schulen und rivalisierenden Vereinigungen Platz zu bieten, aber intellektuell im Moment zu schwach, um zu einer allgemeinen modernistischen Orientierung beizutragen (vgl. Homann/Moll 1993; Editorial zu *Futures* 1/1968; *Futuribles*, Nr. 1-2/1975).

Zwischen den beiden Weltausstellungen, die der Autor besucht hat, derjenigen in Brüssel 1958 und der in Sevilla 1992, vollzog sich eine deutliche Verschiebung des Zeitrahmens. Die Brüsseler Ausstellung präsentierte sich stolz futuristisch, im Mittelpunkt stand die Technik, vor allem die friedliche Nutzung des Atoms, wie man das damals noch nannte. 34 Jahre später waren die zentralen Themen Geschichte – man gedachte der Entdeckung Amerikas durch Kolumbus 1492 – sowie Bewahrung bzw. Umweltschutz.

Im Zusammenhang mit der kulturellen Definition gesellschaftlicher Moderne, wie sie diesem Buch zugrunde liegt, sind aus soziologischer Sicht vor allem die oben angezeigten ideologischen Verschiebungen von Bedeutung. Freimütig gesagt: Auch wenn man den Postulaten der Postmoderne keine Sympathien entgegenbringt, muß man doch deren Herausforderung an die Moderne ernst nehmen. In der Geschichte der Moderne spielt sich im Moment ein bedeutsamer Prozeß ab.

Doch ein vorsichtiger empirischer Soziologe oder Historiker sollte sich davor hüten, die Heraufkunft eines neuen Zeitalters zu verkünden. Die künstlerische Avantgarde mag tot sein oder zumindest im Augenblick fehlen. Auch die sozialistische Vorhut ist verschwunden oder in Winterschlaf gefallen. Im Moment wird die Bühne des Protests von restaurativen Bewegungen, religiösen und nationalistischen, besetzt. Die liberale, wachstumsorientierte Weltsicht bleibt jedoch erhalten, auch wenn sie unter recht begrenzten Druck von seiten der Ökologie gerät. In Europa hat das Zukunftsprojekt der Union nach wie vor Bestand, es ist noch immer nicht vollendet. Die Wissenschaft ist weiterhin erwartungsvoll der Zukunft zugewandt. Somit scheint es keinen zwingenden Grund dafür zu geben, das Aufkommen neuer zukunftsorientierter Bewegungen auszuschließen. Die Gegenwart jedenfalls bietet vielen Menschen wenig Grund zur Zufriedenheit.

Außerhalb Europas und des reichen Teils der Neuen Welt war die Postmoderne zunächst einmal Ausdruck dafür, daß man vor allem im katastrophengeplagten Afrika, in der arabischen Welt, wo die Umrisse einer säkularen Moderne allmählich wieder verblaßten, sowie in Teilen Lateinamerikas vom modernen Projekt der »Entwicklung« restlos enttäuscht war. Das erinnert allerdings ein wenig an die Fabel mit dem Fuchs und den sauren Trauben und steht in deutlichen Kontrast etwa zum Entwicklungsschub, den die vier Modernisierungen in China (Industrie, Landwirtschaft, Wissenschaft und Technologie, Verteidigung) bewirkten, zur liberalen Moderne im demokratischen Chile oder zur Software-Moderne im südindischen Bangalore.

In Westeuropa und der Neuen Welt ist die Moderne in die Defensive geraten. Aber sie hat nicht abgedankt. Daß die Möglichkeit besteht, daß sie ihren Marsch fortsetzt, läßt sich nur schwer in Abrede stellen. Denn gerade die neue Informationstechnologie bedeutet natürlich einen kräftigen Schub für die Moderne.

In der Tat ist es vor allem der linke Flügel der Moderne, der unter Beschuß steht. Denn beinahe gleichzeitig gab es ein *Wiedererstarken des rechten Modernismus*. So war etwa der Thatcherismus alles andere als konservativ. Er war vielmehr ein rechter Versuch, die festgefügte Form der Vergangenheit aufzubrechen, einschließlich der traditionellen Politik der

Tories. Der Neoliberalismus ganz allgemein und die »Globalisierungsbotschaften« von Weltbank, IWF und OECD sind allesamt zukunftsorientiert, ihnen allen geht es vornehmlich darum, mit den vergangenen und gegenwärtigen Institutionen zu brechen.

Während die Postmoderne die Zukunft der Linken verdunkelt, erscheint auf der Rechten eine neuer, hellerer Lichtstrahl. Die Moderne ist nicht verschwunden. Sie blickt nur in eine andere Richtung.

Wie es um die Moderne allgemein auf der Welt bestellt ist, zeigt ein Blick auf den World Values Survey, der nach dem Wert alter und neuer Ideen gefragt hat.

Tab. 35: Der weltweite Glaube an alte und neue Ideen 1990/91. Nationale Durchschnittswerte auf einer Zehn-Punkte-Skala; dabei bezeichnet der Wert 1 vollste Übereinstimmung mit der Behauptung »Ideen, die den Test der Zeit bestanden haben, sind generell besser«, der Wert 10 mit der Behauptung »Neue Ideen sind allgemein besser als alte«. Je höher der Wert, desto modernistischer die Einstellung.

Westeuropa[a]	*5,3*
Schweden	5,9
Österreich	4,8
Osteuropa[a]	*5,1*
Bulgarien	5,6
Rußland	4,5
Ungarn	4,5
Neue Welt[b]	*5,3*
USA	4,9
China	*3,5*
Japan	*4,1*
Südkorea	*3,9*
Türkei	*5,7*
ehemalige Kolonien[c]	*4,9*

a Ungewichtete nationale Durchschnittswerte plus das Land mit dem höchsten und dem niedrigsten Wert.
b Ungewichtete Durchschnittswerte für Brasilien, Chile, Kanada, Mexiko und die USA.
c Indien (4,4) und Nigeria (5,4).
Quelle: World Values Survey 1990/91, Variable 324.

Skandinavien, Chile und die Türkei erwiesen sich dabei 1990/91 als die am stärksten modernistischen Länder. Nimmt man die Länder einzeln, so bilden Chile und Schweden die modernistische Avantgarde. Die Türkei war von allen Ländern am stärksten geteilt, was sich statistisch daran zeigt, daß sie von allen ausgewählten Ländern die größte Standardabweichung aufweist. Insgesamt gesehen bieten die historischen Wege in und durch die Moderne hier wenig Anhaltspunkte, innerhalb Westeuropas etwa besteht eine große Streuung. Eines aber läßt sich mit Sicherheit sagen: Trotz aller erreichten oder verkündeten Modernisierungen scheint das konfuzianische Ostasien (China, Japan, Südkorea) der am stärksten traditionalistische Teil der Welt zu sein. Doch auch der Überdruß an der Moderne, der sich, anders als in der restlichen Neuen Welt (einschließlich Kanadas mit einem Wert von 5,3), in den USA zeigt, ist bemerkenswert.

Wie sich am Glauben an neue Ideen ablesen läßt, ist die Zustimmung zur Moderne alles andere als überwältigend. Doch in Europa ist sie, ganz im Gegensatz zu den USA und vor allem Asien, noch immer vorherrschend.

3. Werte der zeitgenössischen Moderne

Die Wertemuster der europäischen Moderne setzen sich vor allem aus drei Aspekten zusammen: dem christlichen Glauben und seiner Säkularisierung; dem Nationalstaat und seiner Bürgerschaft; Individualismus und Klasse. Alle drei stehen zugleich für die Dilemmata, Konflikte und Rivalitäten, die dem europäischen Weg durch die Moderne inhärent sind.

Dazu kommt die neue Frage, die im Zuge des Multikulturalismus aufgeworfen wurde, nämlich nach der Koexistenz segmentierter Kulturen. Dieses Problem glaubte man schon gelöst zu haben, sei es durch die Säkularisierung des Staates und die Assimilation seiner Einwohner, durch die nationale Selbstbestimmung sowie durch die individuelle Gleichheit bzw., alternativ dazu, durch ethnische Säuberung und Völkermord.

Der skeptische Kontinent ...

Die religiöse Landschaft Westeuropas hat sich seit dem Zweiten Weltkrieg vor allem in zweifacher Hinsicht verändert. Das ist zum einen Ergebnis des Krieges und seiner unmittelbaren politischen Auswirkungen. Zum anderen handelt es sich um eine neue Phase innerhalb einer langfristigen historischen Entwicklung. Gemeint sind das *geänderte Verhältnis zwischen Katholizismus und Staat* auf der einen und neue Ebenen der *Säkularisierung* auf der anderen Seite.

Als supranationale Organisation, die lange Zeit eng an die gesellschaftspolitische Ordnung des Mittelalters gebunden war, geriet die katholische Kirche mit dem modernen Nationalismus und Liberalismus und damit mit dem modernen Staat in Konflikt. Unter den katholischen Bevölkerungen, die über keine eigenständige entwickelte politische Struktur verfügten, sondern unter einer Herrschaft standen, die ihre Legitimation aus ganz anderen Sphären bezog, konnte die katholische Kirche zum Sammelbecken des modernen Nationalismus werden. Irland und Polen sind die besten Beispiele dafür.

In den meisten katholischen Ländern gingen die Nationalisten und Liberalen als Sieger aus den heftigen politischen Auseinandersetzungen des 19. und 20. Jahrhunderts hervor, wobei Belgien die ersichtlichste Ausnahme bildet. Ergebnis war eine relative nationale, politische und administrative Marginalisierung der wahrhaft Gläubigen. Nach dem Ersten Weltkrieg setzte dann jedoch ein Prozeß der Aussöhnung und Reintegration ein – deutlichster Ausdruck dafür ist das Konkordat zwischen dem Vatikan und dem faschistischen Italien 1929 –, der allerdings erst nach dem zweiten großen Krieg vollendet und stabilisiert wurde.[148]

In dieser Zeit gelangten explizit katholische Politiker an die Spitze einiger moderner Staaten Westeuropas, so etwa in Italien, das der Vatikan mehr als ein halbes Jahrhundert lang mit dem Kirchenbann belegt hatte, oder in ehemals von Protestanten geführten Ländern wie Deutschland und den Niederlanden. Im Nachkriegsfrankreich wurde der politische Katholizismus Teil der staatstragenden »dritten Kraft«, ehe er dann gleichsam implodierte. In der Schweiz wurden die Katholiken bereits nach dem Ersten Weltkrieg reintegriert. Portugal und Spanien behielten ihre autoritären, gegenreformatorischen Regime der Zwischenkriegszeit. Doch als die Demokratie Mitte der 70er Jahre in diesen beiden Ländern wieder Einzug hielt, waren sowohl der Klerikalismus wie der Antiklerikalismus irrelevant geworden, so daß sich keine bedeutende Christdemokratie entwickeln konnte.

Die Kontinuität, welche die Iberische Halbinsel auszeichnete, wurde in Osteuropa durchbrochen. Die mehr oder weniger faschistischen Regime in Kroatien, Ungarn, der Slowakei und im Vorkriegspolen, wo die katholische Kirche enge Beziehungen zu den Machthabern unterhielt, brachen allesamt zusammen oder wurden auf den Müllhaufen der Geschichte geworfen. Vom Geist der Versöhnung war dabei auf beiden Seiten nur wenig zu verspüren.

Das schwer kompromittierte kroatische Kirchenoberhaupt, Kardinal Stepanic, wurde vom Vatikan in seiner Haltung bestärkt und hielt an seiner militanten rechten Position fest. Auch sein ungarischer Kollege Mindszenty entschied sich für eine kompromißlose Haltung gegenüber den gesellschaftlichen Veränderungen der Nachkriegszeit. In der Tschechoslowakei und in Polen zeigte sich die Kirche weniger unnachgiebig. Die Kommunisten, die über die staatliche Macht verfügten, antworteten mit Gefängnis und Prozessen (vgl. Fejtö 1988, 395ff.). In den 50er Jahren dann fand man in Osteuropa einen *modus vivendi* zwischen Katholiken und Kommunisten. Doch allein im tief katholischen Polen gelang es der Kirche, geistiger Hirte der Herde zu bleiben.

In der weitgehend protestantischen DDR war die kommunistische Säkularisierung auf durchschlagende und dauerhafte Weise erfolgreich, und zwar trotz der Rolle, welche die evangelische Kirche in den letzten Jahren des Niedergangs als Schutzraum für Oppositionelle spielte. Laut offizieller Statistik stieg der Anteil der Menschen ohne religiöses Bekenntnis von 7,6 % 1950 auf 63,5 % 1989 (Winkler 1990, 308). Das läßt sich vielleicht noch deutlicher daran ablesen, daß nach der Wiedervereinigung die säkulare Feier der Jugendweihe beibehalten wurde, also eine Zeremonie, die aus der Zeit der klassischen Arbeiterbewegung stammt und von den kommunistischen Machthabern sehr gefördert wurde. 1994 feierte etwa die Hälfte aller vierzehnjährigen Ostdeutschen die Jugendweihe. In Ostberlin lag das Verhältnis zwischen dieser weltlichen Zeremonie und der kirchlichen Erstkommunion sogar bei 7,5:1 (*Die Zeit*, 22. 4. 1994, 78).

Das Zweite Vatikanische Konzil 1965 wirkte sich vor allem innerhalb der katholischen Kirche aus, indem es diese für die Menschen der modernen Welt öffnete. Kurzfristig erhöhte sich dadurch die Durchlässigkeit der Kirche gegenüber weltlichen Einflüssen; dieser Tendenz versucht jedoch Papst Johannes Paul II. zur Zeit wieder Einhalt zu gebieten.

Die zweite große Veränderung der Nachkriegszeit ist die *Säkularisierung*. Am dramatischsten fiel sie in den Niederlanden aus, wo das politische, kulturelle, gesellschaftliche und bis zu einem gewissen Grade auch das Wirtschaftsleben in konfessionellen »Säulen« (*zuilen*) organisiert war: die calvinistische (die ihrerseits wieder in verschiedene Untergruppen zerfiel), die katholische, die sozialdemokratische und die etwas schwächere liberale. So gab es die »römisch-katholischen Pferdezüchter« und »protestantisch-christliche Gärtner« ebenso wie entsprechende Arbeitgeber- und Wohlfahrtsverbände, sozialdemokratische und liberale Versicherungsgesellschaften usw. Die Säkularisierung in den Niederlanden läßt sich besonders deutlich daran ablesen, wie sie politischen Ausdruck fand. In den zwölf Parlamentswahlen zwischen 1918 und 1963 fielen zwischen 52 und 58 Prozent der Wählerstimmen auf die religiösen Parteien Hollands. 1967 begann dann der Countdown, der Anteil sank auf 47,5 %, dann auf 36 % 1972; schließlich stabilisierte sich die konfessionelle Wählerschaft bei etwa einem Drittel der Stimmen, die heute vor allem an die überkonfessionellen Christdemokraten gehen (Mackie/Rose 1982, 269, 273). Bei den Parlamentswahlen im Mai 1994 konnten die religiösen Parteien dann nur noch etwas mehr als ein Viertel der Stimmen für sich verbuchen.

Tab. 36: (A-)Religiosität in den frühen 90er Jahren in Prozent

Region/Land	Glaube an Gott	Gottesdienstbesuch mind. einmal im Monat
Westeuropa[a]	75	33
Irland	98	88
Schweden	45	10
Osteuropa[a]	55	24
Polen	97	85
Weißrußland[b]	43	6
Neue Welt[c]	94	52
USA	96	59
ehemalige Kolonien[d]	98	80
EIM-Länder[e]	——	(24)
Japan	65	14

a Ungewichtete nationale Durchschnittswerte. Das jeweils erstgenannte Land weist den höchsten, das zweitgenannte den niedrigsten Wert innerhalb der jeweiligen Ländergruppe auf.
b Der niedrigste Wert für Osteuropa läßt sich auch anders bestimmen; so wies Bulgarien 44 % Gläubige und 9 % Kirchgänger auf, für Rußland lagen die Werte bei 44 % bzw. 6 %.
c Brasilien, Chile, Kanada, Mexiko, USA (ungewichtete Durchschnittswerte).
d Indien und Nigeria.
e China (1 % Gottesdienstbesucher), Japan (14 %), Südkorea (64 %) und Türkei (38 %).
Quelle: World Values Survey 1990/91, Variablen 147 und 166; Inglehart 1998, 392 und 394.

Obwohl durchgängig und überall seit Ende der 60er Jahre erneut einsetzend, verlief der Prozeß der Säkularisierung höchst ungleichmäßig. So waren die großen protestantischen Kirchen stärker davon betroffen als die katholische Kirche, während die stärker fundamentalistisch ausgerichteten Varianten des Protestantismus am wenigsten betroffen waren. Zusammen mit den unterschiedlichen Fruchtbarkeitsraten führte dies dazu, daß Westdeutschland, die Niederlande und die Schweiz in den 80er Jahren mehrheitlich katholisch waren (Fischer Weltalmanach 1989, 138, 395, 466).[149] Dort, wo die Kirche eng mit der jüngeren Entstehung des Nationalstaats verbunden war, haben sich Glauben und religiöse Praktiken besser gehalten als in anderen Ländern. In Europa gilt das vor allem für Irland und Polen. Auch die relativ starke Orthodoxie in Griechenland und Rumänien fällt in dieses Muster (vgl. dazu Martin 1978a, bes. Kap. 3, und 1978b).

Insgesamt betrachtet erweist sich Europa somit in Ost und West als Kontinent der Säkularisation. Der Abstand Europas gegenüber der Neuen Welt wie gegenüber den ehemaligen Kolonien ist in religiöser Hinsicht enorm. Innerhalb Europas findet sich in jeder der beiden Hälften eine religiöse Ausnahme von der Regel: Irland und Portugal, die beide katholisch sind. Die Niederlande sind gespalten; dort gibt es einen hohen Anteil an Nicht-Gläubigen und gleichzeitig eine sogar noch größere Gemeinde regelmäßiger Kirchgänger. Die nordischen Ländern zeigen – wie schon in manch anderer Hinsicht – ziemliche Ähnlichkeit mit Osteuropa, vor allem mit dessen katholischen Teilen. Doch ein noch stärkeres Cluster bilden sie mit Frankreich, dem Zentrum der westeuropäischen Auseinandersetzungen für und gegen die Moderne.

Ein Aspekt des Säkularisierungsprozesses besteht darin, daß der verbliebene kulturelle Einfluß der Religion weniger institutionell und damit weniger greifbar ist und sich stärker »rein kulturell« manifestiert. Die katholische Kirche ist noch immer eine mächtige supranationale Institution, doch mit der modernen Trennung von Staat und Kirche ist der tatsächliche Einfluß des Papstes und des Vatikan auf die katholischen Nationen selbst in religiös ausgesprochen heiklen Fragen wie Patriarchat, Ehescheidung oder Abtreibung eher diffus und indirekt, er wird weniger in Form institutioneller Regelungen oder formeller Verhandlungen ausgeübt. Die protestantischen Kirchen ihrerseits sind überall nationale, in Deutschland sogar provinziale Institutionen, besitzen aber schon lange keinen besonderen Zugang mehr zu Staat oder Regierung der jeweiligen Nation.

Europa erweist sich somit als der skeptische Kontinent, hier glaubt man am wenigsten an Gott und die Wissenschaft. Westeuropa rangiert dabei zwischen zwei nordischen Ländern: Auf der einen Seite finden sich die am stärksten skeptischen Norweger, wo sich Vertrauen in und Mißtrauen gegenüber der Wissenschaft in etwa die Waage halten (die Mehrheit derjenigen, die an die Wissenschaft glauben, beträgt lediglich 0,9 %), gefolgt von den Österreichern (6,8 %) und den Holländern (8,0 %); auf der anderen Seite steht Norwegens engster Nachbar im Osten, Schweden (32,2 %).

Während in Westeuropa die katholischen Iren der Wissenschaft eher skeptisch gegenüberstehen (15,2 % Dominanzwert pro Wissenschaft), sind ihre polnischen Brüder und Schwestern geradezu enthusiastisch: Sie halten mit 66,6 % den europäischen Rekord in Sachen Wissenschaftsgläubigkeit.

Tab. 37: Glaube an die Wissenschaft. Dominanzwerte: Prozentanteil derjenigen, die glauben, daß wissenschaftliche Fortschritte der Menschheit Nutzen bringen, minus Anteil derjenigen, die glauben, sie würden schaden[a] (1990/91; ungewichtete Durchschnittswerte und regionale Schwankungsbreiten)

Region/Land	Durchschnitt	Schwankungsbreite
Westeuropa[b]	20,1	0,9–32,2
Osteuropa[c]	44,7	30,0–66,2
Nordamerika[d]	44,1	40,5–47,6
Lateinamerika[e]	27,2	17,0–38,3
ehemalige Kolonien[f]	55,3	42,4–68,2
Japan	18,2	
andere EIM-Länder[g]	54,9	37,3–67,0

a Die Befragten konnten auch differenziertere Antworten geben. Diese finden beim Dominanzwert Berücksichtigung.
b Belgien, Dänemark, Deutschland (West), Finnland, Frankreich, Großbritannien, Irland, Italien, Niederlande, Norwegen, Österreich, Portugal, Schweden, Spanien.
c Bulgarien, DDR, Estland, Lettland, Litauen, Polen, Rußland, Tschechoslowakei, Ungarn, Weißrußland.
d Kanada, USA.
e Brasilien, Chile Mexiko.
f Indien, Nigeria.
g China, Südkorea und die Türkei.
Quelle: World Values Survey 1990/91, Variable 271.

Nimmt man beides, also Glauben an Gott und an die Wissenschaft, zusammen, so erweisen sich die Europäer und die Japaner als die stärksten Skeptiker auf der Welt, im deutlichen Unterschied zu den Gläubigen in der Neuen Welt, in den ehemaligen Kolonien und zu einem muslimischen Land wie der Türkei.

... und die multikulturelle Herausforderung

Es wäre jedoch falsch, diesen Abschnitt mit einer derart nüchternen Bemerkung abzuschließen. Skeptizismus und eine Angleichung der Normen und Werte jenseits aller Ideologie sind als beherrschende Charakteristika Westeuropas jüngeren Datums, und ihre Grundlagen stehen vor völlig neuen Herausforderungen.

Die Hauptstadt Westeuropas, Brüssel, steht insofern ziemlich im Mittelpunkt dieser Herausforderungen, als dort mehr als ein Viertel der Bevölkerung Ausländer sind. Die Stadt ist geprägt von den innerbelgischen Konflikten, gezeichnet von einer dramatischen Postindustrialisierung, polarisiert zwischen den privilegierten Eurokraten und ihren Familien auf der einen und verarmten muslimischen Einwanderern auf der anderen Seite, die von den traditionellen religiösen Rechten, die den Katholiken zugestanden wurden, Gebrauch machen, und zersplittert in 19 verschiedene Bezirke. Bislang kann niemand guten Gewissens behaupten, die Kapitale der EU sei mit diesen Problemen und Umwälzungen fertiggeworden (vgl. Bataille 1994; *FAZ*, 15. 1. 1992, 27; *Die Zeit*, 28. 1. 1994, 69).

Wie wir in Kapitel II,1 gesehen haben, erreichte die ethnische und damit weitgehend kulturelle Homogenität in Europa in den 50er Jahren ihren Höhepunkt; danach begann sich das Bild zu ändern, als zu Beginn der 60er Jahre eine historische Wende eintrat und Europa nach fünf Jahrhunderten der Emigration zu einem Einwanderungskontinent wurde.

Der Antisemitismus ist mit Hitler nicht ausgestorben. Doch falls in Europa eine neue Welle der Anti-Ideologie entstehen sollte, so wird sie wohl eher anti-islamisch denn anti-jüdisch ausgerichtet sein, allein schon deshalb, da die Muslime ein Phänomen jüngeren Datums und daher unterschiedlicher sind und ihre Zahl nunmehr auch zunimmt. In Osteuropa, von der Tschechischen Republik bis Rumänien und zu den anderen Balkanstaaten, sind Sinti und Roma, die »Zigeuner«, als Zielscheibe ethnischer Ängste und ethnischen Hasses an die Stelle der Juden getreten.

Obwohl sie überall eine kleine Minderheit bilden, stellt die Ankunft neuer Glaubensgemeinschaften (vor allem von Muslimen, in Großbritannien aber auch von Hindus und Sikhs) die säkularisierten Staaten und ihre historischen religiösen Kompromisse vor neue Herausforderungen.

Die ersten großen Moscheen in Europa außerhalb der ehemaligen osmanischen Gebiete entstanden in den 20er Jahren: die eine in Berlin, wo sie vor allem für Diplomaten und Gaststudenten gedacht war, die andere in Paris, wobei dort der besondere Charakter der französischen Kolonialmacht in Nordafrika zum Ausdruck kam. Seit Mitte der 60er Jahre hat die Zahl islamischer Gebetsorte in Frankreich enorm zugenommen; waren es 1975 noch 68, so stieg ihre Zahl auf 912 im Jahr 1985 (*FAZ*, 18. 6. 1993, 12; Kepel 1991, 72f., 229). Der Islam ist zu einer bedeutenden Minderheit in Europa geworden, deren genaue Zahl jedoch nicht bekannt ist. In Frankreich leben schätzungsweise drei Millionen Muslime, in Deutschland zwei Millionen, in Großbritannien eine Million, und auch in den seit alters homogen protestantischen Ländern des Nordens sind sie zu finden (Kepel 1991, 13; *FAZ*, 18. 6. 1993, 12; Central Statistical Office 1994, 145).

Und in der Tat wird Europa zunehmend zu einem Zentrum des Islam und der Debatte über den Islam. Das liegt vor allem daran, daß das Recht auf freie Meinungsäußerung in Europa in weitaus größerem Maße garantiert ist als in den Kernländern des Islam.[150] Doch diese Entwicklung hat auch ihre häßliche Seite. Das Todesurteil gegen Salman Rushdie wurde auf Initiative der südasiatischen islamischen Gemeinde im englischen Bradford verhängt, und die beiden bislang höchstrangigen Opfer waren der Imam der Brüsseler Muslime und sein Stellvertreter; sie wurden beide ermordet.

Der Bau von Moscheen, islamische Forderungen in puncto Religionsunterricht – in Brüssel etwa verlangte man 1989, daß die Vereinbarungen zwischen Staat und Kirche im Hinblick auf staatliche Unterstützung des Religionsunterrichts auch für die Muslime gelten sollten –, das Tragen des Schleiers in der Schule, der Aufbau einer muslimischen Universität in Frankreich usw., all diese natürlichen Forderungen einer Religionsgemeinschaft, die aus der kontinentaleuropäischen Geschichte sehr wohl bekannt sind, haben zu kulturellen Friktionen geführt, die Säkularisation und Christentum in gleicher Weise vor Herausforderungen stellen (vgl. dazu die polemischen und konfrontativen Thesen in dem Bestseller von Barreau 1991; vgl. auch Lewis/Scharper 1992; Wieviorka 1994).

In Westeuropa führen seit nunmehr dreißig Jahren in Nordirland Katholiken und Protestanten einen »low intensity«-Krieg, für den trotz aller Bemühungen ein wirkliches Ende noch immer nicht in Sicht ist. Der Zusammenbruch des Kommunismus hat auf dem Balkan, in der Ukraine, im Kaukasus und in Zentralasien den Boden für religiöse bzw. durch die Religion intensivierte Konflikte bereitet. Die griechische Orthodoxie, der Katholizismus, verschiedene islamische Strömungen und möglicherweise der amerikanische Protestantismus konkurrieren auf dem riesigen neuen Markt der Seelen in Osteuropa und östlich der Grenzen des Kontinents.

Wie sich die Situation an der europäischen Peripherie entwickeln wird, läßt sich im Moment kaum vorhersagen. Kommt es zu einem friedlichen Wettstreit oder zu Religionskriegen und neuen religiösen Konflikten? Der Säkularisierungsprozeß jedenfalls ist dort im Moment zum Stillstand gekommen, und in den Zentren Europas wird er in Frage gestellt.

Wenn es denn eine friedliche Lösung gibt, so liegt sie wohl kaum in der Säkularisation bzw. Assimilation oder im leuchtenden Pfad des richtigen Glaubens, sondern in der Neuetablierung einer bewußt multikulturellen

Gesellschaft. Mit anderen Worten: Ob die multikulturelle Moderne eine
blühende Zukunft erlebt, hängt eher davon ab, ob es gelingt, die Traditionen
des al-Andalus, des osmanischen Hauses oder des habsburgischen Kakaniens zu modernisieren.

Postnationalismus?

In Westeuropa brachte die Nachkriegszeit eine ganze Reihe früherer nationaler Konflikte zum Verschwinden. So fanden die Streitigkeiten zwischen
Norwegen und Dänemark um Grönland, zwischen Belgien und den Niederlanden um die Wasserstraße der Schelde sowie zwischen Frankreich und
Deutschland um Elsaß-Lothringen ein Ende. Die Frage der Teilung Irlands
spielte zumindest für einige Jahrzehnte keine Rolle. Die ursprünglich aufgelösten und besetzten Länder in Westdeutschland und Österreich wurden
in beiden Fällen ohne größere Friktionen bald wieder vereint. Daß das
Saarland wieder an die Bundesrepublik Deutschland fiel und Italien Südtirol behielt, wurde schließlich jeweils friedlich geregelt.

Die nationalstaatlichen Konflikte wurden überwunden. Hatten Mitte der
50er Jahre noch ein Viertel bis ein Drittel der Franzosen eine »schlechte
oder sehr schlechte« Meinung von ihren deutschen Nachbarn, so zeigten
Umfragen in den 80er Jahren, daß in Frankreich wie in Deutschland der
jeweils andere als bester Freund galt (Dogan 1993, 186). Brennende nationale Fragen wurden entweder eingefroren oder schmolzen angesichts der
soziopolitischen Polarisierung zwischen Kommunismus und Kapitalismus
zusammen. Westdeutschland wurde zum Verbündeten Großbritanniens und
Frankreichs, während die DDR Bündnispartner der UdSSR war. Der Kalte
Krieg legte die alte mazedonische Frage und alle Probleme auf dem Balkan
entlang der Grenzen von Jalta auf Eis. Zudem hielt er den deutschen Irredentismus verdeckt und unter Kontrolle.

In Osteuropa betrachteten die Sowjets regionale Zusammenschlüsse mit
Argwohn – mit Titos Jugoslawien kam es wegen der Balkanföderation zum
Bruch –, noch wachsamer aber war man gegenüber allen nationalistischen
Manifestationen. Nationaler Haß – zwischen Ungarn und Rumänen, Ungarn
und Slowaken, Polen und Deutschen, Tschechen und Deutschen, Osteuropäern gegenüber den Russen usw. – wurde durch einen »proletarischen Internationalismus« überdeckt.

Nichts zeigte dieses neue postnationalistische Zeitalter, den neuen Zeitgeist in Europa so deutlich wie die Tatsache, daß keiner der neuen Bündnispartner Westdeutschlands eine territoriale Amputation der neuen kommunistischen Staaten Tschechoslowakei und Polen zugunsten der deutschen Grenzen von 1937 unterstützte. Gegenüber dem Kommunismus waren zwar alle Arten der Subversion legitim, aber keine Grenzrevisionen.

Trotz ihrer Westorientierung und ihres wenig ausgeprägten Nationalismus konnten sich die westdeutschen Christdemokraten nicht dazu durchringen, die Nachkriegskarte Europas freiwillig zu akzeptieren. Sie hatten jedoch nicht die Macht, sie neu zu zeichnen, und so fiel es den Sozialdemokraten (und den Liberalen, die sich ihres nationalistischen Flügels entledigt hatten) unter der Führung von Willy Brandt zu, die postnationalistische Ära in West- und Mitteleuropa ausdrücklich anzuerkennen.

Mit Nationalismus meinen wir hier den »Ismus«, der sich um den Nationalstaat rankt: die ideologische Bestätigung für seine Notwendigkeit, falls er noch nicht besteht, seine Verteidigung, seine Ausweitung, seine Macht und seinen Glanz. Als solcher ist Nationalismus nicht identisch mit ethnischen Werten, die sich auf Fragen der (wie auch immer definierten) ethnischen Homogenität und Heterogenität beziehen sowie auf Interessen innerhalb bestehender staatlicher Grenzen und Mächte.

Im Nachkriegseuropa war das Nationale gleichsam soziopolitisch eingehegt. Das zeigt sich unter anderem in einem weniger ausgeprägten Nationalstolz.

Tab. 38: Nationalstolz auf der Welt 1970-1990. Prozentsatz derjenigen, die »sehr stolz« auf ihre jeweilige Nation sind. Ungewichtete Durchschnittswerte

Region/Land	1970	1981	1990
Westeuropa[a]	62	41	45
Osteuropa	—	—	39
Ungarn	—	67	47
Neue Welt	—	62[b]	62[c]
ehemalige Kolonien	—	—	71[d]
EIM-Länder	—	(30)	46[e]
Japan	—	30	29

a 6 Länder der EWG.
b Argentinien, Australien, Kanada, Mexiko, USA, Schwankungsbreite zwischen 49 (Argentinien) und 76 (USA).
c Brasilien, Chile, Kanada, Mexiko, USA; Schwankungsbreite zwischen 53 (Chile) und 75 (USA).
d Indien (74) und Nigeria (68).
e China, Japan, Südkorea, Türkei; Schwankungsbreite zwischen 29 (Japan) und 67 (Türkei).
Quellen: World Values Survey 1990/91, Variable 322; Inglehart 1990, 411 und 1998, 421.

Auch wenn die Unsicherheitsmarge hinsichtlich der Interpretation recht hoch sein dürfte, so stechen doch zwei Unterschiede ins Auge. Seit 1970 ist der Nationalstolz in Westeuropa beträchtlich zurückgegangen, vor allem in den sechs Kernländern der EWG. In Frankreich etwa sank der Anteil von 66 %, die 1970 sehr stolz auf ihre Nation waren, auf 31 % 1981 und 35 % 1990. Zum zweiten war der Nationalstolz 1990 in Westeuropa deutlich schwächer ausgeprägt als in anderen Teilen der Welt mit Ausnahme Japans.[151] Zwischen Ost- und Westeuropa dagegen gibt es in dieser Hinsicht keinen generellen Unterschied. Deutlich heben sich, wie schon im Hinblick auf den Katholizismus, allein die Iren und die Polen vom Durchschnitt ab; dort liegt der Prozentanteil für 1990 bei 77 bzw. 69 Prozent. Mit 17 Prozent am geringsten ausgeprägt ist der Nationalstolz in Deutschland.

1994 stellte das Eurobarometer in den damals 12 EU-Staaten eine etwas andere Frage zum Nationalstolz. Dabei betrachtete ihn eine Mehrheit der Griechen (57 %) als Pflicht, während die meisten anderen Europäer ihn als »natürlich« ansahen. Nimm man die bejahenden Antworten zu Pflicht und Natürlichkeit zusammen, so standen die meisten Europäer dem Nationalstolz sehr positiv gegenüber, wobei die Zustimmung zwischen 90 Prozent in Griechenland und 56 Prozent in Frankreich lag. Allerdings gab es eine Ausnahme. In Deutschland war die Meinung ziemlich genau zweigeteilt: 46 Prozent sahen Nationalstolz als naürlich oder (deutlich weniger häufig) als Pflicht an, 48 Prozent waren ihm gegenüber aus dem einen oder anderen Grund negativ eingestellt (Eurobarometer 42, Internetausgabe, Frage 17).

Tab. 39: Bereitschaft, für das eigene Land zu kämpfen. Prozent der erwachsenen Bevölkerung, die im Falle eines Krieges zu kämpfen bereit sind (ungewichtete Durchschnittswerte)

Westeuropa	67
die 4 großen Länder Westeuropas	53
Osteuropa	83
Neue Welt	68
Neue Welt ohne Brasilien	76
USA	79
ehemalige Kolonien	86
EIM-Länder ohne Japan	92
Japan	20

Quelle: World Values Survey 1990/91, Variable 263.

Der Zweite Weltkrieg wirkte sich vor allem auf die besiegten Mächte aus. In Deutschland, Italien und Japan gibt nur eine Minderheit der Bevölkerung an, für ihr Land kämpfen zu wollen. Das gilt auch für Belgien, im Rest der Welt aber lediglich für Brasilien.

In unterschiedlichen Kontexten erhalten die Fragen und Antworten jedoch andere Bedeutungen. So steigt der Gesamtdurchschnitt für Westeuropa aufgrund der heroischen Standhaftigkeit einiger kleiner, friedlicher Nationen, die nie einen modernen Krieg geführt haben. Aussagekräftiger aber ist der Durchschnitt von 53 Prozent, der sich für Großbritannien (74), Frankreich (66), Westdeutschland (42) und Italien (31) ergibt.

In Osteuropa standen nur die Ostdeutschen und die Tschechoslowaken, die Landsleute des braven Soldaten Schwejk, dem Kampf weitgehend reserviert gegenüber, während die Polen, die Weißrussen und die Bulgaren zu über neunzig Prozent bereit waren, für ihr Land in den Krieg zu ziehen (das westliche katholisch-nationalistische Gegenstück zu Polen, Irland, bewegt sich diesmal mit 61 Prozent innerhalb des westeuropäischen Musters).

Wofür nun setzen sich die Europäer ein? Faßt man zwei Eurobarometer-Umfragen aus den Jahren 1982 und 1987 zusammen, so ergibt sich folgendes Bild: Zwei Drittel waren bereit, etwas für den Weltfrieden zu opfern. Zwei Fünftel wollten Opfer für die Menschenrechte bringen, ein Drittel für den Kampf gegen die Armut, den Umweltschutz und die individuelle Freiheit. Nur ein Drittel war bereit, etwas für die nationale Verteidigung aufzuwenden (Eurobarometer 9/1989, 6).

Kurz gesagt: Die Gründe, warum man Westeuropa (also westlich der Oder-Neiße-Linie und der Adria) als postnationalistisch charakterisieren kann, lassen sich sowohl am Verhalten wie an Einstellungen festmachen (vgl. Dogan 1993). Zumindest ist es im späten 20. Jahrhundert zum am wenigsten nationalistischen Teil der Welt geworden.

Eine zentrale Rolle in diesem Prozeß kam der Transformation Deutschlands nach dem Krieg zu. Aus diesem Grund sollten auch alle, die sich um Europas Zukunft Sorgen machen, das jüngste – im Zusammenhang mit der Wiedervereinigung stehende – Wiederaufkommen eines explizit nationalen, protonationalistischen Diskurses in bestimmten intellektuellen und politischen Kreisen Deutschlands aufmerksam verfolgen.[152] Das gilt genauso für die offizielle Verabschiedung des Antifaschismus 1994 durch die Regierung Berlusconi in Italien, der auch die Neofaschisten angehörten. Gleichwohl bedeutet das (noch) keine Ära des Nationalismus im Westen. Ich bin vielmehr davon überzeugt, daß Europa sowohl die deutsche Wiedervereinigung wie auch die schleichende Rehabilitierung des Faschismus in Italien friedlich und ohne größere Schäden überstehen wird.

Der Kosovo-Krieg im Jahr 1999 war ein weiteres Lehrstück über den heutigen Nationalismus, das sich auch schon im Golfkrieg 1991 und seiner bis heute andauernden Blockade des Irak deutlich gezeigt hat. Westliche Politiker, von den Republikanern in den USA bis zu den deutschen Grünen, sind, wenn nötig, zwar sehr wohl bereit, Zivilisten eines feindlichen Landes zu töten oder verhungern zu lassen, zugleich aber auch sehr darauf bedacht, die eigenen militärischen Verluste so gering wie möglich zu halten. Luftschläge sind an der Wende vom 20. zum 21. Jahrhundert zur vorherrschenden Form der Kriegsführung geworden. Anders gesagt: Politiker gehen nicht mehr davon aus, daß die Bürger bereit sind, für ihr Land zu kämpfen, ganz egal, worum es geht. Ob sie damit recht haben oder nicht, läßt sich nicht mit Sicherheit beantworten, aber wahrscheinlich haben sie recht. Damit aber haben wir es in der Tat mit einem bedeutenden historischen Wandel gegenüber den »Ideen von 1914« oder der Abwehrschlacht der Deutschen 1944/45 zu tun.

Öffentlicher Kollektivismus und familiärer Individualismus

Ein weiteres Syndrom der kulturellen Moderne in Europa läßt sich zusammenfassen und charakterisieren durch eine Mischung aus klassenspezifisch artikulierten politischen Werten: öffentlicher Kollektivismus und familiärer Individualismus.

Diese klassenspezifische Artikulation von Werten und Identitäten ergab sich aus dem endogenen, industriellen Weg in die Moderne. Mehr als anderswo auf der Welt haben kollektive Identitäten, die auf komplexen und heterogenen, an der ökonomischen Stellung orientierten Gruppierungen beruhen – d.h. Klassenidentitäten, selbstbewußte kulturelle Spaltungen und Konflikte zwischen diesen Gruppierungen, der öffentliche Diskurs darüber und deren kollektive Organisation – überall in der europäischen Geschichte eine bedeutende Rolle gespielt.

Die Arbeiterbewegung hat ihren Ursprung in Europa, und von hier aus verbreitete sich auch ihr Klassendiskurs. Moderne politische Rechte wie etwa das Wahlrecht wurden in Europa stärker und deutlicher als anderswo über den Begriff der Klasse definiert, begründet und erkämpft (vgl. Therborn 1992). Regierungsparteien, die sich ausdrücklich als Klassenparteien verstehen und sich als solche in kompetitiven Wahlen etablierten, finden sich nur in Europa, in den europäischen Siedlungsgebieten in Neuseeland und Australien, in der ehemaligen britischen Kolonie Jamaika sowie, einmal, in Chile.

Die europäische Moderne als endogen zu bezeichnen heißt, daß alle Auseinandersetzungen für und gegen die Fortschrittsperspektive bzw. die an Erfahrung und Tradition orientierte Sicht, für oder gegen bürgerliche bzw. göttliche Rechte unter den Europäern selbst ausgetragen wurden.

Die Nachkriegsentwicklungen haben die Dichte der Klassenmilieus durch die im Zuge des Wirtschaftsbooms neu entstandenen Vorstadtsiedlungen, durch die De-Industrialisierung seit den 70er Jahren, durch die neuen Muster von Konsum und kultureller Vermittlung ausgedünnt. Andererseits erfuhren die Klassenperspektiven durch die Urbanisierung, durch die Industrialisierung im Süden und im Osten, durch die Säkularisierung und durch einen allgemeinen Rückgang des Respekts gegenüber der Tradition eine Ausweitung. Die westeuropäische Arbeiterbewegung jedenfalls stand in den Jahren um 1980 politisch und industriell auf dem Höhepunkt ihres Einflusses (vgl. Therborn 1984b; Mooser 1984; Noiriel 1986; Hobsbawm u.a. 1981; Korpi 1983; Ebbighausen/Tiemann 1984).

Der Trend zum öffentlichen Kollektivismus, d.h. die Unterstützung dafür, daß öffentliche Institutionen und Mittel kollektiven Zwecken zugute kommen, geht zurück sowohl auf die frühmoderne Staatstradition, also den Absolutismus und die konstitutionellen Monarchien, als auch auf die Herausforderungen durch die Klasse. Dabei gilt es unterschiedliche Arten von Individualismus und Kollektivismus zu unterscheiden. Ökonomischer und politischer Individualismus gingen gewöhnlich einher mit einem patriarchalisch geprägten familiären Kollektivismus. Die »Ismen«-Geschichte Europas, bei der Ideologien aufeinanderprallten, wies dabei fast alle möglichen Kombinationen auf. Gleichwohl läßt sich für die letzten 100 Jahre und besonders für das letzte halbe Jahrhundert behaupten, daß sich in Europa mehr als in anderen Teilen der Welt eine Kombination aus ökonomischen und politischen Formen des Kollektivismus und einem familiären Individualismus erkennen läßt.

Verschiedene Faktoren wirkten dabei zusammen. Das frühmoderne Familienmuster in West- und Mitteleuropa (mit später Eheschließung und einer beachtlichen Anzahl niemals verheirateter Personen) begründete einen relativen familiären Individualismus. Dieser implizierte eine lange, ledige Jugendphase, die gemeinsames Handeln allgemein und risikoreiche, oppositionelle Aktionen wie etwa solche der Arbeiterklasse im besonderen begünstigt.

Die Theoretiker und Anführer der sozialistischen Arbeiterbewegung – Marx, Engels, Bebel u.a. – waren zumindest rhetorisch ausdrücklich antipatriarchalisch eingestellt, und die Sozialisten waren, zusammen mit einigen liberalen Intellektuellen wie John Stuart Mill, denn auch von Anfang an die besten, allerdings nur selten treue Freunde der Frauen.

Die Beharrlichkeit des Patriarchats in Familie und bürgerlicher Gesellschaft allgemein bedeutete, daß die Etablierung individueller Rechte und Freiheiten für Frauen und Kinder staatlicher Intervention bedurfte. Und mitunter wurde die interventionistische Tradition Europas in der Tat zu diesem Zweck eingesetzt.

In Kapitel II,4 haben wir gesehen, wie in den skandinavischen Ländern in den 10er und frühen 20er Jahren sowie durch die sowjetischen Revolutionäre eine egalitäre, individuelle Vorstellung von der Ehe entwickelt wurde. Ähnliches geschah im Hinblick auf die Stellung der Kinder; dabei ist die Interdependenz zwischen einem personalistischen Individualismus und einem interventionistischen öffentlichen Kollektivismus besonders deutlich zu erkennen.

Ende der 20er Jahre hatte sich in Skandinavien und Großbritannien (sowie in den meisten Teilen der USA) durchgesetzt, daß die Interessen der Kinder im familiären Streit oberste Priorität besitzen sollten.

Mitte der 20er Jahre erließ die Sowjetunion als erstes Land ein Gesetz, das die körperliche Bestrafung von Kindern verbot. Offensichtlich hatte diese Art humanitärer Gesinnung auch zur Zeit der stalinistischen Grausamkeiten in den 30er Jahren Gültigkeit. Als 1950/51 übergelaufene sowjetische Soldaten von amerikanischen Soziologen befragt wurden, wurde auch das folgende Verdikt über die sowjetische Gesetzgebung festgehalten: »Kinder haben ihren Eltern zu gehorchen, doch in einem freien Staat wie der UdSSR ist das unmöglich.« (Geiger 1968, 99).[153] Die Norm, die körperliche Züchtigung der Kinder untersagte, war also gleichsam verinnerlicht worden, und Beobachter waren entsetzt, als sie nach dem Krieg sahen, wie Kinder in Deutschland geschlagen wurden (Geiger 1968, 275).

Letztendlich aber stand die sowjetische Familienpolitik der Stalinzeit von 1944 bis zum neuen Familiengesetz 1968 unter dem Einfluß konservativer natalistischer Erwägungen und Fragen der Wohnungspolitik (einen knappen Überblick über die sowjetische Gesetzgebung bietet Lane 1985, 110ff.). Doch insgesamt kann man sagen, daß die Regelungen zum Geschlechter- und Generationenverhältnis zu den fortschrittlichsten Errungenschaften des Leninismus zu zählen sind und vielleicht als einzige überdauern werden. Nach dem Krieg wurden sie den neuen Machthabern in Osteuropa vermacht, allerdings ohne den sowjetischen Avantgardeindividualismus der 20er Jahre, sondern gehüllt in die weihevollen normativen Ermahnungen stalinistischer Provenienz (vgl. dazu Familiengesetze sozialistischer Länder 1959).

Skandinavien jedoch gehörte, was die Rechte von Kindern anbelangt, auch weiterhin zu den Vorreitern. Nachdem die Prügelstrafe in der Schule in der frühen Nachkriegszeit abgeschafft worden war, wurde in den 80er Jahren auch den Eltern gesetzlich untersagt, ihre Kinder zu schlagen, während auf der anderen Seite das spanische Gesetzbuch von 1981 dies den Eltern ausdrücklich erlaubte (§ 155). In diesem Punkt folgten den Skandinaviern bislang einzig die Österreicher. Die nordischen Länder haben auch die rechtliche Annahme einer gemeinsamen elterlichen Vormundschaft bzw. Verantwortung für ihre Kinder eingeführt, unabhängig davon, welchen zivilen Status die Eltern haben und ob sie zusammenleben oder nicht. Im Falle Norwegens ist dies sogar verbunden mit dem Recht der Kinder, sich von ihren Eltern scheiden zu lassen, während der umgekehrte Fall –daß sich Eltern von ihren Kindern trennen – nicht möglich ist (vgl. Therborn 1993).

»Postmaterialismus«, klassenspezifisches Wahlverhalten und staatlicher Interventionismus

Die interessante und inzwischen berühmte These eines »kulturellen Wandels« von »materialistischen« zu »postmaterialistischen« Werten, wie sie von Ronald Inglehart entwickelt wurde (Inglehart 1977 und 1990), ist nicht nur eine des Wertewandels. Sie zielt darüber hinaus explizit darauf ab, die schwindende Bedeutung der Klasse für politische Bewertungen und Handlungen wie etwa Wahlen zu begründen.

In unserem Zusammenhang wirft Ingleharts Arbeit zwei Fragen auf. Stimmt es, daß die Klasse nicht mehr spezifisch für die europäische Politik ist? Ist es zweitens zutreffend, daß der »Postmaterialismus« eine historische Wende in Richtung einer »wertorientierten politischen Polarisierung« bezeichnet?

Ohne den großen Wert von Ingleharts empirischer Arbeit in Abrede stellen zu wollen – ich selbst greife ja dankbar auf sie zurück –, scheint es für mich doch klar zu sein, daß seine Grundthese, daß nämlich eine »wertorientierte politische Polarisierung« an die Stelle einer »klassenorientierten Polarisierung« trete, in zweifacher Hinsicht fehlerhaft ist. Damit soll aber keineswegs behauptet werden, daß es der These an Substanz fehle.

Zum ersten leitet sich Ingleharts Bild vom klassenspezifischen Wahlverhalten aus der angelsächsischen Unterscheidung zwischen körperlicher und geistiger Arbeit (also Arbeitern und Angestellten) und dem Index für dieses Wahlverhalten her, der von Robert Alford entwickelt wurde und sich berechnet aus dem Prozentanteil der Arbeiter, die links wählen, abzüglich des Prozentanteils der Angestellten, die links wählen. Das war einst eine recht brauchbare Maßeinheit, und Inglehart befindet sich in guter Gesellschaft, wenn er auf sie zurückgreift. Ihr Nutzen ist jedoch fragwürdig, will man Vergleiche über einen längeren Zeitraum hinweg anstellen. Solche Vergleiche würden voraussetzen, daß die soziale Unterscheidung zwischen Arbeitern und Angestellten heute mehr oder weniger derjenigen der 50er Jahre entspricht. Die Veränderungen in der Gesellschaftsstruktur lassen diese Annahme jedoch als sehr unwahrscheinlich erscheinen.

Schwedische Meinungsforscher haben das Ausmaß der strukturellen Auswirkung breiter kategorialer Veränderungen berechnet. Nimmt man für 1985 die gleiche Berufsstruktur für Arbeiter an wie für 1956, so hätte sich der schwedische Index für das Klassenwahlverhalten von 51 auf 42 verändert anstatt auf 34, wenn man an einer völlig unangepaßten Unterscheidung von Arbeitern und Angestellten festhält (Holmberg/Gilljam 1987, 184). Die Veränderung wäre wohl noch geringer ausgefallen, wenn man die veränderte Bedeutung dessen, was geistige Arbeit heißt, ebenfalls genauer berücksichtigt hätte.

Zum zweiten ist Ingleharts Gegenüberstellung von materialistischen bzw. postmaterialistischen Werten und Klassenorientierung auch im Hinblick auf die begriffliche Definition dieser Werte fragwürdig. Aus bestimmten Gründen versah er seinen »materialistischen« Wert mit einer parteipolitischen, nämlich rechtsgerichteten Orientierung. Denn in den westlichen Demokratien waren die meiste Zeit über die rechten Prioritäten darauf gerichtet, die Ordnung aufrechtzuerhalten, Inflation und Kriminalität zu bekämpfen, eine starke Verteidigungsstreitmacht zu behalten und, in geringerem Maße, hohes Wachstum oder eine stabile Wirtschaft zu sichern (Inglehart 1990, 74f.). Ein linker »Materialismus« würde eher darauf abzielen, Arbeitslosigkeit und Armut zu bekämpfen sowie ökonomische Gleichheit und soziale Sicherheit zu gewährleisten.

Das hat zur Folge, daß Ingleharts Dichotomie »postmaterialistisch–materialistisch« als Alternative zur Klasse unbrauchbar ist, wenn es darum geht, politische Orientierungen vorherzusagen, da sie selbst weitgehend eine traditionelle Opposition links–rechts darstellt. Daß sich eine linke ideologische Einstellung eher in einer Wählerstimme für die Linke niederschlägt als die Zugehörigkeit zur Arbeiterklasse, ist wenig überraschend. Und auch die Operationalisierung der Unterscheidung eignet sich kaum dafür, um zu unterscheiden, was üblicherweise mit materialistischen und nicht-materialistischen Werten gemeint ist.

Aufgrund dieser parteipolitischen Operationalisierung von Materialismus bzw. Postmaterialismus ist es auch nicht weiter paradox (was es ja doch sein sollte), daß, gemäß Ingleharts eigenen Daten, die deutlichste »materialistische« politische Option in der EU die Christdemokratie ist (Inglehart 1990, Tab. 8.7).

Jedenfalls ist das Klassenwahlverhalten auch in den 80er Jahren noch ein für Europa charakteristisches Unterscheidungsmerkmal. Die Klassen der Arbeiter und der Angestellten wählen unterschiedlich. In dieser Hinsicht unterscheiden sich die europäischen Länder mit Ausnahme Griechenlands deutlich von den USA. Doch auch die innereuropäischen Unterschiede sind beträchtlich. Skandinavien weist beim politischen Verhalten die deutlichsten Klassenspaltungen auf, gefolgt von Großbritannien sowie Italien und Spanien (Berechnungen nach Inglehart 1990, 458-460).

Tab. 40: Weltweite Unterstützung für staatliche Vorsorge. Prozentanteil derjenigen, die zustimmen, daß die Regierung Folgendes zu gewährleisten habe. Nationale Umfragen 1991

Region/Land	Mindestlebensstandard	Obergrenzen für Einkommen	Jobs für alle	Index der Unterstützung[a]
Osteuropa[b]	91	45	88	1,97
Westeuropa[c]	85	34	64	2,53
USA	56	17	50	3,26
Japan	83	36	86	2,08

a Der Index reicht von 1 (starke Zustimmung) bis 5 (starke Ablehnung) auf individueller Ebene.
b Ungewichtete Durchschnittswerte aus Bulgarien, der DDR, Estland, Polen, Rußland, Slowenien, Tschechoslowakei und Ungarn.
c Ungewichtete Durchschnittswerte aus den Niederlanden, Großbritannien und der BRD.
Quelle: Daten aus dem International Social Justice Project, die mir freundlicherweise von Professor David S. Mason von der Butler University, Indianapolis zu Verfügung gestellt wurden.

Die unterschiedliche politische Bedeutung der Klasse, die hier durch die Unterscheidung Arbeiter/Angestellte ohnehin nur sehr grob erfaßt wird, läßt kein deutliches ökonomisches Muster erkennen, etwa im Hinblick auf wirtschaftliche Entwicklung oder ökonomische Ungleichheit. Die Unterschiede scheinen vielmehr historisch entstandene nationale Kulturen widerzuspiegeln wie etwa die zahlreiche Klassen umfassenden christdemokratischen Parteien, den Radikalismus der französischen Mittelschicht und das griechische Klientelwesen.

Die alte europäische Orientierung an staatlicher Intervention und kollektiven sozialen Vereinbarungen hat als spezifischer Wert des Kontinents auch in den frühen 90er Jahren Bestand.

Bemerkenswert ist hier vor allem die starke Unterstützung für staatliche Vorsorge im postkommunistischen Osteuropa, sogar bevor die Auswirkungen der kapitalistischen »Schocktherapie« (mit Ausnahme Polens) spürbar waren. Europa als Ganzes unterscheidet sich deutlich von den USA, jedoch in diesem Falle nicht von Japan. Ähnliche Ergebnisse erbrachte der International Social Survey 1990 (Evans 1993, 126, 134; Taylor-Gooby 1993).

Tab. 41: Weltweite Meinung darüber, wie Geschäft und Industrie geführt werden sollten. Prozentanteil Zustimmung, daß die Besitzer das Geschäft führen oder die Manager einstellen sollten, ohne weitere Qualifizierung. Ungewichtete Durchschnittswerte nationaler Stichproben

Osteuropa	28
Westeuropa	41
Nordamerika	55
Lateinamerika	34
ehemalige Kolonien	Indien 22; Nigeria 53
Japan	44
andere EIM-Länder[a]	24

a China, Südkorea, Türkei.
Quelle: World Values Survey 1990/91, Variable 126 und Inglehart 1998, 438ff.

Öffentlicher Kollektivismus impliziert auch, daß die Leitung von Unternehmen nicht allein den Besitzern überlassen sein sollte, sondern auch die Beschäftigten und/oder der Staat ein Mitspracherecht haben sollten. Auch hinsichtlich dieser Frage läßt sich wieder ein europäisches Muster erkennen, das jedoch nicht einzigartig ist.

Hier hebt sich Nordamerika vom Rest der Welt ab. Kein einziges der 25 europäischen Länder erreichte in dieser Umfrage das US-amerikanische und kanadische Niveau des Eigentümerindividualismus. Auch die Ost-West-Trennung innerhalb Europas fällt deutlich aus.

Individualisierung von Sexualität, Elternschaft und Kindheit

In Kapitel II,4 haben wir die sehr unterschiedlichen Auswege aus dem Patriarchat untersucht, und zwar im Hinblick auf die Ehevorstellungen und auf die Rechte verheirateter Frauen. Hier wollen wir das Ganze aus einem anderen Blickwinkel betrachten. Anstatt der gesetzlich geregelten Rechte sollen uns hier andere soziale Normen und Werte bezüglich Sexualität und Elternschaft interessieren.

In den meisten Teilen der modernen Welt – die große Ausnahme bildet die aufgrund der Migration entstandene Neue Welt und hier ganz besonders die dortigen Sklavenplantagen und deren Nachfolgegesellschaften – sind Sexualität und Elternschaft ausgesprochen streng normiert. Periphere Gebiete, marginale soziale Schichten und eingewanderte Sub-Bevölkerungen mögen durchaus von der zentralen Norm abgewichen sein, ohne damit jedoch deren allgemein anerkannte Gültigkeit zu gefährden. Nach den anfänglichen sozialen Verwerfungen im Zuge der Kapitalisierung der Landwirtschaft, der Industrialisierung, Urbanisierung usw., folgte, was Ehe und häusliches Leben angeht, in Westeuropa eine normative Stabilisierung. Mit Ausnahme der Kriegszeiten sank der Anteil der außerehelichen Geburten im 20. Jahrhundert stetig oder blieb zumindest stabil (Flora 1987, Kap. 2).

Allerdings nur bis in die 70er Jahre, in manchen Fällen nur bis Mitte der 60er. Dann setzte ein dramatischer Wandel ein. Harte und vergleichbare Zahlen über den Wandel der allgemeinen Sexualnormen und -praktiken fehlen zwar, aber daß diese sich veränderten, weiß jeder, der diese Zeiten kennt. Der Anteil der außerehelichen Geburten ist kein besonders brauchbarer Indikator für das Ausmaß des sexuellen Wandels, schon gar nicht seit der Revolution bei den Empfängnisverhütungsmethoden. Die Anti-Baby-Pille wurde in den USA 1960 für den allgemeinen Gebrauch freigegeben und breitete sich im Laufe des folgenden Jahrzehnts in Europa aus; in Westdeutschland etwa ist sie seit Mitte der 60er Jahre erhältlich, wobei ihre Einführung von strengen moralischen Warnungen und der Verurteilung durch den Papst begleitet war (zur Nieden 1991, 15ff.). Auch Nicht-Heirat spiegelt den Säkularisierungsprozeß, der wie oben gesehen in dieser Zeit ebenfalls einen neuen Schub erlebte.

Dennoch bin ich der Meinung, daß der Anteil außerehelicher Geburten eine Deregulierung sexueller und elterlicher Normen zugunsten größerer individueller Wahlmöglichkeiten anzeigt. Das gilt vor allem dann, wenn sich der Wandel nicht auf eine spezielle ethnische oder andere soziale Gruppe beschränkt, was in Europa im großen und ganzen nicht der Fall ist.

Tab. 42: Außereheliche Geburten je 100 Geburten 1970, 1990 und 1997

Region/Land	1970	1990	1997
Mittelwesteuropa[a]	5,6	16,4	19,1
Mittelosteuropa[b]	8,1	18,3	29,0
Nordeuropa[c]	10,5	39,9	46,4
Südeuropa[d]	3,0	7,8	10,9
USA	10,7	28,0	32,4
Japan	0,7	1,6	—

a Belgien, BRD (1997 alte Bundesländer), Frankreich, Großbritannien, Irland, Niederlande, Österreich, Schweiz.
b DDR (1997 neue Bunesländer), Tschechoslowakei, Ungarn.
c Dänemark, Finnland, Norwegen, Schweden.
d Griechenland, Italien, Portugal, Spanien.
Quellen: Council of Europe 1991, 36; Mounier 1999, 766f.

Das Muster ist sehr uneinheitlich, die Schwankungsbreite zwischen den beiden Polen Schweden (51,8) und Griechenland (2,1) fällt sehr hoch aus. Unter den traditionalistischen Ländern erlebte Irland den größten Wandel, die Zahl stieg dort von 2,7 1970 auf 14,5 1990, während sich in der Schweiz am wenigsten änderte; sie liegt beim Anteil der ehelichen Geburten 1990 auf Platz zwei gleich hinter Griechenland.

Dabei lassen sich eine protestantische Tendenz hin zu weniger streng geregeltem Sexualverhalten und ein strengeres katholisches Muster unterscheiden, wobei das traditionelle Österreich und seit kurzem auch Frankreich eine Ausnahme bilden. Eine spezifische Auswirkung des Kommunismus läßt sich hingegen nicht erkennen. Die (ehemals) protestantische DDR lag in etwa gleichauf mit dem kapitalistischen protestantischen Dänemark, unterschied sich jedoch von den kommunistischen katholischen Ländern Tschechoslowakei und Ungarn, die ihrerseits eher Ähnlichkeiten mit der Bundesrepublik Deutschland und Portugal aufwiesen.

Wir können also, was die einzelnen Zahlen angeht, kaum von einem gesamteuropäischen Muster sprechen. Gleichwohl läßt sich für Europa die Tendenz zu einer besonders rapiden Veränderung erkennen. Während die Scheidungsrate, ebenfalls ein Indikator für familiären Individualismus, absolut gemessen in den USA stärker anstige als in Westeuropa, allerdings von einem Niveau aus, das seit jeher höher lag (Castles/Flood 1993, 304), repräsentieren die Länder Nordeuropas am deutlichsten die europäische Verbindung aus privatem Individualismus und öffentlichem Kollektivismus. In anderen Ländern läßt sich ebenfalls zumindest eine Tendenz in diese Richtung erkennen.

Die Eltern-Kind-Beziehungen stehen deutlich unter dem Einfluß von drei anderen Tendenzen nach 1960, die allesamt den familiären Kollektivismus tendenziell schwächen. Das ist zum einen die Tatsache, daß die Massenmedien (und hier vor allem das Fernsehen) ins Leben der Kinder getreten sind und ihnen eine ganz andere Welt als die zu Hause oder in der näheren Umgebung eröffnen. Ob sich daraus nun vor allem eine global einheitliche Medienform entwickelt oder eine Ausweitung der Individuation resultiert, ist nach wie vor offen. Doch die Koppelung dieser beiden entgegengesetzten Alternativen ist nur ein weiterer Beleg für die Dialektik der Moderne.

Zum zweiten ist vor allem in Osteuropa und in Skandinavien verstärkt seit 1970, anderswo dagegen weniger ausgeprägt, die Entwicklung hin zu außerfamiliärer Kinderbetreuung und Einrichtungen der Vorschulerziehung zu beobachten, etwa die Vorschuleinrichtungen (*écoles maternelles*) in Frankreich, Italien und Belgien, der deutsche Kindergarten u. ä. (vgl. OECD 1990b, Kap. 5). Die Medien und die außerfamiliäre Betreuung kehren beide die elterliche Heimzentriertheit um, die sich aus der Entstehung der modernen Kindheit ergeben hatte.

Zum dritten wirkt sich nun auch das instabile Eheleben der Eltern auf die Eltern-Kind-Beziehungen aus. Die Zahl der Haushalte mit nur einem Elternteil hat zugenommen und umfaßte Anfang der 80er Jahre in den meisten westeuropäischen Ländern etwa ein Achtel aller Haushalte mit Kindern. Was die Ein-Eltern-Familie betrifft, so nimmt Europa eine Mittelstellung zwischen Japan mit 4,1 % und den USA (mit ihrer Ghettogesellschaft und einer höheren Scheidungsrate) mit 26 % ein (OECD 1990c, 34). In der UdSSR waren 14 % aller Familien Ein-Eltern-Familien (Lane 1985, 113).

Betrachtet man das ganze aus Sicht der Kinder, so lebten Anfang der 80er Jahre in Irland, Italien und der Schweiz 95 % aller Kinder bis 15 bzw. 16 Jahre (oder später, falls sie noch schulpflichtig sind) in Zwei-Eltern-Familien, in Finnland, Frankreich, Ost- und Westdeutschland sowie in der Tschechoslowakei waren es etwa 90 %, in Skandinavien circa 85 % und in den USA knapp über 75 % (Jensen/Saporiti 1992, 42f.; Raton 1991, 55; Gysi 1988, 519; Barns levnadsvillkor 1989, 85). 1996 lebte in der EU eins von acht Kindern mit nur einem Elternteil (Eurostat, *Press Release* 77/1998).

Abschließend wollen wir einige aktuelle weltweite Sichtweisen der Elternschaft betrachten, und zwar mit der üblichen Einschränkung, daß die Ergebnisse im nationalen und historischen Kontext zu interpretieren sind und stets die Gefahr besteht, daß die Fragen in den verschiedenen Kulturen unterschiedlich aufgefaßt werden.

Tab. 43: Weltweite Sicht der Elternschaft. Welche Eigenschaften von Kindern gilt es zu stärken, Unabhängigkeit oder Gehorsam? Besteht die elterliche Pflicht darin, das Beste für ihre Kinder auch auf Kosten des eigenen Wohlbefindens zu tun, oder haben Eltern ihr eigenes Leben und sollten nicht um Opfer gebeten werden? Dominanzwerte, d.h. Prozentanteil derjenigen, die dem ersten Teil der jeweiligen Frage zustimmen, abzüglich Prozentanteil derjenigen, die der gegenteiligen Behauptung beipflichten. Ungewichtete nationale Durchschnittswerte

Region	*Unabhängigkeit*	*elterliches Opfer*
Nord-Mitteleuropa[a]	29	34
Süd-Westeuropa[b]	-9	60
Osteuropa I[c]	41	26
Osteuropa II[d]	0	25
Nordamerika	15	52
Lateinamerika[e]	-11	64
ehemalige Kolonien[f]	-40	70

a BRD, Niederlande, Österreich; Dänemark, Finnland, Island, Norwegen, Schweden.
b Großbritannien, Nordirland, Irland, Frankreich, Italien, Portugal, Spanien.
c Bulgarien, DDR, Estland, Lettland, Litauen, Ungarn.
d Polen, Rußland, Tschechoslowakei, Weißrußland.
e Brasilien, Chile, Mexiko.
f Indien, Nigeria.
Quelle: World Values Survey 1990/91, Variablen 225, 227, 236.

Die Muster elterlicher Werte decken sich kaum mit kontinentalen oder sozialen Systemgrenzen. Andererseits sollten kulturell bedeutsame Fragen eine Cluster-Bildung aufweisen, die bekannten kulturellen Konfigurationen entspricht. In Tabelle 43 wurden die Länder zu Gruppen zusammengefaßt, und zwar im Hinblick sowohl auf kulturelle bzw. historische Nähe wie auch auf die Verteilung elterlicher Ideologien. Von den Clustern abweichende Fälle werden anschließend aufgeführt.

Ein konsequenter familiärer Individualismus beinhaltet in diesem Zusammenhang, die Unabhängigkeit von Kindern und Eltern zu betonen, ein stringenter familiärer Kollektivismus das Gegenteil. Gleichwohl sollte man die anderen möglichen Kombinationen nicht als »inkonsequent« betrachten, sondern eher als kind- bzw. elternzentrierten Individualismus auffassen.

Auf jeden Fall lassen sich deutlich zwei Europas erkennen, eines, das individualistischer ist als der Großteil der Welt, und eines, das dies nicht ist. Doch das ist nicht die übliche Gruppierung. So betont man in Nordost-Mitteleuropa mit Ausnahme der Tschechoslowakei und Polens, die kindliche

Unabhängigkeit und ist relativ zurückhaltend, wenn es darum geht, den Eltern Opfer abzuverlangen. Der Südwesten Europas, von Belgien bis Portugal, einschließlich der Britischen Inseln, dagegen weist eine spezifisch kollektivistische Vorstellung von Familiennormen auf. Der deutliche Unterschied zwischen Frankreich und Deutschland, gleichsam die Umkehr alter Stereotypen, wird zudem bestätigt, wenn man das Schulsystem betrachtet (Kaelble 1991, 172). Der stärker autoritäre, elternzentrierte Teil Osteuropas umfaßt vor allem die Tschechoslowakei, Polen, Rußland und Weißrußland.

Zusammenfassend läßt sich sagen, daß sich bei den familiären Werten scharfe Kontraste zwischen Gruppen von Ländern zeigen, die aus praktischen Erwägungen allesamt als modern betrachtet werden. Gleichwohl ist die Familie oder der Individualismus des privaten Lebenraums, stärker als in der Neuen Welt und wahrscheinlich irgendwo auf dem Globus, in einem starken, zentralen Teil Europas fest verwurzelt.

Kommunistische Akkulturation und die unglückliche Revolution

»Noch in den Jahren 1987 bis 1988 glaubte ich an die Möglichkeit einer Erneuerung der [kommunistischen] Partei, die helfen würde, das System zu reformieren. 1990 war fast nichts von diesen Hoffnungen geblieben. Und 1991 war ich überzeugt, daß die KPdSU zu einer Kraft geworden war, die dem öffentlichen Interesse unwiderruflich feindlich gegenüberstand.« (Arbatov 1993, 380)[154] Wir müssen Georgi Arbatovs Erinnerungen nicht notwendigerweise auf die eigene Person beziehen, aber er bezeichnet gleichwohl mit deutlichen Worten den großen Wertewandel, der sich jüngst in Europa vollzogen hat: die Implosion des Kommunismus.

Eine genaue Antwort auf die Frage, warum der Kommunismus in Osteuropa zu Fall kam, wird noch einige Zeit auf sich warten lassen. Ein bemerkenswerter Aspekt, der bislang kaum ernsthaft zur Kenntnis genommen wurde, weil er in kein ideologisches Schema paßt, liegt jedoch darin, daß eine kampferprobte Bewegung und ein Machtsystem, das die Kunst der Repression meisterhaft beherrschte, kampflos die Waffen streckten. Das sowjetische Regime hatte seinen Überlebenswillen verloren.

Angesichts der großen historischen Bedeutung dieses Ereignisses und meiner in dieser Hinsicht deutlich beschränkten Kompetenz will ich im folgenden lediglich einen Deutungszusammenhang aufzeigen und einige Anknüpfungspunkte für künftige Diskussionen und Untersuchungen liefern.

Das verfügbare Material erlaubt es uns nicht, den Fall des Kommunismus einfach mit einer akuten ökonomischen Krise zu erklären oder gar mit einer offensichtlichen wirtschaftlichen Sackgasse, wie wir in Kapitel II,5 gesehen haben, wo wir uns vor allem auf Untersuchungen der Weltbank stützten. Gleichwohl ist richtig, daß sich in den letzten Jahren des Kommunismus die Erfahrung wirtschaftlicher Inadäquatheit und wirtschaftlichen Versagens breit machte. Der Wille zu zunehmend radikalen politischen und gesellschaftlichen Reformen bestand durchaus, wie das Auftauchen und der Aufstieg zur Macht von Michail Gorbatschow und anderen Führern beweist. Denn es ist keineswegs so, daß der Kommunismus an sich keinen grundlegenden Wandel vollziehen könne, ohne auseinanderzufallen; den Gegenbeweis zu dieser These liefert bislang der Erfolg Chinas.

Das posthume Urteil ihrer Untertanen zeigt darüber hinaus, daß die kommunistischen Regime Europas nicht einfach als »Unrechtsstaaten« abgetan werden können, wie die vorherrschende westdeutsche Ideologie suggerierte. Im Oktober 1992 wurde die Bevölkerung in 18 ehemals kommunistischen Staaten Europas einschließlich Armenien und Georgien von Eurobarometer/Gallup stichprobenartig befragt. Eine Frage lautete: »Zieht man alles in Betracht, haben Sie das Gefühl, daß ihre persönliche Situation heute unter dem augenblicklichen politischen System besser ist, oder glauben Sie, daß es Ihnen vorher besser ging?« Eine deutliche Mehrheit, der es nach eigener Aussage besser ging, gab es nur in Albanien, Rumänien und der Tschechischen Republik. Dagegen waren in der ehemaligen Sowjetunion und in Ungarn diejenigen deutlich in der Überzahl, die der Meinung waren, unter der kommunistischen Herrschaft sei es ihnen besser gegangen (Umfrage von Eurobarometer/Gallup im Oktober 1992, Anhang 13).

Die Frage ist bedauerlicherweise zweideutig, da sie die persönliche sozioökonomische Situation mit dem politischen System in Zusammenhang bringt. Aber die Berufung auf das politische System war eher dazu gedacht, einer Anerkennung des einst »real existierenden Sozialismus« entgegenzuwirken, so daß die in den Ergebnissen zum Ausdruck kommende Nostalgie um so bemerkenswerter ist.

Eine wichtige Rolle innerhalb der Kräftekonstellation, die das kommunistische System in Europa zu Fall brachte, spielte die Erosion der kommunistischen Ideologie, die innere Unsicherheit in weiten Bereichen des Regimes.

In Osteuropa geriet der Kommunismus 1968 in die Defensive. Die letzte avantgardistische Äußerung nach den überschwenglichen Versprechungen

Chruschtschows war der Richta-Report in der Tschechoslowakei, der zum weiteren Umkreis des Prager Frühlings zu rechnen ist. Er verband die moderne Perspektive einer »wissenschaftlich-technischen Revolution« mit einem demokratisch-sozialistischen Reformprogramm (Richta 1968). Der bewaffnete Einmarsch in die Tschechoslowakei jedoch fror den halben Kontinent ideologisch gleichsam ein, es kam zu Zugeständnissen und Gesten des Bedauerns. An die Stelle der bisherigen Ausrichtung auf Akkumulation trat das nervöse Bemühen, für Massenkonsum zu sorgen, das seit Ende der 70er Jahre des öfteren durch ausländische Kredite finanziert werden mußte.

Ideologisch wurden sowohl die kühnen Versprechen eines in der Zukunft triumphierenden Kommunismus wie auch die selbstkritischen Reformprogramme in den 70er Jahren ersetzt durch das apologetische, von Breschnews Chefideologen Michail Suslow stammende Konzept eines »real existierenden Sozialismus«, das explizit zwar einen anderen, besseren Sozialismus leugnete, implizit aber einen solchen anerkannte. Alternativ dazu setzte Ceaucescu in Rumänien auf die nationalistische Karte, die überdies einen privilegierten Zugang zum Westen verschaffte.

Der nächste Schritt der kommunistischen De-Eskalation war die Krise in Polen 1980/81. Diesmal war einzig die Führung der DDR voll auf einen Einmarsch eingestellt, obwohl die Sowjets beträchtlichen Druck ausübten. Die Lösung, der »Kriegszustand« oder das Kriegsrecht unter den Auspizien der polnischen Armee, bedeutete, daß der Kommunismus hinter eine nationale Institution zurücktrat. Dabei handelte es sich jedoch nicht, wie man im Westen mitunter annimmt, um den ultimativen repressiven Ausweg; denn die Armee war in Polen eine populäre Institution. In zwei Umfragen im Herbst 1985 gaben zwischen 70 und 81 Prozent der Bevölkerung an, sie hätten Vertrauen zum Militär. Ein Jahr zuvor war eine Mehrheit der Bevölkerung der Überzeugung, die Ausrufung des Kriegsrechts sei richtig gewesen, nur ein Viertel äußerte die gegenteilige Meinung (Sulek 1989, 134; Jasiewicz 1989, 147).

Im März 1985 verfügte die Sowjetunion zum ersten Mal, seitdem Breschnew im Dezember 1974 krank geworden war, wieder über einen körperlich voll leistungsfähigen politischen Führer. Michail Sergejewitsch Gorbatschow war willens, einen radikalen Wandel, eine Revolution innerhalb des sozialistischen Systems zu vollziehen. Warum die sowjetische Perestroika fehlschlug, während die chinesischen »Modernisierungen« sich bislang als äußerst erfolgreich erweisen, sowohl was den wirtschaftlichen

Wachstumsschub wie den Erhalt des politischen Systems betrifft, harrt noch einer Erklärung.

Ins Auge fallen dabei natürlich sofort zwei Dinge. Die Tatsache, daß der kulturelle und politische Wandel in der Sowjetunion Vorrang hatte, warf das Wirtschaftssystem einerseits völlig aus der Bahn, sorgte andererseits aber nicht für eine neue Wirtschaftsdynamik, so daß sich die Krise rapide verschlimmerte. In China dagegen war die Reihenfolge umgekehrt, was ein Wirtschaftswachstum auslöste, das zumindest dazu beitrug, die Einheit des Regimes zu erhalten, wenn nicht sogar dessen Legitimation beim Volk erhöhte. Zum zweiten waren die Aufgaben der Modernisierung in China grundlegender und damit leichter miteinander in Einklang zu bringen als die »Wirtschaftsreform« in Osteuropa.

Einen gewissen Einblick, wie der Kreis um Gorbatschow immer kleiner wurde und seine ideologischen Perspektiven allmählich aufgab, liefern die Erinnerungen von Gorbatschows loyalem Minister Anatoli Tschernajew, die dieser nach dem Rückzug aus dem öffentlichen Leben und auf der Grundlage seines Tagebuchs verfaßte.

Das Reformbündnis zerfiel, als sich keine wirtschaftliche Öffnung bemerkbar machte, während das alte System schlechter als zuvor funktionierte, und als die ethnischen und nationalen Spannungen zunahmen. Schon im Dezember 1986 hatte man im Politbüro erkannt, daß man in eine wirtschaftliche Sackgasse geraten war, was eine stürmische Sitzung auslöste (Tschernajew 1993, 114f.). Das einzige, was in Bewegung geriet, war die ideologische Debatte, die sich im Zuge der neuen Meinungsfreiheit und aufgrund fehlender konkreter Anzeichen für einen programmatischen Realismus zunehmend polarisierte. Am Ende war Gorbatschow innerhalb der Führung und ihres Apparates beinahe der einzige, der sowohl demokratischer Reformer wie auch Sozialist war.

»Die Antwort auf die Frage: Was ist eigentlich Sozialismus? ist das zentrale Problem bei der Bestimmung unseres ideologischen Standpunkts«, äußerte Gorbatschow im August 1988 gegenüber seinem Vertrauten, als er drei Vorträge zu diesem Problem vorbereitete. Eine Klärung des Standpunkts kam nie zustande, doch Gorbatschow rang bis zum Ende mit dieser Frage (Tschernajew 1993, 164f., 281f., 393).

Im Januar 1990 schlug Alexander Jakowlew, Gorbatschows wichtigster Rückhalt im Politbüro, ihm eine Art kapitalistischen Staatsstreich auf der Grundlage präsidialer Notverordnungen vor. Obwohl Gorbatschow es niemals über sich brachte, mit der Partei und der Tradition, die ihn geprägt hatte, zu brechen, erkannte er im Sommer 1990 eine »Krise des Sozialismus« und sprach nunmehr seinen ausländischen Freunden gegenüber davon, daß man sich auf dem Weg zur Marktwirtschaft befinde (Tschernajew 1993, 282f., 309f.).

Eine ähnliche innere Erosion, wenngleich in anderen Formen und in anderem Zusammenhang, fand in Ungarn statt. Im Mai 1988 wählte ein außerordentlicher Parteikongreß die alte Garde ab, und eine neue, post-revolutionäre Generation übernahm die Macht. Die marktwirtschaftlichen Reformen schritten voran, kapitalistische Unternehmen wurden gegründet und sogar eine Börse eröffnet. Im Februar 1989 kam das Zentralkomitee der herrschenden Partei nicht mehr umhin, eine Mehrparteiendemokratie zu akzeptieren. Im Oktober des gleichen Jahres kam es zur formalen Spaltung zwischen den radikalen und den gemäßigten postkommunistischen Reformern (vgl. dazu etwa Swain 1992 und Horn 1991).

In Polen amnestierte die Regierung, die das Kriegsrecht ausgerufen hatte, im Herbst 1986 ihre Gegner, und im Januar 1989 gelang es Jaruzelski und seiner Mannschaft, die herrschende Partei zu offiziellen Gesprächen mit der Opposition zu bewegen. Die Entwicklung in Polen war stärker politisch ausgerichtet, man befaßte sich mehr mit Fragen der Demokratie und der Legitimität der Opposition als mit sozioökonomischen Problemen (Garton Ash 1991, 362ff.; Jaruzelski 1993, Kap. 13).

Sogar auf dem Balkan kam es zu ideologischen Veränderungen, die sich vor allem in nationalistischer Form äußerten. Ceaucescu hatte schon Mitte der 60er Jahre einen nationalistischen Kurs eingeschlagen und allenfalls einige stalinistische Attrappen beibehalten. In Serbien kam Milosevic im September 1987 über eine nationalistische Plattform an die Macht. In Bulgarien nahmen die Repressalien gegen die türkische Minderheit in der zweiten Hälfte der 80er Jahre zu; gleichzeitig hielt der alternde Parteivorsitzende Schiwkow im Februar 1989 eine erstaunlich selbstkritische Rede, in der er offen »das frühere Sozialismusmodell, das seine Möglichkeiten ausgeschöpft hat«, verwarf, aber kein neues Modell anzubieten hatte und die bulgarischen Intellektuellen um eine Erklärung bat, warum sich der fortgeschrittene Kapitalismus so gut entwickle (Selbourne 1990, 143ff.).

In den kommunistischen Parteien der drei baltischen Republiken Estland, Lettland und Litauen gewannen nationalistische und demokratische Reformkräfte im Laufe des Jahres 1988 die Oberhand (Meissner 1991, 118ff., 153ff., 232ff.).

Im Frühjahr 1989 verzichteten die Führer der UdSSR, Polens, Ungarns und Jugoslawiens auf ihr Machtmonopol. Mehr oder weniger freie Wahlen fanden statt (so in der UdSSR) oder waren zumindest vorgesehen. In Ungarn hatte man radikale wirtschaftliche Veränderungen akzeptiert, und sie waren auch in den anderen oben erwähnten Ländern sowie in Bulgarien kein Tabuthema mehr. Einzig die Machthaber in der Tschechoslowakei und in der DDR hielten an ihrer starren marxistisch-leninistischen Ideologie fest, bis die Menschen auf der Straße genug davon hatten. In Rumänien und Albanien blieb die Führung bei ihrer spezifischen Variante eines nationalen Stalinismus.

Die Unzufriedenheit der Bevölkerung nahm in der zweiten Hälfte der 80er Jahre zu. Waren etwa die Ungarn 1986 mit ihrer wirtschaftlichen und politischen Lage noch einigermaßen zufrieden, so wurde die ökonomische Situation Ende 1988 eher kritisch gesehen (Journal für Sozialforschung 28:4 [1988], Anhang). In Polen fiel das Meinungsprofil im März 1988 dramatisch aus: Mehr als 80 Prozent nannten ihre wirtschaftliche Lage schlecht oder sehr schlecht. Die kritische Einstellung hatte damit seit 1986 deutlich zugenommen (Kolarska-Bobinska 1990, 291).

Für die DDR gab es seit den 70er Jahren Meinungsumfragen unter Jugendlichen, die nach der Wende freigegeben wurden. Sie zeigen eine allmähliche Distanzierung vom Marxismus-Leninismus, die sich zwischen 1988 und Mai 1989 beschleunigt: Im letzten Jahr der DDR konnte sich eine Mehrheit nicht mehr mit ihr identifizieren (Förster/Roski 1990, 41ff.).

Diese Stimmung unter der Bevölkerung trug entscheidend zur ideologischen Korrosion der offeneren kommunistischen Parteien bei, und man muß davon ausgehen, daß sie materiell in den sozioökonomischen Strukturen des Spätkommunismus begründet war. Andererseits ist erst noch zu klären, in welchem Maße dafür Systemprobleme verantwortlich waren oder veränderte Vergleichsrahmen und Anspruchsniveaus. Es gibt überdies Anzeichen dafür, daß ein Gutteil dieser politisch-ökonomischen Unzufriedenheit eher der Unzufriedenheit mit einer demokratischen Regierung gleicht als der mit einem historischen Gesellschaftssystem.

Eine polnische Umfrage von 1986 zeigte, daß zwei Drittel aller Arbeiter ein Wirtschaftssystem wollten, das vorwiegend auf öffentlichem Eigentum beruhte, und nur 11 Prozent dem Privateigentum den Vorzug gaben (Kolarska-Bobinska 1990, 292, Anm.). Im November 1989 waren 86 Prozent der Ostdeutschen der Meinung, daß der künftige »Entwicklungsweg« der DDR »der Weg eines besseren, reformierten Sozialismus« sein solle. Im Februar 1990 waren noch immer 56 Prozent dieser Ansicht (Förster/Roski 1990, 56)

Eine zwischen November 1993 und April 1994 durchgeführte internationale Meinungsumfrage zeigte in den meisten Ländern Osteuropas eine weitaus größere Zustimmung zum »früheren kommunistischen« System als zum »jetzigen« politischen System; Ausnahmen bildeten Kroatien, die Tschechische Republik, Polen und Slowenien, wo positive und negative Meinungen sich in etwa die Waage hielten (Rose/Haerpfer 1994, Anhang, Fragen 23, 24; ähnliche Ergebnisse für 1991 in Kluegel u.a. 1995, Kap. 3, Tab. 14).

Nirgends also gab es eine Mehrheit gegen den Sozialismus oder für den freien Markt. Zwar war der poststalinistische Kommunismus Ende der 80er Jahre in eine fatale Krise geraten; doch die Betroffenen hatten den Sozialismus als Gesellschaftssystem offensichtlich noch nicht aufgegeben.

Ein fortdauernder ideologischer Unterschied zwischen Ost- und Westdeutschen besteht interessanterweise in einer unterschiedlichen Einschätzung, ob sich Sozialismus und freiheitliche Demokratie miteinander vereinbaren lassen. Im Dezember glaubte nur ein Viertel (27 %) der Westdeutschen, daß sie kompatibel seien, während fast doppelt so viele Ostdeutsche (45 %) dieser Meinung waren (*FAZ*, 14. 1. 1994, 5) Wenn der kommunistische Sozialismus also nur ein riesiger Fehler gewesen sein sollte, müßten die Zahlen doch eher gegenteilig ausfallen. Doch auch vier Jahre nach der Wiedervereinigung waren die Ostdeutschen der Meinung, in der DDR sei eine ganze Reihe von Dingen besser gewesen, vom Gesundheitswesen über Bildung und Erziehung bis hin zum Schutz vor Kriminalität. Im kapitalistischen Deutschland hingegen hielt man allgemein das Wohnungsangebot, die Reisemöglichkeiten, die Medien und die Meinungsfreiheit für besser (*FAZ*, 14. 4. 1994, 5). Und noch 1997 hielten zwei Drittel der Ostdeutschen den Sozialismus »für eine gute Idee, die schlecht ausgeführt wurde«, während es im Westen ein Drittel war. Nur ein Fünftel der Ostdeutschen hatte »eine gute Meinung vom Wirtschaftssystem in der Bundesrepublik«, im Westen waren es zwei Fünftel (*FAZ*, 10. 12. 1997, 5). Bislang gab es mehrere Versuche, den Wandel in Osteuropa 1989-1991 zu erklären. Doch was immer es auch sonst noch damit auf sich haben mag, es handelt sich auch um eine *unglückliche Revolution*.

In der ersten, auf Westeuropa beschränkten Fassung dieses Buches fand sich ein Abschnitt über die ungleiche Verteilung des Glücks – es ist eher auf Nordeuropa konzentriert – und des Empfindens, unglücklich zu sein – zu finden im Großteil des lateinischen Europas und im restlichen südlichen Teil – in Westeuropa (vgl. Therborn 1993a, 565ff.). Doch angesichts der traurigen Gesichter in Osteuropa nach der antikommunistischen Revolution verblassen die westeuropäischen Unterschiede bis zur Bedeutungslosigkeit.

Tab. 44: (Un-)Glück auf der Welt 1990/91. Ungewichtete nationale Durchschnittswerte mit Ausnahme des Wertes für die gesamte Welt (Durchschnitt der weltweiten Erhebungsauswahl)

Region	sehr glücklich (in %)	Glückswert	Zufriedenheit mit dem Leben
Durchschnitt weltweit	23	2,01[a]	6,95[b]
Westeuropa[c]	32	1,80	7,48
Osteuropa[d]	7	2,37	5,93
Nordamerika[e]	35	1,84	7,81
Lateinamerika[f]	27	2,02	7,44
ehemalige Kolonien[g]	33	2,05	6,65
EIM-Länder[h]	21	2,03	6,73

a Je niedriger der Wert, desto glücklicher.
b Je höher der Wert, desto größer die Zufriedenheit mit dem Leben insgesamt.
c Belgien, Dänemark, Bundesrepublik Deutschland, Finnland, Frankreich, Großbritannien, Irland, Island, Italien, Niederlande, Norwegen, Österreich, Portugal, Schweden, Spanien.
d Bulgarien, DDR, Estland, Lettland, Litauen, Polen, Rußland, Tschechoslowakei, Ungarn, Weißrußland.
e Kanada, USA.
f Brasilien, Chile, Mexiko.
g Indien, Nigeria.
h China, Japan, Südkorea, Türkei.
Quelle: Berechnungen nach World Values Survey 1990/91, Variablen 18 und 96.

Die Osteuropäer waren 1990/91 die unglücklichsten Menschen auf Erden. Die regionalen Durchschnittswerte verbergen, daß es in dieser Hinsicht kaum Grenzüberschreitungen gab. Die Polen und die Ostdeutschen waren zwar weniger unglücklich als die Portugiesen und die Südkoreaner und lagen etwa gleichauf mit den Menschen in Indien und Nigeria; für die übrigen Osteuropäer aber sah es ziemlich düster aus.

Die Zahlen in Tabelle 45 geben natürlich keine Auskunft darüber, wie glücklich oder unglücklich die Menschen in Osteuropa vor ihrer jüngsten Revolution waren. Wie wir oben gesehen haben, gibt es deutliche Hinweise darauf, daß auch unter dem Kommunismus Ende der 80er Jahre die Unzufriedenheit beträchtlich gewesen ist. Doch Tatsache ist auch, daß die Ungarn 1980 glücklicher und mit ihrem Leben zufriedener waren als 1990. Sie waren damals in etwa so glücklich wie die Franzosen und die Spanier und deutlich glücklicher als die Griechen und die Portugiesen. 1990 dagegen gab es in Westeuropa nirgends eine Unzufriedenheit, die der in Ungarn entsprochen hätte (World Values Survey 1980, in Inglehart 1990, Tab. 7.1-7.4, und World Values Survey 1990/91).

Daß die Menschen in den postkommunistischen Ländern unglücklich sind, bestätigen Umfragen aus dem Jahr 1996. Weltweit wurde dabei folgende Frage gestellt: »Nimmt man alle Dinge zusammen, sind Sie dann sehr glücklich (4), ziemlich glücklich (3), nicht sehr glücklich (2), überhaupt nicht glücklich (1)?«.

Tab. 45: Glück weltweit 1996. Gesamtwerte, 4 = sehr glücklich, 1 = überhaupt nicht glücklich

Deutschland	2,95
Frankreich	3,14
Großbritannien	3,3
Skandinavien	3,31
Italien	2,92
Portugal	2,84
Spanien	3,03
Polen	2,99
Slowakei	2,51
Slowenien	2,73
Tschechien	2,75
Ungarn (1990)	2,72
Bulgarien	2,33
Estland	2,61
Rumänien	2,63
Rußland	2,51
Ukraine	2,44
Weißrußland	2,43
Brasilien	3,00
China	2,98
Indien (1993)	2,89
Japan	3,08
Mexiko	3,03
Nigeria	3,11
Südafrika	2,97
USA	3,30

Quelle: R. Venthoven, Happiness Database, www.eur.nl/fsw/research/happiness.

Dabei zeigt sich erneut deutlich, daß die postkommunistischen Europäer die unglücklichsten Menschen auf der Welt sind. Einzige Ausnahme bilden die Polen, aber nicht einmal sie sind besonders glücklich. Der polnische Wert sank von 2,97 1989 auf 2,89 1992 und stieg 1996 wieder auf 2,99. 1993 hatte der Wert für Westdeutschland 3,15 betragen, während er im Osten nur bei 2,97 lag – auch dies Ausdruck des allgemeinen West-Ost-Gefälles.

Verglichen mit früheren Revolutionen der modernen Geschichte, fanden die antikommunistischen in Osteuropa unter außerordentlich günstigen Umständen statt. Die Machthaber gaben ohne ernsthaften Widerstand nach. Die ganze Umwelt war begeistert, voll guten Willens und zu materieller Unterstützung bereit. Es gab keine bewaffnete Intervention, keinen Wirtschaftsboykott, keine politische Ächtung, keine organisierte Gegenrevolution. Und doch blieb die Freude über die Befreiung bislang auf Westeuropa und eine östliche Elite beschränkt. Ein Hauptgrund für das Gefühl, unglücklich zu sein, liegt zweifellos darin, daß die Restauration des Kapitalismus bisher für die Mehrheit der Bevölkerung einen deutlich niedrigeren Lebensstandard und ein hohes Maß an Ungewißheit und Unsicherheit mit sich brachte.

Teil V: Kollektives Handeln und soziale Steuerung

Menschen handeln auf der Grundlage ihrer kulturellen Orientierungen und der Struktur ihrer Ressourcen und Beschränkungen. Letztere bestimmen ihre Handlungsfähigkeit und stellen rationale Handlungsinteressen sowie positive und negative Anreize bereit. Unsere Untersuchung konzentriert sich vor allem auf die Grundausstattung der gesellschaftlichen Bühne Europas, weniger auf die Stücke, die dort gespielt werden. Deshalb ist dieser fünfte Abschnitt, was seine Reichweite betrifft, in keiner Weise mit den drei vorangegangenen empirischen zu vergleichen; das würde den Umfang dieses Buches sprengen. Doch bevor wir uns in Richtung Ausgang aufmachen, wollen wir noch einen Blick darauf werfen, was auf der europäischen Nachkriegsbühne jüngst geboten wurde und geboten wird.

Protest, Bewegung und Zusammenschluß

Kollektives Handeln läßt sich verstehen als ein Kontinuum gemeinsamer oder zumindest eng aufeinander bezogener Handlungen. Den einen Pol bildet dabei die flüchtige Menschenmenge in Aktion, den anderen der dauerhafte Zusammenschluß mitsamt professionellem Personal und Institutionen, die die Entscheidungen treffen. Menschenmengen und deren Handeln können ganz unterschiedlich geartet sein: Feier, Bestrafung, Forderung, Protest usw. An dieser Stelle interessiert uns jedoch kollektives Handeln vor allem im Hinblick darauf, ob es unter gegebenen sozialen Bedingungen auf Veränderung oder Verteidigung des Bestehenden, ob nun radikal oder gemäßigt, ausgerichtet ist. Daher dürfte »Protest« eine relativ treffende Kurzformel für den erstgenannten Pol dieses Handlungskontinuums sein.

»Bewegung« ist natürlich mehrdeutig konnotiert. Der Ausdruck wird auch für breit angelegte, ambitionierte und ideologisch aufgeladene Zusammenschlüsse oder ein ganzes Set von Zusammenschlüssen wie etwa die »Arbeiterbewegung« verwendet. Doch »Bewegung« kann sich auch auf etwas beziehen, das zwischen einer Menschenmenge und einer Vereinigung angesiedelt ist, auf ein relativ dauerhaftes Bemühen um bestimmte Werte, das nicht notwendigerweise in einer formalen Vereinigung organisiert ist oder jedenfalls breiter angelegt ist als jede Vereinigung oder ein Set von Zusammenschlüssen. Das ist gemeint, wenn im Titel diese Abschnitts von »Bewegung« die Rede ist. Das beste Beispiel dafür ist die »Frauenbewegung«.

Nun könnte man erwarten, daß zwischen Protest und Zusammenschluß eine negative Korrelation besteht, und zwar aus zwei Gründen. Hinsichtlich der bestehenden Machtverhältnisse bilden beide wahrscheinlich alternative Möglichkeiten, seine Stimme zu erheben, nämlich entweder durch den Lautsprecher des direkten Handelns einer Menschenmenge oder dadurch, daß Repräsentanten am Verhandlungstisch zusammentreffen. Zum zweiten können Vereinigungen zwar Massenkundgebungen, Streiks und Boykotte veranstalten, aber sie neigen rational doch dazu, ihre Mitglieder und Sympathisanten unter Kontrolle zu halten, um Provokationen zu vermeiden, ihre Verhandlungsmacht nicht zu verlieren oder nicht Schaden durch rivalisierende Aktivisten zu nehmen. Man kann deshalb sagen, daß Bewegungen entweder in Richtung Protest oder in Richtung Zusammenschluß neigen.

Nationale politische Kulturen sollten entweder in Richtung Protest oder Zusammenschluß tendieren, auch wenn sie von je nach Zeitpunkt unterschiedlichen Formen von Engagement oder Stillhalten geprägt sind. Auch unterschiedliche strukturelle und kulturelle Grundlagen kollektiven Handelns können die eine oder andere Form begünstigen. So tendierte etwa das Handeln in der Geschlechterfrage eher in Richtung Protest als dasjenige der Klasse, auch wenn wir sowohl dauerhafte autonome Frauenvereinigungen wie auch klassenspezifische unorganisierte Menschenmengen kennen.

Zu allererst sollte man erwarten, daß sich die unterschiedlichen Formen kollektiven Handelns im Nachkriegseuropa an der Spaltung des Kontinents in zwei Systeme, nämlich kapitalistische Demokratien und kommunistische Diktaturen, orientierten (die kapitalistischen Diktaturen an der Peripherie Europas bleiben hier ausgeklammert). Ich halte es jedoch für nicht besonders erkenntnisträchtig, kollektives Handeln im Kommunismus und im demokratischen Kapitalismus jeweils für sich zu behandeln und als unvergleichbar abzutun. Im Gegenteil, wir werden sehen, daß die Demarkationslinien eher zwischen Nord nach Süd denn zwischen Ost und West verlaufen. Dennoch läßt die unterschiedliche Struktur der Rechte und anderer Parameter mitunter eine getrennte Betrachtung der beiden Hälften im Europa des Kalten Krieges aus praktischen Gründen als sinnvoll erscheinen.

1. Zivilgesellschaften und kollektives Handeln

Alexis de Tocqueville war vor 150 Jahren einer der ersten, der die Bedeutung und die gesellschaftlichen Voraussetzungen von Vereinigungen in der Moderne betonte. Letztere sah er in der egalitären Neuen Welt gegeben und kam zu einer scharfsinnigen vergleichenden Beobachtung: »Überall, wo man in Frankreich die Regierung und in England einen großen Herrn an der Spitze eines neuen Unternehmens sieht, wird man in den Vereinigten Staaten mit Bestimmtheit eine Vereinigung finden.« (Tocqueville 1976, 595) Das heißt, je gesellschaftlich – nicht notwendigerweise einkommensmäßig – egalitärer ein Land ist, d.h. je weiter die Handlungs- und Kommunikationsressourcen unter der Bevölkerung verbreitet sind, desto größer sollte die Tendenz sein, sich zu Vereinigungen zusammenzuschließen.

Im Vergleich zur Neuen Welt war Europa natürlich weitaus stärker ständisch geprägt. Dennoch wurde die europäische Moderne schon lange Zeit vorher durch Zünfte und Körperschaften, durch autonome Organisationen in den Städten, durch protestantische Pfarreien und andere Formen kollektiver Organisation der Bevölkerung vorbereitet. Unter der freien, alphabetisierten Landbevölkerung im Norden, die auf eine lange Tradition lokaler Mitbestimmung in kirchlichen und gerichtlichen Angelegenheiten zurückblicken konnte, verbreiteten sich in der zweiten Hälfte des 19. Jahrhunderts rasch und in großem Ausmaße moderne Vereinigungen. Dieses Erbe wurde nicht verschleudert. Vergleichende Zahlen zeigen, daß um 1970 Schweden und die USA bei den nicht-ökonomischen Freiwilligenorganisationen an der Spitze standen, gefolgt von den anderen nordischen Ländern (Pestoff 1977, 166ff.).

Bei den Vereinigungen ist es die lateinische Welt, ob Alte oder Neue, die zusammen mit Japan aus dem Rahmen fällt. Osteuropa weist sogar in Zeiten des Postkommunismus (1990/91) mehr Ähnlichkeiten mit dem germanischen Teil als mit dem lateinischen Teil Westeuropas auf. Aus Zahlen der EU wissen wir auch, daß Griechenland in diesem Zusammenhang zur lateinischen Welt gehört.

Tab. 46: Die Ausweitung der Zivilgesellschaft. Prozentanteil der Bevölkerung, der einer Freiwilligenorganisation angehört (1990/91)

germanisches Westeuropa	70
lateinisches Westeuropa	35
Osteuropa	67
Nordamerika	63
Lateinamerika[a]	41
ehemalige Kolonien (Nigeria[b])	86
EIM-Länder (Japan)	36

a Brasilien, Chile, Mexiko.
b Nur städtische Erhebungsauswahl.
Quelle: World Values Survey 1990/91, Variablen 2 und 35.

Aus EU-internen Daten ergibt sich das gleiche Bild einer unterentwickelten Zivilgesellschaft in Südeuropa oder, vorsichtiger ausgedrückt, einer »untervereinigten« Gesellschaft; denn andere Formen der Geselligkeit wie etwa die berühmte männliche Cafégesellschaft im Mittelmeerraum bleiben hier außer Betracht (Brettschneider u.a. 1992, Tab. 92, 93, 95; Mermet 1993, 188; Eurobarometer ›Young Europeans 1990‹).

Dieser Teilung Westeuropas hinsichtlich der Vereinigungen korrespondiert eine andere Ausdrucksform der Zivilgesellschaft, nämlich die Häufigkeit, mit der politische Diskussionen geführt werden. Etwa zwei Drittel der Westeuropäer geben an, über Politik zu diskutieren. Unterdurchschnittlich politisch interessiert sind dabei die Belgier, Spanier und Portugiesen sowie die Iren und Italiener. Überdurchschnittlich viel wird über politische Angelegenheiten in Finnland, der Schweiz, Deutschland und Österreich gesprochen. Dabei ist vor allem die große Kluft zwischen den Geschlechtern dafür verantwortlich, daß die Zahlen für Italien, Griechenland, Portugal und Irland so niedrig liegen (Zusammenstellung aus Eurobarometer-Umfragen 1973-1985 und für die Nicht-EG-Länder einer internationalen Political Action Survey 1974-1976; Berechnungen nach Inglehart 1990, 348).

Klassenorganisation und Klassenhandeln

Außer durch die Variable Gleichheit bzw. Abhängigkeit wird die Verbandsrate auch beeinflußt durch die Attraktivität, die kollektives Handeln im Vergleich zur individuellen Aktion besitzt. So waren die schon früh institutionalisierten industriellen Klassengesellschaften Europas kollektivem Handeln weitaus förderlicher als die eher fließenden Gesellschaften in der Neuen Welt. Die besondere europäische Ausprägung der Klassenorganisation läßt sich auch am relativen Erfolg der Arbeiterparteien ablesen, die in allen europäischen Ländern an der Regierung beteiligt waren und außer in Irland überall die Regierung gestellt haben, ganz im Gegensatz zu den USA und Kanada, wo das nie der Fall war, und zu Japan, wo eine solche Konstellation nicht einmal ein Jahr lang Bestand hatte.

Gewerkschaften können Organisationen von Branchen, Berufen oder Professionen ebenso sein wie von Klassen. Insgesamt betrachtet ist der Grad der gewerkschaftlichen Organisierung als moderner Indikator der Klassenorganisation ausgesprochen brauchbar. Im Auftrag und mit Unterstützung der OECD hat der niederländische Forscher Jelle Visser eine großangelegte vergleichende Untersuchung zur gewerkschaftlichen Organisierung erstellt, die vorwiegend, aber nicht ausschließlich auf Zahlen der Organisationen selbst beruht.

Tab. 47: Muster gewerkschaftlicher Organisierung 1975-1994. Prozentanteil der Gewerkschaftsmitglieder unter den Lohn- und Gehaltsempfängern

Länder	1975	1994
große Länder Westeuropas[a]	39	28
nordische Länder[b]	66	77
USA	23	16
Japan	34	24

a Deutschland, Frankreich, Großbritannien, Italien (ungewichtete Durchschnittswerte).
b Dänemark, Finnland, Norwegen, Schweden (ungewichtete Durchschnittswerte).
Quellen: OECD 1991b, Kap. 4 und 1997, 71.

Die enorme Schwankungsbreite des gewerkschaftlichen Organisationsgrads – er lag 1994 zwischen 91 % in Schweden und 9 % in Frankreich – bedeutet, daß alle kontinentalen Zahlen nur begrenzt aussagefähig sind. Doch unter den am stärksten entwickelten Ländern sticht der hohe gewerkschaftliche Organisationsgrad in Westeuropa heraus. Der Durchschnittswert für die vier großen Länder mag aufgrund des französischen »Ausreißers« eine besondere Bedeutung haben. Die drei anderen reichen von 29 % in Deutschland über 34 % in Großbritannien bis zu 39 % in Italien, wobei der Rückgang in Großbritannien am dramatischsten ausfiel. Die durchschnittliche Situation in diesen vier Ländern ist darüber hinaus ein relativ genauer Anhaltspunkt für die Lage der Gewerkschaften in der EU.

Zudem bleibt festzuhalten, daß sich die internationale Kluft hinsichtlich der gewerkschaftlichen Organisierung vergrößert hat. Die Gewerkschaften sind dort geschrumpft, wo sie ohnehin bereits am schwächsten waren, und haben ihre Stellung behauptet oder den Organsisationsgrad sogar erhöht, wo sie seit jeher am stärksten waren.

Die Ergebnisse der World Values Survey 1990/91 liefern ein weniger genaues, aber dafür globaleres Bild der Gewerkschaftsorganisation. Danach gaben 26 % der Bevölkerung im germanischen Teil Westeuropas an, einer Gewerkschaft anzugehören, in Nordamerika waren es 10 %, in Japan und Südkorea 7 % und im lateinischen Europa und in Lateinamerika (Brasilien, Chile, Mexiko) 4 %.

Unter dem Gesichtspunkt der Arbeitsmarktstruktur und der Beziehungen zwischen Arbeitnehmern und Arbeitgebern fällt der Unterschied zwischen Europa und dem Rest der Welt noch deutlicher aus, als es der Anteil der Gewerkschaftsmitglieder anzeigt. Sogar im lateinischen Teil Europas sind die Konditionen der meisten Arbeiter durch Tarifverhandlungen gedeckt (durch deren Ausweitung auf nicht-organisierte Arbeiter); in Frankreich sind es bis zu 95 %, in Spanien 78 %. Am geringsten ist diese Abdeckung in der Schweiz und in Großbritannien, wo ausgehandelte Konditionen nur für die Hälfte der Arbeiter gelten. In Kanada, Japan und den USA liegt dieser Wert bei lediglich 36 %, 21 % bzw. 18 % (OECD 1997, 71).

Ganz ähnliche organisatorische Unterschiede wie bei den Arbeitern finden sich auch auf der anderen Seite des klassenspezifischen Handelns, bei den Arbeitgebern. Starke, national zentralisierte und staatlich unabhängige Arbeitgeberorganisationen haben sich einzig in den nordischen Ländern entwickelt. Einflußreiche, aber dezentralisierte Organisationen entstanden in Westdeutschland und der Schweiz, während die zentralen Arbeitgeberorganisationen in Österreich, Belgien, Italien, den Niederlanden sowie die schwächeren französischen aus einer Vielzahl industrieller Verbände mit staatlichen Strukturen und Beteiligungen hervorgegangen sind. Bei den angelsächsischen Unternehmern im allgemeinen und den amerikanischen im besonderen herrscht individuelles Handeln vor. In Japan sind die Arbeitgeber national organisiert, aber gehandelt wird üblicherweise nicht kollektiv (vgl. Therborn 1992a).

Die alternativen Muster von Protest und Zusammenschluß teilen Westeuropa tendenziell in Nord und Süd. Neben den strukturellen Unterschieden, wie etwa sozialer Egalitarismus und Ressourcen kollektiver Kommunikation und kollektiven Handelns auf dem Land im Norden, spielen dabei wohl auch kulturelle Lernprozesse eine wichtige Rolle. Aus der frühmodernen französischen Geschichte konnten spätere Generationen sozialer Aktivisten in Frankreich lernen, wie wirkungsvoll Massenprotest sein kann, um gesellschaftlichen Wandel zu befördern. Besonders lehrreich waren in dieser Hinsicht die Lektionen von 1789, 1791, 1830, 1848 und 1871. Auch wenn oftmals Rückschläge zu verzeichnen waren, erwies sich die kurzzeitige, militante Massenaktion in der Hauptstadt und lokal auch in den Provinzstädten als ausgesprochen wirkungsvoll.

Die dramatische Geschichte Italiens, Spaniens und Portugals im 19. und frühen 20. Jahrhundert, die maßgeblich von Frankreich beeinflußt war, weist in ähnliche Richtungen. Dagegen tendieren die Erfahrungen in Mittel- und Nordeuropa – am deutlichsten die Niederlagen bzw. die relative Bedeutungslosigkeit der Revolutionen von 1848, aber auch das allmähliche Ende des englischen Chartismus – in die entgegengesetzte Richtung. Spontane Massenaktion war bestenfalls wirkungslos und schlimmstenfalls äußerst kostspielig. Dagegen versprach langfristiges kollektives Handeln mittels Verbänden und anderen Vereinigungen weitaus mehr Erfolg.

Wenngleich nicht besonders ausgeprägt, spiegelt das Muster industriellen Konflikts und industriellen Zusammenschlusses in Westeuropa nach 1945 ein Muster aus direktem Konflikt auf der einen und Vereinigung mitsamt Verhandlung auf der anderen Seite. Griechenland, Spanien, Italien und Portugal weisen die höchste Beteiligung an offenem industriellem Protest auf; zugleich verfügen sie nur über eine geringe bzw. im Falle Italiens durchschnittliche Rate der Verbandsorganisation. Die nordischen Länder dagegen weisen eine hohe Verbandsrate und eine gemäßigte Beteiligung an Konflikten auf, trotz der Tatsache, daß die dortigen Klassenorganisationen, wenn es zum Streik oder zur Aussperrung kommt, aufgrund des hohen Organisationsgrades und der tiefen Verwurzelung enorme Unterstützung durch die Angehörigen der jeweiligen Klasse erfahren.[155]

Die Zeit von den späten 60er Jahren bis in die frühen 80er Jahre hinein waren die »goldenen Tage« der Arbeiterbewegung, sowohl was das Protestverhalten betrifft wie auch die Organisation und den Einfluß bei Wahlen (vgl. Therborn 1984b). Höhepunkte des Klassenprotests in Europa waren die Streiks in Frankreich im Mai 1968, der »heiße Herbst« des Jahres 1969 in Italien, der britische Bergarbeiterstreik 1974 sowie die Arbeiteraufstände im Alentejo und in der Gegend von Lissabon 1974/75.

Etwas weniger ausgeprägte, aber dennoch bemerkenswerte »große Momente« in der jeweiligen nationalen Klassengeschichte gab es auch in

Deutschland, den Niederlanden, Schweden und Norwegen. Einzig Belgien, Dänemark und Finnland scheinen die jüngsten Höhepunkte des Klassenkampfes schon vorher erlebt zu haben: In Belgien und hier besonders in Wallonien waren es die beinahe als Aufstand zu bezeichnenden Streiks zur Jahreswende 1960/61, in Dänemark und Finnland die Generalstreiks von 1956.

Nach 1980 erfolgte dann ein Rückschlag. Das geringere Ausmaß der Streikbeteiligung in den späten 80er Jahren sollte man vor allem als Auswirkung geschwächter Gewerkschaften und Arbeiterkollektive betrachten.[156] Die schwedischen und norwegischen Arbeiter bilden mit ihrer zunehmenden Militanz zusammen mit den Italienern, die schon immer in hohem Maße militant auftraten, eine Ausnahme. Obgleich der augenblickliche Trend harte Realität ist, wird seine wahre Gestalt mitunter durch Veränderungen bei der statistischen Datenerhebung, etwa in Frankreich, verzerrt.

In den 90er Jahren hatten die bisherigen Muster industriellen Konflikts weitgehend Bestand. Das bedeutete eine hohe Beteiligung an Streiks und Aussperrungen in Griechenland, Irland, Italien und Spanien sowie gelegentliche »Ausbrüche« in Deutschland, Skandinavien und Großbritannien (ILO 1998, Tab. 9C). In einigen Ländern kam es auch zu massiven gewalttätigen Protesten von Arbeitern, ganz besonders in Italien 1994 (gegen die damalige Berlusconi-Regierung und ihre Rentenpläne) sowie 1995 in Frankreich (gegen die geplanten sozialen Einschnitte der damaligen gaullistischen Regierung). Beide Male gelang es, die umstrittenen Vorhaben zu stoppen und einen politischen Wandel herbeizuführen.

Betrachtet man die Sache aus einer längeren historischen Perspektive, so ist das Streikvolumen in den am stärksten entwickelten Ländern noch immer sehr hoch; das gilt in ganz besonderem Maße für Europa. Das durchschnittliche Ausmaß der Beteiligung an industriellen Konflikten lag Ende der 80er Jahre höher als in der Zwischenkriegszeit und im Zeitraum zwischen 1900 und 1913. Der (arithmetische) Durchschnitt für Westeuropa lag in der zweiten Hälfte der 80er bei 316 (je 100 000 Arbeiter/Angestellte), und zwar ohne die jüngsten Demokratien Griechenland, Portugal und Spanien (diese eingeschlossen, läge der Durchschnitt bei 755). Die entsprechenden Zahlen für die gleiche Ländergruppe betragen 485 für den Zeitraum 1946-1976, 300 für die Jahre 1919-1938 und 192 für die Zeit von 1900 bis 1913 (Berechnungen nach Korpi 1983, 165).

Die Achse Protest–Zusammenschluß ist in Westeuropa auch für das kollektive Handeln einer anderen Klasse charakteristisch, nämlich der Bauern. Deren starke Verhandlungsorganisationen im Norden, die dort und in der Schweiz bis vor kurzem von wichtigen expliziten Bauernparteien flankiert wurden, stehen in beträchtlichem Gegensatz zu den fragmentierten Organisationen und dem direkten, militanten Handeln besonders der französischen Bauern (vgl. Peterson 1979, der trotz seines allgemeinen Titels vor allem die bäuerlichen Interessenorganisationen in der EG behandelt; Berger 1975; Therborn 1985, bes. 589ff.).

Neue Proteste und neue Bewegungen

Die späten 60er und frühen 70er Jahre erlebten sowohl den Höhepunkt der Industriegesellschaft wie auch die Geburt des Postindustrialismus. Im Rückblick betrachtet, erscheinen die sozialen Verwerfungen dieser Zeit als ziemlich natürlich. Das Zusammentreffen von industrieller Klassenkonzentration, dem Aufkommen der Bildung für die breite Masse und der letzten Herausforderung an den westlichen Kolonialismus brachte die Selbstgefälligkeit des Nachkriegsbooms zum Einsturz. Der Klassenkonflikt erlebte seinen Höhepunkt, und gleichzeitig entstanden neue oder erneuerte Proteste und Bewegungen. Unter letzteren fielen die Aktionen der *Studenten* am dramatischsten aus.

Dabei sind die Studenten als gesellschaftliche Akteure keineswegs neu. Ihre Fähigkeit zu spontanem kollektiven Handeln ist in den Universitätsstädten seit dem Mittelalter bestens bekannt. Sie waren führend an den nationalistischen und nationaldemokratischen Bewegungen und Revolutionen des 19. Jahrhunderts sowie in hohem Maße an den nationalen Bewegungen von 1914 und an den ideologischen Auseinandersetzungen der Zwischenkriegszeit beteiligt. Neu, so scheint es, waren in den 60er Jahren zwei Grundzüge der Studentenbewegung.

Zum einen war die Stoßrichtung der Bewegung internationalistisch und oftmals antinationalistisch. Solidarität mit anderen Völkern als dem eigenen war ein neues und entscheidendes Charakteristikum der Studentenbewegung in der entwickelten Welt. Man identifizierte sich mit den Schwarzen im Süden der USA, mit den Vietnamesen und mit der Dritten Welt ganz allgemein. Diese internationalistische Ausrichtung sorgte dafür, daß sich aus spezifischen Protesten im Hinblick auf die Belastungen durch die Massenausbildung und der Erosion der elterlichen Autorität (und damit, stellvetretend für die Eltern, vieler Hochschulautoritäten) eine Massenradikalisierung ergab.[157] Diese Entwicklung war entscheidend im Fall der US-amerikanischen, der westdeutschen und der französischen Studentenbewegung, die zum Vorbild für andere wurden, von denen viele ebenfalls als internationale Solidaritätsbewegungen ihren Anfang nahmen.

In den USA ging es um das Wahlrecht für die Schwarzen in den Südstaaten und den Vietnamkrieg. In Deutschland waren es neben dem Vietnamkrieg noch zwei andere Symbole der Unterdrückung in der Dritten Welt, nämlich die kongolesische Marionette Tshombe und der Schah von Persien, die, als sie in Deutschland zu Gast waren, zu wichtigen Objekten der Mobilisierung wurden. In Frankreich war der internationale Auslöser ebenfalls der Vietnamkrieg, doch hier stand er in einem größeren Zusammenhang, nämlich der beschränkten Legitimität der gaullistischen Regierung, die aus einem Beinahe-Staatsstreich während eines anderen Kolonialkrieges, nämlich demjenigen Frankreichs gegen Algerien, hervorgegangen war. Dagegen nahm die relativ langlebige und militante italienische Studentenbewegung 1966 ihren Anfang in Trient, und zwar auf der Grundlage rein innerakademischer Probleme rund um einen Abschluß im Fach Soziologie (vgl. hierzu Newfield 1967; Leibfried 1968; *Kursbuch* Nr. 12 und 13, 1968; Bergmann u.a. 1968; Mouvement du 22 mars 1968; Documenti della rivolta universitaria 1968; Universitá l'ipotesi rivoluzionaria 1968).

Neu war zum zweiten, daß die Studentenbewegung der 60er Jahre endgültig einen neuen Typus kollektiven Handelns etablierte, den man als *Dreieckshandeln* bezeichnen kann. Die unmittelbare Aktion war gegen den Staat oder die Autorität der Universität gerichtet – im Gegensatz zur Zwischenkriegszeit kam es dabei kaum zu Zusammenstößen zwischen Studenten unterschiedlicher Couleur –, doch deren eigentliche Bedeutung lag, mehr oder weniger beabsichtigt, in einer allgemeinen Botschaft, die durch die Massenmedien transportiert und verstärkt werden sollte.

Abgesehen von den Provos in Amsterdam 1965, war die kollektive Rebellion der Jugend in den 60er Jahren eine vorwiegend studentische, also keine wirkliche Jugendbewegung, obwohl sich andere Jugendliche wohl durchaus mit den Studenten identifizierten. Die Rockmusik, eine spezielle Jugendmode, Sex vor der Ehe und eine allgemeine Generationenerfahrung der Wirtschaftswunderkinder bildeten den Kern einer viel breiteren Jugendkultur, die individuell und und familienweise mit der älteren Generation zusammenstieß. Doch im Normalfall nahm das nicht die Gestalt kollektiven Handelns an.

Die Studentenbewegung formierte sich zuerst 1964 in den USA, als die

Studenten das Wahlrecht für Schwarze im Süden des Landes unterstützten und dann gegen den Krieg in Vietnam protestierten. Von dort aus sprang der Funke nach Westdeutschland und hier besonders nach Westberlin über.

Für die ältere Generation war Westberlin der Außenposten der freien Welt, der 1949 durch die amerikanische Luftbrücke gerettet worden war. Für die junge Generation war es die Stadt linker Möglichkeiten, wo man sich der Einberufung zum Wehrdienst und den antikommunistischen Berufsverboten der Bundesrepublik entziehen konnte. Der amerikanische Krieg in Vietnam und die Probleme der Dritten Welt trieben das Aufeinanderprallen der Generationen nirgendwo in Europa so dramatisch und erbittert auf die Spitze wie in Westberlin.

Der Vietnamkrieg und die westdeutsche außerparlamentarische Opposition gegen die regierende Große Koalition waren noch vor lokalen Bildungsfragen die wichtigsten Auslöser der studentischen Opposition in Deutschland, Frankreich und Italien; in diesen drei Ländern war sie in Europa am einflußreichsten und massivsten (vgl. dazu Mouvement du 22 mars 1968, 17; Quaderni Piacentini 34, Mai 1968). In den anderen Ländern Nordwest- und Mitteleuropas war die Studentenbewegung, obgleich vorhanden und aktiv, weit weniger einflußreich, weit weniger militant oder beides. Eine weniger rasante »Vermassung« der höheren Bildung und Gemeinwesen, die größere Legitimität genossen oder, wie im Falle Belgiens, weniger einheitlich waren, sorgten dafür, daß die Studentenbewegungen beschränkt blieben, sich zertreuten oder im Zaum gehalten werden konnten.

Die Studentenrevolte am Athener Polytechnicum, die blutig niedergeschlagen wurde, war von großer Bedeutung für den Demokratisierungsprozeß in Griechenland, doch in den beiden anderen Diktaturen Südeuropas kam es erst nach Erlangung der Demokratie zu einer Studentenbewegung (so in Portugal) bzw. blieb sie in Spanien relativ nachrangig für die Demokratisierung (O'Donnell u.a. 1986). Auch in Osteuropa gab es 1968 wichtige, aber bald unterdrückte Studentenbewegungen, so in Polen (niedergeschlagen im März), in Jugoslawien (unterdrückt im Juni) und in der Tschechoslowakei (zerschlagen durch den Einmarsch im August) (für einen zeitgenössischen Überblick vgl. *Kursbuch* Nr. 13, 1968; Combats étudiants dans le monde 1968).[158]

Das kollektive Handeln der Studenten wird gewöhnlich als »Studentenbewegung« bezeichnet, und in der Tat bestanden Verbindungen zwischen zahlreichen Gruppen, Massendemonstrationen und Ereignissen. Doch insgesamt gesehen handelte es sich um eine relativ kurze Serie von Protesten.

Etwa von 1970 an gingen aus den Studentenprotesten eine Reihe linker ideologischer Bewegungen hervor – gewöhnlich kommunistische der einen oder anderen Spielart –, die in der zweiten Hälfte des Jahrzehnts allmählich wieder von der Bildfläche verschwanden.[159] Nur an einigen wenigen Orten lebten die massiven Studentenproteste später wieder auf; zu den wichtigsten gehören dabei vermutlich die Aktionen der französischen Lyzeumsstudenten 1986. Doch als vage bestimmte Generationserfahrung blieb die Rebellion von 1968 dauerhaft wirksam, sie legte gleichsam den Grundstein für viele Arten eines sozialen Radikalismus und öffentlicher Anliegen, für den Feminismus und die Umweltbewegung ebenso wie für den Internationalismus, die Sozialdemokratie, den Eurokommunismus und ganz allgemein für gesellschaftliche Reformen.

Alte Menschen jenseits des wirtschaftlich aktiven Alters haben in den letzten Jahrzehnten an gesellschaftlicher Bedeutung gewonnen. Die Renten sind zu einem sehr sensiblen politischen Terrain geworden, und die Frage der Pflege ist im Augenblick dabei, eines zu werden. Dennoch kam es bislang unter den Alten kaum zu kollektivem Handeln. In vielen Ländern sind die Rentner in den Gewerkschaften organisiert, und in Ländern wie den Niederlanden oder Italien entwickelten letztere große Aktivitäten für deren Belange. In anderen Ländern wie etwa in Schweden gibt es große nationale Verbände der Rentner. Gelegentlich kam es auch zu Protestaktionen, so etwa in Dänemark, Deutschland und Großbritannien. Doch insgesamt betrachtet, bleibt kollektives Handeln der Menschen im »dritten Lebensalter« eine Aufgabe für die Zukunft. Und es ist denn auch zu erwarten, daß es in verstärktem Maße dazu kommen wird. Bislang aber waren die Proteste alter Menschen am heftigsten und einflußreichsten in Teilen der Neuen Welt, nämlich in Argentinien und vor allem in Uruguay, wie der Verfasser 1992 selbst erleben konnte.

Auf der anderen Seite ist die *Frauenfrage* in den Vordergrund gerückt. Die »zweite feministische Welle« – nach der ersten um die letzte Jahrhundertwende – setzte etwa gleichzeitig mit den Studentenprotesten ein. Zwischen den beiden Rebellionen gab es dabei mehrere Arten von Beziehungen. Beide stützten sich im Kern auf die gleiche Gruppe, nämlich junge, gebildete Menschen, auch wenn die Anführerinnen der feministischen Bewegung oft etwas älter waren als die studentischen Aktivisten. Beide waren und betrachteten sich selbst als linke Bewegungen. Und schließlich eröffneten die Studentenproteste ein neues Feld provokativen symbolischen Handelns, dessen sich die Frauenbewegung auf innovative Weise bediente.

Zugleich aber war es der männlich dominierte Aktivismus der Studenten, gegen den sich die Feministinnen unter anderem wandten und von dem sie sich lösten. In Westdeutschland begann dieser Distanzierungsprozeß schon 1968. Als Bewegung kontinuierlich miteinander verbundener Aktionen und Gruppen war aber auch die Frauenbewegung ziemlich kurzlebig. Sie setzte um 1970 ein – im damals dikatorisch regierten Süden Europas etwas später – und hatte sich Anfang der 80er Jahre in den meisten Ländern aufgelöst oder war ernsthaft geschwächt. Eine Ausnahme bildet Portugal, eine andere Island, wo es in den 80er Jahren bei den Wahlen zu einer erfolgreichen Wendung zugunsten des Feminismus kam. Das wiederholte sich in triumphaler Weise Anfang 1994, als die Frauenliste das Bürgermeisteramt in der Hauptstadt Reykjavik eroberte.

Die internationale Welle des Frauenprotests war weniger deutlich um einige wenige, international Aufsehen erregende Ereignisse gruppiert als die Studentenbewegung. Auch das Muster des ideologischen Einflusses, das sich ausmachen läßt, unterscheidet sich nicht unwesentlich von demjenigen der Studenten. Zentren des internationalen Feminismus waren die Vereinigten Staaten – im 19. Jahrhundert ein Vorreiter beim kollektiven Handeln von Frauen –, für kurze Zeit die linken feministischen Studentinnen in Westdeutschland, Großbritannien und, eher regional, in Dänemark (für Skandinavien) und den Niederlanden.

Der Artikel in den Römischen Veträgen, der die gleiche Bezahlung betraf, war der Grund für einen harten Streik von Frauen in Liège 1966, und die Dritte Richtlinie zu nicht-diskriminierenden sozialen Rechten in der EG bedeutete eine wichtige Unterstützung für die holländischen Frauen Mitte der 80er Jahre.

Auffällig ist, daß es keinen größeren Einfluß aus Frankreich gibt, obwohl natürlich Simone de Beauvoir überall gelesen wurde. Die französische Frauenbewegung war extrem kurzlebig und fragmentiert. Dennoch sorgte sie für einen in Erinnerung bleibenden Akt der europäischen Frauenbewegung, nämlich den Kranz für die Frauen der unbekannten Soldaten, der im August 1970 am Mahnmal des unbekannten Soldaten niedergelegt wurde. Wie in den meisten Teilen Europas südlich von Skandinavien – wo eher sozioökonomische Belange im Vordergrund standen –, ging es bei den kollektiven Aktionen vor allem um die Abtreibungsfrage.

Trotz länger anhaltender kollektiver Kämpfe, bei denen die Scheidung als zentrale Frage hinzukam, scheint auch die italienische Frauenbewegung eher als Rezipient der internationalen Kommunikation aufgetreten zu sein.

Hier war Mitte der 70er Jahre eine Hinwendung zur aus Frankreich kommenden feministischen Psychoanalyse zu beobachten. Was Österreich betrifft, so ist hier, wie schon im Falle der Studenten, vor allem das Stillhalten der Frauen bemerkenswert.

Aus der europäischen Frauenbewegung sind kaum neue Vereinigungen hervorgegangen. Gelegentlich kam es vielmehr sogar zur Auflösung früherer Frauenverbände wie etwa des UDI in Italien. Andererseits ist ihr Vermächtnis weitaus nachhaltiger und greifbarer als dasjenige der Studentenbewegung. Fast überall wurde eine Lockerung des Abtreibungsrechts erreicht, außer in Irland, wo im Gegenteil ein Verfassungszusatz in den 80ern die Abtreibung, unter welchen Umständen auch immer, nicht nur für illegal, sondern sogar für verfassungswidrig erklärte. Kindertagesstätten und ähnliche Einrichtungen wurden im großen Stil zur Verfügung gestellt, vor allem in Skandinavien.

Wie wir in Kapitel II,4 gesehen haben, war der Zeitraum der 70er und frühen 80er Jahren von einer bedeutenden rechtlichen Entpatriarchalisierung geprägt, und in den meisten Ländern erfuhr die Frage der Gleichberechtigung durch spezielle Regierungsstellen und akademische Studienfächer eine Institutionalisierung. Die Aktivitäten dieser Stellen dürften jedoch wenig bewirkt haben, denn die Frage der Gleichberechtigung hat sich keineswegs erledigt. Ihre vielfältigen Erscheinungsformen haben es nur schwieriger gemacht, ein einheitliches und kontinuierliches Muster überregionalen kollektiven Handelns zu erkennen. Das intellektuelle Erbe des feministischen Protests zumindest wird vor allem in der angelsächsischen Welt, in Norwegen und ganz allgemein in den nordischen Ländern gewahrt und weiterentwickelt (vgl. Andresen 1988; Dahlerup 1986; Brand 1985; Beccalli 1994).

Unter den neuen Bewegungen, die aus den Studentenprotesten Ende der 60er Jahre hervorgingen, waren auch territoriale, d. h. Bewegungen, die für sich in Anspruch nahmen, die Interessen der Menschen eines bestimmten *Territoriums* zu vertreten, das ein anderes als das jeweilige staatliche ist. So löste sich in dieser Zeit das gesamte belgische Parteiensystem auf; das begann schon früh 1965, als die Front des Francophones erstmals in Erscheinung trat und die flämische Volksunie beträchtliche Erfolge zu verzeichnen hatte, und fand seinen Abschluß 1978, als alle politischen Parteien entlang ethnisch-territorialer Linien getrennt waren (Mackie/Rose 1990, 58ff.).

In diesem Fall verdankte sich die Koinzidenz der Ereignisse eher einer Ermutigung durch den Zeitgeist als einer streng kausalen Verbindung. Das

Auseinanderbrechen Belgiens hat tiefe kulturelle Wurzeln, und die Studentenproteste waren dort im allgemeinen weniger militant und umfassend als in vielen anderen Ländern. Die erfolgreiche Kampagne flämischer Studenten gegen die angesehene frankophone Katholische Universität Louvain auf »flämischem Boden«, die unter dem Motto »Walen Buiten« (Wallonen raus) stand, zeigt gleichwohl eine direkte Verbindung zwischen Studentenprotest und ethnischem Territorialismus auf. In Frankreich, in Spanien nach dem Tod Francos sowie in Schottland und Wales war die Rebellion an den Universitäten ohne Zweifel Stimulans und Vorbild für eine breite Palette regionaler Nationalismen (Leggewie 1985, 100ff.; Murphy 1985, 178ff.). Nach einer Zeit der Ruhe in den 80er Jahren (eine Ausnahme ist hier Belgien) zeigen diese Bewegungen zu Beginn der 90er Jahre Revitalisierungserscheinungen, die vor allem durch die Schwächung des Nationalstaates im Zuge des europäischen Einigungsprozesses befördert werden.

Regionalistische Bewegungen verfügen nun auch über eine eigene internationale Organisation, die Europäische Freie Allianz (*Le Monde*, 4. 3. 1992, 10). Die Regionen innerhalb der EU haben eine ganze Reihe von Organisationen für kollektives Handeln kollektiver Akteure (beides im allgemeinen Sinne) eingerichtet; das beginnt mit der Ständigen Konferenz der Gemeinden und Regionen in Europa, die 1975 ihre Arbeit aufnahm, und hat einen vorläufigen Höhepunkt mit dem Ausschuß der Regionen von 1989 und Organisationen von einzelnen Regionen mit besonderen Charakteristika erreicht. So gibt es zum Beispiel Organisationen und Netzwerke der traditionellen Industrieregionen, der Städte mit »Problemvierteln«, der maritimen Randregionen, der Gebirgsregionen, der Inseln in Europa sowie der »vier Motoren«, d. h. Baden-Württemberg, Katalonien, die Lombardei und Rhône-Alpes (vgl. Labasse 1991). Auch die Forderungen nach einer regionalen Kammer des Europaparlaments werden lauter. Im Frühjahr 1994 wurde ein offizieller, beratender EU-Ausschuß »lokaler Gebietskörperschaften« eingerichtet, über dessen nationale Zusammensetzung Regionen und Kommunen heftig stritten.

Die Formen kollektiven Handelns, die wir bisher betrachtet haben, entfalteten sich, indem sie an Identitäten appellierten, die an die jeweilige *Position innerhalb der Gesellschaftsstruktur* gebunden sind – also Arbeiter, Arbeitgeber, Bauern, Studenten, Frauen, Ethnien oder Bewohner einer Region –, und sich zugleich auch auf universalistischere Ideologien beriefen. Andere Bezugspunkte kollektiven Handelns ergaben sich aus bestimmten *Werthaltungen*. Zwei davon waren in den letzten Jahrzehnten in Westeuropa von besonderer Relevanz. Dabei handelt es sich zum einen um die Umweltbewegung, zum anderen um den Komplex Frieden und Abrüstung.

Obwohl sie ihre eigenen, ganz spezifischen Ursprünge hat, kam um 1970, unmittelbar nach der Studentenrevolte und der zweiten feministischen Welle, auch die *Umweltbewegung* auf. Besorgte Wissenschaftler waren als »Endzeitpropheten« wesentlich an ihrer Entstehung beteiligt. 1972 war in diesem Zusammenhang ein Schlüsseljahr, als nämlich die UN-Umweltkonferenz in Stockholm stattfand. Zugleich erschienen *Die Grenzen des Wachstums*, der Bericht des von einem Italiener ins Leben gerufenen internationalen »Club of Rome« – der allerdings weitgehend aus Amerikanern vom MIT bestand –, sowie in Großbritannien ein »Entwurf fürs Überleben« (*A Blueprint of Survival*) (Meadows u.a. 1972; Goldsmith 1972; einen guten, jedoch weitgehend auf den anglo-amerikanischen Raum beschränkten Überblick bietet McCormick 1989; vgl. auch Jamison u.a. 1990, der sich mit Dänemark, den Niederlanden und Schweden befaßt).

In Form kollektiven Handelns nahm die heutige Umweltbewegung ihren Anfang in den Vereinigten Staaten gegen Ende der 60er Jahre und führte zu einer großen nationalen Kundgebung, dem »Tag der Erde«, am 22. April 1970. Die amerikanischen »Freunde der Erde« wurden 1970 dann auch in Europa aktiv, nämlich in Großbritannien und Frankreich. Wie der Feminismus ist auch die Umweltbewegung eher eine Bewegung als ein Zusammenschluß, obwohl sie sich stärker und enger organisiert hat. Die internationale Umweltschutzorganisation Greenpeace etwa hat die Kunst des symbolischen Dreieckshandelns – Akteur, Ziel, Medien – in professioneller Weise entwickelt. Entstanden ist sie im ehemaligen britischen Empire, und zwar aus dem Protest gegen Atombombentests. Von Westkanada breitete sie sich dann nach Neuseeland, Australien, in die USA und nach Großbritannien aus, wo sich auch das internationale Hauptquartier befand, bevor es Ende der 80er Jahre nach Amsterdam verlegt wurde.

Zwei Anliegen waren es, die den Umweltschutz zum Fokus für Massenaktionen werden ließen. Dabei handelt es sich zum einen um den Widerstand gegen die Kernenergie, zum anderen um die autonome Mobilisierung der Wähler. Das Zentrum antinuklearer Militanz war Westdeutschland, wo es Ende der 70er, Anfang der 80er Jahre zu einer Reihe von Großdemonstrationen kam, die nicht selten zu Zusammenstößen mit der Polizei führten. Das deutsche Beispiel war Vorbild für ähnliche Aktionen in den Niederlanden, die in Kalkar an einem gemeinsamen Kernenergieprojekt beteiligt waren, und in Dänemark. Auch in Schweden gab es eine Massenbewegung gegen die Atomenergie; sie war allerdings friedlicher und wurde auch friedlicher behandelt.

Zweifellos wurde ein Gutteil der verbliebenen studentischen Energie nach 1970 in einen Anti-Atom-Aktivismus transformiert. Doch ob und auf welche Weise das der Fall war, hing vom jeweiligen nationalen politischen System und von den nationalen politischen Kulturen ab. In Frankreich war die Anti-Atom-Bewegung erstaunlich schwach, in Italien entstand sie mit bemerkenswerter Verspätung und verhielt sich ausgesprochen friedlich. Im Verlauf der 80er Jahre wurden die Kernenergieprogramme in den meisten Ländern aufgegeben oder eingefroren; in Österreich, Schweden und Italien geschah dies aufgrund von Volksabstimmungen, in den Niederlanden nach einer breiten gesellschaftlichen Diskussion (vgl. Brand 1985; Parkin 1989; Murphy u.a. 1979; Kitschelt 1983).

Umweltschutzfragen spielten Mitte der 80er Jahre kurzzeitig auch eine wichtige Rolle bei der Entstehung neuer Proteste und embryonaler Bewegungen in Osteuropa, und zwar von Estland bis Bulgarien. Doch wurden sie bald überlagert von Fragen der politischen Rechte, des politischen Einflusses und später durch sozioökonomische Probleme (zum Baltikum vgl. Meissner 1991, 118, 154; zu Bulgarien vgl. Bell 1993, 85).

Versuche einer ökologischen Mobilisierung bei Wahlen wurden überall in Westeuropa unternommen, freilich mit sehr unterschiedlichen Ergebnissen. Sie spiegeln weitgehend die nationalen Parteien- und Wahlsysteme. In welchem Maße sie auch Ausdruck unterschiedlicher Besorgnis in Umweltfragen sind, ist schwer zu sagen. In Südeuropa und Irland jedenfalls fehlen bedeutende grüne Parteien, und auch auf andere Weise manifestiert sich der Umweltschutz nicht in den Wahlergebnissen.

Das gilt auch für Dänemark, die Niederlande und Norwegen, allerdings aus anderen Gründen. So bestanden mit der Sozialistischen Volkspartei in Dänemark und Norwegen sowie der Grünen Linken in den Niederlanden bereits linke politische Formationen, die es durch Profilierung in Sachen Umweltschutz geschafft haben, neue grüne Herausforderer zu verhindern. Obgleich es ähnliche präventive Tendenzen in der Politik auch in Irland, auf der Iberischen Halbinsel, in Italien und Griechenland gibt, scheinen sie dort schwächer ausgeprägt zu sein.

Die französischen »Freunde der Erde« waren die ersten Umweltschützer in Europa, die eine nationale Wahlkampfkampagne starteten, als sie 1974 den berühmten Agronomen René Dumont als Präsidentschaftskandidaten ins Rennen schickten. Die Europawahlen waren von Beginn an, also seit

1979, von großer Bedeutung für die grünen Parteien; gleich bei der ersten Wahl gab es erste kleine Erfolge für die britischen, flämischen und deutschen Grünen. Wichtige und erfolgreiche ökologische Wahlbewegungen gab es zuerst in der Schweiz, wo 1979 der weltweit erste Grüne ins Parlament gewählt wurde, in Belgien (sowohl im flämischen wie auch im frankophonen Teil) seit 1981 und in Deutschland seit 1982.

Einige der massivsten Formen kollektiven Handelns in der Moderne wurden durch den *drohenden Atomkrieg* ausgelöst. Zwei der größten Protestveranstaltungen, sowohl was die absoluten Zahlen betrifft wie auch den Anteil an der Gesamtbevölkerung, fanden in den Niederlanden statt, und zwar im November 1981 und im Oktober 1983. Zwar sind genaue, verläßliche Teilnehmerzahlen bei Großdemonstrationen nur schwer zu ermitteln, doch die allgemeinen Schätzungen lagen damals bei 400 000 bzw. 500 000 Teilnehmern. Das würde bedeuten, daß sich 3 bis 3,5 % der niederländischen Bevölkerung gleichzeitig an einem Ort versammelten. Die niederländische Friedensbewegung wurde übrigens vom »Ökumenischen Friedensrat« geleitet.

Die Anti-Atomwaffen-Frage wurde ursprünglich Ende der 40er, Anfang der 50er Jahre von der kommunistischen Bewegung aufs Tableau gebracht, und zwar durch die Kampagne für eine weltweite Massenpetition, den sogenannten »Stockholmer Appell« für ein Verbot nuklearer Waffen im März 1950, und den »Weltfriedensrat«. Ab 1956 wurden die Themen Frieden und Abrüstung zu einer Angelegenheit autonomer Massenbewegungen.

Die Forderung nach nuklearer Abrüstung entwickelte sich in Großbritannien Ende der 50er Jahre zu einer Bewegung, in der die klassische Linke, besorgte Geistliche und der säkulare Radikalismus der Mittelschicht vereint waren. Als solche gab sie den Anstoß für die Ostermärsche in Westdeutschland, wobei die politische Basis hier weniger breit war und zur liberalen Mittelschicht sowie zum Großteil der Arbeiterklasse kaum Kontakt bestand; dennoch waren die Massenproteste 1968 kurzzeitig erfolgreich.

Das britische CND und das finnische Friedenskomitee waren mehr oder weniger die einzigen Friedensbewegungen, denen es gelang, einigermaßen bedeutsame Vereinigungen zu entwickeln. Nachdem die Abrüstungsbewegung im Anschluß an das Abkommen über die teilweise Beendigung der Kernwaffenversuche für lange Zeit von der Bildfläche verschwunden war, tauchte sie 1979 wieder auf, als die NATO beschlossen hatte, neue Mittelstreckenraketen in Europa zu stationieren. Holland, Deutschland, Großbritannien und Belgien waren diesmal die Zentren des Protests. Die Franzosen waren verdächtig wegen ihrer Beteiligung am Wettrüsten, und die Italiener blieben in ihrem Engagement deutlich hinter Mittelwesteuropa zurück (einen nützlichen Überblick bietet die Auflistung *Peace Movements of the World* [Mai 1986]; vgl. *Die Zeit*, 5. 2. 1993, Dossier). Doch trotz ihrer Größe blieben die Proteste der 80er Jahre ohne Erfolg.

Konturen kollektiven Handelns heute

Inmitten dieser Fülle von Ereignissen und Organisationen lassen sich bestimmte Konturen eines Musters zeitgenössischen kollektiven Handelns ausmachen. Um 1970 kam es gleichzeitig zu Aufsehen erregendem kollektiven Handeln der durch eine bestimmte soziale Position strukturierten Kollektive der Arbeiter, Studenten und Frauen sowie von Menschen, deren Handeln von ökologischen Werten bestimmt wurde. Wie wir oben gesehen haben, erreichte in diesen Jahren auch der Industrialismus seinen Höhepunkt und schlug um in die Entwicklung hin zu postindustriellen Gesellschaften.

Besteht hier nun eine Verbindung zwischen dem gesellschaftlichen Drama und der ökonomischen Zeitenwende? Der kulminierende Industrialismus stärkte im Prinzip die Arbeit gegenüber dem Kapital und führte dazu, daß diese in die Offensive ging; ob dieser Prozeß in dramatischer Weise ablief oder nicht, hing davon ab, ob das Kapital Widerstand leistete oder sich fügte. Die Wende zur De-Industrialisierung vollzog sich im Anschluß an die Krise von 1974. Man durfte erwarten, daß sich die Arbeiterbewegung angesichts ihrer starken Position Entlassungen und Firmenschließungen widersetzen würde.

Das Aufkommen des Postindustrialismus wurde durch den industriellen Boom der Nachkriegszeit, der neue gesellschaftliche Optionen eröffnete, und durch die Ausweitung der höheren Bildung auf die breite Masse vorbereitet. Die damit unvermeidlich verbundenen Belastungen für die Bildungseinrichtungen und die traditionellen Formen sozialer Kontrolle schufen ein Meer der Unzufriedenheit, in dem die radikale Avantgarde sich tummeln konnten. Auch die Vorhut der Frauenbewegung war weitgehend das Produkt der gerade ausgeweiteten höheren Bildung sowie einer allgemeinen und beispiellosen Blüte der Jugendkultur, wenngleich der Feminismus seine Initialzündung erst ein oder zwei Jahre nach der männlichen Studentenbewegung erlebte. Die Umweltbewegung entwickelte und verbreitete sich in der post-studentischen Generation der Mittelschicht, die nunmehr über einen höheren Bildungsabschluß verfügte, und ihre Botschaft von den Grenzen des Wachstums schien durch die Ölkrise 1973/74 unmittelbare Bestätigung zu erfahren.

Auf diese Weise waren all die verschiedenen Bewegungen miteinander verbunden. Was jedoch den Jahren um 1970 ihren besonderen Tenor aus Empörung und Wut verlieh, war die Tatsache, daß sie von einem zeitlich anders gelagerten Konflikt überlagert wurden: Die weltweite Hegemonie der westlichen Welt wurde in Frage gestellt. Die hartnäckige Herausforderung der Weltmacht USA durch das arme vietnamesische Volk wurde gleichsam zum Paradigma der verschiedenen antikolonialen, antiimperialistischen und antirassistischen Auseinandersetzungen auf der Welt und bildete eine entscheidende Generationenerfahrung in Westeuropa (und den USA selbst) (vgl. Therborn 1968). Bei dem der Linken zuneigenden Teil der 68er-Generation führte der Vietnamkrieg zu einer ähnlich weitreichenden Radikalisierung wie die unmittelbarer erfahrenen Schrecken des Ersten Weltkriegs und des Faschismus bei früheren Jahrgängen.

Westberlin war Schauplatz der erbittertsten Konfrontation, Paris Schauplatz der größten. Nirgends war die Kluft zwischen den Generationen größer als in Westberlin, zwischen den jungen Radikalen, die aus der gesamten Bundesrepublik in die Stadt kamen, weil sie hier nicht zum Wehrdienst eingezogen werden konnten, und der älteren Generation, die früher mehr oder weniger loyal zum NS-Regime gestanden hatte und den Amerikanern dankbar dafür war, sie vor den Russen gerettet zu haben.

In Paris gab es eine Unmenge an Studenten, eine zahlenmäßig ziemlich große linke Intelligenz, eine kämpferische und vorwiegend kommunistische Arbeiterklasse in den Vorstädten sowie die politischen Widersprüche eines Regimes, das, wie demokratisch auch immer institutionalisiert, im Ruch zweifelhafter und weithin bestrittener Legitimität stand, da es aus einem Beinahe-Staatsstreich hervorgegangen war. Der zehnte Jahrestag des Regimes am 13. Mai 1968 brachte die brodelnden Zutaten zum Überkochen.

Daß Italien die längsten und gewalttätigsten Manifestationen des Studenten- und Jugendprotests erlebte, verwundert kaum, wenn man die überdeutliche und anhaltende Inadäquatheit der Bildungseinrichtungen und des politisch-administrativen Systems betrachtet; dazu kam, daß im Land eine starke und breite linke (vor allem kommunistische) Opposition existierte.

Die Ereignisse um 1970 nahmen in Westeuropa eine ganz spezifische Form an und entwickelten eine spezielle Bedeutung aufgrund ihrer Beziehung zur und Auswirkungen auf die Arbeiterklasse und die Arbeiterbewegung (in Osteuropa hätte es möglicherweise ganz ähnlich ausgesehen, wären da nicht die sowjetischen Panzer gewesen, die entweder schon vor Ort waren oder mit guten Gründen erwartet wurden). Während die linken Studenten überall, wo es eine Arbeiterbewegung gab, mit dieser zusammenprallten, hatte ihre Rebellion grundlegende und dauerhafte Auswirkungen auf die Sozialdemokratien wie auf den Eurokommunismus, bei denen es zu einem neuen, globaleren, weniger autoritären und sozial umsichtigeren Radikalismus kam.

Andererseits bezogen die neuen sozialen Bewegungen (in Wirklichkeit handelte es sich um eine zweite Welle von Bewegungen aus dem 19. Jahrhundert) der Studenten, Frauen und Umweltschützer einen Großteil ihrer ursprünglichen Vorstellungen und ihres Aktionsrepertoires aus Nordamerika. In diesem Sinne – der durchaus ironisch zu nennen ist, wenn man bedenkt, daß die Opposition gegen den amerikanischen Krieg in Vietnam im Mittelpunkt stand – war neben vielem anderen auch dieser neue Protest Teil der Amerikanisierung Europas (vgl. dazu mit der charakteristischen Verve und Überspitzung Debray 1978, bes. Kap. 4).

Innerhalb Europas haben wir einige räumliche Muster kollektiven Handelns ausgemacht. So gibt es in Skandinavien und Österreich starke und große Verbände und kaum Protestaktionen, während es sich in Südeuropa einschließlich Frankreichs mehr oder weniger umgekehrt erhält. In den frühen 80er Jahren lag die französische Beteiligung an Unterschriftensammlungen, genehmigten Demonstrationen, wilden Streiks, Boykotten und Besetzungen von Gebäuden über dem EG-Durchschnitt. Eine überdurchschnittliche Demonstrationsaktivität wurde auch aus Italien und Spanien gemeldet (Brettschneider u.a. 1992, Tab. 97).

Weniger deutlich erkennbar ist ein weiteres Muster. Am besten zeigt es sich in der geographischen Verteilung der Friedensbewegung, aber es läßt sich wohl auch bei der Umwelt- und der Frauenbewegung ausmachen. Die moralischen Belange und der gesellschaftliche Dissens dieser Bewegungen scheinen die kräftigsten Blüten in vorwiegend protestantischen und gleichzeitig säkularisierten Kulturen zu treiben. Die protestantische Geistlichkeit spielte eine wichtige Rolle in der Friedensbewegung, und man darf vermuten, daß sie Vorbild für ihre katholischen Kollegen war, sofern diese teilgenommen haben, was in Holland und Großbritannien in nicht unwesentlichem Maße der Fall war. Auch der Dissens der säkularisierten, ehemals protestantischen Mittelschicht scheint ein wichtiger Träger der progressiven

Bewegungen für Abrüstung, Frauenrechte und Umweltschutz gewesen zu sein. Dies trifft vor allem auf die angelsächsischen Länder sowie auf Holland und Skandinavien zu. Ihre Schwäche in Deutschland bzw. ihr Fehlen in den katholischen und orthodoxen Ländern erklärt vielleicht zum Teil, warum die Bewegungen in diesen Staaten relativ schwach ausfielen.

Die hier behandelten nicht klassenspezifischen Bewegungen und Proteste standen politisch in gewissem Sinne alle links. Auch wenn es sich logisch kaum aus den klassischen politischen Konfliktlinien herleiten läßt, wurde etwa die Kernenergie weithin als »rechts« interpretiert, während die Proteste dagegen folgerichtig als linke Haltung galten. Doch gab es außer den »normalen« Aktionen der Arbeitgeber und Bauern wirklich kein bedeutendes *kollektives Handeln im rechten Spektrum?*

Doch, es war vorhanden, auch wenn die Einsicht und Macht der gemäßigten Rechten nach dem Krieg kaum besonderes kollektives Handeln nötig machten. Doch wenn es dazu kam, wurden die Kräfte erfolgreich mobilisiert. So endete beispielsweise der Mai 1968 in Frankreich nicht mit einer Feier linker Studenten, sondern mit einer gigantischen, hauptsächlich von Menschen mittleren Alters getragenen Demonstration für Charles de Gaulle, nachdem der General sich des Rückhalts der Armee für eine eventuelle Niederschlagung der Proteste versichert und über Rundfunk erklärt hatte: »Ich werde nicht zurücktreten!«

Die schwedischen Arbeitgeber halten wahrscheinlich zwei Rekorde, nämlich den für die größte Aussperrung 1980 und den für die größte kapitalistische Straßendemonstration gegen die geplanten Fonds für Lohnempfänger 1982 (erstere endete jedoch mit einer Niederlage, und die zweite konnte die neue sozialdemokratische Regierung nicht davon abbringen, das Gesetz über ein Fondssystem pflichtgemäß zu verabschieden, wobei diesem aber sozusagen der gewerkschaftliche Zahn sozialen Wandels gezogen war).

Überdies soll nicht verschwiegen werden, daß die europäische Rechte jüngst einen wichtigen Beitrag zur Weltpolitik und Ideologie geleistet hat, und zwar mit der Prinzipientreue und Rigidität, die typisch ist für das moderne politische Denken in Europa. Allerdings wurde dieser Beitrag kaum durch ein breites kollektives Handeln erbracht, sondern durch die parteiinterne Durchsetzungskraft einer bestimmten Gruppe und durch harte Führerschaft in einem Wahlsystem, das große, geschlossene Minderheiten begünstigt. Die Rede ist natürlich vom Thatcherismus, dessen einflußreichster Kerngedanke sich grob auf die Formel ›Privatisierung plus populistisches

Einschlagen auf die Gewerkschaften‹ bringen läßt. So gesehen, war eine Vorbedingung für den Erfolg des Thatcherismus natürlich die De-Industrialisierung und die anschließende Verschiebung der Klassenmacht.

Der neue christliche, vor allem protestantische, Fundamentalismus, der in jüngster Zeit so wichtig für rechte Bewegungen in den USA und Mittelamerika war, ist in Westeuropa kaum von Bedeutung. Die einzige teilweise Ausnahme bildet Irland, wo sich im Zuge des Papstbesuchs 1979 eine schlagkräftige katholische Reaktion entwickelte. Großzügige finanzielle Unterstützung des Staates für die katholische, »freie« Erziehung mobilisierte die Massen in Frankreich Ende der 80er Jahre, nicht jedoch die Abtreibungsgesetze.

Es ist vor allem die Wendung Europas von einem Auswanderungs- zu einem Einwanderungskontinent, die den größten Zündstoff für eine spezifisch rechte Form kollektiven Handelns lieferte. Die Einwanderer und Flüchtlinge von außerhalb Europas sind gleichsam zu den Juden und Zigeunern der heutigen militanten Rechten geworden (auch wenn man Sinti und Roma als Ziele des Fremdenhasses damals nicht vollständig vernichtet hat). Auch hier erwiesen sich die Europawahlen als gutes Übungsgelände. So tauchte der französische Front National als wichtige Kraft erstmals bei den Europawahlen von 1984 auf, den deutschen Republikanern gelang das 1989. Diese beiden Länder sowie Italien, das entgegen seiner Verfassung seit langem eine neofaschistische Partei besitzt (MSI), sind die einzigen, in denen die extreme Rechte signifikanten Rückhalt bei den Wählern hat, auch wenn die meisten Länder mindestens eine Partei mit einer dunklen Seite aufweisen; genannt seien hier nur die »Freiheitlichen« in Österreich und die »Liberalen« im frankophonen Belgien.

Die Regierungsbeteiligung der italienischen Postfaschisten im Frühjahr 1994, die von einer eifrigen Kampagne zur Rehabilitierung Mussolinis begleitet war, markiert eine neue Stufe in der Politik der Rechtsextremen in Europa. Doch auch wenn damit die Nachkriegszeit in Europa endgültig vorbei zu sein scheint, so ist doch kaum anzunehmen, daß nun auch die Zeit der Kriegsvorbereitung wiederkehrt. Mussolinis Tage der Gewaltverherrlichung, des Autoritarismus, des starken Staates und des Imperialismus, die Tage uniformierter Schlägerbanden, die die Bevölkerung mit ihrer Verehrung für den Duce terrorisierten, wirken noch immer ziemlich weit entfernt.

Die spezifischen klassischen Formen kollektiven Handelns der Rechtsextremen sind das Pogrom und die Lynchjustiz. In etwas abgemilderter Form griffen die Attacken auf Nichteuropäer zu Beginn der 90er rasch um sich. Betroffen waren vor allem Deutschland (Ost wie West), die Schweiz, Schweden, Frankreich und andere Länder. Doch wie schrecklich dies für alle Europäer, die sich der Aufklärungstradition verpflichtet fühlen, auch immer klingen mag – ethnische Friktionen, ob friedlich oder gewalttätig, sind das, was Gesellschaftsanalytiker für die Zeit der historischen Verwandlung Europas in eine multikulturelle Gesellschaft zu erwarten haben. Diese Entwicklung ist nur eine weitere Form der Annäherung zwischen Europa und der Neuen Welt.

Proteste und Bewegungen in Osteuropa

Osteuropa war unter dem Kommunismus eher eine *autoritär assoziierte Gesellschaft* als eine totalitäre, bei der einem allmächtigen Staat eine atomisierte Gesellschaft gegenübersteht. Der Staat blieb stets dem kommunistischen Parteiapparat untergeordnet, und die herrschenden kommunistischen Parteien waren riesige Organisationen.

Zunächst nur eine kleine Vorhut, expandierten sie gleich nach dem Krieg in atemberaubendem Tempo, in Prozentanteilen am raschesten in Rumänien und Polen, in absoluten Zahlen zuallererst in der Tschechoslowakei, wo 1949 etwa 19 Prozent der Gesamtbevölkerung ein kommunistisches Parteibuch in der Tasche trugen (Berechnungen nach Brzezinski 1962, 107 und Shoup 1981, 277). Anschließend kam es zu einer Straffung der Parteiorganisation. 1970 lag die Mitgliedschaft in den kommunistischen Parteien zwischen 6 und 8 Prozent der Bevölkerung, was in etwa dem Anteil sämtlicher Parteimitglieder in der Europäischen Gemeinschaft entsprach. Die Parteien in der DDR und in Rumänien lagen mit einem Anteil von 11 Prozent über dem Durchschnitt (Berechnungen nach Cohen/Shapiro 1974, Tab. II und IV; Brettschneider u.a. 1992, 578).

Aber die kommunistischen Parteien waren nicht die einzigen Vereinigungen. In mehreren Ländern gab es auch noch andere Parteien (auch wenn es sich dabei um untergeordnete, schemenhaft bleibende Gruppen handelte) und vor allem die sogenannten Massenorganisationen. Die Gewerkschaften umfaßten beinahe die gesamte Bevölkerung. Darüber hinaus gab es Jugend- und Frauenorganisationen, Organisationen der Völkerfreundschaft, Sportvereine usw.

Die DDR war wahrscheinlich das am besten organisierte kommunistische Land und ist aus diesem Grund kaum repräsentativ. Doch als Illustration einer idealtypischen kommunistischen Gesellschaft ist der Osten Deutschlands sehr wohl aufschlußreich. Am wichtigsten war hier die Mitgliedschaft in den Freiwilligenorganisationen ohne offenkundige politische Bedeutung. Ein eher wenig wettbewerbsorientierter Sport wie das Angeln, mit dem sich auch international nur wenig Prestige gewinnen läßt, organisierte 1988 528 000 Menschen. Die Organisation der Gärtner und Kleintierzüchter versammelte fast ein Zehntel der Gesamtbevölkerung, nämlich 1,488 Millionen Menschen. Die Volkssolidarität, eine Organisation der Wohlfahrt und Sozialarbeit, ließ zwar einige regimetreue politische Untertöne vernehmen, kann aber kaum als Karrierebaustein bezeichnet werden. Sie hatte 2,1 Millionen Mitglieder (bei einer Gesamtbevölkerung von 16,7 Millionen) und 200 000 ehrenamtliche Helfer (Statistisches Jahrbuch der DDR 1989, 330, 353, 413ff.).

Die »zivile« Literatur der Dissidenten, die sich in Polen, der Tschechoslowakei und in Ungarn im Verlauf der 80er Jahre entwickelte (begreiflicherweise und unseren Respekt verdienend) sowie die postkommunistische antikommunistische Literatur (auch sie ein verständliches Phänomen, jedoch aus der Sicht des Wissenschaftlers weniger anständig) neigten dazu, die »Zivilgesellschaft« der Gärtner, Angler, freiwilligen Sozialarbeiter und wissenschaftlich interessierten Laien auszublenden. Der »zivile« Diskurs der Dissidenten entwickelte eine normative Gesellschaftskonzeption – denen alle Demokraten, die sich in einer glücklicheren Situation befinden, Respekt zollen sollten –, die sich auf Pluralismus, Privatheit, Öffentlichkeit und Rechtmäßigkeit konzentrierte (Cohen/Arato 1992, 346).

Doch die »Zivilgesellschaft« wurde zu einer mit diesem Begriff getarnten ideologischen Waffe im Kampf für ein spezifisches Wirtschaftssystem, etwa wenn es heißt, das Bestehen einer Zivilgesellschaft zeige sich darin, daß es Finanzbörsen gibt (Rau 1991, 5). Wie wir oben gesehen haben, ist die Zivilgesellschaft im lateinischen Europa am wenigsten entwickelt und außerhalb Europas in Lateinamerika und Japan.

Was in Osteuropa fehlte, wird durch den zweideutigen Begriff der »Zivilgesellschaft« nur unzureichend erfaßt. Eher sollte man in diesem Zusammenhang von einer »mündigen Öffentlichkeit« sprechen, d.h. von der Möglichkeit, eine eigene Meinung öffentlich zum Ausdruck zu bringen, ohne daß es bei abweichenden Meinungen zu materiellen Sanktionen kommt.

Die Proteste gegen die kommunistischen Machthaber fielen von Land zu Land unterschiedlich aus und sind im einzelnen bis heute noch wenig untersucht. Ihr zeitlicher Ablauf ist weitgehend bekannt, wird aber selten im

Überblick dargestellt. Nach der Machtübernahme der Kommunisten kam es nur in zwei Ländern zu bewaffnetem Widerstand, nämlich in den beiden benachbarten Staaten Polen und Litauen. Die Monopolisierung der kommunistischen Macht 1947/48 dagegen traf auf keinen ernsthaften Widerstand. Die überstürzte industrielle Akkumulation, durch die man mit der westlichen Kapitalakkumulation gleichziehen wollte, führte 1953 in der DDR und, in geringerem Ausmaß, 1956 im polnischen Posen zu größeren Protesten der Arbeiterklasse. In den anderen Ländern hielt sich die Unzufriedenheit in Grenzen.

Der radikale Umbau der nationalen kommunistischen Parteien gelang ohne größere Aufregung außerhalb der Parteikader 1948 in Jugoslawien, 1960 in Albanien, nach 1965 in Rumänien sowie nach einigen Spannungen mit den Sowjets im Oktober 1956 auch in Polen. Die parteiinterne Veränderung in Ungarn wurde ebenfalls im Oktober 1956 von nationalistischen Protesten überrannt und dann von den Sowjets niedergeschlagen. Im Falle der Tschechoslowakei wurde der Versuch eines eigenständigen Weges 1968 durch den Einmarsch abrupt beendet.

Bedeutenden kollektiven Protest der Arbeiterklasse gab es einzig und allein in Polen. Auf Posen 1956 folgten Danzig 1970, dann Ursus, Radom und Danzig 1976 sowie wiederum Ursus, Danzig und andere Orte an der Ostsee 1980. Im erstgenannten Falle wurden die Proteste durch die Anhebung der Arbeitsnormen ausgelöst, die anderen hatten ihre Ursache in höheren Lebensmittelpreisen.

Die akuten Probleme der kommunistischen Machthaber im Nachkriegseuropa waren allesamt auf Mittelosteuropa, von Litauen bis Ungarn, beschränkt. In die grundsätzlichen Machtkonflikte waren dabei drei Kräfte involviert. Zum einen die Arbeiterklasse mit ihren unmittelbaren ökonomischen Interessen, die am deutlichsten in Polen zum Ausdruck kamen und einmal auch in der DDR. Zum zweiten der militante Nationalismus, der ursprünglich in der polnisch-litauischen Konföderation am stärksten ausgeprägt war, später dann in Ungarn. Hinzu kamen drittens die Sicherheitsinteressen der Sowjetunion sowie der DDR und Polens, die das Schicksal des tschechischen Reformkommunismus besiegelten.

Militanter Nationalismus entsteht aus nationalen Traditionen und den jüngsten Erfahrungen damit. Der ausgeprägte, antikommunistische Nationalismus auf dem Balkan hatte nach dem Krieg kaum eine Chance: In Jugoslawien und Albanien war er während des Krieges militärisch besiegt worden, in Rumänien war er durch die verheerenden Kriegsfolgen vollkommen diskreditiert, in Bulgarien war er niemals besonders stark und ebenfalls in Mißkredit geraten. Polen dagegen gehörte zum siegreichen Bündnis der Alliierten. Der Protest der Arbeiterklasse bewegte sich dabei zwischen zwei Polen: In Ostdeutschland war die Arbeiterbewegung am gefestigsten und verfügte über die größte Erfahrung, während die polnische die jüngste in Mitteleuropa war und erst vor kurzem proletarisiert und urbanisiert worden war.

Welches Muster kollektiven Handelns läßt sich nun im Zusammenhang mit dem *Zusammenbruch des osteuropäischen Kommunismus* erkennen? Sein Ende erfolgte auf drei verschiedene Arten: durch Auflösung, durch Verhandlungen und durch Kapitulation. In allen drei Fällen kam dem kollektiven Handeln eine wichtige Rolle zu, die um so entscheidender wurde, je näher das Ende rückte.

Entscheidend jedoch war der Auflösungsprozeß, der von oben durch Selbsttransformation initiiert wurde. Die selbstgewählte Abwendung vom Kommunismus als Herrschaftsform, der Systemwandel von oben war der Hauptweg in der UdSSR und in Jugoslawien, doch in beiden Fällen wurde die Sache durch zahlreiche Seitenwege und Nebenhandlungen um einiges komplizierter. Eine wirklich ernsthafte Systemopposition gab es in beiden Ländern nicht. Opposition wurde eher von oben ermuntert und initiiert. Ohne Zweifel war dabei der von Michail Gorbatschow gewählte und beibehaltene Kurs des Wandels entscheidend für den Umbruch überall in Osteuropa. Reformen erfuhren Ermutigung, und die Hardliner wußten allesamt, daß sie, falls es zu einem gewaltsamen Showdown kommen sollte, nicht auf sowjetische Hilfe zählen konnten.

Im Sommer 1988 war Gorbatschow zu dem Schluß gekommen, daß der radikale politische Wandel oberste Priorität hatte und daß er »alle Schleusen öffnen« wollte (Tschernajew 1991, 165). Im März 1989 fanden in der Sowjetunion erstmals seit 1917 wieder halbfreie Wahlen statt.

Doch die Entwicklung in der Sowjetunion wurde erschwert durch nationalistische Forderungen an der Peripherie des Riesenreiches, vor allem im Kaukasus und im Baltikum, sowie fatalerweise durch eine Aufspaltung der Führungsspitze zwischen Gorbatschow und Boris Jelzin, die zugleich einen Konflikt zwischen föderalen und national bestimmten Vorstellungen darstellte. Der Zusammenbruch des Jalta-Kommunismus im Herbst 1989 scheint den verfügbaren Quellen zufolge erstaunlicherweise kaum unmittelbare Auswirkungen auf die Sowjetunion gehabt zu haben. Die streikenden Kohlekumpel in Kuznezk, Donezk und Workuta leisteten 1989 und 1991 ihren Beitrag zum allgemeinen Unmut, und ihr ökonomisches Gewicht wurde inmitten der Agonie des Systems zweifellos deutlich spürbar. Doch weder die Bergleute noch irgendeine andere sozioökonomische Kraft standen im Brennpunkt der Konflikte, die in den letzten Monaten der UdSSR fast überall aufflammten.

Was der Union der sozialistischen Sowjetrepubliken am unmittelbarsten den Garaus machte, war der Konflikt an der Spitze, als zunächst Rußland sozusagen sein eigenes Zelt errichtete und es dann im August 1991 zu der stümperhaften Farce des Operettencoups gegen Gorbatschow kam. In der Woche nach dem Putsch verließen alle europäischen Mitglieder die Union. Im Dezember verlor Gorbatschow dann auch noch den Rest an Macht, der ihm geblieben war, und die UdSSR löste sich endgültig auf. Bereits im Mai 1991 war die föderale Präsidentschaft Jugoslawiens an ein Ende gelangt, was auch in diesem Fall aus Konflikten zwischen den nationalistischen Führern der einzelnen Teilrepubliken resultierte.

Die Republiken der ehemaligen Sowjetunion und Jugoslawiens sind allesamt Beispiele für eine Selbsttransformation von oben. Weißrußland ist dabei wohl ein Extremfall; hier wurde die Entwicklung im Grunde durch externe Kontingenzen und kaum durch Herausforderung im Inneren vorangetrieben. Auf der anderen Seite erlebten die baltischen Republiken mit ihren riesigen Kundgebungen für die Unabhängigkeit und ihren kurzlebigen Volksfronten einen massiven Input an Massenaktionen und Bewegungen, die sich den neuen nationalistischen Kommunisten anschlossen und sie mitunter auch hinter sich ließen.

In Ungarn hatten es die Kommunisten explizit mit einer Opposition zu tun, die sich aus einer zunehmend komplexeren Zivilgesellschaft ergab. Auf der anderen Seite ergriffen sie (oder zumindest einige von ihnen) die Initiative zugunsten eines politischen und ökonomischen Wandels. Verhandlungen und Wahlen sorgten dafür, daß man sich ordentlich vom früheren Regime verabschiedete. Gleichwohl war kollektives Handeln nicht ganz unbedeutend. Das Begräbnis und die damit verbundene Rehabilitation von Imre Nagy, dem Reformkommunisten, der 1957 hingerichtet worden war, mobilisierte im Juni 1989 die Opposition. Im Herbst 1989 gelang es durch eine Massenpetition, den Zeitpunkt der Wahlen so zu verschieben, daß die Opposition davon profitierte. Doch zu diesem Zeitpunkt gab es bereits eine konstitutionelle Demokratie in Ungarn.

Polen bildete den Idealtypus für ein Ende, das mittels Verhandlungen erreicht wurde. Als einziges unter allen kommunistischen Ländern brachte

Polen eine dauerhafte autonome Massenbewegung hervor, die in ihrem Kern eine Bewegung der Arbeiterklasse und ihrer Gewerkschaft war. Nimmt man ihre Lehrjahre hinzu, so reichen ihre Anfänge mindestens bis 1970 zurück, vielleicht sogar bis 1956. Was die personellen Verbindungen der Anführer und Ideologen betrifft, geht die Bewegung, die später als Solidarnósc bekannt wurde, auf die Streikbewegung von 1976 zurück. Sie beruhte neben den unmittelbaren Interessen der Arbeiterklasse auf einer bemerkenswerten intellektuellen Mischung aus dem nationalistischen Sozialismus der Vorkriegszeit, dem Kommunismus der Dissidenz und vor allem dem Katholizismus und wurde unterstützt durch den Großteil der damals in Blüte stehenden nationalen Kultur (vgl. dazu vor allem Garton Ash 1991).

Den britischen Bergleuten ist es im Vergleich dazu nie gelungen, eine ähnlich große Anzahl von Verbündeten für sich zu gewinnen wie die polnischen Ingenieure oder Kumpel, und Arthur Scargill wurde nie zum Liebling der ganzen Welt wie Lech Walesa. Doch es lohnt sich, diese Ost-West-Ironie, die sich im Vergleich Polens mit Großbritannien spiegelt, näher zu betrachten. Die polnischen und britischen Arbeiter kämpften in den 60er, 70er und 80er Jahren im Grunde für die gleichen Ziele, nämlich um gewisse kurzfristige Schutzvorrichtungen in einer Welt, in der man den Bossen nicht über den Weg traute. Das Mißtrauen und die Militanz der Arbeiter wurden von den Regierungen und Wirtschaftsfachleuten in Großbritannien wie in Polen als großes Hindernis für die Akkumulation empfunden. Edward Heath und James Callaghan wurden von der defensiven Arbeiterbewegung politisch ebenso ruiniert wie Wladyslaw Gomulka und Edward Gierek.

Doch die Tories unter Margaret Thatcher, die in einer parlamentarischen Demokratie arbeiteten (auch wenn ihnen die Eigenheiten der britischen Verfassung zu Hilfe kamen), behielten schließlich die Oberhand, während eine ganze Reihe kommunistischer Generalsekretäre in Polen, die mit mehr oder weniger diktatorischen Machtbefugnissen ausgestattet waren, scheiterten, selbst wenn sie die Armee zum Einsatz brachten. Die britischen Gewerkschaften wurden an die Kandare genommen, ihre kämpferischsten Aktivisten verloren ihren Job. In diesem Zusammenhang wird die Bewunderung, die nicht wenige frustrierte polnische Offizielle während der 80er Jahre für Frau Thatcher hegten, verständlich.

Während Solidarnósc einerseits seine industriellen Muskeln behielt und spielen ließ, wurde es zugleich zu einer nationalen katholischen Massenbewegung, mit der zu verhandeln sich die Regierung Jaruszelski schließlich gezwungen sah. Zähes Feilschen auf beiden Seiten führte am Ende zu einem politisch-ökonomischen Kompromiß, der angesichts der schweren Wirtschaftskrise im Land sogleich eine Eigendynamik entwickelte.

Dort, wo die Machthaber sich nicht dazu durchringen konnten, selbst die Initiative für einen grundlegenden Wandel zu ergreifen, waren es die Menschenmengen in den Städten, ermutigt durch die Laissez-faire-Signale aus Moskau und das Beispiel der Nachbarländer, die hauptsächlich zur Veränderung beitrugen.

Die alleinige Hauptrolle spielten die städtischen Massen auf der rumänischen Bühne, zunächst in Temesvar und schließlich in entscheidendem Maß in Bukarest. Die Menschen durchbrachen den Panzer der Angst und wurden unvermittelt zu einer wütenden, revolutionären Masse. Es gab keine Bewegung, es gab keine Verhandlungen. Zwar waren da eine Reihe schweigsamer, ehemals oppositioneller Kommunisten, die nun in die gewaltsam geöffneten Heimstätten der Macht einzogen. In manchen Berichten war deshalb von einem Verrat oder einer Usurpation der Revolution die Rede, als ob man die Macht einer Menschenmenge verraten oder usurpieren könnte. Jedenfalls hatten die neuen Machthaber schon bald den Test freier Wahlen zu bestehen.

Am nächsten kam Rumänien in dieser Hinsicht die Tschechoslowakei, auch hier wurde die Sache nach ein paar Verhandlungsrunden durch das Handeln der Menge entschieden. Doch mit ihren Studentendemonstrationen, die den Prozeß in Gang setzten, den intellektuellen Führungsfiguren und durch das im Grunde friedliche und von den Massenmedien bestimmte Ambiente ähnelte der tschechoslowakische November 1989 eher dem französischen Mai 1968, sieht man einmal von de Gaulles kämpferischer Rede am 30. Mai ab.

Albanien, Bulgarien und die DDR finden sich in diesem Dreieck des zu Ende gehenden Kommunismus auf der Linie, die zwischen Verhandlungen und Kapitulation verläuft. Der Wandel wurde angestoßen durch massive öffentliche Unzufriedenheitsbekundungen; in der DDR waren es die Massenflucht aus dem Land im Herbst 1989 und die von Woche zu Woche größer werdenden friedlichen Demonstrationen in Leipzig. In Bulgarien (im Herbst 1989) und in Albanien (im Winter 1991) setzten die Massenaktionen erst ein, nachdem die herrschende Parteiführung erste Schritte hin zur Veränderung unternommen hatte (einen guten Überblick über die Ereignisse bieten Schreiber/Barry 1990 und East 1992; vgl. auch Glenny 1993, Schabowski 1990, Tschernajew 1993 und Garton Ash 1990).

Das kollektive Handeln, das am Ende des Kommunismus mitbeteiligt war, war weniger ein Ausdruck von Zivilgesellschaften – ganz gleich, ob es sie tatsächlich gab oder ob sie lediglich theoretisches Konstrukt waren – als vielmehr die plötzliche Macht der Menschenmengen und die Manifestation nationaler Gesellschaften.

Das Gedenken an die nationale Geschichte spielte 1988/89 bei vielen Mobilisierungen des Volkes eine wichtige Rolle. Im Baltikum beklagte man den Pakt zwischen Molotow und Ribbentrop, der die baltische Unabhängigkeit der Zwischenkriegszeit beendet hatte, und ließ die Tradition der aus dem späten 19. Jahrhundert stammenden Liederfestivals wieder aufleben. In Rußland erhielt die zunehmende Hinwendung zu Traditionen und Symbolen aus der Zeit vor 1917 einen bedeutsamen Schub durch die 1000-Jahr-Feiern der Taufe des Großfürsten und Heiligen Wladimir I.. Die Staatszeremonien in Rußland ähnelten in der Folge orthodoxen Gottesdiensten.

Die Serben gedachten des 500. Jahrestags ihrer Niederlage auf dem Amselfeld mit einer Massenkundgebung. In Ungarn war die öffentliche Meinung 1989 beherrscht von der offiziellen Neubewertung und dem Gedenken an die »Ereignisse von 1956«. Selbst in der gut bewachten Tschechoslowakei kam es am 21. August 1988 zu einer Demonstration, die des Einmarsches sowjetischer Truppen vor zwanzig Jahren gedachte. Das Endspiel 1989 wurde dann eröffnet durch eine genehmigte Studentendemonstration zur Erinnerung an einen Studenten, der vor 50 Jahren von deutschen Nazis ermordet worden war.

Der wichtigste Sprengsatz bei der Detonation des kommunistischen Systems war die jeweilige nationale Politik und nicht die Forderung nach Demokratie, Kapitalismus oder Konsum. Die Demokratisierung wurde in der UdSSR, in Ungarn und in einzelnen jugoslawischen Teilrepubliken von oben eingeleitet, in Polen und Jugoslawien akzeptierte man sie. Auch weitreichende ökonomische Veränderungen wurden in den erwähnten Ländern von den Machthabern in die Wege geleitet, wobei sie weniger eine Wiederherstellung kapitalistischer Verhältnisse im Sinn hatten, sondern eine Mischung aus Sozialismus und Marktwirtschaft.

Nationale Politik ist jedoch nicht das gleiche wie Nationalismus. Bei ersterer handelt es sich um eine Machtstrategie, bei letzterem um eine Ideologie oder ein Wertesystem. Kollektives Handeln wird nicht notwendigerweise durch die »Ismen« seiner Teilnehmer bestimmt und in Gang gesetzt, sondern durch die Signale der Anführer. Die UdSSR und Jugoslawien zerfielen am unmittelbarsten deshalb – ohne jetzt hier eine »grundlegende« Erklärung anbieten zu wollen –, weil eine ganze Riege politischer Führer in den wichtigen nationalen Teilrepubliken sich dafür entschieden hatten, die nationale Karte zu spielen. Slobodan Milosevic und seine serbischen Gefolgsleute spielten sie 1987 nicht nur aggressiv gegen das föderale System aus, sondern auch und zudem am gewalttätigsten gegen andere Nationalitäten, vor allem gegen die Albaner im Kosovo. Sobald der Geist des südslawischen Nationalismus einmal aus der Flasche war, wurde der Nationalismus auch in Kroatien und anderen Teilen Jugoslawiens Trumpf.

Boris Jelzin spielte seine russische Rolle vor allem gegen Gorbatschow und die föderale Macht der UdSSR, die bislang den europäischen Teil der ehemaligen Sowjetunion vor Kriegen wie in Ex-Jugoslawien bewahrt hat. Doch im Rest des einstigen Imperiums war das Ergebnis ähnlich: Der kommunistische Sozialismus brach zusammen, an die Stelle einer multinationalen Föderation traten eine Reihe von Nationalstaaten, die eine Menge Sprengstoff für künftige Konflikte bergen.

Nationalitätenprobleme waren natürlich auch in den Vielvölkerstaaten UdSSR und Jugoslawien ein heikles Terrain gewesen. Die imperiale Tradition Rußlands, die Stalin nach dem Krieg in der UdSSR und in weiten Teilen Osteuropas fortgeführt hatte, sorgte vielfach für Unzufriedenheit und Ressentiments. Doch entscheidend waren nicht die Fragen der rechtmäßigen Zugehörigkeit Nagorny-Karabachs, der Unabhängigkeit der baltischen Republiken oder des Status der serbischen Minderheit im Kosovo. Entscheidend war vielmehr, daß die serbische Führung die bestehende jugoslawische Föderation in Frage stellte und daß die Führung in Rußland die sowjetische Föderation zu Fall brachte. Im abschließenden Machtkampf in der UdSSR diente es als wirkungsvolles Instrument der Mobilisierung, die Union für die Krise verantwortlich zu machen und ans russische Nationalgefühl zu appellieren (vgl. Zaslavsky 1993, 120ff.).[160]

Eine dritte Schlüsselfigur in diesem Zusammenhang, weit wichtiger als Milosevic und wohl nicht ganz so bedeutsam wie Jelzin, war Helmut Kohl. Der westdeutsche Bundeskanzler erkannte früher und deutlicher als die meisten Deutschen die Chance, die sich aus dem Fall des alten Regimes für die nationale Einheit Deutschlands ergab. Auch hier wird wieder deutlich, welche Bedeutung Politik im Kontext sozialen Wandels bei der Meinungsbildung zukommt.

Ende November 1989, zwei Wochen nach dem Fall der Mauer, hielten sich in Ostdeutschland Befürworter und Gegner der Wiedervereinigung in etwa die Waage, wobei die Opposition ausgeprägter war als die Zustimmung. Die Frage der nationalen Einheit war damals aufgekommen, als die

Massen nicht mehr »*Wir* sind das Volk« skandierten, sondern »Wir sind *ein* Volk«, aber sie war noch nicht entschieden. Doch nachdem Kohl am 28. November sein Zehn-Punkte-Programm zur Einheit präsentiert hatte, kam der nationale Zug ins Rollen. Anfang Februar 1990 sprachen sich etwa 80 Prozent der Ostdeutschen für die Wiedervereinigung aus (Förster/Roski 1990, 53).

Das Ende der DDR unmittelbar vor Augen, ging es beim Wandel in Osteuropa nicht mehr nur darum, daß eine Reihe von Staaten sich einer Demokratisierung und einer sozioökonomischen Reform unterzogen, sondern er bedeutete den Anfang vom Ende eines Gesellschaftssystems, das mit dem Auseinanderbrechen der UdSSR in eigenständige Nationalstaaten dann endgültig besiegelt war. Die Politik nationaler Selbstbestimmung hatte sich in eine Systemrevolution verwandelt.

2. Sozialismus im Osten, Union im Westen: Zwei soziale Steuerungsprozesse

Mit dem Begriff der sozialen Steuerung bezeichnet man Versuche, soziale Prozesse bewußt und über einen längeren Zeitraum hinweg in eine bestimmte Richtung zu lenken. Man könnte auch von geplantem sozialem Wandel oder gelenkter sozialer Entwicklung sprechen. Eine Voraussetzung dafür ist die moderne Entdeckung der Zukunft als neuem Horizont, auf den man zusteuert und der voller Orte ist, die man nie zuvor gesehen hat. Im Rahmen dieser Perspektive einer offenen Zukunft liegt das Spezifische der Steuerung darin, daß sie ihren Blick auf die Wegstrecke zwischen hier und dort richtet; dabei geht es nicht nur darum, den richtigen Weg zu wählen, sondern auch auf Kurs zu bleiben.

Europa erlebte zwei der weltweit größten Versuche einer großangelegten sozialen Steuerung: den Aufbau des Sozialismus im Osten und die Vereinigung der Nationalstaaten im Westen. Diese beiden Unternehmungen wurden bislang noch nicht miteinander verglichen, und auch die augenblicklich in den Sozialwissenschaften vorherrschenden Einstellungen gegenüber Fragen der Steuerung sind dabei nicht besonders hilfreich.

Die Programme, Versprechungen und politischen Maßnahmen von Politikern und Regierungen werden nur selten vollständig und exakt mit den beabsichtigten Konsequenzen verwirklicht. Die neuen sozialwissenschaftlichen Richtungen der policy-Analyse, der Implementationsforschung und der Evaluationsuntersuchungen waren nur zu glücklich, auf diese »Defizite« verweisen zu können. Die Stagflation und die von außen kommenden Angebotsschocks während der Dekade, in der diese Ansätze formuliert wurden, haben deren Botschaft untermauert. Ergebnis ist, daß der überwältigende Teil der Literatur zur sozialen Steuerung sich mit deren Versagen und deren eng begrenzten Möglichkeiten befaßt.

Auch wenn das in diesem Zusammenhang Gesagte nicht notwendig falsch ist, so ist eine solche Sichtweise dennoch historisch kurzsichtig und führt theoretisch in eine Sackgasse. Denn erstens gibt es durchaus bedeutende Beispiele einer erfolgreichen geplanten oder gelenkten Gesellschaftsentwicklung – von der Modernisierung Japans und dessen Rückkehr zu wirtschaftlicher Stärke nach dem Krieg bis zur Ausrottung tödlicher Seuchen in Europa –, und zweitens muß eine systematische Theorie sozialer Steuerung sowohl deren Möglichkeitsbedingungen, die im jeweiligen Fall praktisch zu erfüllen sein können oder nicht, wie deren Beschränkungen analysieren. Und da zahlreiche Versuche sozialer Steuerung unternommen werden, in jüngster Zeit sogar verstärkt aufgrund der Umweltproblematik, die global oder lokal angelegt sein können und ganz verschiedene Ziele anstreben, sollte die systematische Beobachtung der Problematik sozialer Steuerung zu den Hauptaufgaben der Sozialwissenschaft gehören.

Der Grund für diese theoretische Einlassung besteht darin, daß zum ersten der Nachkriegsprozeß der europäischen Einigung einen wichtigen Fall sozialer Steuerung im kontinentalen Maßstab darstellt und daß zweitens der Begriff der Steuerung einen ideologisch nicht belasteten Rahmen liefert, um über das sozialistische Projekt in Osteuropa nachzudenken. Mit geht es dabei nicht darum, eine Geschichte dieser beiden Versuche einer gelenkten Entwicklung zu schreiben, sondern eine neue Diskussion über den einst »real existierenden Sozialismus« anzustoßen und kurz auf einige Schlußfolgerungen im Hinblick auf die Problematik sozialer Steuerung hinzuweisen, die sich aus dem europäischen Intergrationsprozeß ergeben.

Ein sozialer Steuerungsprozeß weist zwei Gruppen von Akteuren auf, diejenigen, die lenken, und diejenigen, die gelenkt werden (in selbstverwalteten Systemen kann es sich hierbei um die gleichen Individuen in verschiedenen Rollen handeln), und erfordert vier Grundkomponenten: ein Ziel und die Zielsetzung als sozialer Prozeß; Medien der Steuerung, mit deren Hilfe das Ziel der Lenkenden den Gelenkten vermittelt wird, sowie deren charakteristische Funktionsweise; Implementationsstrukturen, die sich der

Steuerungsmedien bedienen, um die Gelenkten dazu zu veranlassen, auf das gesetzte Ziel hinzuarbeiten; und schließlich Rückkoppelungsmechanismen, durch die Informationen über das Ergebnis der Implementierung, also ob der Prozeß in gewünschter Weise verläuft oder nicht, an die Lenkungsinstanzen zurückfließen. Doch um die tatsächlich existierende soziale Steuerung zu erfassen, muß man auch den gesellschaftlichen Kontext dieses Prozesses berücksichtigen. Dieser Kontext läßt sich in die folgenden drei Elemente zusammenfassen: die gewöhnlichen Bemühungen der Gelenkten auf ihren Lebenswegen und ihre Reaktionen auf die Steuerungsbemühungen; die Reaktionen der Umwelt, also außerhalb des gesteuerten Gesellschaftssystems; zufällige Ereignisse, von außen kommende, kontingente Vorkommnisse, die das Steuerungssystem beeinflussen.

Wie wirkten sich diese Variablen auf die Europäische Union im Westen und den Sozialismus im Osten aus? Welche Schlußfolgerungen lassen sich daraus ziehen? Wie schon gesagt, diese Fragen zu beantworten heißt nicht, eine historische Geschichte zu erzählen. Es bedeutet vielmehr, sozusagen die Signale und Anzeigen auf einem Armaturenbrett zu lesen und zu interpretieren.

Der kommunistische »Weg zum Sozialismus«

Die Gruppe der *Lenkenden* im osteuropäischen Prozeß bildeten natürlich die kommunistischen Parteiführer. Drei Gesichtspunkte sind dabei von besonderer Relevanz. Insgesamt gesehen haben wir es hier mit Menschen zu tun, die durch traumatische Erfahrungen geprägt wurden, die sich von den Erfahrungen westlicher Politiker deutlich unterscheiden. Die meisten von ihnen wurden radikalisiert durch das Gemetzel des Ersten Weltkriegs sowie durch die fast überall chronische Wirtschaftskrise der Zwischenkriegszeit; angesichts dessen mußte die Oktoberrevolution fast wie ein Sonnenaufgang erscheinen. Die Parteien und die Internationale dieser »Berufsrevolutionäre« wirkten eher wie ein klösterlicher Ritterorden denn eine politische Organisation im westlichen Sinne. Das heißt, sie waren einerseits vom Rest der Welt abgekoppelt, während sie andererseits in ihr tätig waren; sie wurden von einer grenzenlosen Ergebenheit umfangen und durch unbegrenzte Disziplin zusammengehalten. Unterdrückung und Gewalt hatten lange Zeit ihre Alltagserfahrung bestimmt.

Die Sowjets im Land und im Exil hatten mit dem stalinistischen Terror gelebt, hatten erlebt, wie enge Freunde und Familienangehörige verschwanden. Der spätere polnische General und Präsident Jaruzelski beispielsweise wurde mit seinen Eltern nach Sibirien deportiert, wo sein Vater aufgrund der Arbeit im Gulag starb (Jaruzelski 1992, Kap. 2). Diejenigen, die nicht im Exil waren, wie etwa Rákosi (ungarischer Kommunistenführer kurz nach dem Krieg) oder Honecker, hatten üblicherweise viele Jahre in den Gefängnissen der faschistischen Rechten gesessen. Es war eine tragische Generation, die stets von düsteren Geheimnissen überschattet war.

Man kann dem nun entgegenhalten, diese Tragödie sei selbst gewählt gewesen von Leuten, die für eine autoritäte Politik optiert hatten und auch dann noch loyal zu dieser standen, als sie sich in Terror verwandelt hatte. Sicherlich mögen die Wahlmöglichkeiten zwischen Stalinismus und Faschismus auf viele ziemlich erzwungen gewirkt haben. Doch darum geht es mir nicht, ich möchte nicht um persönliches Verständnis für diese unbarmherzigen Männer werben. Der Punkt ist vielmehr, daß diese Traumata die politischen Führer in Osteuropa fast die gesamte kommunistische Zeit hindurch miteinander verbanden und von anderen abhoben – bis zum Tode Titos in Jugoslawien 1980, bis zum Aufstieg von Gorbatschow in der UdSSR, bis zur Senilität und dem Tod Kádárs in Ungarn und in anderen Ländern bis in die letzten Tage des Kommunismus. Die Verbindung aus der Prägung durch die schlimmsten Charakteristika der ärmeren Hälfte Europas vor 1945 und einer beharrlichen Ausdauer an der Macht begründete eine institutionelle Rigidität, die, als die Zeiten sich änderten, zunehmend brüchig wurde.

Die kommunistische Führerschaft entwickelte eine spezifische Form der Machtorganisation, die auf lange Sicht dysfunktional zu sozialer Steuerung war. Sie läßt sich kurz als stark hierarchisch geprägt und im Prinzip nichtbürokratisch beschreiben. Nicht durch feststehende, vorhersehbare Regeln gebunden zu sein konnte mitunter Flexibilität bedeuten, doch in Verbindung mit dem streng hierarchischen Prinzip war das Ergebnis zumeist Willkür an der Spitze und ein verantwortungsloser Ritualismus auf den unteren Ebenen. Jede noch so verrückte Idee des obersten Führers konnte in eine Steuerungsdirektive umgesetzt werden, so etwa, als die polnische Führung Mitte der 50er Jahre sich auf Drängen Chruschtschows gezwungen sah, den Getreideanbau in Polen einem exakten Plan zu unterwerfen (vgl. Toranska 1987, 338ff.).

Das Hierarchieprinzip bedeutete auch, daß für sachliche Kritik und die Absetzung von obersten Führern kein institutionelles Procedere vorgesehen war. Mit Ausnahme von Jugoslawien, Albanien und Rumänien war man der Meinung, daß jeder Wechsel an der Führungsspitze von den Sowjets gebilligt werden mußte und er ohnehin nur in Zeiten einer akuten Krise oder beim Tod der Nummer eins im Staate vonnöten sei. Daß Dubcek im Januar 1968 ordnungsgemäß Novotny ablöste, war eine Ausnahme und wurde hinter vorgehaltener Hand nicht selten als eine Art Staatsstreich bezeichnet (Dubcek 1993, Kap. 15). Das hatte jedoch keineswegs damit zu tun, daß die kommunistischen Staaten ganz offensichtlich nicht demokratisch regiert wurden, sondern lag daran, daß die Machthaber untereinander einer besonderen Rigidität unterworfen waren, die der Steuerungsfähigkeit des Regimes vermutlich in zunehmendem Maße abträglich war.

Zum dritten muß die wichtige Rolle, die dem Ritual zugesprochen wurde, den Terminkalender der Führungsspitze schwer geprägt haben. Offensichtlich hatten Erich Honecker und das Politbüromitglied Joachim Herrmann jeden Tag genügend Zeit, um darüber zu diskutieren, wie die Meldungen des zentralen Parteiorgans *Neues Deutschland* und die Hauptnachrichten im Fernsehen aussehen sollten (Schabowski 1990, 188 und passim). Nun dürften zwar US-amerikanische Politiker mindestens ebenso medienorientiert sein, wie es Honecker war. Der Unterschied liegt jedoch darin, daß erstere nur geringe, wenn überhaupt Bestrebungen haben, die Medien zu steuern.

Kurz gesagt: Das große sozialistische Experiment in Europa war, milde ausgedrückt, nicht in besten Händen. Die Lenker des Prozesses entfremdeten sich immer mehr von der Nachkriegswelt, ihre Art der Organisation begünstigte eher die persönlichen Lieblingsprojekte der Führung als die rationale Planung, und die ständige Beschäftigung mit Ritualen raubte Zeit und Energie, die für andere, wichtigere Angelegenheiten nötig gewesen wären.

Die *Gelenkten* waren zum einen die nichtsowjetischen KPs und Staaten Osteuropas sowie zweitens die Menschen des Halbkontinents, getrennt in die jeweiligen nationalen Einheiten. Diese zweifache Lenkungsaufgabe vergrößerte die Steuerungsprobleme. Unmittelbar sorgte sie dabei für Effizienzeinbußen, die allmählich zu einem Grundzug des nicht-sowjetischen Kommunismus außerhalb der Balkanstaaten wurden. Als nationaler Kommunistenführer konnte man sich entweder für eine bedingungslose Unterordnung unter die Sowjetunion entscheiden, was einerseits in Moskau dankbar vermerkt wurde, andererseits aber die eigene Bevölkerung gegen einen aufbringen konnte, was wiederum von den Sowjets nicht gerne gesehen war. Alternativ dazu konnte man versuchen, die eigene Bevölkerung durch Zugeständnisse zu beschwichtigen, was allerdings die Mißbilligung durch die Sowjetunion und das Risiko einer Intervention zur Folge haben konnte. Genau darin lag das Problem 1953, vor dem Juni-Aufstand, in der DDR, Ende 1956 in Polen und Ungarn, 1968 in der Tschechoslowakei und 1980/81 in Polen.

Die Balkanländer entgingen alle diesem Dilemma, ohne dadurch jedoch irgendwelche entscheidenden Vorteile zu erlangen. Jugoslawien und Albanien, die beide nie von sowjetischen Truppen abhängig und für diese nur schwer zu erreichen waren, verließen das kommunistische Lager auf unterschiedliche Weise und aus unterschiedlichen Gründen. Die Rumänen entzogen sich, trotz ihrer gemeinsamen Grenze mit der UdSSR, durch ihren sehr bestimmten Nationalismus. Die bulgarischen Kommunisten waren froh darüber, nie vor diesem Problem zu stehen, obwohl sie gegenüber den Sowjets eine ausgesprochen unterwürfige Haltung einnahmen und dem sowjetischen Botschafter regelmäßigen Zugang zu den Sitzungen des Politbüros gestatteten (Horn 1991, 149).[161]

Der Unterschied zwischen Mittelosteuropa und den Balkanstaaten sowie der sowjetische Einfluß auf ganz Osteuropa insgesamt zeigen, daß es nicht nur um den »Sozialismus« ging, sondern auch um die geopolitischen Interessen der UdSSR. Rückblickend betrachtet, hat man den Eindruck, als sei das balkanische Rumänien dabei weniger wichtig gewesen als das mitteleuropäische Ungarn.

Das *Ziel* der langfristigen politischen Lenkung in Osteuropa war demnach nicht allein der Sozialismus, der sich aus immanenten Bewegungen sozialen Wandels ergab. Die Angst vor einer Bedrohung von außen spielte de facto eine mindestens ebenso wichtige Rolle wie das klassische Ziel der Arbeiterbewegung, die Gesellschaft zu transformieren. Tatsächlich lassen sich *drei zentrale Ziele* osteuropäischer Steuerung ausmachen, die allesamt von großer Bedeutung für die Machthaber waren, jedoch je nach Lage unterschiedliche Priorität genossen und zusammengenommen ein voraussehbares Maß an Konfusion mit sich brachten. Das eine war die nationale *sozioökonomische Entwicklung*: Industrialisierung, Alphabetisierung und höhere Bildung, Urbanisierung. Ein weiteres Ziel bildeten die *Rechte* für Arbeiter und Frauen, die Gleichberechtigung der Klassen und der Geschlechter sowie die Beteiligung dieser beiden Gruppen bei der Gestaltung des Gesellschaftslebens. Angesichts des ursprünglich minoritären Status der Arbeiter – und mehr noch der feministischen Frauen – könnte man vermuten, daß diese beiden Ziele auf lange Sicht kongruent sein und zu einer sozialistischen Gesellschaft führen würden. Doch bevor das Langstreckenrennen absolviert war, mußte es geradezu zwangsläufig zur Kollision zwischen diesen beiden Zielen, d.h. zwischen einer Akkumulation für die Zukunft und der Befriedigung gegenwärtiger Ansprüche kommen.

Dieses dem sich entwickelnden Sozialismus inhärente Dilemma wurde überdies noch durch das dritte Ziel verstärkt, nämlich *die politisch-militärische Sicherheit der sowjetischen Ordnung*, d.h. des sozialistischen »Lagers« zu wahren und auch künftig zu garantieren. Dieses Ziel, das zwar aus sozialistischer Sicht rational durchaus nachzuvollziehen ist – man konnte mit gutem Recht behaupten, falls die UdSSR besiegt würde, wäre alles verloren –, konnte (und tat das denn auch) jedoch sehr wohl mit dem Ziel nationaler Entwicklung und demjenigen der Rechte der Arbeiterklasse kollidieren. Zu behaupten, die drei Ziele seien unvereinbar gewesen, wäre allerdings zuviel gesagt. So konnten sich beispielsweise aus der nationalen Industrialisierung ein Anwachsen der Arbeiterklasse und eine Zunahme des modernen militärischen Potentials ergeben. Doch das Ansteuern dreier verschiedener Ziele, die notwendigerweise um prioritäre Behandlung rivalisierten, machte den osteuropäischen Steuerungsprozeß ausgesprochen schwierig. Die herkömmliche Formel von der »Kommandowirtschaft« erfaßt diese Zieltrias in Osteuropa unter dem Kommunismus nur sehr unzureichend.

Die Entwicklung individueller Konsum- und Freizeitmöglichkeiten für die breite Masse war auf der klassischen sozialistischen Tagesordnung nicht vorgesehen. Widerwillig mußten die Machthaber sich diesen Zielen in den 70er Jahren fügen. Sie neigten jedoch dazu, sich bei der Formulierung ihre Pläne um deren explizite Nennung herumzudrücken. Schließlich ging es dem Sozialismus ursprünglich um die Befriedigung von Grundbedürfnissen, nicht um die Schaffung von Wahlmöglichkeiten. Das Problem bestand jedoch darin, daß die Befriedigung dieser grundlegenden Bedürfnisse das Verlangen nach Auswahl und Vielfalt bzw. Abwechslung fast zwangsläufig nach sich zog.

Das charakteristische Steuerungsmedium kommunistischer Herrschaft war die politische Direktive, einschließlich der spezifischeren politischen Kampagne oder der temporären politischen Mobilisierung für ein bestimmtes, untergeordnetes Ziel. Dabei waren nicht nur das Recht und die ökonomischen Anreize der »führenden Rolle der Partei der Arbeiterklasse« untergeordnet (wenngleich sie nicht von ihr ersetzt wurden), die verfassungsmäßig festgelegt, aber nie an irgendwelche konstitutionellen Regeln gebunden war, sondern auch der Plan. An der Spitze der Planungskommission stand üblicherweise ein zweit- oder drittrangiger Funktionär. Keiner von den obersten Machthabern war je dafür verantwortlich. Doch ein osteuropäischer Wirtschaftsplaner erlangte niemals die gleiche relative Macht wie ein westlicher Finanzminister. Welches Spiel in Osteuropa auch immer gespielt wurde, es war jedenfalls kein Sozialismus der Wirtschaftsfachleute.

Die politische Direktive war jedoch nicht das einzige Medium. Sie war vor allem an die Mitglieder des Apparates gerichtet. Für den Rest der Bevölkerung hingegen äußerten sich die Direktiven als Versuche, Vorstellungen und Werte zu verändern, als wirtschaftliche Anreize, als gutes Zureden, als Drohungen und als Sanktionen gegenüber abweichenden Meinungen.

Als *Steuerungsmedium* hängt die politische Direktive weitgehend von der politischen Loyalität ab oder, um im Jargon der soziologischen Theorie zu sprechen, davon, daß die Menschen in erster Linie entsprechend den politischen Normen handeln. Das läßt sich im Falle des Parteiaktivisten durchaus erwarten, gilt aber nicht zwangsläufig für den Rest der Bevölkerung. Auch wenn die Direktive also den Lenkern eine gewisse Flexibilität ermöglicht, so dürfte sie im Hinblick auf die Bevölkerung insgesamt nur wenig Wirkung zeigen, wenn sie nicht durch eine berechtigte Ergebenheit gegenüber der Partei und durch ein gewisses Maß an Unabhängigkeit von der Partei unterstützt wird. Darüber hinaus ist jedes normative Handlungsmuster in ausdifferenzierten Gesellschaften starken Tendenzen zur Routinisierung und Auflösung unterworfen. Es bedarf deshalb der Untermauerung durch institutionell gewährleistete Sanktionen und Anreize.

Der tatsächliche Steuerungsprozeß erschöpfte sich jedoch nicht in den politischen und gesetzesähnlichen Weisungen der Parteiherrschaft und der staatlichen Planung. Abkommen zwischen Unternehmen bzw. dem Unternehmensmanagement und deren Arbeitnehmern kam eine zunehmend wichtige und anerkannte Rolle zu, und verschiedenartigste informelle Abmachungen wurden geradezu zu einer Notwendigkeit, um durchzukommen. Verhandlungsgeschick und soziale Netzwerke nahmen an Bedeutung zu. Die »Mangelwirtschaft« machte sie geradezu zu einem Gebot (Kornai 1980). Doch das ursprüngliche, streng hierarchische Grundprinzip bildete auch wieterhin die Grundlage; so kam es zwar zu einigen bislang wenig bekannten Rechtsstreitigkeiten um vertragliche Vereinbarungen (vgl. Berman 1963, Kap. 3; Zweigert/Kötz 1996, Kap. 27), aber in keinster Weise zu einer wechselseitigen Implementation.

Das Primat der Politik bei der kommunistischen Steuerung und die fortdauernde Willkür ihrer Direktiven hatten zur Folge, daß weder das Recht noch die gesetzlichen Anreize über eine eigene Integrität verfügten, die zumindest genügt hätte, um wenigstens auf ihre dringend notwendige Koordination aufmerksam zu machen. In Zeiten von Krieg und Revolution mochte die »Parteilinie« mit ihren Weisungen durchaus ein wirksames Lenkungsmittel gewesen sein. Für eine langfristige Steuerung zunehmend komplexerer Gesellschaften war sie jedoch nicht besonders gut geeignet. Und ihr Supremat über Recht und gesetzliche Anreize sorgte dafür, daß ihre Resonanz in der Gesellschaft abnahm, während sowohl die Kader wie die Menschen lernten, das Recht zu beugen, ungesetzlichen Anreizen hinterherzujagen und die politischen Direktiven in eine nur noch rituelle ideologische Liturgie zu verwandeln. Aus diesem Grund waren die politischen Weisungen schließlich weitgehend ausgehöhlt.

Insofern paßt der aus dem Kalten Krieg stammende Totalitarismusbegriff nur schlecht zu diesem inneren Verfall und dieser Unterwanderung eines exzessiven Vertrauens in die politische Weisung als Mittel der Steuerung.

Die *Implementationsstruktur* des real existierenden Sozialismus war stets eine doppelte, nämlich der Parteiapparat und der Staatsapparat. Aus Polen wissen wir, daß damit eine kleinere staatliche Bürokratie als in westlichen Ländern verbunden war, eine Tatsache, die noch immer nicht wenige überraschen dürfte. Das bedeutete zugleich eine begrenzte staatliche Kompetenz auf der höheren Ebene, wo man gewöhnlich an Weisungen der Partei gebunden war, und eine allgemeine bürokratische Nachlässigkeit bei der Implementation (Hesse 1993, 243; Jaruzelski 1992, 244f.).

Die besondere Rolle der Kader bei der Implementierung kommunistischer Herrschaft wurde von der Organisationstheorie weitgehend außer acht gelassen und oftmals unter die völlig andere Kategorie der »Bürokratie« subsumiert (vgl. im Gegensatz dazu Balla 1972; Therborn 1978, 58ff.). Die politische Dynamik der Kader oder Organisatoren – der Begriff stammt aus der klassischen Arbeiterbewegung – erweist sich als vorteilhaft, wenn es um ein einzelnes und nicht-technisches Ziel geht. Die Implementierung durch Kader ist darauf gerichtet, die Menschen für eine vordringliche Sache zu mobilisieren. Als solche funktioniert sie flexibel und energisch. Doch ist sie eher dafür geeignet, einen Krieg um die Macht oder einen Machtkampf für sich zu entschieden, als über einen längeren Zeitraum hinweg eine soziale und wirtschaftliche Entwicklung zu gewährleisten. In diesem Fall sind selbst die besten, die sensibelsten, unbestechlichen Parteikader mit den dabei zu leistenden Aufgaben überfordert (vgl. für die DDR Scherzer 1989).

Mit anderen Worten: Das Kaderprinzip ist ungenügend ausdifferenziert, um eine komplexe Gesellschaft führen zu können. Ergebnis der östlichen Implementationsstruktur waren ein beachtliches, wenngleich nicht herausragendes Maß an Gleichheit, ein anfangs hohes, am Ende jedoch erschreckend niedriges Wirtschaftswachstum sowie eine beträchtliche Vernachlässigung in Sachen Reproduktion und Erhaltung, ob nun von Gebäuden, Straßen, Eisenbahnen, Unternehmensinvestitionen oder im Bereich der medizinischen und sozialen Versorgung.

Obwohl diese doppelte Struktur sicherlich nicht optimal war, so scheint sie doch eher positive als negative Auswirkungen auf die Projekte sozialer Steuerung gehabt zu haben. Jede staatliche Bürokratie neigt natürlicherweise eher dazu, das Bestehende zu verwalten als auf Neues zuzusteuern. Parteiherrschaft ohne jede staatliche Institutionalisierung wäre hingegen wie eine Fahrt in die Zukunft ohne Gepäckwagen oder Ingenieure, d.h. eine Unternehmung, die nicht durchzuhalten ist. Insofern sie nicht von internen Machtkämpfen absorbiert oder von den vollständigen Idiosynkrasien der Führungsspitze getragen war, sollte man demnach erwarten, daß der Struktur Partei–Staat eine gewisse Dynamik innewohnte.

In der Praxis jedoch wurde ein Großteil dieser Dialektik durch die »führende Rolle der Partei« erstickt; denn kein Staatsbeamter konnte es riskieren, eigenständig (ohne Erlaubnis von höherer Parteistelle) gegen einen gleich- oder höherrangigen Parteifunktionär tätig zu werden, wie korrupt oder kriminell dieser auch immer sein mochte.

Die *Rückkoppelungsmechanismen* stellten für kommunistische Regime, die von einem tiefen Selbstvertrauen in die Richtigkeit des eigenen Tuns getragen waren, stets ein besonderes Problem dar. Freie Wahlen waren nicht zugelassen, doch Meinungsumfragen wurden nach und nach erlaubt, auch wenn ihre Ergebnisse mitunter nicht veröffentlicht werden durften. Üblicherweise war die Institution, die am engsten mit der öffentlichen Meinung in Verbindung stand, am weitesten von der öffentlichen Debatte entfernt, nämlich die Sicherheitsorgane.

Das Fehlen jedes offenen Feedbacks im Sozialismus sorgte dafür, daß eine ganze Reihe von Fragen und Problemen nie in den Vordergrund rückten, was andernfalls aus sozialistischer Sicht zu erwarten gewesen wäre. Am erstaunlichsten ist dabei vielleicht, daß es keinerlei ernsthafte Debatte über das tatsächliche Geschlechterverhältnis gab, über eine Frage also, die ursprünglich einen kommunistischen Schwerpunkt gebildet hatte und sich später in offizieller Selbstbeweihräucherung verlor. Auch über Armut und

Ungleichheit, ebenfalls Fragen mit einem tadellosen sozialistischen Stammbaum, wurde nicht diskutiert, vielmehr blieben die entsprechenden Daten oftmals Geheimsache, wie wir in Kapitel II,5 gesehen haben. Umweltschutz gehörte zwar nicht zum Kernbestand des klassischen Sozialismus, doch seine Bedeutung wurde von einigen kommunistischen Regimen, etwa in der DDR, schon früh erkannt. Dennoch waren öffentliche Information und Debatte nicht erlaubt, und die Ökologie rückte denn auch in Osteuropa nie ins Dreigestirn der vorrangigsten Ziele auf. Diese weitgehend prinzipielle Zurückweisung von Feedback schnitt die Regime vom Informationsfluß ab und schadete so gleichsam von innen heraus dem Steuerungsprozeß ganz beträchtlich.

Der *Kontext*, innerhalb dessen die sozialistische Steuerung in Osteuropa stattfand, war stets vorwiegend feindlich gesinnt, nicht nur außerhalb. Kollektivierung etwa war nirgendwo das Ziel der Bauern. Die neuen kommunistischen Staaten in Osteuropa hielten sich zwar streng an das Vorbild des großen Bruders, doch insgesamt gesehen gelang es ihnen, eine brutale und vollständige Konfrontation wie in der Sowjetunion zu vermeiden. Die alte industrielle Arbeiterklasse riskierte es, die Vorteile gewerkschaftlichen Schutzes auf dem Altar der Entwicklung zu verlieren. Die neue hatte die Chance, ökonomisch zu gewinnen, doch damit wurde auch die strenge Disziplin der Fabrikarbeit durchgesetzt.

Externe Mächte waren auf geradezu bedrohliche Weise feindlich eingestellt, und das bereits seit den westlichen Interventionen im russischen Bürgerkrieg. Diese Feindseligkeit war angesichts der weltweiten revolutionären Ziele der Kommunisten keineswegs irrational, sondern durchaus zu erwarten. Doch sie erhöhte die Kosten für jeden kommunistischen Versuch einer gesellschaftlichen Transformation.

Der Nachkriegskommunismus wurde auch von zufälligen Ereignissen beeinflußt, und zwar sowohl positiv wie auch negativ. Die Entkolonialisierung, die selbst angesichts schwerster Unterdrückung stets von Kommunisten unterstützt wurde, erweiterte das Feld für sowjetische Operationen. Andererseits schwächten die Großzügigkeit des Marshallplans, die Westintegration des größeren und wohlhabenderen Teils Deutschlands, die Ausweitung der Kredite Ende der 70er Jahre und die kostspielige Aufrüstung der Reagan-Regierung den Osten im Vergleich zum Westen. Doch während der erstgenannte Gesichtspunkt einen osteuropäischen Sozialismus nicht unbedingt begünstigte, liefen die anderen Ereignisse allesamt darauf hinaus, die gesellschaftlichen Optionen im Osten Europas einzuschränken.

Diesem knappen Überblick über die Steuerungsprobleme des osteuropäischen Sozialismus wäre selbstverständlich noch vieles hinzuzufügen, aber wir wollen es damit bewenden lassen. Doch neben und vor allen allgemeinen und abstrakten Diskussionen über Plan- und Marktwirtschaft sollte man noch einen Blick auf die Parameter dieses osteuropäischen Experiments werfen. Die Perspektive der Steuerung erweist sich in diesem Zusammenhang als besonders fruchtbar.

Dabei zeigt sich, daß der Sozialismus nie eine wirkliche Chance hatte und daß abstrakte ökonomische Modelle nicht besonders gut geeignet sind, um die Geschichte Ost- und Westeuropas vergleichend zu betrachten. In Osteuropa herrschten nie die Bedingungen, die den Sozialismus oder die Planwirtschaft wirklich auf den Prüfstand hätten stellen können.

Diejenigen, die das Steuer im Osten in der Hand hielten, entfremdeten sich schon bald von den Gelenkten, die in jedem Fall eine schwierige Gruppe darstellten. Die Ziele waren in Wirklichkeit vielfältigster Art. Das Steuerungsmedium war überpolitisiert – und nicht so sehr überrationalisiert –, und die Implementationsstruktur erwies sich als unzureichend ausdifferenziert, wenngleich sie eine gewisse Flexibilität und Dynamik aufwies, die weder von den Apologeten noch von den Verächtern von Planmodellen berücksichtigt wurden. Der Kontext, vor allem der äußere, war überwiegend und anhaltend feindlich eingestellt, und zwar aus ziemlich rationalen Gründen. Und schließlich waren die Kommunisten aufgrund ihres Selbstbildes als Avantgarde und ihrer diktatorischen Herrschaftsform weitgehend verschlossen gegenüber der Information, die als Feedback aus der Gesellschaft zurückkam.

Die Anhänger des Sozialismus besitzen das gute Recht zu behaupten, das, was in Osteuropa geschehen sei, erlaube keine theoretische Schlußfolgerung im Hinblick auf den Sozialismus an sich. Dennoch darf der Gesellschaftshistoriker dabei nicht vergessen, daß die UdSSR und das Nachkriegsosteuropa, wie umstritten deren sozialistische Legitimation auch immer sein mag, die weitreichendsten und kühnsten sozialistischen Versuche in Europa darstellten. Was die konkreten Ergebnisse anbelangt – nämlich im Hinblick auf die Gleichheit der Aufgaben, Rechte, Mittel und Risiken –, so stehen die Errungenschaften der nordischen Sozialdemokratien nicht hinter denen ihrer revolutionären Rivalen zurück, eher im Gegenteil. (Ob die nordische Sozialdemokratie allerdings jemals eine realistische Option für Osteuropa darstellte, ist einen andere Frage.)

Die theoretische und moralische Debatte über Sozialismus und Kapitalismus wird, so ist zu hoffen, weitergehen. Doch die Verdikte der Geschichte waren noch nie an einen fairen Prozeß geknüpft. Sicher jedenfalls ist, daß der osteuropäische Versuch, in Richtung Sozialismus und Kommunismus zu steuern, gescheitert ist; aber nicht deshalb, weil der Sozialismus in sich eine Unmöglichkeit darstellt – das ist bislang noch keinem echten Test unterzogen worden –, sondern weil er in Osteuropa die spezifische Form einer überpolitisierten und autoritären Steuerung angenommen hatte.

Auf dem Weg zu einer »immer engeren« Union im Westen[162]

Die *Lenkung* des westeuropäischen Steuerungsprozesses lag niemals nur in einer Hand, es gab keine Gruppe von Führern und keine zentrale Lenkungsinstitution. Einige Individuen haben eine große Rolle gespielt, beispielsweise in der Anfangsphase Jean Monnet, Robert Schuman, Konrad Adenauer und Paul-Henri Laak. Aber sie bildeten weder eine eigene, abgesonderte Gruppe noch eine Art inneren Zirkel, der hinter der Bühne die Fäden zusammenhielt. Sie gehörten verschiedenen Nationen an, waren von unterschiedlicher politischer Zugehörigkeit, bekleideten unterschiedliche Ämter und hatten unterschiedliche Loyalitäten und Ambitionen. Das gilt in noch größerem Maß für die Schlüsselakteure, die hinter der Einheitlichen Europäischen Akte und den Vereinbarungen von Maastricht standen. Die Einstellung der politischen Führer in Frankreich und Deutschland war zwar stets wichtig, aber der europäische Prozeß ist keineswegs das Ergebnis bilateraler Verhandlungen.

Vielmehr erinnert die Vielzahl derer, die die gesellschaftliche Entwicklung in Europa mit großem Erfolg lenkten, an einen anderen ausgesprochen erfolgreichen Steuerungsprozeß, nämlich den japanischen. In beiden Fällen fehlt ein Zentrum, fehlt eine zentrale Führung, die typisch für die modernen Nationalstaaten ist (zu Japan vgl. Wolferen 1989).[163] Statt dessen bilden die Lenker des sozialen Prozesses hier wie dort eine Reihe eng interagierender Netzwerke aus, in denen Entscheidungen sich in schwer greifbarer Form vollziehen, wobei informelle Kontakte und Protokolle eine ganz eigene und wichtige Rolle spielen. In den letzten Jahren haben sich diese Netzwerke der europäischen Lenker durch das Anwachsen verschiedener interregionaler Verbindungen noch erweitert.

Daß in zwei so unterschiedlichen Kulturen wie der europäischen und der japanischen eine erfolgreiche, über einen langen Zeitraum gelenkte Entwicklung durch ein derart komplexes Gefüge der Lenkungsinstanzen zustande kam, bedeutet eine wichtige Herausforderung an die herkömmlichen politischen und Organisationstheorien.

Die *Gelenkten* im westeuropäischen Steuerungsprozeß sind in erster Linie die Nationalstaaten, wobei damit natürlich auch Individuen, Unternehmen und Regionen betroffen sind. Überdies gibt es gewisse Anstrengungen, Unternehmen und Landwirtschaft mittels einer Industrie- und Landwirtschaftspolitik zu steuern. In weitaus größerem Maße als in den meisten Fällen sozialer Steuerung macht dieses Verhältnis von Lenkern und Gelenkten den europäischen Prozeß zu einer Sache der Eliten oder genauer: zwischen den Eliten in einer Kultur, die deutlich weniger auf Ehrerbietung basiert als die japanische, wenngleich sie in den meisten Mitgliedsstaaten durch eine breite und allgemeine Zustimmung der Bevölkerung legitimiert ist. Die kleine Zahl der Mitgliedsstaaten erleichert überdies den Steuerungsprozeß, allerdings nicht zwangsläufig, wenn man die ausgesprochen hohe Zahl von Individuen berücksichtigt, deren erfolgreiche Steuerung sich mittels probabilistischer Statistiken messen läßt. Andererseits wird die Steuerung durch diese kleine Zahl fragil und verwundbar, wenn auch nur ein oder zwei Mitglieder wegfallen.

Es ist nur schwer vorstellbar, wie und ob dieser Prozeß überhaupt in Gang gekommen wäre, wenn es zu Beginn mehr als die sechs Mitgliedsstaaten mit ihren besonderen Grenzen und Interdependenzen gewesen wären. Gleichwohl besteht ein bemerkenswerter Grundzug der EG-Integration darin, daß es gelungen ist, die Verdoppelung der unmittelbaren Mitgliedsstaaten ohne größere Probleme zu verkraften. Im Herbst 1999 beschlossen die Staatschefs der EU, eine weitere Verdopplung der Mitglieder anzustreben; in welcher Form und zeitlichen Abfolge das geschehen soll, ist noch nicht entschieden. Jedenfalls handelt es sich dabei um ein mutiges und ambitioniertes Vorhaben, das nicht unmöglich erscheint. In der Schweiz jedenfalls gelang es den damals 20 Kantonen, sich 1848 und 1874 zu einer Föderation zusammenzuschließen.

Das *Ziel* der europäischen Steuerung war stets vor allem anderen, »die Grundlage für einen immer engeren Zusammenschluß der europäischen Völker zu schaffen«, wie es in der Präambel zum Vertrag von Maastricht im Februar 1992 heißt. Hinter dieser Zielsetzung verbirgt sich einer der drei Hauptgründe, die bislang zu großangelegten Versuchen sozialer Steuerung führten, nämlich die Furcht vor Bedrohungen von außen. Die anderen beiden Gründe sind die wissenschaftliche Erkenntnis über soziale Ursachen und Wirkungen, zunächst vor allem medizinischer Art, später auch ökonomisch und soziologisch, sowie zweitens soziale Reformbewegungen.

Am größten und wichtigsten war die Furcht vor einem verheerenden Krieg in Europa, so daß die Aussöhnung zwischen Frankreich und Deutschland in den Mittelpunkt des europäischen Integrationsprozesses rückte. Die Angst vor den Russen bekämpfte man hauptsächlich in der eher traditionellen Form des militärischen Bündnisses, doch selbst als im Kalten Krieg das Tauwetter zwischen den beiden Supermächten einsetzte, lag darin für Konrad Adenauer eines der Hauptmotive, sich voll und ganz hinter die späteren Römischen Verträge zu stellen (Küsters 1989a, 498ff.).[164]

Wichtiger jedoch war die wirtschaftliche Bedrohung, die von der außereuropäischen Konkurrenz durch ökonomische Einheiten, die größer und ressourcenreicher waren als die europäischen Nationalstaaten, ausging. Für Jean Monnet, der damals vor allem an die Amerikaner, die Briten mit ihrem Commonwealth und die Russen dachte, war diese Sichtweise von Anfang an bestimmend. Beim »Wiederaufbau« Europas, nachdem gemeinsame europäische Streitkräfte von der französischen Nationalversammlung abgelehnt worden waren, bildete der friedliche Wettbewerb, der von Chruschtschow als Parole ausgegeben worden war und zu Zeiten von Sputnik sehr ernst genommen wurde, einen allgemeinen, positiven Kontext. Angesichts der Weigerung der USA, Atomwaffen an andere Länder zu liefern, waren die Kosten des atomaren Wettrüstens allein für Frankreich ein Hauptgrund dafür, daß sich die Franzosen für die EWG stark machten, da sie hier über die Euratom mit den anderen Mitgliedsstaaten verbunden waren (Gerbet 1986, 216f.; Duroselle 1989, 53ff; Küsters 1989b).

Eine spürbare »Eurosklerose« angesichts des Booms der Reagan-Jahre und eine noch größere Furcht vor japanischer und zunehmender südostasiatischer Konkurrenz waren zwar nicht die einzigen, aber doch wichtige Gründe, die als gemeinsame Antriebskraft hinter der Einheitlichen Europäischen Akte standen. In Japan war die treibende Kraft für die gelenkte Modernisierung natürlich vor allem die Furcht vor äußeren Bedrohungen, die handfester waren als im Falle Europas.

Das Ziel der europäischen Union zeichnet sich vor allem durch zweierlei aus, was es zu einem für soziale Steuerung ausgesprochen günstigen Ziel macht: Es ist zugleich vage bzw. allgemein und klar. Seine vage Allgemeinheit bedeutet, daß es viele verschiedene Formen annehmen kann und auf vielfache Weise zu erreichen ist. Und in der Tat hat man eine ganze

Reihe anderer Versuche zu Integration Europas unternommen, bevor man sich für die EWG entschied: den Europarat, die OEEC, Fritalux/Finebel, d.h. eine Zollunion zwischen den Beneluxländern, Frankreich und Italien, eine Zollunion zwischen Frankreich und Italien, eine gemeinsame europäische Armee, eine Reihe sektoraler Märkte. Auch was die EG betrifft, gab es zahlreiche Vorschläge, von denen viele übernommen wurden. Auf der anderen Seite ist der Sinn und Zweck der europäischen Union so klar, daß er als eine Art Leitstern einen stabilen Orientierungspunkt darstellt.

Primäres *Steuerungsmedium* des europäischen Einigungsprozesses ist das Recht, das in den Verträgen, in den Interpretationsrichtlinien, in detaillierten normativen Regelungen des Ministerrats und in den verbindlichen Entscheidungen der Europäischen Kommission gesetzt wird. So wurden die Gemeinsamen Märkte für Kohle, Eisenerz und Stahl, für Agrarprodukte sowie allgemein für Güter und jüngst auch Dienstleistungen mittels Gesetz und gesetzesgleicher Regelungen geschaffen, strukturiert und überwacht (vgl. Piscatore 1970).

Dabei ist für den europäischen Einigungsprozeß charakteristisch, daß sich das Recht nicht darauf beschränkt, den allgemeinen Ausdruck politischen Willens zu formulieren (im Gegensatz dazu spielt das Recht in Steuerung und gesellschaftlichem Leben Japans eine geringere Rolle; vgl. dazu Wolferen 1989, Kap. 8). In einigen Bereichen werden den nationalen staatlichen Autoritäten sehr spezifische Verpflichtungen auferlegt, am weitreichendsten im Agrarbereich. Allgemein stattet es Individuen und Unternehmen mit Rechten aus, die sowohl gegenüber den staatlichen Behörden wie gegenüber anderen Individuen und Unternehmen in Anspruch genommen werden können. In der europäischen Rechtsauffassung ist damit der Begriff der »unmittelbaren Anwendbarkeit« gemeint (vgl. Hartley 1983, Kap. 7).

Zwar gibt es auch andere Steuerungsmedien, aber sie sind allesamt eindeutig dem Recht nachgeordnet. Geld findet vor allem in Form kompensatorischer Subventionen Verwendung, weniger als unmittelbarer Anreiz. Indirekt jedoch hat die Öffnung der westeuropäischen Märkte ohne Zweifel den Handel innerhalb der Gemeinschaft sichtlich geprägt, wenngleich die europäische Steuerung mehr mit der Schaffung oder Ausweitung von Märkten beschäftigt war als mit deren intensiver Nutzung. Darüber hinaus gab es stets auch ein beträchtliches Maß an Marktregulierung, wobei allerdings – von der marktwirtschaftlichen Oppositionshaltung Ludwig Erhards bis zu Margaret Thatcher und ihrem Nachfolger – stets umstritten war, in welchem Ausmaß diese angewandt werden sollte. Dagegen spielen das Ermessen der Verwaltung und die kulturelle Sozialisation, beide wichtige Medien nationaler Integration, kaum eine Rolle. Symbolisches Handeln beschränkt sich auf europäische Personalausweise und die Sicherstellung, daß der Vorsitzende der EU-Kommission am G7- bzw. G8-Gipfel teilnimmt, und war bislang von eher geringem Gewicht.

Die *Implementationsstruktur* der europäischen Einigung ist eine sui generis. Die EU verfügt über keine eigene »Gebietsverwaltung«, sondern hängt lokal von den nationalstaatlichen Behörden ab. Andererseits gibt es zwei spezifische Ausführungsorgane, die in ihren Grundzügen schon 1952 im Zusammenhang mit der Montanunion eingerichtet wurden, nämlich eine Exekutive, die Hohe Behörde, heute die Europäische Kommission mitsamt ihrem Mitarbeiterstab, sowie einen Gerichtshof. Beide verfügen über weitreichende Kompetenzen. Als spezialisierte Organe, die keine andere Aufgabe haben, als die europäische Integration zu regeln und in ihrem Zusammenhang zu entscheiden, haben beide ein ausgeprägtes Engagement für das Steuerungsziel entwickelt, das auch nicht gemindert wird durch konfligierende andere Ziele und die Tatsache, daß man oft mit den Alltagssorgen nachgeordneter Beamter, häufigen Fällen von Ausführungsproblemen und Fehlschlägen zu tun hat.

Seit Jean Monnet, dem ersten Kommissionspräsidenten in der Montanunion, stand an der Spitze der europäischen Exekutive üblicherweise eine mächtige, profilierte Persönlichkeit, die über hohes Ansehen verfügte, d.h. eine wichtige Kraft darstellte, um den Integrationsprozeß am Laufen zu halten. Auch das Gemeinschaftsrecht hat sich aufgrund der Rechtsprechung des Europäischen Gerichtshofs zu einer einflußreichen Größe entwickelt und sein Supremat über das nationale Recht behauptet. Seit September 1989 wird es zusätzlich durch ein »Gericht der ersten Instanz« unterstützt, das sich mit Wettbewerbsfragen und den Fällen europäischer Beamter beschäftigt. Die sehr ausgedehnte Zusammenarbeit der nordischen Länder, die sich seit den 50er Jahren entwickelt hat, leidet darunter, daß ihr eine ähnlich geartete exekutive wie auch judikative Struktur fehlen.

Die Rechtsauffassung von der »unmittelbaren Anwendbarkeit« sorgt dafür, daß die Träger der europäischen Einigung über einen wichtigen und wirksamen Rückkoppelungsmechanismus verfügen, insofern sich Individuen, Unternehmen und Organisationen, die sich benachteiligt fühlen, auf ihre im Gemeinschaftsrecht verankerten Rechte berufen können. Im November 1991 erweiterte der Europäische Gerichtshof dieses Prinzip noch um eine weitere Stufe und entschied im Fall Francovich, daß EU-Bürger ihre Regierung auf Schadenersatz verklagen können, wenn es ihr nicht gelingt bzw. sie sich weigert, eine EU-Direktive umzusetzen.

Die Kommission beobachtet auch die nationale Gesetzgebung und veröffentlicht Berichte darüber, inwieweit und wie effizient die nationalen Gesetzgeber Gemeinschaftsabkommen umsetzen. Ein weiteres wichtiges Feedback bildet die Sammlung statistischen Datenmaterials. Die EU ist in den letzten Jahren zu einem der weltweit größten Produzenten von Statistiken geworden. In keinem der beiden Fälle ist die EU unmittelbar von nationalen Behörden und ihren möglichen Bereinigungen abhängig. Anders sieht es dagegen offenbar mit der tatsächlichen Verwendung der europäischen Struktur- und Agrarsubventionen aus. Doch was die europäische Wettbewerbsfähigkeit angeht, so liefert in dieser Hinsicht der Weltmarkt das nötige Feedback.

Der *gesellschaftliche Kontext* des europäischen Einigungsprozesses ergibt sich vor allem aus den Integrationsbemühungen der einzelnen Mitgliedsstaaten, dem Alltagsleben der Bürger und dem Bestreben der Nationalstaaten, ihre nationalen Interessen zu verwirklichen. Wir haben oben gesehen, wie gut der Steuerungsprozeß an sich geplant und organisiert wurde. Dennoch kann man sagen, daß eine entscheidende Vorbedingung für seinen Erfolg darin bestand, daß er mit den rationalen Interessen der Mitglieder vereinbar war. Das muß nicht heißen, daß die Akzeptanz des Steuerungsprozesses für jeden einzelnen Akteur die optimale Strategie darstellt, sondern bedeutet, da man sich der Steuerung ja freiwillig unterwirft, daß deren Ergebnis sich im Bereich akzeptabler Alternativen bewegen muß.

Westeuropa zeichnete sich nach dem Krieg druch eine besondere Kombination aus: Man hatte Angst vor Deutschland und brauchte es zugleich. Nach den beiden Weltkriegen war die Furcht vor einem nationalistischen, bewaffneten Deutschland nur zu verständlich. Andererseits hatten weitsichtige Leute aus der Erfahrung der Zeit nach dem Ersten Weltkrieg gelernt, daß ein erniedrigtes Deutschland mit hoher Wahrscheinlichkeit gefährlich wurde, und die neue Angst vor den Russen und dem Kommunismus machte ein wiederbewaffnetes und prosperierendes Deutschland wünschenswert und nötig. Auf deutscher Seite befürchtete man unter den Nachkriegspolitikern – besonders unter den rheinischen Katholiken von Adenauer bis Kohl – die Rückkehr des deutschen bzw. preußischen Nationalismus, während das nationale Interesse zugleich dahin ging, Deutschland wieder internationales Ansehen zu verschaffen sowie in die internationale Staatengemeinschaft und die europäischen Märkte zu integrieren. Diese wechselseitige

Verbindung zwischen Deutschland und seinen Nachbarn, d.h. eine zwar konfliktbehaftete, aber tiefreichende Interdependenz zwischen den involvierten Nationalstaaten, erleichterte den Weg der europäischen Steuerung.

Darüber hinaus fiel die europäische Integration mit dem historisch beispiellosen Wirtschaftsboom der Nachkriegszeit zusammen. Es kam zur Kollision nationaler wirtschaftlicher Interessen, und ohne das Drängen und das Geschick von Politikern und hohen Beamten wäre es weder zur Motanunion noch zur Europäischen Wirtschaftsgemeinschaft gekommen. Entscheidend war jedoch, daß unter den Bedingungen des allgemeinen Booms alle zu den Nutznießern der wirtschaftlichen Entwicklung Europas gehörten. Angesichts dessen war es relativ belanglos, wer größere und wer kleinere Zugeständnisse machen mußte. Niemand bekam alles, was er verlangte, aber alle bekamen etwas.

In der Krise der 70er Jahre wurden die geplanten Schritte zu einer weiteren wirtschaftlichen Integration erst einmal auf Eis gelegt (vgl. dazu die Erinnerungen bei Schmidt 1990, 219ff.). Deshalb sollte man auch davon ausgehen, daß der neue Europa-Enthusiasmus Ende der 80er Jahre vor allem durch den langerwarteten neuen Wirtschaftsaufschwung befeuert wurde. Stärkung erfuhr er zudem dadurch, daß der halbherzige französische Versuch einer eigenständigen Krisenpolitik 1981/82 gescheitert war.

Doch selbst unter diesen weitgehend günstigen Bedingungen bedurfte es einer ganzen Menge Geduld, Fingerspitzengefühl und Geschick, um die Schwierigkeiten und Krisen des europäischen Einigungsprozesses erfolgreich zu bewältigen. Die bislang ernstesten Probleme tauchten schon ziemlich früh auf. Dabei ging es zum einen um den Status des Saarlands. Die Franzosen hatten es nach dem Krieg aus ihrer Besatzungszone in Deutschland herausgelöst und einem eigenen Sonderregime unterstellt; nun wollten sie, daß es als eigenständiges Mitglied der Montanunion beitrete, doch die Deutschen beanspruchten es für sich; die Frage wurde schließlich durch ein Referendum entschieden. Eine weitere Krise entstand, als die Franzosen die EWG-Treffen zur Finanzierung der Landwirtschaft in der zweiten Jahreshälfte 1965 boykottierten und de Gaulle den prominenten deutschen Kommissionspräsidenten Walter Hallstein 1967 zum Rücktritt zwang (einen Überblick über die EWG Mitte der 60er Jahre bietet Willis 1971, Kap. 5).

Wichtig war dabei, daß sich die erweiterten Marktinterdependenzen unter den Gelenkten und der institutionelle Aufbau durch die Lenkenden in Zeiten von Krisen und Konflikten stabilisierend auswirkten, so daß nur ab und zu auf die Bremse getreten und der Prozeß lediglich vorübergehend zum Halten gebracht wurde. Doch bislang hat noch kein wichtiger Akteur eine Umkehr gefordert, denn es gab keine Verlierer, und die Palette der Alternativen zur EU hat sich in Europa deutlich verkleinert.

Das wichtigste *Umfeld* des europäischen Prozesses bildeten die Vereinigten Staaten. Die Amerikaner beteiligten sich an der Handelsintegration Westeuropas, um einem Verbündeten wieder auf die Beine zu helfen. Der Schuman-Plan und die Römischen Verträge stellten zwar eigenständige europäische Initiativen dar, aber sie wurden von den USA trotz einiger Bedenken aufgrund von ökonomischen Interessen unterstützt. Und in der Tat: Obwohl die Amerikaner eine besondere militärische Beziehung zur Nuklearmacht Großbritannien aufrechterhielten, mußten die Briten schon bald feststellen, daß die USA der EWG näher standen als der Währungszone des britischen Pfunds (Mélandri 1986; Schröder 1986; Di Nolfo 1989; Bartlett 1977, 187ff.). Das Umfeld, auf das es ankam, war also positiv und blieb es auch trotz gelegentlicher Streitigkeiten in Handelsfragen. In Europa gab es nur eine einzige bedeutende Macht, nämlich die Sowjetunion, und deren Feindseligkeit wurde von Anfang an als gegeben betrachtet. Nur wenige langfristige Steuerungsprojekte und kaum eines der großen Politik verfügten über ein so deutlich positives Umfeld wie der europäische Einigungsprozeß.

Wie in den meisten Fällen wurde der europäische Steuerungsprozeß auch durch *externe Zufälle* beeinflußt. Die weltweite Entkolonialisierung trug dabei wesentlich dazu bei, daß sich Westeuropa auf sich selbst zurückzog, und zwar eher als Subkontinent denn als eine Reihe kolonialistischer Nationalstaaten, wenngleich Algerien und die französischen »Überseegebiete« der EWG assoziiert waren. Und in der Tat scheint es so zu sein, als sei durch das französisch-britische Debakel am Suez-Kanal die politische Meinung der Regierenden in Frankreich zugunsten der EWG gekippt.[165]

Die Rezessionen der 70er und frühen 80er Jahre warfen Sand ins europäische Getriebe, doch aus den Frustrationen heraus entstanden das europäische Währungssystem und etwas später die Einheitliche Europäische Akte. Der Zusammenbruch des Kommunismus in Osteuropa brachte zwar das Boot der Feierlichkeiten 1992 ins Wanken und verschob das Kräfteverhältnis in der EU zugunsten des wiedervereinigten Deutschlands, doch nunmehr kam der EU auch eine Sonderrolle und besondere Verantwortung gegenüber den von Armut und Zwistigkeiten gebeutelten postkommunistischen Staaten Osteuropas zu. Zugleich stieg die Attraktivität der EU für frühere Außenseiter wie die im Kalten Krieg neutralen Staaten sowie für die Gefangenen des Kalten Krieges im Osten.

Ob der Impuls hin zu einer »immer engeren Union« auch nach dem Ende des Kalten Krieges und nach der deutschen Wiedervereinigung aufrecht erhalten bleibt, ist keineswegs sicher. Doch bislang haben die Träger des europäischen Einigungsprozesses immer wieder gezeigt, daß sie sowohl mit unvorhergesehenen äußeren Ereignissen wie mit internen Interessenkonflikten fertig zu werden vermögen.

Ein gemeinsamer Markt ist nicht das gleiche wie eine Gemeinschaft, noch zieht er zwangsläufig eine solche nach sich. Wie wir oben im Abschnitt über die räumliche Verteilung gesehen haben, wurden die Handelsmuster des europäischen Marktes von den Einigungsbestrebungen kaum berührt. Das Projekt der westeuropäischen Union erfährt somit kaum Unterstützung durch einen ökonomischen Funktionalismus.

Das Rückgrat des geeinten Europa bilden die etablierten Institutionen der Politik und Rechtsprechung, die Regeln für den wirtschaftlichen Wettbewerb und die dazugehörige Rechtsprechung des Europäischen Gerichtshofes, die permanenten und spontanen Sitzungen, bei denen die nationalen Bürokraten und Politiker zusammentreffen. Diese Struktur äußert sich konkret in den beträchtlichen Subventionsleistungen und Zahlungstransfers an die Länder der westlichen und südlichen Peripherie. Um sie herum ranken sich gleichsam als Schmuck Stipendien für Studenten, Zuschüsse für Forscher sowie Reisekostenerstattungen und Spesen fürs Intellektuellengespräch.

In schwierigen Zeiten wäre das alles eine ziemlich wacklige Konstruktion. Ein Erfolg der westeuropäischen Steuerung innerhalb des günstigen Kontextes lag jedoch gerade darin, das Aufkommen solcher Schwierigkeiten schon im Keim zu ersticken. Doch im Europa nach dem Ende der Nachkriegszeit und in einer beträchtlich erweiterten Union werden die Herausforderungen wohl rasant zunehmen.

Teil VI: Die Moderne und Europa – sechs Fragen, sechs Antworten

Dieser abschließende Teil ist weder als Kurzversion des bisher Behandelten noch als großes Finale in der Art einer Wagner-Oper gedacht. Vielmehr will ich versuchen, die Abhandlung eines Wissenschaftlers in die knappe und prägnante Sprache der alten Bewohner des Nordens zu übersetzen und damit in geraffter Form und ohne Umschweife einige schlichte, wichtige und schwierige Fragen zu beantworten. Wie die meisten heutigen Ausgaben alter Texte ist auch diese Übersetzung ein wenig mit moderner Terminologie und Redseligkeit angereichert.

● *Handelt die soziologische Geschichte Europas nach dem Krieg von der Kontinuität oder von der Diskontinuität mit der Vergangenheit?*

Wir haben es eher mit einer Geschichte der Peripetie, eines entscheidenden Wendepunkts zu tun.

Der Wirtschaftsboom nach dem Krieg brachte einen historisch beispiellosen Wohlstand mit sich, doch was den Rest der Geschichte angeht, so bedeuten die fünfeinhalb Jahrzehnte zwischen 1945 und 2000 keinen Bruch mit dem Europa vor 1945 oder 1939. Vielmehr bereitete die zweite Hälfte des ausgehenden 20. Jahrhunderts den Boden für eine ganze Reihe bedeutsamer Wendepunkte innerhalb der europäischen Geschichte. Die »glorreichen Jahrzehnte« eines spektakulären Wirtschaftswachstums endeten Mitte der 70er Jahre. Zwar ist das Wirtschaftswachstum in Europa seit Ende der 70er Jahre, gemessen an historischen Standards, noch immer beeindruckend, doch es liegt nur unwesentlich über der deutschen Wachstumsrate zwischen 1870 und 1913 oder dem nordischen Wachstum zwischen 1870 und 1950 und sogar um einiges unter der schwedischen Rate zwischen 1870 und 1950 (OECD 1992b, Tab. 3.2; Maddison 1982, Tab. III-1).[166]

Die Auswanderung aus Europa fand nach einer jahrhundertelangen Geschichte ein Ende, Europa wurde zu einem Kontinent der Einwanderung, die man in einigen Ländern zunächst als notwendigen Weg zu Wiederaufbau und Wohlstand betrachtete. Einem Höhepunkt nationaler Homogenität und ethnischer Säuberung folgte bald eine erneute ethnische Heterogenität. Die bäuerliche Gesellschaft landete in den Museen, und der Industrialismus überzog den Kontinent mit Rauch und Qualm, um anschließend wieder zur Stille vor dem »kupferroten Heulen« der Fabriksirenen zurückzukehren, um mit den Worten des schwedischen Dichters Artur Lundquist zu sprechen.

Die Freizeitklasse wechselte ihren »Wohnsitz« und stand ganz im Zeichen des freizeitorientierten dritten Lebensalters. Von und mit der Arbeiterklasse sprach man mit mehr Respekt als je zuvor, ehe sie aus dem Rampenlicht gedrängt wurde und die linken Intellektuellen ihr »Adieu« sagten und dabei mit ihren Taschentüchern winkten wie die jungen Studentinnen im Mai 1968, die »Adieu de Gaulle« singend durch die Straßen zogen. In beiden Fällen erwies sich die Verabschiedung als etwas verfrüht, wobei die Männer mittleren Alters 1980 vielleicht noch voreiliger waren als ihre Kolleginnen 1968.

Die Vergesellschaftung der Produktionskräfte und mit ihnen der Produktionsmittel erreichte ihren historischen Höhepunkt am Beginn unseres Zeitraums. Anschließend nahm die Geschichte der Eigentumsrechte eine Wendung hin zur Privatisierung, zunächst ganz allmählich im Westen, anschließend weitaus rascher im Osten.

Die Frauen begaben sich häufiger ins häusliche Eheleben, als es lange Zeit in der europäischen Geschichte der Fall gewesen war, nur um bald darauf wieder auszubrechen, diesmal entschlossener, erfolgreicher und mit mehr Autonomie als je zuvor.

Das Risiko von Katastrophen ungeheuren Ausmaßes, eines Atomkrieges oder einer atomaren Kernschmelzung, stieg, doch sie traten mit Ausnahme von Tschernobyl nicht ein; dagegen verringerten sich die kleineren und häufigeren Unfallrisiken.

Die ideologische Geschichte des Kontinents nach 1945 stand zunächst unter dem Banner des Antinationalismus, ob nun in Form der Europäischen Union, des proletarischen Internationalismus oder, besonders bei den westdeutschen Intellektuellen, der westlichen Gemeinschaft und des Konstitutionalismus. 1989/90 kam es dann zu einer neuen Welle von Nationen: Sie entstanden im Osten, wurden vom Westen mit Beifall begrüßt und finanziell unterstützt, bevor dann das nationale Karussell sich im Osten in Bewegung setzte und den Westen ernüchtert zurückließ. Die Opfer häuften sich.

Im multikulturellen Westeuropa wird der Nationalismus noch immer im Zaum gehalten; doch die ethnischen Spannungen nehmen zu.

Das alte Christentum auf dem Kontinent erhielt im Westen eine politische Belebungsspritze, nämlich in Form einer mächtigen Christdemokratie. Doch bald schon war es überfordert mit Säkularisierung, theologischer Modernisierung – Liturgiereform und Beteiligung von Laien im Anschluß an das Zweite Vatikanische Konzil –, der Priesterweihe für Frauen in den protestantischen Kirchen und einer erneuten Hinwendung zu sozialen Fragen. Der Islam kehrte wieder nach Europa zurück und gelangte diesmal über seine alten und längst verlorenen Gebiete in al-Andalus und Byzanz hinaus.

Die sozialistischen Werte, die im 19. Jahrhundert in Europa entstanden waren, wurden überall in Europa aufs Podest gehievt und fanden sich kurz nach dem Krieg sogar in den Parteiprogrammen der Christdemokratie. Die »Kommandohöhen« eroberten sie allerdings nur im Osten, wo sie bald in die Fänge einer Bunkermentalität gerieten und später mit dem Altern der demobilisierten Soldateska des Klassenkrieges verrotteten. Der östliche Sozialismus erstrahlte einzig in den Schreinen und Mausoleen der Macht. Im Westen erlitten sozialistische und sozialdemokratische Ideologie und Politik in den 50er Jahren unblutige Niederlagen, doch sie kehrten zurück und befanden sich in den 70er und frühen 80er Jahren auf dem höchsten Punkt, den sie jemals in Westeuropa erreicht hatten. Doch der Augenblick des Triumphes währte nur kurz. Mitte der 80er Jahre begann im Westen wie im Osten ein neuer Countdown. Doch was zwischen 1989 und 1991, glaubt man einigen Kommentaren nicht nur des Sozialismus, sondern der Geschichte allgemein, wie ein endgültiger K.o. aussah, wirkt heute eher wie ein harter, bis 9 angezählter Niederschlag in Runde 11 eines endlosen Kampfes.

● *Wann trugen sich die entscheidenden Dinge zu?*

Es gab insgesamt drei entscheidende Phasen in der europäischen Nachkriegsgeschichte: 1946 bis 1948, die Wendejahrzehnte zwischen 1960 und 1980 sowie die Jahre 1989 bis 1991.

Was die späten 40er Jahre betrifft, so sollte man zuallererst bedenken, was damals nicht geschah. Die erwartete Wirtschaftskrise nach dem Krieg trat nicht ein, statt dessen setzte der Wirtschaftsboom ein. Es waren überdies die Jahre, in denen die Abmachungen von Jalta die Lage beruhigten und die politische Nachkriegsökonomie Europas ihren Anfang nahm.

Für die meisten Menschen meiner Generation und die ein wenig Jüngeren sticht »68« als ein Leuchtfeuer der Hoffnung für die Linke im Westen hervor, während es für die Linke im Osten Verzweiflung und Desillusionierung bedeutete; die Rechten im Westen empfanden es als Verrücktheit, während die (unterdrückte) Rechte im Osten Opfer brutaler Gewalt wurde. Im kalten Licht der soziologischen Geschichte jedoch erscheinen sowohl die Erinnerungen an die Morgenröte wie diejenigen an die Abenddämmerung als Momente eines viel umfassenderen Prozesses.

Insgesamt gesehen kam es im Zeitraum zwischen den frühen 60er und den frühen 80er Jahren, trotz gewisser zeitlicher Unterschiede in den einzelnen Ländern, zu einer wahren Konzentration historischer Wendepunkte in der Gesellschaftsgeschichte. Die Einwanderung begann die Auswanderung allmählich zu überwiegen. Die Säkularisierung machte einen Sprung nach vorne. Die Frauen wandten sich von heimischen Herd ab und dem Arbeitsmarkt und der individuellen Emanzipation zu. Die Forderungen der Arbeiterschaft weiteten sich aus und verengten sich wieder. Die industrielle Beschäftigung erreichte ihren Höhepunkt und nahm anschließend stetig ab. Die Arbeiterklasse erreichte ihre stärkste gesellschaftliche Stellung aller Zeiten und verlor sie bald wieder. Der Wirtschaftsboom kulminierte und geriet in seine erste Krise. Der sozialistische Radikalismus explodierte und implodierte. Der rechte Liberalismus und der gemäßigte Konservatismus wurden von der Linken in Mißkredit gebracht, feierten eine Wiederauferstehung und gelangten zu neuer, weitaus militanterer Stärke.

Osteuropa versuchte in puncto Wirtschaftskraft sowie Gesundheits- und Lebenschancen mit der reicheren Hälfte im Westen gleichzuziehen; dieser Prozeß erreichte seinen höchsten Grad der Annäherung. Doch dann begann sich die Kluft, in relativen Zahlen, allmählich wieder zu vergrößern. Es kam zu großangelegten internen Versuchen, den Kommunismus in einen demokratischen Sozialismus zu transformieren, zunächst im Prager Frühling und etwas später, zu Beginn der 70er Jahre, unter der Regierung Gierek in Polen. Sie wurden im ersten Fall durch eine Intervention von außen und im weiteren durch eine allgemeine ideologische Erstarrung im kommunistischen Lager sowie die »Jahre der Stagnation« zerschlagen. Die osteuropäische Arbeiterklasse erreichte ihre größte Stärke in den Jahren der Gewerkschaft Solidarnósc 1980/81, die dann durch das Kriegsrecht stark eingeschränkt wurde. Sie wurde jedoch – anders als die britischen Arbeiter – nicht besiegt, doch an die Stelle ihrer Klassenmacht traten ein nationalistischer Katholizismus und ein westlicher Liberalismus.

In den Jahren zwischen 1989 und 1991 ging die Nachkriegszeit in Europa zu Ende. Die Siege der Roten Armee und die Niederlagen der deutschen Wehrmacht wurden weitgehend, keineswegs aber vollständig rückgängig gemacht. Deutschland wurde wiedervereinigt, und die UdSSR zerfiel. Der nationalistische Geist aus der Zeit von 1914 bis 1918 und 1939 bis 1945, der in beiden Lagern in Schach gehalten worden war, kam anschließend in unterschiedlicher Weise wieder zum Vorschein. Im Westen jedoch blieb er dem Vereinigungsprojekt von »1992« programmatisch untergeordnet. Und für die neuen politischen und intellektuellen Führer dieser Jahre in Osteuropa war alles Westliche das Beste.

Diese Jahre setzten auch der revolutionären Politik ein Ende, die erstmals mit der Oktoberrevolution von 1917 auf den Plan getreten war, sowie dem darauffolgenden Machtsystem. Zwischen den Revolutionen von 1789 und 1917 bestanden zahlreiche Verbindungslinien, Traditionen des Denkens, des Vokabulars, der Symbolik und der exemplarischen Erinnerung. Ob die Jahre 1989 bis 1991 nicht nur ein Ende der Tradition von 1917, sondern auch derjenigen von 1789 bedeuten, läßt sich noch nicht abschätzen. Umwahrscheinlich ist es nicht.

Was diese Jahre des Umbruchs letztlich für die Idee des Sozialismus, einen der großen »Ismen« Europas, bedeuten, läßt sich noch nicht endgültig sagen. Zahlreiche antikommunistisch eingestellte Sozialisten und Sozialdemokraten mußten zu ihrer Überraschung feststellen, daß sie auf jeden Fall eine ganze Menge bedeuteten: sowohl in dem Sinne, daß damit in den Augen einer großen Mehrheit jede Alternative zum Kapitalismus weggefallen war, wie auch, und das war am überraschendsten, im existentiellen Sinne eines Verlusts oder sogar der Trauer. Denn Kain war schließlich, trotz allem, mein Bruder.[167]

Besonders interessant in diesem Zusammenhang ist, daß der Zerfall der kommunistischen Ideologie Ende der 80er Jahre mit ähnlichen Prozessen innerhalb der westeuropäischen Sozialdemokratie zusammenfiel. Zeitgleich mit der Niederlage Gorbatschows und dem Ende der Sowjetunion wurde das sozialdemokratische »schwedische Modell« von der Rechten mittels einer Welle der reinen Marktwirtschaft, durch Privatisierungen und Massenarbeitslosigkeit demontiert. Wie in Osteuropa, so ist offenbar auch im Westen die Unterstützung für diese rechte Tour nur von kurzer Dauer. Doch andererseits scheint, wie die schwedischen Wahlen 1994 gezeigt haben, die einzig mögliche linke Alternative eine Sozialdemokratie zu sein, die weitaus gemäßigter ist als noch in den 70er und 80er Jahren.

Doch wie auch immer: Was zunächst von den damals tonangebenden Ideologen als wichtigste Bedeutung der Ereignisse 1989 bis 1991 eingeschätzt wurde, nämlich das Ende des Sozialismus und der Triumph des Kapitalismus, erweist sich am Ende der 90er Jahre bereits wieder als ungewiß und brüchig.

● *Läßt sich innerhalb Europas und/oder zwischen Europa und dem Rest der Welt eine konvergente oder divergente Entwicklung feststellen?*

In Ost- und Westeuropa gab es eine parallel verlaufende Entwicklung. Innerhalb Westeuropas war schon vor der Schaffung der EWG eine Konvergenzbewegung zu beobachten. Europas Stellung als entwickelter Kontinent wurde demographisch und ökonomisch gestärkt. Kulturell dagegen verlor Europa unter den am weitesten entwickelten Teilen der Welt.

Der Wirtschaftsaufschwung der Nachkriegszeit war dem osteuropäischen Sozialismus und dem westeuropäischen Kapitalismus gemeinsam, ebenso die spätere Verlangsamung des wirtschaftlichen Wachstums. Gleiches gilt für die Ausbreitung des Massenkonsums, den Rückgang der Sterblichkeitsrate und die Säkularisierung. Und auch die Sichtweise des Eigentums nahm in beiden Hälften des Kontinents eine ähnliche Entwicklung.

Die östlichen Regime stürzten nicht etwa deshalb, weil der Abstand gegenüber dem Westen zunahm, sondern weil der Rückstand deutlicher sichtbar geworden und die Hoffnung, ihn wettzumachen, verflogen war.

Die Europäische Gemeinschaft hat zu keiner ökonomischen Konvergenz unter ihren Mitgliedsstaaten geführt. Sie hatte nicht einmal auf die Muster des europäischen Handels großen Einfluß.

Wirtschaftlich und demographisch unterschied sich Europa stärker als je zuvor von seinen Nachbarn. Europa wirtschaftete besser als die Neuen Welten und schloß zu deren reichsten Ländern – Nordamerika, Ozeanien – auf, während es Lateinamerika hinter sich ließ. Doch die Japaner wiederholten massiver, frontaler und zugleich friedlicher ihren Sieg über die russische Flotte von 1905 und entwickelten sich zu einer wirtschaftlichen Supermacht, die in dieser Hinsicht gleichauf lag mit Westeuropa insgesamt und dabei eine eigene Form der sozioökonomischen Organisation ebenso aufzuweisen hatte wie eine eigene, unvergleichliche Kultur.

Die Konvergenzthese erwies sich somit in zweierlei Hinsicht als falsch: Sie ignorierte die Parallelen zwischen dem kapitalistischen und dem sozialistischen Europa und schenkte der entstehenden Alternative in Ostasien keine Beachtung.

Kulturell erstickte und zerstörte die amerikanische Vorherrschaft bei der audiovisuellen Kommunikation ein Gutteil der europäischen Massenkultur. Gleichwohl läßt sich heute eine Reihe spezifisch europäischer Werte ausmachen, wobei es sich jedoch nicht um jene handelt, auf die Kulturgeschichten gewöhnlich Bezug nehmen. So scheint es in Europa eine weitverbreitete Skepsis gegenüber Gott, der Wissenschaft und der Nation zu geben, die sich so kaum irgendwo anders finden läßt. Die Europäer haben eine eher kollektivistische Sicht der gesellschaftlichen Intervention von seiten des Staates und der staatlichen Institutionen, gepaart mit einer ausgeprägten Neigung zu einer individualistischen Sichtweise der persönlichen Sozialbeziehungen.

● *Warum geschah, was geschah?*

Es waren vor allem zwei große Einflußfaktoren, der Krieg und der Wirtschaftsboom, die auf die fortbestehenden nationalen und regionalen Traditionen einwirkten. Auch systemübergreifende gesellschaftliche Machtverhältnisse und Politik haben bedeutende Spuren hinterlassen.

Obwohl explanatorische Aussagen zu den Hauptaufgaben der Sozialwissenschaft gehören, hat sich der Verfasser dieser Studie vor allem darum bemüht, herauszufinden, was mit der Soziologie eines Kontinents im Verlauf eines halben Jahrhunderts geschehen ist, und deutlich zu machen, wo Erklärungs- und Deutungsbedarf besteht. Sicher, ein halbes Jahrhundert soziologischer Geschichte eines Kontinents liegt jenseits der Reichweite selbst der ambitioniertesten Modelle. Doch blickt man auf den Ozean empirischer Untersuchungen zurück, so ragen zwei Wellenbrecher heraus.

Da ist zum einen der Zweite Weltkrieg. Sein gesellschaftliches Zerstörungswerk schwächte die Kräfte des Kapitals, des Grundbesitzes und des Nationalismus und eröffnete neue Möglichkeiten für einen großangelegten institutionellen Wandel im Westen wie im Osten Europas. Wenngleich es nicht gelungen ist, diese These vollständig zu belegen, so glaube ich doch, daß die Zerstörungen des Krieges den Grundstein legten – also notwendige, aber nicht hinreichende Bedingung waren – für den nachfolgenden Wirtschaftsboom, der ganz Europa und Japan nach dem Krieg erfaßte. Doch ohne Zweifel wurde dieser Bomm auch durch die vor allem technologisch erfindungsreichen Jahre unmittelbar vor dem Krieg begünstigt.

Der Krieg bedeutete zusammen mit den Erfahrungen der Weltwirtschaftskrise, des Faschismus und des vorangegangenen nationalistischen Revanchismus eine prägende Grunderfahrung der politischen und gesellschaftlichen Führer nach 1945. Der Hintergrund und das Ergebnis des Krieges brachten die Nachkriegszeit auf einen bestimmten Kurs gesellschaftlicher Entwicklung. Das ökonomische Laissez-faire war diskreditiert, und Friedrich von Hayek wurde für lange Zeit zu einem intellektuellen Eremiten. Sozialer Biologismus und der Rassendiskurs wurden zu einem fast vollständigen Tabu, als Bilder von den Leichen und den halbtoten Überlebenden der nationalsozialistischen Konzentrationslager die Wahrheit über das NS-Regime im Frühjahr und Sommer 1945 aller Welt vor Augen führten. Antidemokratischen Denken, eines der Kernelemente aller faschistischen Ideologien, war diskreditiert und überdies militärisch besiegt. Der Nationalstaat war als höchster Wert verdächtig geworden. Der westeuropäische Einigungsprozeß wurde in Gang gesetzt, um den Nationalismus zu überwinden. Der Sozial- oder der Wohlfahrtsstaat konnte unter anderem deshalb expandieren, weil ihm der Nationalstaat nicht länger als Alternative gegenübergestellt werden konnte. Auf der anderen Seite erwachte die Religion des Universalismus zu neuem Leben.

Die Auswirkungen des Krieges lasteten am stärksten auf Osteuropa, wo die kommunistische Tradition aus Krieg und Revolution zementiert wurde. Bis in seine letzten Tage hinein wurden alle grundlegenden Versuche, den kommunistischen Sozialismus auf eine neue Stufe zu heben, die mehr bedeutete als nur Negation und den Versuch, den Krieg und seine Wurzeln, d.h. Wirtschaftskrisen, Faschismus und malthusianischen Kapitalismus zu überwinden, schon im Keim erstickt und allenfalls halbherzig als pragmatischer und minderwertiger Ersatz propagiert. Eine langlebige Kriegsgeneration unter den kommunistischen Machthabern war der Grund dafür, daß die kommunistischen Regime seltsam gerontokratisch anmuteten, und Ausdruck einer weitgehenden Erstarrung. Als sich schließlich die Reihen der Kriegsgeneration aus »biologischen« Gründen lichteten und diese damit an Einfluß verlor, gerieten die kommunistischen Regime ins Wanken und schwankten zwischen radikaler Reform und endgültigem Zusammenbruch. Was dazu führte, daß schließlich letztere Alternative obsiegte, ist noch nicht ganz klar; sicher aber ist, daß national ausgerichtete Politiken den Mechanismus und eine schwierige wirtschaftliche Situation den Kontext bildeten.

Während der Krieg also ein Hauptgrund für den Wirtschaftsboom war, hatte dieser seinerseits wiederum eine Reihe bedeutsamer Auswirkungen, von denen einige seiner Eigendynamik entsprangen und die Wirtschaft selbst betrafen, andere sich gesellschaftlich niederschlugen. Aus dem Boom ergab sich, daß der Industrialismus seinen Lauf rasch absolvierte und den

Staffelstab dann an die postindustrielle Wirtschaft weitergab. Darüber hinaus erreichte die Industrialisierung mit der Vollbeschäftigung, die ihrerseits die Arbeiterbewegung stärkte, in den 70er Jahren ihren Höhepunkt. Der Arbeitskräftemangel führte dazu, daß sich das alte Migrationsmuster und der Trend zur ethnischen Homogenisierung der ersten Jahrhunderthälfte umkehrten. Er war zudem, wenn auch ungleichmäßig, dafür verantwortlich, daß nun auch die Frauen auf den Arbeitsmarkt drängten. Die Bildungsexpansion ergab sich weitgehend aus dem Wirtschaftsboom, und sie wiederum schuf das gesellschaftliche Umfeld für die Studenten- und Frauenbewegung sowie für die Reformbewegungen im Osten. Damit wurde auch so langsam dem Patriarchat alten Stils und dem ebenso veralteten Bolschewismus das Totenglöcklein geläutet. Die neue Gesellschaft des Massenkonsums und der Massenkommunikation, die im Zuge des Nachkriegsbooms entstanden war, brach die alten Strukturen der institutionalisierten Religion ebenso auf wie die jüngeren des wehrhaften Kommunismus.

Der Krieg und der Wirtschaftsboom waren jedoch keine Dampfwalzen, die gleichsam den gesamten Kontinent einebneten und zu einem einzigen asphaltierten Parkplatz machten. Nationale und regionale Unterschiede bestanden auch weiterhin und wurden im Osten wie im Westen (zumindest weitgehend) reproduziert. Wie diese Unterschiede genau aussahen, wurde im Verlauf unserer Untersuchung ausführlich zu zeigen versucht. Dabei ergab sich, daß der Kulturraum Europa sich aus vielerlei Schichten zusammensetzt, die die gegenwärtigen nationalstaatlichen Grenzen durchschneiden und unterlaufen.

Die sub-kontinentalen Variationen weisen dabei zumindest ein deutlich erkennbares Muster auf, dessen Ursachen ebenfalls in der Nachkriegszeit zu finden sind. Die Rede ist von der Gleichheit (sowohl was die tatsächlichen Ergebnisse wie die Möglichkeiten betrifft) zwischen Schichten oder Klassen, zwischen den Geschlechtern sowie zwischen Kindern und Erwachsenen. In dieser Hinsicht zeichnet sich eine Cluster-Bildung ab, bei der die nordischen und die osteuropäischen Länder als Gruppe den weitaus ungleicheren und status-orientierten Ländern im Süden und Südwesten Europas gegenüberstehen. Gleichheit war ausdrückliches Ziel und Thema zahlreicher politischer Entscheidungen der nordischen Sozialdemokratie und des östlichen Kommunismus. Beide hatten die Macht, ihre Ziele zu verwirklichen, erstere zwar in geringerem Maße, dafür unter weitaus günstigeren Startbedingungen als letztere.

Diese Auswirkung der Klassenmacht von Arbeitern und Bevölkerung ist über alle Systemgrenzen hinweg, die im Hinblick auf Ideologie, politische Herrschaft und die vorherrschenden Eigentumsformen bestanden, zu beobachten. Klassenmacht jedoch läßt sich erklären als Ergebnis von systemischen Tendenzen der Strukturierung, Enkulturation und kollektiven Handelns, wie sie kapitalistischen Gesellschaften eigen sind, und auf der Grundlage der Marxschen Theorie und ihrer Tradition, die von Lenin bis Schumpeter reicht (vgl. dazu Schumpeter 1993, bes. Teil 1).[168]

Andererseits handelt es sich beim Zweiten Weltkrieg und dem Wirtschaftsboom um einzigartige historische Zufälle. Die Art und Weise, wie sie gesellschaftlich wirksam wurden, mag mittels soziologischer Vernunft zu erfassen sein, insofern sie die Strukturierungs- und Enkulturationsprozesse sowie die Parameter kollektiven Handelns beeinflußt haben. Doch die Frage nach den Entstehungsursachen dieser beiden Ereignisse muß der Historikerzunft überlassen bleiben.

• *Worin liegt die epochale Bedeutung der europäischen Geschichte am Ende des 20. Jahrhunderts?*

Wir haben gesehen, wie die europäische Moderne ihren Gipfelpunkt erreichte und wie sie sich an den Abstieg machte.

Die Frage gilt es respektvoll zu behandeln, besonders wenn ein Buch wie das vorliegende im Original auf englisch erscheint. »Die Angelsachsen sind üblicherweise der Ansicht, daß die Frage nach der weltgeschichtlichen Bedeutung (...) so lange zurückgestellt werden sollte, bis das in Frage stehende Ereignis erst einmal 100 Jahre oder länger zurückliegt«, behauptete Richard Rorty einmal in einer Diskussion mit Jean-François Lyotard (Rorty 1991, 69f.). In der Tat dürfte sich die zweite Hälfte des 20. Jahrhunderts in Europa im Jahr 2095 etwas anders ausnehmen als heute. Gleichwohl vermute ich, daß auch dann eine Peripetie der modernen europäischen Geschichte zumindest Teil des Gesamteindrucks sein wird.

Die Moderne haben wir hier empirisch, nicht-institutionell definiert, nämlich als gesellschaftlichen Zeitraum, der der Zukunft als einem Kompaß für die Gegenwart zugewandt ist, weniger der Vergangenheit und im Unterschied zu einem Kreisen in der Gegenwart ohne richtungsweisenden Kompaß. Im Gegensatz zur aktuellen Modedebatte über Moderne und Postmoderne bzw. Postmodernismus, die bemerkenswerterweise selbst wieder auf eine globale Metaerzählung verweist, mag diese nun Moderne, Spätmoderne oder Postmoderne heißen, haben wir verschiedene Wege oder Pfade in und durch die Moderne beleuchtet – eine Sichtweise, so sollte man anfügen, die auch auf verschiedene Ausgänge aus der Moderne schließen läßt. Angesichts dieser Definition und dieser institutionell pluralistischen Sicht auf die Moderne erweist sich der europäische Weg als einer von mehreren Pfaden in, durch und vielleicht auch aus der Moderne. Gewisse Grundzüge dieses Weges ergeben sich zum einen daraus, daß Europa wohl als erster Kontinent ins Zeitalter der Moderne eintrat, zum anderen sind sie auf die Kontingenzen der europäischen Erfahrung zurückzuführen.

Aus der Tatsache, daß die europäische Moderne eine Vorreiterrolle einnahm und endogenen Ursprungs ist, ergeben sich vor allem die für Europa charakteristischen »Ismen«, die deutliche und rigide Aufteilung in gegensätzliche, prinzipientreue Lager, die alle Fragen zur und um die Moderne untereinander in Bürgerkriegen ausfechten. Der Kalte Krieg bedeutete so etwas wie eine Institutionalisierung dieser jahrhundertealten internen Auseinandersetzungen der modernen europäischen Geschichte.

Die Berliner Mauer, die die Hauptstadt des europäischen Kernlandes teilte, symbolisierte nicht nur die kommunistische Verzweiflung. Sie kann auch als Monument der europäischen Moderne gelten, ihrer Kriege und Friedensschlüsse zwischen den christlichen Religionen, ihrer kämpfenden Patrioten und Heiligen Allianzen, als Monument ihrer Generation einander feindlicher Ideologien, sich bekriegender Nationen, geschlossener »Säulen« (*zuilen*) und befestigter »Lager«.

Ebenso wie die beiden industriellen Kriege der europäischen Nationalstaaten wurde auch der Kalte Krieg auf die Welt projiziert. Allerdings lag einer seiner beiden Pole außerhalb Europas.

Das internationale Tauwetter, das Schmelzen oder Verschwimmen der ideologischen Prinzipien bedeutete einen entscheidenden Wandel der europäischen Moderne. Was Religion, Wissenschaft und – hier gibt es allerdings gewisse Zweifel – Nation betrifft, so ist Europa, von einigen kleineren Ausnahmen abgesehen, heute der weltweit skeptischste Kontinent.

Europa ist der einzige Teil auf der Welt, für den Industrie und industrielle Beschäftigung zu einer Haupterfahrung wurden, die zumindest relativ gesehen vorherrschend war. Aufgrund dieser Tatsache und des Weges des inneren Konflikts wurden Klassen und Klassenkonflikte in Europa so bedeutsam und erfuhren eine so deutliche Ausprägung wie nirgendwo sonst. Der Industrialismus erreichte seinen Höhepunkt in Westeuropa um 1970, in Osteuropa um 1980, und die Macht der Arbeiterklasse war etwa zur selben Zeit am größten; sie wurde dadurch gestärkt, daß sich nach dem Krieg die nicht-klassenspezifischen Konfliktlinien, also religiöse, regionale oder andere, allmählich auflösten. Klassenpolitik im Sinne einer wirtschaftlichen Klassenorganisation und eines klassenspezifischen Wahlverhaltens ist in Europa noch immer weiter verbreitet als in der übrigen Welt. Doch ihre Bedeutung nimmt ab, und das wahrscheinlich irreversibel. Zumindest haben sich zwei neue Rivalen und potentielle Nachfolger schon angekündigt: die Medienpolitik und die ethnische Politik.

Nach dem Zweiten Weltkrieg fehlten der modernistische Enthusiasmus und die Bilderstürmerei, die noch 25 Jahre früher, nach dem Ende des Ersten Weltkriegs, zu beobachten gewesen waren, und nirgends zeigte sich das deutlicher als in Westeuropa. Dennoch entfaltete sich die zweite Hälfte des 20. Jahrhunderts unter dem Banner der Moderne. Die spätere dreifache Infragestellung der Moderne seit den 70er Jahren, nämlich ästhetisch, ökologisch/ökonomisch und ideologisch, betraf Europa stärker als jeden anderen Teil der Welt.

Die Vorstellung von der Avantgarde, die nun in Frage gestellt wurde, stand im Mittelpunkt der modernen europäischen Kunst; sie speiste sich sowohl aus Klassentraditionen der Aristokratie wie aus der Idiomatik der zeitgenössischen revolutionären Politik.

Die Lehre von Wachstum und Entwicklung war in Europa keineswegs stärker ausgeprägt als anderswo, eher im Gegenteil. Doch diese ein wenig unsichere Entwicklungsideologie traf auf eine relativ starke, im Grunde konservative Ökologiebewegung bzw. brachte sie überhaupt erst hervor.

Zum dritten traf der postmoderne Angriff auf die »großen Erzählungen« der Aufklärung, Emanzipation, des Fortschritts, der Befreiung usw. Europa härter, da er direkt auf das innerste Herz der europäischen Moderne zielte, nämlich ihre ausgefeilten, prinzipienfesten Ideologien, die sich um die Zukunft bemühten. Und der Zusammenbruch des Kommunismus erschütterte Europa deshalb am heftigsten, weil damit zum einen ein europäischer »Ismus« vom Sockel gestürzt wurde und es zum anderen die kommunistische Macht in Europa war, die implodierte.

Nachdem auch der Sozialismus und der in Europa gestählte Neoliberalismus sich erschöpft haben und ziemlich kurzatmig geworden sind, befinden sich alle klassischen »Ismen« Europas einschließlich ihrer späten Reinkarnationen in der Krise. Die einzige Ausnahme bildet der Nationalismus, der in Osteuropa wieder zu neuem Leben erwacht ist. »Normalität« und (das real existierende westliche) »Europa« lauteten 1989/90 die häufigsten Parolen der antikommunistischen Kräfte in Osteuropa.

Fortschritt, Entwicklung, Emanzipation, Befreiung, Aufklärung haben zumindest im Augenblick für die meisten Europäer ihre Anziehungskraft verloren. Dennoch bleibt Wachstum im Hinblick auf wissenschaftliche Erkenntnis und die Wirtschaft ein Ziel. Und es gibt zumindest eine ideologische Tradition Europas, die heute wieder in den Vordergrund gerückt ist: das Vermächtnis der Menschenrechte, das uns die Französische Revolution hinterlassen hat.

Die Antwort auf die Frage, ob sich am Ende des 20. Jahrhunderts die Abenddämmerung der Moderne über Europa und die Welt legt, will ich künftigen Historikern überlassen. Der Zeitgeist ist normalerweise ein wenig schizophren. Das vorhergehende Fin-de-siècle teilte sich in die Dekadenz, in Nietzscheaner und andere Dissidenten, in die berechtigten Nutznießer der »Belle Époque« und in die Bannerträger der Zukunft, d.h. die Kräfte der Zweiten Internationale sowie die Naturwissenschaft und die Medizin. Ein empirischer Soziologe oder Sozialhistoriker sollte, ja muß mehr als einmal darüber nachdenken, bevor er sich auf die Seite der Moderne oder der Postmoderne schlägt.[169] Dennoch: Der (spezifisch) europäische Weg durch die Moderne weist nach unten.

Der Kalte Krieg und der Höhepunkt der Industrialisierung bildeten den Gipfel der europäischen Moderne. Der Abstieg begann, als die klassischen Konfliktlinien verschwammen, als die Zukunft innerhalb Europas selbst in Frage gestellt wurde und als nicht-europäische Vorstellungen einer modernen Gesellschaft aufkamen.

- *Welche wissenschaftlichen und praktischen Lehren lassen sich daraus ziehen?*

Die tatsächliche soziologische Geschichte Europas nach dem Krieg unterscheidet sich von beiden Ideologien des Kalten Krieges. Eine komparatistische Untersuchung sollte sich nicht damit begnügen, Staaten miteinander zu vergleichen. Theoretische Bescheidenheit ist eine Tugend. Denn sozialer Wandel kann auf vielfältigste Weise vor sich gehen.

Die tatsächliche Entwicklung der europäischen Gesellschaften nach dem Zweiten Weltkrieg folgte weder den Vorstellungen und Behauptungen der kommunistischen Ideologie noch denjenigen ihres antikommunistischen Pendants. Es gab weitaus mehr Parallelen und interne Variation, als jede der beiden Ideologien und die von ihnen beseelten Wissenschaftler behaupteten.

Die vergleichende Forschung sollte sich aus dem Ghetto der Nationalstaaten befreien. Zu einer ganzen Reihe interessanter Variablen verfügen wir über Datenmaterial, das Kontinente oder andere Staatenblöcke miteinander vergleicht, einschließlich derjenigen, die den gleichen Weg in und durch die Moderne genommen haben, sowie innerkontinentaler und innerstaatlicher Regionen. Bei interkontinentalen Vergleichen sticht Europa oftmals als spezifische gesellschaftliche Entität hervor. Doch sobald man die westeuropäischen Regionen beispielsweise entsprechend ihrer Wirtschaftskraft neu gruppiert, werden die nationalstaatlichen Grenzen durchbrochen.

Die Mertonsche Betonung der gegenseitigen Befruchtung von Theorie und empirischer Forschung ist in diesem Zusammenhang von großer Bedeutung und sollte ernst genommen werden. Ich persönlich habe im Verlauf dieser empirischen Arbeit zumindest zwei spezifische Dinge gelernt, die theoretisch relevant sind: welch große Bedeutung den Rechten zukommt und wie wichtig rituelles und kollektives Gedenken für heutige kollektive Identitäten ist. Ich lernte diese Dinge deshalb, weil ich meine empirischen Forschungen theoretisch systematisieren wollte.

Was die heftig geführte soziologische Debatte über Geschichtswissenschaft und Soziologie anbelangt, so unterstreicht die Erfahrung dieser Studie, daß eine primäre historiographische Evidenz unabdingbar ist und ein sekundärer soziologische Kompaß ein wichtiges Hilfsinstrument darstellt.

Die soziologische Theorie kann zwar eine gewisse Orientierungshilfe bieten und einen Fragenkatalog bereitstellen, auf der Ebene der makroskopischen Erklärung jedoch, sofern man diese ernst nimmt und nicht nur als interpretative Geste betreibt, trägt sie kaum etwas bei. Aus diesem Grund kann eine wenig originelle und ausgefeilte soziologische Theorie von großem Nutzen sein, oftmals sogar nützlicher als hoch originelle und idiosynkratische Theorieelaborate.

Die Theorie sozialer Systeme, welcher Art auch immer, war keine große Hilfe, ebensowenig die Evolutionstheorie. Die Dichotomie Kapitalismus–Sozialismus, wie sie üblicherweise während des Kalten Krieges Anwendung fand, deckte sich nicht besonders gut mit den tatsächlichen Gegebenheiten in den Gesellschaften Ost- und Westeuropas, auch wenn der »real existierende Sozialismus« hier eine Ausnahme bildete, etwa im Hinblick auf die Frage der Gleichheit.

Betrachtet man den kommunistischen Weg zum Sozialismus in Osteuropa aus dem Blickwinkel sozialer Steuerung, so zeigt sich, daß die großen theoretischen Systemdebatten über Sozialismus, Märkte und Kapitalismus nur von sehr geringer Relevanz sind. Osteuropa nach dem Krieg eignet sich nicht als simpler, gut konstruierter Testfall des Sozialismus.

Die Modernisierungstheorie könnte sowohl den Sozialismus wie den Kapitalismus erfassen und geht darüber hinaus von gewissen evolutionären Tendenzen aus, die sich beim Aufholprozeß Süd- und Osteuropas erkennen lassen. Sie enthält sich jedoch jeder Spezifizierung verschiedener Wege in und durch die Moderne, so daß sie sich als viel zu grob erweist, allein wenn man Europa betrachtet, ganz zu schweigen davon, wenn man Europas Stellung in der Welt zu ermitteln sucht.[170] Andererseits erwies sich aber auch die Weltsystem-Theorie, die für sich in Anspruch nahm, die Modernisierungstheorie endgültig überwunden zu haben, als wenig erkenntnisträchtig. Natürlich kann man davon ausgehen, daß Nachkriegseuropa einen Platz innerhalb eines Weltsystems einnimmt. Man muß es sogar innerhalb eines Weltkontextes situieren, da die sich verändernde Stellung Europas in der Welt deutliche Auswirkungen auf die Migrationsströme, die ethnische und religiöse Zusammensetzung, auf die suprastaatliche Integration sowie die Kommunikation der Massenkultur hatte. Allerdings fand ich die These von der spezifischen Dynamik eines Weltsystems nicht sehr brauchbar, um die soziologische Nachkriegsgeschichte des Kontinents zu verstehen und zu erklären.

Was die gesellschaftliche Praxis anbelangt, so lautet eine Schlußfolgerung aus dieser Arbeit: Die beträchtlichen sozialen Unterschiede in Raum und Zeit beweisen, daß gesellschaftlicher Wandel möglich ist und dabei eine ganze Reihe von Optionen denkbar sind. Den Propheten nur einer einzigen Option sollte man stets mißtrauen.

Zum zweiten deuten die internen Unterschiede, die sich innerhalb des kommunistischen wie des kapitalistischen Europas im Hinblick auf die gesellschaftlichen Ergebnisse zeigen, sowie die Ähnlichkeit zwischen den nordischen Ländern und den egalitärsten Staaten Osteuropas darauf hin, daß die Systembeschränkungen dehnbar sind, daß historische Traditionen eine ganz erstaunliche Überlebenskraft besitzen und daß politisch gelenkter gesellschaftlicher Wandel möglich ist.

Und schließlich: Langfristige soziale Steuerung ist ein schwieriger und ungewisser Prozeß. Dennoch wäre es ungerecht, ihn einzig unter negativen Vorzeichen zu betrachten, etwa indem man allein seine Beschränkungen und Fehlschläge wahrnimmt. Die policy-Analyse und die politisch Verantwortlichen sollten soziale Steuerung aus guten Gründen auch im Hinblick auf ihre Möglichkeiten und Bedingungen diskutieren.

Was bleibt von der Moderne in Europa?

In der zweiten Hälfte des 20. Jahrhunderts kehrte Europa nach einem halben Jahrtausend nach außen gerichteter Expansion zu sich selbst zurück. Die Eroberungen und die organisierte erpresserische Ausbeutung der Kolonien waren Ende der 30er Jahre an ihre Grenzen gestoßen. Italiens Besetzung Abessiniens 1935 war das letzte siegreiche Kolonialabenteuer Europas. Unmittelbar zuvor hatten die Franzosen und Spanier ihre Macht in Marokko gefestigt und Frankreich und Großbritannien die Kontrolle über die ehemals osmanischen Gebiete der arabischen Welt übernommen. Nach dem Zweiten Weltkrieg wurde ein Rückzug, ob nun friedlich oder unter gewaltsamen Auseinandersetzungen, unausweichlich. Letztendlich ging es dabei nur noch um die Art und Weise des Rückzugs. Der Sieg der aus Europa stammenden jüdischen Siedler in Palästina war die einzige Ausnahme[171], doch der Staat Israel behauptete sich anschließend als amerikanischer und nicht als europäischer Außenposten. Die letzte imperiale Offensive, die von Europa ausging, die französisch-britische Operation am Suezkanal, endete in einem Fiasko.

Die europäische »Heimkehr« bedeutete nicht, daß man einfach auf das vorkoloniale Europa zurückkam und diesem lediglich die Errungenschaften der Moderne hinzufügte. Die vormaligen Herrscher über die Welt suchten nun unter dem Schild fremder, nämlich amerikanischer, Truppen auf ihrem Boden Schutz vor der anderen neuen Supermacht an der Peripherie Europas, und amerikanische Wirtschaftshilfe erwies sich als dringend notwendig für den Wiederaufbau des zerstörten Kontinents nach dem Krieg. Europas strukturelle Stellung in der Welt hatte sich dramatisch verändert. Von den 60er Jahren an wurde die Alte Welt der massenhaften Auswanderung zu einem Einwanderungskontinent, was zu einer neuartigen kulturellen Vielfalt führte.

Nichtsdestoweniger entfalteten sich auch im Rahmen der weniger bedeutsamen Stellung in der Welt nach 1945 die spezifischen Grundzüge der gesellschaftlichen Moderne Europas. Und in der Tat gelangten sie nun ins Stadium der Reife.

Doch Europa war nicht länger der ausdrückliche Maßstab der Moderne. Nach dem Zweiten Weltkrieg entstanden die soziologischen und politikwissenschaftlichen Konzepte der »Entwicklungsökonomie« und der »Modernisierung«. Letzteres entwickelte sich im Zuge des ersteren, und die Entwicklungsökonomie setzte damit ein, daß man den Wiederaufbau Süd- und Osteuropas nach dem Krieg betrachtete. Von da an und mit den frühen Schriften von Paul Rosenstein-Rodan, nach dem Krieg einer der wichtigsten Vertreter der Weltbank, und Kurt Mandelbaum verschob sich der Schwerpunkt in Sachen Entwicklung vor allem auf die Weltgegenden außerhalb Europas. Die UN-Wirtschaftskommission für Lateinamerika unter der Leitung von Raúl Prebisch erlangte in dieser Hinsicht schon Ende der 40er Jahre die intellektuelle Führerschaft (vgl. dazu Meier/Seers 1984).

Der gesellschaftliche Kontext bzw. die gesellschaftlichen Vorbedingungen wirtschaftlicher Entwicklung wurden in der zweiten Hälfte der 50er Jahre mit dem Etikett der »Modernisierung« versehen. Der Begriff war gedacht als Verallgemeinerung früherer Konzepte wie »Europäisierung« oder »Verwestlichung«. Mit ihrem unilinearen Evolutionismus und ihrer erstaunlichen Blindheit gegenüber der Besonderheit des europäischen Industrialismus war die »Modernisierungstheorie« eine Art nordamerikanischer Theoretisierung der europäischen Geschichte, wobei Europa selbst lediglich eine Art Platzhalter darstellte (Lerner 1968; Coleman 1968; Parsons 1985).

Die Entkolonialisierung und die Abhängigkeit von den USA bedeuteten jedoch keineswegs, daß Westeuropa seine ökonomische Stellung in der Welt einbüßte. Bereits gegen Ende des 19. Jahrhunderts hatte die angelsächsische Neue Welt beim BIP pro Kopf sogar Großbritannien überflügelt. Die Kriegszerstörungen in Europa hatten die Kluft zwischen Westeuropa und Nordamerika so tief werden lassen wie nie zuvor, doch 1970 war sie kleiner als jemals zuvor in diesem Jahrhundert. Australien und Neuseeland wurden von mehreren westeuropäischen Ländern überholt (Bairoch 1981, 10, 12).

Zwar hat Japan Einlaß in den Klub der reichsten Länder der Welt gefunden, und Südkorea hat vor kurzem das Niveau von Portugal und Griechenland erreicht (zu Japan vgl. Bairoch 1981, 10; zur aktuellen Stellung Japans und Koreas in der Welt vgl. Weltbank 1999). Doch diejenigen Länder Südamerikas – Argentinien, Chile und Uruguay –, die 1950 ein Pro-Kopf-Einkommen aufwiesen, das in etwa demjenigen in Frankreich, Italien und

Westdeutschland entsprach, ließen die europäischen Länder deutlich hinter sich (Summers/Heston 1984, 220ff.).

Ende der 90er Jahre lastet die amerikanische Hypothek weniger stark auf Westeuropa, nachdem die andere Supermacht, die UdSSR, verschwunden ist. Könnte sich daraus eine neue Blütezeit Europas entwickeln, die auf der recht erfolgreichen postkolonialen Entwicklung gründet? Für die nähere Zukunft ist das eher unwahrscheinlich, und zwar aus zwei Gründen.

Der eine ist ökonomischer Art. Da sich der Nachkriegsboom in Westeuropa nicht in sein Gegenteil verkehrt hat, ist Wachstum sowohl nach historischen wie nach globalen Standards zu einer Selbstverständlichkeit geworden. Und die Arbeitslosigkeit nimmt seit nunmehr zwei Jahrzehnten über alle saisonalen Schwankungen hinweg zu; ein Ende oder eine Lösung ist dabei nicht in Sicht, es sei denn Gewöhnung oder Resignation.

In Osteuropa haben sich die Kosten für den Übergang vom Sozialismus zum Kapitalismus inzwischen als traumatisch sowohl für die Volkswirtschaften insgesamt wie auch für die Mehrheit der Bevölkerung (wenngleich nicht für alle Gruppen) erwiesen. Wie wir oben gesehen haben, vergrößerte sich für alle postkommunistischen Staaten (mit Ausnahme Polens) die ökonomische Kluft zur EU zum Teil ganz beträchtlich. Der historisch ohnehin ärmere Teil Europas verarmt nun vollends. Vor unseren Augen vollzieht sich eine Teilung Europas, die derjenigen des amerikanischen Kontinents nicht unähnlich ist. Teile des Balkans oder der Grenzregionen im Kaukasus, gefangen in Stammes- und Clanauseinandersetzungen und Krieg, ähneln inzwischen eher gewissen Gegenden in Afrika. Der symbolische Besuch, den die Ministerpräsidenten aus Bangladesch, Pakistan und der Türkei dem von Serben belagerten Sarajewo im Winter 1994 abstatteten, ist durchaus als Zeichen für Europas neue Stellung in der Welt zu sehen.

Wie weit diese Spirale sich noch nach unten drehen wird oder ob sie sogar noch andere Regionen erfaßt, läßt sich im Augenblick noch nicht sagen. Der Glauben an ein Leben nach dem Kommunismus, vielleicht sogar ein besseres Leben, bleibt natürlich eine begründete Hoffnung. Doch die Probleme Osteuropas werden mit Sicherheit den europäischen Integrationsprozeß erschweren und ganz allgemein einen Schatten auf die gesamteuropäische Entwicklung der nächsten Jahre werfen. Dieser Schatten wird noch verlängert durch die Tatsache, daß Westeuropa, anders als die USA, keine Supermacht mit einem Hinterhof ist, sondern eine Gruppe kleiner und mittlerer Staaten, von denen viele besondere Beziehungen zu bestimmten Teilen Osteuropas unterhalten.

Von wohl noch größerer Bedeutung aber ist der zweite Grund, warum die absehbare Zukunft Europas sich vermutlich recht bescheiden ausnehmen wird. Denn obwohl Europa nach dem Krieg ein hohes Wirtschaftswachstum zu verzeichnen hatte und seine Stellung hinsichtlich der weltweiten Ressourcenverteilung nicht nur halten, sondern sogar verbessern konnte, ist sein kultureller Einfluß auf die übrige moderne Welt zurückgegangen.

Daß der Export der europäischen Moderne mittels Kanonenbooten ein Ende gefunden hat, ist dabei nur ein Gesichtspunkt. Der europäische Weg von der agrarischen zur industriellen Gesellschaft wurde nicht überall nachvollzogen, und seit den 70er Jahren ist Westeuropa ins Stadium des Postindustrialismus eingetreten.

Die Nachfrage nach den elaborierten, prinzipienfesten Ideologien, die das moderne Europa hervorgebracht hat, ist im Augenblick ziemlich gering. Der Sozialismus der Arbeiterklasse mag durchaus noch kein toter Hund sein, aber seine lebendigen Ausdrucksformen in Brasilien, Südafrika oder in manchen Gegenden Asiens haben nicht mehr viel mit den europäischen Ursprüngen zu tun und hängen nicht mehr von der Inspiration durch Europa ab. Der bürgerliche Liberalismus Europas wurde seit den 70er Jahren des öfteren exportiert, doch abgesehen von einigen ehemals europäischen Winkeln des britischen Empire und interessanterweise den Falklandinseln ist der dokrinäre europäische Liberalismus bereits wieder in außereuropäischen Komplexitäten steckengeblieben und wird durch diese sowie durch erfolgreichere Beispiele des Kapitalismus in Ostasien im Zaum gehalten.

Die Stellung Mittel- und Westeuropas als Mittelpunkt der wissenschaftlichen und gelehrten Welt ging durch die faschistischen und antisemitischen Verfolgungen an die USA verloren und konnte bislang trotz eines beachtlichen Nachkriegselans nicht wieder zurückgewonnen werden. Die USA wurden zum unbestrittenen Zentrum der Nobelpreisträger.

Nach dem Zweiten Weltkrieg verfügte das 20. Jahrhundert kaum mehr über eine Hauptstadt, und wenn es noch eine gab, dann war es nicht mehr Paris, sondern New York. Spätestens seit der New Yorker Schule des abstrakten Expressionismus in den 40er Jahren wird nicht mehr nur in Europa darüber entschieden, was moderne Kunst ist oder zu sein hat. Film, Fernsehen und die zeitgenössische Musik, ja die moderne Massenkultur allgemein sind in den USA und bis zu einem gewissen Grade in Großbritannien beheimatet, sofern sich hier überhaupt von einem Zentrum sprechen läßt. Doch die spannendsten und produktivsten Gebiete kultureller Kreativität finden sich an der kreolischen Schnittstelle, wo die nordatlantische Moderne und die Erfahrungen mit den überkommenen Traditionen aus Afrika, Asien, der Karibik und Lateinamerika aufeinandertreffen und sich vermischen.

Die ehemaligen Kolonialgebiete stellten weder politisch noch wirtschaftlich oder ökonomisch eine Herausforderung für ihre früheren Herrscher dar. Ganz anders die niemals wirklich kolonisierten Weltgegenden, in denen die Modernisierung von außen angestoßen wurde. Zum ersten Mal seit der Industriellen Revolution entstand in Ostasien eine Form der reichen und entwickelten Gesellschaft, die Europa rein gar nichts zu verdanken hat.[172] Statt dessen wird sie vom Vorreiter Japan, einer gemeinsamen chinesischen Kultur und gewissen wichtigen Inputs aus den USA geführt, wobei auch weiterhin eine ganze Reihe nationaler Varianten bestehen (vgl. Hamilton/Biggart 1988). Seit Mitte der 70er Jahre ist sich Europa dieser Herausforderung bewußt, was sogar so weit geht, daß man japanische Managementmethoden nachzuahmen versucht.

Was diese alternative Moderne aus Ostasien in Zukunft anzubieten hat oder fordern wird, ist noch nicht klar zu erkennen. Einen Hinweis darauf mag der jüngste Bestseller von Shintaro Ishihara, einem prominenten japanischen Autor und Politiker, geben. Er bringt deutlich grundlegende Ressentiments gegenüber dem westlichen (und hier besonders dem amerikanischen) Rassismus zum Ausdruck. »Das moderne Zeitalter ist vorbei«, verkündet er, wobei der Autor damit offenbar die europäisch-amerikanischen Konstrukte von »Materialismus, Wissenschaft und Fortschritt« meint, während er zugleich behauptet, daß Wirtschaftswachstum, Wettbewerbsfähigkeit und Macht im postmodernen Zeitalter entscheidend sein werden. So wie der Norden dem Süden oder kürzlich der Westen Europas dem Osten erteilt auch Ishihara großzügig Ratschläge, indem er eine Agenda für ein wettbewerbsfähiges Amerika mitliefert. Doch wie die Zukunft, abgesehen davon, daß sie von der Wirtschaft und Japan geprägt sein wird, genau aussieht, erfährt der Leser nicht (Ishihara 1992). Auf jeden Fall aber hat sich, was Ratschläge und Ermahnungen angeht, das interkontinentale Gleichgewicht verschoben.

Auch andere Länder mit einer von außen angestoßenen Modernisierung haben sich auf ihre eigenen Stärken besonnen und gegenüber Europa sozusagen auf die Hinterbeine gestellt. Ein Schlag war die Ölpreiserhöhung der OPEC 1973, die auf der niemals kolonisierten arabischen Halbinsel ausgeheckt wurde. Einen weiteren bildete der islamische »Fundamentalismus«, der sich vom Iran des Ayatollah Khomeini aus, also ebenfalls einem Land, das dem europäischen Kolonialismus entronnen war, verbreitete.

Am Vorabend des 21. Jahrhunderts ist Europa somit nicht mehr Mittelpunkt oder Vorhut der Moderne, und ob es für die Zukunft eine der wichtigen Alternativen darstellt, darf zumindest bezweifelt werden. Denn die Europäer bilden nur eine kleine Minderheit auf der Welt, sie machen nur etwa ein Achtel der Weltbevölkerung aus. Für die Europäer selbst bleibt das Vermächtnis einer besonderen Geschichte heute und in Zukunft von Bedeutung. Deren Ablagerungen, von der Antike bis zum industriellen Klassenkampf, sind Bestandteil des Europäischen Hauses. Für den Rest der modernen Welt aber werden die Lichter Europas schwächer.

Allerdings gibt es zumindest einen Bereich, in dem Europa abermals einen Hauptbeitrag zur globalen Moderne leistet: bei der supranationalen politischen und wirtschaftlichen Zusammenarbeit und Vereinigung. Einst war Europa die Wiege des Nationalismus und des Nationalstaats. Deren ganze Wucht brach in den beiden Weltkriegen über den Kontinent herein. Lenins Vorstellung von einer Union der sozialistischen Sowjetrepubliken, die auf der Idee der nationalen Selbstbestimmung gründete und aus den multinationalen Erfahrungen der Arbeiterbewegung in Mittel- und Osteuropa hervorgegangen war, bildete den ersten großen Versuch, ein moderners supranationales Gemeinwesen in die Praxis umzusetzen. Doch de facto war dieses Unternehmen von Beginn an von einer autoritären Parteidikatur überlagert, und als diese zu Fall kam, zerbrach auch das Gemeinwesen. Im Gegensatz dazu verfügt die Europäische Union im Westen über keinerlei wirkliches Zentrum und hat sich nach dem Zweiten Weltkrieg über einen langen Zeitraum hinweg allmählich entwickelt.

Die Europäische Gemeinschaft ist unterdessen bereits Vorbild für eine regionale Wirtschaftszusammenarbeit in anderen Teilen der Welt, etwa auf dem amerikanischen Kontinent von Mercosur bis NAFTA, für den asiatisch-pazifischen Raum und für die neuen Staaten Mittelasiens. Die zunehmende Verflechtung der internationalen Märkte, die grenzüberschreitende Massenkommunikation sowie die Internationalisierung und Globalisierung der Umweltprobleme verlangen nach rechtlichen Regelungen und politischen Interventionen, die über die Grenzen der Nationalstaaten hinausreichen. Trotz seines Schattens im Osten und trotz all der internen Auseinandersetzungen steuert Europa »als Kurzformel für die westeuropäische Einheits- und Integrationsbewegung«[173] einen Kurs der konkreten, pluralistischen und demokratischen Entwicklung und bietet damit der Welt des 21. Jahrhunderts ein höchst bedeutsames Beispiel.

Die künftige Bedeutung dieser beispielhaften Entwicklung wird jedoch von der Antwort auf zwei entscheidende Fragen abhängen: Welche Bedeutung verknüpft sich mit der Europäischen Union, nachdem die Erinnerungen an den Zweiten Weltkrieg verblaßt sind und die Polarität des Kalten Krieges ein Ende gefunden hat? Und wo endet Europa?

Meint die europäische Einigung einen einheitlichen Markt und eine Währungsunion? Es erscheint zweifelhaft, daß sich die Bevölkerung dafür begeistern kann und damit eine globale Bedeutung verknüpft ist. Sind damit die europäische Tradition und die europäische Kultur gemeint? Aber ein Schlüsselelement der europäischen Kultur waren innere Konflikte und Streitigkeiten, und ihre klassischen Ideologien sind in Auflösung begriffen. Darüber hinaus bedeutet die jüngste kulturelle Vielfalt im westlichen Teil des Kontinents, daß eine Re-Institutionalisierung der europäischen Kulturgeschichte eine schreckliche kulturelle »Säuberung« erfordern würde.

Um zu gelingen und von Bedeutung zu sein, muß die europäische Vereinigung ein Projekt gesellschaftlicher Konstruktion sein, nicht nur ein Marktplatz oder ein Museum. Mit den Werten eines öffentlichen Kollektivismus und familiären Individualismus und mit den Erfahrungen, Errungenschaften und Organisationen der Arbeiterbewegung, der Christdemokratie und eines aufgeklärten Konservatismus verfügt Europa über die Ressourcen, um eine europäische Gesellschaft aufzubauen. Ob man davon Gebrauch machen wird, läßt sich an dieser Stelle nicht sagen.

»Europa« ist nicht mehr der prestigeträchtigste Klub der Welt. Doch seine Grenzen sind noch immer von Bedeutung. Es handelt sich immerhin um den am stärksten entwickelten Klub von Staaten. Die Erweiterung und die Errichtung eines Gebäudes lassen sich jedoch praktisch gesehen offenbar nicht ohne weiteres miteinander vereinbaren. Andererseits kann kein ernsthaftes Projekt einer europäischen Union nach dem Kalten Krieg und in einer posteuropäischen Welt zum Ziel haben, die Teilung Europas aufrechtzuerhalten. Das hieße demnach, daß zumindest Rußland, die Balkanstaaten und alle Länder westlich davon zur Teilnahme an der Union eingeladen werden sollten. Ob eine realistische Chance besteht, das zu verwirklichen, wird in erster Linie davon abhängen, ob der rasante sozioökonomische Abstieg der ehemaligen UdSSR und der ehemals kommunistischen Balkanländer gestoppt werden kann und sich umkehren läßt.

Doch dazu kommen die Grenzgebiete; hier würde jeder Demarkationslinie ein Hauch von Willkür anhaften. Das Mittelmeer bildete einst eher eine Art Highway der Kommunikation als eine Grenze zwischen Kontinenten und Zivilisationen. Und zwischen dem Maghreb und Südeuropa bestehen zahlreiche Verbindungen. Marokko hat schon vor zehn Jahren den Wunsch signalisiert, der Europäischen Gemeinschaft beizutreten. Ein halbes Jahrtausend alte kulturelle Traditionen, vor allem in der Musik, und familiäre Reminiszenzen an al-Andalus sind bis heute in Marokko (ganz besonders in Fès) lebendig geblieben.

Das Osmanische Reich spielte lange Zeit eine Hauptrolle in der europäischen Politik, und die kemalistische Türkei war trotz ihres Pantürkismus ein weitgehend nach Europa ausgerichtetes Land (vgl. Mardin 1993). Auch die Türkei hat sich um eine Aufnahme in die EU beworben, doch der Antrag wurde in Brüssel vorerst zur Seite und damit auf Eis gelegt. Heute sieht sich die europäisierte Türkei mit einer islamischen Reaktion konfrontiert, und im Zuge des Untergangs der Sowjetunion eröffnen sich dem Land neue Möglichkeiten in Zentralasien.

Der Großteil der sogenannten kaukasischen Rasse setzt sich aus Europäern zusammen. Doch das brüchige Mosaik des Kaukasus ist eine archetypische Grenzgegend und wird im Augenblick auseinandergerissen. Doch die Frage bleibt: Endet Europa diesseits oder jenseits des Kaukasus?

Mittelasien bildet das vierte wichtige Grenzgebiet Europas, vor allem Kasachstan, dessen Bevölkerungszahl derjenigen der Niederlande oder Australiens entspricht und wo Kasachen und Russen jeweils etwa 40 Prozent der Bevölkerung ausmachen.

Einfache Lösungen gibt es in dieser Frage nicht. Eine bedeutsame suprastaatliche Organisation der Gesellschaft wäre ein wichtiger Beitrag für das 21. Jahrhundert. Ebenso wichtig wäre der Austausch über das Mittelmeer, den Bosporus, den Kaukasus und die kasachische Steppe hinweg.

Ein Optimist könnte zumindest aus zwei Entscheidungen Ende der 90er Jahre Hoffnung schöpfen. Die Verhaftung des chilenischen Ex-Dikators Pinochet in Großbritannien 1998 wegen Mord und Folter bedeutet eine neue Stufe in der internationalen Rechtsprechung und Normensetzung, unabhängig davon, was am Ende dieses Verfahrens herauskommt. Die mutige Initiative einiger spanischer Richter wurde von mehreren europäischen Regierungen unterstützt, so natürlich von der britischen, aber auch von der konservativen Regierung in Spanien und derjenigen in Belgien. Politische Schwerverbrecher können sich nicht länger sicher fühlen.

Zum zweiten beschlossen die Staatschefs der EU im Herbst 1999, auch Bulgarien, Rumänien, der Türkei, der Slowakei, Lettland und Litauen den offiziellen Status als Beitrittskandidaten zu verleihen. Zum Teil wollte man damit wohl die Unterstütung des NATO-Krieges gegen Serbien honorieren;

dennoch bedeutete diese Entscheidung den Durchbruch für eine nicht-exklusive Vorstellung von Europa und europäischer Einigung. Wie solch ein ausgedehntes und wirtschaftlich sehr disparates Europa funktionieren könnte, steht jedoch noch in den Sternen.

Diese beiden Entscheidungen stehen nicht unbedingt miteinander in Einklang. Die neue Einladung an die Türkei, für die sowohl historische Gründe wie auch bestehende enge Verbindungen sprechen, bedeutet zugleich, daß man die Augen vor den gewalttätigen, autoritären Zügen des türkischen Staates, die mit den geltenden europäischen Menschenrechtsvorstellungen nicht zu vereinbaren sind, verschlossen hat. Doch was auch immer die Hintergründe sein mögen und wie auf lange Sichht die Ergebnisse aussehen werden – am Beginn des 21. Jahrhunderts steckt das europäische Projekt noch immer voller Ambitionen und Kreativität.

Ob die europäischen Politiker sich diesen Herausforderungen gewachsen zeigen werden, ist zumindest zweifelhaft. Doch ein empirischer soziologischer Diskurs darf durchaus an der Schwelle zur Politik haltmachen.

Gleichwohl sollte die Zukunft der Moderne nicht den Politikern überlassen bleiben. Sie hängt vielmehr ab vom Dialog zwischen den Intellektuellen und den Menschen. Die Moderne steht unter Druck oder soll gar vollständig verabschiedet werden. Doch nicht wenige unter uns sind der Meinung, daß es sich noch immer lohnt, für sie zu kämpfen, wenngleich nicht notwendigerweise für ihre klassische europäische Form.

Wissenschaft richtet sich an jeden. Doch der Forscher, der nach der Wahrheit sucht, wie klein auch immer sie sein mag, sollte nicht vergessen, woher das Licht kommt.

Anmerkungen

1 Ich glaube deshalb auch, daß Wolf Lepenies in seinem wundervollen Buch über die Soziologie zwischen Literatur und Wissenschaft (*Die drei Kulturen*, 1985) einen Schritt zu weit geht, wenn er behauptet, es gebe noch eine dritte, soziologische Kultur.

2 Wenngleich ich die Arbeiten von Barrington Moore, Perry Anderson, Immanuel Wallerstein und Michael Mann deutlich anders einschätze als John Goldthorpe, so denke ich doch, daß er auf einige ernsthafte Schwierigkeiten einer »großen historischen Soziologie« aufmerksam gemacht hat, die meiner Ansicht nach jedoch auf die vorliegende Arbeit im Grenzbereich zwischen Soziologie und Geschichtsschreibung nicht zutreffen, was immer auch sonst ihre Beschränktheiten und Schwächen sein mögen (vgl. Goldthorpe 1991). In der sich anschließenden Debatte, die 1994 fast das gesamte Märzheft des *British Journal of Sociology* einnahm, entspricht meine eigene Position am ehesten derjenigen von Nicos Mouzelis (1994).

3 Peter Wagners Buch *Soziologie der Moderne* (1995) stellt einen interessanten Vorstoß in diese Richtung dar, in dessen Mittelpunkt die Begriffe Befreiung und Disziplinierung stehen; er bleibt allerdings weitgehend auf die westeuropäische Erfahrung beschränkt und beschäftigt sich nur am Rande mit empirischen Fragen. Max Horkheimers und Theodor W. Adornos *Dialektik der Aufklärung* (erstmals 1944) brachte eine ganz spezielle Sichtweise in extremer Form zum Ausdruck, steht aber als denkerische Pioniertat auch weiterhin im Mittelpunkt der Interpretationen zur negativen Dialektik der Moderne. Vgl. Therborn 1996.

4 Den jüngsten größeren Vorstoß in dieser auf hohem Niveau geführten Auseinandersetzung bildet das Buch *Merchants and Revolution* (1993) des Amerikaners Robert Brenner. Brenner, ein anerkannter marxistischer Historiker, steht auf seiten der Klasse.

5 Das relative Gewicht, das »Kultur« und »Struktur« jeweils zukommt, ist in der gegenwärtigen Sozialwissenschaft Gegenstand heftiger Kontroversen zwischen Idealisten bzw. Kulturalisten auf der einen und Materialisten bzw. Strukturalisten auf der anderen Seite. Auch die Frage, welche relative Bedeutung dem Handeln in Kulturen bzw. Strukturen und dem Einwirken auf diese zukommt, wurde diskutiert. In den 70er und 80er Jahren tauchte diese Frage vor allem unter dem Schlagwort Struktur vs. Agenten auf.

6 Im soziologischen Sinne ist »Situs« im Gegensatz zum gängigeren »Status« nicht notwendigerweise hierarchisch.

7 Diese Behauptungen gilt es in Zukunft durch Belege vollständig zu untermauern. Einstweilen jedoch will ich mich an die vorhandene Literatur halten, die vom Zusammenstoß mit der neuartigen europäischen Kultur und ihren amerikanischen Ablegern berichtet; zu Schwarzafrika: Boahen 1987; Curtin 1972; July 1967; zur arabischen und islami-

schen Welt: Hourani 1983; Lewis 1983; Sharabi 1970; zu Asien: Panikkar 1955; zu China: Teng/Fairbank 1954; Spence 1995; zu Japan: Centre for East Asian Cultural Studies 1970; Lehmann 1982; Miyoshi 1979; zu Südostasien: Reid/Marr 1970.

8 Edward Saids ausgesprochen polemisches Buch *Orientalismus* (1981) bietet den besten allgemeinen Überblick über den Orientalismus und liefert gleichzeitig einen grundlegenden Referenzrahmen für die heutige nicht-europäische Auseinandersetzung mit dem gesellschaftlichen und kulturellen Wissen Europas.

9 Anzumerken ist, daß die amerikanischen Zahlen für 1830, die Bairoch in den Tabellen 1.4 und 1.6 angibt, nicht miteinander zu vereinbaren sind. Vgl. auch Maddison 1982, 8, nach dessen Zahlen Westeuropa und die USA eng beieinander liegen.

10 Das rasante Bevölkerungswachstum läßt darauf schließen, daß auch für China das 18. Jahrhundert eine Wachstumsperiode war. Vgl. Braudel 1985/86, Bd. 1, 30ff.

11 Die Schätzungen beruhen auf Berechnungen zum Konsum von Textil- und Eisenwaren.

12 Die Zahlen bewegen sich am unteren Ende der verläßlichsten Schätzungen. Woodruff (1966, 107) und andere halten die russischen Zahlen für zu niedrig. Die genaue Zahl der Emigranten zwischen 1850 und 1950 beläuft sich auf 48,7 Millionen. Die Schätzung für die kontinentale Bevölkerung von 423 Millionen im Jahr 1900 schließt den asiatischen Teil Rußlands ein.

13 Vgl. die späten Arbeiten Stein Rokkans über die historischen und gesellschaftlichen Wurzeln der politischen Spaltungen in Europa (1970, 1980) sowie die monumentale Trilogie zum europäischen 19. Jahrhundert von Eric Hobsbawm (1962, 1977, 1989).

14 Was auch immer man von Lenin und den Bolschewiki halten mag – daß der Sturz der Provisorischen Regierung in Rußland das Werk der Arbeiterklasse war und die Konfliktlinien im anschließenden Bürgerkrieg klassenspezifisch verliefen, steht außer Zweifel. Vgl. Rabinovitch 1976; Ferro 1976.

15 Der ägyptische Nationalist Mustafa Kamil zum Beispiel schrieb darüber ein ganzes Buch mit dem Titel *The Rising Sun* (Hourani 1983, 205).

16 Die österreichische, polnische und tschechoslowakische Wirtschaft waren in Europa am stärksten betroffen und schrumpften durchschnittlich um ein Fünftel, die deutsche büßte ein Sechstel ein (Maddison 1976, 458).

17 Wer blieb überhaupt, dürfte mancher fragen. Unter den etablierten intellektuellen Begabungen ersten Ranges sind die wohl bemerkenswertesten Beispiele Picasso und Matisse, die im besetzten Frankreich des kollaborierenden Vichy-Regimes überlebten, sowie einige deutsche Naturwissenschaftler wie etwa Werner Heisenberg. Eine ganze Reihe von Emigranten fanden auch in England Zuflucht, wo sie schon bald in hohem Ansehen standen; vgl. Anderson 1992, 61ff.

18 Zwar war das in Italien und ganz besonders in Belgien eine wichtige Frage. Als solche aber hatte sie eher mit der Frage nach der Kollaboration mit dem Faschismus zu tun, die beiden Königshäusern, nicht ganz zu Unrecht, vorgeworfen wurde, als mit der Staatsform der Nachkriegszeit. Allerdings verfügte keine der beiden Monarchien mehr über besonders große Machtbefugnisse.

19 Diese Mischung aus unerschütterlicher Loyalität, selbst wenn sie sichtlich inopportun ist, und heftiger Kritik kommt ganz deutlich in den rückblickenden Interviews mit den polnischen Kommunistenführern der Nachkriegszeit J. Berman, H. Minc u.a. in Toranska 1987 zum Ausdruck.

20 Daß Ostdeutschland dabei laut Mitchell eine Ausnahme bildet, beruht offensichtlich auf einem Rechenfehler; vgl. Gysi 1988, 513.
21 In Großbritannien war der Anteil von Frauen in geringerem Maße durch bäuerliche Familienbetriebe beeinflußt und blieb zwischen 1932 und 1951 im Grunde – mit einer leichten Tendenz nach oben – unverändert.
22 1970 lag die totale Fruchtbarkeitsrate in den Balkanländern (mit Ausnahme Albaniens) bei 2,43 (Kinder je Frau) gegenüber 5,05 in der Türkei, 1989 bei 1,84 gegenüber 3,64. In Albanien, das aus dem europäischen Rahmen fällt, sank die Rate im selben Zeitraum von 5,16 auf 2,96 (Council of Europe 1991, 37 und 43).
23 Zwischen 1970 und 1990 sank die totale Fruchtbarkeitsrate (ungewichtete Durchschnittswerte) in Frankreich, Italien, Portugal und Spanien von 2,63 auf 1,48, in Algerien, Marokko und Tunesien verringerte sie sich von 6,9 auf 4,3 (Council of Europe 1991, 37, Weltbank 1992a, 86f., 426f., 610f.).
24 Sie wurde zwar in den letzten fünfzig Jahren durch die USA erfolgreich herausgefordert, aber nicht übertroffen.
25 Die exakten Zahlen bei Woodruff belaufen sich auf insgesamt 48,7 Millionen Menschen, was 11,5 % der Bevölkerung (einschließlich Rußlands) im Jahr 1900 entspricht.
26 Ende der 50er Jahre gab es in Frankreich zwischen 15 000 und 20 000 Arbeiter aus Schwarzafrika. Die Schätzungen von Carlier/Ruedy liegen über den offiziellen Zahlen.
27 Österreich soll angeblich nach 1956 200 000 Ungarn, 1968/69 160 000 Tschechoslowaken und 1980/81 120-150 000 Polen aufgenommen haben (*Die Presse* 15./16.6. 1991, III). Das »Fortlaufende Berichtssystem zur Migration« der OECD, SOPEMI, schätzt die Zahl der tschechischen Emigranten nach dem Ende des Prager Frühlings auf lediglich 90 000 (SOPEMI 1992, 114).
28 Die Zahlen für Ungarn stammen aus den Bevölkerungsdaten des Europarats (Council of Europe 1991, 120); der SOPEMI-Bericht weist darauf hin, daß die ungarischen Migrationsstatistiken ausgesprochen unzuverlässig seien (SOPEMI 1992, 99), und schätzt die Zahlen weit niedriger ein (ebd., 154). Die Zahlen für Polen sind früher geheimgehaltene Berechnungen, zitiert nach SOPEMI 1992, 106f. Deutschland war das Hauptzielland der polnischen Emigration.
29 Seit der Weltwirtschaftskrise wanderten die Iren vor allem nach Großbritannien aus und nicht mehr wie früher in die USA (Sexton 1993, 8). Die Nachkriegsemigranten aus den Niederlanden gingen nach Übersee.
30 In der DDR betrug die Zahl der nicht-europäischen Bevölkerung 1989 etwa 85 000 oder 0,5 % der Gesamtbevölkerung, wobei die meisten von ihnen Vietnamesen waren (SOPEMI 1992, 62). Im gleichen Jahr gab es in Bulgarien ca. 40 000 nicht-europäische Arbeiter, was ebenfalls in etwa einem Bevölkerungsanteil von 0,5 % entspricht (Poulton 1991, 118).
31 Die Schweizer Sozialdemokraten, zu Beginn des Jahrhunderts ein wichtiger Teil der europäischen Arbeiterbewegung, erhielten 1917 30,1 % der Stimmen, 1947 verfügten sie zusammen mit den Kommunisten über 31,3 % (Mackie/Rose 1982, 355ff.).
32 Die Klassiker zu diesem Thema sind natürlich A. Smith, Lectures on Justice, Police, Revenue, and Arms, ... hg. v. E. Cannan, Oxford 1896; ders., An Inquiry into the Nature and Causes of the Wealth of Nations, 1776 (dt.: Der Wohlstand der Nationen); John Millar, Observations concerning the Distinction of Ranks in Society, 1771 (dt.: Vom Ursprung des Unterschieds in den Rangordnungen und Ständen der Gesellschaft).

33 Dieser Abschnitt faßt eine ganze Reihe nationaler und internationaler Untersuchungen zusammen. Die Angaben zur jährlichen Arbeitszeit (in den OECD-Ländern) stammen vor allem aus OECD 1993, 186. Internationale Zahlen zu bezahlter Arbeit, Haushalt und Freizeit wurden von Jonathan Gershuny in mehreren Studien zusammengetragen (1992a; 1992b; 1992c). Das Heft 165/66 (1992) der Zeitschrift *Futuribles* widmet sich schwerpunktmäßig Fragen der Arbeitszeit. Bosch 1992, 94 bietet für die Jahre 1989 und 1990 einen detaillierten Vergleich der effektiven Arbeitszeit in den beiden deutschen Staaten. Die Zahlen für Ungarn wurden ermittelt und untersucht von Andorka u.a. 1992, Kap. 9. Das statistische Bundesamt in Schweden führte 1990/91 eine aufschlußreiche Befragung zum Zeitbudget durch, zitiert in Levnadsförhållanden 1992.
34 Thorstein Veblens Klassiker *Die Theorie der feinen Leute* wurde erstmals 1899 veröffentlicht. Es analysiert die Reichen im »vergoldeten Zeitalter« des US-Kapitalismus.
35 In welchem Maße dabei die Fahrt zum und vom Arbeitsplatz in die schwedische Zählung eingeflossen ist, bleibt jedoch unklar.
36 Meine Primärdaten stammen aus Maddison 1992, 279F., OECD 1986a, 142, sowie aus schwedischen Arbeitsmarktstatistiken, für Frankreich aus Marchand 1992, 34.
37 In der Tschechischen Republik herrschte noch 1997 Vollbeschäftigung, wenngleich die Beschäftigtenzahl seit 1989 deutlich gesunken ist.
38 Belgien hatte einen extrem niedrigen Beschäftigungsanteil von lediglich 20 %.
39 Die exakten Prozentanteile der Männer zwischen 60 und 64 unter den Beschäftigten lagen 1986 in Frankreich bei 27,4 %, in Deutschland bei 31,8 %, in Italien (1985) bei 38,6 %, in Großbritannien bei 53,4 %, in den Niederlanden (1985) bei 36,4 % und in Finnland bei 35,5 %. Die Zahlen für Ungarn stammen aus Andorka u.a. 1992, 65.
40 61 % waren im vollständigen Vorruhestand, weitere 20 % teilweise im Ruhestand, 4 % waren krank und 11 % arbeitslos. Die Gewerkschaft organisiert über 95 % der entsprechenden Arbeitskräfte. Der Bericht der Gewerkschaft ist abgedruckt in *Svenska Dagbladet*, 30. 12. 1993.
41 Auch Rußland verfügte auf diesem Gebiet über eine hochentwickelte Forschung.
42 Auch in Argentinien und Uruguay bilden die Alten und Rentner, die sogenannten »jubilados«, wichtige, autonome soziale Bewegungen, die von extrem linken Gruppierungen mitunter sogar als »Vorhut« im gesellschaftlichen Kampf bezeichnet werden. Grundlage dieser Beobachtung sind Interviews, aktuelle Presseberichte und Flugblätter während eines Besuchs in Uruguay und Argentinien im Oktober/November 1992.
43 Die Entwicklung in den 70er Jahren zeigte keine international gleichlaufende Tendenz (OECD 1985a, 42).
44 Die Zahl bezieht sich auf Ungarn, Polen und die UdSSR. In der DDR und der Tschechoslowakei lag der weibliche Anteil höher, in Albanien und Jugoslawien niedriger (vgl. die entsprechenden Ländertabellen bei Marer u.a. 1992).
45 Der Begriff »Industrie« umfaßt hier, wie es allgemein üblich ist, Bergbau, verarbeitende Industrie, Bauindustrie und Versorgungswirtschaft.
46 In Taiwan gab es um 1980 einen kurzen Zeitraum, in dem der Industrialismus relativ gesehen vorherrschend war. Im Gegensatz zur reinen Handelsstadt Singapur entwickelte sich Hongkong auch zu einem industriellen Stadtstaat. In beiden gab es natürlich keinerlei agrarischen Hintergrund (OECD 1991a, 75f. und Bairoch 1968).
47 Der größere Umfang der amerikanischen Streitkräfte, zumindest für den überwiegenden Teil des entsprechenden Zeitraums, ist dabei berücksichtigt (OECD 1987b, 88f., 236f.).

48 Entsprechend einer etwas weniger weit gefaßten Berechnungsgrundlage in den nordischen Ländern lag der Anteil der im öffentlichen Dienst Beschäftigten 1981 in Finnland bei 24 %, in Norwegen bei 25 %.
49 Sofern aktuelle Zensusdaten oder Arbeitsmarktumfragen nicht zur Verfügung stehen, gibt die ILO in ihrem jeweils jüngsten Jahrbuch keine Zahlen an, so daß man mitunter eine ganze Reihe verschiedener Quellen heranziehen muß. Für Albanien ließen sich keine vergleichbaren Zahlen finden.
50 Da ich den Urheber dieser Äußerung wegen des Abdruckrechts nicht konsultiert habe, belasse ich diese streitbare Feststellung lieber anonym.
51 Ein Überblick, der den Anteil der Arbeiter an der gesamten erwachsenen Bevölkerung errechnet, findet sich in Przeworski/Sprague 1986, 35. Für Belgien und Deutschland habe ich zudem zurückgegriffen auf Bairoch 1968, Tab. B 5 und C 5; für Deutschland darüber hinaus Mooser 1984, 28; für Frankreich wurde mir freundlicherweise Einblick in die Tabellen gewährt, die dem Überblick bei Przeworski zugrunde liegen (Przeworski/Underhill 1978); für Schweden habe ich mich auf meine eigene Analyse schwedischer Volkszählungen bezogen (Therborn 1981, 29).
52 Die Studien wurden von LEST in Aix-en-Provence und vom Institut für Sozialforschung in München durchgeführt (Maurice u.a. 1986). Für einen Überblick, der auch Forschungen zu Großbritannien enthält, vgl. Lane 1989. Vgl. auch die Angaben zum Verhältnis von Löhnen und Gehältern bei Mermet 1993, 228f..
53 Der amerikanische Soziologe Burawoy war selbst an beiden Unternehmungen beteiligt und hat sie in seine Studien einbezogen (vgl. Burawoy/Lukács 1992, Tl. 1).
54 Die These von Braverman schließt die Arbeit der Angestellten mit ein. Vgl. als weitere empirische Antwort auf Braverman, der, nebenbei bemerkt, zumindest anfangs von empirischen Erfahrungen ausging, Kern/Schumann 1984.
55 In Anthony Giddens' Konzeption der Moderne kommen die Rechte bemerkenswerterweise nicht vor, sondern lediglich die »Überwachung« (Giddens 1996, 77f.). Andererseits enthält auch die klassische Arbeit von Émile Durkheim (*Über soziale Arbeitsteilung*. Frankfurt a. M.: Suhrkamp 1988) keine grundlegende Diskussion des Rechts im Hinblick auf die einzelnen Rechte.
56 Vgl. auch Brubaker 1989 und Hollifield 1992, Kap. 8 und 9 sowie die interessante französisch-deutsche Geschichtsdebatte zwischen Jeanne und Pierre-Patrick Kaltenbach und Rudolf von Thadden in *Le Monde*, 3. 7. 1993, 7.
57 Eingebürgert wurden 1987 5,0 % der ausländischen Bevölkerung in Schweden, 3,3 % in Frankreich, 3,2 % in den Niederlanden, 3,0 % in den USA, 1,2 % in der Schweiz, 0,3 % in Deutschland und Belgien.
58 In Portugal unter Salazar besaß allein die gebildete Minderheit der portugiesischen Frauen das Wahlrecht, in Spanien unter Franco waren es die weiblichen »Haushaltsvorstände«, d.h. erwachsene Frauen in Haushalten ohne einen erwachsenen Mann, die wählen durften. Den anderen Frauen dagegen wurden die Wahlrechte, die sie zur Zeit der Republik 1933 bis 1939 hatten, entzogen. Vgl. dazu auch Sternberger/Vogel 1969.
59 Literatur über den Wohlfahrtsstaat gibt es inzwischen reichlich, vor allem mit Blick auf Nordwesteuropa. Als Standardwerk kann Flora 1986ff. gelten, von dem bislang drei Bände erschienen sind. Vgl. auch Esping-Andersen 1990.
60 Die Entwicklung der Arbeiterklassenvorstellung von sozialer Sicherheit findet sich nachgezeichnet und dokumentiert in Therborn 1984a.

61 Die beste Sekundärquelle ist Belinsky 1982. Wiktorow 1992 bietet einen kurzen, aber nicht sehr profunden Überblick. Als nützlich haben sich einige allgemeine Werke zur sozioökonomischen Geschichte der Sowjetunion erwiesen, nämlich Carr/Davies 1974, Kap. 22; Dobb 1966, 487ff.; Deacon u.a. 1992.
62 Die Renten beliefen sich 1950 in Dänemark auf etwa ein Drittel eines Arbeiterlohns, in Finnland und Schweden auf ein Fünftel, in Norwegen auf etwa ein Sechstel (Berechnungen nach Palme 1990, 56ff.).
63 Die Zahl für die UdSSR stammt aus Wiktorow 1992, 196, da sich von Beymes Angabe von 33,7 % auf das Jahr 1980 bezieht. 1985 betrug eine durchschnittliche sowjetische Rente 38,4 % des durchschnittlichen Bruttolohns.
64 Auch im Hinblick auf die Organisation staatlicher Versorgung in den nordischen Ländern gilt das Gesagte nur eingeschränkt. So verfügt etwa Finnland neben dem großen staatlichen Rentensystem über ein staatlich geregeltes, aber privat organisiertes System der beruflichen Renten.
65 Der Text der Erklärung von Helsinki sowie die Folgedokumente finden sich in Council of Europe 1992b, Kap. 4; eine knappe Darstellung des Kontextes bietet Brinton 1990.
66 Mündl. Mitteilung von Dr. Andrzej Werblan, Warschau. Dr. Werblan, ehemals ein hochrangiger und linientreuer kommunistischer Historiker, hat eine Geschichte des polnischen Stalinismus verfaßt.
67 Mündl. Mitteilung von Professor Ivan Mozny, Prag.
68 Einen kurzen, aber erschütternden Bericht über den aufkommenden revolutionären Druck und die damit verbundenen Einschüchterungen liefert der ungarische Soziologe Elemér Hankiss in einer scharfsinnigen Untersuchung, deren Titel (*East European Alternatives*) allerdings etwas irreführend ist (Hankiss 1991, Kap. 1).
69 Vor dem Krieg wurden im Europa westlich der UdSSR natürlich die Kommunisten unterdrückt.
70 Im Oktober 1946 waren auch 60 000 Staatsbedienstete entlassen worden; zum Teil handelte es sich dabei um eine Säuberungsaktion, zum Teil waren die Entlassungen aber auch finanziell bedingt. Ein großer Teil dieser Entlassungen wurde denn auch bald wieder rückgängig gemacht (Szöllösi-Janze 1991, 343f.).
71 Die folgende Zahl der Opfer der stalinistischen Unterdrückung stammt aus Getty u.a. 1993; die Bevölkerungszahlen entstammen anderen offiziellen westlichen Statistiken. Zu den Quellen hinsichtlich der antifaschistischen Säuberungen siehe oben.
72 Diese Zahl bezieht sich auf die Jahre 1945-1948. Zahlen für 1953 fehlen noch immer.
73 Angenommen, daß keine schwarzen Frauen im Gefängnis saßen und das Geschlechterverhältnis bei den schwarzen US-Amerikanern in etwa ausgeglichen ist, dann saßen in den USA 1990 1,7 % der gesamten schwarzen Bevölkerung im Gefängnis.
74 Das kontinentale und das irische Familienrecht stellen die Frauen explizit unter die »Fuchtel« ihrer Ehemänner, und auch führende britische Richter hegen ähnliche Ansichten, obwohl das gemeine Recht, anders als das Zivilrecht, die familiären Beziehungen nicht detailliert regelt (Sachs/Höff Wilson 1978, 141f.).
75 Zu den unterschiedlichen Rechtstraditionen siehe Zweigert/Kötz 1996. Finnland und Island waren damals noch keine souveränen Staaten, Norwegen erlangte seine Souveränität erst 1905. Dennoch hatten alle drei im Laufe des 19. Jahrhunderts ihre eigene Gesetzgebung entwickelt. Für einen Überblick über die wichtige Gesetzgebung im Norden seit 1810 siehe Blom/Tranberg 1985.

76 Das wiedervereinigte Deutschland ist mehrheitlich protestantisch.
77 Ursprünglich hatten sich die Christdemokraten und die Liberalen im parlamentarischen Rat dagegen ausgesprochen, die Gleichberechtigung in die Verfassung aufzunehmen. Erst als die Frage öffentlich debattiert wurde, fügte man die Gleichberechtigung zwischen den Geschlechtern ins Bonner Grundgesetz von 1949 ein. Das vorläufige Bundespersonalgesetz von 1950 gestand einem Arbeitnehmer ausdrücklich das Recht zu, eine weibliche Angestellte, deren »wirtschaftliche Versorgung (...) sichergestellt ist«, d.h. die durch ihren Ehemann wirtschaftlich abgesichert ist, zu entlassen. Auch das Gesetz zur Entschädigung für nationalsozialistisches Unrecht nahm weibliche Staatsangestellte aus, die wegen ihres Geschlechts entlassen worden waren; Entschädigung wurde nur denjenigen gewährt, die aufgrund ihrer Rasse, ihres Glaubens oder ihrer Weltanschauung entlassen worden waren (Vogel 1989, 162ff.).
78 In diesem Jahr erhielten die verheirateten Frauen in den Niederlanden die Rechte reifer Erwachsener (Boulanger 1990, 44 und 279).
79 Belgien übernahm diesen »Stichentscheid« 1965 (Lohlé-Tart 1975, 152). Doch erst 1985 wurde die vollständige Gleichberechtigung gesetzlich verankert (Rieg 1992, 429).
80 Auch französische Gerichte hatten zu Beginn der 60er Jahre festgestellt, daß Klauseln hinsichtlich des weiblichen Familienstands ungültig waren, und Italien erklärte die Entlassung von Frauen aufgrund ihrer Heirat 1963 für illegal. In Großbritannien dauerte es damit bis zum Gesetz über die industriellen Beziehungen 1971, und in Deutschland mußte sich die Gleichheitsklausel des Grundgesetzes bis zur Mitte der 70er Jahre noch keinem Test im Hinblick auf die Diskriminierung verheirateter Frauen unterziehen. Vgl. dazu Schmidt 1978, 154ff.
81 §119 stand gleichwohl im Mittelpunkt eines wichtigen Frauenstreiks im belgischen Liège 1966. Vgl. Andresen 1988.
82 Finnland scheint in dieser Hinsicht ein Nachzügler gewesen zu sein.
83 Das Recht der Männer auf vorehelichen Sex scheint selten ernsthaft in Zweifel gezogen worden zu sein, auch wenn die offizielle Kirchenlehre diesen nicht erlaubte. So gibt es denn offenbar weder im Englischen noch im Deutschen einen eigenen Ausdruck für die männliche Unberührtheit, d.h. ein Pendant zur weiblichen Jungfernschaft. Im Schwedischen allerdings existiert ein solcher Begriff, nämlich »svendom«.
84 Das geschah noch vor der jüngsten Frauenbewegung, und dieser Schritt scheint durch Kräfte der rechtsphilosophischen Aufklärungstradition vollzogen worden zu sein. Zum Hintergrund vgl. Nytt Juridiskt Arkiv 87 (1962), 170ff.
85 Zumindest fehlt sie in Ländern, die im Lauf der letzten beiden Jahrzehnte eine ganze Reihe von Reformen in der Familien- und Geschlechtergesetzgebung zu verzeichnen hatten, so etwa in Österreich und Frankreich (Bernd/Schlatter 1992, 243; Deveze 1991, 215).
86 Dennoch hat vor allem Michael Burawoy Wichtiges zum Thema beigetragen. Vgl. Burawoy 1985; Burawoy/Lukács 1992.
87 Vgl. auch weiter unten die Ergebnisse zur Ausweitung des Wohlfahrtsstaates und zu den Quellen der Haushaltseinkommen. Vgl. des weiteren Heidenheimer u.a. 1983, 134 bzw. 1990, 145ff. Ein besonderer Aspekt des eingeschränkten Privateigentums in Japan liegt in der unternehmerischen Verantwortung für mehr oder weniger weit gehende Vollbeschäftigung (Therborn 1986).
88 Hier besteht natürlich ein Widerspruch zwischen dem Absolutismus des Privateigen-

tums, der das Recht beinhaltet, es zu verschwenden und für jeden nur denkbaren Zweck zu verwenden, wie irrational oder wertrational er auch immer sein mag, und dem Absolutismus des Marktes mit seiner universalistischen Kosten-Nutzen-Rationalität.

89 In seinem monumentalen Werk *Industrial Relations and European State Traditions* weist Colin Crouch (1993, 311) darauf hin, wie wichtig die zünftischen Traditionen in den nicht-germanischen Ländern südlich Skandinaviens waren. Meiner Ansicht nach jedoch berücksichtigt Crouch in seiner kurzen Abhandlung des Themas zu wenig, welche Bedeutung dem korporatistischen Erbe in den Demokratien Italien, Portugal und Spanien zukommt. So sind etwa die strengen Klauseln zur Arbeitsplatzsicherung in Spanien und Portugal vor dem Hintergrund der offiziellen korporatistischen Arbeitspolitik zu sehen. Auch die Kodifizierung der Arbeitsrechte im Nachkriegsitalien scheint sich nur wenig vom Rechtsstil des Korporatismus zu unterscheiden. Doch Crouch geht es in erster Linie um die Industriebeziehungen, nicht um Klassenrechte.

90 Selbst der einst strikt anti-kulturell eingestellte Soziologe Michael Burawoy erkannte in Ungarn die Bedeutung von Ritual und Ideologie (Burawoy/Lukács 1992, 139ff.).

91 Für eine kurze und kritische Einführung aus anderer Perspektive in die wichtigen Ableger der Modernisierungstheorie vgl. das einleitende Kapitel in Nee/ Stark 1989.

92 Eine Einführung in die Eigentumsvorstellungen von Solidárnosc 1980/81 geben Nuti 1981 und Garton Ash 1991, 235ff. Hinsichtlich der späteren Entwicklungen bin ich dem polnischen Wirtschaftswissenschaftler T. Kowalik zu Dank verpflichtet, mit dem ich in Budapest am 22. September 1991 ein Gespräch geführt habe. Im Frühjahr 1993 berichtete die *Financial Times* (6. 4. 1993, 2) über eine aktuelle Umfrage unter den im staatlichen Sektor beschäftigten polnischen Industriearbeitern: 14 % von ihnen waren der Meinung, ihr Arbeitsplatz sollte privatisiert werden, während 51 % an der Verstaatlichung festhalten wollten und 25 % wünschten, daß die Betriebe in den Besitz der Arbeiter übergingen. Doch die polnischen Arbeiter hatten unter dem Kommunismus wenig zu sagen (es sei denn in einigen Ausnahmesituationen »Nein«), und auch im Übergang zum Kapitalismus ist ihre Meinung nicht besonders gefragt.

93 Meine soziologisch-historische Erklärung ist nicht auf optimale Funktionalität ausgerichtet, so daß staatlicher Besitz oder staatliche Regulierung nicht notwendig optimal sein müssen, auch wenn die Kriterien der Politik unter den Bedingungen kleiner Märkte und großer Unternehmen befriedigender ausfallen würden als im umgekehrten Fall.

94 Eine Kapazität, die leicht von ihrem repressiven und destruktiven Potential usurpiert werden kann.

95 Damit will ich weder die brillante Analyse des ungarischen Wirtschaftsfachmanns János Kornai in Frage stellen, dem wir die wichtigen Begriffe der »weichen« und »harten« »Budgetzwänge« verdanken, die seiner Analyse der *Economics of Shortage* (1980) zugrunde liegen, noch das liberale Argument bezüglich Rivalität und Wettbewerb, das von Lavoie 1985 untersucht wurde.

96 Die kurzlebigen Verstaatlichungen in Frankreich im Jahr 1981 umfaßten noch einen vierten Bereich, nämlich einige marktbeherrschende nationale Unternehmen, von denen man glaubte, sie seien von zentraler Bedeutung für die künftige nationale Entwicklung. Doch auch im Verhältnis zu ihrem jeweiligen einheimischen Markt waren diese nationalen Spitzenreiter große Unternehmen.

97 Als die finnische Nationalbank im November 1991 versuchte, die Finnmark zu stützen,

verkaufte man Währungsreserven im Wert von 17 % des finnischen BIP oder 80 % des jährlichen finischen Handelsvolumens, allerdings vergeblich (*Die Zeit*, 18. 6. 1993, 28).

98 Die OECD paßt ihre Statistiken rückwirkend an, und auch in den drei Texten von Maddison bestehen hinsichtlich der gleichen Länder einige Unterschiede.

99 Die Durchschnittswerte bei Maddison wurden – mit Ausnahme der nichteuropäischen Länder – nachgerechnet.

100 Das wäre eine Ausweitung der These, die Mancur Olson in seinem Buch *Aufstieg und Niedergang von Nationen* (1985) für die kapitalistischen Demokratien aufgestellt hat.

101 So konnte beispielsweise die Bevölkerung der großen Industriestadt Magnitogorsk Ende der 80er Jahre nur mit 75-80 % der offiziellen Verbrauchsnorm versorgt werden (Kotkin 1991, 3).

102 In anderer Hinsicht, die mehr mit Fragen des Marketings zu tun hat, kann man natürlich sehr wohl von einer Trennlinie zwischen Ost und West sprechen, etwa was Markennamen, Verpackung u.ä. angeht.

103 Während der Weltwirtschaftskrise nahm die Anzahl der Autos in den USA beträchtlich ab, sie sank von 23,1 Millionen im Jahr 1929 auf 20,7 Millionen 1933. Die Zahl von 1929 wurde erst wieder 1936 erreicht.

104 Vor dem Zweiten Weltkrieg waren die europäischen Länder mit der höchsten Automobildichte Frankreich, Großbritannien und Dänemark, mit 41,9, 38,7 bzw. 29,4 PKWs je 1000 Einwohner (Svennilson 1954, 280).

105 Ich stütze mich hier auf Berichte der *Financial Times*, der *FAZ*, des *Economist* und des *Wall Street Journal*.

106 Herzstück der britischen »Armutslobby« ist die Child Poverty Action Group, die 1965 gegründet wurde (vgl. McCarthy 1986).

107 Man sollte dabei bedenken, daß 1990 der Anteil der Arbeitgeber/Selbständigen/in der Familie Arbeitenden bei 88 % der Lohn- und Gehaltsempfänger lag (ILO 1993, 200).

108 Der außerordentlich hohe Anteil an staatlichen Transferleistungen in den Niederlanden läßt sich zurückführen auf eine niedrige Beschäftigungsrate sowie auf eine einzigartig hohe Dauerarbeitslosigkeit, die sich hinter dem Begriff der »Arbeitsunfähigkeit« verbirgt und als solche staatlich kompensiert wird.

109 Zwei Untersuchungen der EU haben kürzlich herausgefunden, daß in Großbritannien die Lohnkluft zwischen Frauen und Männern am größten ist und es dort die meisten Arbeiter mit sehr niedrigem Lohn gibt. So verdienen ein Fünftel aller Vollzeitbeschäftigten weniger als zwei Drittel des Durchschnittslohns (*Financial Times*, 25. 9. 1991, 9 und 17. 12. 1991, 2). Zur Schwankungsbreite der Löhne in der OECD in früheren Jahren vgl. Hedström/Swedberg 1985.

110 Der Autor gibt für 1988 einen Durchschnittswert von 68 an, während die Zahlen in seiner Tabelle einen Wert von 69 ergeben.

111 Zu Beginn der 90er Jahre verfügten 19 % der alleinstehenden älteren Menschen in der Schweiz und 16 % in Großbritannien über ein Einkommen, das weniger als die Hälfte des mittleren Haushaltseinkommens pro Kopf (nach Abzug aller Steuern) betrug (Mitchell 1992, 176).

112   Untersuchungen, die von Anthony Atkinson, einem britischen Experten für die Einkommensverteilung, bei einem Vortrag in Amsterdam im Juni 1997 genannt wurden.

113   In den USA lebte fast die Hälfte in Armut, in Australien und Kanada waren es etwa zwei Fünftel (Zahlen der Luxemburger Einkommenserhebung, Mitchell 1992, 176).

114   Tatsächlich waren es 72 Jahre in Chile, 71 in Argentinien, 70 in Mexiko, 66 in Brasilien und 70 in Südkorea (Weltbank 1992a).

115   Weder die Experten in der zitierten Sonderausgabe des *International Journal of Health Sciences* 3 (1992) noch diejenigen in Normand/Vaughan 1993 haben dafür eine Erklärung zu bieten.

116   Die Sterberate für 1993 ist vermutlich die gleiche wie in den ersten sieben Monaten dieses Jahres. Die Gesamtbevölkerung, auf deren Grundlage sich die Sterberate ergibt, bezieht sich auf das Jahr 1991 und stammt aus Weltbank 1993b, 506. In diesem Zusammenhang sei allerdings auf drei Unsicherheitsfaktoren hingewiesen. Zum einen wurde die Sterberate für 1993 aufgrund der Zahlen für die ersten sieben Monate hochgerechnet. Das dürfte aber nur recht geringe Auswirkungen haben und die Zahl der Sterbefälle angesichts der sich verstärkenden sozioökonomischen Krise sogar eher unter- als überschätzen. Zum zweiten ist die Sterberate nicht nach Alter standardisiert, und der fortdauernde Alterungsprozeß läßt erwarten, daß die rohe Sterberate leicht höher liegt. Betrachtet man die verfügbaren Zahlen zur Altersstruktur (Unicef 1993, 20), so würde das bedeuten, daß diese Rate zwischen 1991 und 1993 maximal ebenso gestiegen ist wie im Zeitraum 1989-1991. Zieht man diesen Alterungseffekt ab, so läge die Zahl der Toten 1992/93 bei 489 000 anstelle von 593 000. Zum dritten stimmt das Basisjahr hinsichtlich der Gesamtbevölkerung nicht ganz, doch dürften die sich daraus ergebenden Wirkungen zu vernachlässigen sein. Bei der halben Million Toter während der ersten beiden Jahre der Jelzin-Regierung handelt es sich also um eine konservative Schätzung.

117   Diese Zahlen sind nicht ganz exakt, da sie den ausländischen Verkehr (Tourismus, Transitverkehr u.ä.) und die Bevölkerungsdichte nicht berücksichtigen. Die Sterberate kann auch durch die Qualität der Rettungsdienste und der Krankenhäuser beeinflußt sein. Aber das hohe Risiko im portugiesischen und belgischen Straßenverkehr zeigt sich auch deutlich, wenn man es mit ähnlichen Ländern vergleicht, etwa mit Spanien (18 Tote), Italien (11) und den Niederlanden (9).

118   Im Vergleich dazu zeigte die osteuropäische Comecon, wie man sie im Westen nannte, stets weitaus weniger Ambitionen zur Integration; sie war denn auch nicht auf Europa beschränkt. Sie wird zwar in diesem Buch gelegentlich erwähnt, aber ihre begrenzte Bedeutung sowie die vermutlich noch eingeschränktere Kompetenz des Verfassers sind dafür verantwortlich, daß sie hier nur am Rande vorkommt.

119   Auch Spanien verfügt über regionale Familienregelungen und -sitten, und in Österreich bestand ein nach Konfession getrenntes Familienrecht.

120   Offensichtlich nahm der sowjetische Botschafter in Sofia Anfang der 60er Jahre an den Sitzungen des bulgarischen Politbüros unter Schiwkow teil (Horn 1991, 149).

121   Die ostdeutschen und polnischen Pendants zu Rájk und Slánsky (Ackermann, Dahlem, Gomulka u.a.) wurden ebenso wie ihre Genossen in Ungarn und der

Tschechoslowakei kaltgestellt, aber nicht liquidiert. In Rumänien ebnete die Säuberungsaktion von 1952 den Weg für einen nationalistischen Kommunismus.

122 Die Bilanz für die USA fällt in dieser Hinsicht noch viel dramatischer aus, aber sie zeigt die gleichen Charakteristika wie die europäische, nämlich einen langfristigen Trend zur Konvergenz sowie einen Umkehreffekt der Rezession nach 1973 (Barro/Sala-l-Martin 1991, bes. 141).

123 Das rohstoffreiche und nur spärlich besiedelte Alaska ist hier ausgenommen. Setzt man Alaska als reichsten Staat an, so beläuft sich das Verhältnis auf 3,04:1.

124 Hier handelt es sich um keine kulturelle Machttheorie, sondern um eine empirische Verallgemeinerung der europäischen Geschichte. Weniger sicher bin ich mir, welche Position den Wertesystemen innerhalb dieser Kette zukommt.

125 Wie der Besucher der Altstadt in Barcelona feststellen kann. Zu diesem monumentalen Vermächtnis siehe Goodwin 1990.

126 Außerhalb seiner Heimat ist Sidran wohl am bekanntesten durch sein Drehbuch für Emir Kusturicas Film *Time of the Gypsies*. Das erwähnte Gedicht wurde in deutscher Übersetzung veröffentlicht in *Die Zeit*, 3. 12. 1993, 60. Sein jüngster Gedichtband trägt den Titel *Sarajevski tabut* (Der Sarg Sarajewo).

127 Mein Vergleich mit der arabischen nationalistischen Renaissance verdankt sich der linguistischen Expertise meines Göteborger Kollegen Jan Retsö, Professor für Arabisch.

128 Die Liste ließe sich noch durch weitere Beispiele verlängern, die eine weitaus größere Asymmetrie aufweisen – etwa die gemeinsame Sprache in Italien und im schweizerischen Tessin, der Schweden und der Finnland-Schweden –, sowie durch die Sonderfälle grenzüberschreitender Sprachminderheiten, z. B. die Dänen auf der deutschen Seite der Grenze, die Deutschen auf der dänischen Seite, die Deutschsprecher in Südtirol usw.

129 Die Republik Irland stülpte das kanonische Familienrecht über das von den Briten übernommene gemeine Recht.

130 Für eine empirische Untersuchung, wie sich verschiedene Rechtsfamilien im Verlauf des 20. Jahrhunderts auf die internationalen normativen Muster und deren Entwicklung ausgewirkt haben, vgl. z. B. Therborn 1993b.

131 Arbeits- und Sozialrecht sind auf EU-Ebene noch nicht sehr weit entwickelt; dennoch lassen sich bereits nationale Konsequenzen der verschiedensten Art erkennen bzw. sie stehen zur Diskussion. Vgl. Birk 1990; Schulte 1990.

132 Auch in Japan stammt die Hälfte aller Filme aus den USA (*Die Zeit*, 22. 10. 1993, 25).

133 Bei den Rohdaten handelt es sich um gerundete Millionen der 1988 verkauften LPs und Maxi-Singles, CDs und MCs.

134 Ich will damit keineswegs behaupten, ich sei der erste zeitgenössische Soziologe, der Fragen der Identität ernst nimmt, doch die aufgezählten Standardwerke sind nicht nur von Leuten verfaßt und herausgegeben, die ich persönlich sehr schätze, sondern auch von Kollegen, die zu Recht großen Einfluß innerhalb des Faches besitzen. Auf der anderen Seite gibt es eine Fülle von Literatur zum Nationalismus und zur Ethnizität, wobei ein Großteil davon von Historikern, Anthropologen und Politikwissenschaftlern stammt. Hier sind in erster Linie zu nennen: Anderson 1988; Armstrong 1982; Gellner 1991; Hobsbawm 1991; Smith 1986.

135   Das explizite analytische Bewußtsein, wie wichtig die Anerkennung ist, fällt in den verschiedenen Feldern der Identitätsbildung sehr unterschiedlich aus. Innerhalb der Hegelschen Geschichtsphilosophie nimmt sie eine zentrale Stellung ein, die kürzlich von Francis Fukuyama wieder aufgegriffen wurde, für den »Geschichte« ein »Kampf um Anerkennung« ist (1992, Tl. 3). Vgl. Taylor u.a. 1993.

136   Die Literaur zu den kollektiven Ritualen und Feierlichkeiten in Europa steht im Schatten des monumentalen Werkes von Nora 1984-93. Eine Fortschreibung findet sich in *Le débat* 78 (Januar/Februar 1994). Ebenfalls verwirrend reich und unscharf ist Samuel 1989. Meines Wissens gibt es so gut wie keine kompakte und systematische vergleichende Untersuchung. Stärker bildorientiert, »imagologisch« ist Dyserinck/Syndram 1988. Prägnant, aber selektiv und weitgehend auf die unmittelbaren Nachkriegsjahre fixiert ist Namer 1983. Die nationalen Überblicke in diesem Abschnitt wurden aus verschiedenen Quellen (einschließlich der aktuellen nationalen Presse) zusammengetragen. Ein Grundgerüst an nationalen Daten zu Gedenktagen und Feierlichkeiten findet sich in Fierro 1991 und Visser 1991.

137   Bislang gibt es keine wirkliche internationale Geschichte des Maifeiertags. Allerdings verfügen wir über zwei reich illustrierte Quellenbände, die ursprünglich als Ausstellungskataloge konzipiert wurden und die gesamte Welt im Blick haben. Der gelehrtere, für unsere Zwecke allerdings weniger brauchbare (er deckt vor allem die ersten Jahrzehnte ab) ist Panaccione 1989. Der andere (Achten u.a. 1986) behandelt einen weitaus größeren Zeitraum, wobei jedoch die einzelnen Beiträge qualitativ sehr unterschiedlich ausfallen. Viele sind nichts weiter als Kurzfassungen der politischen Geschichte aus Sicht der kommunistischen Partei, weniger eigentliche Analysen der Maifeierlichkeiten. Sehr hilfreich war Hobsbawm 1983, wo ich einiges über Rußland 1917 erfahren habe. Flemming 1988 behandelt Deutschland vor dem Zweiten Weltkrieg. Eine eigenartige Mischung aus Geschichtsschreibung und kommunistischem Pamphlet ist Foner 1986. Für das übrige habe ich mich auf eigene teilnehmende Beobachtungen und die nationalen Zeitungen gestützt. Mein Dank gilt auch meinem Freund und Kollegen Risto Alapuro, der mir Einblick in eine bislang unveröffentliche Untersuchung zur finnischen Tradition des Maifeiertages gewährte.

138   Das absolute Verhältnis zwischen der Zahl der verkauften Abzeichen und der Zahl der Demonstranten läßt sich nicht feststellen. Die Abzeichen werden sowohl vor dem 1. Mai wie auch auf der Demonstration verkauft. Nicht jeder Demonstrationsteilnehmer hat ein Abzeichen, nicht jeder Käufer eines Ansteckers nimmt auch am Marsch teil. Einige Abzeichen sind zudem ohne Zweifel für die Aktivisten gedacht, werden aber nicht an indivuelle Benutzer verkauft. Das alles ändert jedoch nichts daran, daß es sich bei dieser Auflistung um einen wichtigen Indikator für Langzeitentwicklungen handelt.

139   Im Gegensatz dazu scheint das koloniale Shanghai eher »ausländisch«, d.h. nichtchinesisch, als »europäisch« geprägt gewesen zu sein, wenn man die große Zahl der dort lebenden Japaner und Amerikaner betrachtet.

140   Natürlich kann man Idealtypen zeichnen, etwa indem man die »Logosphäre«, die »Graphosphäre« sowie die »Videosphäre« sowie die ihnen jeweils zugehörigen Gesellschaften einander gegenüberstellt, wie etwa in Debray 1993, 74f.

141   Dem sogenannten funktionalen Analphabetismus, d.h. der nur ungenügenden Beherrschung von Lesen und Schreiben im Alltagsleben, ist weitaus schwerer beizukommen.

142   Verglichen wurden die Tschechoslowakei, Ungarn und Polen; England und Wales, Italien, Niederlande, Schweden, Schweiz; USA; Japan und Taiwan.

143   Wie Berufsausbildung jeweils genau definiert ist, variiert von Land zu Land; es gibt allerdings keinen Grund anzunehmen, daß sich die Position Frankreichs seit den Umfragen zur Mobilität nicht radikal verändert hat (vgl. *Données sociales* 1990, 39). Britische Arbeitsumfragen ihrerseits weisen einen niedrigeren Anteil der ungelernten Arbeitskräfte aus als die EG-Untersuchung, nämlich 32,3 % im Jahr 1989 (*Employment Gazette*, Oktober 1991, 561).

144   Max Horkheimers und Theodor W. Adornos bitter-aphoristisches Meisterwerk *Dialektik der Aufklärung* wurde großteils gegen Ende des Krieges verfaßt, war jedoch erst 1969 in Deutschland und 1972 auf Englisch einem größeren Leserkreis zugänglich.

145   Über das Pariser Beben, das Solschenizyns Buch *Der Archipel Gulag*, das zunächst niemand lesen konnte, auslöste, erzählt anschaulich eine der damaligen Schlüsselfiguren, nämlich Jean Daniel, damals Chefredakteur des linken, antikommunistischen Wochenmagazins *Le Nouvel Observateur* (1979, 184ff.). Der Eurokommunismus ist gut dargestellt in der Einleitung zu einer Auswahl von einschlägigen Dokumenten (Bosi/ Portelli 1976).

146   Mit der Intuition des Pariser Intellektuellen hat Alain Touraine bereits 1972 auf dem Höhepunkt des europäischen Industrialismus, unmittelbar vor dem Wendepunkt, ein Buch über die postindustrielle Gesellschaft verfaßt.

147   Einigen Lesern wird der Name wahrscheinlich nicht viel sagen. Warren Harding gewann die amerikanischen Präsidentschaftswahlen 1920 mit einem Wahlkampf, in dessen Mittelpunkt die Parole »Zurück zur Normalität« stand. Diejenigen, die sich noch an ihn erinnern, halten ihn nicht selten für ein Monument merkantiler Mittelmäßigkeit.

148   Eine etwas anekdotenhafte Darstellung der Strategie und fieberhaften Aktivität, welche die Kirche kurz nach dem Krieg im Hinblick auf die italienische Politik entfaltete, bietet als damaliger Augenzeuge der politische Soziologe Gianfranco Poggi (1972).

149   In der Schweiz hängt das allerdings damit zusammen, daß die überwältigende Mehrheit der (vor allem aus Italien stammenden) Einwanderer katholisch ist (Statistisches Jahrbuch der Schweiz 1992, 324).

150   Dies verdanke ich einer Reihe von Gesprächen mit dem renommierten schwedischen Islamforscher Jan Hjärpe von der Universität Lund.

151   Der Prozentanteil derjenigen, die »sehr stolz« auf ihr Land sind, beträgt laut World Values Survey 1990/91 43 % in China, 45 % in Südkorea, 53 % in Chile, 56 % in Mexiko, 60 % in Kanada, 64 % in Brasilien und in Südafrika, 67 % in der Türkei und 68 % in Nigeria.

152   Das Thema wurde in der deutschen Presse im Frühjahr 1994 lebhaft pro und contra diskutiert. Man sollte es nicht einfach mit dem Hinweis auf Fremdenfeindlichkeit und/oder Rechtsextremismus abtun.

153   In einem anderen Interview wird berichtet, daß ein Kind, das geschlagen wurde, zum örtlichen Sowjet gehen und sich beschweren konnte, woraufhin der Vater zur Rechenschaft gezogen wurde (Geiger 1968, 274).

154   Arbatov war von 1967 an Leiter des Institus für Amerika- und Kanadastudien in Moskau und gut ein Vierteljahrhundert lang einer der wichstigsten außenpolitischen Berater der sowjetischen Regierung.

155   Vor dem französischen Mai 1968 stellte wohl der schwedische Generalstreik im Jahr 1909 den weltweit größten industriellen Konflikt dar. Vgl. dazu Therborn 1985, 549.

156   Auch wenn das Ausmaß des Konflikts nicht vom Organisationsgrad abhängen dürfte, so kann man doch davon ausgehen, daß eine Veränderung im Organisationsgrad positiv mit einer Veränderung des Konfliktvolumens korreliert. Konflikt und Organisationsgrad sind beide, wenn auch auf unterschiedliche Weise, Ausdruck kollektiver Stärke.

157   Durch diese eskalierende oder, um eine feministische Wendung aufzugreifen, »bewußtseinserweiternde« Rolle in einem subjektiv gesehen revolutionären Prozeß hob sich die Dritte-Welt-Bewegung von ihren klassischen Vorgängern Ende des 18. Jahrhunderts ab, vom Abolitionismus oder der Bewegung gegen die Sklaverei in Großbritannien, Frankreich und den USA. Vgl. Blackburn 1988, 120f., 136ff., 169ff.

158   Der Prager Frühling war Vorbild für eine Studentenbewegung in den baltischen Ländern, vor allem in der estnischen Universitätsstadt Tartu (mündl. Mitteilung von Marju Lauristin, Februar 1992). Die Studentenbewegung in Slowenien stand ihren westlichen Kommilitonen in Sachen Aktivität in nichts nach, wie sich in der Zeitschrift zeigt, die 1969 vom internationalen Studentenausschuß der Universität Ljubljana herausgegeben wurde. Bevor der Eiserne Vorhang sich wieder senkte, kam es auch zu einigen ziemlich stürmischen Treffen zwischen studentischen Aktivisten aus Westdeutschland und der Tschechoslowakei.

159   Eine Ausnahme in diesem rapiden Schwinden des studentischen Kommunismus bildet die »Kommunistische Arbeiterpartei – Marxisten-Leninisten« in Norwegen; sie scheint Mitte der 90er Jahre noch immer intakt zu sein, kann bei Wahlen mit etwa einem Prozent der Stimmen rechnen und verfügt sogar über eine eigene Tageszeitung mit dem Titel *Klassekampen* (Klassenkampf), die allgemeiner linksorientiert ist.

160   Das Niveau der Debatte und der Meinungen läßt sich an einer Umfrage ablesen, die Anfang 1991 in russischen Städten durchgeführt wurde (zit. n. Zaslavsky 1993, 122). Auf die Frage »Was verbindet der durchschnittliche Russe mit der Sowjetunion?« gaben 65 % Mangelwirtschaft, Warteschlangen und Armut an, 28 % nannten Willkürherrschaft und Demütigung, 25 % meinten, sie sichere den Frieden. Ein gegen die Sowjetunion gerichteter Russianismus zeigte sich erst in der Agonie der letzten beiden Jahre der UdSSR, obwohl ein traditioneller russischer Nationalismus, oftmals mit antisemitischem Einschlag, schon früher wieder zum Leben erwacht war.

163   Horn war damals als ungarischer Diplomat in Sofia. Kádár weigerte sich, dem sowjetischen Botschafter in Ungarn ähnliche Rechte zuzugestehen, und laut Andrzej Werblan, ehemaliges Politbüromitglied in Polen, war Ähnliches in Polen selbst in Zeiten der stalinistischen Herrschaft von Boleslaw Bierut unvorstellbar (mündl. Mitteilung, September 1993).

162   Als Quelle für diesen Abschnitt dienten vor allem die drei Sammelbände der europäischen Historikerkongresse (Poidevin 1986; Schwabe 1988, Serra 1989).Vgl. darüber hinaus Haas 1958; Tamames 1987; Milward 1992. Für die späteren Jahre habe ich vor allem auf die Europaberichterstattung in der *Financial Times*, der *FAZ* sowie *Le Monde* zurückgegriffen. Auch aus Gesprächen mit dem prominenten »Eurokraten« Paolo Cecchini sowie dem Brüsseler Korrespondenten des schwedischen Rundfunks, Rolf Gustafsson, konnte ich vieles erfahren.

163 »Der japanische Premierminister soll nicht viel Führungsstärke zeigen; (...) die Legislative macht in Wirklichkeit keine Gesetze; (...) und die herrschende Liberaldemokratische Partei ist (...) keine echte Partei und herrscht eigentlich nicht.« (Wolferen 1989, 49).

164 Ludwig Erhard wandte sich vehement gegen eine europäische Zollunion, in seinen Augen war eine solche protektionistisch.

165 So Küsters 1989b, 233. Diese Ansicht wird gestützt durch Guillen 1989, 519f. und durch die Aussage von Christian Pineau, damals französischer Außenminister, der für Frankreich die Römischen Verträge unterschrieb (in Serra 1989). In ihrem Suez-Abenteuer waren Großbritannien und Frankreich von den USA im Stich gelassen worden.

166 Zwischen 1979 und 1990 wuchs das BIP pro Kopf in den OECD-Ländern Europas (also einschließlich der Türkei, aber ohne Osteuropa) jährlich um 1,7 %. In Deutschland lag das Wachstum 1870-1913 bei 1,6 %, in Schweden 1870-1950 bei 2,1 %.

167 Diese Beobachtung beruht auf einer Reihe von Gesprächen mit antikommunistischen Sozialdemokraten und Sozialisten, vorwiegend Intellektuellen und/oder Politikern. Allerdings wage ich nicht zu sagen, ob sie damit die Meinung einer Mehrheit oder einer Minderheit vertreten.

168 Dieser große und mitunter etwas arrogante konservative Wirtschaftswissenschaftler schloß seine Diskussion der Marxschen Theorie damit, daß er diesem anderen großen Mann die Ehre erwies: »Sagt man, daß Marx, von Phrasen entkleidet, eine Auslegung in konservativem Sinn zuläßt, so besagt dies nur, daß er ernst genommen werden kann.« (Schumpeter 1993, 101).

169 Soweit die Diagnose des Ist-Zustandes. Was die Vorschläge für die Zukunft anbelangt, so dürfte es für den Leser an dieser Stelle nicht mehr überraschend sein, daß der Autor seine Wurzeln in der aufklärerischen Tradition der Moderne hat und sieht. Gleichwohl richtet sich das Buch natürlich an alle, ob links oder rechts, alt oder jung, Europäer oder nicht.

170 Obwohl diskreditiert, ist die Modernisierungstheorie weder nichtssagend noch abgefeimt. Allerdings ist das, was sie zu bieten hat, ziemlich beschränkt. Ob man ihr Glas als halbvoll oder halbleer betrachtet, ist Ansichtssache. Eine positivere Bewertung findet sich bei Hradil 1992, 91f.

171 Der Falklandkrieg stellt einen Sonderfall dar, da die Herausforderung hier nicht von einer kolonisierten Bevölkerung ausging, sondern von einer lokalen Macht außerhalb Europas.

172 Zwar übernahm das Japan der Meiji-Zeit Rechtsinstitutionen und verschiedene Techniken aus Europa, aber das war vor einem Jahrhundert.

173 Diese Bedeutung von "Europa" entwickelte sich im Verlauf der 50er Jahre in den sechs Staaten, die mit der supranationalen Integration begonnen hatten (Bullen 1989, 315).

Literaturverzeichnis

Achten, U. u.a. (Hg.) (1986): *Mein Vaterland ist international.* Oberhausen: Asso.
Addison, P. (1977): *The Road to 1945.* London: Quartet Books.
Alber, J. (1986ff.): *Germany,* in: P. Flora (Hg.): *Growth to Limits.* Band 2. Berlin: de Gruyter.
Albert, M. (1992): *Kapitalismus contra Kapitalismus.* Frankfurt a. M./New York: Campus.
Alexander, J./Seidman, S. (Hg.) (1990): *Culture and Society.* Cambridge: Cambridge University Press.
Ambrosius G./Hubbard, W. (1986): *Sozial- und Wirtschaftsgeschichte Europas im 20. Jahrhundert.* München: C. H. Beck.
Ammerman, N. (1991): *North American Fundamentalism,* in: M. Marty/S. Appleby (Hg.): *Fundamentalisms observed.* Chicago: Chicago University Press.
Anderson, B. (1988): *Die Erfindung der Nation. Zur Karriere eines erfolgreichen Konzepts.* Frankfurt a. M./New York: Campus.
Anderson, P. (1979): *Die Entstehung des absolutistischen Staates.* Frankfurt a. M.: Suhrkamp.
Anderson, P. (1981): *Von der Antike zum Feudalismus. Spuren der Übergangsgesellschaft.* Frankfurt a. M.: Suhrkamp.
Anderson, P. (1992): *English Questions.* London: Verso.
Anderson, P. (1998): *The Origins of Postmodernity.* London: Verso.
Andorka, R. u.a. (1992): *Social Report.* Budapest: Tárki.
Andresen, S. (Hg.) (1988): *Frauenbewegungen in der Welt.* Band 1. Berlin: Argument.
Ara, A./Magris, C. (1987): *Triest. Eine literarische Hauptstadt in Mitteleuropa.* München: Hanser.
Arbatov, G. (1993): *Das System.* Frankfurt a. M.: Fischer.
Arbetarförsäkringskommittén (1888): *Betänkande.* Stockholm.
Armstrong, J. (1982): *Nations before Nationalism.* Chapel Hill, N. C.: University of North Carolina Press.
Arvidsson, B. (1989): *Europarådet 40 år.* Stockholm: UD.
Atkinson, A./Micklewright, J. (1992): *Economic Transformation in Eastern Europe and the Distribution of Income.* Cambridge: Cambridge University Press.
Bade, K. (1992): *Fremde Deutsche: »Republikflüchtlinge« - Übersiedler - Aussiedler,* in: K. Bade (Hg.): *Deutsche im Ausland – Fremde in Deutschland.* München: C. H. Beck.
Bairoch, P. (1981): *The Main Trends in National Economic Disparities since the Industrial Revolution,* in: P. Bairoch/M. Lévy-Leboyer (Hg.): *Disparities in Economic Development since the Industrial Revolution.* London: Macmillan.

Bairoch, P. (1982): *International Industrialization Levels from 1750 to 1980*, in: Journal of European Economic History 11:2.
Bairoch, P. (1988): *Cities and Economic Development.* London: Mansell Publishing.
Bairoch, P. (Hg.) (1968): *The Working Population and Its Structure.* Brüssel: Editions de l'Institut de Sociologie de l'Université Libre de Bruxelles.
Balla, B. (1972): *Kaderverwaltung.* Stuttgart: Enke.
Balle, F. (1990): *Médias et société.* 5. Aufl. Paris: Montchrestien.
Barbeito, A./LoVuolo, R. (1992): *La modernización excluyente.* Buenos Aires: Unicef/Ciepp/Losada.
Barns levnadsvillkor (1989). Stockholm: SCB.
Barreau, J.-C. (1992): *Die unerbittlichen Erlöser. Vom Kampf des Islam gegen die moderne Welt.* Reinbek: Rowohlt.
Barro, R./Sala-I-Martin, X. (1991): *Convergence across States and Regions,* in: Brookings Papers on Economic Activity 1.
Barth, F. (Hg.) (1969): *Ethnic Groups and Boundaries.* Boston: Little, Brown & Co.
Bartlett, C. J. (1977): *A History of Postwar Britain, 1945-1974.* London: Longman.
Bataille, P. (1994): *L'expérience belge,* in: M. Wieviorka (Hg.): *Racisme et xénophobie en Europe.* Paris: La Découverte.
Beccalli, B. (1994): *The Modern Women's Movement in Italy,* in: New Left Review 204.
Beck, U. u.a. (1996): *Reflexive Modernisierung.* Frankfurt a. M.: Suhrkamp.
Bédarida, F. (1992): *Frankreich und Europa - von gestern bis heute,* in: W. Mommsen (Hg.): *Der lange Weg nach Europa.* Berlin: edition q.
Belinsky, A. (1982): *Sozialrecht der UdSSR,* in: Jahrbuch für Ostrecht 23:1-2.
Bell, J. (1993): *Bulgaria,* in: S. White u.a. (Hg.): *Developments in East European Politics.* London: Macmillan.
Benjamin, W. (1977): *Illuminationen. Ausgewählte Schriften 1.* Frankfurt a. M.: Suhrkamp.
Benz, W. (1992): *Fremde in der Heimat: Flucht - Vertreibung - Integration,* in: K. Bade (Hg.): *Deutsche im Ausland – Fremde in Deutschland.* München: C. H. Beck.
Berger, S. (1975): *Les paysans contre la politique.* Paris: Seuil.
Bergmann, A. (1926): *Internationales Ehe- und Kindschaftsrecht.* 2 Bände. 1. Aufl. Berlin: Verlag des Reichsbundes der Standesbeamten Deutschlands.
Bergmann, A. (1938): *Internationales Ehe- und Kindschaftsrecht.* 2 Bände. 2. Aufl. Berlin: Verlag für Standeswesen.
Bergmann, A./Ferid, M. (Hg.) (1955ff.): *Internationales Ehe- und Kindschaftsrecht.* Frankfurt a. M.: Verlag für Standeswesen.
Bergmann, U. u.a. (1968): *Rebellion der Studenten oder Die neue Opposition.* Reinbek: Rowohlt.
Berman, H. (1963): *Justice in the USSR.* Cambridge, Mass.: Harvard University Press.
Berman, H. (1991): *Recht und Revolution. Die Bildung der westlichen Rechtstradition.* Frankfurt a. M.: Suhrkamp.
Bernd, C./Schlatter, E. (1992): *Domestic Violence in Austria: The Institutional Response,* in: E. Viano (Hg.): *Intimate Violence: Interdisciplinary Perspectives.* Washington, DC: Hemisphere Publishing Corporation, 1992.
Berner, R. (1976): *Rysk arbetare.* Stockholm: Författarförlaget.

Beyme, K. v. (1977): *Ökonomie und Politik im Sozialismus.* München: Piper.

Beyme, K. v. (1989): *Vergleichende Analyse von Politikfeldern in sozialistischen Ländern*, in: M. Schmidt (Hg.), *Staatstätigkeit.* Opladen: Leske + Budrich.

Beyme, K. v. (1990): *Reconstruction in the German Democratic Republic*, in: J. Diefendorf (Hg.): *Rebuilding Europe's Bombed Cities.* Basingstoke: Macmillan.

Birk, R. (1990): *Die Folgewirkungen des europäischen Gemeinschaftsrechts für das nationale Arbeitsrecht*, in: Europarecht 25.

Bjerve, P. J. (1959): *Planning in Norway, 1947-1956.* Amsterdam: North-Holland.

Blackburn, R. (1988): *The Overthrow of Colonial Slavery.* London: Verso.

Blasi, J. u.a. (1996): *The Privatization of the Russian Economy.* Ithaca, NY: Cornell University Press.

Blau, F. D./Kahn, L. M. (1991): *The Gender Earnings Gap: Some International Evidence.* Urbana-Champaign: University of Illinois.

Blau, P. M./Duncan, O. D. (1967): *The American Occupational Structure.* New York: Wiley.

Bloch, R. (1964): *L'entreprise remise en question.* Paris: Librairie générale de droit et de jurisprudence.

Bloch, R. (1964): *L'Entreprise remise en question.* Paris: Librairie générale de droit et de jurisprudence.

Blom, I./Tranberg, A. (Hg.) (1985): *Nordisk lovoversikt.* Oslo: Nordisk Ministerråd.

Boahen, A. (1987): *African Perspectives on Colonialism.* Baltimore: Johns Hopkins University Press.

Bodin, P.-A. (1993): *Ryssland och Europa.* Stockholm: Natur och Kultur.

Boeri, T./Keese, M. (1992): *Labour Markets and the Transition in the Central and Eastern Europe*, in: OECD Economic Studies 18.

Bogart, L. (1958): *The Age of Television.* 2. Aufl. New York: Frederick Ungar.

Bornschier, V. (1988): *Westliche Gesellschaft im Wandel.* Frankfurt a. M./New York: Campus.

Bosch, G. (1992): *L'évoluition du temps de travail en Allemagne*, in: Futuribles 165/66.

Bosi, M./Portelli, H. (Hg.) (1976): *Les P.C. espagnol, français et italien face au pouvoir.* Paris: Christian Bourgois.

Boulanger F. (1990): *Droit civil de la famille.* Band 1. Paris: Economica.

Boulouis, J. (1991): *Droit institutionnel des communautés européennes.* Paris: Montchrestien.

Boyer, R. (Hg.) (1986): *La flexibilité du travail en Europe.* Paris: La Découverte.

Brand, K.-W. (Hg.) (1985): *Neue soziale Bewegungen in Westeuropa und den USA.* Frankfurt a. M./New York: Campus.

Braudel, F. (1985/86): *Sozialgeschichte des 15.-18. Jahrhunderts.* 3 Bände. München: Kindler.

Braudel, F. (1990): *Das Mittelmeer und die mediterrane Welt in der Epoche Philipps II.* Frankfurt a. M.: Suhrkamp.

Braungart, R. (1984): *Historical Generations and Youth Movements*, in: R. Ratcliff (Hg.): *Research in Social Movements, Conflicts and Change.* Greenwich, Conn.: JAI Press.

Braverman, H. (1980): *Die Arbeit im modernen Produktionsprozeß.* Frankfurt a. M./New York: Campus.

Brenner, R. (1993): *Merchants and Revolution*. Cambridge: Cambridge University Press.
Brettschneider, F. u.a. (1992): *Materialien zu Gesellschaft, Wirtschaft und Politik in den Mitgliedsstaaten der Europäischen Gemeinschaft*, in: O. Gabriel (Hg.): *Die EG-Staaten im Vergleich*. Opladen: Westdeutscher Verlag.
Briggs, A. (1983): *A Social History of England*. Harmondsworth: Penguin.
Brinton, W. (1990): *The Helsinki Final Act And Other International Covenants Supporting Freedom and Human Rights*, in: W. Brinton/A. Rinzler (Hg.): *Without Force or Lies*. San Francisco: Mercury House.
Brockmüller, E. (1993): *The National Identity of the Austrians*, in: M. Teich/R. Porter (Hg.): *The National Question in Europe in Historical Context*. Cambridge: Cambridge University Press.
Brubaker, R. (Hg.) (1989): *Immigration and the Politics of Citizenship in Europe and North America*. New York: University Press of America and German Marshall Fund of the United States.
Bruto da Costa, A. (1986): *A Despesa Pública em Portugal 1960-1983*. Lissabon (unveröffentlichtes Manuskript).
Brzezinski, Z. (1962): *Der Sowjetblock. Einheit und Konflikt*. Köln: Kiepenheuer & Witsch.
Bullen, R. (1989): *Britain and »Europe« 1950-1957*, in: E. Serra (Hg.): *Il rilancio dell'Europa e i trattati di Roma*. Baden-Baden u.a.: Nomos u.a.
Burawoy, M. (1985): *The Politics of Production*. London: Verso.
Burawoy, M./Lukács, J. (1992): *The Radiant Past*. Chicago: University of Chicago Press.
Carlier, O. (1985): *Aspects des rapports entre mouvement ouvrier émigré et migration maghrébine en France dans l'entre-deux-guerres*, in: N. Sraïeb (Hg.): *Le mouvement ouvrier maghrébin*. Paris: CNRS.
Carr, E. H./Davies, R.W. (1974): *Foundations of A Planned Economy*. Band 1. Harmondsworth: Pelican.
Castellan, G. (1991): *Histoire des Balkans*. Paris: Fayard.
Castles, F. (1986): *Whatever Happened to the Communist Welfare States?*, in: Studies in Comparative Communism, 19:3-4.
Castles, F./Flood, M. (1993): *Why Divorce Rates Differ. Law, Religious Belief, and Modernity*, in: F. Castles (Hg.): *Families of Nations*. Alddershot: Dartmouth.
Castles, S. (1984): *Here for Good*. London: Pluto Press.
Central Statistical Office (1993): *Regional Trends 28*. London: HMSO.
Central Statistical Office (1994): *Social Trends 24*. London: HMSO.
Centre for East Asian Cultural Studies (1970): *Meiji Japan through Contemporary Sources*. Tokio: Centre for East Asian Cultural Studies.
Chernozemski, I.: *Children and the Transition to Market Economy in Bulgaria. »Shock Therapy« with a Difference?*, in: G. A. Cornia/S. Sipos (Hg.): *Children and the Transition to the Market Economy*. Aldershot: Avebury.
Chesnais, J.-C. (1992): *The Demographic Transition*. Oxford: Oxford University Press.
Christie, N. (1995): *Kriminalitätskontrolle als Industrie*. Pfaffenweiler: Centaurus.
Cichon, M. (Hg.) (1995): *Social Protection in the Viségrad Countries: Four Country Profiles*. Budapest: ILO.
Cichon, M./Samuel, L. (Hg.) (1995): *Making Social Protection Work*. Budapest: ILO.

Clark, C. (1957): *The Conditions of Economic Progress.* London: Macmillan.
Clévenot, M. (Hg.) (1987): *L'Etat des réligions dans le monde.* Paris: La Découverte/Le Cerf.
Cohen, G. (1992): *The German Minority of Prague, 1850-1918*, in: M. Engman (Hg.): *Ethnic Identity in Urban Europe.* Aldershot: Dartmouth.
Cohen, J./Arato, A. (1992): *Civil Society and Political Theory.* Cambridge, Mass.: MIT Press.
Cohen, L./Shapiro, J. (Hg.) (1974): *Communist Systems in Perspective.* Garden City, N.Y.: Anchor Books.
Cole, T./Winkler, M. (1988): *»Unsere Tage zählen«*, in G. Göckenjan/H.-J. v. Kondratowitz, (Hg.): *Alter und Alltag.* Frankfurt a. M.: Suhrkamp.
Coleman, J. (1968): *Modernization: Political Aspects*, in: D. Sills (Hg.): *International Encyclopedia of the Social Sciences.* Band 10. New York: Macmillan.
Coleman, J. S. (1991ff.): *Grundlagen der Sozialtheorie.* 3 Bände. München: Oldenbourg.
Collins, R. (1988): *Theoretical Sociology.* San Diego: Harcourt Brace Jovanovich.
Combats étudiants dans le monde. Paris: Seuil.
Commission of the European Communities (1987): *The Regions of the Enlarged Community.* Brüssel/Luxemburg.
Commission of the European Communities (1990): *The Position of Women on the Labour Market.* Women of Europe Supplements, Nr. 36. Brüssel/Luxemburg.
Commission of the European Communities (1991): *De regio's in den jaren negentig.* Brüssel/Luxemburg.
Commission of the European Communities (1993): *Employment in Europe 1993.* Brüssel.
Commission of the European Communities (1997): *Employment in Europe 1997.* Brüssel.
Consumer Europe 1989/90. London: Euromonitor.
Cornea, G. A. (1994): *Poverty, Food Consumption, and Nutrition During the Transition of the Market Economy in Eastern Europe*, in: American Economic Review 84.
Council of Europe (1990): *Household Structures in Europe.* Straßburg.
Council of Europe (1991): *Recent Demographic Developments in Europe.* Straßburg.
Council of Europe (1992a): *Comparative Tables of Social Security Schemes.* 5. Aufl. Straßburg.
Council of Europe (1992b): *Human Rights and International Law.* Straßburg.
Cretney, S. M./Masson, J. M. (1991): *Principles of Family Law.* 5. Aufl. London: Sweet & Maxwell.
Crouch, C. (1993): *Industrial Relations and European State Traditions.* Oxford: Clarendon Press.
Cruz Roche, I. u.a. (1985): *Politica social y crisis ecónomica.* Madrid: Siglo XXI.
Curtin, P. (Hg.) (1972): *Africa & the West.* Madison: University of Wisconsin Press.
Cussack, T. u.a. (1987): *Political-Economic Aspects of Public Employment.* Berlin: Wissenschaftszentrum FGG/dp 87-2.
Czaky, M. (1991): *Historische Reflexionen über das Problem der österreichischen Identität*, in: H. Wolfram/W. Pohl (Hg.): *Probleme der Geschichte Österreichs und ihrer Darstellung.* Wien: Verlag der Österreichischen Akademie der Wissenschaften.
Dahlerup, D. (Hg.) (1986): *The New Women's Movement.* London: Sage.
Daniel, J. (1979): *L'ère des ruptures.* Paris: Grasset.

Davies, N.: *God's Playground.* 2 Bände. Oxford: Clarendon Press.

Davis, D. (1966): *A History of Shopping.* London: Routledge & Kegan Paul.

Day, A. N. D. (1986): *Peace Movements of the World.* Harlow, Essex: Longman.

Deacon, A. (1981): *Unemployment and Politics in Britain since 1945,* in: B. Showler/A. Sinfield (Hg.): *The Workless State.* Oxford: Martin Robertson.

Deacon, B. u.a. (1992): *The New Eastern Europe.* London: Sage.

Debbasch, C. (Hg.) (1989): *Les privatisations en Europe.* Paris: Editions du CNRS.

Debray, R. (1978): *Modeste contribution aux discours et cérémonies officielles du dixième anniversaire.* Paris: Maspero.

Debray, R. (1993): *L'Etat séducteur.* Paris: Gallimard.

Delaisi, F. (1929): *Les deux Europes.* Paris: Payot.

Deutscher, I. (1969): *Die sowjetischen Gewerkschaften.* Frankfurt a. M.: Europäische Verlagsanstalt.

Deveze, G. (1991): *Viol conjugal: comme tous les viols un crime,* in: Nouvelles questions féministes 16-18.

Dhavernas, O. (1978): *Droit des femmes, pouvoir des hommes.* Paris: Seuil.

Di Nolfo, E. (1989): Gli Stati Uniti e le origini della Comunità Economica Europea, in: E. Serra (Hg.): *Il rilancio dell'Europa e i trattati di Roma.* Baden-Baden u.a.: Nomos u.a.

Dixon, J./Macarov, D. (Hg.) (1992): *Social Welfare in Socialist Countries.* London: Routledge.

Dobb, M. (1966): *Soviet Economic Development since 1917.* 6. Aufl. London: Routledge.

Documenti della rivolta universitaria (1968). Bari: Laterza.

Dogan, M. (1993): *Comparing the Decline of Nationalism in Western Europe: The Generational Dynamic,* in: International Social Science Journal 136.

Dogan, M./ Kasarda, J. (Hg.) (1988): *The Metropolis Era. A World of Giant Cities.* Band 1. London: Sage.

Dohrn, V. (1992): *Reise nach Galizien.* Frankfurt a. M.: Fischer.

Dohse, K. u.a. (Hg.) (1982): *Statussicherung im Industriebetrieb.* Frankfurt a. M./New York: Campus.

Données Sociales 1981. Paris: INSEE.

Données Sociales 1990. Paris: INSEE.

Dore, R./Lazonick, W./O'Sullivan, M. (1999): *Varieties of Capitalism in the Twentieth Century,* in: Oxford Review of Economic Policy 15:4.

Dubcek, A. (1993): *Leben für die Freiheit.* München: Bertelsmann.

Duby, G. (1986): *Die drei Ordnungen. Das Weltbild des Feudalismus.* Frankfurt a. M.: Suhrkamp.

Duroselle, J.-B. (1989): *La relance européenne 1954-1957,* in: E. Serra (Hg.): *Il rilancio dell'Europa e i trattati di Roma.* Baden-Baden u.a.: Nomos u.a.

Dyserinck, H./Syndram, K. U. (Hg.) (1988): *Europa und das nationale Selbstverständnis.* Bonn: Bouvier.

East, R. (Hg.) (1992): *Revolutions in Eastern Europe.* London: Pinter.

Ebbighausen, R./Tiemann F. (Hg.) (1984): *Das Ende der Arbeiterbewegung in Deutschland?* Opladen: Westdeutscher Verlag.

Ellis, M./Storm, P. (Hg.) (1990): *Business Law in Europe.* Deventer: Kluwer.

Ellman, M. (1997): *Transformation as a demographic crisis*, in: S. Zecchini (Hg.): *Lessons from the Economic Transition*. Dordrecht: Kluwer.

Engman, M. (1987): *Finnar och svenskar i St Petersburg*, in: S. Carlsson and N.-Å. Nilsson (Hg.): *Sverige och St Petersburg*. Stockholm: Almqvist & Wiksell.

Eriksson, R./Goldthorpe, J. (1992): *The Constant Flux. A Study of Class Mobility in Industrial Societies*. Oxford: Clarendon Press.

Eriksson, R./Jonsson, J. (1993): *Ursprung och utbildning*. Stockholm: SOU.

Eschenburg, T. (1983): *Jahre der Besatzung 1945-49*. Stuttgart: DVA.

Esping-Andersen, G. (1990): *The Three Worlds of Welfare Capitalism*. Cambridge: Polity Press.

European Bank for Reconstruction and Development (1997): *Transition Report 1997*. London.

Eurostat (1989): *Regions Statistical Yearbook 1988*. Luxemburg.

Eurostat (1990a): *Basic Statistics of the Community*. 27. Aufl. Luxemburg.

Eurostat (1990b): *Demographic Statistics 1990*. Luxemburg.

Eurostat (1992): *Basic Statistics of the Community*. 29. Aufl. Luxemburg.

Eurostat (1993): *Basic Statistics of the Community*. 30. Aufl. Luxemburg.

Evans, G. (1993): *Class Conflict and Inequality,* in: R. Jowell u.a. (Hg.): *International Social Attitudes: The 10th BSA Report*. Aldershot: Dartmouth.

Evans, R. (1979): *The Feminists*. London: Croom Helm.

Eyal, G./Szelényi, I./Townsley, E. (1998): *Making Capitalism without Capitalists*. London: Verso.

Eyben, W. E. v. (1962): *Inter-Nordic Legislative Cooperation*, in: Scandinavian Studies in Law 6.

Familiengesetze sozialistischer Länder (1959). Berlin (Ost): Deutscher Zentralverlag.

Fejtö, F. (1988): *Die Geschichte der Volksdemokratien. Die Ära Stalin*. Frankfurt a. M.: Eichborn.

Ferge, Z. (1979): *A Society in the Making*. Harmondsworth: Penguin.

Ferge, Z. u.a. (1996): *Social Costs of Transition. International Report*. Wien: Institut für die Wissenschaft vom Menschen.

Ferrara, M. (1986ff.): *Italy*, in: P. Flora (Hg.): *Growth to Limits*. Band 2. Berlin: de Gruyter.

Ferro, M. (1976): *La révolution de 1917*. 2 Bände. Paris: Aubier.

Fierro, A. (1991): *L'Europe des différences*. Paris: Bonneton.

Fischbach, G. (Hg.) (1990): *DDR-Almanach '90*. Landsberg: Bonn-Aktuell.

Fischer Weltalmanach 1990 (1989). Frankfurt a. M.: Fischer.

Fitzmaurice, J. (1983): *The Politics of Belgium*. London: Hurst & Co.

Flemming, J. (1988): *Der 1. Mai und die deutsche Arbeiterbewegung*, in: U. Schultz (Hg.): *Das Fest*. München: C. H. Beck.

Flora, P. (Hg.) (1983): *State, Economy, and Society in Western Europe, 1815-1975*. Band 1. Frankfurt a. M./New York: Campus.

Flora, P. (Hg.) (1986ff.): *Growth to Limits*. 4 Bände. Berlin: de Gruyter.

Flora, P. (Hg.) (1987): *State, Economy, and Society in Western Europe, 1815-1975*. Band 2. Frankfurt a. M./New York: Campus.

Foley, M. (1997): *Static and Dynamic Analyses of Poverty in Russia*, in: J. Klugman (Hg.): *Poverty in Russia.* Washington, DC: Weltbank.

Foner, P. (1986): *May Day.* New York: International Publishers.

Fordham Law Review (1950). Comments [1936], wieder abgedruckt in: *Selected Essays on Family Law.* Zusammenstelllt und herausgegeben von der Association of American Law Schools. Brooklyn: The Foundation Press.

Forrest, A. (1981): *The French Revolution and the Poor.* Oxford: Basil Blackwell.

Förster, P./Roski, G. (1990): *DDR zwischen Wende und Wahl.* Berlin: Linksdruck.

Fothergill, S./Vincent, J. (1985): *The State of the Nation.* London: Pan Books.

Frydman, R. u.a. (1996): *Corporate Governance in Central Europe and Russia.* 2 Bände. Budapest: Central European University Press.

Fukuyama, F. (1992): *Das Ende der Geschichte.* München: Kindler.

Ganzeboom, H. u.a. (1989): *Intergenerational class mobility in comparative perspective*, in: Research on Social Stratification and Mobility 9.

Garraty, J. (1978): *Unemployment in History.* New York: Harper & Row.

Garton Ash, T. (1990): *Ein Jahrhundert wird abgewählt.* München: Hanser.

Garton Ash, T. (1991): *The Polish Revolution* (1983). London: Granta Books.

Geiger, K. (1968): *The Family in Soviet Russia.* Cambridge, Mass.: Harvard University Press.

Gellner, E. (1991): *Nationalismus und Moderne.* Berlin: Rotbuch.

Gephart, W. (1993): *Gesellschaftstheorie und Recht.* Frankfurt a. M.: Suhrkamp.

Gerbet, P. (1986): *Les origines du Plan Schuman: Le choix de la méthode communautaire par le gouverment français*, in: R. Poidevin (Hg.): *Histoire des débuts de l'unification européenne.* Baden-Baden u.a.: Nomos u.a..

Gershuny, J. (1992a): *Are We Running Out of Time?*, in: Futures 24:1

Gershuny, J. (1992b): *Emplois du temps*, in: F. Féron/A. Thoraval (Hg.): *L'Etat de l'Europe.* Paris: La Découverte, 95-97.

Gershuny, J. (1992c): *La répartition du temps dans les sociétés post-industrielles*, in: Futuribles 165/66.

Getty, J.A. u. a. (1993): *Victims of the Soviet Penal System in the Pre-war Years: A First Approach on the Basis of Archival Evidence,* in: American Historical Review 58.

Getty, J.A./Naumov, O. (1999): *The Road to Terror.* New Haven/Londen: Yale University Press.

Giddens, A. (1995): *Soziologie.* Graz: Nausner & Nausner.

Giddens, A. (1996): *Konsequenzen der Moderne.* Frankfurt a. M.: Suhrkamp.

Gillis, J. (1980): *Geschichte der Jugend.* Weinheim/Basel: Beltz.

Glendon, M. A. (1977): *State, Law and Family.* Amsterdam: North-Holland.

Glenny, M. (1993): *Jugoslawien. Wie der Krieg nach Europa kam.* München: Knaur.

Glettler, M. (1992): *The Slovaks in Budapest and Bratislava, 1850-1914*, in: M. Engman (Hg.): *Ethnic Identity in Urban Europe.* Aldershot: Dartmouth.

Goldsmith, E. (Hg.) (1972): *Planspiel zum Überleben.* Stuttgart: DVA.

Goldthorpe, J. (1991): *The Uses of History in Sociology: Reflections on Some Recent Tendencies*, in: British Journal of Sociology 42.

Goodwin, G. (1990): *Islamic Spain.* London: Viking.

Gorz, A. (1980): *Abschied vom Proletariat.* Frankfurt a. M.: Europäische Verlagsanstalt.

Gottschalk, P./Smeeding, T. (1997): *Cross-National Comparisons of Earnings and Income Inequality*, in: Journal of Economic Literature 25.
Gramsci, A. (1991ff.): *Gefängnishefte. Quaderni del carcere.* 8 Bände. Hamburg: Argument.
Greenfeld, L. (1992): *Nationalism.* Cambridge, Mass.: Harvard University Press.
Grtossen, J. M. (1986): *Switzerland: Further Steps Towards Equality*, in: Journal of Family Law 25.
Guillemard, A.-M. (1986): *Le déclin du social.* Paris: PUF.
Guillen, P. (1989): *La France et la négociation des traités de Rome: l'Euratom*, in: E. Serra (Hg.): *Il rilancio dell'Europa e i trattati di Roma.* Baden-Baden u.a.: Nomos u.a.
Gustafsson, B./Uusitalo, H. (1990): *Income Distribution and Redistribution during Two Decades: Experiences from Finland and Sweden*, in: I. Persson (Hg.): *Generating Equality in the Welfare State.* Oslo: Norwegian University Press.
Gutton, J.-P. (1988): *Naissance du viellard.* Paris: Aubier.
Gysi, J (1988): *Familienformen in der DDR*, in: Jahrbuch für Soziologie und Sozialpolitik. Berlin (Ost): Akademie Verlag.
Haas, E. (1958): *The Uniting of Europe.* Stanford: Stanford University Press.
Habermas, J. (1992a): *Faktizität und Geltung.* Frankfurt a. M.: Suhrkamp.
Habermas, J. (1992b): *Die Moderne - ein unvollendetes Projekt.* Leipzig: Reclam.
Hajnal, J. (1965): *European Marriage Patterns in Perspective*, in: D. V. Glass/D. E. C. Eversley (Hg.): *Population in History.* London.
Haller, M. (1989): *Klassenstruktur und Mobilität in fortgeschrittenen Gesellschaften.* Frankfurt a. M./New York: Campus, 1989.
Haller, M./Kolosi, T./Róbert, P. (1990): *Soziale Mobilität in Österreich, in der Tschechoslowakei und in Ungarn*, in: Journal für Sozialforschung 30.
Hamani, T./Monat, J. (1985): *Employee Participation in the Workshop, in the Office, and in the Enterprise*, in: R. Blainpain (Hg.): *Comparative Labour Law and Industrial Relations.* 2. Aufl. Deventer: Kluwer.
Hamilton, G./Biggart, N. W. (1988): *Market, Culture, and Authority: A Comparative Analysis of Management and Organization in the Far East*, in: American Journal of Sociology Supplement 94.
Hammar, T. (1990): *Democracy and the Nation State.* Aldershot: Avebury.
Hampden-Turner, C./Trompenaars, A. (1993): *The Seven Cultures of Capitalism.* New York: Doubleday.
Hankiss, E. (1990): *East European Alternatives.* Oxford: Clarendon Press.
Harder, H.-D. (1993): *Allgemeiner Kündigungssschutz in ausgewählten europäischen Ländern*, in: Jahrbuch fur Sozialwissenschaft 44:1.
Harding, S. u.a. (1986): *Contrasting Values in Western Europe.* London: Macmillan.
Harris, C. (1993): *The New Russian Minorities: A Statistical Overview*, in: Post-Soviet Geography 34:1.
Hartley, T. C. (1983): *The Foundations of European Community Law.* Oxford: Clarendon Press.
Hartwich, H.-H. (1978): *Sozialstaatspostulat und gesellschaftlicher status quo.* 3. Aufl. Köln: Westdeutscher Verlag.
Hearthfield, E. (Hg.) (1992): *Halsbury's Laws of England 1991.* London: Butterworths.

Hedström, P./Swedberg, R. (1985): *The Power of Working Class Organizations and the Inter-Industrial Wage Structure*, in: International Journal of Comparative Sociology 26:1-2.

Heidenheimer, A. u.a. (1983): *Comparative Public Policy.* 2. Aufl. New York: St. Martin's Press.

Heidenheimer, A. u.a. (1990): *Comparative Public Policy.* 3. Aufl. New York: St. Martin's Press.

Held, D. u.a. (1999): *Global Transformations.* Cambridge: Polity Press.

Henke, K.-D./Woller, H. (Hg.) (1991): *Politische Säuberung in Europa.* München: dtv.

Hennessy, P. (1993): *Never Again.* London: Vintage.

Hepple, B. (1985): *Security of Employment*, in: R. Blanpain (Hg.): *Comparative Labour and Industrial Relations.* 2. Aufl. Deventer: Kluwer, 1985.

Herbert, U. (1986): *Geschichte der Ausländerbeschäftigung in Deutschland 1880 bis 1980.* Bonn: J.W.H. Dietz.

Hesse, J. J. (Hg.) (1993): *Administrative Transformation in Central and Eastern Europe.* Oxford: Blackwell.

Historical Statistics of the United States (1975). Washington, DC: US Bureau of the Census.

Hobsbawm, E. (1962): *Europäische Revolutionen.* Zürich: Kindler.

Hobsbawm, E. (1977): *Die Blütezeit des Kapitals. Eine Kulturgeschichte der Jahre 1848-1875.* München: Kindler.

Hobsbawm, E. (1981): *The Forward March of Labour Halted?*, in: M. Jacques/F. Mulhern (Hg.): *The Forward March of Labour Halted?* London: Verso.

Hobsbawm, E. (1983): *Mass-Producing Traditions: Europe, 1870-1914*, in: E. Hobsbawm/T. Ranger: *The Invention of Tradition.* Cambridge: Cambridge University Press.

Hobsbawm, E. (1989): *Das imperiale Zeitalter. 1875-1914.* Frankfurt a. M./New York: Campus 1989.

Hobsbawm, E. (1991): *Nation und Nationalismus. Mythos und Realität seit 1780.* Frankfurt a. M.: Campus.

Hofstede, G. (1980): *Culture's Consequences.* London: Sage.

Hohfeld, W. (1964): *Fundamental Legal Conceptions* (1919). New Haven: Yale University Press.

Holland, S. (1993): *The European Imperative.* Nottingham: Spokesman.

Hollifield, J. (1992): *Immigrants, Markets, and States.* Cambridge, Mass.: Harvard University Press.

Holmberg, S./Gilljam, M. (1987): *Väljare och val i Sverige.* Stockholm: Bonniers.

Homann, R./Moll, P.H. (1993): *An Overview of Western Futures Organizations*, in: Futures 25.

Horkheimer, M./Adorno, Th. W. (1988): *Dialektik der Aufklärung. Philosophische Fragmente* (1944). Frankfurt a. M.: Fischer.

Horn, G. (1991): *Freiheit, die ich meine.* Hamburg: Hoffmann und Campe.

Hourani, A. (1983): *Arabic Thought in the Liberal Age, 1798-1939.* Cambridge: Cambridge University Press.

Hradil, S. (1992): *Sozialstruktur und gesellschaftlicher Wandel*, in O. Gabriel (Hg.): *Die EG-Staaten im Vergleich.* Opladen: Westdeutscher Verlag.

Hunke, S. (1960): *Allahs Sonne über dem Abendland.* Stuttgart: DVA.
Hunt, E. H. (1981): *British Labour History, 1815-1914.* London: Weidenfeld & Nicolson.
Husbands, R. (1992): *Sexual Harassment Law in Employment: An International Perspective,* in: International Labour Review 131:6.
Huster, E.-U. u.a. (1972): *Determinanten der westdeutschen Restauration 1945-1949.* Frankfurt a. M.: Suhrkamp.
Huyssen, A. (1986): *After the Great Divide.* Bloomington: Indiana University Press.
ILO (1933): *International Survey of Social Services.* Genf.
ILO (1961): *The Cost of Social Security 1949-1957.* Genf.
ILO (1984): *Yearbook of Labour Statistics 1984.* Genf.
ILO (1985): *The Cost of Social Security. Eleventh International Inquiry.* Genf.
ILO (1988a): *The Cost of Social Security. Twelfth International Inquiry.* Genf.
ILO (1988b): *Yearbook of Labour Statistics 1988.* Genf.
ILO (1991): *Yearbook of Labour Statistics 1991.* Genf.
ILO (1992): *Yearbook of Labour Statistics 1992.* Genf.
ILO (1993): *Yearbook of Labour Statistics 1993.* Genf.
ILO (1998): *Yearbook of Labour Statistics 1998.* Genf.
Inglehart, R. (1977): *The Silent Revolution.* Princeton: Princeton University Press.
Inglehart, R. (1990): *Culture Shift in Advanced Industrial Society.* Princeton: Princeton University Press.
Inglehart, R. (1998): *Modernisierung und Postmodernisierung. Kultureller, wirtschaftlicher und politischer Wandel in 43 Gesellschaften.* Frankfurt a. M./New York: Campus.
INSEE (1997): *Les immigrès en France.* Paris: INSEE.
Instituto Nacional de Estadistica (1989): *Encuesta continua de presupuestos familiares. Año 1988.* Madrid.
Ipsen, D./Puntillo, R. (1998): *An Institutional Analysis of Poland's Mass Privatization Programme,* in: Osteuropa-Wirtschaft 43.
Ishida, H. u. a. (1991): *Intergenerational Class Mobility in Postwar Japan,* in: American Journal of Sociology 96.
Ishihara, S. (1992): *Wir sind die Weltmacht. Warum Japan die Zukunft gehört.* Bergisch Gladbach: Lübbe.
Jacobs, D. (1988): *Gereguleerd Staal.* Diss. phil. Nijmegen: Katholieke Universiteit.
Jacques, M./Mulhern, F. (Hg.) (1981): *The Forward March of Labour Halted?* London: Verso.
Jamison, A. u.a. (1990): *The Making of the New Environmental Consciousness.* Edinburgh: Edinburgh University Press.
Jaruzelski, W. (1993): *Mein Leben für Polen.* München: Piper.
Jasiewicz, K. (1989): *Zwischen Einheit und Teilung: Politische Orientierungen der Polen in den 80er Jahren,* in: G. Meyer/F. Ryszka (Hg.): *Die politische Kultur Polens.* Tübingen: Francke.
Jensen, A.-M./Saporiti, A. (1992): *Do Children Count?,* in: Eurosocial 36:17.
Johansen, L. N. (1986ff.): *Denmark,* in: P. Flora (Hg.): *Growth to Limits.* Band 4. Berlin: de Gruyter.
July, R. (1967): *The Origins of Modern African Thought.* New York: Praeger.

Kaelble, H. (1987): *Auf dem Weg zu einer europäischen Gesellschaft.* München: C. H. Beck.

Kaelble, H. (1991): *Nachbarn am Rhein.* München: C. H. Beck.

Kangas, O. (1991): *The Politics of Social Rights. Studies on the Dimensions of Sickness Insurance in OECD Countries.* Stockholm: Swedish Institute for Social Research.

Kappeler, A. (1992): *Rußland als Vielvölkerreich.* München: C. H. Beck.

Kepel, G. (1991): *Les banlieues de l'Islam.* Paris: Seuil, 1991.

Kern, H./Schumann, M. (1984): *Das Ende der Arbeitsteilung?* München: C. H. Beck.

Kern, S. (1983): *The Culture of Time and Space 1880-1918.* Cambridge, Mass.: Harvard University Press.

Kirk, M. (1975): *Law and Fertility in Ireland,* in: M. Kirk u.a. (Hg.): *Law and Fertility in Europe.* Band 2. Dolhain: Ordina.

Kitschelt, H. (1983): *Politik und Energie.* Frankfurt a. M./New York: Campus.

Kleinsteuber, H. u.a. (Hg.) (1986): *Electronic Media and Politics in Western Europe.* Frankfurt a. M./New York: Campus.

Kleßmann, C./Wagner, G. (Hg.) (1993): *Das gespaltene Land.* München: C. H. Beck.

Kluegel, J. u.a. (1995): *Social Justice and Political Change: Public Opinion in Capitalist and Post-Communist States.* Berlin: de Gruyter.

Kocka, J. (1977): *Angestellte zwischen Faschismus und Demokratie.* Göttingen: Vandenhoeck & Ruprecht.

Kolarska-Bobinska, L. (1990): *Die marktwirtschaftliche Reform im gesellschaftlichen Bewußtsein und in der Wirtschaft Polens in den Jahren 1980-1990,* in: Journal für Sozialforschung 30:3.

Kornai, J. (1980): *The Economics of Shortage.* Amsterdam: North-Holland.

Kornai, J. (1989): *The Hungarian Reform Process: Visions, Hopes, and Reality,* in: V. Nee/D. Stark (Hg.): *Remaking the Economic Institutions of Socialism.* Stanford: Stanford University Press.

Korpi, W. (1983): *The Democratic Class Struggle.* London: Routledge.

Koselleck, R. (1979): *Vergangene Zukunft. Zur Semantik geschichtlicher Zeiten.* Frankfurt a. M.: Suhrkamp.

Kotkin, S. (1991): *Steeltown USSR.* Berkeley: University of California Press.

Kozyr-Kowalski, S./Przestalski, A. (Hg.) (1992): *On social differentiation.* 2 Bände. Posen: Adam Mickiewicz University Press.

Kraus, F. (1981): *The Historical Development of Income Inequality in Western Europe and the United States,* in: P. Flora/A. Heidenheimer (Hg.): *The Development of Welfare States in Europe and America.* New Brunswick, N.J.: Transaction.

Krejci, J. (1978): *Ethnic Problems in Europe,* in: S. Giner/M. Archer (Hg.): *Contemporary Europe.* 2. Aufl. London: Routledge.

Kruse, A. (1984): *Den offentliga sektorns effekter på sysselsätningen.* Stockholm: Nordiska Ministrerådet.

Kubat, D. (Hg.) (1979): *The Politics of Migration Policies.* New York: Center for Migration Studies.

Küsters, H. J. (1989a): *The Federal Republic of Germany and the EEC-Treaty,* in: E. Serra (Hg.): *Il rilancio dell'Europa e i trattati di Roma.* Baden-Baden u.a.: Nomos u.a.

Küsters, H. J. (1989b): *The origins of the EEC Treaty*, in: E. Serra (Hg.): *Il rilancio dell'Europa e i trattati di Roma.* Baden-Baden u.a.: Nomos u.a.

Labasse, J. (1991): *L'Europe des régions.* Paris: Flammarion.

Lach, D. (1977): *Asia in the Making of Europe.* 2 Bände. Chicago: Chicago University Press.

Laffont, R. (1993): *La nation, l'Etat, les régions.* Paris: Berg International.

Lagoudis Pinchion, J. (1989): *Alexandra Still.* Cairo: The American University in Cairo Press.

Lampert, N. (1985): *Whistleblowing in the Soviet Union.* London: Macmillan.

Lane, C. (1981): *The Rites of Rulers.* Cambridge: Cambridge University Press.

Lane, C. (1989): *Management and Labour in Europe.* Aldershot: Edward Elgar.

Lane, D. (1985): *Soviet Economy and Society.* Oxford: Basil Blackwell.

Laroque, P. (Hg.) (1980): *Les institutions sociales de la France.* Paris: La documentation française.

Lavoie, D. (1985): *Rivalry and Central Planning.* Cambridge: Cambridge University Press.

Leggewie, C. (1985): *Propheten ohne Macht*, in K.-W. Brand (Hg.): *Neue soziale Bewegungen in Westeuropa und den USA.* Frankfurt a. M./New York: Campus.

Lehmann, J.-P. (1982): *The Roots of Modern Japan.* Basingstoke: Macmillan.

Leibfried, S. (1968): *Die angepaßte Universität. Zur Situation der Hochschulen in der Bundesrepublik und den USA.* Frankfurt a. M.: Suhrkamp.

Lemke, C. (1991): *Die Ursachen des Umbruchs 1989.* Opladen: Westdeutscher Verlag.

Lenoir, R. (1979): *L'invention du troisiéme âge*, in: Actes de la recherche en sciences sociales 26/27.

Lepenies, W. (1985): *Die drei Kulturen.* München/Wien: Hanser.

Lerner, D. (1968): *Modernization: Social Aspects*, in: D. Sills (Hg.): *International Encyclopedia of the Social Sciences.* Band 10. New York: Macmillan.

Levnadsförhållanden Rapport nr. 80 (1992). Stockholm: SCB.

Lewis, B. (1983): *Die Welt der Ungläubigen. Wie der Islam Europa entdeckte.* Frankfurt a. M. u.a.: Propyläen.

Lewis, B./Schapper, D. (Hg.) (1992): *Musulmans en Europe.* Arles: Actes Sud.

Lipgens, W. (1968): *Europa-Föderationspläne der Widerstandsbewegungen, 1940-45.* München: Oldenbourg.

Lipschitz, L. /McDonald, D. (1990): *German Unification.* Washington, DC: IMF Occasional Paper No. 75.

Lipset, S. M./Bendix, R. (1959): *Social Mobility in Industrial Society.* Berkeley: University of California Press.

Loewenfeld, E./Lauterbach, W. (Hg.) (1963ff.): *Das Eherecht der europäischen und der außereuropäischen Staaten.* Köln: Carl Hegmann.

Lohlé-Tart, L. (1975): *Law and Fertility in Belgium,* in: M. Kirk u.a. (Hg.): *Law and Fertility in Europe.* Band 1. Dolhain: Ordina.

Love, J. (1988): *Die McDonald's Story.* München: Heyne.

Luhmann, N. (1983): *Legitimation durch Verfahren.* Frankfurt a. M.: Suhrkamp.

Luhmann, N. (Hg.) (1985): *Soziale Differenzierung. Zur Geschichte einer Idee.* Opladen: Westdeutscher Verlag.

Luhmann, N. (1991): *Soziologie des Risikos.* Berlin: de Gruyter.

Lukács, J. (1990): *Budapest um 1900. Ungarn in Europa.* Wien: Kremayr und Scheriau.
Lyotard, J.-F. (1986): *Das postmoderne Wissen.* Graz: Böhlau.
Lyotard, J.-F. (1989): *Streifzüge.* Wien: Passagen.
Mackie, T./Rose, R. (1982): *International Almanac of Electoral History.* 2. Aufl. London: Macmillan.
Mackie, T./Rose, R. (1990): *International Almanac of Electoral History.* 3. Aufl. London: Macmillan.
Maddison, A. (1976): *Economic Policy and Performance in Europe 1913-1970,* in: C. Cipolla (Hg.): *The Fontana Economic History of Europe.* London: Collins/Fontana.
Maddison, A. (1982): *Phases of Capitalist Development.* Oxford: Oxford University Press.
Maddison, A. (1985): *Two Crises: Latin America and Asia 1929-38 and 1973-83.* Paris: OECD.
Maddison, A. (1995): *Monitoring the World Economy 1820-1992.* Paris: OECD.
Magyar, B. (1986): *Dunaapáti, 1944-1958.* Budapest.
Maier, Ch. (1975): *Recasting Bourgeois Europe.* Princeton: Princeton University Press.
Maier, Ch. (1987): *In Search of Stability.* Cambridge: Cambridge University Press.
Makó, C./Smonyi, A. (1999): *A twofold objective: Model their countries' labour relation systems on those of the most developed countries of the European Union, taking into account specific national contexts,* in: Labour Education 114/115.
Marc, G. (1987): *Les étrangers en France,* in: *Données Sociales 1987.* Paris: INSEE.
Marchand, O. (1992): *Une comparaison internationale du temps de travail,* in: Futuribles 165/66.
Mardin, S. (1993): *Europe in Turkey,* in: T. Belge (Hg.): *Where Does Europe End?* Ankara: Mas Matbaacilik.
Marer, P. u.a. (1992): *Historically Planned Economies. A Guide to the Data.* Washington, DC: Weltbank.
Marshall, T. H. (1965): *Citizenship and Social Class,* in: ders.: *Class, Citizenship, and Social Development.* Garden City, N.Y.: Anchor Books.
Martens, J. (1970): *Die rechtsstaatliche Struktur der Europäischen Wirtschaftsgemeinschaft,* in: Europarecht 5.
Martin, D. (1978a): *A General Theory of Secularization.* Oxford: Basil Blackwell.
Martin, D. (1978b): *The Religious Condition of Europe,* in: S. Giner/M. S. Archer (Hg.): *Contemporary Europe. Social Structures and Cultural Patterns.* London: Routledge.
Martin, R. (1993): *A System of Rights.* Oxford: Clarendon Press.
Marx, K. (1972): *Der achtzehnte Brumaire des Louis Bonaparte* (1842), in: K. Marx/F. Engels: *Werke.* Bd. 8. Berlin: Dietz.
Matey, M. (1978): *La situation du travailleur en cas de maladie en droit Polonais,* in: *International Society for Labour Law and Social Security.* 9th Congress. Band II/2. Heidelberg: Verlagsgesellschaft Recht und Wirtschaft.
Mathijs, E./Swinnen, J. (1998): *The Economy of Agricultural Decollectivization in East Central Europe and the former Soviet Union,* in: Economic and Cultural Change 47.
Matthews, M. (1986): *Poverty in the Soviet Union.* Cambridge: Cambridge University Press.
Maurice, M. u. a. (1986): *The Social Foundations of Industrial Power.* London: MIT Press.

Mazey, S. (1988): *European Community Action on Behalf of Women: The Limits of Legislation*, in: Journal of Common Market Studies 27:1.
McCarthy, M. (1986): *Campaigning for the Poor. CPAG and the Politics of Welfare.* London: Croom Helm.
McCormick, J. (1989): *Reclaiming Paradise.* Bloomington: Indiana University Press.
Meadows, D.H. u.a. (1972): *Die Grenzen des Wachstums. Bericht des Club of Rome zur Lage der Menschheit.* Stuttgart: DVA.
Meier, G./Seers D. (Hg.) (1984): *Pioneers in Development.* Washington/Oxford: Weltbank/Oxford University Press.
Meissner, B. (Hg.) (1991): *Die baltischen Nationen.* 2. Aufl. Köln: Markus.
Mélandri, P. (1986): *Le rûle de l'unification européenne dans la politique extérieure des Etats-Unis 1948-1950*, in: R. Poidevin (Hg.): *Histoire des débuts de l'unification européenne.* Baden-Baden u.a.: Nomos u.a.
Ménière, L. (Hg.) (1993): *Bilan de la France 1981-1993.* Paris: Hachette.
Mermet, G. (1993): *Die Europäer. Länder, Leute, Leidenschaften.* München: dtv.
Merton, R. (1995): *Soziologische Theorie und soziale Struktur.* Berlin: de Gruyter.
Mesa-Lago, C. (1991): *Social Security in Latin America and the Caribbean: A Comparative Assessment*, in: E. Ahmad u.a. (Hg.): *Social Security in Developing Countries.* Oxford: Clarendon Press.
Miklasz, M. (1992): *La famille en Pologne et ses problémes depuis 1945*, in: R. Ganghofer (Hg.): *Le droit de famille en Europe.* Straßburg: Presses Universitaires de Strasbourg.
Milkova, F. (1992): *Le droit de famille en Bulgarie contemporaine*, in: R. Ganghofer (Hg.): *Le droit de famille en Europe.* Straßburg: Presses Universitaires de Strasbourg.
Milward, A. (1992): *The European Rescue of the Nation-State.* London: Routledge.
Mitchell, B. R. (1992): *European Historical Statistics 1750-1988.* 3. Aufl. Basingstoke: Macmillan.
Mitchell, D. (1991): *Comparative Income Transfer Systems: Is Australia the Poor Relation?*, in: F. Castles (Hg.): *Australia Compared.* London: Allen & Unwin.
Mitchell, D. (1993): *Taxation and Income Redistribution: The »Tax Revolt« of the 1980s Revisited.* Referat auf der Konferenz des ISA Research Committee Welfare in Oxford im September 1993.
Mitchell, J. D. B. (1971): *British Law and British Membership*, in: Europarecht 6.
Mitterauer, M. (1986): *Sozialgeschichte der Jugend.* Frankfurt a. M.: Suhrkamp.
Miyoshi, M. (1979): *As We Saw Them. The First Japanese Embassy to the United States (1860).* Berkeley: University of California Press.
Moll, P. (1993): *The Discrete Charm of the Club of Rome*, in: Futures 25.
Molle, W. (1980): *Regional Disparity and Economic Development in the European Community.* Farnborough: Saxon House.
Mooser, J. (1984): *Arbeiterleben in Deutschland 1900-1970.* Frankfurt a. M.: Suhrkamp.
Morzol, I./Ogórek, M. (1992): *Shadow Justice,* in: J. Wedel (Hg.): *The Unplanned Society.* New York: Columbia University Press.
Mounier, A. (1998): *The demographic situation of Europe and the developed countries overseas: An annual report*, in: Population: An English Selection 10.
Mounier, A. (1999): *La conjoncture démographique. L'Europe et les pays dévéloppés d'outre-mer*, in: Population 54.

Mouvement du 22 mars (1968): *Ce n'est qu'un début, continuons le combat.* Paris: Maspero.

Mouzelis, N. (1994): *In Defence of »Grand« Historical Sociology*, in: British Journal of Sociology 45.

Müller, H.-P. (1989): *Lebensstile. Ein neues Paradigma der Differenzierungs- und Ungleichheitsforschung?*, in: Kölner Zeitschrift für Soziologie 41.

Müller, W. (1991): *Education and Class Position in European Nations.* Paper presented at the Conference "European Society or European Societies? Social Mobility and Social Structure", Gausdal (Norwegen), 24.-27. November.

Müller, W. u.a. (1990): *Class and Education in Industrial Nations,* in: M. Haller (Hg.): *Class Structure in Europe.* Amonk, N.Y.: M.E. Sharpe.

Murphy, D. (1985): *Von Aldermaston nach Greenham Common,* in: K.-W. Brand (Hg.): *Neue soziale Bewegungen in Westeuropa und den USA.* Frankfurt a. M./New York: Campus.

Murphy, D. u.a. (1979): *Protest. Grüne, Bunte und Steuerrebellen.* Reinbek: Rowohlt.

Myant, M. (1993): *Transforming Socialist Economies.* Aldershot: Edward Elgar.

Namer, G. (1983): *La commémoration en France de 1945 à nos jours.* Paris: SPAG.

N'Diaye, J.-P. u.a. (1963): *Les travailleurs noirs en France,* in: Realités africaines 5 (Mai-Juni).

Nee, V./ Stark, D. (Hg.) (1989): *Remaking the Economic Institutions of Socialism: China and Eastern Europe.* Stanford: Stanford University Press.

Newfield, J. (1967): *A prophetic minority.* New York: Signet Books.

Niethammer, L.(1991): *Die volkseigene Erfahrung.* Berlin: Rowohlt.

Noiriel, G. (1986): *Les ouvriers dans la société française.* Paris: Seuil.

Nora, P. (Hg.) (1984-93): *Les lieux de mémoires.* 7 Bände. Paris: Gallimard.

Nordengren, S. (1972): *Economic and Social Targets for Postwar France.* Lund: Institute of Economic History.

Normand, C./Vaughan, P. (Hg.) (1993): *Europe without Frontiers. The Implications for Health.* Chichester: John Wiley & Sons.

Nuti, D. M. (1981): *Theses on Poland,* in: New Left Review 130.

O'Donnell, G. u.a. (Hg.) (1986): *Transitions from Authoritarian Rule. Southern Europe.* Baltimore: The Johns Hopkins University Press.

O'Higgins, M./Jenkins, S. (1989): *Poverty in Europe: Estimates for the Numbers in Poverty in 1975, 1980, 1985* (Arbeitspapier).

OECD (1990c): *Les familles monoparentales.* Paris: OECD.

OECD (1971): *Policy and Planning for Post-Secondary Education: A European Overview.* Paris: OECD.

OECD (1979): *Demographic Trends 1950-1990.* Paris: OECD.

OECD (1985a): *The Integration of Women into the Economy.* Paris: OECD.

OECD (1985b): *Social Expenditure 1960-1985.* Paris: OECD.

OECD (1986a): *Employment Outlook, July 1986.* Paris: OECD.

OECD (1986b): *Labour Force Statistics 1964-1984.* Paris: OECD.

OECD (1987a): *Financing and Delivering Health Care.* Paris: OECD.

OECD (1987b): *The Future of Migration.* Paris: OECD.

OECD (1987c): *Labour Force Statistics 1965-1985.* Paris: OECD.

OECD (1988b): *Employment Outlook, July 1988*. Paris: OECD.
OECD (1988c): *Reforming Public Pensions*. Paris: OECD.
OECD (1988d): *Social Expenditure Trends and Demographic Developments*. Paper for the Meeting of the OECD Manpower and Social Affairs Committee, 6.-8. Juli.
OECD (1989): *Employment Outlook, July 1989*. Paris: OECD.
OECD (1990a): *Education in the OECD Countries 1987-88*. Paris: OECD.
OECD (1990b): *Employment Outlook, July 1990*. Paris: OECD.
OECD (1990c): *Health Care Systems in Transition*. Paris: OECD.
OECD (1991a): *Economic Surveys: Germany*. Paris: OECD.
OECD (1991b): *Employment Outlook, July 1991*. Paris: OECD.
OECD (1991c): *Historical Statistics 1960-1989*. Paris: OECD.
OECD (1991d): *Labour Force Statistics 1969-1989*. Paris: OECD.
OECD (1991e): *National Accounts 1960-1989*. 2 Bände. Paris: OECD.
OECD (1991f): *Regional Problems in Switzerland*. Paris: OECD.
OECD (1992a): *Employment Outlook, July 1992*. Paris: OECD.
OECD (1992b): *Historical Statistics 1960-1990*. Paris: OECD.
OECD (1992c): *National Accounts 1960-1990*. Band 1. Paris: OECD.
OECD (1992d): *New Directions of Work Organization*. Paris: OECD.
OECD (1993): *Employment Outlook, July 1993*. Paris: OECD.
OECD (1995): *Employment Outlook, July 1995*. Paris: OECD.
OECD (1996): *OECD Economies at a Glance*. Paris: OECD.
OECD (1997): *Employment Outlook, July 1997*. Paris: OECD.
OECD (1998a): *Labour Force Statistics 1977-1997*. Paris: OECD.
OECD (1998b): *National Accounts 1984-1996*. Band 2. Paris: OECD.
OECD (1999a): *Employment Outlook, July 1999*. Paris: OECD.
OECD (1999b): *National Accounts 1990-1997*. Band 1. Paris: OECD.
Okun, A. (1975): *Equality and Efficiency*. Washington, DC: The Brookings Institution.
Olson, M. (1985): *Aufstieg und Niedergang von Nationen*. Tübingen: Mohr.
Palme, J. (1990): *Pension Rights in Welfare Capitalism*. Stockholm: Swedish Institute for Social Research.
Pålsson, A. (1990): *Economic Policy and the Distribution of Wealth*, in: I. Persson (Hg.): *Generating Equality in the Welfare State*. Oslo: Norwegian University Press.
Panaccione, A. (Hg.) (1989): *The Memory of May Day*. Venedig: Marsilio.
Panikkar, K. M. (1955): *Asien und die Herrschaft des Westens*. Zürich: Steinberg.
Parkin, S. (1989): *Green Parties. An international guide*. London: Heretic Books.
Parry, R. (1986ff.): *United Kingdom*, in: P. Flora (Hg.): *Growth to Limits*. Band 2. Berlin. de Gruyter.
Parsons, T. (1985): *Das System moderner Gesellschaften* (1972). Weinheim/München: Juventa.
Pauninen, H. (1980): *Finskan i Helsingfors*, in: *Helsingfors' två språk*. Helsinki: Meddelanden from Institutionen för nordiska språk och nordisk litteratur vid Helsingfors Universitet.
The Penguin Atlas of World History (1974). Band 1. Harmondsworth: Penguin.
Peschar, J. (Hg.) (1990): *Social Reproduction in Eastern and Western Europe*. Nijmegen: Institute for Applied Social Sciences.

Pestoff, V. (1977): *Voluntary Associations and Nordic Party Systems.* Stockholm: Stockholm University Dept. of Pol. Science Thesis.

Peterson, M. (1979): *International Interest Organizations and the Transmutation of Postwar Society.* Stockholm: Almqvist & Wiksell.

Phillips, R. (1991): *Untying the Knot.* Cambridge: Cambridge University Press.

Pieters, D. C. H. M./ Schell, J. L. M. (1990): *Inleding tot Het Sociale Zekerheidsrecht van de landen van de Europese Gemeenschap.* Delft: Commissie Onderzoek Sociale Zekerheid and Ministerie van Sociale Zaken en Werkgelegenheid.

Piore, M./Sabel, S. (1989): *Das Ende der Massenproduktion.* Frankfurt a. M.: Fischer.

Piscatore, P. (1970): *Das Zusammenwirken der Gemeinschaftsordnung mit den nationalen Rechtsordnungen*, in: Europarecht 4.

Plestina, D. (1992): *Regional Development in Communist Yugoslavia.* Boulder: Westview Press.

Pockney, B. R. (1991): *Soviet Statistics since 1950.* Aldershot: Dartmouth.

Poggi, G. (1972): *The Church in Italian Politics 1945-50*, in: S. J. Woolf (Hg.): *The rebirth of Italy 1943-50.* London: Longman.

Poggioli, R. (1968): *The Theory of the Avant-garde.* Cambridge, Mass.: Harvard University Press.

Poidevin, R. (Hg.) (1986): *Histoire des débuts de l'unification européenne.* Baden-Baden u.a.: Nomos u.a.

Poulton, H. (1991): *The Balkans.* London: Minority Rights Publications.

Pounds, N. J. G. (1988): *An Historical Geography of Europe.* Cambridge: Cambridge University Press.

Przeworski, A./Sprague, J. (1986): *Paper Stones.* Chicago: University of Chicago Press.

Przeworski, A./Underhill, E. (1978): *The Evolution of Class Structure in France 1901-1968.* Chicago: University of Chicago Dept. of Political Science.

Quellenec, M. (1972): *Analyse structurale de dévéloppment économique des régions françaises, 1864-1970.* Paris: Université de Paris.

Rabinovitch, A. (1976): *The Bolsheviks Come to Power.* New York: Norton.

Rabinow, P. (1989): *French Modern.* Cambridge, Mass.: MIT Press.

Ragionieri, E. (1976): *La storia politica e sociale*, in: R. Romato/C. Vivanti (Hg.): *Storia d'Italia.* Band 4. Turin: Einaudi.

Raton, I. (1991): *Les jeunes de moins de 15 ans: enfants et jeunes adoloscents*, in: Méthodes 8.

Rau, Z. (Hg.) (1991): *The Reemergence of Civil Society in Eastern Europe and the Soviet Union.* Boulder, Col.: Westview Press.

Rauch, G. v. (1970): *Geschichte der baltischen Staaten.* Stuttgart: Kohlhammer.

RECLUS/DATAR (1989): *Les Villes ›Européennes‹.* Paris: La Documentation Française.

Regiones europeas de antigua industrialización (1989). Bilbao: SPRI.

Reid, A./Marr, D. (Hg.) (1970): *Perceptions of the Past in Southeast Asia.* Singapur: Heinemann.

Richta, R. (1968): *Zivilisation am Scheideweg.* Prag: Svoboda.

Rieg, A. (1992): *Traits fondamentaux de l'évolution du droit des régimes matrimoniaux dans l'Europe du XXe siécle*, in: R. Ganghofer (Hg.): *Le droit de famille en Europe.* Straßburg: Presses Universitaires de Strasbourg.

Roberts, S./Bolderson, H. (1993): *How Closed Are Welfare States?* Unpublished paper, Brunel University.

Robertson, A. H./Merrills, J. G. (1993): *Human Rights in Europe.* 3. Aufl. Manchester: Manchester University Press.

Rokkan, S. (1970): *Nation-Building, Cleavage Formation and the Structuring of Mass Politics*, in: S. Rokkan u.a. (Hg.): *Citizens, Elections and Parties.* Oslo: Universitetsforlaget, S. 72-144.

Rokkan, S. (1973): *Cities, States, and Nations: A Dimensional Model for the Study of Contrasts in Development*, in: S.N. Eisenstadt/S. Rokkan (Hg.): *Building States and Nations.* Band 1. Beverly Hills/London: Sage.

Rokkan, S. (1980): *Eine Familie von Modellen für die vergleichende Geschichte Europas*, in: Zeitschrift für Soziologie 9:2.

Rokkan, S./Urwin, D. (1983): *Economy, Territory, Identity.* London: Sage.

Romein, J. (1978/1982): *The Watershed of Two Eras.* Middleton, Conn.: Wesleyan University Press.

Room, G. (1990): *Neue Armut in der Europäischen Gemeinschaft.* Frankfurt a. M./New York: Campus.

Rorty, R. (1991): *Cosmopolitanism without emancipation*, in: S. Lash/J. Friedman (Hg.): *Modernity & Identity.* Oxford: Blackwell.

Rose, R./Haerpfer, C. (1994): *New Democracies Barometer III.* Glasgow: Centre for the Study of Public Policy at the University of Strathclyde.

Rosenau, P. M. (1992): *Post-Modernism and the Social Sciences.* Princeton: Princeton University Press.

Rosoli, G. (1985): *Italian Migration to European Countries from Political Unification to World War I*, in: D. Hoerder (Hg.): *Labor Migration in the Atlantic Economies.* Westport, Conn: Greenwood Press.

Ruedy, J. (1992): *Modern Algeria.* Bloomington: Indiana University Press.

Sachs, A./Höff Wilson, J. (1978): *Sexism and the Law.* Oxford: Martin Robertson.

Said, E. (1981): *Orientalismus.* Frankfurt a. M. u.a.: Ullstein 1981.

Said, E. (1994): *Kultur und Imperialismus.* Frankfurt a. M.: S. Fischer.

Samuel, R. (Hg.) (1989): *Patriotism: The Making and Unmaking of British Identity.* 3 Bände. London: Routledge.

Sartre, J.-P. (1978): *Vorstellung von* Les Temps modernes, in: ders.: *Der Mensch und die Dinge. Aufsätze zur Literatur 1938-1946.* Reinbek: Rowohlt.

Scardigli, V. (1987): *L'Europe des modes de vie.* Paris: Edition du CNRS.

Schabowski, G. (1990): *Das Politbüro.* Reinbek: Rowohlt.

Schäfer, B. (1998): *Politischer Atlas Deutschland. Gesellschaft, Wirtschaft, Staat.* Bonn: Dietz.

Scharff, R. (1998): *Transformation und Bevölkerungsbewegung in der Russischen Föderation*, in: Osteuropa-Wirtschaft 43.

Schaser, A. (1993): *Die Fürstentümer Moldau und Wallachia 1650-1850*, in: W. Fischer u.a. (Hg.): *Handbuch der europäischen Wirtschafts- und Sozialgeschichte.* Bd. 4. Stuttgart: Klett-Cotta.

Scherzer, L. (1989): *Der Erste.* Köln: Kiepenheuer & Witsch.

Schmidt, F. (1971): *The Prospective Law of Marriage*, in: Scandinavian Studies in Law 15.

Schmidt, F. (1978): *Discrimination because of Sex,* in: F. Schmidt (Hg.): *Discrimination in Employment. A Study of Six Countries by the Comparative Labour Law Group.* Stockholm: Almqvist & Wiksell.

Schmidt, H. (1990): *Die Deutschen und ihre Nachbarn.* Berlin: Siedler.

Schmidt, M. (1993): *Gendered Labour Force Participation,* in: F. Castles (Hg.): *Families of Nations.* Aldershot: Dartmouth.

Schönfeld, R. (Hg.) (1987): *Nationalitätenprobleme in Südosteuropa.* München: Oldenbourg.

Schönfelder, B. (1999): *Auf dem Weg zum besten Wirt? Anmerkungen zur Entwicklung der Eigentumsverhältnisse in der tschechischen Industrie,* in: Osteuropa-Wirtschaft 44.

Schreiber, T./Barry, F. (Hg.) (1990): *Bouleversements à l'Est, 1989-1990.* Paris: La Documentation Française, Notes & Etudes Documentaires.

Schröder, H. J. (1986): *Die amerikanische Deutschlandpolitik und das Problem der westeuropäischen Kooperation 1947/48-1950,* in: R. Poidevin (Hg.): *Histoire des débuts de l'unification européenne.* Baden-Baden u.a.: Nomos u.a.

Schulte, B. (1990): *Europäisches und nationales Sozialrecht,* in: Europarecht 25.

Schumpeter, J. A. (1993): *Kapitalismus, Sozialismus und Demokratie* (1942). Tübingen/Basel: Francke.

Schwabe, K.(Hg.) (1988): *Die Anfänge des Schuman-Plans, 1950/51.* Baden-Baden u.a.: Nomos u.a.

Schwarz, H. P. (1991b): *Adenauer. Der Staatsmann. 1952-1967.* Stuttgart: DVA.

Schwarz, H.-P. (1991a): *Adenauer. Der Aufstieg. 1976-1952.* 3. Aufl. Stuttgart: DVA.

Schwiedrzik, W. (1991): *Träume der ersten Stunde.* Berlin: Siedler.

Scott, H. (1974): *Does Socialism Liberate Women?* Beverly Hills: Sage.

Seers, D. (1979): *The Periphery in Europe,* in: D. Seers/B. Schaeffer/M. L. Kiljunen (Hg.): *Underdeveloped Europe.* London: Harvester Press.

Selbourne, D. (1990): *Death of the Dark Hero.* London: Jonathan Cape.

Serra, E. (Hg.) (1989): *Il rilancio dell'Europa e i trattati di Roma.* Baden-Baden u.a.: Nomos u.a.

Sexton, J. (1993): *Bilan de l'émigration irlandaise, de ses causes et de ses conséquences.* OECD conference paper GD(93)49. Paris: OECD.

Sharabi, H. (1970): *Arab Intellectuals and the West. The Formative Years, 1875-1914.* Baltimore: Johns Hopkins University Press.

Shavit, Y./Blossfeld, H.-P. (Hg.) (1993): *Persisting Inequality.* Boulder: Westview Press.

Shonfield, A. (1968): *Geplanter Kapitalismus. Wirtschaftspolitik in Westeuropa und USA.* Köln: Kiepenheuer & Witsch.

Shoup, P. (1981): *The East European and Soviet Data Handbook.* New York: Columbia University Press.

Sipos, S. (1991): *Current and Structural Problems Affecting Children in Central and Eastern Europe,* in: G. A. Cornia/S. Sipos (Hg.): *Children and the Transition to the Market Economy.* Aldershot: Avebury.

Siune, K. u.a. (1992): *Det blev et nei.* Kopenhagen: Politiken.

Skellington, R. (1992): *›Race‹ in Britain Today.* London: Sage.

Skocpol, T. (1992): *Protecting Soldiers and Mothers.* Cambridge, Mass.: The Belknap Press.

Slomp, H. (1990): *Labor Relations in Europe.* New York: Greenwood Press.
Smeeding, T. u.a. (1990): *Poverty, Inequality and Income Distribution in Comparable Perspective.* London: Harvester Wheatsheaf.
Smeeding, T. u.a. (1992): *Poverty in Eastern Europe: Lessons for Crossnational Income Comparisons from LIS,* in: *Poverty Measurement for Economies in Transition in Eastern European Countries.* Warschau: Polish Statistical Association and Central Statistical Office.
Smelser, N. (Hg.) (1988): *Handbook of Sociology.* Newbury Park: Sage.
Smith, A. (1986): *The Ethnic Origin of Nations.* Oxford: Basil Blackwell.
Snare, A. (1983): *Den private volden: om hustrumishandling,* in: C. Høigård/A. Snare (Hg.): *Kvinners skyld.* Oslo: Pax.
Sondhof, H./Mezger, M. (1998): *Corporate Governance in Rußland – Probleme und Entwicklungstendenzen,* in: Osteuropa Wirtschaft 43.
SOPEMI (1989): *Trends in International Migration. Annual Report 1988.* Paris: OECD.
SOPEMI (1992): *Trends in International Migration. Annual Report 1991.* Paris: OECD.
SOPEMI (1997): *Trends in International Migration. Annual Report 1996.* Paris: OECD.
Sorokin, P. (1927): *Social Mobility.* Glencoe: Free Press.
Spadafora, D. (1990): *The Idea of Progress in Eighteenth Century Britain.* New Haven/ London: Yale University Press.
Spence, J. (1995): *Chinas Weg in die Moderne.* München/Wien: Hanser.
Stark, D. (1989): *Coexisting Organizational Forms in Hungary's Emerging Mixed Economy,* in: V. Nee/D. Stark (Hg.): *Remaking the Economic Institutions of Socialism: China and Eastern Europe.* Stanford: Stanford University Press.
Stark, D./Bruszt, L. (1998): *Postsocialist Pathways.* Cambridge: Cambridge University Press.
Statistical Abstract of Latin America 1996. Bd. 36. LosAngeles.
Statistical Abstract of the United States 1989. Washington, DC: Dept. of Commerce.
Statistical Abstract of the United States 1990. Washington, DC: Dept. of Commerce.
Statistical Yearbook of the League of Nations 1937/38. Genf 1939.
Statistisches Jahrbuch der DDR 1989. Berlin: Staatsverlag der DDR.
Statistisches Jahrbuch der Schweiz 1992. Zürich 1991.
Stearns, P. (1977): *Old Age in European Society.* London: Croom Helm.
Stein, L. (1842): *Der Sozialismus und Communismus des heutigen Frankreichs.* Leipzig.
Sternberger, D./Vogel, A. (Hg.) (1969): *Die Wahl der Parlamente und anderer Staatsorgane.* Berlin: de Gruyter.
Stuurman, S. (1983): *Verzuiling, kapitalisme en patriarchaat.* Nijmegen: SUN.
Sulek, A. (1989): *Politische Meinungsumfragen in Polen - Träger, gesellschaftlicher Kontext und Zuverlässigkeit empirischer Studien,* in: G. Meyer/F. Ryszka (Hg.): *Die politische Kultur Polens.* Tübingen: Francke.
Summers, R./Heston, A. (1984): *Improved International Comparisons of Real Product and Its Composition: 1950-1980,* in: The Review of Income and Wealth 30.
Summers, R/Heston, A. (1991): *The Penn World Table (Mark 5). An Expanded Set of International Comparisons: 1950-1988,* in: The Quarterly Journal of Economics 106.
Svenar, J. (1996): *Enterprises and Workers in the Transition. Econometric Evidence,* in: American Economic Review 86.

Svennilson, I. (1954): *Growth and Stagnation in the European Economy.* Genf: UN Economic Commission for Europe.
Swain, N. (1992): *Hungary. The Rise and Fall of Feasible Socialism.* London: Verso.
Swann, D. (1988): *The Retreat of the State.* Hemel Hempstead: Harvester Wheatsheaf.
Sweezy, P. (1953): *The Present as History.* New York: Monthly Review Press.
Szalai, A. (Hg.) (1972): *The Use of Time.* Den Haag: Mouton.
Szelenyi, I. (1989): *Sozialistische Unternehmer.* Hamburg: Junius
Szöllösi-Janze, M. (1991): *"Pfeilkreuzler, Landesverräter und andere Volksfeinde".* Generalabrechnung in Ungarn, in: K.-D. Henke/H. Woller (Hg.): *Politische Säuberung in Europa.* München: dtv.
Szücs, J (1990): *Die drei historischen Regionen Europas.* Frankfurt a. M.: Neue Kritik.
Tamames, R. (1987): *La Comunidad Europea.* Madrid: Alianza.
Tapinos, G. (1973): *L'immigration étrangère en France.* Paris: Institut national d'études dèmographiques.
Taylor, C. u.a. (1993): *Multikulturalismus und die Politik der Anerkennung.* Frankfurt a. M.: Fischer.
Taylor-Gooby, P. (1993): *What citizens want from the state,* in: R. Jowell u.a. (Hg.): *International Social Attitudes: The 10th BSA Report.* Aldershot: Dartmouth.
Teich, M./Porter, R. (Hg.) (1990): *Fin de siècle and Its Legacy.* Cambridge: Cambridge University Press.
Teng, Ssu-yü/Fairbank, J. (Hg.) (1954): *China's Response to the West. A Documentary Survey 1839-1923.* Cambridge, Mass.: Harvard University Press.
Teubner, G. (Hg.) (1986): *Dilemmas of Law in the Welfare State.* Berlin: de Gruyter.
Teubner, G. (Hg.) (1987a): *Juridification of Social Spheres.* Berlin: de Gruyter.
Thanner, B. (1999): *Systemtransformation: Ein Mythos verbaßt. Der tiefe Fall Rußlands: Von der Plan zur Subsistenzwirtschaft,* in: Osteuropa-Wirtschaft 44.
Thede, S. (1998): *Die Entwicklung der Unternehmensstrukturen im Transformationsprozeß der Russischen Föderation,* in: Osteuropa-Wirtschaft 43.
Therborn, G. (1968): *From Petrograd to Saigon,* in: New Left Review 48.
Therborn, G. (1976): *Science, Class and Society.* London: Verso.
Therborn, G. (1977): *The Rule of Capital and the Rise of Democracy,* in: New Left Review 103.
Therborn, G. (1978): *What Does the Ruling Class Do When It Rules?* London: Verso.
Therborn, G. (1980): *The Ideology of Power and the Power of Ideologies.* London: NLB/Verso.
Therborn, G. (1981): *Klasstrukturen i Sverige 1930-1980.* Lund: Zenit.
Therborn, G. (1983): *Why Some Classes Are More Successful Than Others,* in: New Left Review 138.
Therborn, G. (1984a): *Classes and States: Welfare State Developments 1881-1981,* in: Studies in political economy 13.
Therborn, G. (1984b): *The Prospects of Labour and the Transformation of Advanced Capitalism,* in: New Left Review 145.
Therborn, G. (1985): *The Coming of Swedish Social Democracy,* in: E. Collotti (Hg.): *L'Internazionale operaia e socialista tra le due guerre.* Mailand: Feltrinelli.

Therborn, G. (1986): *Why Some Peoples Are More Unemployed than Others*. London: Verso.

Therborn, G. (1987b): *Migration and Western Europe: The Old World Turning New*, in: Science 237 (4. September).

Therborn, G. (1987c): *Tar arbetet slut? och post-fordismens problem*, in: U. Björnberg/I. Hellberg (Hg.): *Sociologer ser på arbeite*. Stockholm: Arbetslivscentrum.

Therborn, G. (1989a): *Revolution and Reform: Reflections on Their Linkages Through the Great French Revolution*, in: J. Bohlin u.a. (Hg.): *Samhällsvetenskap, ekonomi, historia*. Göteborg: Daidalos.

Therborn, G. (1989b): *States, Populations, and Productivity. Towards a Political Theory of Welfare States*, in: P. Lassmann (Hg.): *Politics and Social Theory*. London: Routledge.

Therborn, G. (1991a): *Cultural Belonging and Structural Location, and Human Action*, in: Acta Sociologica 34:3.

Therborn, G. (1991b): *Staten och människornas välfärd*, in B. Furuhagen (Hg.): *Utsikt mot Europa*. Stockholm: Utbildningsradion.

Therborn, G. (1991c): *Swedish Social Democracy and the Transition from Industrial to Postindustrial Politics*, in: F. Fox Piven (Hg.): *Labor Parties in Postindustrial Societies*. Cambridge: Polity Press.

Therborn, G. (1992a): *Lessons from »Corporatist« Theorizations*, in: J. Pekkarinen u.a. (Hg.): *Social Corporatism*. Oxford: Clarendon Press.

Therborn, G. (1992b): *The Right to Vote and the Four Routes to/through Modernity*, in: R. Torstendahl (Hg.): *State Theory and State History*. London: Sage.

Therborn, G. (1993a): *Modernitá sociale in Europe (1950-1992)*, in: P. Anderson u.a. (Hg.): *Storia d'Europa*. Band 1. Turin: Einaudi.

Therborn, G. (1993b): *The Politics of Childhood*, in: F. Castles (Hg.): *Families of Nations*. Aldershot: Dartmouth.

Therborn, G. (1994): *Sociology as a Discipline of Disagreements and as a Paradigm of Competing Explanations: Culture, Structure, and the Variability of Actors and Situations*, in: P. Sztompka (Hg.): *Agency and Structure: Re-orienting Social Theory*. Philadelphia: Gordon & Breach.

Therborn, G. (1995): *Routes to/through Modernity*, in: M. Featherstone/R. Robertson/S. Lash (Hg.): *Global Modernities*. London: Sage.

Therborn, G. (1996): *Dialectics of Modernity. On Critical Theory and the Legacy of 20th Century Marxism*, in: B. Turner (Hg.): *A Companion to Social Theory*. Oxford: Blackwell.

Therborn, G. (1999): *Globalizations and Modernities. Experiences and Perspectives of Europe and Latin America*. Stockholm: FRN.

Therborn, G. (2000): *»Modernization« Discourses, Their Limitations, and Their Alternatives*, in: *Paradigmen des sozialen Wandels*. Berlin/Potsdam: Berlin-Brandenburgische Akademie der Wissenschaften.

Thernstrom, S. (1970): *Working Class Social Mobility in Industrial America*, in: M. Richter (Hg.): *Essays in Theory and History*. Cambridge, Mass.: Harvard University Press.

Tilly, C. (1990): *Coercion, Capital, and European States A. D. 990-1990*. Cambridge: Cambridge University Press.

Tocqueville, A. de (1976): *Über die Demokratie in Amerika.* München: dtv.
Toranska, T. (1987): *Die da oben. Polnische Stalinisten zum Sprechen gebracht.* Köln: Kiepenheuer & Witsch.
Touraine, A. (1972): *Die postindustrielle Gesellschaft.* Frankfurt a. M.: Suhrkamp.
Touraine, A. (1980): *L'après-socialisme.* Paris: Grasset.
Touraine, A. (1992): *Critique de la modernité.* Paris: Fayard.
Trompenaars, F. (1993): *Handbuch globales Managen. Wie man kulturelle Unterschiede im Geschäftsleben versteht.* Düsseldorf: Econ.
Tschernajew, A. (1993): *Die letzten Jahre einer Weltmacht.* Stuttgart: DVA.
Turner, B. (1993): *Outline of A Theory of Human Rights*, in: Sociology 27:3.
Tyomkina, A. (1993): *The Problem of Advancing Industrial Democracy in a Post-Socialist Society*, in: Economic and Industrial Democracy 14 Supplement.
UNDP (1999): *Human Development Report 1999.* Genf.
Unesco (1974): *Statistical Yearbook 1973.* Paris.
Unesco (1991): *Statistical Yearbook 1991.* Paris.
Unicef (1993): *Public Policy and Social Conditions.* Florenz.
Unicef (1994): *Central and Eastern Europe in Transition Nr. 2.* Florenz.
Unicef (1999): *After the Fall.* Florenz.
United Nations (1951): *Statistical Yearbook 1951.* New York.
United Nations (1989): *World Economic Survey 1989.* New York.
United Nations (1991): *The World's Women.* New York.
United Nations (1992): *Statistical Yearbooks 1988/89.* New York.
United Nations (1997): *International Trade Statistics.* New York.
United Nations Economic Commission for Europe (1979): *Labour Supply and Migration in Europe.* New York.
United Nations Economic Commission for Europe (1999): *Trends in Europe and North America 1998/1999.* New York.
Universitá l'ipotesi rivoluzionaria (1968). Vicenza: Marsilio Editori.
Uusitalo, H. (1989): *Income Distribution in Finland.* Helsinki: Central Statistical Office.
Veblen, T. (1986): *Die Theorie der feinen Leute* (1899). Frankfurt a. M.: Fischer.
Vecernik, J. (1991): *Earnings Distribution in Czechoslovakia: Intertemporal Changes and International Comparison*, in: European Sociological Review 7.
Veinstein, G. (Hg.) (1992): *Salonique 1850-1918.* Paris: Ed. Autrement.
Veldkamp, G. M. J. u.a. (1978): *Inleiding tot de sociale zekerheid.* Deventer: Kluwer.
Venturi, R. u.a. (1979): *Lernen von Las Vegas.* Braunschweig: Vieweg.
Verhallen, H. J. G. u.a. (Hg.) (1980): *Corporatisme in Nederland.* Alphen aan den Rijn: Samson.
Visser, D. (1991): *Flaggen, Wappen, Hymnen.* Augsburg: Battenberg.
Vogel, A. (1989): *Frauen und Frauenbewegung*, in: W. Benz (Hg.): *Die Geschichte der Bundesrepublik Deutschland.* Band 3. Frankfurt a. M.: Fischer.
Vogel, J. (o.J.): *Living Conditions an Inequality in the European Union* (Eurostat Arbeitspapier).
Vogel, W. (1951): *Bismarcks Arbeiterversicherung.* Braunschweig: Westermann.
Vries, A. de (1986): *Effecten van sociale zekerheid: onderzoek, theorie, methode.* Deel 3: *Armoede onderzocht.* Tilburg: Katholieke Universitet IVA.

Wagner, P. (1995): *Soziologie der Moderne. Freiheit und Disziplin.* Frankfurt a. M./New York: Campus.

Walker, R./Lawson, R./Townsend, P. (Hg.) (1984): *Responses to Poverty: Lessons from Europe.* London: Heinemann.

Wandruska, A./Urbanitsch, P. (Hg.) (1980): *Die Habsburgermonarchie 1848-1918.* Bd. III, 1: *Die Völker des Reiches.* Wien: Verlag der Österreichischen Akademie der Wissenschaften.

Wattenberg, B. (1976): *The Statistical History of the United States.* New York: Basic Books.

Weber, M. (1921): *Die Stadt,* in: Archiv für Sozialwissenschaft und Sozialpolitik 61.

Wedderburn, Lord (1978): *Discrimination in the Right to Organize and the Right to Be a Non-Unionist,* in: F. Schmidt (Hg.): *Discrimination in Employment. A Study of Six Countries by the Comparative Labour Law Group.* Stockholm: Almqvist & Wiksell.

Wedderburn, Lord (1991): *Employment Rights in Britain and in Europe.* London: Lawrence & Wishart.

Weltbank (1990): *Weltentwicklungsbericht 1990.* Washington, DC: Weltbank.

Weltbank (1991): *Weltentwicklungsbericht 1991.* Washington, DC: Weltbank.

Weltbank (1992a): *Weltentwicklungsbericht 1992.* Washington, DC: Weltbank.

Weltbank (1992b): *World Tables 1992.* Baltimore/London: Johns Hopkins University Press.

Weltbank (1993a): *Weltentwicklungsbericht 1993.* Washington, DC: Weltbank.

Weltbank (1993b): *Statistical Handbook 1993: States of the Former USSR.* Washington, DC: Weltbank.

Weltbank (1997): *Weltentwicklungsbericht 1997.* Washington, DC: Weltbank.

Weltbank (1999): *Weltentwicklungsbericht 1999/2000.* Washinton, DC: Weltbank.

Wiener Institut für Internationale Wirtschaftsvergleiche (1998): *Countries in Transition 1998.* Wien.

Wieviorka, M. (ed.) (1994): *Racisme et xénophobie en Europe.* Paris: La Découverte.

Wiggershaus, R. (1986): *Die Frankfurter Schule.* München: Hanser.

Wiktorow, A. (1992): *Soviet Union,* in: J. Dixon/D. Macarov (Hg.): *Social Welfare in Socialist Countries.* London: Routledge.

Wiktorow, A./Mierzevski, P. (1991): *Promise or Peril? Social Policy for Children during the Trabsition to the Market Economy in Poland,* in: G. A. Cornia/S. Sipos (Hg.): *Children and the Transition to the Market Economy.* Aldershot: Avebury.

Williamson, J. G. (1965): *Regional Inequality and the Process of National Development: A Description of the Patterns,* in: Economic Development and Cultural Change 13.

Willis, F. R. (1971): *Italy Chooses Europe.* New York: Oxford University Press.

Winkler, G. (Hg.) (1987): *Lexikon der Sozialpolitik.* Berlin (Ost): Akademie-Verlag.

Winkler, G. (1988): *Leistungen der Sozialversicherung europäischer sozialistischer Länder.* Berlin (Ost): Institut für Soziologie und Sozialpolitik der Akademie der Wissenschaften der DDR (unveröffentlichtes Manuskript).

Winkler, G. (Hg.) (1990): *Sozialreport '90.* Berlin: Die Wirtschaft.

Wolfe, T. (1982): *Mit dem Bauhaus leben. Die Diktatur des Rechtecks.* Königstein/Ts.: Athenäum.

Wolferen, K. v. (1989): *Vom Mythos der Unbesiegbaren. Anmerkungen zur Weltmacht Japan.* München: Droemer Knaur.

Woodruff, W. (1966): *Impact of Western Man.* London: Macmillan.

World Values Survey 1990/91 (unter Leitung von R. Inglehart). Institute for Social Research, University of Michigan (elektron. Datei).

Wright, E. O. (1989): *The Comparative Project on Class Structure and Class Consciousness: An Overview*, in: Acta Sociologica 32.

Wuthnow, R. (Hg.) (1992): *Vocabularies of Public Life.* London: Routledge.

Yurt Ansklopeditsti (1983). Istanbul: Agadolu Yanincilika.

Zaslavsky, V. (1993): *Russian Nationalism in the Past and Today*, in: M. Buttino (Hg.): *In A Collapsing Empire.* Mailand: Feltrinelli, 1993.

Zecchini, S. (Hg.) (1997): *Lessons from the Economic Transition.* Dordrecht: Kluwer.

zur Nieden, S. (1991): *Die Pille*, in: Emma 7.

Zweigert, K./Kötz, R. (1996): *Einführung in die Rechtsvergleichung auf dem Gebiet des Privatrechts.* 3. Aufl. Tübingen: Mohr.

Verzeichnis der Abbildungen, Tabellen und Karten

Tab. 1: Bruttoinlandsprodukt (BIP) pro Kopf an den südlichen Grenzen Europas 1913-1998 47

Tab. 2: Europas demographische Grenzen. 50

Tab. 3: Bevölkerungsanteil des heutigen »Staatsvolks« in den Hauptstädten Osteuropas in der frühen Moderne 56

Tab. 4: Anteil der ausländischen Bevölkerung in Westeuropa 1950-1995 62

Tab. 5: Geschlechtsspezifische Verteilung bezahlter Arbeit in den OECD-Ländern 75

Tab. 6: Geschlechtsspezifische Verteilung des Beschäftigungsrückgangs im postkommunistischen Europa 78

Tab. 7: Geschlechtsspezifische Verteilung der Hausarbeit Mitte der 60er Jahre 79

Tab. 8: Historische industrielle Erfahrung. Perioden einer relativen Dominanz industrieller Beschäftigung gegenüber Agrar- und Dienstleistungsbeschäftigung 83

Tab. 9: Gesamtzahl der im zivilen öffentlichen Dienst Beschäftigten in Prozent der Gesamtbeschäftigung in einigen Ländern (1985) ... 89

Tab. 10:	Die Größe der Arbeiterklasse 1997	91
Tab. 11:	De-Proletarisierung im postkommunistischen Europa	94
Tab. 12:	Ausweitung der Sozialausgaben 1960-1981	109
Tab. 13:	Sozialausgaben in Westeuropa 1990-1997	115
Tab. 14:	Sozialausgaben in einigen postkommunistischen Ländern 1997	116
Tab. 15:	Ökonomische Ressourcen in Europa 1870-1990	154
Tab. 16:	Europäisches Wachstum im interkontinentalen Vergleich	156
Tab. 17:	Cluster europäischer Länder hinsichtlich des BIP pro Kopf 1950-1980	158
Tab. 18:	Wirtschaftswachstum in Osteuropa im späten Kommunismus und im frühen Kapitalismus 1980-1999	160
Tab. 19:	Der Abstieg im Osten und die Kluft zwischen Ost und West 1989-1998	161
Tab. 20:	Interkontinentale Cluster des Massenkonsums 1938 und 1989/90	167
Tab. 21:	Nettoeinkommensverteilung in Ost- und Westeuropa in der zweiten Hälfte der 80er Jahre	178
Tab. 22:	Ökonomische Ungleichheit im Postkommunismus	179
Tab. 23:	Die Bedeutung von sozialen Einkünften und Einkünften aus Eigentum	183
Tab. 24:	Ökonomische Unterschiede zwischen Männern und Frauen in den OECD-Staaten	186
Tab. 25:	Kindersterblichkeitsraten in Europa 1937	192
Tab. 26:	Kindersterblichkeitsrate in Europa 1990	193
Tab. 27:	Lebenserwartung bei der Geburt in Ost- und Westeuropa 1930-1998	194
Tab. 28:	Die Verteilung von Aids in Europa 1997	196

Tab. 29:	Gesamte soziale Fluidität in der hochentwickelten Welt	199
Tab. 30:	Elitenrekrutierung nach dem Krieg in Österreich, Tschechien, Ungarn und der Slowakei	200
Tab. 31:	Ökonomische Ungleichheit zwischen den EG/EU-Ländern 1950-1997	214
Tab. 32:	Kontinentale Identifikation	260
Tab. 33:	Nobelpreise in Natur- und Wirtschaftswissenschaften 1901-1993	270
Tab. 34:	Computer und Internetzugänge je 1000 Einwohner 1997 bzw. 1999	272
Tab. 35:	Der weltweite Glaube an alte und neue Ideen 1990/91	280
Tab. 36:	(A-)Religiosität in den frühen 90er Jahren	284
Tab. 37:	Glaube an die Wissenschaft	286
Tab. 38:	Nationalstolz auf der Welt 1970-1990	290
Tab. 39:	Bereitschaft, für das eigene Land zu kämpfen	291
Tab. 40:	Weltweite Unterstützung für staatliche Vorsorge	298
Tab. 41:	Weltweite Meinung darüber, wie Geschäft und Industrie geführt werden sollten	299
Tab. 42:	Außereheliche Geburten je 100 Geburten 1970, 1990 und 1997	301
Tab. 43:	Weltweite Sicht der Elternschaft	303
Tab. 44:	(Un-)Glück auf der Welt 1990/91	311
Tab. 45:	Glück weltweit 1996	312
Tab. 46:	Die Ausweitung der Zivilgesellschaft. Prozentanteil der Bevölkerung, der einer Freiwilligenorganisation angehört (1990/91)	317
Tab. 47:	Muster gewerkschaftlicher Organisierung 1975-1994	318

Abb. 1:   Theoretisches Grundmodell dieser empirischen Studie 26
Abb. 2:   Formen europäischer Wohlfahrtsstaaten 114
Abb. 3:   Formen rechtlichen Patriarchats im frühen 20. Jahrhundert
          (vor 1914) 123
Abb. 4:   Zeitpunkt der rechtlichen Gleichstellung zwischen Ehefrau
          und Ehemann 126
Abb. 5:   Eigentums- und Arbeitsrechte in Westeuropa in den
          frühen 90er Jahren 140
Abb. 6:   Verkaufte 1.-Mai-Abzeichen in Schweden 1927-1993 248

Karte 1: Bestimmungen von Kerneuropa 205
Karte 2: Ost-West-Teilungen Mitteleuropas 843-1945 205
Karte 3: Die großen Religionen Europas 228

Reihe »Theorie und Gesellschaft«

Johannes Berger
Die Wirtschaft der modernen Gesellschaft
Strukturprobleme und Zukunftsperspektiven
Band 44. 1999. 353 Seiten
ISBN 3-593-36216-3

Die kapitalistische Wirtschaft wird in Analysen gegensätzlich bewertet: Die eine Position betont ihre Stabilität sowie Vollbeschäftigung und Abbau von Klassengegensätzen, die andere ihre Instabilität und demzufolge Arbeitslosigkeit, Verschärfung sozialer Spannungen, Untergrabung der Moral und Umweltzerstörung. Vor diesem Hintergrund bestimmt der Autor das Verhältnis der Wirtschaft zu ihrer politischen, sozialen und natürlichen Umwelt neu.

Wolfgang Streeck
Korporatismus in Deutschland
Zwischen Nationalstaat und Europäischer Union
Band 45. 1999. 324 Seiten
ISBN 3-593-36320-8

Wolfgang Streeck wirft ein Licht auf die institutionelle Struktur des modernen Kapitalismus in Deutschland. Im Mittelpunkt stehen die Besonderheiten des deutschen politisch-ökonomischen Systems, das Verhältnis von Staat und Verbänden, die »soziale Dimension« der europäischen Integration sowie deren Folgen für den Klassenkonflikt auf nationaler und supranationaler Ebene.

Gerne schicken wir Ihnen unsere aktuellen Prospekte:
Campus Verlag · Heerstr. 149 · 60488 Frankfurt/M.
Hotline: 069/97 65 16-12 · Fax -78 · www.campus.de

campus
Frankfurt / New York